新中国农民脱贫之路

——中共七届二中全会以来开创农民脱贫致富奔小康之路方略规程经验启示

韩连贵　主编

中国财经出版传媒集团
中国财政经济出版社

图书在版编目（CIP）数据

新中国农民脱贫之路：中共七届二中全会以来开创农民脱贫致富奔小康之路方略规程经验启示／韩连贵主编．—北京：中国财政经济出版社，2019.10

ISBN 978－7－5095－9175－8

Ⅰ.①新…　Ⅱ.①韩…　Ⅲ.①农村－扶贫－研究－中国　Ⅳ.①F323.8

中国版本图书馆CIP数据核字（2019）第179713号

责任编辑：王芝文　　　　责任校对：胡永立

中国财政经济出版社 出版

URL：http：//ckfz.cfeph.cn

E－mail：cfeph@cfeph.cn

社址：北京市海淀区阜成路甲28号　邮政编码：100142

营销中心电话：010－88191537

天猫网店：中国财政经济出版社旗舰店

网址：https：//zgczjjcbs.tmall.com

北京财经印刷厂印刷　各地新华书店经销

880×1230毫米　16开　20.75印张　611 000字

2019年10月第1版　2019年10月北京第1次印刷

定价：98.00元

ISBN 978－7－5095－9175－8

（图书出现印装问题，本社负责调换）

本社质量投诉电话：010－88190744

打击盗版举报热线：010－88191661　QQ：2242791300

农村财政扶贫开发脱贫攻坚巩固课题组

主编： 韩连贵

成员： 陈纪祥　韩铁峰　孙好勤　马秀梅　刘瑞新　马　琼　杨珠生

李振宇　王其文　普　穷　李克君　郑性灵　王　岩　董　齐

徐海云　陈贵峰　李汉臣　李方旭　王贵良　郑子清　张景祥

王玉宗　朱国平　马　建　方仁祥　贺国营　张锡德　黄家玉

李克君　陈水源　张伯仲　张子臣　李秀才　杨刚强　赵明亮

王　英　韩　丹　吴庆岚　程立红　王　平　蒋立红　刘　季

周春国　万志刚　杨玉清　李慎宏　陈广君　罗文光　廖先成

前　言

我国是世界上最大的发展中国家，全国人口占世界总人口的22%，全国农业人口占全国总人口的70%，新中国成立之前，由于封建主义、帝国主义、官僚资本主义、国民党反动统治、各种天灾人祸诸多原因，贫穷困苦一直缠绕着农业、农村、农民群众。

从1949年中共七届二中全会以来，中国共产党组织带动全国各地区受压迫剥削的农民群众，搬掉帝国主义侵略、封建主义压榨、官僚资本主义盘剥的三座大山，推翻欺压盘剥农民群众半封建、半殖民地的国民党反动统治王朝，建立中国共产党领导的人民民主专政、贫苦农民当家作主、无压迫剥削、自由平等的新中国。新中国成立后，中国共产党组织开拓、拓宽、拓展、攻坚、攻克、巩固全国贫困地区农村农民群众脱贫增收致富奔小康之路方略规程，70年来的实践证明，中共中央指引领导各级党委、政府及部门，组织带动全国各地区农村干部、农民群众，开创出一条切实可行、行之有效的扶贫综合开发、精准脱贫、攻坚攻克巩固、增收致富奔小康社会之路。在这条路上，一是认清全国贫困地区农村农民群众贫困的特点和原因；二是坚持落实全国贫困地区农村农民群众脱贫增收致富的目标任务；三是科学确立全国贫困地区农村农民群众脱贫增收致富的职责要求；四是切实规定全国贫困地区农村农民群众脱贫增收致富的方针政策；五是统一制定全国贫困地区农村农民群众脱贫增收致富的法规制度；六是严格采取实施全国贫困地区农村农民群众脱贫增收致富的方式方法；七是取得全国贫困地区农村农民群众脱贫增收致富的显著成就；八是总结推广全国贫困地区农村农民群众脱贫增收致富的经验启示；九是先后组织开辟、开拓、拓展、攻坚、攻克、巩固全国贫困地区农村农民群众脱贫增收致富之路方略规程。

一、全国贫困地区农村农民群众贫困的特点和原因

全国贫困地区农村农民群众贫困的特点主要体现在：一是贫困地区农村自然地理生态环境恶化，各种自然灾害发生频繁；二是贫困地区农林牧渔业生产经营基础设施薄弱落后，难以进行再生产经营和维持生活生存；三是贫困地区农村以农林牧渔业生产经营为主体，工商服务业发展滞后；四是贫困地区财政收支矛盾突出，影响农业农村经济、公共公益事业发展；五是贫困地区农村农民群众难以改善生活条件，缺乏稳定经济来源；六是贫困地区农村文教、科技、卫生事业落后，缺乏科技人才、实用技术。

全国贫困地区农村农民群众贫困的原因是错综复杂、多种多样的，主要原因有七方

面：一是贫困地区农村农民群众思想观念滞后，小农经济意识浓厚，商品意识缺乏；二是贫困地区农村农民群众文化科技素质较低，固守传统落后生产经营方式，缺乏文化科技智能；三是贫困地区政府财政扶贫资金投入不足，资金投入数额不多，资金投入激励竞争机制不利，资金投入方向不准，资金侵占挪用，资金投入不及时不到位；四是贫困地区政府组织领导调查研究不深入，指挥指导不得力，部门之间配合不密切、协作不和谐，未能形成有力的合作力量，各级党委、政府及部门组织协调领导职责不到位；五是贫困地区农林牧渔业结构单纯、产品少、品种杂；六是贫困地区农村自然资源综合开发利用、抵抗自然灾害、市场风险的能力弱；七是贫困地区农业产品供需矛盾突出，阶段性供过于求和供给不足。

二、全国贫困地区农村农民群众脱贫增收致富的目标任务

实现2020年全国农村农民群众脱贫增收致富奔小康的目标，关键在西北、西南部贫困地区农村，这些贫困地区农村中的重点和难点集中在高原、沙漠区农村。针对全国贫困地区农村自然、经济、社会、文教、思想、习俗等特殊情况，历届中共中央、国务院领导集体都提出，各级党委、政府及部门必须从实际出发，因地制宜、科学精准地确定贫困地区农村农民群众脱贫增收致富奔小康的战略目标任务，主要有四项：一是必须实现四个目标；二是必须提供三个保障；三是必须健全五个结合体系；四是必须完善七个关系体制。

（一）必须实现脱贫增收致富的四个目标：一是满足贫困地区农村农民群众需求的粮食等产品的自供平衡；二是贫困地区农村农民群众收入持续稳定增长；三是贫困地区农业生产经营条件和农民群众生活条件全面改善；四是贫困地区农村土地等资源综合开发治理和科学节约集约利用的能力不断增强，以及农村生态环境保护改善的能力持续增强。

（二）必须提供脱贫增收致富的三个保障：一是贫困地区农村农民群众文化科技等综合知识技能掌握提高的保障；二是贫困地区农村农业生产经营建设投融资金筹措的保障；三是贫困地区农村经济发展持续健康发展的保障。

（三）必须健全脱贫增收致富的五个结合体系。在组织推动贫困地区农村农民群众脱贫增收致富项目工程建设中，必须坚持健全发展粮食生产与多种经营结合、近期温饱与长期致富结合、富裕农民群众与富裕农村结合、输血功能与造血功能结合、财力投入与其他投入结合的“五个结合”体系。

（四）必须完善脱贫增收致富的七个关系体制。在调整完善贫困地区农村农民群众脱贫增收致富的七个关系体制上，正确处理脱贫增收致富的七个关系：一是正确处理物质文明建设与精神文明的关系；二是正确处理改革开放与对内搞活的关系；三是正确处理农民负担与建设事业的关系；四是正确处理吃饭财政与财源建设的关系；五是正确处理基础设施建设与生态环境建设的关系；六是正确处理脱贫温饱与致富小康的关系；七是正确处理农业供给侧结构性改革和农林牧渔业发展新动能的关系。

三、全国贫困地区农村农民群众脱贫增收致富的职责要求

各级党委、政府及部门在扶持贫困地区农村农民脱贫增收致富项目工程建设尽心尽力尽责的基础上，进一步对贫困地区党委、政府及部门明确提出必须承担的责任要求。为此，中共中央、国务院强调，各级党委、政府及部门与各贫困地区党委、政府及部门必须履行六项职责：一是坚持实现脱贫增收致富目标的职责；二是转向现代农业生产经营方式的职责；三是调研示范约束的职责；四是分类指导精准扶持的职责；五是持续增加整合资金投入的职责；六是促使农民群众参加管理监督的职责。

四、全国贫困地区农村农民群众脱贫增收致富的方针政策

中共中央、国务院明确提出，各级党委、政府及部门在组织推进贫困地区农村农民群众脱贫增收致富项目工程建设上，必须坚持贯彻落实七项方针政策：一是组织开展山水林田路村综合治理；二是建立健全农林牧渔业产加销社会化服务体系；三是调整优化农林牧渔业生产经营结构；四是增强农林牧渔业供给侧保障能力；五是培养提高农民群众文化科技等综合素质；六是统筹发展农村文教科技、卫生医疗、生活低保、养老保险等社会保障事业；七是调整完善农村财政收支预算管理体制；八是建立规范财政扶持“三农”各种专项资金、一般补助资金转移支付渠道。

五、全国贫困地区农村农民群众脱贫增收致富的法规制度

中共中央、国务院强调，各级党委、政府及部门在组织推进贫困地区农村农民群众脱贫增收致富项目工程建设上，必须坚持依照执行五项法规制度：一是贫困地区农村农民群众脱贫增收致富项目工程建设资金管理与核算；二是贫困地区农村农民群众脱贫增收致富财政投资监督管理；三是贫困地区农村农民群众脱贫增收致富财源建设管理；四是贫困地区农村财政预算管理约束；五是贫困地区农村财政银行投融资管理。

六、全国贫困地区农村农民群众脱贫增收致富的方式方法

1949 年至 2019 年期间，历届中共中央、国务院领导集体一贯强调，各级党委、政府及有关部门在组织开展贫困地区农民群众脱贫增收致富项目工程建设中，必须采取切实可行、行之有效的六种方式方法：一是坚持实事求是、求真务实指导思想；二是实行因地制宜、有的放矢规划；三是奠定标本兼治、治理根本基础；四是建立示范样板、带动脱贫基地；五是健全改善民生、社会保障体系；六是拓展脱贫增收致富奔小康之路。

七、全国贫困地区农村农民群众脱贫增收致富的显著成就

历届中共中央、国务院领导集体和各级党委、政府及部门组织推动全国贫困地区农村干部和农民群众，因地制宜地开展了脱贫增收致富项目工程建设，全面规划拓宽了贫困地区农村农民群众脱贫增收致富项目工程建设投融资渠道，引导鼓励社会各行企业、事业、团体等单位投入人力、物力、财力，支援贫困地区农村农民群众，加大了开展农村生态环境保护、公共基础设施建设投资力度，健全了农林牧渔业产加销一条龙产业化、专业化、基地化、规模化、市场化、社会化经营体系，促进了城乡一体教育文化、卫生医疗、生活低保、养老保险社会保障事业持续持久发展，增强了贫困地区农村生态环境保护、自然灾害预防、生产经营科技服务、市场供销调控的能力，提高了农民群众综合素质、脱贫增收、生活改善的水平，为城乡一体经济社会持续健康发展、城乡居民共同增收致富奔小康社会，开拓了以下切实可行、行之有效的途径：

（一）全国贫困地区农村逐步改善、管护了生态环境、公共基础设施。历届中共中央、国务院领导集体及各级党委、政府及部门都注重加强了农业农村生态环境、公共基础设施建设，扶持了贫困地区农村开展农业资源保护和生态环境修复，加强了农业农村公共基础设施建设：一是逐步走上了自然资源科学利用、生态系统稳定、生产生活环境良好的轨道；二是逐步形成了现代农林牧渔种养加产业化生产经营体系，提供坚实的基础设施；三是逐步推动了城乡一体公共基础设施均衡配置，平等提供公共公益服务条件。

（二）全国贫困地区农村农民群众逐步增强了综合素质、务业技能。中央到地方各级党委、政府及部门在组织推进贫困地区农村农民群众脱贫增收致富项目工程建设上，逐步增加了农民群众综合素质、务业技能，一是逐步增强了新型职业农民本领；二是逐步增强了农民参加现代农业产业化经营本领；三是逐步增强了农村富余劳动力转移就业创业本领。

（三）全国贫困地区逐渐加强了农业农村财政、信贷投融资管制。中央到地方各级党委、政府及部门在组织推进贫困地区农村农民脱贫增收致富项目工程建设上，逐步加大了各级财政、信贷投融资力度，一是逐步增加了财政、信贷对贫困地区农村农民群众投融资额度；二是逐步调整了财政、信贷对贫困地区农村农民群众投融资投入方式；三是逐步加强了投融资监管法制；四是逐步调整了财政扶贫救困体制。

（四）全国贫困地区融合发展了农村农民群众持续增收的新产业。中央到地方各级党委、政府及部门为推动贫困地区农村农民群众脱贫增收致富奔小康，充分发挥各种自然地理优势，深度挖掘农林牧渔业多种功能，培育壮大了农林牧渔业新产业健康持续发展的实力，主要体现在四方面：一是壮大了农林牧渔业产品加工产业化规模经营；二是形成了农林牧渔业产品供销流通设施和市场运营体系；三是推进了农业农村观光旅游休闲度假产业发展；四是建立健全了农村一二三产业融合发展服务组织。

（五）全国贫困地区农村农民群众持续发展了文教、卫生医疗、生活低保、养老服务等社会事业。中央到地方各级党委、政府及部门在扶持贫困地区农村农民群众脱贫增收致富奔小康项目工程建设上，一是扎实推进了农村义务教育事业发展；二是组织培训

了农民群众增强就业创业技能；三是组织推动了农村公共文化事业发展；四是建立起农村新型卫生合作医疗服务体系；五是建立起农村农民群众最低生活保障体系；六是建立起农村农民群众养老保障保险体系。

八、全国贫困地区农村农民群众脱贫增收致富的经验启示

全国从中央到地方各级党委、政府及部门在组织推动贫困地区农村农民群众脱贫增收致富的生产经营建设和社会保障事业发展实践中，总结交流推广应用了一系列切实可行、行之有效的成功经验启示，主要包括：一是更新脱离贫困思想理念，坚定增收致富宗旨目标；二是构筑坚实扶贫基础设施，保护改善脱贫生态环境；三是扶持农林牧渔业结合，种养加销一体产业链，推动城乡一二三产业融合发展；四是增强农民群众多种就业创业能力，提高农村社会保障事业发展水平；五是全方位筹集资金投入，开源节流增强实力；六是维护农民群众利益，减轻负担负债；七是保障农民群众基本收入，增加多项收入；八是坚持各级政府及部门组织领导，动员社会各界协助支援。综合归结以下八项经验启示：

（一）更新脱离贫困思想理念、坚定增收致富宗旨目标的经验启示：一是更新脱离贫困思想理念，是指更新农民群众传统守旧观念，更新农民职业观念创业观念，持续奠定农业根基理念、更新农业发展形势理念、更新扶贫攻坚关键理念、更新精准脱贫增收致富理念；二是坚定增收致富宗旨目标，是指农村贫困人口实现脱贫，推进城乡基本公共服务均等化，建设美丽宜居乡村，坚决打胜脱贫攻坚战，对贫困人口应保尽保，确保困难群众基本生活，建立更加公平均等社会保障制度。

（二）构筑坚实扶贫基础设施，保护完善脱贫生态环境的经验启示：一是构筑坚实扶贫基础设施的经验，是指持续夯实扶贫攻坚现代农业基础，推进高标准农田建设、农田水利建设、农业科技推广创新体系建设、现代种业体系建设、农村公共基础设施的经验。推广交流其经验的宗旨，是为了提高农业质量效益和竞争力，提高新农村建设水平、推动城乡协调发展；二是保护改善脱贫生态环境的经验，是指加强农业资源保护和高效利用、加快农村生态环境综合治理、加强农业生态保护和修复、推进农业产品质量和食品安全战略的经验、推广交流其经验的宗旨，是为了加强对农业和农村资源保护和生态修复，推动农业和农村经济有机绿色发展。

（三）扶持农林牧渔业结合、种养加销一体产业链、推动城乡一二三产业融合发展的经验启示：一是指大力推进农业现代化，必须着力强化物质装备和技术支撑，着力构建现代农业产业体系、生产体系、经营体系、实施藏粮于地、藏粮于技战略，推动粮经饲统筹、农林牧渔业结合、种养加销一体产业链、城乡一二三产业融合发展，让农业成为充满希望朝阳产业的成功经验；二是指推进农村农林牧渔产业与城镇工商服务产业融合，充分发挥农村的独特优势，深度挖掘农林牧渔产业的多种功能，推动农林牧渔业产品加工业转型升级，培育壮大农村新产业新业态，推动产业融合发展成为农民增收的重要支撑，让农村成为可以大有作为的广阔天地，促进农民收入持续较快增长，走向持续增收致富奔小康之路的成功经验，主要包括：一要调整优化农林牧渔产业结构和区域布

局；二要组织推动农村新型产业主体发挥适度规模经营引领作用；三要坚持推进破除城乡二元结构的一二三产业融合发展。

（四）增强农民群众多种就业创业能力、提高农村公共服务和社会保障事业发展水平的经验启示：一是增强农民群众多种就业创业能力的成功经验，包括科学确定新型农民综合素质的培育标准，组织培养新型农民各种职业功能的有效途径，全面扶持新型农民就业创业的方略规程；二是提高农村公共服务和社会保障事业管理水平的成功经验，包括坚持开展新农村人居环境整治，提高新农村公共公益服务水平，推进新农村社会保障事业发展。

（五）全方位筹集扶贫资金投入、开源节流增强脱贫实力的经验启示：从中央到地方各级党委、政府为了解决扶持贫困地区农村脱贫增收致富项目工程建设资金来源渠道少、筹集资金能力弱、安排分配资金偏散、资金监督管理偏松、资金使用效益较差的问题，而组织总结交流七项方略规程实践成功经验：一是全方位筹集资金；二是持续增加投入资金；三是调整优化结构资金；四是科学合理安排分配资金；五是全面整合集中使用资金；六是严格监督管理资金；七是经常检查考核使用资金，提高资金使用效益。

（六）维护农民利益权益、减轻负债的经验启示：一是坚持维护农民经济利益、政治利益。这是指要维护农民的财产所有权，要采取切实有效的措施，使农民的合法利益和个人财产不受侵害。要尊重农民的民主权利，要采取多方面措施，切实保障农民政治上的民主权利，认真坚持村民自治原则，依靠农民依法管理村务，推进农村基层民主政治建设；二是坚持维护农民外向型生产经营管理权益。这是指调整优化农业区域布局、产品结构、产业结构、就业结构等方面生产经营管理权益；三是坚持减轻农民负担专项治理。这是指要从政治的、全局的高度来看待减轻农民负担问题，各地区党委、政府与农民之间，要正确处理好“给”与“取”的关系，多给予、少索取，减轻农民负担；四是坚持化解农村农民债务事项，这是指坚持推进农村村民自愿化解债务，努力防止新增债务事项。

（七）保障农民群众基本收入、增加多种收入的经验启示。主要有十六方面：一是正确认清农民群众收入增减变化趋势；二是继续保持粮食增产农民群众增收良好态势；三是努力提高农林牧渔业产品品种质量；四是全面改善农业生产经营和农村公共公益基础设施条件；五是科学利用综合治理保护农村自然地理生态环境；六是坚持遵循农村土地所有权、承包权、经营权法制；七是坚持推进各种组织形式规模经营；八是引导促进全国人民形成共识，关爱参与农村农业业发展，使当农民成为全社会的一种体面职业；九是坚定执行农林牧渔产业生产经营建设补贴政策；十是继续推行提高小麦、水稻、玉米等产品最低收购价格、临时收储政策；十一是扶持拓展农林牧渔业产品的种养加、产供销一条龙通道；十二是科学合理利用、转移农村劳动力队伍；十三是坚持采取因地制宜、精准扶贫、攻坚到村户方式；十四是建立健全城乡居民公益服务社会保障体系；十五是加快推动城乡一体农业现代化、工业化、信息化、城镇化同步建设进程；十六是逐步完善农村人口转移城镇居民化待遇体制。

（八）坚持各级政府及部门组织领导、动员社会各界协助支援的经验启示：一是完善组织领导体制；二是健全扶贫攻坚保障体系；三是落实脱贫增收致富方略；四是动员社会各界协助支援。

九、全国贫困地区农村农民群众脱贫增收致富奔小康之路开发历程

全国贫困地区农村农民群众脱贫增收致富奔小康之路开发历程，包括六个阶段：一是中共七届二中全会至十一届三中全会召开之前的开辟阶段；二是中共十一届三中全会至十三届四中全会召开之前的开拓阶段；三是中共十三届四中全会至十六大召开之前的拓展阶段；四是中共十六大至十八大召开之前的攻坚阶段；五是中共十八大至十九大召开之前的攻克阶段；六是中共十九大之后的巩固阶段。分别概要作以下说明：

（一）1949 年中共七届二中全会之后，以毛泽东同志为核心的中共中央，组织领导发动全党、全军、全国各民族人民，推翻欺压、盘剥农民群众的半封建半殖民地的国民党反动统治制度，建立起原来身受压迫剥削、饥寒贫穷的农民群众当家作主、自由平等、得到温饱的新中国。为了确保全国各地区农村农民群众彻底摆脱压迫剥削、饥寒交迫生活境地、走上脱贫增收致富之路，新中国成立后，以毛泽东同志为核心的中共中央、国务院领导集体，组织开展农村土地改革，保障农村无土地没房屋的贫苦农民群众分到土地房屋，实现耕者有其田、住者有其屋的温饱生活目标。为确保贫困农民群众走上脱贫增收致富之路，一是组织引导农民群众自觉自愿参加农业生产经营互助合作化组织，组织完善农村人民公社三级所有制；二是组织农民群众实施《农业发展纲要》《农业八字宪法》；三是组织加强农林牧渔各业生产经营管理，组织实行农业产品统购统销流通体制；四是组织拓展农业生产经营建设投资渠道，组织调整农村集体、农民受益权利方针政策；五是组织推行国家城乡国民经济“调整、巩固、充实、提高”的八字方针；六是组织开展农业学大寨、工业学大庆的艰苦奋斗、自力更生、改造山河、奋发图强、摆脱贫困、摘掉贫困帽子的群众运动；七是组织动员农民群众坚持参加农业现代集体化、农田水利化、农业机械化、农业科技化建设；八是组织扶持农村社队发展农林牧渔各业种植、养殖企业及其产品工业企业，促进农民群众走上脱贫增收致富之路。

（二）1978 年中共十一届三中全会之后，以邓小平同志为核心的中共中央、国务院领导集体，在 1978 年至 1989 年期间，组织带动全国农村农民群众实施农村集体经济体制改革、农户家庭联产承包、统分结合的双层经营责任制、农林牧副渔业并举和工商服务业联合经营、开拓脱贫增收致富之路方略规程，主要包括八项：一是组织推进农业生产经营和农村集体经济体制变革；二是组织推动农林牧副渔业并举和农工商服务业联合经营；三是组织拓展农业产品及生产资料购销价格调整和农村商品流通；四是组织开展农业生产经营基础设施建设；五是组织倡导农业生产经营科技推广应用及奖励；六是组织领导农业和农村山水林田路综合治理；七是组织动员农业生产经营建设资金筹集、分配使用、监督管理；八是组织加强农业法律法规、农村基础组织建设。

（三）1989 年中共十三届四中全会之后，以江泽民同志为核心的中共中央、国务院领导集体，在 1989 年至 2002 年期间，组织带动全国农村农民群众坚持调整优化农业和农村经济结构、推进农业现代化规模经营、依法督管农村生产经营土地等资源、坚持农村基层组织和民主法制建设，拓展脱贫增收致富之路方略规程，主要包括：一是组织推进以粮食为中心的农林牧渔各业全面发展；二是调整优化农业和农村经济结构与农业现

代化规模经营；三是全面进行农业生产经营和农村公共公益与生态环境基础设施建设；四是深化改革农业生产经营机制和农村集体经营管理体制；五是组织推进文教科技振兴农业和农村经济、增强农民科技务农能力；六是坚持扶持农民群众脱贫温饱、增收减负、致富奔小康目标；七是彻底拓宽贫困地区农村农民群众摆脱贫困、从温饱到富裕途径；八是合理规划、引导推动乡镇企业因地制宜发展；九是建立健全农业生产经营社会化服务体系；十是依法加强农业生产经营土地等资源保护利用和生态环境建设管控；十一是调整完善农业产品购销价格机制和市场流通体制；十二是深入开展农村基层党政组织和民主法制建设；十三是统一疏通农业生产经营建设资金投入多元化渠道。

（四）2002 年中共十六大之后，以胡锦涛同志为总书记的中共中央、国务院领导集体，在 2002 年至 2012 年期间，组织带动全国农村农民群众参加农林牧副渔业生产经营科技社会化服务、免除农林牧渔业税收、补贴农林牧渔业生产经营建设投资、统筹城乡经济社会发展一体化、拓展脱贫增收致富之路方略规程，主要包括：一是加强农林牧渔业生产经营基础设施建设；二是加强农村山水田林路生态环境保护建设；三是加强农村公共公益基础设施建设；四是拓展农村土地经营利用维护调控管理途径；五是拓展农林牧渔产业化规模经营社会化服务体系途径；六是拓展农民参加城乡一体二三产业就业创业增收途径；七是完善粮食购销价格，市场流通管理体制；八是完善农村物流产业，商品市场流通管理体制；九是完善农村财政税务费用管理体制；十是健全农村文教卫生医疗低保养老社会保障体系；十一是健全农村村务公开和民主管理组织体系；十三是创建农村现代经济社会和谐发展之路经验。

（五）2012 年中共十八大之后的攻克脱贫阶段。以习近平总书记为核心的中共中央、国务院领导集体，在 2012 年至 2018 年期间，组织带动全国农村农民群众保证粮食安全供给，端牢中国人的饭碗，严守 18 亿亩耕地红线，全面划定永久基本农田，坚持展开耕地质量保护与提升行动，依法保障农村农民群众承包土地流转权益，促进现代农业产业化、基地化、规模化生产经营，全方位扶持老少边穷地区扶贫攻坚综合开发，治理自然地理资源，全国城乡人民全力以赴、同心协力，共同参加城乡一体农业现代化、工业化、信息化、城镇化“四化”同步建设，实现城乡一体公共公益服务社会化、文教、卫生医疗、低保养老、社会保障平等化，共同建成脱贫增收致富奔小康社会方略规程，主要包括：一是始终抓好农业和农村发展基础设施建设，加快推进城乡一体经济社会发展；二是因地制宜地确定农业现代化建设任务，实事求是地提出农村经济社会体制完善要求；三是持续增强粮食综合生产能力，切实抓好农林牧渔业产品生产供需平衡；四是组织开展农业土地基础设施建设，着力加强农林牧渔业生态环境建设；五是科学推动农村社会人居环境整治，针对性推进农村经济社会公共公益基础设施建设；六是扶持构建农村生产经营社会化服务体系，建立健全农村供销产品流通产业链体系；七是改革完善农村土地基本经营监督管理体制，从严保持农业生产经营建设土地占用与补充平衡；八是坚持加强农村脱贫致富综合开发治理、科学精准扶持山水林田路村建设；九是继续加强农村财税金融服务管理体制建设；十是继续完善农村文化教育、卫生医疗、低保养老等社会保障体系；十一是组织加强农村民主自治、法律法制、脱贫致富奔小康之路建设。

（六）2017 年中共十九大之后的脱贫巩固阶段。为了深入实施精准扶贫、精准脱贫、重点攻克深度贫困、巩固脱贫攻坚成果的方略规程，以习近平总书记为核心的十九届中共中央领导集体，进一步引领全国各级党委、政府及部门，顺应全国农民对美好生活的向往，对扶贫脱贫攻坚、攻克、巩固工作制定实施一系列方略规程。

首先，必须提到，中共中央、国务院于2018年9月26日发布的《乡村振兴战略规划（2018年至2022年）》中明确规定，要全面建成小康社会和全面建设社会主义现代化强国，最艰巨最繁重的任务在农村，最广泛最深厚的基础在农村，最大的潜力和后劲也在农村。农业强不强，农村美不美，农民富不富，关乎全国农民的获得感、幸福感、安全感，关乎全面建成小康社会全局，确保广大农民安居乐业，农村社会安定有序，不断拓宽农民群众增加收入、改善生活途径，全面改善农村生产生活条件，促进社会公平正义，保障农民群众安居乐业，努力开创农业农村发展新局面，推进农业全面升级、农村全面进步、农民全面发展。为此，具体规定，坚决打好精准扶贫脱贫攻坚战，确保到2020年我国现行标准下农村贫困人口实现脱贫，贫困县全部摘帽，解决区域性整体贫困问题，一是要达到深入实施精准扶贫脱贫，因地制宜、因户施策，探索多渠道、多元化精准扶贫脱贫途径；二是要重点攻克深度贫困，实施深度贫困地区农村农户脱贫攻克行动方案，以解决突出制约问题为重点，以到村到户到人帮扶为抓手，加大资金整合投入力度，着力改变贫困农村发展条件，增强贫困农户发展能力；三是要巩固脱贫地区农村农户攻克成果，继续完善脱贫地区农村公共公益服务体系，增强脱贫地区农村造血功能，促进脱贫农户采取稳定脱贫、防范返贫的有利措施，确保脱贫农民群众保持稳定脱贫增收致富的局面，同全国人民一道进入全面小康社会。

其次，必须进一步提到，中共中央、国务院于2019年1月3日发布的《关于坚持农业农村优先发展、做好“三农”工作若干意见》中提出，要聚力精准施策，打好决战决胜脱贫攻坚战，一是要不折不扣完成脱贫攻坚任务，抓住既定脱贫目标，全面排查解决影响脱贫实现的问题，防止盲目提高脱贫标准、吊高胃口、杜绝虚假脱贫，加强脱贫评估监测，落实各级党政领导脱贫攻坚、攻克、巩固责任制，实行严格考核评价制度，做到精准问责问效、奖优罚劣，及时发扬成绩，纠正缺点，修补漏洞；二是要坚定不移主攻深度贫困地区农村农户，抓住精准脱贫重点难点问题，列出攻克重点难点名单，逐村逐户逐项明确职责，统筹安排调整优化财力、物力、人力，加大脱贫攻坚、攻克、巩固扶持力度，着力清除关键阻力问题；三是要因地制宜发展长久脱贫特色优势绿色产业，着力解决产品生产购销脱节，风险保障不够问题，提高贫困农民就业、收入水平。要注重对易地扶贫搬迁后的农户，着力解决重迁移、轻后续帮扶问题，确保搬迁后达到稳定脱贫目的；四是要保障巩固和扩大贫困成果，各地区党委、政府及部门要注重关心，对攻坚期间内贫困县、贫困村、贫困户脱贫后，相关扶贫脱贫扶持方针政策保持稳定，以利于防止发生返贫问题，坚持推广脱贫攻坚、攻克、巩固的好经验做法。

最后，习近平总书记强调，2019年是决胜全面建成小康社会第一个百年奋斗目标的关键之年，做好“三农”工作，对有效应对各种风险挑战，确保国民经济持续健康发展和社会和谐稳定，具有重大意义。为此，一是坚持农业农村优先发展，深入实施乡村振兴战略，巩固发展农业农村好形势，毫不放松粮食生产，深化供给侧结构改革，全力争取“三农”脱贫攻坚战胜利，加强农村人居环境整治，加快农村公共公益基础设施建设进程，全面建立农业农村生产经营建设社会化服务体系；二是坚持扎实做好乡村规划建设和社会综合治理工作，强化五级书记抓乡村振兴组织领导工作，加强懂农业、护农村、爱农民的干部队伍建设，充分发挥农民群众主体作用，自觉自愿地走向脱贫致富奔小康之路。为此，习近平总书记提出，推动现代农业农村产业、人才、文化、生态、组织振兴，按照农村产业兴旺、生态宜居、乡风文明、治理有效、生活富裕的总体要求，一要加强农村基础设施建设，改善农村交通物流设施条件，加强农村水利基础设施网络建设，完善农村能源基础设施网络，奠定农村信息化基础；二要提高农村劳动力就业素质，拓宽农村劳动力转移就业渠道，健全农村公共就业服务体系，完善农村公共服务供给体系，发展农村教育事业，加强农村卫生医疗服务体系建设，加强农村居民基本养老保险、医疗保险、生活低保、妇女儿童老人关爱、残疾人服务等社会制度保障体系；三要增加农村公共服务供给，扶持农村文化教育、卫生医疗、社会保险保障事业发展，逐步建立健全城乡一体基本公共服务体系，优先发展农村文化教育事业，推进农村公共卫生服务事业发展，开展健康教育活动，提倡科学文明健康生活方式，提高农村居民文明卫生素质，建立城乡统筹的农村社会保障体系，完善城乡居民基本养老保障制度，提高农村养老服务能力，坚持加强农村防灾减灾救灾能力建设，要以防为主、防抗救相结合，坚持常态减灾与非常救灾相统一，全面增强抵抗各种灾害综合防范能力。

韩连贵

2019 年 7 月 20 日

目　录

第一章　中共七届二中全会至十一届三中全会召开之前：组织开辟全国农村农民群众脱贫增收致富之路方略规程

本章讲述1949年至1978年中国共产党组织领导带动全国农村农民群众实施农业合作化、人民公社化、农田水利化、农业机械化、农业科技化、农村社队企业化，开辟全国农村农民群众脱贫增收致富之路方略规程。

以毛泽东同志为核心的中共中央、国务院领导集体，在中共七届二中全会之后，组织领导全国农村农民群众彻底废除封建土地制度，正式颁布《中华人民共和国土地改革法》，有步骤地对新解放区进行土地改革，在全国完成土地改革的基础上，引导农民群众按照自愿互助的原则，建立起各种形式的劳动互助和生产合作组织，逐步实现国家对农业的社会主义改造的过渡时期总路线，组织领导全国农民群众开展农村土地私有制改革为公有制，引导动员农民群众自觉自愿加入互助合作组织，参加农田水利、农业机械化建设；综合治理农业农村山水林田路生态环境，科学开发利用农业农村土地、水利资源，进一步在全国农民互助合作组织基础上，组织推动农民参加农业合作社、农村人民公社，全面实施《全国农业发展纲要》《农业八字宪法》《国民经济调整、巩固、充实、提高方针》，对农村人民公社实行“农业六十条”规定，明确规定公社、生产大队、生产队三级所有制度，试行农业多种形式生产责任制，通过1964年底举行的第三届全国人大一次会议，向全国人民提出建设农业、工业、国防和科技四个现代化的伟大目标，在全国农村开展农业学大寨运动、推动地方五小工业和社队企业发展，加快进行农业生产经营技术改造，加快实现农业机械化，提高农林牧副渔各业生产经营机械化水平，进一步调整农村社队生产经营管理体制，支持农户开展多种经营、减轻负担、脱贫增收致富之路方略规程。

一、组织带动全国农村农民群众脱贫增收致富发展变化进程

推进农业和农村经济发展，实行土地改革，确定农业为国民经济基础，带领农民群众走上农业集体化、水利化、机械化的现代化之路，执行农林牧副各业并举和以粮为纲、全面发展、因地制宜、适当集中的方针，遵照自然、经济、价值规律，发展农林牧副渔各业商品生产，维护农民群众生产经营合法权益，保障农民群众增加收入、改善生活，壮大农村集体经济实力。从新中国成立后1950年至1978年，全国农林牧副渔各业总产值、产品总量逐渐增长，农民群众收入逐渐增加，农业税收负担逐渐减轻。具体说明如下：

（一）全国农业产量逐步增加：一是在三年恢复时期，从1950年粮食13213万吨，棉花69.2万吨，油料297.2万吨，到1952年粮食16392万吨，增长40.6%，棉花130.4万吨，增长88.4%，油料419.3万吨，增长41.1%；二是在“一五”规划时期，从1953年粮食16683万吨，棉花117.5万

吨，油料385.6万吨，到1957年粮食19505万吨，增长16.9%，棉花164万吨，增长39.6%，油料419.6万吨，增长8.8%；三是在“二五”规划时期，1958年粮食20000万吨，棉花196.9万吨，油料477万吨，从1959年至1961年，连续三年遭受严重自然灾害，影响到1962年粮食16000万吨，棉花75万吨，油料200.3万吨；四是在三年调整时期，从1963年粮食17000万吨，棉花120万吨，油料245.8万吨，到1965年粮食19453万吨，棉花209.8万吨，油料362.5万吨，比1962年粮食增长21.6%，棉花增长74.8%，油料增长47.5%；五是在“三五”规划时期，从1966年粮食21400万吨，棉花233.7万吨，油料374.3万吨，到1970年粮食23996万吨，增长12%，棉花257.9万吨，增长4.3%，油料398.4万吨，增长6.4%；六是在“四五”规划时期，从1971年粮食25014万吨，棉花210.5万吨，油料411.3万吨。1975年粮食28452万吨，增长13.7%，棉花238.1万吨，增长13.1%，油料452.1万吨，增长9.9%；七是在“五五”规划期间，从1976年粮食28631万吨，棉花205.5万吨，油料400.8万吨，到1978年粮食30477万吨，增长6.4%，棉花216.7万吨，增长5.5%，油料521.8万吨，增长30.2%。

（二）全国农业总产值逐年增长：一是在三年恢复时期，从1950年农业总产值384亿元，到1952年农业总产值461亿元，增长20.1%；二是在“一五”规划时期，从1953年农业总产值510亿元，到1957年农业总产值537亿元，增长5.3%；三是在“二五”规划时期，1958年农业总产值566亿元，从1959年至1961年连续三年遭受严重自然灾害，影响到1962年农业总产值584亿元，仅增长3.2%；四是在三年调整时期，从1963年农业总产值642亿元，到1965年农业总产值833亿元，增长29.8%；五是在“三五”规划时期，从1966年农业总产值910亿元，到1970年农业总产值1058亿元，增长20.7%；六是在“四五”规划时期，从1971年农业总产值1107亿元，到1975年农业总产值1343亿元，增长21.3%；七是在“五五”规划期间，从1976年农业总产值1378亿元，到1978年农业总产值1567亿元，增长37.2%。

（三）全国农民群众收入逐年增加：一是在三年恢复时期，从1950年农民人均年纯收入48元，到1952年，农民人均年纯收入54元，比1950年增加6元，增长12.5%；二是在“一五”规划时期，从1953年农民人均年纯收入59元，到1957年农民人均年纯收入74元，比1953年增加15元，增长25.4%；三是在“二五”规划时期，从1958年农民人均年纯收入78元，由于1959年至1961年连续三年遭受严重自然灾害影响，1962年农民人均年纯收入67元，比1958年减少11元，下降14.1%；四是在三年调整时期，从1963年农民人均年纯收入71元，到1965年农民人均年纯收入79元，比1963年增加8元，增长11.3%；五是在“三五”规划时期，农民人均年纯收入，1966年83元，1970年89元，比1966年增加6元，增长12%；六是在“四五”规划时期，农民人均年纯收入，1971年92元，到1975年108元，比1971年增加16元，增长17.4%；七是在“五五”规划期间，农民人均年纯收入，1976年119元，到1978年133.6元，增加14.6元，比1976年增长12.3%。

（四）农业税负担逐渐减轻，主要体现在两方面：一是农业税收占农业总产值的比例逐渐减少；二是农业税收占国家财政收入的比重逐渐降低。

（五）农业税收占农业总产值的比例逐渐减少：一是在三年恢复时期末1952年，农业税收30.83亿元，占全国农业总产值384亿元的6.7%；二是在“一五”规划时期末1957年，农业税收33.12亿元，占全国农业总产值537亿元的6.2%；三是在“二五”规划时期末1962年，农业税收30.44亿元，占全国农业总产值584亿元的5.2%；四是在三年调整时期末1965年，农业税收31.99亿元，占全国农业总产值833亿元的3.8%；五是在“三五”规划时期末1970年，农业税收38.62亿元，占全国农业总产值1058亿元的3.7%；六是在“四五”规划时期末1975年，农业税收44.71亿元，占全国农业总产值1343亿元的3.3%；七是在“五五”规划期间，1978年，农业税收51.66亿元，占全国农业总产值1567亿元的3.3%。

（六）农业税收占国家财政收入的比重逐渐降低：一是在三年恢复时期，由1950年农业税收21.2亿元，占国家财政收入65.2亿元的32.5%，到1952年农业税收30.83亿元，占国家财政收入

183.7亿元的16.8%；二是在“一五”规划时期，由1953年农业税收31.41亿元，占国家财政收入222.9亿元的14.1%，到1957年农业税收33.12亿元，占国家财政收入310.2亿元的10.7%；三是在“二五”规划时期，由1958年农业税收37.89亿元，占国家财政收入387.6亿元的9.8%，到1962年农业税收30.44亿元，占国家财政收入313.6亿元的9.7%；四是在三年调整时期，由1963年农业税收31.67亿元，占国家财政收入342.3亿元的9.3%，到1965年农业税收31.99亿元，占国家财政收入473.3亿元的6.8%；五是在“三五”规划时期，由1966年农业税收33.98亿元，占国家财政收入558.7亿元的6.1%，到1970年农业税收38.62亿元，占国家财政收入662.9亿元的5.8%；六是在“四五”规划时期，由1971年农业税收38.86亿元，占国家财政收入744.7亿元的4.9%，到1975年农业税收44.71亿元，占国家财政收入815.6亿元的5.5%；七是在“五五”规划时期，由1976年农业税收45.99亿元，占国家财政收入776.6亿元的5.9%，到1978年农业税收51.66亿元，占国家财政收入1121.1亿元的4.6%。从上述可见，农业税负担逐渐减轻。

概括说，从1950年至1978年期间，全国农业产品总产量逐步增加，农业总产值逐步增长，农民群众负担逐步减轻、收入逐步增加，农村社会逐步和谐安定，农林牧副渔各业大宗产品生产供应，逐步与国家经济建设和全国城乡人民生活的需求基本协调平衡。这些成果形成的激励因素是多方面的，最根本的是中共中央、国务院等领导集体，制定、调整、充实和实施一系列法规方略，主要包括十方面：一是通过国家开展土地改革，使广大农民无偿分得土地，解放农业生产力；二是通过国家引导农民参加农业互助组、农业合作社、农村人民公社三级所有、队为基础的集体经济组织，发展壮大农业生产力；三是通过国家推动农林牧副渔各业全面发展，允许农民经营自留地、家庭副业、兴办社队企业，为农民增收开辟门路；四是通过国家增加投资，加强农田水利建设、农业机械化建设、林牧副渔各业基地建设、农业科技推广体系建设，提高抵抗自然灾害的综合生产能力，为人民群众增产增收消除障碍；五是通过国家推行《农业发展纲要》，进一步推动工农业协调发展，改变农村落后面貌；六是通过国家加强农业生产经营建设管理政策，推动农林牧副渔各业全面发展；七是通过国家扶持农村社队企业发展，壮大了农村集体经济实力；八是国家通过社会各界扶持农业和农村经济发展，而促进国民经济持续发展；九是国家加强农业现代化基础建设，为全国城乡社会经济发展奠定坚实基础；十是国家通过农业产品多渠道购销和价格政策，调整统购派购任务，提高农业产品收购价格，恢复农村集市贸易，为农民群众增收创造有利条件。

具体说，从1950年到1978年，国家把确保全国农民群众持续增收致富列入推进全国农业和农村经济持续健康发展的核心任务，相应地组织建设下面十项切实可行、行之有效的方略规程。

二、组织开辟开展农村土地改革之路方略规程

新中国成立后，为了恢复国民经济、农业和农村经济发展，促进全国农民群众脱贫增收致富，在全国农村开展了土地改革：一是政务院1950年1月13日发布了《关于处理老解放区市郊农业土地问题的指示》；二是政务院同年2月28发布了《关于新解放区土地改革及征收公粮的指示》；三是中央人民政府委员会于同年6月28日第八次会议通过了《中华人民共和国土地改革法》；四是毛泽东于同年6月30日发布了《关于实施〈中华人民共和国土地改革法〉的命令》；五是政务院同年11月6日发布了《土地改革对华侨土地财产的处理方法》；六是政务院发布了《城市郊区土地改革条例》。从此以后，在全国各地区彻底废除了封建半封土地所有制度，全国3亿多农民获得了7亿亩土地和房屋、牲畜、农机具等生产资料，不再像过去那样每年向封建地主缴纳3500万吨粮食等农业产品地租，使亿万农民从几千年封建地主所有制统治下解放出来。1952年底全国各地区土地改革任务基本完成，实现耕者有其田的目标，使无地、少地贫雇农、下中农和其他劳动者无偿分得土地，使广大农民与土地相结合，调动了广大农民的生产经营积极性，增强了农业综合生产能力。从1952年至1957年连续

5 年，全国粮食总产量由 16392 万吨增加到 19505 万吨，每年平均增长 3.8%，全国农业总产值由 417 亿元增加到 537 亿元，每年平均增长 5.4%，使广大农民逐年增加了收入、改善了生活。

三、组织开辟引导农民群众参加农业生产经营互助合作化之路方略规程

中共七届二中全会之后，中国共产党组织引导农民群众参加农业生产互助合作方略，在已实行土地改革地区农村，谨慎、逐步而又积极地引导个体农业向社会化、集体化方向发展，引导农民群众按照自愿互利的原则，组织各种形式的劳动互助和生产合作。新中国成立后，从老解放区农村生长起来的各种互助合作组织，很快在土地改革后的新解放区得到推广。为了推进农业和农村经济适应国民经济发展，对小农经济进行社会主义改造，中共中央于 1951 年 9 月 20 日至 30 日，在组织召开的全国第一次农业生产互助合作会议上，研究制定了《中共中央关于农业生产互助合作的决议（草案）》，明确提出了发展农业生产互助合作的方针、政策，引导动员农民群众自觉自愿参加农业生产互助合作组织。1951 年 12 月 15 日，中共中央将《关于农业生产互助合作的决议（草案）》正式印发各级党委试行。中共中央要求在一切已经完成土地改革的地区都要实行，全党要把农业生产互助合作“当作一件大事去做”。到 1952 年底，全国各地区已组织起来的农户占全国总农户的 40%。

1953 年 2 月 15 日，中共中央公布试行的《关于农业生产互助合作的决议》要求，在条件比较成熟的地区，有领导、有重点地发展初级农业生产合作社，以土地、牲畜、农机具入股取得合理代价。为推动各地区兴办初级农业生产合作社，同年 10 月 26 日至 11 月 5 日，中共中央召开了第三次农业生产互助合作会议，之后，及时讨论研究了各地区农村试行初级农业生产合作社工作中的问题。中共中央于同年 12 月 16 日，在发布的《关于发展农业生产合作社的决议》中要求，各地区把工作重点转向兴办初级农业生产合作社，同年底，全国发展了 9.5 万个初级农业生产合作社。1954 年 10 月 10 日至 31 日，中共中央在召开的全国第四次农业生产互助会议上要求，引导全国农民群众积极参加初级农业生产合作社，合作社在全国主要农业区成为初级农业生产合作组织形式。1955 年 1 月 10 日，中共中央发布了《关于整顿和巩固农业生产合作社的通知》。同年 7 月 31 日，毛泽东在省、自治区、直辖市党委书记会议上作《关于农业合作化问题》的报告。同年 10 月 4 日至 11 日，中共中央召开七届六中全会通过的《关于农业合作化问题的决议》，确定了初级农业生产合作社发展的方向，对社员入股土地、牲畜、农机具的处理、股份基金和公积金的筹集和分配等事项，做了原则规定。同时要求，有条件的地方要试办高级社，为以后几年并社升级工作创造条件。同年 11 月 9 日，中共中央政治局会议通过了《农业生产合作社示范章程草案》。1956 年 1 月 25 日，毛泽东召集最高国务会议，讨论中共中央政治局 1 月 23 日提出的《关于 1956 年到 1967 年全国农业发展纲要（草案）》要求，对一切条件成熟的初级社，应分批分期地促使转化高级社。同年 4 月 3 日，中共中央、国务院发布了《关于勤俭办社的联合指示》。同年 6 月 15 日至 30 日，第一届全国人大第三次会议通过了《高级农业生产合作社示范章程》，规定高级社实行土地、牲畜、农机具等主要生产资料完全集体所有制。毛泽东以国家主席名义于 6 月 30 日公布了这个《示范章程》。同年 10 月 6 日，国务院发布了《关于农业生产合作社粮食统购统销的规定》。同年底全国加入高级社的农户数占全国总农户数的 87.8%。1957 年 6 月 25 日，第一届全国人大常委会七十六次会议通过了《关于增加农业生产合作社社员自留地的决定》。同年 9 月 25 日，中共中央发布了《关于农业生产合作社干部必须参加生产劳动的指示》。这标志着“一五”计划时期，全国各地区农村基本完成了对个体农业的社会主义改造任务，全国农民群众彻底摆脱了小块土地私有制的束缚，走上合作经济发展道路，进入社会主义农业和农村集体经济发展的历史时期，全国各地区农业生产合作社对土地进行科学合理规划，逐步进行农田水利灌溉、排涝、防治风沙、根治盐碱等项基本建设，逐步推广农业优良品种、机械作业、适时施用肥料、防止病虫害等农业生产经营科学技术，推进了农业和农村经济发展。

四、组织开辟实施《农业发展纲要》之路方略规程

毛泽东同志针对1955年末全国各地区农业合作化运动掀起高潮的形势，就把推动农业和农村经济健康发展规划提到议事日程，这个规划内容包括农业合作化、农业生产经营、农村文化教育、农村卫生医疗、农村道路建设等。1956年1月25日，毛泽东召集最高国务会议，讨论中共中央政治局于同年1月23日提出的《1956年到1967年全国农业发展纲要（草案）》（简称“四十条”）。1957年9月20日至10月9日，中共中央召开八届三中扩大会议，通过了《全国农业发展纲要》“四十条”。同年10月25日，中共中央将“四十条”正式发布全国各地区，要求对“四十条”进行全面讨论。“四十条”的宗旨是强调农业在国民经济中重要地位和对工业的基础作用。农业用粮食和原材料供应工业，农村为工业提供市场。“四十条”指出，农业合作化为农业生产力发展开辟广阔道路。“四十条”要求，大力提高粮棉油等农业产品产量，从1956年开始，到1967年这12年内，按照我国不同地区自然地理条件和经济状况，粮食每亩平均年产量，在黄河以北地区，由1955年150斤增加到400斤，黄河以南地区，由1955年208斤增加到500斤，淮河以南地区，由1955年400斤增加到800斤。1960年3月30日至4月10日，第二届全国人大二次会议通过并公布了《1956年至1967年全国农业发展纲领》和《为提前实现全国农业发展纲要而奋斗的决议》。这个“四十条”纲要的目标是将我国建设成为既有现代工业又有现代农业的社会主义强国。全国要迅速、顺利地发展现代工业，必须用更大的力量发展现代农业，必须从农业社会主义改造起步，引导个体农业户遵循自愿互利的原则，参加农业生产经营互助组、初级合作社、高级合作社、人民公社，推动农民群众参加农田水利化、农业生产经营机械化、科技服务社会化、产业化、专业化、现代化道路。下面进一步说明《全国农业发展纲要》序言、内容：

（一）《全国农业发展纲要》序言，主要有四个要点：一是在我国第一个到第三个五年规划期间，迅速发展农业生产力，提高农民群众生活水平，促进农业在我国社会主义建设中发挥极其重大的作用，保障为城镇工业提供粮食、原料，改善农村5亿以上人口生活。只有我国的农业发展了，才有我国的工业壮大；二是农业互助合作化给我国农业生产力发展开辟广阔道路，推动农民群众走上互助合作化道路，在全国几个主要粮食产区的粮食，争取每亩平均年产量分别达到400斤、500斤、800斤的要求；三是农业经济有很大潜力，必须促进农民群众保持勤劳节俭优良传统，相互交流精耕细作先进经验，积极推广农业机械化，提高农业生产经营水平，确保农民群众增加收入、改善生活，教育农民群众把爱国、爱社和爱家的理念统一起来，爱家就要爱国爱社；四是中国共产党领导的工农联盟和工农互相支援，是“三农”健康发展的保证。在“三农”发展道路上，各地区都必须根据本《纲要》，按照本地区“三农”具体情况，坚持实事求是，遵从群众路线，分别制定实施本地区发展“三农”具体规划、任务和政策措施。

（二）《全国农业发展纲要》内容，主要有八个要点：一是建立健全农业合作化制度，引导农民群众自觉自愿加入农业生产经营初级社、高级社，大力提高粮棉油糖菜茶果药等产品产量，大力保护和繁殖畜牧业产品，推行增产增收措施、推广先进经验；二是兴修水利、发展灌溉，防治水旱灾害，大力增加农家肥料，改良旧式农具，推广新式农具，积极繁育和推广适合当地条件的各种作物优良品种，扩大复种面积，培育多种高产作物，保护和繁殖耕畜，防治和消灭病虫害；三是改良土壤，开展保持水土、流域治理的工作，开垦荒地，扩大耕地面积，按照因地制宜、实行多种经营的方针，发展山区的农林牧业和土特产品生产，发展林业，绿化一切可能绿化的荒地荒山，发展海洋和淡水的水产品生产和水产养殖业；四是改善农业科学研究工作、科技指导服务工作，加强气象水文工作，预防水旱风冻等自然灾害，清除老鼠、臭虫、苍蝇、蚊子四害，努力消灭危害农村人口的严重疾病；五是坚持勤俭办社、勤俭持家，厉行节约，降低生产经营成本，反对铺张浪费，教育农民长远打算，有计划

地安排各项家务支出，注意精打细算、省吃俭用、增加积蓄和积累，从严控制农村红白喜事、人情应酬，改变不合理风俗习惯；六是提高农业合作社劳动力利用率、劳动生产率，改善农户居住条件，保护妇女儿童，实行“五保”、优待烈属和残废革命军人，供养和尊敬父母，扫除文盲，发展文化教育事业，发展农村广播网、电话网、邮政网、运输网、商业网；七是发展农村信贷合作事业，开展农村信贷业务、储蓄业务，帮助农业合作社和农户解决短期资金周转需求问题；八是发挥复员军人建设社会主义农村的积极性，提高农村青年热爱祖国、农村、劳动的积极性，鼓励学习文化科学技术，使他们成为新农村生产经营建设和文化科学技术中主体力量。

五、组织开辟完善农村人民公社三级所有制之路方略规程

农村人民公社是由高级农业生产合作社的“小社变大社”产生的。1957 年冬季至 1958 年春季，一些地区在组织开展农田水利建设中，通过组织合并农业生产合作社，统一规划设计，科学合理布局，集中调配劳力、物力、财力，承担起农田水利建设任务。为此，中共中央于 1958 年 3 月 8 日至 26 日，在成都召开工作会议通过《关于把小型农业生产合作社适当合并为大社的意见》指出，我国农业正在迅速地实现农田水利化，并将在几年内逐步实现农业生产经营机械化，在这种情况下，必须将小型农业生产合作社有计划地适当地合并为大型农业生产合作社。此后，各地区广泛开展了农业生产合作社并社工作，并社名称叫法五花八门。1958 年 7 月 3 日，毛泽东指出：“把农业合作社变成一个既有农业合作又有工业合作的基层组织单位，实际上是农业和工业相结合的人民公社。”同年 8 月 6 日，毛泽东视察河南省新乡县刚成立的七里营人民公社，称赞：“人民公社名字好。”8 月 7 日，他在听取河南省委负责人汇报时说，看来人民公社是个好名字，包括工农兵学商，管理生产、生活、政权。8 月 9 日，毛泽东到山东省历城县北园乡视察，当听到北园乡政府准备办大农场的汇报时，他说，还是办人民公社好，和政府合一，它的好处是，可以把工农兵学商合在一起，便于领导。新华社和人民日报社报道上述消息后，“人民公社”的名字立即传遍全国各地区，人民公社纷纷建立。在全国各地区争先恐后建立人民公社的形势下，中共中央于 8 月 17 日至 30 日，召开政治局扩大会议通过《关于在农村建立人民公社问题的决议》，把规模较小的农业生产合作社合并和改变成为规模较大的、工农商学兵合一的，政社合一的、集体化程度更高的人民公社，是指导农民加速社会主义建设的基本方略。毛泽东于 11 月 2 日至 10 日，在郑州召集有部分中共中央领导人和部分地方领导人参加的会议，广泛深入讨论研究了农村人民公社化运动中出现的问题。中共中央于 11 月 28 日至 12 月 10 日召开的八届六中全会通过了《关于农村人民公社若干问题的若干决议》。12 月 31 日，全国各地区农村建立的人民公社达 2.6 万多个，入社农户数占农户总数的 99% 以上。全国各地区农村建立不到两年的高级农业生产合作社被人民公社代替，实现了人民公社化。全国农村人民公社实行政社合一的体制。它既是一个经济组织，又是一级政权机构；既要负责全社农林牧副渔各业生产经营，又要管理农工商学兵等方面工作。人民公社划分为若干个生产大队，生产大队又划分为若干个生产队，实行三级管理。人民公社统管全社的生产经营计划、劳力安排、物资调配、资金筹拨、产品分配、财务管理、经济核算；生产大队负责生产经营成本与收益管理；生产队负责组织具体生产经营成本与收益核算。

（一）1959 年 2 月 27 日至 3 月 5 日，中共中央召开政治局扩大会议的主题，为解决农村人民公社所有制等问题，讨论起草了《关于农村人民公社管理体制的若干规定（草案）》。同年 3 月 25 日至 4 月 5 日，中共中央召开政治局扩大会议和八届七中全会，主题是检查纠正农村人民公社管理体制等问题，通过了《关于人民公社十八个问题》整顿方略。4 月 29 日，毛泽东给省、地、县、社、队、小队各级发出《党内通信》，对包产、密植、节约粮食、播种面积、机械化、讲真话等六个问题发表了意见。5 月 7 日至 6 月 1 日，中共中央连续发出《关于农业生产经营五条紧急指示》、《关于私人自留地以利发展猪鸡鹅鸭问题的指示》、《关于社员私养家禽、家畜、自留地等四个问题的指示》。5 月

26日，中共中央《关于人民公社夏收分配的指示》指出，要认真执行包产、包工、包成本的三包责任制和奖惩制度。9月3日，农业部《关于加强人民公社土地利用规划的通知》指出，对土地利用规划工作，应贯彻当前受益为主、群众自办为主、合理规范农林牧副渔各业用地的方针。

（二）1960年1月7日至17日，中共中央召开的政治局扩大会议提出，用8年组织完成农村人民公社从基本队有制过渡到基本社有制的设想目标。同年11月3日，经毛泽东审查修改后，由中共中央正式发布的《关于农村人民公社当前政策问题的紧急指示信》要求，全党用最大努力来坚决纠正“共产风”，并规定十二项政策，主要包括：一是“三级所有，队为基础，是现阶段农村人民公社的根本制度”，毛泽东加写上从“1961年算起，至少七年不变”；二是清理“一平二调”，坚决退赔；三是加强生产大队基本所有制；四是实行生产队部分所有制；五是允许社员经营少量自留地和家庭副业；六是坚持按劳分配原则，毛泽东加写上“在很长时期内，至少在今后二十年内”；七是恢复农村集市贸易。《紧急指示信》发出后，各地区党委、政府及时采取具体措施，清除思想障碍，安定民心，彻底纠正共产风、浮夸风、命令风、特殊化风和瞎指挥风。

（三）1961年1月14日至18日，中共中央召开了八届九中全会。全会一是通过对国民经济实行调整、巩固、充实、提高的方针，更好地贯彻执行以农业为基础、把农业放在首位的方针，指出必须集中力量加强农业战线，大办农业，大办粮食；二是通过《中共中央关于农村整风整社和若干政策问题的讨论纪要》决定，在农村中深入贯彻农业十二条，进行整风整社。同年3月14日，中共中央召开工作会议，讨论制定《农村人民公社工作条例（草案）》。同年5月21日至6月12日，中共中央召开工作会议，对《农村人民公社工作条例（草案）》做了重要修改，形成《农村人民公社工作条例（修正草案）》。中共中央于同年6月15日，发出《关于讨论和试行农村人民公社工作条例修正草案的指示》指出，农村人民公社各级规模不宜过大，特别是生产大队规模不宜过大，避免各队之间平均分配收益；以生产大队所有制为基础的三级所有制，是现阶段人民公社的根本制度；生产队分配给社员的现金和实物中，工资部分至少不能少于七成，供给部分至多不能多于三成。同年6月15日，中共中央发布《关于讨论和试行农村人民公社修正草案的指示》。同年6月19日，中共中央发布《关于纠正平调错误、彻底退赔的规定》之后，各地区政府对人民公社化运动以后平调社队和社员个人的各种财务和劳动力进行认真清理，坚决实行退赔。1961年底共支付农民退赔款18.5亿元。同时，国家提高了农业产品收购价格，全国农民因农业产品收购价格提高增加收入30亿元。

（四）1962年2月13日，中共中央发布的《关于改变农村人民公社基本核算单位问题的指示》明确指出，以生产队为农村人民公社的基本核算单位，规定至少30年不变。同年9月24日至27日，中共八届十中全会通过了《农村人民公社工作条例修正草案》和《关于进一步巩固人民公社集体经济，发展农业生产的决定》。1967年2月20日，中共中央发布《给全国农村人民公社贫下中农和各级干部的信》，号召农民群众认真地抓革命，促生产，动员一切力量，抓好春耕生产。同年3月7日，中共中央发布《关于农村生产大队和生产队抓好农业生产的通知》。同年12月4日，中共中央发布《关于今冬明春农村文化大革命的指示》指出，农村人民公社现有三级所有、队为基本核算单位的制度，农户自留地的制度，一般不要变动，也不要搞捐献。1973年3月30日，在国务院召开的全国计划会议上，对陈伯达等人在农村搞扩社并队、没收自留地、砍家庭副业等做法进行了批判，决定从财力、物力上大力加强农村人民公社生产建设。

六、组织开辟实行农业产品统购统销流通体制之路方略规程

1949年至1978年，我国农业产品购销流通体制是逐步调整完善的：一是从1950年至1952年，国家对农业产品购销实行国家宏观调控干预下的市场调节体制，从1950年起，国家对粮棉油等农业产品，实行以征购为主、市场收购为辅的体制。同年4月11日，政务院财政经济委员会发布了《关

于保证棉、麻与粮食合理比价的通告》。1951 年 3 月 17 日，政务院财政经济委员会发布了《关于粮麻比价、解决收购与粮食肥料供应问题的规定》。1952 年 3 月 12 日，政务院财政经济委员会发布了《关于粮棉比价及棉田的公粮负担的规定》。在这三年国民经济恢复期间，国家通过推行粮棉等农业产品储备、销售调控政策，维护农业产品购销市场正常流通渠道。二是从 1953 年至 1978 年，国家对农业产品购销实行粮棉油等农业产品的统购统销体制。中共中央于 1953 年 10 月 16 日发布《关于实行粮食计划收购与计划供应的决议》指出，为了从根本上解决粮食供求问题，中央决定，在农村向余粮户实行粮食计划收购（简称统购）；对城市人民和农村缺粮户实行粮食计划供应（简称统销）；由国家严格控制粮食市场，对私营粮食工商业进行严格管制，严禁私商自由经营粮食；实行在中央统一管理下，由中央与地方分工负责粮食管理。同年 11 月 15 日，中共中央批准政务院财政经济委员会《关于目前食油产销情况及处理办法的报告》，做出《关于在全国实行计划收购油料的决定》。政务院遵照中共中央的决定，于同年 11 月 23 日发布《关于实行粮食计划收购和计划供应的命令》和《粮食市场管理暂行办法》，在对粮食实行统购统销的同时，对食用植物油脂、油料也实行统购统销。1954 年 9 月 14 日，政务院发布《关于棉花计划收购的命令》决定，从当年秋季新棉花上市起，在全国范围内实行棉花的计划收购。同年 9 月 18 日，政务院实行棉花统购和棉花统购统销。从同年 9 月 30 日起，全国城乡开始采取棉布、食用油凭票定量供应的措施办法。

（一）1955 年 3 月 3 日，中共中央、国务院发布的《关于迅速布置粮食购销工作　安定农民生产情绪的紧急指示》强调，对粮食必须采取“定产、定购、定销”的措施办法。同年 4 月 3 日，中共中央发布《关于加紧整顿粮食统销工作的指示》，并派出几十万干部参加粮食统销整顿工作。同年 8 月 25 日，国务院发布的《农村粮食统购统销暂行办法》规定，对粮食实行“定产、定购、定销”的三定政策。从同年 11 月 1 日起，在全国城镇统一采取粮食及粮食制品凭票定量供应的措施办法。由此，我国粮食、食用油脂、油料统购统销进一步制度化。

（二）1956 年 10 月 24 日，国务院发布的《关于放宽农村市场管理问题的指示》中规定，除生猪外，烤烟、黄麻、苎麻、大麻、甘蔗、蚕茧、羊毛、牛皮、若干种中药材、苹果、柑桔、水产品等，都必须由国营商业公司或委托供销合作社统一收购。

（三）1957 年 8 月 9 日，国务院通过的《关于由国家计划收购（统购）和统一收购的农业产品和其他物资不准进入自由市场的规定》中明确提出，属于国家统一收购的农业产品包括：烤烟、黄麻、苎麻、大麻、甘蔗、蚕茧、茶叶、生猪、羊毛、牛皮、桐油、楠竹、核桃、杏仁、板栗、38 种中药材、苹果、柑桔、水产品等，都必须由国家委托国营商业和供销合作社统一收购。

（四）1959 年 9 月 23 日，中共中央、国务院发布的《关于组织农村集市贸易的指示》要求，积极组织和指导集市贸易，活跃农村经济。1961 年 1 月 15 日，中共中央发布的《关于农业产品收购工作中几个政策问题的规定》对过去农业产品收购得多、留存得少，国家管理得多，控制过严、价格过低等问题，指出相应纠正办法。同年 4 月 3 日，中共中央发布了《关于收购重要经济作物实行粮食奖励的指示》。1971 年 3 月 30 日，中共中央批转国务院《关于全国棉花、油料、糖料生产会议的报告》，决定适当提高棉籽、花生、油菜籽、芝麻、大豆等油料、油脂收购价格和糖料收购价格；同年 8 月 21 日，中共中央发布了《关于继续实行粮食征收任务一定五年的通知》；1977 年 10 月 5 日，国务院发布的《关于抓紧当前粮食工作的通知》提出，对粮食供应，要立足于国内、自力更生，不依靠国外进口。同年 11 月 9 日，国务院批转农林部、商业部《关于大力发展油料生产，尽快改善食油供应的意见》。

七、组织开辟加强农林牧渔业生产经营管理之路方略规程

新中国成立后，国家把农业和农村经济恢复发展看作是国民经济恢复发展的基础，是国计民生头

等大事，在全国组织开展土地改革、农民互助合作组、农业生产合作社、农村人民公社化的同时，加强农业生产经营基础设施建设，帮助农民群众改善农业生产经营条件，推进农业和农村经济恢复和迅速发展。为此，国家于1949年至1978年组织动员农民群众参加农林牧渔各业生产经营基础设施建设，规定实施以下四方面任务方略。

（一）加强农业生产经营组织管理任务方略规程。它主要包括以下三方面任务方略。

1. 中国人民政治协商会议于1949年9月22日通过的《共同纲领》规定，中华人民共和国必须有步骤地将封建半封建土地所有制改变为农民土地所有制。在一切已彻底实现土地改革的地区，人民政府应组织农民以发展农林牧副渔各业生产经营为中心任务，并引导农民逐步地按照自愿互利的原则，参加农业生产经营互助合作。同年12月8日至20日，农业部召开的全国农业工作会议确定，1950年农业生产经营方针是以农业生产经营恢复为主，以粮食、棉花增产为中心任务。同年12月19日，政务院发布的《关于农业生产经营救灾的指示》要求，各地区根据当地自然地理条件，推进农牧副渔各业生产经营恢复发展，改善农民群众生活条件。

2. 中共中央、国务院于1950年2月7日批转了农业部制定的《关于1950年农业生产经营方针及粮棉增产计划的指示》提出，老解放区农业生产经营水平比1949年提高一成，农业生产经营条件较好的老解放区应争取恢复战前的农业生产经营水平。对新解放区，要保持1949年水平，农业生产经营条件较好的新解放区争取略有提高。同时强调，1950年农业生产经营核心是增加粮食、棉花产量，在现有基础上，增加粮食产量500万吨，增加棉花产量24万吨。

（1）1951年2月2日，政务院发布的《关于1951年农林生产的决定》规定，支持农民参加农业生产经营建设合法权益的十项政策：一是保护农民土地财产权益不受侵犯；二是贯彻农业税合理负担；三是明确农业生产劳动互助合作组织享受政府各种奖励和优待；四是奖励主要工业所需农业原材料生产价格；五是实行山地林业管理和奖励群众植树造林；六是奖励兴修水利和垦种荒地；七是保障畜牧牲畜喂养者利益；八是鼓励农民投资农业生产经营建设；九是提倡有计划地开展多种经营；十是引导农民参加农业生产互助合作。这十项政策，有利于保护和发挥农民推进农业和农村经济恢复发展。

（2）1952年2月15日，政务院发布的《关于1952年农业生产经营的决定》提出，贯彻执行国民经济恢复时期的方针政策，开展爱国农业丰产运动，调动农民群众的积极性，促进农业生产经营恢复发展，努力完成农业生产经营计划任务。1952年，全国农业产品实际总产量与计划总产量比较，粮食完成计划107.2%，棉花完成计划104.6%，油料完成计划108.3%，大牲畜完成计划116.6%，生猪完成计划113.8%。1952年与1949年相比，全国农业总产值417亿元，粮食总产量16392万吨，棉花130万吨，分别增长53.9%、44.8%、195.5%。农业纯收入增长32%。

3. 1953年至1957年"一五"规划时期，国家实行由农业国向工业国转变，完成国家工业化、发展农业、逐步完成农业合作化的过渡时期总路线。1957年，全国农业总产值完成计划的102%，粮食总产量完成计划的105%，棉花总产量完成计划的103%。

4. 从1958年至1962年"二五"规划和1963年至1965年三年调整时期，通过实行恢复国民经济的"调整、巩固、充实、提高"八字方针，1965年全国农业总产值833亿元，粮食总产量19453万吨，棉花总产量209.8万吨，分别比1962年增长43%、22%、180%。农村生产队分配社员收入每人年平均收入304.6元，增长23%。在这个时期，一是中共中央于1960年3月30日至4月10日召开工作会议，通过《全党动员、大办农业、大办粮食的指示》指出，农业是国民经济的基础、粮食是基础的基础；二是1961年1月14日至18日，中共八届九中全会决定，从1961年起，全党必须集中力量加强农业战线，贯彻执行农业为国民经济基础和"调整、改革、充实、提高"的方针，切实地按照农业、轻工业、重工业次序进行综合平衡。

5. 1966年至1970年"三五"规划和1971年至1975年"四五"规划时期，以及1976年至1978年"五五"规划期间，一是国家计委于1971年2月14日召开的全国计划工作会议指出，必须执行

"以粮为纲、全面发展"的方针，坚持各尽所得，按劳分配的原则；二是农林部于1973年5月15日至25日召开的全国小麦生产现场会指出，小麦增长潜力大，适应性强，必须把小麦增产作为实现全国粮食上"纲要"的一项政策措施来抓；三是国务院于1977年11月9日批转农林部、商务部《关于大力发展油料生产、尽快改善食油供应的意见》；四是中共十三中全会于1978年12月18日至22日，提出了推进农林牧副渔各业生产经营持续健康发展的一系列政策措施。截至1978年底，全国农业总产值1288.7亿元，粮食总产量30477万吨，棉花总产量216.7万吨，比1965年分别增长118.6%、56.7%、30%。农村生产队收益分配给社员每人年平均收入582.4元，比1965年增长91.2%。

（二）加强林业生产经营组织管理任务方略规程。它主要包括植树造林、荒山绿化、沙漠治理、林业生态、森林保护、林场发展、种苗培育等各项任务方略。林业生产经营是保护农牧渔各业生产经营持续发展的生态屏障。国家组织开展植树造林、荒山绿化、沙漠治理、林业生产、生态环境建设、森林保护、扩大森林资源，提高森林覆盖率，对于改善农牧渔各业生产经营环境，确保农牧渔各业生产经营持续发展，起到保障作用。新中国成立后，国家把植树造林、绿化中华大地、改善生态环境规定为永久的基本国策。1949年9月29日，中国人民政治协商会议第一次会议通过的《共同纲领》规定："保护森林，并有计划地发展林业。"1953年9月3日，政务院发布命令，把植树造林、育林护林工作，列为各级政府的主要任务之一。1956年3月12日，毛泽东向全国人民发出了"绿化祖国"的伟大号召。1957年9月20日至10月9日，中共八届三中全会通过的《全国农业发展纲要（修正草案）》要求，在"自然条件许可和人力可能经营的范围内，绿化荒地荒山。在一切宅旁、村旁、路旁、水旁，只要是可能的，都要有计划地种起树来"。1960年3月30日至4月10日，第二届全国人大二次会议通过并公布的《1956年至1967年全国农业发展纲要》和《为提前实现农业发展纲要而奋斗的决议》提出绿化中华大地的要求。1961年6月26日，中共中央发布了《关于确定林权、保护山林和发展林业的若干政策规定（试行）草案》。1962年11月2日，国务院决定，在林业生产经营管理上，要坚持执行合理采伐、采育结合、越采越多、越采越好、青山常在、永续利用的政策。1967年9月23日，中共中央、国务院发布了《关于加强山林保护管理　制止破坏山林、林木的通知》，规定了奖励、惩罚政策措施。1976年11月25日至12月7日，农林部召开的南方14省、自治区用材林和油料林基地造林现场会议提出推进木本油料生产发展的政策措施。1977年3月12日至30日，农林部召开的林业会议明确提出林业生产经营发展方针政策。1978年11月15日至25日，国家林业总局和民用航空总局联合召开全国飞机播种造林经验交流会议，推进飞播造林成功经验；国务院批转国家林业总局《关于在"三北"风沙危害和水土流失重点地区建设大型防护林的规划》提出，坚持加强"三北"风沙和水土流失防治工程建设的政策措施。总之，在全国组织开展植树造林方针策略，主要包括封山育林、飞播造林、义务造林这三方面法规方略。

1. 组织推行各地区农村开展封山育林方略。1950年8月4日，第一次全国林业厅（局）长会议决定，把各地区农村封山育林，列为绿化祖国、植树造林、森林更新、扩大森林资源的一项重要方略。1953年9月3日，政务院在发布的《关于发动群众开展造林、育林、护林的指示》中，肯定了封山育林是使自然成林和水土保持的有效办法。随后，林业部提出了"巩固成果、改进封山育林办法和继续推广封山育林"的政策措施。

2. 组织推进各地区采用速度快、省劳力、投入少、成本低的飞机播种造林方略。通过飞机播种造林，加快造林绿化步伐，改善生态环境，是促进山区、沙区农业和农村经济发展的一个有效途径。1956年，广东省开始在荒山进行飞机播种造林。1959年，四川省凉山自治州开展飞机播种造林，都形成了集中连片飞播林。从1960年起，林业、民航、空军、中国科学院等单位配合协作，组织专家和飞行技术员，联合攻克技术难关，促进了飞播造林工作开展。

3. 组织推动适龄公民自觉自愿地履行植树造林义务方略。动员城乡人们直接参加植树造林、管护绿地、采种育苗等义务劳动，针对不同情况，采取出义务工、交绿化费等方式，代替义务植树造林任务。共青团、妇联、工会等团体组织开展绿化荒地、荒山、滩涂、沙漠等区域。为扩大和巩固全民义务植树造林运动的成果，各地区政府依托本地自然地理条件和社会经济实力，建立起各种义务植树造林基地，主要是各级政府、社会团体、民众组织建立的长期义务植树造林基地。

（三）加强牧业生产经营组织管理任务方略规程。它主要包括农牧结合、科技兴牧、基础建设、区域布局、抗灾防疫、保障供应、增加收益等各项方针策略。从1949年至1978年，国家对内蒙古、新疆、甘肃、宁夏、四川、西藏等牧业区，一是废除封建的牧场所有制、废除封建牧业主一切特权、废除奴隶制度，推行不斗不分不划阶级、牧主与牧工互利、以发展畜牧业为中心、加强民族团结、培养使用民族干部、人畜两旺的方针；二是支持和鼓励牧民科学合理使用和保护牧场，帮助贫困牧民打井储草，改进饲养、培育牲畜方法，改变自由放牧方式。在各牧业区实行定居游牧、互助合作、禁止开荒、增畜保畜、发展工副业、提倡贸易、减轻税收等项政策；三是组织推广交流各牧业区维护、建设草牧场，搭棚盖圈储草、抗灾保畜、分群放牧、定期交配、改良品种、防治畜疫等先进经验措施办法。

1. 在“一五”规划时期，各个农牧业兼有地区，坚持执行农牧结合政策，在加强牧业区自然草场维护、建设的同时，进人工草地、饲料地建设，将农业区沙化地、陡坡地退耕还牧，由农业种植结构转化农牧业结构，把秸秆转化为牛羊畜肥，使畜牧业成为半农半牧和农业区的重要产业。农业部于1956年3月14日至22日召开全国畜牧兽医工作会议，规定了12年畜牧业生产经营远景规划，又于同年6月12日发了《国营农牧场兽医工作规划》。同年6月21日，中共中央、国务院对农牧业兼有地区，确定了畜牧业主体在牧业区、潜力在农业区、牧业区要稳定增产、农业区要大力增产、双方密切结合的方针。为此，国务院于同年7月1日发布了《关于发展养猪的指示》，加大了对农业区、半农半牧业区的扶持力度。

2. 在“二五”规划时期，各个农业区、半农半牧业区组织农牧民兼顾农林牧三业生产经营，组织推广应用农林牧三业生产经营先进科学技术。毛泽东于1959年10月31日，向全国发出《关于发展养猪业的一封信》指出，养猪业必须有一个大的发展，赞同猪为六畜之旺的主张，农林牧三业是互相依赖、缺一不可的关系，要提高农林牧三业生产经营先进科学技术水平。为此，各个农业区、半农半牧业区都逐步加大科技投入力度，一是逐年建立起农牧业科技推广、农牧民科技培训、良种繁育和监测体系；二是逐年提高农牧业生产经营科技成果转化率和农牧业产品增产中科技含量；三是逐年促使农牧民提高生产经营先进科技管理水平。据测算，全国农牧业生产经营科技含量由“一五”规划时期末1957年的12%，逐步上升到“二五”规划时期末1962年的28%。

3. 在三年调整时期，为了推动农业区、半农半牧业区农牧民群众抗灾防疫保畜工作，确保农牧业生产经营健康发展，国务院于1963年8月8日发布了《关于民间兽医工作的决定》。农业部于1965年6月16日至29日召开的全国畜牧业工作会议提出，必须长期坚持执行公养与私养并举、以私养为主的养猪方针。为此，各个农业区、半农半牧业区，一是组织农牧业社队和农牧业户大力发展养猪，同年底生猪存栏958万头，大牲畜存栏7994万头；二是组织开展防火基地、牧草与饲料基地等基础设施建设。同年，牧草与饲料基地建设面积652万亩，牧业户中73%实现定居、半定居，81%以上牲畜有棚圈，扭转了跟随水草放牧的游牧方式。

4. 在“三五”规划时期，各牧业区、半农半牧业区针对不同自然地理环境和草料来源条件，在畜牧业各种产品生产经营布局上，一是因地制宜、科学合理确定布局，推动区域化、专业化、基地化生产经营，引导农牧民实事求是地进行畜牧生产经营，依据地域、牧草、饲料等条件，建设不同畜种、不同产品生产基地；二是遵照温暖季节多养殖、寒冷季节少留存的方针，加快牲畜周转，增加牲畜出栏，保障有效供给；三是按照国家经济建设、城乡人民生产生活对各种畜禽产品的需求，逐步改变牧业户小而全、地区大而全的状况，形成畜牧业生产经营科学合理布局，确保畜牧业生产经营持续发展。

5. 在“四五”至“五五”规划时期，各个牧区、半农半牧业区在组织开展畜牧产业化经营上，一是引导畜牧业社队适度规模经营，形成畜牧业产品加工、保鲜、包装、贮藏、运输、供销一条龙产业链，建立牧工商联营企业。据统计，1975 年，全国牧工商联营企业有 24614 个，加快了畜牧业产业化经营进程；二是扶持牧业户增强畜牧业生产经营能力，自觉培育畜牧业优良品种、高产优质产品，推广采用高产优质牧草、草籽、饲料，进一步合理配置资源，优化畜牧业产品质量，提高畜牧产业综合生产能力。1975 年，在全国畜牧业总产值 179.4 亿元中，半农半牧业区占 49.6%，农业区占 13.2%，牧业区占 27.2%。同年，在全国大牲畜年末存栏 9686 万头中，半农半牧业区占 46.8%，农业区占 9.3%，牧业区占 43.9%；同年，9 月 16 日，中共中央发布《关于大力发展养猪业的通知》要求，各地区正确贯彻以养猪为中心，全面发展畜牧业、扶持农牧社队养猪、继续鼓励社员养猪的方针之后，各地区党委、政府及有关部门广泛深入地推动农业区、半农半牧业区和牧业区社队及农牧民群众全面发展以养猪为中心的畜牧产业。截止到“五五”规划期间的 1978 年，在全国生猪年末存栏 30129 万头中，来自半农半牧业区占 20%，农业区占 76%，牧业区占 4%；同年，全国猪牛羊肉总产量 856.3 万吨的 86% 来自农业区和半农半牧业区；全国禽蛋总产量 243.8 万吨的 97% 来自农业区，全国大牲畜年末存栏 9389 万头的 62% 来自半农半牧业区和农业区。

（四）加强水产业生产经营组织管理服务方略规程。它主要包括公私兼顾、劳资两利、保护资源、养捕兼顾、连家鱼般改造、海洋渔业气象服务等方面任务方略。全国水产业从新中国成立后逐年健康持续发展起来。1949 年，全国水产业产品总产量仅 45 万吨。1950 年 2 月 6 日至 13 日，中共中央、政务院批准召开的第一届全国渔业工作会议决定，对全国水产业生产经营，推行集中领导、严格管理、公私兼顾、劳资两利、养捕结合、健康恢复、持续发展的方针。在三年恢复时期，全国水产业生产经营就得到恢复和发展，1952 年，全国水产业产品总产量 167 万吨，比 1949 年增长 2.71 倍。在“一五”规划时期，从 1953 年起，平均每年以 13% 的比例增长，到 1957 年，全国水产业产品总产量 312 万吨。

1. 在“一五”至“四五”规划期间，中共中央、国务院组织各地区党委、政府推行恢复和发展水产业生产经营、保护海淡水产资源方针策略：一是在“一五”规划时期，中共中央于 1952 年 11 月 29 日发布《关于渔民工作的指示》指出，在湖海重点渔区设立渔业资源，保护组织机构、组织渔民协会、进行民主改革，推动渔业生产经营恢复和发展；国务院于 1955 年 6 月 4 日发布《关于渤海、黄海及东海机轮拖网渔业禁渔区的命令》，以保护沿海水产资源；水产部于 1956 年 11 月 24 日发布《关于贯彻沿海水产资源保护政策　有力地安排渔场和改造船网工具的指示》，提出了保护沿海水产资源具体要求；水产部于 1957 年 4 月 23 日，发布了《水产资源繁殖保护暂行条例（草案）》，采取了切实可行的方略规程；二是在三年调整时期，水电部、水产部于 1963 年 4 月 17 日发布《关于在水利建设和管理上注意保护增殖水产资源的联合通知》提出，注意加强水库水产养殖水质保护方略规程；国务院于 1964 年 6 月 25 日批转水产部制定的《水产资源繁殖保护条例（草案）》；三是在“三五”规划时期，中共中央于 1966 年 2 月 13 日批转水产部党组《关于加速连家渔船社会主义改造的报告》提出，保护海淡水产资源环境的方略规程；四是在“四五”规划时期，国务院、中央军委于 1974 年 6 月 18 日，批转总参谋部、农林部、外交部、公安部《关于加强护渔问题的报告》提出，加强对渔民在海洋捕鱼作业治安保护方略规程。

2. 在“二五”至“五五”规划时期，中共中央、国务院批转水产部制定海淡并举、养捕并举、以养为主、积极捕捞、因地制宜、扩展外海、气象服务方略：一是在“二五”规划时期，水产部于 1959 年 1 月 12 日至 22 日召开的全国水产工作会议，规定了“以水产品养殖为主、积极发展水产品捕捞”的方略规程；二是在三年调整时期，中共中央、国务院于 1963 年 1 月 20 日批转水产部党组《关于全国水产工作会议情况的报告》，肯定了《会议》提出的“海淡并举、养捕并举、国营和集体并举、因地制宜、多种经营”的水产业生产经营方略规程，决定了调整水产业产品供销管理体制，在水产业产品重点产区实行产供销统一领导、加强管理的方略规程；三是在“四五”规划时期，国务院、中央军委于 1973 年 1 月 24 日，批转外交部、海军司令部、农林部《关于发展外海渔业问题的请示报告》，明确了《报告》提出的外海渔业生产经营方略规程。国务院于 1975 年 1 月 16 日，批转农林部《关于加强海洋渔业气象服务的报告》，批准了《报告》对海洋渔业气象服务方案；四是在“五五”规划时期，农林部、财政部于1978年1月16日发布《关于淡水商品鱼基地建设补助资金管理办法的通知》规定，对组织开展淡水产品养殖、加工基地建设投资给予补助。据统计，1978年，全国水产品总产量466万吨，比“四五”规划时期末1975年的441万吨，增长5.7%。

八、组织开辟调整农村集体、农民群众收益分配权利之路方略规程

1956年9月15日至27日，中共八大确定了以国家经营和集体经营为主体、以个体经营为补充、遵循价值规律、等价交换的政策，对农村集体内部经济利益关系作了调整部署，针对一些地区农业生产合作社成立急促、存在收益分配遗留问题的情况，调整现有组织体制，纠正集体生产经营过于集中、集体收益提取过多、农户家庭副业经营自由受限、取得集体收益过少的偏向，要求农业生产合作社，一是在生产经营上实行“大集中、小分散”方略；二是在农业生产资料处理上实行“公有为主、私有为辅”方略；三是在集体与个体收益分配上实行集体少提、个体多分、少扣多分方略；四是在经营管理核算上，实行自力更生、勤俭经营、民主理财、经济核算、群众监督方略。

（一）在“一五”规划时期，中共中央、国务院要求各地区党委、政府在调整农业生产经营方略规程，一是1956年4月3日，中共中央、国务院发布《关于勤俭办社的联合指示》指出，必须坚持执行勤俭经营、经济核算的政策；二是1957年6月25日，第一届全国人大常委会七十六次会议通过《关于增加农业生产合作社社员自留地的决议》，鼓励社员发展家庭多种经营，增加收入，改善生活；三是同年10月6日，中共中央发布《关于整顿农业生产合作社生产经营规模》指出，调整农业生产经营规模，一般一村一社，社属生产队以20农户为宜，十年内不予变动，合作社对生产队实行“包产、包工、包财务”，超产提成，减产扣分，边远山区生产队可以包产到组、到户；队组实行按季节、地域包工到组，对农业生产经营分散劳动包到户。

（二）在“二五”规划和“三年”调整时期，中共中央、国务院要求各地区党委、政府在调整农村集体、农民收益分配方略规程，一是1959年2月27日至3月5日，中共中央召开政治局扩大会议，讨论纠正农村人民公社“一大二公”所有制和“共产风”问题，又于3月25日至4月5日，中共中央召开政治局扩大会议和八届七中全会，会议检查农村人民公社“一大二公”所有制和“共产风”整顿情况。通过了《关于农村人民公社的十八个问题》处理方略规程。二是1959年5月1日至6月1日，中共中央为增强广大农户家庭畜禽养殖增加收入、改善生活的能力，连续发出促进农村社队发展多种经营、分配农户自留地、发展家庭猪鸡鹅鸭等畜禽的指示。同年5月26日，中共中央为推动农村社队落实农户生产经营责任制，发布《关于农村人民公社夏收分配的指示》指出，要认真执行包产、包工、包成本的责任制度和奖惩制度。三是1961年1月14日至18日，中共中央召开八届九中全会，会议把1959年至1961年农业连续三年发生自然灾害，1961年全国粮棉油糖等农业产品产量降至1952年水平之下，农业产品供给严重短缺，通称为三年困难时期的问题。全会认为，1961年全国必须集中力量加强农业战线，贯彻执行国民经济以农业为基础的方针，大办农业、大办粮食；全会通过了对国民经济实行“调整、巩固、充实、提高”的八字方针，并通过了《中共中央关于农村整风整社和若干政策问题的讨论纪要》。全会决定，在农村深入贯彻《农业十二条》，进行整风整社。四是1961年1月15日，中共中央为纠正过去几年国家对农业产品购得多、社队农户留得少、管得严等问题，正式发布了《关于目前农业产品收购工作中几个政策问题的规定》，提出了相应纠正方略规程。五是1961年6月19日，中共中央为纠正农村社队平调错误、解决退赔问题，向各级党委、政府发布了《关于坚决纠正平调错误、彻底退赔的规定》，同日，中共中央为遵循等价交换原则，推行农业产品合同制，搞活农村集市贸易，增加农民购销产品收益，正式发布了《关于改进商业工作的若干规定》。同年6月29日，国务院决定调减农业税率，使全国农业税实际平均负担率降到10%

以内。六是1962年2月13日，中共中央为调整农村人民公社三级所有，将生产队为收益分配核算单位，正式发布了《关于改变农村人民公社基本核算单位问题的指示》决定，在农村人民公社内部，实行三级所有、队为基础体制，把基本核算单位由生产大队下放到生产队，解决各生产队之间平均分配和负担问题；同年5月11日，中共中央政治局常委工作会议决定，全面贯彻执行“调整、巩固、充实、提高”的八字方针，按照农业、轻工业、重工业次序安排国民经济发展计划，增加农业基础建设投资，把国家基本建设总额的17.7%用于农林牧渔水利气象系统基础建设，压缩工业基本建设规模，动员工业企业职工、城镇人口2000万人到农村生产第一线劳动，减少粮食征购量，提高农业产品收购价格，允许农民经营自留地和家庭副业，恢复农村集市贸易，对经济作物收购实行奖励粮食、化肥等工业品的政策，恢复棉花预购制度，预购定金比例为15%—20%。

（三）经过1963年至1965年三年国民经济调整时期，中共中央、国务院督促各地区党委、政府及部门，一是纠正了“一大二公，一平二调”收益分配倾向；二是推行了以农村生产大队为基本收益分配核算单位和农民按各尽所能、按劳动成果分配收益责任制；三是实行了社员家庭自留地发展多种经营、增加收入、改善生活方略规程。

（四）从1949年至1978年，全国农民群众收入逐步增加。据统计，全国农村居民平均每人全年纯收入数额水平，由1949年的43.8元，增加到1978年的133.6元，增长205%。1952年到1978年的26年中，农村居民平均每人全年纯收入增长2.8%。1978年农民纯收入中，来自农林牧渔各业的收入占82%，来自工交商服务业的收入占18%。在农林牧渔各业产品产量增加的同时，国家对农林牧渔各业产品收购价格也逐渐提高。从1952年到1978年，全国农业总产值每年平均增长2.8%，农业产品收购价格每年提高2.4%。

（五）从1949年至1978年，全国农民群众物质和文化生活条件逐步改善。据统计，全国农村居民家庭平均每人物质文化生活费支出，由1952年39.8元，上升到1978年106.9元，增长168.6%。据统计，在农民群众吃、穿、住、用、烧等物质文化生活费支出中，1952年吃、穿两项支出占81%，住房、用品、燃料、文化等支出占19%。1978年吃、穿两项支出占72%，住房、用品、燃料、文化等项支出占28%。农民群众物质文化生活消费，逐步由自给型为主转向以市场型为主的轨道。

九、组织开辟筹措农业生产经营建设投资渠道之路方略规程

农业生产经营建设投资，是指农业生产经营建设过程中的流动资金、固定资金，为农业生产经营建设服务的教育、科技、生态、环保、水利、气象等方面投资。农业生产经营建设投资范围包括：农业、林业、牧业、渔业、水利、气象、农机等投资。农业生产经营建设投资来源于财政补贴资金、银行信贷资金、农村集体积累资金、农村乡镇企业资金、农户自有资金、社会各界扶助资金。

（一）从1949年至1978年，农业生产经营建设所需资金，主要来源于国家各级财政、农村集体经济组织安排的资金和农民群众劳务投入，还有国家银行和农村信用社借入的资金。国家各级财政安排用于农业生产经营建设投资数额，占全国财政投资总额的比例为：一是三年恢复时期（1950年至1952年）5.8%；二是“一五”规划至“五五”规划时期（1953年至1978年），平均每年10.6%；农村互助组、合作社、人民公社及生产队集体经济组织和农民群众安排用于农业生产经营建设投资数额，占全国农村集体经济组织和农民群众各方面投资总额81%。

（二）从三年恢复时期至“五五”规划时期，国家各级财政投资主要安排用于综合治理江河防洪排涝堤灌项目工程、修建农田水利项目工程、兴办农业生产经营科技推广项目工程等投资。农村集体经济组织和农民群众通过积累的资金和劳动力，添置了农业生产经营机械器具，开展了农田改造、植树造林活动；从三年调整时期至“三五”规划时期，国家各级党委、政府通过各级财政投资、组织调动扶持各地区农村社队集体经济组织投资和农民群众投资，开展山林田路综合治理、农田抗旱防

洪、水土保持项目工程建设；从“三五”至“四五”规划时期，国家各级党委、政府通过各级财政投资，组织调动扶持各地区农村社队集体经济组织投资和农民群众投资，开展农业生产经营机械化建设、农业产业产品基地规模化建设。从“五五”规划时期中1976年至1978年，国家各级党委、政府通过各级财政投资，调动扶持各地区农村社队集体经济组织和农民群众开展农业产业化经营、科技社会化服务项目工程建设、“三北”地区生态环境建设和“三西”地区扶贫开发、脱贫致富项目工程建设。

十、组织开辟推进农业现代集体化、农田水利化、农业机械化、农业科技化建设之路方略规程

我国农业现代化建设使命，早在1949年3月5日至13日，中共中央召开七届二中全会提出，必须谨慎地、逐步地把个体农业而又积极地引导到农业集体化、水利化、机械化、科技化等现代化方向发展。1950年6月28日，中央人民政府委员会第八次会议通过《中华人民共和国土地改革法》，全国农民群众分得了土地。

首先，组织开展农业集体化、水利化建设方略规程。1951年12月15日，中共中央发布《关于农业生产互助合作的决议（草案）》规定，在农业生产互助的基础上，发展土地入股的初级农业生产合作社，逐步过渡到土地公有高级农业生产合作社，实现农业的社会主义集体化；1953年6月15日，毛泽东在中共中央政治局会议上提出，我国要在10年到15年或者更多一些时间内，基本完成国家工业化和对农业的社会主义改造；1954年9月15日，第一届全国人大一次会议批准的《政府工作报告》提出建设农业现代化的任务，发展农业生产合作社，兴办农田水利、选育优良品种、推广农业生产经营科学技术，兴办农业科教事业；1955年10月4日至11日，中国中央召开的七届六中扩大会议通过了《关于农业合作化问题的决议》。11月9日，第一届全国人大常委会二十四次会议通过了《农业生产合作社示范章程草案》；1956年6月15日至20日，第一届全国人大三次会议通过了《高级农业生产合作社示范章程》；1957年9月24日，中共中央、国务院发布《关于大规模开展农田水利积肥运动的决定》，9月20日至10月9日，中共中央召开的八届三中扩大会议通过了《全国农业发展纲要（修正草案）》，提出了发展现代农业的任务与要求；1958年8月17日至30日，中共中央召开的政治扩大会议通过了《关于在农村建立人民公社问题的决议》。11月28日至12月10日，中共中央召开的八届六中全会通过了《关于人民公社若干问题的决议》。1962年9月24日至27日，中共中央召开的八届十中全会通过了《农村人民公社工作条例修正草案》和《关于进一步巩固人民公社集体经济，发展农业生产的决定》。

其次，组织开展农业机械化、农业科技化建设方略规程。1963年2月8日至3月31日，中共中央、国务院召开的全国农业科学技术工作会议制定了《1963年至1972年农业科学技术发展规划》；1964年12月20日至1965年1月4日，第三届全国人大一次会议批准的《政府工作报告》提出，在不太长的历史时期内，把我国建设成为一个具有现代农业、现代工业、现代国防和现代科学技术的社会主义强国。在农业现代化建设上，大力推进以机械化、水利化、电气化、化肥化为目标的物质装备技术改造等农业现代化建设；1966年2月，毛泽东在对湖北省委关于实现农业机械化设想的批语中指出，从1956年起用25年时间，基本上实现农业机械化①。7月4日，国务院召开第一次全国农业机械化会议，对1980年全国基本上实现农业机械化作了规划和部署。1977年1月19日，中共中央批转国务院《关于1980年全国基本上实现农业机械化的报告》。1978年1月4日至26日，国务院召开

① 《建国以来毛泽东文稿》（第12册），中央文献出版社1998年版，第12页。

第三次全国农业机械化会议，号召决战三年，为全国基本上实现农业机械化而奋斗。

从1949年至1978年，从中央到地方各级党委、政府组织领导带动全国各地区农村干部、农民群众开展土地改革分得土地，在自觉自愿参加农业生产经营互助组、初级合作社、高级合作社、人民公社三级所有制集体经济组织的基础上，进一步开辟推行农田水利化和农业生产经营机械化、科技化的农业现代化建设之路方略规程。

（一）在组织开展农田水利化建设方略规程上，有三方面：一是淮河、黄河、长江流域洪水防泄、蓄水灌溉等水利化建设方略；二是丘陵山区小流域治理、水土保持等水利化建设方略；三是农田灌排配套、抗旱防涝、改良土壤等农田水利化建设方略。

1. 组织开展淮河、黄河、长江流域洪水防泄、蓄水灌溉等水利化建设方略。1949年11月8日至18日，水利部召开《全国解放区水利联席会议》规定，江河流域基本建设的方针是防泄洪水、灌排兼顾、防止水患、旱涝保收、增产增收；1950年10月14日，政务院发布了《关于治理淮河的决定》；1951年5月2日，中央治淮视察团带着毛泽东题词“一定要把淮河修好”的锦旗，由北京出发前往淮河领域调查研究；1952年3月21日，政务院发布《关于1952年水利工作的决定》提出，对于水利化建设总方向，由局部的转向流域的规划，由临时性的转向永久性的工程，由消极的除害转向积极的兴利；同年4月16日，政务院发布了《关于荆江分洪工程治理决定》；同年10月30日至31日，毛泽东在视察黄河过程中，发出“要把黄河的事情办好”的号召。1954年9月15日至28日，第一届全国人大一次会议批准的《政府工作报告》指出，必须积极从流域规划入手，采取标本结合、抗旱排涝并重的方针，继续治理危害严重的河流，加强农田水利基本建设，抗旱防涝，灌排配套，旱涝丰收；1955年7月30日，第二届全国人大二次会议批准国务院《关于根治黄河水害和开发黄河水利综合规划的报告》。总之，中共中央、国务院组织推动各地区党委、政府有计划、有步骤地领导农民群众参加淮河、长江、黄河等江河流域防洪抗旱、灌排兼顾水利化建设，在淮河流域，完成了“蓄泄兼筹”的治理项目工程建设任务；在长江流域，完成了荆江分洪项目工程建设任务；在黄河流域，完成了“蓄水拦沙”和下游防洪项目工程建设任务。据统计，1978年，防洪排涝和防旱农田已达4.6亿亩，防止了洪涝灾害给农业生产经营和农民生命财产造成损失，保障了农业增产、农民增收、农村社队集体经济发展。

2. 组织开展丘陵山区小流域治理、水土保持等水利化建设方略。1955年10月10日至19日，国务院农林水等部委召开的《第一次全国水土保持工作会议》提出，组织开展小流域治理、水土保持项目工程建设的任务要求和政策措施；1957年5月24日，国务院发布了《水土保持暂行纲要》，12月4日至21日，国务院水土保持委员会召开《第二次全国水土保持会议》，各地区总结交流了水土保持成效经验和失误教训，对有关问题提出了相应的解决办法；1958年8月20日至9月15日，国务院水土保持委员会召开《第三次全国水土保持会议》，调整了“二五”规划时期小流域治理和水土保持项目工程建设的任务要求和综合治理方式方法；1959年4月6日，国务院主持召开的《西北及内蒙古6省（区）防止风沙会议》提出了小区域治理荒漠化的任务、要求和方式、方法。1973年4月12日至26日，国务院水电部、农林部等部委召开《黄河中游水土保持工作会议》制定了以土为首、水土林综合治理、为推进农业生产经营服务的水土保持方针；1978年11月25日，国务院批转国家林业总局《关于在“三北”风沙危害和水土流失重点地区建设大型防护林规划》，对华北、西北、东北“三北”风沙危害和水土流失重点地区，组织开展防止风沙、保持水土植树造林项目工程建设。从1978年起，“三北”防护林体系开始建设，加速了防沙治沙项目工程建设进程。

3. 组织开展农田灌排配套、抗旱防涝、改良土壤等农田水利化建设方略。1952年2月8日，政务院发布了《关于大力开展群众性的防旱、抗旱运动的指示》，组织动员广大农民群众开展农田水利灌溉建设。1956年3月6日，水利部召开的《全国水文工作会议》提出，1956年建立水文测报站任务和以后7到12年内分布水文站规划。3月21日至31日，水利部召开的第一次全国水利施工会议制定了今后12年水利施工规划；1957年9月24日，中共中央、国务院发布了《关于今冬明春大规模兴修农田水利和积肥运动的决定》；1958 年 8 月 17 日至 30 日，中共中央政治局扩大会议通过了《关于水利工作的指示》《关于深耕和改良土壤的指示》《关于肥料问题的指示》；1962 年 12 月 10 日至 20 日，水电部召开的全国水利工作会议规定了“巩固提高、加强管理、积极配套、重点兴建、进一步创造发展条件”的方略，明确提出了发展农田水利、续建水库工程、巩固与发展机电排灌、大力加强水土保持工作等“二五”规划时期建设任务；1964 年 1 月 28 日至 2 月 9 日，农业部召开的全国农业工作会议确定了建设旱涝保收、高产稳产农田的方略。同年 1 月 29 日至 2 月 10 日，水电部召开的全国水利工作会议确定了在 1970 年前，分期分批建设 4 亿亩旱涝保收、稳产高产农田；1965 年 8 月 6 日至 15 日，水电部召开的全国水利工作会议确定的“三五”规划时期的方略是发扬大寨艰苦奋斗、自力更生的精神，大搞小型、全面配套、加强管理、扩大稳产高产农田，促进农业现代化产业化经营发展；1974 年 10 月 6 日至 14 日，水电部召开的全国农田基本建设会议要求，大力建设旱涝保收、稳产高产农田，并相应达到六条标准；1975 年 7 月 30 日至 8 月 21 日，水电部召开的全国农田基本建议会议指出，要以改土、治水为中心，按照上年农田基本建设座谈会的六条标准，扎扎实实地建设旱涝保收、高产稳产农田。据统计，1978 年有效灌溉面积 6.7 亿亩，其中旱涝保收农田 3.6 亿亩，机电灌溉面积 3.7 亿亩，其中稳产高产农田 2.9 亿亩。

（二）在组织开展农业生产经营机械化建设方略规程上，有三方面：一是农业生产经营机械化建设方略调整历程；二是农业生产经营机械化建设方略实施进程；三是农业生产经营机械化建设方略体现特征。

1. 农业生产经营机械化建设方略调整历程。从 1949 年至 1950 年，国家在农民生产经营机具需求上，推行增补旧式农具与改良农具相结合方略。1951 年 9 月 18 日至 27 日，经中共中央批准，农业部召开第一次全国农业机具工作会议，确定以恢复补充、修理农民原有机具为主，有重点地进行生产、示范、推广应用新式畜力机具，适量引进国外机械的方略；1954 年 7 月 5 日至 9 日，政务院有关部委召开全国农业生产经营新式机具会议，确定引导鼓励农民采用新式机具的方略；1955 年 12 月 30 日，国务院发布了《关于防止滥宰耕牛和保护发展耕牛的指示》，确定鼓励农民发展耕牛和应用畜力机具的方略；1957 年 12 月 4 日至 10 日，国务院有关部委联合召开全国农田排灌机械及农业机械化会议，确定了全国农业机械生产供应规划和农业机械化发展的方略；1958 年 7 月 13 日，中共中央、国务院发布《关于迅速在农村开展农具改良运动的指示》，确定支持农业生产经营新改良机具推广应用的方略；1964 年 8 月 26 日至 9 月 7 日，农机部和农业部联合召开《全国农业半机械化机具工作会议》提出，要贯彻执行《中共中央确定机械化半机械化并举、在相当长的时间内以半机械化为主的方针》；1966 年 2 月 29 日，毛泽东对《湖北省委关于逐步实现农业机械化的设想》作出批示，提出用 25 年时间（从 1956 年算起），基本上实现农业机械化。同年 7 月 4 日至 12 日，国务院召开的第一次全国农业机械化会议提出，对 1980 年全国基本实现农业机械化的目标作出了规划和部署；1971 年 8 月 6 日至 14 日，国务院召开的第二次全国农业机械化会议确定开展农田耕作、播种、植保、收获、运输等机械生产与供应的方略；1977 年 1 月 19 日，中共中央批转国务院《关于 1980 年基本上实现农业机械化的报告》；1978 年 1 月 4 日至 26 日，国务院召开的第三次全国农业机械化会议号召决战 3 年，为基本实现农业机械化而奋斗。会后，全国各地区采取了一系列强有力的政策措施，加速了农业生产经营机械化建设进程。

2. 农业生产经营机械化建设方略实施进程。从 1950 年至 1962 年期间，在恢复、增补和修理农业生产经营机具的基础上，组织推进农业生产经营新式机具研制、生产和推广应用，还从国外适量引进农业生产经营机具；从 1962 年至 1978 年期间，在组织推进农业生产经营互助合作化、人民公社化的基础上，组织开展农业生产经营机械化半机械化并举，以半机械化为主建设。1962 年 9 月 24 日至 27 日，中共八届十中全会确定，在农业生产经营根本路线是：第一步实现农业集体化；第二步在实现农业集体化的基础上，实现农业的机械化和电气化。为此，中共中央、国务院于 1966 年 7 月、1971 年 8 月、1978 年 1 月召开三次全国农业机械化会议，组织制定实施一系列方针策略，推动了农业生产经营机械化建设进程：一是全国农业生产经营机械化总动力拥有量，三年恢复时期末1952年实现18万千瓦；"一五"规划时期末1957年实现121万千瓦；"二五"规划时期末1962年实现757万千瓦；三年调整时期末1965年为1099万千瓦；"三五"规划时期末为1970年为2165万千瓦；"四五"规划时期末1975年为7479万千瓦，"五五"规划期间1978年为11750万千瓦。二是全国农业生产经营小型拖拉机、农用联合收割脱机、载重汽车、大中型拖拉机和挖掘机、农林牧渔各业产品加工机械等机械设备逐年增多。据统计，1978年，全国拥有小型拖拉机189万台，农用联合收割脱粒机18936台，农用载重汽车132684辆，农用排灌机械动力5216万千瓦，农林牧渔各业产品加工机械动力3364万千瓦，大中型拖拉机216321台。三是全国农村电气化建设历经两个时期，第一个时期为1949年至1957年，农村电力主要是利用当地能源，农村集体自办一些小型电站，解决农村照明和农林牧渔各业产品加工，大电网供用电地区主要集中在城市郊区农村。到1957年全国农村用电量达到1亿千瓦时，占全国用电量的0.6%。第二个时期为1958年至1978年，是以农村电力排灌和农村抗干旱洪涝等自然灾害用量为主发展时期，随着农业机械化和水利化加快建设进程，国家加速了农村电气化建设进程，到1978年，全国农村用电量达到510亿千瓦时，农村办水电站发电能力228万千瓦时。

3. 农业生产经营机械化建设方略体现特征。从1949年至1978年，农业生产经营机械化建设方略体现特征，主要体现在三方面：一是农业生产经营机械化建设投资来源于国家各级政府财政投资和农村社队集体经济组织资金积累，来源于广大农民群众自觉自愿的劳动积累；二是农业生产经营机械化建设的目标任务等项方略，是由各级党委、政府及有关部门逐级分配和下达到农村社队去落实，在这种自上而下地推动农业生产经营机械化建设过程中，农村社队和农民群众是被动的，缺少内在的自觉自愿的动力，因而影响农业生产经营机械化建设进程；三是农业生产经营机械化建设历程，是由农民群众的原始机具逐步改造成新式机具，机械化与半机械化并行，以半机械化为主的前进历程；四是农业生产经营机械化建设方略，直接受国家工业化建设战略的制约。为了尽快完成国家工业化建设任务，国家实行农业产品统派购，扩大工农业产品交换价值差距的政策，削弱了农村社队和农民群众自我积极发展能力，为实现国家工业化建设目标作出了历史性贡献。据测算，1952年至1978年工农业产品价格剪刀差幅度扩大44.9%，1952年至1957年，全国农村社队和农民群众提供净积累为475亿元，占国家财政收入总额的30.9%，1959年至1978年，全国农村社队和农民群众提供净积累为4075亿元，占国家财政收入总额27.4%，影响1980年全国基本实现农业机械化建设的目标。

（三）在组织开展农业生产经营科技化建设方略规程上，有三方面：一是农业生产经营科技化建设方略调整历程；二是农业生产经营科技化建设方略实施进程；三是农业生产经营科技化建设方略体现特征。

1. 农业生产经营科技化建设方略调整历程。国家在组织开展农业生产经营科技化建设方略中，针对全国地少人多、劳动力充裕的条件，确立传统精细技术与现代先进技术有机结合的方略。我国农业生产经营有历史悠久的优良传统和精细技术，发挥劳动力充裕的优势，可以调整优化农业所处自然地理资源配置，坚持与现代优先技术有机结合，增强农业生产经营能力，实现经济、生态、社会"三合一"的综合效益。为此，1949年至1978年，国家在确定农业生产经营科技路线、体制、方式上，推行四步方略。一是整顿调整农业生产经营技术推广组织领导体制，建立健全基层技术推广站、种子站、畜牧兽医站的方略。1954年，全国农业科学技术工作会议决定，加强农业生产经营科学研究、技术推广组织领导，改进各级技术推广站服务工作；1955年，经国务院批准，农业部发布通知要求，从1957年起每个县（区）都设一个技术推广站。1961年，全国农业工作会议决定，恢复技术推广站、种子站、畜牧兽医站。二是组织开展国际农业生产经营科技合作、引进优良品种的方略。1955年，全国农业科学研究会议制定了《关于从1956年至1967年国际农业生产经营科技合作方案》。1957年，农业部、农垦部等部委决定从国外引进农牧业产品优良品种。三是组织加强农业生产经营科技队伍建设，大力选育推广优良品种的方略。1958年，全国种子工作会议确定农业生产合作社自繁、自选、自留、自用的方略。1972年，全国农林科技工作会议决定，加强农业生产经营科技队伍建设，开展农业生产经营科学实验群众运动，组织研究重大科技项目，坚持执行自繁、自选、自留、自用的方略，落实种子优级优价的方略。1978 年，国务院批转农林部《关于加强组织种子工作的报告》要求，健全良种繁育推广体系，实现种子生产专业化、质量标准化、品种区域化，以县为单位统一组织供种。四是组织制订农业生产经营科技发展规划、培育高级科技人才、把农业科技院校办到农村去、调整农林科学教育体制的方略。1963 年，中共中央、国务院召开的《全国农业科学技术工作会议》，制订了《1963 年至 1972 年农业生产经营科技发展规划》。同年，国务院批转国家科委等部门《关于培养高级农业科学技术人才的建议》提出培养高级农业科学技术人才的方略。1965 年，国务院批准、农业部召开的全国农业高等和中等教育会议决定，农业高等中等院校逐步实行半农半读、社来社去和进行教学改革的政策，把学校办到农村去。1972 年，全国农林科技会议要求开展农林科学实验群众运动，加强农林科技队伍建设，组织研究重大科技项目。1977 年，中共中央、国务院批转农林部《关于加强农林科教工作和调整农林科教体制的规划》。

2. 农业生产经营科技化建设方略实施进程。1949 年以来，农业生产经营持续发展的实践证明最终还是靠科技保障的真理。从 1949 年至 1978 年，农业生产经营科学技术逐年取得了一系列成果。据 1978 年中共中央召开的全国科技大会统计，各地区推荐的农林牧渔各业的科技成果 3137 项，其中受到奖励的农业科技成果 199 项、林业科技成果 86 项、牧业科技成果 44 项、渔业科技成果 37 项。主要表现四方面：一是农林牧渔各业育种技术成果。从 1949 年至 1978 年在全国范围内对农林牧渔各业产品品种资源、在征集中选择培育推广特优品种，到 1978 年，我国培育推广农民各业产品新品种、新组合 2419 个，使粮棉油糖菜果等产品优质品种，在全国范围内更换 3 次，每次更换品种，都增产 10% 以上，也相应改善产品品质。二是土壤、肥料利用科技成果。土壤、肥料是农业生产经营的资源和基础。1958 年，国务院组织开展了第一次全国土壤普查，编制了农业土壤、土壤肥力、土壤改良、土壤利用等图纸方案。1978 年，国务院组织开展了第二次全国土壤普查，为农业土壤科学合理利用和综合治理提供了依据。我国化肥生产从 1949 年的 1.3 万吨，到 1978 年 869.3 万吨，由于施肥量增加，在其他措施配合下，水稻、小麦、玉米、大豆等农业产品可增加产量 20%—40%。据评估，每投入 1 吨化肥，可增加 8 吨粮食。为了提高化肥科学利用率，研究提出了农林牧渔业各种产品生产所需氮、磷、钾合理配比，推广了配方施肥技术，进一步采取了复合化肥、液体化肥、长效化肥、缓释化肥等技术。三是节水灌溉技术发展成果。针对南方水多耕地少、北方水少耕地多的情况，从 1964 年起，为建设旱涝保收、稳产高产农田，国务院要求各地区在组织开展农田水利建设上推广节水灌溉技术。据统计，1978 年，渠道防渗和低压管道输水技术已推广 1.23 亿亩，提高水利用率 20%—30%。建立高标准节水农业综合开发示范区，为各地区农田旱涝保收、稳产高产提供有力保障。四是坡改梯田、秸秆还田技术发展成果。从 1966 年，全国各地区推广学大寨“坡改梯田”为重点的农田整治技术，到 1978 年“坡改梯田”达到 3998 万亩，平均每亩增产粮食 50 公斤。从 1973 年起，全国各地区推广秸秆还田、绿肥和农家肥的有机技术，提高了旱区农业产品产量和质量。

3. 农业生产经营科技化建设方略体现特征。农业生产经营科技化建设特征，主要有 5 点：一是农田旱、涝、盐、碱等方面治理科技化建设。从 1952 年起，国家在黄淮海平原、华北干旱平原、西北黄土高原的中低产田，着力推广旱、涝、盐、碱农田技术，取得了显著成效。二是农牧业生产经营灾害预防为主、综合防治科技化建设。从 1971 年起，小麦、水稻、玉米、棉花、蔬菜等产品的病虫害得到控制。从 1976 年起，畜牧业基本控制和消灭多种畜禽疫病危害，畜禽死亡率由 1949 年的 32%、49%，到 1978 年下降到 11%、18%。三是农业生产经营科技化建设的基本宗旨，是提高农业综合生产经营能力，增加农民群众收入，缩小工农、城乡、地域差别，促进城乡一体化经济社会发展。四是农业生产经营科技化建设的根本职责，是维护农业生态环境，确保农业和农村经济持续健康发展。农业是一个人类与自然互相作用的产业，既要达到农业生产经营效益目标，又要承担保护农业生态环境和自然资源的根本职责。五是农业生产经营科技化建设特征，是在我国特殊的历史基础上形成的特殊性。我国地域广阔、农林牧渔各业差别很大、区域经济发展不平衡，这决定了我国农业生产经营科技化建设途径的特殊性、多样性，我们必须采取各种技术手段，推进农业生产经营持续健康发展。

十一、组织开辟扶持农村社队发展工业企业之路方略规程

我国农村社队工业企业是从1958年开始起办的。1958年12月10日，中共八届六中全会通过的《关于农村人民公社若干问题的决议》，提出农村人民公社必须大办工业的方略，达到实现农村工业化的目的。中共中央明确要求，在农村人民公社工农业总产值中，工业产值在5年至7年内超过农业产值。到1958年底，全国农村公社工业企业共有260万个，工业总产值达到65.6亿元，常年务工社员有760万人。1959年4月，中共八届七中全会决定，对农村人民公社所有制进行整顿，实行“三级所有、队为基础”的体制。生产大队或生产队要求办的工业企业，应在公社退还给原生产大队或生产队的资金和物质的基础上办起来。到1959年底，全国农村人民公社三级所有制工业企业有190万个，工业总产值达到98.6亿元，比上年增长50.3%。

（一）三年调整时期，整顿约束农村社队工业企业方略规程。1961年1月，中共八届九中全会决定：一是全党全国人民必须集中力量加强农业战线，贯彻执行国民经济以农业为基础的方略，大办农业、大办粮食；二是全党全国人民在国民经济建设中执行“调整、巩固、充实、提高”的八字方针。1963年到1965年这三年为国民经济调整时期，1962年5月，中共中央政治局常委会提出了全面贯彻执行“八字”方针，按照农业、轻工业、重工业次序，对农村社队工业企业进行调整，明确提出，从1962年起，在今后若干年内，一般不办企业。已经办的企业，不具备生产经营条件的，不受农民群众欢迎的，应该停办。需要保留的工业企业，应该经过社员代表大会讨论决定，分别情况，转给手工业合作社经营、下放给生产队经营，或者改为个体手工业和农户家庭副业。对少数工业企业，经过社员代表大会同意，县人民政府批准，可以由公社继续经营，或者下放给生产大队或生产队经营。同年11月，中共中央、国务院又发出通知要求，公社和生产大队一般地不办工业企业，不设专门的副业大队。原来公社和生产大队把生产队的工副业集中起来办的企业，都应该下放给生产队经营。从1963年起国民经济、农业和农村经济恢复发展，农村社队企业也相应得到恢复发展。1965年9月，中共中央、国务院发布了《关于大力发展农村副业的指示》之后，农村社队工业企业又迅速发展起来。

（二）“三五”至“四五”规划时期，恢复发展农村社队工业企业方略规程。1966年5月7日，毛泽东同志指出，农民以农林牧副渔为主业，在有条件的时候，也要由集体办些小工厂。这一指示为各地区恢复发展农村社队工业企业指引了发展空间。1968年12月，毛泽东发出“知识青年到农村去，接受贫下中农的再教育，很有必要”的号召，全国立即掀起知识青年上山下乡运动。同年，全国各级党委、政府及机关干部按照毛泽东的“五七指示”下放农村劳动，并由各级党委政府机关等行政事业部门组织在职干部分批下放“五七”干校劳动。1969年，全国各级党政机关干部下放劳动达到高潮。这样的发展形势，从人力、文化、技术、物资、市场、社会环境方面，为农村社队工业企业恢复发展创造了有利条件。1970年，国务院召开的北方农业工作会议强调，到1980年全国基本实现农业机械化发展目标。1971年，国务院又专门开会，为实现这个目标相应推行四项政策措施：一是加强农村社队工业企业经营管理；二是建立农业机械县、社、队修造网；三是扶持发展以钢铁等原材料为主的地方“五小”工业；四是坚持对农村人民财政投资重点用于农业机械化建设。此后，各级党委、政府加快农业机械化建设步伐，推动了全国农村社队工业企业健康持续发展。

（三）“五五”规划时期，推动农村社队企业健康发展方略规程。1976年，国务院批准农林部正式成立农村人民公社企业管理局，各省、自治区、直辖市也建立了相应管理机构，组织开展农村社队工业企业经营管理工作，从而推动农村社队工业企业健康发展。1976年，农村社队工业企业总数有

112 万个，总产值为 224 亿元。为了进一步推动农村社队“五小”工业企业持续健康发展，经国务院批准，财政部于 1978 年 2 月正式发布《关于对农村社队办的小铁矿、小煤窑、小电站、小水泥厂免征工商税和所得税的通知》。同年 9 月，国务院召开的农村人民公社试办农工商联合企业座谈会提倡，组织推进农村社队发展农业产品产加销一条龙、农工贸一体化联营企业。同年底，中共十一届三中全会决定，要大力发展农村社队工业企业。据统计，1978 年，全国农村社队工业企业总数有 152 万个，企业职工总人数 2827 万人、固定资产总值 230 亿元、企业纯利润 880 亿元，上缴工商税 22 亿元。

从 1949 年至 1978 年，全国农业产品产量、农业产值逐渐增加，农业税负担逐渐减轻，农民收入逐渐增长。全国粮食总产量由 11318 万吨，增加到 30477 万吨，棉花总产量由 44.4 万吨增加到 216.7 万吨，油料总产量由 256 万吨增加到 644 万吨；全国农业总产值由 271.8 亿元增加到 1288.7 亿元；全国农村居民平均每人全年纯收入由 43.8 元增加到 133.6 元。这期间，全国农业总产值每年平均增长 2.7%，农业总产品收购价格每年平均提高 2.3%，农民人均纯收入每年平均增长 2.8%，农民纯收入中来自农林牧渔产业的收入占 85%，来自工商服务产业的收入占 15%。

农村财政扶贫开发脱贫攻坚巩固课题组
组长：韩连贵
组员：于丽君　孙晓安　张志强　董　齐　金建新
乔丙坤　尹敏华　陈贵峰　韩铁峰　杨珠生

第二章　中共十一届三中全会至十三届四中全会召开之前：组织开拓全国农村农民群众脱贫增收致富奔小康之路方略规程

本章讲述 1978 年至 1989 年中国共产党组织领导带动全国农村农民群众实施农村集体经济体制变革、农户家庭联产承包、统分结合的双层经营责任制、农林牧渔各业并举和工商服务业联合经营、开拓全国农村农民群众脱贫增收致富之路方略规程。

以邓小平同志为核心的中共中央、国务院领导集体，在中共十一届三中全会之后，组织领导农民群众参加农业生产经营和农村集体经济体制变革、农户家庭联产承包、统分结合的双层经营责任制，坚持农林牧副渔各业全面发展，开展农工商联合经营，加强农林牧渔业生产经营基础设施建设，调整农业产品统派购销价格，减少农业产品统派购品种和数量，提高农业产品收购价格，拓宽农业产品市场流通渠道，允许农民发展个体私营经济，促进乡镇企业发展，实施农林牧渔业生产经营科技等社会化服务机制，组织筹集调剂、科学合理分配使用扶贫救困资金，坚持经常化监督管理，加强农村基层组织建设，保障农民群众摆脱贫困、增收致富之路方略规程。

一、组织带动全国农村农民群众脱贫增收致富发展变化进程

从“五五”规划期间的 1979 年至“七五”规划期间的 1989 年，全国农业产品产量较快增加、农业总产值较快增长，全国乡镇企业较快发展、农民群众收入较快增加、农业税收负担较快减轻。具体说明如下：

（一）全国农业产品产量较快增加：一是在“五五”规划时期，1979 年粮食产量 32056 万吨，棉花 220.7 万吨，油料 644 万吨，到 1980 年粮食 33212 万吨，增长 3.6%，棉花 270.7 万吨，增长 22.7%，油料 769.1 万吨，增长 19.4%；二是在“六五”规划时期，1981 年粮食产量 32502 万吨，棉花 296.8 万吨，油料 1021 万吨，到 1985 年粮食 37911 万吨，增长 16.6%，棉花 414.7 万吨，增长 39.7%，油料 1578 万吨，增长 54.6%；三是在“七五”规划期间，1986 年粮食产量 39151 万吨，棉花 354 万吨，油料 1474 万吨，到 1989 年 40755 万吨，增长 4.1%，棉花 378.8 万吨，增长 7%，油料 1495 万吨，增长 1.4%；从 1978 年至 1989 年，全国粮食总产量由 30477 万吨，增加到 40755 万吨，每年平均增长 3.1%。

（二）全国农业总产值较快增长：一是在“五五”规划时期，全国农业总值，由 1979 年 1386.3 亿元，到 1980 年 1964.5 亿元，增长 41.7%；二是在“六五”规划时期，全国农业总产值，由 1981 年 2091.4 亿元，到 1985 年 2912.2 亿元，增长 39.2%；三是在“七五”规划时期，由 1986 年 3010.7 亿元，到 1989 年 3412.8 亿元，增长 13.4%。全国农业总产值，由 1978 年 1288.7 亿元增加到 1989 年 3412.8 亿元，每年平均增长 14.9%。

（三）全国村乡镇工业企业较快发展：一是在“五五”规划时期末1980年，全国村乡镇工业企业单位142.5万个，职工2999.7万人，固定资产值326.3亿元，纯利润118.4亿元，国家税收25.7亿元；二是在“六五”规划时期末1985年，全国村乡镇工业企业单位1222.5万个，职工6970万人，固定资产值823亿元，纯利润287.4亿元，国家税收137.4亿元；三是在“七五”规划期间1989年，全国村乡镇工业企业单位1868.8万个，职工9366.8万人，固定资产值2499.6亿元，纯利润569.8亿元，国家税收364.6亿元。与“五五”规划时期末1980年相比，全国村乡镇工业企业单位增加1726.3个，增长12.1倍；全国村乡镇工业企业职工增加6367.1万人，增长2.1倍；全国村乡镇工业企业固定资产值增加2173.3亿元，增长6.7倍；全国村乡镇工业企业纯利润增加451.4亿元，增长3.8倍；全国村乡镇工业企业上缴国家税收增加338.9亿元，增长是13.2倍。

（四）全国农民群众收入较快增加：一是在“五五”规划时期，全国农民人均年纯收入，由1979年160.2元，到1980年191.3元，增加31.1元，增长19.4%；二是在“六五”规划时期，全国农民人均年纯收入，由1981年223.4元，到1985年397.6元，增加174.2元，增长78%；三是在“七五”规划期间，全国农民人均年纯收入，由1986年423.8元，1987年462.6元，1988年544.9元，到1989年601.5元，比“五五”规划时期末1980年增加410.2元，增长2.14倍。全国农民平均每人全年纯收入，由1978年133.6元，增加到1989年601.5元，每年平均增长31.8%。农民纯收入中来自农林牧渔产业收入占64%，来自农工商联营产业收入和服务产业收入占36%。

（五）全国农业税收负担较快减轻：一是在“五五”规划时期，由1979年农业税收52.91亿元占全国农业总产值1896亿元的2.79%，到1980年农业税收54.45亿元占全国农业总产值1964.5亿元的2.77%；二是在“六五”规划时期，由1981年农业税收55.63亿元占全国农业总产值2091.4亿元的2.66%，到1985年农业税收73.26亿元占全国农业总产值2912.2亿元的2.52%；三是在“七五”规划期间，由1986年农业税收74.8亿元占全国农业总产值3010.7亿元的2.48%，到1989年农业税收81.26亿元占全国农业总产值的3412.8亿元的2.38%。

概括说，从1978年至1989年期间，全国农业产品产量较快增加，农业总产值较快增长，全国乡村乡镇工业企业较快发展，农民群众收入较快增加，农业税收负担较快减轻，农村山水林田路综合治理工程成效显著。形成这些成果的激励因素是多方面的，最根本的是中共中央、国务院根据以邓小平为核心的领导集体部署，从1979年12月22日中共十一届三中全会，到1989年6月24日中共十三届四中全会期间，制定和实施一系列方略，主要包括：一是农业生产经营和农村集体制度变革方略，主要是推行农户家庭联产承包、统分结合的双层经营体制策略；二是农林牧副渔各业并举和农工商联合经营方略，主要是推行粮食与经济作物并举、农林牧副渔各业并举、村乡镇企业发展、农工商各业联合经营策略；三是农业产品统派购销价格和农村商品市场流通方略，主要是提高农业产品收购价格、减少粮食征购基本任务、调解农业产品统派购品种和比重、扩大农业产品议价收购和市场调剂范围，促进开辟农村商品市场流通渠道策略；四是农业生产经营基层设施建设方略，主要是农业土地保护改造、农业水利电力建设策略；五是农业生产经营科技推广应用及成果奖励方略；六是农业和农村山水林田路综合治理方略，主要是农业生态环境治理、农村扶贫开发、农业综合开发策略；七是农业生产经营建设资金筹集、分配使用、监督管理方略；八是农业法制和农村基层组织建设方略，主要是健全农业法制体系、完善农村基层组织策略。

具体说，1979年至1989年，中共中央、国务院为确保全国农业和农村经济持续健康发展，加快农民群众持续增收致富进程，组织推动各地方党委、政府及有关部门贯彻落实以上八项方略，分别具体说明如下。

二、组织开拓农业生产经营和农村经济体制变革之路方略规程

这一方略规程主要包括：一是农户家庭联产承包经营、统分结合的双层经营体制，长期坚持农户家庭承包经营制度；二是发展农业适度规模经营，壮大农村集体经济，坚持自愿互利的原则，逐步推进农业适度规模经营、农村集体经济发展。

（一）农户家庭联产承包经营、统分结合的双层经济体制方略规程。1980 年 9 月 27 日，中共中央发布的《关于进一步加强和完善农业生产责任制的几个问题纪要》，对农户家庭联产承包的包产到户和包干到户双包责任制，给予支持和鼓励。在这个《纪要》推动下，“双包”责任制，已成为农业生产各种责任形式中的主要形式。1981 年 10 月 5 日，中共中央发布的《全国农村工作会议纪要》指出，各地区实行的包产到户与到组、包干到户与到组等各种责任制，都是社会主义农村集体经济的生产责任制。这个《纪要》由中共中央于 1982 年 1 月 1 日，作为 1 号文件公布全国，为建立农户家庭联产承包的“双包”责任制奠定了坚实基础。1983 年 1 月 2 日，中共中央发布的《当前农村经济政策的若干问题》明确提出，对农户家庭联产承包责任制，应采取统一经营与分散经营相结合的方式，以适应农业现代化进程中生产力发展的需要。1984 年 1 月 1 日，中共中央发布的《关于 1984 年农村工作的通知》提出，延长土地承包期到 15 年以上，鼓励农民在家庭承包经营的基础上，扩大生产经营规模，提高经济效益。对农村经济组织，应根据生产发展的要求，在农民群众自愿的基础上设置，对形式和规模可以多种多样，不要自上而下强制推行某种模式，为了完善统分结合的双层经营体制，一般应设置以土地公有制为基础的地区性合作经济组织。1987 年 1 月 30 日，中共中央发布的《把农村改革引向深入》提出，一是农村经济体制改革的根本出发点，是促进农业现代化，使农村繁荣、农民富裕起来；二是农村合作经济组织要进一步完善和稳定农户家庭承包经营、统分结合的双层经营体制，推动农民自愿参加多种形式联合生产经营组织；三是农林牧副渔各业生产经营专业户、个体劳动者的正当生产经营合法权益，各地方政府要实行长期稳定保护的政策，要尊重他们选择生产经营形式的自由，不可强制改变。

（二）农业适度规模经营、发展农村集体经济方略规程。1988 年 12 月 25 日，中共中央、国务院发布的《关于夺取明年农业丰收的决定》提出要稳定农户家庭联产承包、统分结合的双层经营体制之后，各地区农村在因地制宜地稳定以农户家庭承包经营的基础上，充实完善统分结合的双层经营体制，主要是指四种统分结合的双层经营体制：一是统一由农村集体经济组织为各农户家庭提供种子、化肥、农药、农膜、农机等项农业生产资料、生产经营指导和农业产品供销服务；二是统一由农村集体经济组织承包经营各农户家庭承包的土地，公平公正地向各农户提供土地承包收益，对自愿为农村集体经济组织承包土地上从事生产经营农民，公平合理地评定劳动报酬；三是统一由农村基层组织协调确定专业大户向各农户承包经营土地。在大户承包和农户转让土地上，必须坚持发展规模农业、农户自愿出租土地、大户主动承包土地发展规模农业的原则；四是统一由农村基层组织引导农户自觉自愿参加农民专业合作组织和农业产业化龙头企业联合结成现代农业主导产品、支柱产业种养加一条龙、产供销一体化规模经营体系。

三、组织开拓农林牧副渔各业并举和农工商服务业联合经营之路方略规程

这一规程主要包括四项方略：一是粮食与经济作物并举、农林牧副渔各业并举；二是农业产业化龙头企业经营；三是农业产业化合作组织经营；四是农业产业化农工商联合经营。

（一）粮食与经济作物并举、农林牧副渔各业并举方略规程。1979 年 9 月 28 日，中共十一届

四中全会通过并发布的《中共中央关于加快农业发展若干问题的决定》指出，将使我国农业逐步变为农林牧副渔各业合理布局、全面发展、能够满足人们生活和工业发展需要的发达农业；使我国农村逐步变为农工商综合经营的富庶农村。同年10月22日，中共中央、国务院批转的《关于杂居、散居少数民族工作报告》要求，积极扶持和发展少数民族的农林牧副渔各业和传统工艺生产。同年，国务院批准召开的《全国水产工作会议》提出，在保护海淡水资源中大力发展水产养殖业生产，调整近海作业，开辟外海渔场，采用先进技术，加强科学管理，提高水产品质量，满足人民需求。同年，国务院批准召开的全国农区畜牧业、草山利用建设发展草食动物会议提出，在保护草山资源基础上积极发展畜牧养殖业生产。同年，国务院召开的全国棉花生产会议提出，加快发展棉花生产的方针、任务和鼓励棉花增产扶持的政策措施。1980年8月4日，国务院批转的《关于东北商品粮食基地建设座谈会纪要》提出，要坚持落实中共中央、国务院关于推进东北地区商品粮基地建设，增加商品粮生产供应的方略，促进农民群众积极走上增粮、增收、富民、强国之路。同年9月1日，国务院批转的《关于召开棉花、糖料生产座谈会的情况报告》确定，棉花集中产区要以棉为主、以棉促粮、以粮保棉，并规定一系列促进棉花、糖料生产发展的政策。1981年3月30日，中共中央、国务院批转《关于积极发展农村多种经营的报告》的通知指出，多种经营，综合发展，应当作为中国繁荣农村经济的一项战略措施，我国的方针是绝不放松粮食生产，积极发展多种经营。1982年9月1日，中共十二大报告《全面开创社会主义现代化建设的新局面》提出，在有限的耕地上生产出更多的粮食和经济作物，大力推进农、林、牧、副、渔各业全面发展，增加农民收入，满足人民生活和工业发展的需要。1986年1月1日，中共中央、国务院发布的《关于1986年农村工作的部署》提出，在农业结构内部，调减粮食、棉花种植面积、扩大其他经济作物和动物性生产经营比重，进一步推动蔬菜、水果、畜产品、水产品、乡镇农业产品加工业高速发展。

（二）农业产业化龙头企业经营发展方略规程。发展农业产业化龙头企业，以农林牧副渔各业产品种植、养殖、加工、供销等企业为龙头，连接农林牧副渔各业产品生产农户和单位，采取合同、契约、股份制等形式，龙头企业确保产品收购稳定的数量和价格，农户和单位保障提供保质保量的产品。龙头企业与农户和单位，一起开拓国内外市场，结成互惠互利的经济共同体，推进农林牧副渔各业产业化经营健康发展。从1979年以来，特别是从“六五”至“七五”规划时期，为推动农业产业化龙头企业持续健康发展，中共中央、国务院制定和实施各项规划、方针、政策：一是1979年7月3日，国务院发布的《关于发展社队企业若干问题的规定（试行草案）》，对鼓励扶持农村社队企业发展中十八个政策问题做了规定，1980年2月22日，农业部制订了全国社队企业发展规划；二是“六五”规划时期，1981年5月4日，国务院发布的《关于社队企业贯彻国民经济调整方针的若干规定》，对维护社队企业自主权、社队企业持续发展方针政策做了规定。1984年3月1日，中共中央、国务院转发《关于开创社队企业新局面的报告》的通知，同意将社队企业名称改为乡镇企业。1984年12月31日，农牧渔业部发布的《关于加强农村个体企业管理的通知》明确规定，参照执行乡镇企业有关政策规定；三是在“七五”规划时期，1986年1月1日，中共中央、国务院发布的《关于1986年农村工作的部署》提出，在农村产业结构上，大力扶持乡镇企业发展。同年3月28日，中共中央，国务院批转的《关于农垦经济体制改革的报告》强调，农垦工业、商业、服务业，要实行全民、集体、个体一起上的方针。农垦企业应调整所有制结构，积极支持集体、个体办工业、商业，鼓励职工个人办厂、设店，大力发展集体、个体、私营、股份制企业经济。1987年6月30日，经国务院批准，国家经委、农牧渔业部、国家工商管理局联合发布了《乡镇企业工业产品质量管理办法》。同年7月15日，农牧渔业部发布了《关于完善乡村集体企业承包经营责任制的意见》。1988年6月12日，农牧渔业部发布了《关于推动乡镇企业出口创汇若干政策的规定》。

（三）农业产业化合作组织经营方略规程。农业产业化合作组织经营，是指由从事农业生产经营的农民，在自愿互利的原则上，以农户家庭经营为基础，以农业生产经营管理能人为骨干，以农业生产经营科技推广服务为手段，按照民办、民营、民受益的要求，进行种植、养殖、加工、技术、资金、供销等互助合作组织经营。为此，一是在组织经营形式上，以农民合作组织为中介，对内组织农户按区域、成规模地进行农业产品生产，对外与农业产品加工、供销龙头企业连接，成为龙头企业与农户合作的纽带，实现农户与市场的有效对接，促进农业产业化规模经营健康发展。农业产业化合作组织经营形式，主要有三种：第一种是农林牧副渔各业产品种植、养殖、加工、包装、保鲜、贮藏、运输、批发、销售产业化合作组织经营形式；第二种是农林牧副渔各业生产经营自然地理、区域、土地、水利、能源、矿物、动物、植物、基地、路途、通讯、市场等基础设施建设合作组织经营形式；第三种是农林牧副渔各业生产经营物资供应、资金投入、科技应用、信息提供、教育培训、风险保障等社会化服务合作经济组织经营形式。二是在组织经营作用上，各地区根据农村市场经济发展和农民从事农业生产经营的需求，建立各种农业产业化合作组织，承担地方政府调控农业和农村经济持续发展的带动作用，承担农业科技应用、推广和提高农民科技务农素质的组织作用，承担在农村扶贫开发、带领农民脱贫致富的桥梁作用。农业产业合作组织和农民有直接利益关系，具有民主性、服务性的特点，形成自我持续发展的生命力。

为了推进农业产业合作组织经营健康发展，中共中央、国务院反复强调，农户家庭承包经营与合作组织经营，是互相推进的关系，是促使农业适度规模经营，发展农村集体经济的动力。为此，中共中央于1983年1月2日正式发布的1号文件《当前农村经济政策的若干问题》提出，农户家庭承包经营制度是马克思主义农业合作化理论在我国实践中的新发展，农户家庭承包经营，把所有权与使用权、经营权分开，突破了农村经济集体所有、统一经营模式，让农户成为自负盈亏的生产经营主体，为农业、农村经济发展带来生机和活力，使农民群众得到生产经营权、财产权。这种分散经营与统一管理相结合的制度，既适应农户家庭劳动者的需要，又能适应农业现代化生产力发展的需要。1987年1月30日，中共中央发布的《把农村改革引向深入》提出，一是农村经济体制改革的根本出发点，是促进农业现代化，使农村繁荣、农民富裕起来；二是农村合作经济组织，要进一步完善和稳定农户家庭联产承包、统分结合的双层经营体制，推动农民自愿参加多种形式的联合生产经营组织；三是农林牧副渔各业生产经营专业户、个体劳动者正当生产经营合法权益，各地方政府要实行长期稳定保护的政策，要尊重他们选择生产经营形式的自由，不可强制改变；四是调整优化农村产业结构，要逐步形成农工商综合发展产业结构，提高种植业劳动生产率，实行以工商产业收入投向农林牧渔产业，增加农民收入，增强农村产业发展能力。

（四）农业产业化农工商联合经营方略规程。“六五”规划时期初的1981年以来，各地区政府在组织推行农户家庭联产承包、统分结合的双层经营体制的基础上，为了进一步推进农工商各业优势互补、产加销链接、结成利益共享、风险共担的联合经营体制。为此，一是在农工商联合经营结构上，农林牧渔业与工商业在经营组织上有机结合起来，进行种植、养殖、加工、销售各环节联合经营，包括农林牧副渔各业生产经营所需物资、科技、资金供应等单位和农业产品加工、包装、保鲜、贮藏、运输、销售等单位联合经营。二是在农工商联合经营环节上，既有农工商加产加销一条龙产业链联合经营，又有农工或农商半条龙产业链联合经营；三是在农工商联合经营产品上，既有农工商联合经营单种产品，又有农工商联合经营多种产品；四是在农工商联合经营利益上，既有参加联合经营单位的各自利益，又有参加联合经营单位的共享利益；五是在农工商联合经营形式上，既有纵向（垂直）联合经营，又有横向（水平）联合经营。总之，农工商联合经营，既有利于增加农村新的就业机会，提高农民收入水平，又有利优化城乡工商业布局，满足全国城乡人民对农林牧渔各业产品多样化、优质化需求，推动城乡一体化经济社会健康发展。

四、组织开拓农业产品及生产资料购销价格调整和农村商品流通之路方略规程

这一规程主要包括四项方略：一是农业产品增产奖励、收购价格提高；二是农业生产资料供应、销售价格调控；三是农业产品统派购制度调整；四是农村商品市场流通渠道修建。分别概要说明如下：

（一）农业产品增产奖励、收购价格提高方略规程。1979 年 3 月 1 日，国务院决定提高粮食、棉花、油料、糖料、生猪等 18 种农林牧渔各业产品收购价格；同年 12 月 21 日，国务院召开的全国棉花生产会议规定，加快发展棉花生产的方针、任务和增产奖励政策措施；1980 年 9 月 1 日，国务院批转的《关于召开棉花、糖料生产座谈会的情况报告》确定，棉花集中产区要以棉为主、以棉促粮、合理比价、以粮保棉、发展棉花生产；1981 年 5 月 23 日，国务院发布的《关于粮棉、糖粮挂钩销售几个问题的通知》明确规定粮食与棉花、粮食与糖料之间价格比例奖售政策；1987 年 2 月 11 日，国务院批发的《关于生猪产销情况和安排意见的报告》提出生猪收购价格提高的政策；1989 年 2 月 28 日，国务院发布的《关于提高棉花价格和实行的棉花调出调入包干办法的通知》明确规定棉花提价后调出地区与调入地区的价差处理政策。同年 10 月 16 日，国务院召开的全国粮棉油收购电话会议明确提出，提高粮棉油产品收购价格。

（二）农业生产资料供应、销售价格整顿方略规程。为了促进各地区政府切实加强农业生产资料供应、销售价格管理工作经国务院批准，1987 年 4 月 14 日，国家工商行政管理局、农牧渔业部发布《关于加强农业生产资料市场管理的紧急通知》，明确提出，满足农业生产经营所需物资供应，控制销售价格。1988 年 9 月 28 日，国务院发布的《关于化肥、农药、农膜实行专营的决定》提出，必须由国家农业生产资料公司专营，严格控制销售价格。同年 10 月 24 日，国务院发布的《关于加强物价管理　严格控制物价上涨的决定》提出，坚决制止农用生产资料乱涨价，各地方政府对实行专营的化肥、农药、农膜、农机、柴油等农用生产资料，核定综合零售价格，公布执行。要组织农用生产资料大检查，严禁乱涨价和变价涨价。为此，一是严格执行计划外重要生产资料的最高限价，坚决稳定群众生活必需品的价格，整顿流通领域的价格，取缔中间盘剥；二是严肃物价法纪，对国家统一安排的调价项目，必须严格按照国务院规定的调价范围、幅度和时间执行；三是要依靠广大群众开展物价检查，重点查处生产资料和生活必需品的转手倒卖、哄抬物价和乱涨价的风气，对违纪者从严查处；1989 年 12 月 28 日，国务院发布的《关于完善化肥、农药、农膜专营办法的通知》具体规定归口经营、控制价格、保障供应等内容。

（三）农业产品统派购制度调整方略规程。1983 年 2 月 11 日，国务院批转的《关于改革农村商业流通体制若干问题的试行规定》要求：一是对农民完成统派购任务后的产品和非统代购的产品，应当允许多渠道经营；二是国营商业可以参与调节，开展议购议销业务；三是农村供销合作社和其他合作商业组织开展灵活购销业务；四是农民私人可以进城、跨省区经销农业产品，废除农业产品外运归口单位审批规定；五是凡属收购任务以外农业产品购销价格，可以上升下降；六是凡实行统派购的紧俏产品，不采取全面收购的做法，以便给生产者留有一定产品处理权。1985 年 1 月 1 日，中共中央、国务院发布的《关于进一步活跃农村经济的十项政策》提出：改革全国长达 30 年多年的农业产品统派购制度，对粮食实行国家定购和市场购销的“双轨制”，对棉花和桑蚕实行统一收购经营制度，对烟草实行国家专卖制度，对畜产品、水产品、水果、蔬菜等产品实行自由购销制度；1987 年 1 月 30 日，中共中央发布的《把农村改革引向深入》提出，农村经济体制第二步改革的中心任务，是继续改革农业产品统派购制度，建立健全农村商品市场流通体系。

（四）农村商品流通渠道修建方略规程。中共十一届四中全会通过的《中国中央关于加快农业发

展若干问题的决定》提出，农村集市贸易是社会主义经济的附属和补充，不能当作“资本主义尾巴”去批判。因此，1979年底，全国农村集市贸易迅速恢复和发展起来。1982年1月1日，中共中央发布的《全国农村工作会议纪要》提出，不断改善农村商品流通，为国家和人民提供更多的农业产品，为农民增加更多的收入。要促进农村供销合作社成为城乡经济交流的一条主渠道，要多方设法疏通和开辟流通渠道，扶持农村发展贸易货栈、农工商联合企业，引导农村各种商业经销组织，自觉遵守国家工商管理法规、法律，接受工商管理监督。1983年1月2日，中共中央发布的《当前农村经济政策的若干问题》之后，进一步推动了农村集市贸易和城乡集市贸易健康发展。1984年7月19日，国务院批转的《关于进一步做好农村商品流通报告》提出，为国家经济建设和城乡人民提供多的农业产品，为农民增加收入，要促进农村供销合作社成为城乡经济交流的一条渠道，要多方设法疏通和开辟流通渠道，扶持农村发展贸易货栈、农工商联合企业，按照国家工商法令，组织运销运动；从1985年开始，除由国家对棉花定价、对粮食、油料、生猪等产品实行“双轨”定价外，对绝大多数品种的购销价格，都由市场自行调节。1987年1月30日，中共中央发布的《把农村改革引向深入》提出，要建立健全农村商品市场流通体系，对农村金融、技术、劳动力等生产要素，必须在政府调控的前提下，进行市场调节，因势利导开拓资金、技术、劳动力等生产要素市场，促进社会主义农村商品经济健康发展。1989年，在全国农业产量收购总额中，国家直接定价占30%，市场自行调节价已占70%。同时，全国各地区逐步建立起以农业产品批发市场为中心的、全国统一的农村商品流通体系，逐步形成农业生产要素自由流动的要素市场流通渠道。

五、组织开拓农业生产经营基础设施建设之路方略规程

这一规程主要包括：一是农业土地保护改造，主要是土壤普查中低产田改造；二是农业水利电力建设，主要是农田抗旱防洪、水土保持、农村水电站建设。

（一）农业土地保护改造方略规程。1979年4月23日，为了查证核实全国农业土地面积等情况，国务院批转了农业部《关于全国土壤普查工作会议报告》和《关于开展全国第二次土壤普查工作方案》。同年9月27日，农业部在全国第二次土壤普查会议上，对上半年各地区组织开展土壤普查工作，总结交流了经验，共同提出了解决问题政策措施。1980年8月4日，国务院批转的《关于东北商品粮基地建设座谈会纪要》提出，要大力抓好农业基础建设，加快中低产田改造，确保商品粮基地粮食产量持续增加。1982年9月1日，中共十二大报告《全面开创社会主义现代化建设的新局面》提出，加强农业基本建设，改善农业基本生产条件，在有限的耕地上生产更多的粮食和经济作物，增加农民收入。1986年6月25日，第六届全国人民代表大会常务委员会第十六次会议通过了《中华人民共和国土地管理法》。

（二）农业水利电力建设加强方略规程。为了加强水土保持、小流域治理，国务院于1982年5月25日成立全国水土保持工作协调小组，指导、督促检查各地区小流域治理、防风固沙、水土保持建设。同年6月30日，国务院发布了《水土保持工作条例》。同年8月16日，全国水土保持协调小组召开的全国水土保持工作会议提出，组织落实《水土保持工作条例》，推进农林牧渔各业健康发展的政策措施。1988年1月21日，第六届全国人民代表大会常务委员会第二十四次会议通过《中华人民共和国水法》。同年4月22日，国务院批转全国水土保持工作协调小组《关于将长江上游列为全国水土保持重点防治区的报告》提出，大力加强长江上游流域治理、水土保持基础设施建设。1983年8月10日，国务院批准召开的北方旱区农业工作会议提出，北方旱区开展抗旱防涝、灌溉节水、人畜饮水等项水利建设。同年12月12日，国务院批转的《关于积极发展小水电，建设农村电气化试点县的报告》提出，鼓励发展农村小水电的政策。1985年10月17日，国务院批转的《关于加强农田水利设施管理工作的报告》提出，加强农田灌排配套、防洪抗旱、维修护管等政策措施。1987年10月

14 日，国务院批准的《关于发展农村水利　增强农业发展后劲的报告》提出，各级政府组织筹集人力、物力、财力，加强农村水利工程建设。1988 年 11 月 2 日，国务院批转的《关于依靠群众合作兴修农田水利的意见》提出，各级政府组织动员农民群众等专业合作组织，通过政府扶持、合作互利的政策措施，推动农村水利工程建设。

六、组织开拓农业生产经营科技推广应用及奖励之路方略规程

这一规程主要包括：一是农业生产经营科技推广应用；二是农业优良品种培育繁殖；三是农业生产经营科技推广应用成果奖励。

（一）农业生产经营科技推广应用方略规程。1981 年 3 月 26 日，经国务院批准，国家农委、国家科委、农业部、林业部等 12 个单位发出《关于加强农业科技推广工作　加速发展农业的联合通知》。1982 年 1 月 1 日，中共中央发布的《全国农村工作会议纪要》提出，要在充分发扬传统农业技术的基础上，广泛借助现代科技成果，走投资省、耗能低、效益高、生态好的道路。要在科学合理推进农林牧副渔各业全面发展的基础上，加强科技推广应用，提高经管理水平，增加农民收入，扩大生产积累。同年 1 月 3 日，经国务院批准召开的全国气象局长工作会议提出，积极推进气象科技化，提高灾害性天气预测预报能力，及时准确地以农林牧渔各业生产经营服务为重点，不断提高服务经济效益的方略。1983 年 4 月 22 日，国务院批转的《关于加强农林牧渔业第一线科技队伍的报告》号召，科技人员在农林牧渔各业生产经营实践中开展科技推广应用工作。同年 5 月 16 日至 22 日，农牧渔业部召开全国高等院校科技教学、研究、推广三结合经验交流会。同年 6 月 28 日，中共中央、国务院转发《关于农村科技体制改革的若干意见》强调，科技为农业生产经营和农村经济建设服务。同年 7 月 7 日，农牧渔业部发布了《农业技术推广工作条例（试行）》。1985 年 3 月 13 日，中共中央发布的《关于科学技术体制改革的决定》提出，改革农业科学技术体制，使之有利于调整优化农业和农村经济结构，推动农业走上专业化、产业化、现代化轨道。各级政府对重大农业科技开发项目或区域开发项目，要公开招标、择优委托，打破部门、地区界限。各地区政府要督促有关部门围绕农林牧副渔各业商品生产基地建设，提供相应的科技、信息服务。1987 年 10 月 25 日，中共十三大报告《沿着有中国特色的社会主义道路前进》提出，要加强农业科学技术研究，努力培育和推广优良品种，应用农业生产经营先进技术，促进农业持续健康发展。

（二）农业生产经营科技推广应用成果奖励方略规程。1981 年 6 月 6 日，经国院批准召开的全国先型杂交水稻特等发明奖授奖大会授予全国先型杂交水稻科研协作组袁隆平等人特等发明奖状、奖章和奖金。1982 年 4 月 3 日，经国务院批准召开的全国农业科技推广奖授奖大会对 220 项重大农业科技推广项目，授予农业科技推广奖。1984 年 1 月 9 日，经国务院批准召开的全国农林科技推广工作经验交流会表彰奖励 472 个农林科技推广先进集体和 1495 个先进个人。同时宣布：对在基层从事农林科技推广工作 25 年以上的科技工作者颁发荣誉证书，每三年颁发一次。1985 年 4 月 3 日，经国务院批准，农牧渔业部发布《农牧渔业部关于实施〈中华人民共和国科学技术进步奖励条例〉的细则》《关于农牧渔业科学技术研究成果管理试行规定》。

七、组织开拓农业和农村山水林田路综合治理之路方略规程

这一规程指对农业和农村生态环境治理、农村脱贫致富开发、农业综合开发治理项目工程建设管理的方略规程。

（一）农业农村生态环境治理方略规程。中共十一届三中全会以来，我国农业农村生态环境保护

和治理进入新的发展时期。1979年2月2日，中共中央、国务院批准成立全国农业自然资源调查和农业区划委员会。2月10日，国务院颁布《水产资源繁殖保护条例》。2月12日，国务院批准有关部门《关于开展农业自然资源调查和农业区划研究的报告》。2月17日，第五届全国人大六次会议原则通过《中华人民共和国森林保护法》，并根据国务院的提议，决定每年3月12日为中国植树节。4月3日至7日，国务院批准召开的全国农业自然资源调查和农业区划会议部署了全国农业自然资源调查和农业区划工作任务。7月26日，国务院批准召开的全国农业气候资源调查和农业气候区划会议提出了相应的政策措施。9月13日，第五届全国人大第十一次会议原则通过《中华人民共和国环境保护条例》。10月16日，全国农业自然资源调查和农业区划委员会发布的《关于加强自然资源保护区管理、农业区划和科学考察工作的通知》提出一系列原则要求。1980年3月2日，中共中央、国务院发布的《关于大力开展植树造林的指示》要求，国家、集体、个人一齐上，加快造林绿化、改善生态环境。同年4月1日至8日，国家水产总局主持召开的《全国水产工作会议》，讨论制定了全国渔业自然资源调查和渔业区划工作计划。9月15日至23日，全国自然保护区领导小组在四川召开的自然保护区划工作会议提出，切实加强自然保护区划工作的政策措施。

1. 在“六五”规划时期，1981年3月4日，中共中央、国务院发布的《关于保护森林、发展林业若干问题的决定》，明确规定了保护森林、发展林业的方针政策。同年12月13日，第五届全国人大第四次会议通过的《关于开展全民义务植树运动的决议》提出，植树造林、绿化祖国，是造福子孙后代的伟大事业，是治理山河、维护和改善生态环境的一项重大战略措施。到1981年底，全国农村社队林场已达19万个。1982年2月28日，国务院成立全国绿化委员会，负责办理全民义务植树运动的日常事务。同年，国务院发布了《关于开展全民义务植树运动的实施办法》，各省、自治区、直辖市相继制定了开展全民义务植树运动的实施细则。1983年8月21日，林业部正式向国务院上报批准56个自然保护区。1984年5月8日，国务院发布《关于环境保护的规定》，并成立国务院环境保护委员会。同年9月20日，第六届全国人大第七次会议通过的《中华人民共和国森林法》，从法律上明确规定封山育林。1985年6月18日，第六届全国人大第十一次会议通过的《中华人民共和国草原法》，从法律上明确规定保护、改良草原。同年8月12日，全国封山育林经验交流会议后，各地区政府进一步加强封山育林、绿化国土工作。

2. 在“七五”规划时期，为加强自然保护区法律法规治理，从全国人大到国务院先后发布了《野生动物法》、《森林和野生动物类型自然保护区管理办法》、《自然保护区条例》等重要法律法规。各地方人大、政府也相继制定自然保护区法规细则，成立自然保护区管理机构。1986年1月20日，第六届全国人大第十四次会议通过的《中华人民共和国渔业法》，在法律上明确规定保护海水、淡水资源。7月6日，国务院批准长白山等20个自然保护区为国家级森林和野生动物类型的自然保护区。1987年5月22日，国务院环境保护委员会发布《中国自然保护纲要》。1988年11月8日，第七届全国人大第四次会议通过了《中华人民共和国野生动物保护法》和《全国人大常委会关于惩治捕杀国家重点保护的珍贵、濒危野生动物犯罪的补充规定》。从1986年至1989年，为确保长江流域粮棉油等农业产品生产发展，国务院组织开展经营长江中上游水源涵养水、水土保持林体系建设，加强东南部沿海地区防护林体系建设。

（二）农村脱贫致富开发方略规程。1978年，全国农村三分之一人口没有解决温饱问题。从1979年全国农村经济体制调整改革以来，农民群众收入逐渐增加、贫困人口逐渐减少。在“六五”规划时期，全国农村没有解决温饱人口，从1978年2.5亿人减少到1985年1.25亿人，在“七五”规划时期1989年减到0.7亿人。

1. 在“六五”规划时期，中共中央、国务院针对贫困由于历史原因和自然条件的制约而脱贫缓慢，一部分农民群众生产生活非常困难的情况，首先从甘肃省的河西、定西地区和宁夏回族自治区的西海固地区着手扶贫开发。1984年9月29日，中共中央、国务院发布的《关于帮助贫困地区尽快改变面貌的通知》决定，在全国范围内开展有计划、有组织、大规模扶贫开发工作，进一步放宽政策，给贫困地区农牧民以更大的农牧业生产经营主动权，耕地承包期可以延长到30年，允许转让耕地承包权；对牲畜可分到农牧业户或作价归农牧业户，私有饲养，允许自宰自售；对草山草坡应分包到农牧业户，由农牧业户长期使用；对贫困地区农村农牧业户，从1985年起，分别情况，减免农业税、牧业税，最困难的农牧业户免税5年；对农林牧渔各业产品，都不再实行统派购办法；对贫困地区农村，首先要解决由县到乡的道路，增加农村教育投资，重点发展农业职业教育，加速培养适应山区农业和农村经济健康发展的各种人才力量。

2. 在“七五”规划期间，1986年5月16日，国务院批准成立国务院贫困地区经济开发领导小组。国务院办公厅分别于本年6月10日、8月22日，两次批转《国务院贫困地区经济开发领导小组会议纪要》，明确规定全国贫困地区经济开发规划、任务、方针、政策、方式、方法。1989年2月1日，国务院贫困地区经济开发领导小组第七次会议，着重研究制定和推行调整农业产业结构、发展多种经营、合理安排农村剩余劳动力，促进农民增加收入等项政策措施。同年6月30日，国务院贫困地区经济开发领导小组第八次会议，着重研究制定和推行农村科技推广、卫生保健事业发展等项政策措施。

（三）农业综合开发治理项目工程建设管理方略规程。为了解决1985年以来全国各地区农业基本生产条件恶化、耕地面积减少、农产品产量徘徊、农产品供应不足、农业生产发展后劲不足等问题，国务院决定，建立专门机构，设立专项基金，从1988年开始，有计划、有步骤地组织开展农业综合开发项目工程建设管理方略。主要有以下6项方略：

1. 农业综合开发的指导方略。农业综合开发是国家组织开展的一项政策性强的工作，为此，要有理、有节地贯彻以下农业综合开发的九项指导方略：一是在农业综合开发范围内，实行谁开发、谁利用、谁受益的政策；二是在一定时期内使用权不变，可以继承，可以依法有偿转让；三是在农业综合开发财政投入上，建立激励竞争机制，实行奖优罚劣、投资配套、滚动投入的政策；四是在农业综合开发土地治理上，改造中低产田和开垦宜农荒地增产的粮食，不确定增加合同定购量的政策；五是在农业综合开发税收减免上，对新开垦的宜农荒地，实行三年内免征农业税、农林特产税的政策；六是在农业综合开发科技力度上，鼓励科技人员参加农业综合开发，对贡献突出的科技人员给予奖励。逐年加大科技所需资金力度，在20世纪末内达到总投资额5%，21世纪初达到总投资额7%—10%；七是在农业综合开发所需贷款上，对农业综合开发专项贷款，凡是属于土地治理项目的贷款，可根据受援者的经济情况，酌情给予一定的贴息；八是在农业综合开发物质供应上，优先供应农业综合开发土地治理项目工程建设所需物资和生产资料；九是在农业综合开发项目投资上，凡是国家立项的农业综合开发项目投资，应纳入国家扶持农村集体固定资产投资计划，相应增加国家扶持农村集体固定资产投资规模。

2. 农业综合开发的综合治理方略。农业综合开发的核心是“综合”，在综合上下功夫。这是指制定综合规划，综合利用资源，采取综合措施，进行综合治理，实行综合投入，取得综合效益。为此，要落实五项农业综合开发的综合治理方略：一是在制定综合规划上，按照国家发展农业的政策要求，结合地区特点，集中连片，制定统一规划，确定开发规模和投资指标；二是在综合利用资源上，对农业综合开发项目内充分利用潜在的农业资源优势，重点提高土地产出率和收益率；同时创造条件，提高农产品的转化率和增值率；三是在综合开发治理上，按照流域规划，进行区域开发，对山水田林路综合治理，不采取单向治理措施，对制约本地农业发展的因素，相应地采取工程、生物、农艺、机械、科技等综合配套措施；四是在实行综合投入上，统筹安排资金、物资、科技、劳力等生产要素，全面提高综合投入水平；五是在取得综合效益上，必须在取得经济效益的基础上，还要取得社会效益和生态效益。

3. 农业综合开发的项目管理方略。对农业综合开发项目工程建设，必须按项目管理，择优立项，按项目定投入；项目确立前要经过深入的考察评估，项目是否科学可行，要经过有关专家评估论证；项目实施中要加强监督检查；项目竣工后要按标准严格进行验收；竣工后的项目要严格管护，确保长期发挥效益。为此，要落实六项农业综合开发的项目管理方略：一是在项目选择上，选择那些投入少、产出多、见效快、贡献大的项目先行开发。项目自下而上申请，自上而下择优确定。不准搞“人情”照顾项目，更不准脱离农业综合开发指导思想和方针政策的“要钱”项目。二是在项目确定上，划定明确的项目区域，并绘图定位。项目区域划定后，按治理措施计算投资额，资金跟着项目走，不准按部门分配资金，也不准将资金用于非项目区。三是在项目规模上，对安排项目区域规模，要突出重点，坚持集中连片，实行项目区域开发，发挥规模效益，防止分散化，避免战线拉得过长，做到搞一片成一片。四是在项目实施上，对项目工程建设，要坚持高起点、高标准、高质量，在实施过程中，健全管理制度，及时监督检查，一旦发现质量问题，要及时补救、限期返工。为了保证项目工程质量，要求层层签订责任合同书，实行目标管理责任制，采取有奖有罚的办法。五是在项目验收上，项目工程竣工后，要严格进行验收。凡是验收通过的项目，发给合格证书，不合格的项目要进行“补课”，缺什么补什么，什么时候达到标准，什么时候发给验收合格证书。六是在项目管护上，项目工程竣工后，有办理产权移交手续，严格执行管护制度，指定专职管护人员，明确管护责任，建立健全管理档案。

4. 农业综合开发的资金筹措方略。要搞好农业综合开发，必须多方运筹资金，加大资金投入，促进资金及时到位，全面加强资金管理和监督。为了确保资金及时足额安排落实，从中央到地方各级政府共同采取六项方略：一是中央财政逐年加大投资额，地方财政相应的加大配套投资额；二是地方按中央财政投资额配套投入，各省配套比例一般为1:1，计划单列市为1:2；三是地方各级支配的农业综合开发财政资金，必须保证安排用于国家确定的农业综合开发项目投资，不足部分由地方财政弥补；四是中国农业银行逐年增加专项贷款，必须做到有指标有资金；五是农村集体经济和农村农民群众自觉自愿筹集资金，必须及时足额落实；六是各地区政府及部门拓宽资金渠道，采用合法形式引进资金，增加资金投入力度。为此，进一步组织动员国内外农工商企业落实农业综合开发的资金筹措方略。

5. 农业综合开发的通力合作方略。在统一领导、统一规划的前提下，农口有关部门积极参与、同心同德，配合协作、形成合力、共同开发：一是农业部门负责搞好土壤改良、培肥地力、良种繁育、科学种养、农机化服务；二是水利部门负责搞好项目区水利规划，把农田水利建设同骨干工程建设紧密结合起来，灌排设施配套完善，发挥整体效益；三是林业部门负责搞好农田防护林、水土保持林和水源涵养林建设；四是土地部门负责搞好国土整治、土地复垦工作；五是财政、银行部门负责筹措和管理监督资金、资金分配使用工作；六是工交商、科技文教部门参加农业综合开发各项工程建设，尽职尽力落实农业综合开发的通力合作方略。

6. 农业综合开发的主力军方略。农业综合开发实质是农民群众的事业，农民群众是农业综合开发的主力军，因而应动员农民群众直接参加管理，自觉自愿地成为投资主体，国家实行“民办公助”的政策。在各地区农业综合开发项目工程建设中，把国家扶持的资金当作“引子”，哪里资源潜力大，农民群众积极性高，自力更生精神强，积极投资投劳搞开发，国家就扶持哪里。为了调动农民群众开发的积极性，除了广泛向农民群众宣传农业综合开发的重要意义，抓好开发示范以外，各地区还制定了一些鼓励农民群众搞开发的优惠政策，引入竞争机制，实行招标承包等，激发农民群众投资投劳的积极性，充分发挥农民群众主体的作用。现在，各地区农民群众参加农业综合开发项目区生产建设积极性很高，在组织开展农业综合开发的“中央工程”建设的基础上，许多地方涌现出一批农业综合开发的“地方工程”、“农民工程”。

八、组织开拓农业生产经营建设资金筹集、分配使用、监督管理之路方略规程

这一规程指各级政府财政对农业生产经营建设资金组织筹集、分配使用、监督这三方面管理方

略。分别说明如下：

（一）农业生产经营建设资金组织筹集方略规程。从 1979 年以来，随着实施农业新政策和农村经济体制改革逐步深入，继续执行以粮棉油农业生产为中心、发展多种经营的方针，促进农林牧副渔各业并举、农工商联合经营产业发展需要的资金投入越来越多。针对这种新形势、新任务和要求，从“六五”规划时期 1984 年开始，各级政府不断增加资金投入，由过去单一支持粮棉油等大宗农业生产，转变为农林牧副渔各业并举、农工商联合经营全面发展。为要保持农林牧副渔各业生产持续稳定增长，促进农村经济稳步发展，必须不断增加资金投入，自觉地进行长期资金投入，拓宽资金投入渠道，通过政府财政引导银行等投资主体，扩大资金投入来源。主要包括：一是通过各级政府财政预算内资金投入逐年保持增加；二是通过各地方财政预算外资金投入保持不断扩充；三是通过各级财政贴息的方式增加信贷资金投入；四是通过国家财政银行资金投入，引导农村集体和农民自觉自愿投入农业生产经营建设；五是通过城镇工商企业与农村集体和农民联合经营的资金投入；六是通过国家引导社会各界和国际援助渠道，增加农业生产经营建设资金投入；七是通过建立农业发展基金，促进各地区开展农业基础设施建设，1988 年 12 月 11 日，国务院颁发了《关于建立农业发展基金　增加农业资金投入的通知》。1989 年 9 月 12 日，国务院转发了国家土地开发建设基金管理领导小组制定的《农业发展基金管理办法》和《农业发展基金开发项目管理办法》。

（二）农业生产经营建设资金分配使用方略规程。这是从“七五”规划时期 1987 年起，在对农业生产经营建设资金分配使用上：一是落实打基础、增后劲分配使用的政策。坚持把资金投入到农林牧副渔各业生产经营所需农田水利、机械设施建设；二是落实抓重点、促调整分配使用的政策。坚持在大力扶持农林牧副渔各业全面发展基础上，着力发展粮棉油肉糖蛋奶菜等大宗产品生产，既满足城乡人民生活需求，又保障农民增加收入；三是落实产业链、促发展分配使用的政策。坚持在注重扶持农林牧副渔各业种植、养殖、加工、供销产业链上，促进农工商联合经营产业发展；四是落实扶贫村、促致富分配使用的政策。坚持充分利用贫困地区农村自然地理资源优势，因地制宜地推进农林牧副渔各业发展，促进贫困农村脱贫致富。

（三）农业生产经营建设资金监督管理方略规程。从监督管好用活资金入手，不断改进和完善资金管理办法，健全资金管理制度，严格资金投放、分配、使用手续，加速资金的循环和周转，提高资金使用效益。为此，必须通过多种渠道筹集资金，进一步挖掘资金潜力，扩大资金来源，增强促产实力，组织落实财政周转金管理制度改革和财政支农周转金投放、使用、回收方略：

1. 财政周转金管理制度改革方略。坚持在财政周转金资金性质不变，计划分配权不变的前提下，成立财政有偿资金统一管理的专门机构，改革政策措施：一是变过去资金分散管理为集中统一管理。将过去各方面的财政周转资金，集中到一起，按资金的不同用途，实行指标归口管理，统一调度资金，合理调剂余缺；二是变过去资金无偿占用为有偿占用。将过去没收取资金占用费的周转金，进行逐户清理，重新核实、登记、签订合同，建立债权债务的信誉关系，实行按期回收；三是变过去资金单项限额发放为广泛灵活发放。将过去按上级下拨的资金指标，指定的安排项目，根据具体情况、项目的可行性，进行灵活发放，对开发性的项目，免收资金占用费二至三年；对其他性的项目，收取少量的资金占用费；对国营、集体和个人发展的项目，均可给予扶持。

2. 财政支农周转金分配、使用、回收方略。这是指：一是在资金发放上，坚持“优选优放”的原则，对需要扶持的项目，必须由借款单位或个人填写借款申报表，由财政部门考察审定，对投资小、见效快、并在三年内能还清全部借款的项目，必须优先扶持，签订借款合同，然后拨付资金；二是在收取资金占用费上，坚持对不同行业发展项目，收取不同标准的资金占用费，对乡镇企业收取资金占用费 5‰，对商业和饮食服务业收取月资金占用费 6.6‰，对农村种养加企业收取月资金占用费 5‰，对种植林果专业户免收占用费三年，对养殖牧渔专业户免收占用费两年之后，取占用费，对投资大、支付占用费比较多的借款企业实行按月收取，以防止季度收取时间长、金额大、一时难于支付的情况发生；三是在资金回收上，对到期借款，坚持按合同规定如数收回，对逾期借款，采取加收资金占用费的办法。逾期在半年以内的加收资金占用费的20%，半年以上，加收资金占用费50%，逾期一年以上的加收资金占用费100%，对到期借款能按总额还款50%，其余50%可以转期一年不再加收资金占用费。这样不仅确保到期借款的及时回收，而且防止资金无期限的占用；四是在资金管理手续上，建立了三账、一表、两据一单一书。这是指：其一，建立了总账、明细账、银行存款账和借据、收据、资金平衡表、资金占用费通知单；其二，建立了投资业务月报表、投资业务汇总表、投资效果表、借款申报表和借款合同书。从而，确保财政支农资金得到了有效的管理。

九、组织开拓农业法律法规和农村基层组织建设之路方略规程

这一规程指农业法律法规体系建设、农村基础组织建设方略规程。

（一）农业法律法规体系建设方略规程。这一时期我国制定和颁布的农业法律法规计有：一是在“六五”规划时期至“七五”规划时期，国务院制定颁布了《关于社队企业贯彻国民经济调整方针的若干规定》《水土保持工作条例》《植物检疫条例》《关于组织和发展农副产品就地加工若干问题的规定》《关于农村个体工商业的若干规定》《家畜家禽防疫条例》《中华人民共和国耕地占用税条例》《兽药管理条例》《森林采伐带更新条例》《中华人民共和国渔业法实施细则》《关于化肥、农药、农膜实行专营的决定》《关于依托科技进步振兴农业、加强农业科技成果推广工作的决定》；二是在“六五”规划时期至“七五”计划时期，全国人民代表大会常务会通过了《森林法》《草原法》《渔业法》《土地管理法》《水法》《野生动物保护法》。

1. 我国农业法律法规体系，是我国农业生产经营建设法律法规体系的组成部分，是我国农村整体利益和农民群众根本利益的体现，是我国农业和农村经济发展的路线、方针、政策的标准，也是我国农业现代化和农村经济体制改革的标志。

2. 我国农业法律法规体系的作用，主要有三方面：第一，能促使各级政府对农业生产经营有法可依、依法扶持农业，保护农民群众合法权益。第二，能促使农民群众学习掌握法律法规知识，增强遵循法律法规的自觉性；第三，能促使地方各级政府严格执行法律法规，维护法律秩序。

3. 我国农业法律法规体系还不完备，需要加快发展：一是要坚持制定农业法律法规纲要，有计划、有重点、有步骤地推进农业法律法规体系建设；二是要坚持在农业法律法规制定和实施上，必须广泛听取各方面的意见；三是要坚持确立农业立法权限、完善授权立法；四是要坚持加强农业立法监督、维护法制统一和权威。

（二）农村基层组织建设方略规程。我国农村基层组织，是指乡（镇）、村（屯）两级中共党组织、政府组织、经济组织和群众组织。

1. 从1979年开始，全国各地区农村逐步实行农户家庭联产承包、统分结合的双层经营体制，废除农村人民公社政社合一体制，乡（镇）、村（屯）分别建立起中共党组织、政府组织、经济组织和群众组织。1983年10月12日，中共中央、国务院发布的《关于实行政社分开、建立乡政府的通知》提出，当前的首要任务是把政社分开，建立乡政府。同时，按乡建立乡党委，并根据农业生产经营需要和群众的意愿逐步建立农村经济组织。1984年1月1日，中共中央发布的《关于1984年农村工作的通知》提出，政社分开以后，农村经济组织应根据农业生产经营发展的需要，在农民群众自觉自愿的基础上建立，组织形式和生产经营规模可以多种多样，不要自上而下强制推行某种模式，为了完善统一经营和分散生产的双层经营体制，一般应设置以土地公有制为基础的地区性合作经济组织。这种组织，可以叫农业合作社，经济联合社或农民群众选定的其他名称；可以以村（大队或联队）为范围设置，也可以生产队为范围设置；可以同村民委员会分立，也可以一套班子两块牌子。到1984年底，全国各地区农村基本做到政社分开，建立起乡镇政府和村（屯）民委员会。

2. 为了逐步理顺乡（镇）党委、政府和经济组织的关系，处理好乡（镇）政府与村（屯）民委

员会的关系，中共中央、国务院于1986年9月4日发布的《关于加强农村基层政权建设工作的通知》提出，进一步理顺乡（镇）党委、政府和经济组织之间的关系，实行党委、政府分工职责制，乡（镇）党委要集精力加强党的自身建设、督促乡（镇）政府依照国家法律法规、方针政策，自行承担职责，不能包办政府领导工作；乡（镇）政府应行使经济管理职责。1987年11月，全国人大常委会通过的《中华人民共和国村民委员会组织法（试行）》提出，在进一步明确村民委员会是农民自我管理、自我教育、自我服务的基层群众自治组织的基础上，明确要求乡（镇）政府对村民委员会工作给予指导、支持和帮助，村民委员会协助乡（镇）政府开展工作。

农村财政扶贫开发脱贫攻坚巩固课题组
组长：韩连贵
组员：彭玉彬　杨华生　黄龙山　史德生　陈鹏飞　陈华东
李振宇　董　齐　程华东　史德惠　陈贵峰　韩铁峰
赵明亮　李克君　张小康　王其文

第三章　中共十三届四中全会至十六大召开之前：组织拓展全国农村农民群众脱贫增收致富奔小康之路方略规程

本章讲述1989年至2002年中国共产党组织领导带动全国农村农民群众坚持实施调整优化农业和农村经济结构、推进农业现代产业化规模经营、依法监管农村生产经营土地资源、坚持农村基层组织和民主法制建设、拓宽脱贫增收致富之路方略规程。

以江泽民同志为核心的中共中央、国务院领导集体，在中共十三届四中全会之后，为保障农民群众的经济利益、尊重农民群众民主权利、深化改革农业生产经营和农村经济管理体制，稳定完善农业和农村土地基本经营制度，加强贫困地区农村山水林田路综合开发治理，保护改善农村生态环境，组织开展农村文化教育科技推广事业，推进农林牧渔业种养加产加销产业化规模经营、农工商联合经营、健全农林牧渔各业产加储运销各环节社会化服务体系，推进农村基层民主自治组织建设，拓宽贫困地区农村农民群众从脱贫温饱、增收减负，走向致富奔小康之路方略规程。

一、组织带动全国农村农民群众脱贫增收致富发展变化进程

“七五”时期至“十五”期间实践证明，由于全国各地区党委、政府及农业、财政等部门全面贯彻落实中共中央、国务院关于保护和扶持农业和农村经济发展方针政策，农林牧副渔各业全面发展，粮棉油肉糖等各种产品总产量大幅度增长，农民增收逐年增加。特别是进入“八五”规划时期后，随着国家组织引导各方面对农林牧副渔各业生产经营建设资金投入持续加大，加强对农用生产资料供应和价格调控，推进农林牧副渔各业产品市场流通体制和价格改革，不断创新应用农业生产经营科学技术，使全国粮棉油肉糖等产品供求关系发生了根本变化，全国粮棉油肉糖等产品供求由全面短缺变为结构性和区域性相对过剩，达到全国供求总量平衡。从“九五”规划时期以来，农林牧副渔各业大宗产品购销不旺、价格不降，这些产品市场由卖方市场转向买方市场，全国城乡人民生产、生活需求的农林牧渔各业大宗产品，由供应不足时期转为供应相对过剩时期。在这新的历史发展时期，农业和农村经济发展过程中出现的问题是农民群众从农林牧渔业产业增收速度缓慢，从“九五”规划时期起，逐年趋于下降，而城乡工交商服务产业增收速度加快，逐年趋向上升。分别概要说明如下：

（一）全国农业产品产量持续增加：一是在“七五”规划时期末1990年粮食产量为44624万吨、棉花450.8万吨、油料1613万吨，分别比上年增长9.5%、19%，24.6%；二是在“八五”规划时期，1991年粮食产量43529万吨，棉花467.5万吨、油料1638万吨，到1995年粮食46662万吨，增长7.2%，棉花477万吨，增长4.3%，油料2251万吨，增长37.4%；三是在“九五”规划时期，1996年粮食产量50454万吨、棉花420.3万吨，油料2210万吨，到2000年粮食50632万吨，增长

0.4%，棉花450万吨，增长7.1%，油料2318万吨，增长4.9%；四是在“十五”规划期间2002年，全国粮食、棉花、油料等农业产品供给，实现了由长期短缺到总量平衡、丰年有余的历史性转变。全国粮食总产量，由1989年40755万吨，增加到2002年43070万吨，每年平均增长0.52%。

（二）全国农业总产值持续增长：一是在“七五”规划时期末，全国农业总产值，1990年7662.1亿元，比上年增长17.8%；二是在“八五”规划时期，全国农业总产值，由1991年8157亿元，到1995年20340.9亿元，增长149.4%；三是在“九五”规划时期，全国农业总产值，由1996年23428.7亿元，到2000年26469.2亿元，增长13%；四是在“十五”规划时期间2002年28545亿元，比2001年27234亿元，增长14.8%。

（三）全国乡镇农工商企业持续发展：一是在“七五”规划时期末1990年，全国乡镇农工商企业单位1850万个、职工9264.8万人、固定资产值2682亿元、纯利润608亿元、国家税收344亿元；二是在“八五”规划时期末的1995年。与“七五”规划时期末1990年比较，全国乡镇农工商企业单位2203万个，增长19.1%，职工12861万人，增长38.9%，固定资产值为12841亿元，增长3.79倍，纯利润3697亿元，增长5.1倍，国家税收2059亿元，增长4.99倍；三是在“九五”规划时期末2000年，与“八五”规划时期末1995年比较，单位2401万个，增长9%，职工13581.2万人，增长5.6%，固定资产值24154亿元，增长88%，纯利润5192亿元，增长40%，国家税收2016亿元，增长2.3%。主要是国家对村乡镇农林牧副渔各业种植、养殖、加工企业，采取减免税收政策，减轻税收负担，增加企业职工收入；四是在“十五”规划时期，中共中央、国务院实施农业现代化、工业化，城镇化同步进行方略，引导农村富余劳动力向非农产业和城镇转移，支持农民参加城镇农工商联营企业和服务业，以城镇工商企业带动农业和农村发展，促进城乡协调发展。截至2002年，全国农村乡镇农工商企业和服务业单位已有2796万个，职工15699.8万人，固定资产值28792亿元，国家税收2330.5亿元，比“九五”规划期末的2000年分别增长16.5%、15.3%、19.2%、15.6%以上。

（四）全国农民群众收入持续增加：一是在“七五”规划时期末1990年农民群众人均纯收入686.3元，比“六五”规划时期末1985年增长72.6%；二是在“八五”规划时期末1995年农民群众人均纯收入1577.7元，比“七五“规划时期末1990年增长1.3倍；三是在“九五”规划时期末2000年农民群众人均纯收入2253元，比“八五”规划时期末1995年1890元增长19.2%；四是在“十五”规划时期中2002年2476元，比“九五”规划时期末2000年2090元增长18.5%；五是全国农民群众平均每人全年纯收入，由1989年601.5元，增加到2002年2583元，每年平均增长14.2%，在农民群众纯收入中，来自农林牧渔业产业收入占57%，来自工交商服务产业收入占43%。

（五）全国农业税收负担持续减轻：一是在“七五”规划时期末1990年农业税收83.6亿元，占全国农业总产值5679.4亿元的1.47%；二是在“八五”规划时期末1995年农业税收258.3亿元，占全国农业总产值20340.9亿元的1.27%；三是在“九五”规划时期末2000年农业税收335.2亿元，占全国农业总产值27695亿元的1.21%；四是在“十五”规划时期中2002年农业税收393.7亿元，占全国农业总产值33286亿元的1.18%。由此可见，农业税收负担是逐步减轻的。

概括说，从“七五”规划时期间的1989年至“十五”规划期间的2002年，全国农业产品产量持续增加，村乡镇工商企业持续发展，农民群众收入持续增加，农业税收负担持续减轻。全国农业和农村经济保持良好发展势头，农林牧渔各业结构调整成效显著，农村生态环境保护和建设力度加大，农村公路、中小型水利、人畜饮水、治理水土流失、风沙源、封山育林、退耕还林工程建设展开。从“九五”规划时期起，中共中央、国务院组织推动各地区党委、政府，坚持加强农业、发展农村经济、增加农民收入的成效逐年显著。具体说，主要有八方面：一是大力推进农业结构调整，通过政策、技术、投资、信息等支持和服务，引导农民按照市场需求，调整种植业和养殖业结构、品种结构、发展畜牧业和水产业，发展农业产业化经营，带动千家万户农民进入市场，增加了农民收入。二是深化粮棉流通体制改革，坚持从保护农业生产力和农民利益出发，逐年积极稳步推进粮棉流通体制改革、按保护价敞开收购农民余粮、国有粮购销企业顺价销售、粮食收购资金封闭运行的政策。在粮食主产区继续实行按保护价敞开收购农民余粮政策，同时，放开主销区粮食、收购市场和价格政策，收到明显效果。三是拓展农村税费改革领域，对农民负担减轻30%，对乡镇政府机构、财政与教育体制配套改革，农村中小学教师工资改革由县级财政统一负责管理，以保证及时足额发放工资，保证农民减轻增收，维护农村社会稳定。四是增加对农业生产经营和农村经济建设、社会事业的资金投入，从1998年至2002年累计4077亿元，比前五年累计增加1852亿元。同时，还将部分国债资金投入江河湖治理、农村电网改造、农村公益基础设施建设，对改善农业生产、农民生活条件起到了重要作用。五是加快农村扶贫攻坚建设进程，坚持开发式扶贫攻坚方针，加大扶贫资金投入力度，国家财政扶贫资金和以工代赈资金以及贴息扶贫贷款资金投入1250亿元，走出了一条符合我国国情的扶贫开发道路。六是建立起农村新型合作医疗、农村最低生活保障体系，对农村义务教育实行在国务院领导下，由地方政府负责、分级管理、以县为主的新体制，建立健全起农村人口与计划生育目标管理责任制，使计划生育的基本国策落到实处。七是坚持全力维护农村社会稳定，始终关心农民群众的切身利益，努力解决农业生产、农民生活中的实际问题，尽力地处理好农民就业和农村扶贫、农民负担过重的问题。八是逐步加大农村生态环境保护和建设力度，在重点林区、长江、黄河上中游等地区落实了退耕还林还草、封山育林、以粮代赈、承包经营政策措施，国家向农户无偿提供粮食、种苗和生活补助资金，这对加快贫困农户脱贫致富，发挥了重要作用。

总之，从1989年至2002年期间，上述全国农业和农村经济社会发展成果的激励因素是多方面的，最根本的是以江泽民为核心的中共中央、国务院领导集体，从1989年6月24日中共十三届四中全会，到2002年11月8日中共十六大期间，组织领导各地区党委、政府及部门贯彻执行十二项方略：一是始终推进以粮食为中心的农林牧副渔各业全面发展方略；二是调整优化农业和农村经济结构、推进农业现代产业化经营方略；三是全面加强农业和农村生产经营基础设施和公共公益基础设施建设与生态环境建设方略；四是深化改革农业生产经营机制和农村集体经济管理体制方略；五是组织推进文教科技振兴农业和农村经济、增强农民应用先进科技务农能力方略；六是坚持奠定全国农村农民群众脱贫温饱、增收减负、致富奔小康基础方略；七是彻底拓宽贫困地区农村农民群众摆脱贫困、从温饱到富裕途径方略；八是合理规划、引导推动乡镇企业因地制宜发展方略；九是建立健全农业生产经营社会化服务体系方略；十是依法加强农业生产经营土地等资源保护利用和生态环境建设管控方略；十一是调整完善农业产品购销价格机制和市场流通体制方略；十二是统一疏通农业生产经营建设资金投入多元化渠道方略；十三是深入开展农村基层组织和民主法制建设方略。分别说明如下。

二、组织拓展推进以粮食为中心的农林牧渔各业全面发展之路方略规程

从“七五”规划期间1989年起，经过“八五”规划至“九五”规划时期，到“十五”规划时期2003年，从中央到地方各级党委、政府及部门始终推进以粮食为中心的农林牧副渔各业全面发展方略，逐年充实完善行之有效的方针策略、措施办法。

（一）“七五”规划时期，中共中央、全国人大、国务院强调，确保粮棉油糖等产品稳定增长，促进农林牧副渔各业全面发展。

1. 1989年4月4日，第七届全国人大二次会议通过的《政府工作报告》提出，执行稳定的农业和农村经济政策；推广应用先进的农业科学技术；持续增加农业生产经营建设资金投入；调动农民发展粮食、棉花、油料等农业产品生产的自觉性，促进农民保持农林牧渔业健康发展的积极性。

2. 同年11月9日，中共中央发布的《关于进一步治理整顿和深化改革的决定》提出，要在全党全国造成一个重视农业、支援农业和发展农业的热潮，齐心协力把农业搞上去，确保粮棉油糖等产品稳定增长，推进农林牧副渔各业全面发展。

（二）“八五”规划时期，中共中央、国务院强调，建立粮食风险基金和储备体系，在粮食生产区选择商品粮食、棉花大县、落实“米袋子”省长负责制。1990 年 12 月 30 日，中共中央发布的《关于制定国民经济和社会发展十年规划和“八五”规划的建议》提出，解决全国人口吃饭问题是头等大事，是经济发展、社会安定、国家自立的基础；今后十年，继续以保证粮食棉花稳定增长为重点，促进农林牧副渔各业全面发展；粮食生产要先后登上 4.5 亿吨和 5 亿吨两个台阶，同时增加棉花、油料、糖料以及其他经济作物的生产；大力加强林业建设；进一步发展畜牧业、水产业，努力增产肉、禽、蛋、奶、鱼、茶、果等产品；继续引导农村乡镇企业健康发展，全面振兴农村经济。

1. 1991 年 11 月 29 日，中共十三届八中全会通过的《关于加强农业和农村工作的决定》提出，农业综合生产能力和效益要提高到一个新水平，确保粮食总产量达到 5000 亿公斤，农林牧副渔各业和乡镇企业等农村国民生产总值再一番。

2. 1992 年 10 月 12 日，中共十四大通过的《加快改革开放和现代化建设步伐　夺取有中国特色社会主义事业的更大胜利》报告提出，农业是国民经济基础，必须坚持把加强农业放在首位，全面振兴农村经济，树立大农业观念，保持粮食、棉花稳定增产，积极发展农林牧副渔各业。同年 12 月 29 日，国务院召开的全国农业工作电话会议提出，保持以粮食为中心的农林牧副渔各业全面发展的十项政策措施：一是要按期完成 1992 年国家定购粮收购计划，适当增加粮食专项储备；二是要及时地全部兑现粮食等农业产品收购欠款，解决打白条问题；三是要坚决制止向农村广大农民强求集资和摊派；四是保留扶持粮食、棉花生产的优惠政策；五是多渠道推进粮食的转化；六是大力扶持粮食主产区经济发展；七是改进粮食经营管理机制；八是保护耕地资源、稳定粮田面积；九是增加对农业的资金投入和物资投入；十是加快农业产业结构调整，确保农林牧副渔各业健康发展。

3. 1993 年 6 月 24 日，中共中央、国务院发布的《关于当前经济情况和加强宏观调控的意见》提出，要稳定发展粮食、棉花等农林牧副渔各业产品生产政策措施，特别是要坚决做到不打白条；要抓紧解决粮食棉花等农林牧副渔各业产品征购、储运中暴露的问题；要抓好粮食、棉花等作物播种面积的落实和田间管理，这是关系到社会安定、经济发展的大事。同年 11 月 5 日，中共中央、国务院发布的《关于当前农业和农村经济发展的若干政策措施》提出，从 1994 年起，建立粮食风险基金和储备体系；支持粮食、棉花主产区发展经济，在主产区选择 500 个商品粮大县，150 个优质棉花大县，由国家安排专项贷款，并适当增加基地建设投资，从 1994 年开始，有计划地建设一批各具特色的高产优质高效农业示范区，以利于广泛推进农业和农村经济发展。

4. 1994 年 4 月 10 日，中国中央、国务院发布的《关于 1994 年农业和农村工作的意见》提出，各级党委、政府和各部门要切实抓好粮棉油生产和“菜篮子”生产，争取 1994 年农林牧副渔各业有个好收成。1994 年农业和农村经济发展的任务：一是保证粮棉油和“菜篮子”的生产和供应；二是促进农林牧副渔各业全面发展。

5. 1995 年 3 月 11 日，中国中央、国务院发布的《关于做好 1995 年农业和农村经济工作的意见》强调，1994 年我国粮食种植面积，以减到警戒线以下，必须引起高度重视。为此，明确要求，省一级政府要把当地粮食供求平衡的责任担负起来，落实“米袋子”省长责任制。同年 3 月 12 日，国务院发布的《全国粮食、棉花、化肥工作会议纪要》强调，各级地方政府必须承担起保证本地区农业产品和化肥等农业生产资料供求平衡、价格稳定的责任，实行省长负责制。

（三）“九五”规划时期，中共中央、国务院强调确保农林牧渔各业产品产量持续稳定增长，大力提高综合生产经营能力和综合效益。1995 年 9 月 28 日，中共中央《关于制定国民经济和社会发展“九五”规划和 2010 年远景目标的建议》提出，必须切实加强农业、全面发展农林牧副渔各业和繁荣农村经济。“九五”期间的重点任务是保证粮棉油等基本农业产品稳定增长，粮食生产能力达到一个新水平。必须充分认识粮食问题的特殊重要性，采取得力措施，确保粮食稳定增产。在确保粮食稳定增产的前提下，因地制宜地积极发展多种经营。鼓励农村集体和农民综合开发利用非耕地农业资源，全面发展农林牧副渔各业。积极培育森林资源，重点抓好速生丰产林基地建设和山区林业综合开发。大力发展节粮型畜禽，推广规模养猪。扩大淡水和近海养殖，发展远洋捕捞。推动农村工商业健康发展。

从1996年至2000年这五年，中共中央、全国人大、国务院组织领导全国各地区党委、政府及部门在组织部署农业和农村工作任务、要求、方略上，着力研究解决农业丰收后出现的新问题、新需求，继续加强农业基础地位，切实推进农村经济体制改革和经济增长方式转变，加快农林牧副渔各业健康发展。为此，要着力做好八方面的工作：一是坚定不移地把农业放在首位，继续加大扶持农业的力度；二是切实做好粮食收购工作，解决农业产品流通不畅问题；三是加快科教兴农步伐，积极推广农业先进适用技术；四是调整优化农村产业结构，全面实现增产增收；五是狠抓农田水利建设，增强抗旱防涝等自然灾害能力；六是继续深化农村经济体制改革，增强农业和农村经济发展活力；七是切实减轻农民负担，确保农业增产、农民增收，保护农民合法权益；八是加强农村精神文明建设，促进农村社会事业发展。

1. 1996年3月14日，第八届全国人大五次会议通过的《政府工作报告》提出，继续把加强农业放在经济工作的首位，我国人多地少，自然灾害频繁，任何时候对农业都不能有些丝毫放松，丰收之后，尤其要注意防止粮食生产下滑。必须稳定粮食棉花播种面积，积极防御旱涝灾害，争取粮食再有一个好收成，保持棉花、油料、糖料、肉类和水产品稳定增长，促进农林牧副各业全面发展。

2. 1998年1月9日，中共中央发布的《1998年农村工作会议纪要》强调，要稳定和加强农业基础地位，确保农林牧副渔各业产品生产持续稳定增长，要大力强化农林牧副渔各业增产增效要素，提高综合生产能力和综合效益。同年3月19日，第九届全国人大一次会议通过的《政府工作报告》提出，进一步稳定和加强农业、农业事关全局，绝不能因为连续几年丰收，粮棉等产品供给充足而放松农业。今年要继续采取有效措施，粮食总产量稳定在49250万吨，棉花总产量稳定在400万吨。在不放松粮食生产的同时，积极发展畜牧业、水产业和林业，促进农林牧副渔各业向高产、优质、高效方向发展。同年10月14日，中共十四届三中全会通过的《中共中央关于农业和农村工作若干问题的决定》提出，不放松粮食生产，积极发展多种经营的方针，对粮食作物，要确保总产量稳定增长，提高单产，改善品质，尽快淘汰不适销品种。对主要经济作物要提高质量；努力创造名特优异产品。为了满足城乡人民生活需求，积极发展牧区畜牧业，加快发展草食型，节粮型农区畜禽业，大力发展海淡水产养殖业，稳定近海捕捞，扩大远洋捕捞。对“菜篮子”产品生产有推广优新品种，降低成本，提高效益，实现均衡供应，满足城乡居民优质化、多样化的需求。

（四）“十五”规划时期、全国人大、国务院强调，在东北、中部粮食生产区，扩大优质粮食产量，发挥各地区农林牧副渔各业比较优势，形成规模化、专业化生产经营格局，提高商品率。

1. 2001年3月15日，第九届全国人大四次会议通过的《第十个五年计划纲要》提出，在切实稳定粮食生产能力的同时，以优化品种、提高质量、增加效益为中心，加快发展畜牧业、林业、水产业。发挥各地区农林牧副渔各业的比较优势，形成规模化、专业化生产经营格局，提高商品率。

2. 2003年3月15日，第九届全国人大五次会议通过的《政府工作报告》提出，要加快发展优质、专用、无公害农业产品，积极发展畜牧业和水产养殖业。为此，一是在东北、中部粮食主产区，要扩大优质粮食生产量；二是在西北地区要推进农林特产旱作产品生产；三是在东南沿海地区要大力发展农牧渔业高产优质高效产品生产；四是在全国各地区推动传统农业向现代农业转变。

三、组织拓展调整优化农业和农村经济结构、推进农业现代产业化经营之路方略规程

从“七五”规划时期1989年起，经过“八五”“九五”规划时期，到“十五”规划时期2002年，一直坚持推行这项方略规程。分别说明如下：

（一）“七五”规划时期，中共中央、国务院提出，调整优化农业产业和农村经济结构，为确保粮食供应、价格稳定，而建立健全粮食储备体系和市场流通体系。

1. 1989年11月9日，中共中央发布的《关于进一步治理整顿和深化改革的决定》提出，要全党全国动员起来，集中力量办好农业，调整优化农业产业和农村经济结构，实现农业和农村经济持续健康发展，是国民经济繁荣、社会稳定、国家安全的基础。

2. 1990年6月22日，中共中央、国务院发布的《1991年农业和农村工作的通知》提出，针对工农业发展关系失衡、粮棉供给严重不足的状况，中共中央、国务院决定，要适当恢复扩大粮食播种面积，为调剂粮食余缺，防备灾荒、增强调控能力，确保粮食供应、价格稳定，建立健全粮食储备体系，加快粮食市场流通体系建设。

（二）“八五”规划时期，中共中央、国务院明确肯定20世纪80年代我国农业和农村发生历史性的变化，明确提出调整优化农业产业和农村经济结构的任务、方略。1991年11月29日，中共十三届八中全会通过的《关于加强农业和农村工作的决定》提出，继续调整农业产业结构，促进农村经济发展。在这个《决定》中明确肯定八十年代我国农业和农村发生历史性的七个变化：一是全国农村普遍实行农户家庭联产承包、统分结合的双层经营体制；二是全国农村已形成集体经济为主体的个体、私营等多种经济成分并存的格局；三是全国农村统派购销流通体制发展成多渠购销流通体制；四是全国农村科技、教育推动农林牧副渔各业快速发展；五是全国乡镇企业等非农产业产值超过农业总产值，农村工业总产值已占全国工业总产值的三分之一；六是全国农民人均纯收入成倍增长，绝大多数农民基本解决温饱问题；七是全国农村基层干部和农民群众逐步提高科学文化水平，日益增强商品经济意识，农村社会和谐安定。这个《决定》提出调整优化农业产业和农村经济结构的基本任务、方略规程。

1. 调整优化农业产业和农村经济结构的基本任务。主要有三方面：一是调整优化农林牧渔业产业结构，建立健全农林牧渔产业化规模经营社会化服务体系，改革完善农村商品经济体制和运行机制；二是农村社会面貌要有一个变化，形成经济繁荣兴旺、思想健康向上、社会安定团结的局面；三是农村广大农民的生活从温饱达到小康水平，逐步实现物质生活比较富裕，精神生活比较充实，居住环境改善，健康水平提高，公益事业发展，社会治安良好、稳定。

2. 调整优化农业产业和农村经济结构，推进农业和农村经济发展的方略规程。主要包括九项：一是农户家庭承包经营、统分结合双层经营体制的政策；二是农村公有经济为主体、允许并鼓励其他经济成分适当发展的政策；三是农业生产经营以按劳分配为主体、其他分配为辅的政策；四是农民群众以共同富裕为目标，支持和鼓励一部分农民通过诚实劳动、合法经营先富起来的政策；五是确保粮食增产、积极发展多种经营、引导乡镇企业健康发展的政策；六是组织实施科技、教育兴农、鼓励科技、教育人员为农业发展服务的政策；七是建立健全国家、集体和农民相结合投资体系的政策；八是大力推进农业产品流通体制改革、逐步理顺农业产品价格、实行多渠道流通的政策；九是坚持扶助老少边穷地区农村农民脱贫致富的政策。

（三）“九五”规划时期，中共中央于1995年9月28日发布的《关于制定国民经济和社会发展“九五”规划和2010年远景目标的建议》提出，把加强农业放在发展国民经济的首位，农业是国民经济的基础，农业生产经营现代化，农民增产增收致富，进而达到小康社会，是整个现代化进程中最艰巨的任务。要处理好农业与其他产业的关系，坚定不移地加强农业，在制定计划和部署经济工作时，首先要把农业和支农产业安排好。各级党政主要领导要亲自抓农业，充分调动广大农民、农业科技工作者和农村干部的积极性，各行各业都要为发展农业作出贡献，全面推进农业产业和农村经济发展。

1. 1996年1月21日，中共中央、国务院发布的《关于“九五”时期和今年农村工作的主要任务和政策措施》提出，要实现“九五”时期农业和农村经济发展目标，努力做好1996年农业和农村经济工作，力争当年农业有个好收成。为此，强调全国上下努力奋斗，坚决贯彻优先发展农业的方针，真正把农业放在首位，一是要切实解决好农民关注的热点问题，保护和调动广大农民的生产积极性；二是要彻底改善农业生产经营条件，提高农业综合生产能力；三是要组织实施科教兴农战略，不断增加农业科技含量；四是要稳定完善国家对农业和农村经济的方针政策，深化农村经济体制改革，逐步推进农村社会主义市场经济发展，创新农村经济体制和运行机制；五是要大力转变农业生产经营增长方式，走高产、优质、低耗、高效、增收的发展途径；六是要动员、鼓励全社会的力量，打好“八七”扶贫攻坚站；七是要严格控制人口、保护耕地和保护生态环境，确保农业产业和农村经济持续健康发展。

2. 1997 年 9 月 12 日，中共十五大报告《高举邓小平理论伟大旗帜，把建设有中国特色社会主义事业全面推向二十一世纪》提出，加强农业基础地位，坚持把农业放在经济工作的首位，确定党在农业和农村的基本政策，深化农村改革，确保农业和农村经济发展、农民收入增加。为此，一是加强农业基础设施建设，不断改善农业生产经营条件；二是大力推进科教兴农，发展高产、优质、高效农业和节水农业；三是调整优化农业产业和农村经济结构，积极发展农业产业化经营，形成生产、加工、销售有机结合和相互促进的机制，推进农业向商品化、专业化、现代化转变；四是综合发展农林牧副渔各业，继续发展乡镇企业，形成合理的产业结构；五是搞好小城镇规划建设；六是长期稳定以农户家庭联产承包为主的责任制，完善统分结合的双层经营体制，逐步壮大农村集体经济实力；七是改革粮棉购销体制，实行合理的价格政策；八是建立健全农业社会化服务体系、农业产品市场体系和国家对农业支持保护体系；九是尊重农民的生产经营自主权，保护农民的合法权益，切实减轻农民负担，使广大农民从国家农业和农村经济政策中得到实惠。

3. 1998 年 1 月 9 日，中共中央主持召开的农村工作会议提出，为调整优化农业产业和农村经济结构，推进农业和农村经济持续发展，确保农民增产增收，脱贫致富，要着力做好六方面的工作：一是稳定和加强农业基础地位，确保农业持续稳定增长；二是稳定和落实党在农业和农村的政策，切实调动和保护农民的生产积极性；三是调整优化农村产业产品结构，提高农业的整体素质和效益；四是大力强化农业增产增效要素，提高农业综合生产能力；五是积极稳妥地深化农村改革，为农业和农村经济发展注入新的活力；六是加强农村基层的基础建设，实现农村经济社会协调发展。同年 3 月 19 日，第九届全国人大一次会议通过的《政府工作报告》提出，调整优化农业产业和农村经济结构，积极稳妥地发展农业产业化经营，推动农业产品生产、加工、销售环节有机结合和相互促进，使农民不仅从生产中得到收益，也能分享加工、销售环节的利益。同年 10 月 14 日，中共十五届三中全会通过的《中共中央关于农业和农村工作若干重大问题的决定》提出，必须稳定发展粮食生产，同时又要调整农村产业结构，实行农林牧副渔各业并举，并且把发展多种经营同支持和促进粮食生产结合起来，确保农林牧副渔各业产品有效供给和农民收入持续增长。调整优化农村经济结构，要着眼于世界农业科技加速发展的趋势和我国人多地少的国情，适应国内外市场，提高农村经济素质和效益。按照高产优质高效原则，全面发展农林牧副渔各业。重点围绕农林牧副渔各业产品，调整优化农村产品加工业，结合农村小城镇建设，大力发展第三产业。

4. 1999 年 3 月 15 日，第九届全国人大二次会议通过的《政府工作报告》提出，调整优化农业产业结构。农业连续几年丰收，不少农业产品供过于求，价格下跌，农民收入增长减缓。要适应新阶段的要求，把工作着力点转移到调整优化结构，提高产品质量和经济效益上来。1999 年粮食生产，要在稳定总产量的同时，引导农民增加适销对路的优质粮食品种的生产。合理调整棉花布局，稳定新疆棉区种植面积，进一步调减冀鲁豫和长江流域棉花种植面积。畜牧业、渔业和其他农业产品生产，要根据市场需求变化，调整品种结构，提高产品质量，增加农民收入。

5. 2000 年 3 月 15 日，第九届全国人大三次会议通过的《政府工作报告》提出，加快经济结构的战略性调整，是扩大内需、促进经济增长的迫切要求。当前我国农业进入了一个新的发展阶段，对农业产业结构进行战略性调整，是这个阶段的重要任务。要积极引导农民调整农业产业结构，发展畜牧业、林业和水产业，发展粮食和其他农业产品的加工业，努力调整优化农林种植业、牧渔养殖业产品品种和品质结构，面向市场发展优质产品。同时，要发挥区域资源优势，调整优化农林牧渔区域产业结构，因地制宜发展高产、优质、高效、生态、出口的农林牧渔各业产品生产经营。在调整优化农业产业结构上，要充分尊重农民生产经营自主权，不能强迫命令。

（四）“十五”规划时期，全国人大第九届四次会议于2001年3月15日通过的《关于国民经济和社会发展第十个五年规划纲要的报告》提出，农业产业和农村经济结构调整，要面向市场，依靠科技，以农户和农业产业化经营企业为主体，不断向生产经营的广度、深度进军，以优化品种、提高质量、增加效益为中心，积极调整种植业作物结构、品种结构和品质结构，发展优质高产高效种植业。扩大饲料作物种植面积，加强草场建设，改良畜禽品种，加快发展畜牧业，2005年畜牧业产值占农林牧副渔各业总值的比重达到33%左右。加强渔业水域资源保护，积极发展海淡水产养殖业和远洋捕捞业。合理调整优化农林牧副渔各业生产经营区域布局，发展各特优产业，形成规模化、专业生产经营格局，提高商品率。推进农林牧渔各业产品加工、保鲜、储运、销售等产业化、专业化、规模化、市场化经营，促使农林牧渔产业化经营龙头企业带动农户进入市场，与农户形成利益共享、风险共担的经营机制。

1. 2002年3月15日，第九届全国人大五次会议通过的《政府工作报告》提出，从根本上说，增加农民收入，必须加快农业产业和农村经济结构调整，大力发展农业产业化经营，积极推进传统农业向现代农业转变。大力推广优良品种，加快发展优质、专用、无公害农业、畜牧业、水产业。推广“公司加农户”“订单农业”等方式，逐步形成农业产品生产、加工、销售一体化经营，使农民收入尽快增长。

2. 2003年1月16日，中共中央、国务院发布的《关于做好农业和农村工作的意见》提出，要推进农林牧渔各业优势、特色产品向优势产业集中，是农林牧渔产业结构调整优化和规模化经营的一项战略任务。同年10月14日，中共中央在发布的《关于完善社会主义市场经济体制若干问题的决定》规定，建立健全农林牧渔产业化规模经营社会化服务体系。

四、组织拓展全面加强农业和农村生产经营和公共公益基础设施建设与生态环境建设之路方略规程

国家组织推动全国各地区从“七五”规划时期1989年，经过“八五”、“九五”规划时期，到“十五”规划时期2002年，一直坚持全面加强农业和农村生产经营和公共公益基础设施建设与生态环境建设方略规程。分别说明如下：

（一）“七五”规划时期，全国人大第七届二次会议于1989年3月20日通过的政府关于《坚决贯彻治理整顿和深化改革的方针》的工作报告提出，为了保证农业丰收，必须十分重视搞好农田基本建设和水利建设，加强江河治理，提高抗灾能力，尤其要确保大江大河防汛安全。同年10月15日，国务院发布的《关于开展农田水利建设的决定》提出，从1989年起，在继续对全国大江大河进行治理的同时，大规模地开展农田水利建设，加强抗旱排涝、水土保持、节水灌溉等项农田水利建设。

（二）“八五”规划时期，中共十三届七中全会于1990年12月30日通过的《中共中央关于制定国民经济和社会发展十年规划和“八五”计划的建议》指出，水利是农业的命脉。长江、黄河的水灾仍是中华民族的心腹之患。今后十年要加强大江大河大湖的治理，有计划地建设一批防洪、蓄水、引水的大中型项目，提高抗御自然灾害的能力。巩固和完善现有灌溉工程，努力扩大灌溉面积，积极建设旱涝保收、稳产高产农田。加强农业区域综合开发，建设一批国家级的重要农业产品生产基地。改造中低产田，开垦宜农荒地，改造和建设草原。加强速生丰产用材林、防护林、经济林和薪炭林体系建设，改善生态环境。

1. 1992 年 4 月 3 日，第七届全国人大五次会议通过的《政府工作报告》提出，各地区要加强中小河流治理，开展农田水利基本建设。要抗旱防汛、节水灌溉工作，缓解水资源紧张矛盾。

2. 1993 年 11 月 14 日，中共十四届三中全会通过的《中共中央关于建立社会主义市场经济体制若干问题的决定》提出，大力扶持贫困地区、革命老区、少数民族地区、边疆地区农村、农民加强农业基础设施和生态环境建设，增强抗御自然灾害、脱贫致富的能力。

3. 1995 年 3 月 17 日，第八届全国人大三次会议通过的《政府工作报告》提出，因地制宜搞好农业综合开发，积极开垦宜农荒地，改造中低产田，加强农田水利等农业基础设施建设，重视重大自然灾害的预测、预报和预防，增强农业抗御自然灾害的能力。

（三）“九五”规划时期，全国人大第八届四次会议于 1996 年 3 月 17 日通过的《关于国民经济和社会发展“九五”规划和 2010 年远景目标纲要》提出，一是加强水利建设，搞好大江大河大湖治理，重点建设具有综合效益的大中型水利工程，要重视中小河流治理，坚持标本兼治，提高防洪、抗旱、排涝能力；二是坚持开展以农田水利为重点的农业基础设施建设，逐年增加农田灌溉面积，大力推广滴灌、喷灌等节水灌溉技术，做好水土保持工作；三是加快中低产田改造，建设稳定的商品粮基地，重点地选择若干片增产潜力大、商品率高的地区，集中建设大的国家储备粮生产基地；四是加强林业基地建设，积极培育森林资源，保护原始森林，发展人工林、建设防护林工程，绿化祖国。同年 8 月 3 日，国务院发布的《关于环境保护若干问题的决定》提出，发展生态农业，控制化肥、农药、农膜等对农田、水源的污染。

1. 1997 年 3 月 14 日，第十八届全国人大五次会议通过的《政府工作报告》提出，加强水利建设是一项迫切任务，要下决心搞好水利建设：一是继续实行分级负责制，大江大河干流治理，以国家为主，中小河流治理，以地方为主，农村组织农民进行农田水利建设和小流域治理；二是坚持统一规划、标本兼治、综合治理，上游搞好水土保持、兴修水库，中下游加固堤防、疏通河道，确保渡汛安全；三是加强水资源综合开发、合理利用管理，采取打井、拦蓄、回灌、雨水集流等措施，把抗旱与防汛结合起来，切实达到旱涝保丰收的目的。

2. 1998 年 3 月 19 日，第九届全国人大一次会议通过的《政府工作报告》提出，继续加强农业基础设施建设，要因地制宜、突出重点地开展水利建设，南方着重防洪，北方着重抗旱。我国水资源短缺，一是要加强水资源保护，合理开发、可持续利用，有偿节约使用；二是要加强干旱地区抗旱水源工程建设，大力发展节水灌溉农业生产，加强农业综合开发粮棉基地建设；三是要大力开展农田水利建设和植树种草活动，治理水土流失，改善农业生产条件和生态环境。中共十五届三中全会于 1998 年 10 月 14 日通过的《中共中央关于农业和农村工作若干重大问题的决定》提出，要实现我国农业和农村经济跨世纪可持续发展目标，必须加强以水利为重点的基础设施建设和林业建设，严格保护耕地、森林植被和水资源，防治水土流失、土地荒漠化和环境污染，改善农业生产经营条件，保护农业生态环境。为此，一是要坚持不懈地搞好农田水利基本建设，努力解决干旱缺水问题；二是要鼓励农村集体、农户以多种形式建设和经营小型农田水利设施；三是要大力发展节水灌溉农业生产，扩大农田有效灌溉面积，提高农田用水效率。

3. 1999 年 3 月 15 日，第九届全国人大二次会议通过的《政府工作报告》提出，一是坚持以水利为重点的农业基本建设，开展群众性农田水利建设，鼓励集体、农户以多种形式建设和经营小型水利设施；二是坚持计划用水、节约用水，大力发展农业生产，在注意防汛的同时，抓好防旱抗旱农田建设；三是坚持开展大规模的植树造林种草，抓好重点生态工程建设，治理水土流失，为子孙后代留下青山绿水。

4. 2000 年 3 月 15 日，第九届全国人大三次会议通过的《政府工作报告》提出，进一步稳定和加强农业基础建设，尤其要把水资源开发和节约用水放在首位，大力开展植树造林种草、治理水土流失、防治荒漠化，对陡坡耕地要有计划地进行退耕还林还草；要根据各地区自然地理、气候和资源等条件，着力开展农林牧副渔各业特色的优势产业化经营基地建设。

（四）“十五”规划时期，全国人大第九届四次会议于2001年3月15日通过的《关于国民经济和社会发展第十个五年规划纲要》提出，一是搞好农田灌溉等农村中小型水利工程维护和建设，继续对大型灌区进行以节水为中心的配套建设和改造，建设节水增效示范工程及旱作节水示范基地；二是支持农村公路建设，改善农村道路状况，发展沼气节能灶等新能源，加强农村能源综合建设；按期完成农村电网改造，实现城乡用电同网同价，努力解决无电地区农村的用电问题；三是加强农村通信基础设施建设，降低农村电信资费，实现城乡通话费同价，加强农业产品市场设施建设。

1. 2001年3月15日，第九届全国人大四次会议通过的《政府工作报告》提出，一是加强农业和农村基础设施建设，加快大江大河大湖治理，抓紧主要江河控制性工程建设和病险水库加固，提高防洪调蓄能力；二是着力抓好大型灌区节水工程改造，积极开展群众性农田水利建设，搞好水土保持；三是加强国家商品粮和优质农业产品基地建设，搞好农业综合开发；四是继续加强农村电网、通信、广播电视、道路、供水等设施建设，切实改善农村生产、生活和市场条件。

2. 2003年3月17日，第十届全国人大一次会议通过的《政府工作报告》说明，2002年农业生产经营基础设施建设和农村公共公益设施建设与生态环境建设成果显著：一是国家将部分国债资金用于农业和农村基础设施建设投入，重点支持了大江大河大湖治理、农业产品质量安全体系和农林牧渔业各业产品产加销一条龙基地建设，加大节水灌溉、人畜饮水、中小型水利工程建设；二是各地区政府在加强农村公路、能源、电网改造的基础上，进一步加强农业科技、教育、广播、电视、医疗、卫生、社会保障设施建设；三是国家从1998年至2002年这5年，对农业生态环境保护和建设投资5800亿元，主要用于全国植树造林面积4.18亿亩、封山育林4.73亿亩、退耕还林0.49亿亩、治理水土流失面积26.6万平方公里，治理沙化土地0.86亿亩；四是国家强化对土地、矿产、淡水、海洋和生物等资源经营管理，制定和实行土地等资源利用总体规划纲领，实行严格的土地用途管理制度，切实保护耕地。坚决整顿和规范矿产资源管理秩序，制止乱采滥伐；对重点江河流域实行水资源统一调度，集中力量对重点流域、区域、海域治理，加强环境污染防治，支持发展环保产业。

五、组织拓展深化改革农业生产经营机制和农村集体经济管理体制之路方略规程

从“七五”规划时期1989年，经过“八五”、“九五”规划时期，到“十五”规划时期2002年，逐年调整、改革农村集体经济管理体制，逐步调整、改革农业生产经营管理机制，逐步完善统分结合的双层经营体制。

（一）“七五”规划时期，全国人大第七届二次会议于1989年4月4日通过的《政府工作报告》指出，以农户家庭经营为主的联产承包责任制，符合目前我国大多数地区农业生产力发展水平，应当保持稳定和完善。要建立多层次、多形式的农村社会化生产经营服务体系，促进农村商品经济发展。同时，在农民群众自愿的前提下，可以实行适度规模经营，提高农业劳动生产率。

（二）“八五”规划时期，中共十三届七中全会于1990年12月30日通过的《国民经济和社会发展十年规划和“八五”规划的建设》提出，实行以农户家庭联产承包为主的责任制，建立统分结合的双层经营体制，是农村改革的重大成果，适应现阶段我国农业生产力水平，必须作为一项基本制度长期稳定下来，不断加以完善。深化农村改革的重点，是健全统分结合的双层经营体制，把集体经营的优越性和农户家庭经营的积极性结合起来，逐步壮大集体经济实力。在有条件的地区农村，根据农民自愿需求，可以因地制宜，采取不同形式，实行适度规模经营。

1. 1992年4月3日，第七届全国人大五次会议通过的《政府工作报告》提出，继续稳定以农户

家庭联产承包为主的责任制，不断完善统分结合的双层经营体制，逐步壮大集体经济实力。

2. 1993 年 11 月 5 日，中共中央、国务院发布的《关于当前农业和农村经济发展的若干政策措施》提出，政府领导农业和农村经济工作的主要职责，是引导、支持、保护、调控、稳定、完善农户家庭联产承包责任制和统分结合的双层经营体制，在原定承包期到期之后，再延长 30 年不变，开垦荒地、营造林地、治沙改土等从事农业开发性生产建设的承包期可以更长。同年 11 月 14 日，中共十四届三中全会通过的《中共中央关于建立社会主义市场经济体制若干问题的决定》提出，要深化农村经济体制改革，稳定和完善农户家庭联产承包责任制和统分结合的双层经营体制，允许土地使用权依法有偿转让。

3. 1995 年 3 月 17 日，第八届全国人大三次会议通过的《政府工作报告》提出，要完善、稳定农村基本经营制度，重点要做好土地承包期满后延长工作，确保农户家庭联产承包为主要形式的统分结合双层经营体制长期稳定、不断完善。在农民自愿的原则下，积极稳妥地推进土地适度规模经营。

（三）“九五”规划时期，全国人大第八届四次会议于 1996 年 3 月 17 日通过的《中华人民共和国国民经济和社会发展“九五”规划和 2010 年远景目标纲要》提出，在完善以农户家庭联产承包为主的责任制和统分结合的双层经营体制基础上，鼓励土地使用权依法转让，有条件的地区逐步推进土地适度规模经营，逐步壮大集体经济实力。同年 3 月 5 日，第八届全国人大四次会议通过的《政府工作报告》提出，继续深化农村改革，稳定和完善以农户家庭联产承包为主的生产责任制和统分结合双层经营体制，有条件的地区农村要实行农业适度规模经营。

1. 1997 年 3 月 14 日，第八届全国人大五次会议通过的《政府工作报告》提出，坚持和完善以农户家庭联产承包为主的责任制和统分结合双层经营体制。

2. 1998 年 3 月 19 日，第九届全国人大一次会议通过的《政府工作报告》提出，要稳定以农户家庭联产承包为主的责任制，落实土地承包期再延长 30 年的政策。

3. 1998 年 10 月 14 日，中共十五届三中全会通过的《中共中央关于农业和农村工作若干重大问题的决定》提出，必须发展公有制为主体的多种所有制经济，探索和完善农村公有制的有效形式，使生产关系适应生产力发展要求。实行土地集体所有、家庭承包经营、使所有权同使用权分离，建立统分结合的双层经营体制，理顺农村基本生产关系。为此，一是要认清农户家庭承包经营是农村集体经济组织内部的一种经营层次，是双层经营体制的基础，要切实保障农户的土地承包权、生产自主权和经营收益权，使之成为独立的市场主体；二是要稳定完善双层经营体制，关键是稳定完善土地承包关系。土地是农业最基本生产要素，又是农民最基本的生活保障。稳定土地承包关系，才能解除农民的后顾之忧，保持农村稳定。要坚定不移地落实土地承包期再延长 30 年的政策；三是要在农户家庭承包经营基础上，推进农业产业化经营，把农业产品生产、加工、销售等环节连成一体，形成相互促进、有机结合的组织形式和经营机制。

4. 1999 年 3 月 15 日，第九届全国人大二次会议通过的《政府工作报告》提出，要稳定和完善以农户家庭承包经营为基础、统分结合的双层经营体制，促进农业和农村经济全面发展，努力增加农民收入。

（四）“十五”规划时期，全国人大第九届四次会议于 2001 年 3 月 15 日通过的《中华人民共和国国民经济和社会发展第十个五年规划纲要》提出，加快农村土地法制化建设，长期稳定以农户家庭联产承包经营为基础、统分结合的双层经营体制。在长期稳定土地承包关系的基础上，鼓励有条件的地区探索土地经营权流转制度改革。全国人大第九届五次会议于 2002 年 3 月 15 日通过的《政府工作报告》提出，农村税费改革是减轻农民负担的治本之策。从 2001 年起要进一步扩大试点范围，主要在中部地区的粮食主产省和农业大省。农村税费改革，既要明确减轻农民负担，又要保证乡村政府正常工作和发展的必要经费，特别是农村义务教育经费的需求，尽力保障。

六、组织拓展推进文教科技振兴农业和农村经济、增强农民群众适应先进科技务农能力之路方略规程

中共中央、国务院决定，从“七五”规划时期1989年，经过“八五”、“九五”规划时期，到“十五”规划时期2002年，从中央到地方各级党委、政府组织推动农业生产经营科学技术创新进步，发展壮大科技队伍力量，提高农民群众务科技务农素质、增强农业综合生产经营能力的“科技、科教兴农”方略规程。

（一）“七五”规划时期，全国人大第七届二次会议于1989年4月4日通过的《政府工作报告》提出，发展农业，一要靠执行稳定的农村政策和深化改革；二要靠推广和发展先进的农业科学技术。同年11月27日，国务院发布的《关于依靠科技进步振兴农业　加强农业科技成果推广工作的决定》提出：一是要动员和组织农业科技人员下乡，深入农业生产第一线，重点推广增产显著、适用性强的良种、栽培、施肥等科学技术；二是要推广旱作农业综合技术、农业薄膜覆盖技术、土水肥综合调控技术、区域集雨加微灌技术、秸秆还田沃土技术、抗旱种田良种培育技术、保护农田耕作技术，为农业增产、农民增收开辟途径；三是要因地制宜地推广农林牧渔各业名特优产品新技术，以便满足城乡人民对农林牧渔各业产品多样化、优质化的需求。

（二）“八五”规划时期，中共十三届七中全会于1990年12月30日通过的《关于国民经济和社会发展十年规划和“八五”规划的建议》提出，继续抓好科技、教育兴农。我国人多地少，今后农业发展，在很大程度取决于广大农民文化科技素质的提高和先进农业科技成果的推广应用。为此，一是进一步壮大农业科技队伍，建立健全农业科技成果推广体系；二是积极培育优良品种，扩大良种播种面积；三是推广各种优良耕作、栽培技术，采用以气象卫星为主的遥感综合测产技术。今后十年，农业增产中要力争依靠推广应用先进科技成果。

1. 1991年11月29日，中共十三届八中全会通过的《中共中央关于进一步加强农业和农村工作的决定》提出，振兴农业、农村经济，最终取决于科技进步和科技成果推广应用，抓紧实施科技、教育兴农战略。为此，一是要树立科技是第一生产力的观点，把农业、农村经济发展，转移到依靠科技进步、增强农民科技务农的自觉性；二是要把适用的先进技术送到乡村，普及千家万户，使科技成果尽快转化为现实生产力；三是要改革和发展农村教育，提高农民文化科技素质；四是要加强农业科技试验、攻关，为我国农业、农村经济发展做出新贡献。

2. 1992年4月3日，第七届全国人大五次会议通过的《政府工作报告》提出，要积极发展科技和教育事业，把科技、教育兴农的战略落到实处，推动农科教相结合，逐步建立起有利于农业科技进步、教育发展，农业振兴的机制，提高农业产品产量、品质、发挥综合效益。

3. 1993年11月14日，中共十四届三次全会通过的《中共中央关于建立社会主义市场经济体制若干问题的决定》提出：进一步改革科技体制和教育体制，确定科技改革的目标，要促进科技进步，推动科技成果向现实生产力转化；坚定教育改革的宗旨，要强化义务教育，发展职业教育和成人教育，提高国民素质，培养人才；要重视知识、尊重人才，创造人尽其才、人才辈出的环境和条件。

4. 1995年3月17日，第八届全国人大三次会议通过的《政府工作报告》提出，促进农科教相结合，推广优良品种、节约用水、科学施肥和使用农家肥、防治病虫害等适用技术，对制约农业生产经营发展的重要技术进行攻关，大力培养农业科技人才，稳定农业科研技术推广队伍。同年5月6日，中共中央、国务院发布的《关于加速科学技术进步的决定》要求，大力推进农业和农村科技进步，必须始终把科技进步摆在农业和农村经济发展的优先地位，推动传统农业向高产、优质、高效的现代化农业转变，使我国农业科技跃居世界先进水平。

（三）“九五”规划时期，全国人大第八届四次会议于1996年3月17日通过的《中华人民共和

国国民经济和社会发展“九五”规划和2010年远景目标纲要》提出，强化教育科技兴农，突出抓好种子工程。为此，一是要加强遗传育种、作物种植、病虫害防治、天气监测预报、农业产品加工、贮藏、保鲜等科技项目攻关；二是要发展壮大农业科技队伍和推广体系，加快先进技术推广应用进程，健全农林牧渔各业优良品种繁育、引进、推广体系，走向高产、优质、高效发展农林牧渔各业道路；三是要加强农业科技开发，注重高新技术与常规技术结合，加快推广应用中低产商品粮棉等农业产品基地综合高产、优质加工配套技术，推广应用抗旱防涝、节水灌溉、水土保持、防风固沙等技术，推广应用农业生产经营计算机、遥感、生物等技术。

1. 1997年3月14日，第八届全国人大五次会议通过的《政府工作报告》提出，在农林牧渔各业生产经营中，采用先进适用技术潜力很大，要坚持农科教相结合，稳定农业科技队伍，在种子工程、地膜覆盖、合理施肥、防治病虫害、推广先进技术、开展技术培训等方面，取得新进展。要在推进农业和农村经济发展中，形成学科学、讲科学、用科学的风气。

2. 1998年3月19日，第九届全国人大一次会议通过的《政府工作报告》提出，农业依靠科技增产的潜力很大，要调动农业科技人员的积极性，加强对农民适用技术培训，普及优良品种，推广农林牧渔各业产品生产、加工、贮藏、保鲜等方面先进适用技术措施。同年10月14日，中共十五届三中全会通过的《中共中央关于农业和农村工作若干重大问题的决定》提出：一是由传统农业向现代农业转变，由粗放经营向集约经营转变，必须推进农业科技革命与发展；二是要在广泛运用农业机械、化肥、农膜技术成果的基础上，依靠生物、信息等高新技术，使我国农业科技和生产力实现质的飞跃，提高农业生产经营科技创新水平；三是要在农林牧渔各业品种选育、资源利用、种养加工、灾害防治等方面适用技术取得成果；四是要加强农业科技推广体系建设，扶持农村专业技术协会等群众组织，鼓励科技、教育单位开发农业生产经营技术。

3. 1999年3月15日，第九届全国人大二次会议通过的《政府工作报告》提出，大力推进科技、教育兴农，加强农业生物、信息等高新技术开发应用，加快农林牧渔各业优良品种选育、繁殖、推广应用农林牧渔各业增产增收技术。

（四）“十五”规划时期，2001年3月15日，第九届全国人大四次会议通过的《中华人民共和国国民经济和社会发展第十个五年规划纲要》提出，推进科技进步和创新，提高农业和农村经济持续发展能力。为此，一是要提升农业产业化经营科技水平，重点在农业产品加工转化、节水灌溉、品种选育等方面技术取得进展；二是要加快农村教育发展，提高农民文化科技素质，重点推进西部贫困地区和少数民族地区义务教育；三是要加快培养和选拔农业和农村经济发展需要的各类人才。重点发展壮大农业产业化经营科技队伍，注重在实践中培养和选拔人才。2002年3月15日，第九届全国人大五次会议通过的《政府工作报告》提出，一是要推动科技进步创新，增加农业科技投入，着力抓好农业产品质量标准和认证体系、检验检测体系、市场信息体系建设；二是要加快推进贫困地区和少数民族普及九年义务教育步伐，推进农村义务教育以县为主的管理体制建设；三是要落实对农业生产经营科技推广成果有突出贡献的科技人员进行奖励的政策。

七、组织拓展奠定全国农村农民群众脱贫温饱、增收减负、致富奔小康基础之路方略规程

中共中央、国务院决定，从“七五”规划1989年起，经过“八五”规划时期至“九五”规划时期，到“十五”规划时期2002年，坚定不移地扶持农民群众摆脱贫困、解决温饱、增加收入、减轻负担、生活丰裕、居住改善、健康水平提高、共同致富奔小康目标方略规程。

（一）在“八五”规划时期，中共十三届七中全会于1990年12月30日通过的《中共中央关于制定国民经济和社会发展十年规划和“八五”规划的建议》提出，从1991年到2000年，要实现城

乡人民生活从温饱达到小康，生活资料更加丰裕，消费结构趋于合理，居住条件明确改善，文化生活进一步丰富，健康水平继续提高，社会服务设施不断完善。

1. 1991 年 11 月 29 日，中共十三届八中全会通过的《中共中央关于进一步加强农业和农村工作的决定》提出，20 世纪 90 年代总的目标是：在全面发展农业和农村经济的基础上，使广大农民生活从温饱达到小康水平，逐年实现物质生活比较丰裕，精神生活比较充实，居住环境改善，健康水平提高，公益事业发展，社会治安良好。同年 12 月 7 日，国务院发布的《农民承担费和劳动管理条例》，对减轻农民不合理负担作出了规范、法治条款的规定。

2. 1992 年 4 月 3 日，第七届全国人大五次会议通过的《政府工作报告》提出，要有效地控制农业生产资料价格，坚决制止乱摊派、乱收费，切实减轻农民负担。

3. 1993 年 3 月 19 日，中共中央办公厅、国务院办公厅发布了《关于切实减轻农民负担的紧急通知》；同年 6 月 20 日，国务院召开的全国减轻农民负担工作会议决定，取消国家政府机关涉及农民负担的集资、基金、收费项目，同年 6 月 24 日，中共中央、国务院发布的《关于当前经济情况和加强宏观调控的意见》提出，物价上涨越来越快，农业生产资料价格上涨 11.2%，严重影响农民增加投入的积极性。为此，一是要严格执行农业生产资料最高限价；二是国家粮食等部门要稳定市场价格，坚决做到不打白条；三是要切实减轻农民负担。同年 11 月 14 日，中共十四届三中全会通过的《关于建立社会主义市场体制若干问题的决定》提出，近年来，农村面临着一些亟待解决的新问题，主要是农业特别是粮食生产比较效益下降，工农业产品价格剪刀差扩大，农民收入增长缓慢。为此，必须加快农业和农村经济发展，增加农民收入，进一步加强农业基础地位，保证到 20 世纪末农业再上一个新台阶，广大农民生活由温饱达到小康水平。

（二）在“九五”规划时期，中共十四届五中全会于 1995 年 9 月 28 日通过的《关于制定国民经济和社会发展“九五”规划和 2010 年远景目标的建议》提出，切实加强农业，全面发展和繁荣农村经济。“九五”期间的重点任务是，保证粮棉油等农林牧渔各业产品稳定增长，保证农民收入有较快增加，生活达到小康水平。到 2010 年，农业综合生产能力、农村经济和农民收入水平再上一个新台阶。

1. 1996 年 3 月 17 日，第八届全国人大四次会议通过的《中华人民共和国国民经济和社会发展“九五”规划和 2010 年远景目标纲要》提出，“九五”规划期间的重点任务是，保证粮棉油等农林牧渔各业产品稳定增长，粮食生产能力达到一个新水平。努力缩小工农业产品价格剪刀差，保证农民收入较快增加，生活达到小康水平，逐步缩小工农差别、城乡差别，巩固工农联盟。

2. 1997 年 3 月 14 日，第八届全国人大五次会议通过的《政府工作报告》提出，1996 年农民收入增长较快，但一些地区农民负担加重的现象有所抬头，必须引起高度重视。要正确估计农民的实际承受能力，严禁出台农民合理负担之外的各种集资、收费项目，取消不切实际的“达标、升级”活动。农村基层也要精兵简政、减少开支，加强基层财务收支民主监督。要对农民负担进行清理，加强监督检查，对违反国家规定的必须严肃处理。

3. 1998 年 7 月 27 日，中共中央办公厅、国务院办公厅发布的《关于切实做好当前减轻农民负担工作的通知》要求：一是坚决把向农民的乱收费、乱集资、乱罚款和各种摊派全停下来；二是严格加强对农民义务工管理，凡超过国家规定义务限额的，要按规定给农民支付劳动报酬；三是严格控制提留统筹费，1998 年农民承担的提留统筹费的绝对额，要严格控制在上年农民纯收入的 5% 以内，不得超出 1997 年预算数额；四是严格执行国家农业税、农业特产税征收、减免政策；五是严禁在粮食收购时代扣代缴各种款项；六是严禁强迫农民借款、贷款缴纳各种税费；七是切实减少乡镇、村非生产性支出；八是严肃查处加重农民负担违法违纪行为；九是进一步加强对减轻农民工作的领导。

4. 同年 10 月 14 日，中共十五届三中全会通过的《中共中央关于农业和农村工作若干重大问题的决定》提出：没有农业的现代化，就没有整个国民经济的现代化；没有农村的稳定，就没有全国的稳定；没有农民的小康，就没有全国人民的小康。在全国农民从温饱到小康的进程中，一些地区农民收入增长缓慢，农业基础设施薄弱、抗御自然灾害能力不强，人口、资源、环境压力加大。为此，各级党委、政府及部门在组织推进农业生产经营和农村经济社会发展上，必须从实际出发，强化农业生产经营、农村公共公益基础设施建设、农村生态文明环境保护建设，健全农林牧渔各业现代产业化经营服务体系；必须科学开发治理利用农村自然地理资源，坚持开展以粮食为中心的农林牧渔各业产品生产基地建设，促进农林牧副渔各业全面发展；必须扶持农林牧渔各业产品种植、养殖、加工、储运、供销连锁产业化经营，提高产品附加值；必须拓宽各地区农村剩余劳动力进入农村二三产业，转向城镇参加工商服务产业就业创业，拓展收入渠道。必须标本兼治农民负担问题：一是要坚持定项限额负担，保持稳定，一定三年不变；二是要严禁乱收费、乱集资、乱罚款和各种摊派；三是要纠正变相增加农民负担的各种错误做法，对违反规定的要严肃处理。同时，必须加快推动全国农村实现小康的进程：一是要加快中西部地区农业和农村经济发展，中西部地区要发挥粮棉油和畜产品等生产优势，发展成为全国农牧业产品的主要基地；二是要推进东部地区和大中城市郊区，提高农业和农村经济发展水平，率先实现农业现代化。

5. 1999 年 3 月 15 日，第九届全国人大二次会议通过的《政府工作报告》提出，减轻农民负担，维护农村稳定。要狠杀乱收费等不正之风，坚决取消国家明令禁止的各种收费项目。要继续实行农民合理负担定项限额，一定三年不变。要保障农民的合法权益，从根本上解决农民负担过重的问题。

6. 2000 年 3 月 15 日，第九届全国人大三次会议通过的《政府工作报告》提出，特别要千方百计增加农民收入，继续严格执行减轻农民负担的有关政策，积极推进农村税费改革，从根本上减轻农民负担。

（三）在“十五”规划时期，全国人大第九届四次会议于 2001 年 3 月 15 日通过的《中华人民共和国国民经济和社会发展第十个五年计划纲要》提出，拓宽农民增收领域：一是通过农林牧副渔各业产品加工转化、扩大出口等多种形式，解决粮食等产品阶段性供过于求问题；二是通过调整农林牧副渔各业产品结构，发展多种经营，引导农户面向市场生产、加工附加值高的产品；三是通过实行规模化生产经营，推行农业机械化，提高劳动生产率，降低生产经营成本；四是通过积极有秩序转移农村富余劳动力，引导从事非农产业，增加农民收入。此后，全国人大第九届五次会议于 2002 年 3 月 15 日，通过的《政府工作报告》提出，当前经济和社会生活中还存在不少亟待解决的问题。主要是农民收入增长缓慢，一些粮食主产区和严重受灾地区农民收入减少，有些地方拖欠农民务工工资严重。为此，要千方百计增加农民收入，切实减轻农民负担。从根本上说，增加农民收入，必须调整农业和农村经济结构，推进农业产业化经营，推动传统农业向现代农业转变。

八、组织拓展贫困地区农村农民摆脱贫困、从温饱到富裕之路方略规程

经中共中央、国务院批准，从“七五”规划时期 1990 年起，经过“八五”规划至“九五”规划时期，到“十五”规划时期 2002 年，从中央到地方各级党委、政府及有关部门，组织推动贫困农村治理保护山水林田路村生态环境，加强农业农村基础设施建设，推进农林牧渔各业名特优化生产经营，扶持农村公共服务社会事业发展，改善农民群众改变生产、生活条件，落实从脱贫到温饱、由增收到富裕途径方略，坚持不懈地苦干实干，实现扶贫攻坚、摆脱贫困、增收致富、奔小康的目标。

（一）在“八五”规划时期，中共十三届七中全会于 1990 年 12 月 30 日通过的《中共中央关于制定国民经济和社会发展十年规划和“八五”规划的建议》提出，扶持贫困地区农村人口摆脱贫困，是国家在农村一项长期的政治经济任务。从 1991 年开始，贫困地区要在解决大多数农村人口温饱的基础上，转入以增收致富为主要目标的扶贫开发阶段，争取到 20 世纪末稳定地解决温饱问题，多数农村贫困人口达到富裕生活水平。

1. 1994 年 2 月 28 日至 3 月 4 日，国务院在北京召开全国扶贫开发工作会议，决定从 1994 年起

实施国家八七扶贫攻坚计划，力争在2000年末的最后七年内，基本解决8000万贫困人口的温饱问题。会后，国务院于同年4月15日，发布了《关于国家八七扶贫攻坚计划的通知》。

2. 1995年3月17日，第八届全国人大三次会议通过的《政府工作报告》提出，认真实施八七扶贫攻坚计划，多安排一些资金，扩大以工代赈规模，重点扶持贫困地区修建公路和基本农田，解决贫困地区农村人畜饮水难问题。

（二）在“九五”规划时期，全国人大第八届三次会议于1996年3月17日，通过的《中华人民共和国国民经济和社会发展“九五”规划和2010年远景目标纲要》提出，加大对贫困地区支持力度，扶持少数民族地区经济发展，继续组织中央各部门、社会各界和东部沿海地区，以多种形式，支援西藏等民族地区、三峡库区和贫困地区的工程建设，及早改善贫困地区农村人口生产、生活条件。在同年10月23日，中共中央、国务院发布的《关于尽快解决农村贫困人口的温饱问题的决定》提出，必须坚定不移、毫不动摇、确保如期完成《国家八七扶贫攻坚计划》，把解决贫困人口温饱问题作为首要任务，一是要坚持开发式扶贫，从1997年开始增加扶贫开发资金投入，中央财政每年增加15亿元，中央银行每年增加扶贫开发贷款30亿元，在集中连片的重点贫困地区安排大型开发项目；二是要对贫困地区实行免除粮食定购任务、延长扶贫贷款使用期限、减免农业税、农业特产税等优惠政策；三是要组织沿海发达省、直辖市，对口帮助西部省、自治区贫困农村人口开拓从温饱到富裕之路。

1. 1997年3月14日，第八届全国人大五次会议通过的《政府工作报告》提出，做好农村扶贫工作，是政府的重要职责，也是维护社会稳定所必需的。1997年国家安排的以工代赈、扶贫贷款和支援不发达地区发展基金，都有较多的增加，地方也要增加扶贫资金。这些资金要及时足额到位，落实到贫困村、贫困户，帮助他们发展生产，解决温饱问题，不得侵占挪用。贫困地区农村干部、农民群众要发扬自力更生、艰苦奋斗的精神，努力改变贫穷落后面貌。对积极完成脱贫任务的县，要给表彰。

2. 1998年3月19日，第九届全国人大一次会议通过的《政府工作报告》提出，加大扶贫攻坚力度，争取本年再有1000万以上贫困人口解决温饱问题。各地区要进一步加强扶贫开发工作领导，增加投入，着力改善贫困农村生产条件，支持贫困农户直接解决温饱的种植、养殖、加工产业发展，重点解决特别贫困农村人口的温饱问题。同年10月14日，中共十五届三中全会通过的《中共中央关于农业和农村工作若干重大问题的决定》提出，解决农村贫困人口温饱问题，是一项紧迫而艰巨的任务。这部分人大多生活在自然条件恶劣的边远地区，扶贫攻坚难度很大，必须加大工作力度。为此，一是要坚持开发式扶贫的方针，坚持扶贫到户；二是要大幅度、多渠道增加扶贫投入，搞好以工代赈，重点改善基本生产、生活条件，发展种植、养殖、加工产业；三是要对极少数生存条件恶化艰苦的贫困人口，可有计划地实行移民开发；四是要落实扶贫工作省、自治区、直辖市党委、政府领导责任制，坚持实事求是、求真务实，巩固扶贫成果，根本改变贫困面貌。

3. 1999年3月15日，第九届全国人大二次会议通过的《政府工作报告》提出，加大扶贫攻坚力度，力争1999年农村贫困人口再减少1000万以上，并做好防腐反贪工作。同年6月9日，国务院《扶贫开发工作会议纪要》提出，全国社会各界要动员起来，贫困地区广大干部、农民群众更加积极行动起来，统一思想，坚定信心，坚持不懈地苦干实干，夺取扶贫攻坚的胜利。

4. 2000年3月15日，第九届全国人大三次会议通过的《政府工作报告》提出，1999年全国贫困人口减少800万人，2000年继续加大扶贫开发力度，努力实现八七扶贫攻坚计划的目标。

（三）在“十五”规划时期，全国人大第九届四次会议于2001年3月15日，通过的《中华人民共和国国民经济和社会发展第十个五年规划纲要》提出，巩固八七扶贫攻坚成果，是一项长期艰巨的任务。为此，一是要重点做好中西部的少数民族地区、革命老区、边疆地区和特困地区的扶贫工作，尽快使剩余贫困人口实现脱贫；二是要坚持开发式扶贫，加大对贫困地区财政转移支付力度，多方增加扶贫资金投入，提高资金使用效益；三是要加强贫困地区基础设施建设，发展教育、文化、卫生事业；四是要扩大以工代赈规模，加强人畜饮水、基本农田、水利设施、乡村道路建设，改善贫困地区基本生产、生活条件；五是要对少数生存环境恶劣的贫困地区，创造条件，异地开发，坚持对返贫地区和贫困人口继续给予支持。此后，全国人大第九届五次会议于2002年3月15日通过的《政府工作报告》提出，进一步搞好农村扶贫开发，多渠道增加扶贫资金，扩大以工代赈规模。加大对灾区和特困地区的支持，减免农业税、牧业税、农业特产税，真正落到实处。积极帮助农村特困户和优抚对象解决实际困难。

（四）在“七五”至“十五”规划期间，一是全国贫困地区农村贫困人口逐年减少，1989年减少到1.24亿人，比1979年减少了1.24亿人，1994年减少到8000万人，比1989年减少了4400万人，2000年减少到3200万人，比1994年减少了4800万人；二是全国贫困地区农村人民群众逐步转变了温饱即安小农经济意识，克服了“等、靠、要”的思想，激励了自力更生、艰苦奋斗、勤俭节约的自觉性，破除了封建迷信、宗教家风的习俗，提高了科技务农素质，放弃了原始、落后的生产手段、生活方式；三是全国贫困地区农村贫困人口的脱贫率，已由1989年的37%，下降到2002年的20.8%，全国贫困地区农村适龄儿童入学率，由1989年的20.4%，提高到2002年89.5%，全国贫困地区农村农民群众人均年纯收入，由1989年的429.23元增加到2002年的1227.34元；四是全国贫困地区农村农民群众摆脱贫困，从温饱到富裕途径逐步拓宽。各级党委、政府及部门制定实施方略逐步完善，主要包括五方面：其一，落实扶贫攻坚综合开发治理方略；其二，加强扶贫攻坚基础生态建设方略；其三，推进扶贫攻坚农工商服务产业发展方略；其四，扶持扶贫攻坚多元化投融资方略；其五，扶持贫困地区农村农民群众奔小康方略。分别说明如下：

1. 落实扶贫攻坚综合开发治理方略规程。从1989年至2002年期间，中共中央、国务院制定的《八七扶贫攻坚计划》和各级党委、政府具体落实的《扶贫攻坚计划》的优惠方略，在2000年以前继续执行。通过狠抓各项扶贫优惠方略，落实、鼓励贫困地区农村加快脱贫致富步伐。在具体落实扶贫优惠方略的过程中，不断调整、修正、充实方略，主要包括：一是坚持科学确定以造血为主、输血为辅、增强自我发展、脱贫致富能力的方略，它的宗旨是在加大贫困地区农村农民群众生活救济补助力度，对缺乏劳动能力的农民群众，在提供基本生活保障的基础上，给予增强自我积累、发展能力的投资，促使贫困地区农村农民群众增强自尊心、自信心，提高文教科技务农综合素质，增强科学开发农村自然地理资源，提高抗拒自然灾害、市场风险的综合生产经营能力，摆脱贫困，达到增收致富、奔小康的目的；二是坚持推动贫困地区农村农民群众自觉振奋自尊、自重、自立、自强意志的方略，它的核心是鼓足自力更生、艰苦奋斗的干劲，增强自我积累、自我发展的能力，充分发挥贫困地区农村农民群众摆脱贫困、增收致富的主力军作用；三是坚持推进贫困地区农村正确处理好农户家庭联产承包的双层经营体制与农林牧渔产业化规模经营关系的方略，它的准则是在农村推行土地统一承包经营体制上，正确处理好农户家庭联产土地承包经营权转向规模经营的关系问题，必须尊重农民意愿，由农民自愿、自主确定，宜实行统一经营的则实行统一经营，宜实行分散经营的则实行分散经营，以利于保护农民生产经营自主权，更好地发挥农民从事农林牧渔各业生产经营的主动性；四是坚持依据贫困地区农村农民群众脱贫致富项目工程建设投资需求，将财政扶贫救困资金，及时足额拨付给贫困地区农村农民群众脱贫致富项目工程建设单位，统筹安排、合理分配、集中使用，实行民主决策的方略，它的要求是加强管理核算，经常督促检查，为实现脱贫温饱、减负增收致富，奔小康目标发挥作用；五是坚持从中央到地方各级党委、政府科学利用发展市场经济和扩大开放的新机遇，把实现贫困地区农村劳动力充分就业，改善经济发展环境，增强经济发展后劲作为主攻目标，进一步实现从救济式扶贫到开放式开发扶贫转变的方略，它的目的是推动全国贫困地区农村拓宽农民群众转向非农产业就业脱贫增收致富的新途径；六是坚持从中央到地方各级党委、政府制定实施扶贫攻坚计划，把各项扶贫攻坚措施，落实到有关部门和领导，实行定期检查督促的方略，它的要求是各级党委、政府对贫困地区农村农民群众，承担起脱贫增收致富工作责任制，实行分级包干责任制，把各项扶贫措施真正落到实处；七是坚持鼓励社会各方面企业、事业等单位遵循先富帮后富、挂钩脱贫、利益风险共享、达到共同富裕目的方略，它的任务是对城乡企业、事业等单位，必须按照互惠互利的原则，到贫困地区投资办厂，建立原辅材料、零部件生产基地，支持大专院校、科研单位帮助贫困地区农村培训人才，引进科技成果，推广致富实用技术，组织医疗卫生单位和工作人员赴贫困地区义诊和带教当地医务人员；八是坚持建立贫困地区劳务输出和培训服务中介机构，扩大贫困地区农村劳动力转移城镇二三产业务业的方略，它的任务是推动高山深山、穷山秃岭的贫困村贫困户逐步向平原和沿江、沿路地带集镇搬迁。切实办好扶贫开发区，妥善处理好扶贫开发区的各项政策，鼓励贫困地区的扶贫开发区经商办企业；九是坚持推动以国内外市场为导向的开发农林牧渔产业，作为贫困地区脱贫致富的主导产业。充分利用当地山水资源，按照“一村一品、一乡一品”的开发思路，拓展农业综合开发，建设农林牧渔各业产品基地和劳动密集型商品生产基地的方略，它的要求是各级党委、政府扶贫攻坚政策的力度不断加大，尽可能地增加扶贫资金投入，努力增加面向村集体和农户的农林牧渔产业贷款，落实各项税收优惠政策。

2. 加强扶贫攻坚基础生态建设方略规程。从中央到地方各级党委、政府及部门组织领导贫困地区农村坚持执行山水林田路综合治理标本兼治的方略，核心是坚持综合开发治理和科学管理农村自然地理资源，加强农林牧渔各业生产经营基础建设，推进贫困农村公共公益基础设施建设，促进保护和改善农村生态文明环境，推动农村公共服务和社会保障事业发展，确保农民脱贫增收、改善生活。为此，一是必须坚持因地制宜地综合开发治理和科学合理利用贫困地区农村自然地理资源，推动贫困地区农村农民群众整理和改造土地资源，掌握运用农林牧渔各业生产经营技术，节约集约土地、水利等资源，提高土地、水利等资源利用率、产出率；二是必须鼓励贫困地区农村农民群众提高农林种植业、牧渔养殖业生产、加工、销售活动，增强自身综合生产经营能力，抵抗自然灾害能力、参与市场竞争能力；三是必须扶持贫困地区农村文化教育卫生科技社会事业发展，提高农民群众文化科技素质，加快贫困农村社会主义精神文明建设进程。

3. 推进扶贫攻坚农工商服务产业发展方略规程。从“七五”规划时期1989年起，一是全国各地区党委、政府扶持贫困地区农村建立农林牧渔各业种植、养殖、加工、储备基地，推动贫困地区农村农民群众自觉自愿加入农林牧渔各业种养加相结合、产供销一条龙、贸工农一体化组织，采取风险共担、利益共享的经营方式，在基地建设上坚持集中连片，形成社区布局，以充分发挥聚集效应和扩散效应；在所有制上，坚持以个体、私营和集体企业为主，选好带头人；在产品种类质量上，坚持因地制宜发展农林牧渔各业特色的优良品种优质产品。二是全国各地区党委、政府坚持加快推动农村城镇工商服务产业发展，为贫困地区农村发展财源经济铺平工业化道路，逐步发展以地区乡镇骨干企业为带头的产加销一条龙、贸工农一体化经济，抓住贫困地区经济优势，大力发展“绿色企业”，把改善交通运输条件和发展绿色企业，作为贫困地区经济发展的重点。在发展绿色企业方面，主要是选择适宜山区发展的收益高、创税大的蚕茧、茶叶、香菇、干鲜果等品种，进行大力发展，变资源优势为经济优势和财源优势。三是全国各地区党委、政府正确处理好财源建设与农民群众各种产业的相互依赖、相互促进的关系，二者必须有机统一，切实解决农民群众贫穷、财政收支艰难的“双贫”问题，正确处理好开展财源建设与农民群众脱贫致富的关系，在农工商服务产业中处理好“欲取之，必先予之”的辩证关系，二者必须实行有机结合，在开展财源建设中，只有把农民群众脱贫致富的农工商服务产业，放在重要位置抓实抓好，才能保障政府财源建设任务顺利完成。四是全国各地区党委、政府正确处理好各个贫困地区财源建设中不平衡关系，坚持执行“区别对待和重点扶持”的原则。在确定财源建设目标——财政收入指标时，全面深入考察评估各个贫困地区农村农民从事农工商服务产业等方面因素，做到因地制宜，公平公正，区别对待，重点扶持，切实达到推动各个贫困地区农村农民群众增收致富、政府财政增加财源目的。

4. 支援扶贫攻坚多元化投资融资方略规程。从1989年至2002年，全国财政扶贫救困资金投入累计660亿元，其中中央财政扶贫救困资金投入比例为75%，地方财政扶贫救困资金投入比例为25%。从中央到地方各级政府财政逐步扩大对贫困地区农村财政扶贫救困体制照顾（税收减免）消除方略规程，主要包括：一是在财政扶贫救困资金使用上，一方面按照“集中资金、分步实施”的原则，以无偿投入的方式重点解决贫困地区农业农村基础设施、生态环境建设等问题，改善贫困地区农村文化、教育、卫生、科技、社会保障事业发展状况，提高农民群众文化科技素质，另一方面利用有偿投入的方式，鼓励贫困地区农村农民群众科学从事农林种植业、牧渔养殖业产品生产基地建设，参加农林牧渔业产加销一条龙、贸工农一体化产业经营，提高农民群众物质精神生活水平。二是在财政扶贫救困资金分配、使用管理上，狠抓规范化、制度化建设，为避免资金分配的随意性、资金使用的盲目性和资金管理的混乱性，逐年完善财政扶贫救困资金管理体制、机制，保证发挥财政扶贫救困资金使用效益。三是在财政体制照顾上，从1994年全国实行分税制、财政体制改革起，为增强中西部老少边穷地区立足本地资源发展经济的动力，中央财政将地方征收的资源税全部留给地方。1995年，中央财政对贫困人口集中的民族地区和贫困地区农村加大转移支付力度。为了支持贫困地区农村培植财源，增强经济发展实力，摆脱财政困难，减轻财政负担压力，中央财政制定实行体制照顾方略。四是在税收减免方略上，对贫困地区新办企业减征或免征三年所得税，对尚未解决温饱问题贫困户的农业税和农林特产税，给予不同程度的减免照顾。为了培植贫困县（市）财源、平衡财政收支，将省财政集中增值税的10%，以及土地使用税、土地增值税、资源税和国有土地有偿出让收入增量的50%全部返还的方略。

5. 扶持全国贫困地区农村农民群众脱贫致富奔小康的方略规程。主要包括：一是向全国、全世界人民表明了中国共产党和人民政府消除贫困、共同富裕的政治意愿，凝聚了民心，稳定社会；二是满足了贫困农民群众最基本的需求，解决了他们最关心、最直接，最现实的利益问题，促进了农村广大干部、农民群众与政府的和谐；三是重点支持革命老区、少数民族地区、中西部自然条件特别恶劣地区，为不同地区和不同民族之间的和谐做出了贡献；四是通过从中央到地方各部门、企业、事业、社会团体对贫困地区农村农民群众脱贫致富项目工程建设的人力、物力、财力扶持，促进了各方面配合协作，形成扶持贫困农民群众脱贫致富的强大力量；五是通过坚持自然资源开发和人力资源开发同步进行，坚持综合开发与资源保护、生态建设相结合，与计划生育相结合，促进了资源、人口和环境的良性循环，推动资源开发与环境保护双重目标的实现。

九、组织拓展合理规划、引导推动乡镇企业因地制宜发展之路方略规程

从“七五”规划时期1989年至“十五”规划时期2002年的历程中，中共中央、国务院组织领导各级党委、政府及部门合理规划、正确引导、加强调控，因地制宜地推动乡镇企业持续健康发展方略的目标，一是在推进农林牧渔各业全面发展的基础上，推动以乡镇企业为中心的农村二三产业发展，促进农村走向城乡一体经济社会发展的轨道，发挥城镇工商服务企业对农村工商服务产业的带动作用，激励农村农林种植牧渔养殖企业对城镇工商服务企业的促进作用，推进城乡一体化经济社会发展；二是在推动乡镇企业发展的同时，引导农村富余劳动力向乡镇企业等非农产业和城镇工商服务产业转移，拓宽城乡一体农业现代化、工业化、信息化、城镇化同步前进、促进农民群众脱贫增收致富奔小康的道路。

（一）在“七五”规划时期，全国人大第七届二次会议于1989年4月4日通过的《政府工作报告》提出，发展乡镇企业，对于支持农业生产，增加农民收入，拓宽农村剩余劳动力就业门路，促进国民经济发展，具有重要意义。为此，一是对乡镇企业，应根据国家宏观要求和市场需求，整顿和改进经营作风，调整产业结构，提高产品质量，降低物质消耗，提高劳动生产率，积极防治污染；二是对乡镇工业、应主要发展农林牧渔各业产品加工业、农林牧渔各业所需原材料产业、为城镇工业配套的产业、为发展出口创汇产品的产业；三是对乡镇工商企业所需资金，应主要依靠自身积累。同年11月9日，中共十三届五中全会通过的《中共中央关于进一步治理整顿和深化改革的决定》规定，对老革命根据地、少数民族、边远和贫困地区，应当继续贯彻执行扶植政策，帮助它们发展生产和增

强自力更生能力，改变落后面貌。

（二）在“八五”规划时期，中共十三届七中全会于1990年12月30日通过的《中共中央关于制定国民经济和社会发展十年规划和“八五”规划的建议》提出，坚持积极扶持、合理规划、正确引导、加强管理的方针，促进乡镇企业持续健康发展。乡镇企业是农村经济的重要支柱和国民经济的重要组成部分，对于发展农村商品经济，增加农民收入和壮大农村经济发展实力，具有重要意义。为此，一是必须正确引导乡镇企业调整产业、产品结构，提高产品质量，保持健康发展，发挥经济效益；二是必须组织推动各地区乡镇企业，在发展方向和经营规模等方面，区别对待、分类指导和评估分析，采取切实可行措施；三是必须特殊关照贫困地区乡镇企业，给予更多的扶持，因地制宜地采取亦工亦农形式，吸纳农村富余劳动力，积极发展利用当地农林牧渔各业产品等原材料，发展加工企业；四是必须在合理规划、综合开发和保护地理资源的前提下，发展乡镇采矿加工企业，发挥劳动密集和传统工艺的优势，积极发展为城镇工业配套服务和外贸出口的乡镇农工商企业。

1. 1992年4月3日，第七届全国人大五次会议通过的《政府工作报告》提出，要根据国家的产业政策、市场需求和资源条件，鼓励乡镇企业持续发展。中央和地方各级政府都要大力帮助中西部地区和经济不发达地区、贫困地区发展乡镇企业，以尽快改变落后面貌，改善农民生活。

2. 1993年11月14日，中共十四三中全会通过的《中共中央关于建立社会主义市场经济体制若干问题的决定》提出：乡镇企业是农村经济的重要支柱，要完善承包经营责任制，发展股份合作制，进行产权制度和经营方式的创新，进一步增强乡镇企业的活力；要在明晰乡镇企业产权的基础上，促进生产经营要素跨社区流动和组合，形成科学合理的企业布局；要加强规划，引导乡镇企业适当集中，充分利用和改造现有的小城镇，建设新的小城镇；要逐步改革小城镇的户籍管理制度，允许农民进入小城镇务工经商，发展服务产业，推动农村富余劳动力转移，促进农民增加收入、改善生活。

（三）在“九五”规划时期，中共十四届五中全会于1995年9月28日通过的《中共中央关于制定国民经济和社会发展“九五”规划和2010年远景目标的建议》提出，继续把发展乡镇企业，作为繁荣农村经济的战略重点，努力提高乡镇企业的素质和水平。引导乡镇企业适当集中，把发展乡镇企业与建设小城镇结合起来。

1. 1996年3月17日，第八届全国人大四次会议通过的《中华人民共和国国民经济和社会发展“九五”规划和2010年远景目标纲要》提出，继续把发展乡镇企业，作为繁荣农村经济的战略重点，努力提高乡镇企业素质和水平。引导乡镇企业合理集中，把发展乡镇企业与建设小城镇结合起来，促进农业剩余劳动力有序转移，积极发展乡镇企业、服务产业，大力发展城乡经济。

2. 1997年3月14日，第八届全国人大五次会议通过的《政府工作报告》提出，积极促进乡镇企业、特别是中西部地区乡镇企业发展，提倡乡镇企业发展农林牧副渔各业产品加工项目，建立农工贸一体化产业体系。引导乡镇企业相对集中，注重科技进步，环境保护和节约使用资源，提高产品质量和效益。

3. 1998年3月19日，第九届全国人大一次会议通过的《政府工作报告》提出，一是引导乡镇企业加强经营管理，加快科技进步，提高产品质量，根据市场变化调整产品结构，利用农村劳动力和农林牧渔各业产品资源的优势，发展种植、养殖、加工、供销产业链。二是引导乡镇集体企业改革，要积极稳妥地进行，既要增强企业活力，又要实现集体资产保值增值，发展壮大农村集体经济实力。此后，同年10月14日，中国十五届三中全会通过的《中共中央关于农业和农村工作若干重大问题的决定》提出，大力发展乡镇企业，多渠道转移农业富余劳动力。为此，要坚持引导农业富余劳动力立足农村，向农林牧渔各业生产经营的深度和广度进军，发展二、三产业，建设小城镇，开拓农村广阔的就业门路，适应城镇和发达地区的客观需求，引导农业富余劳动力合理有序流动。

4. 1999年3月15日，第九届全国人大二次会议通过的《政府工作报告》提出，调整乡镇企业结构，推进小城镇建设。为此，一是引导乡镇企业按照市场需求，调整产品结构和企业组织结构；二是推进乡镇企业与促进农业产业化经营结合起来，发展以粮棉油等农林牧副渔各业产品为原材料的加工业，促进转化增效、增值；三是加快农村小城镇建设，要科学规划、合理布局、节约用地、保护生态环境，改革小城镇户籍管理制度，制定和实施支持小城镇建设的投资、土地、房产等政策。

5. 2000 年 3 月 15 日，第九届全国人大第三次会议通过的《政府工作报告》提出，引导和支持乡镇企业面向市场调整结构，提高管理水平和技术水平，统筹规划，采取有利的政策措施，加快农村小城镇发展。

（四）在“十五”规划时期，第九届全国人大四次会议于 2001 年 3 月 15 日，通过的《中华人民共和国国民经济和社会发展第十个五年规划纲要》提出：一是支持引导乡镇企业推进结构调整、技术进步和体制创新，促进乡镇企业合理集聚、健康发展；二是支持引导乡镇企业带动农户进入市场，与农户形成利益共享、风险共担的经营机制；三是扶持农林牧渔各业重点种植、养殖、加工、供销产业链龙头企业，采取财政、税收、信贷等项优惠政策。此后，2002 年 3 月 15 日，第九届全国人大五次会议通过的《政府工作报告》提出：一是推广“公司加农户”、“订单农业”等方式，逐步形成农林牧副渔各业产品生产、加工、销售一体化产业经营，加快培育辐射面广、带动力强的龙头企业；二是促进以农林牧副渔各业产品加工业和农村服务业为重点，加快发展农村二三产业；三是引导乡镇企业加快结构调整、技术进步和体制创新，提高发展水平。

十、组织拓展建立健全农业生产经营社会化服务体系之路方略规程

从“七五”规划时期 1989 年至“十五”规划时期 2002 年近十五年来，为了组织推动全国各地区农林牧副渔各业持续健康发展，中共中央、国务院要求各地区党委、政府及有关部门，落实建立健全农林牧副渔各业产加销产业链综合社会化服务体系方略规程。

（一）在“七五”规划期间，中共中央发布的《关于经济体制改革的决定》提出，政府计划经济管理职能，必须转变到自觉运用价值规律的宏观调控职能方略，要求各地区党委、政府改革农业生产经营计划管理体制，正确引导农村集体单位和农民群众自觉自愿开发自然地理资源，因地制宜、发挥优势地发展农林牧副渔各业产品生产、加工、销售产业链，提倡建立健全农林牧副渔各业生产经营全过程社会化服务组织，提供全方位、各环节的产加销一条龙服务。此后，中共十三届五中全会于 1989 年 11 月 9 日，通过的《中共中央关于进一步治理整顿和深化改革的决定》提出，全党全国动员起来，集中力量办好农业，实现农业稳定发展，是经济稳定、政治稳定和社会稳定的基础，是关系国家安危的问题。要在全党全国造成一个重视、支援和发展农业的风气，齐心合力把农业搞上去。国务院各有关部门和地方各级政府，要重视农用生产资料工业建设，对化肥、农药、农机等生产所需的资金、能源、原材料，要优先保证供应。

（二）在“八五”规划时期，中共中央、全国人大、国务院为坚持国民经济持续、稳定、协调发展，大力加强农业基础设施建设，促进农林牧副渔各业全面发展，引导乡镇企业健康发展，全面振兴农业和农村经济，对建立健全农业生产经营社会化服务体系明确规定目标、任务、要求和方略。中共十三届七中全会于 1990 年 12 月 30 日，通过的《中共中央关于制定国民经济和社会发展十年规划和“八五”规划的建议》提出，必须坚持国民经济持续、稳定、协调发展的方针，促进农林牧副渔各业全面发展，坚持积极扶持、合理规划、正确指挥、加强管理的方针，引导乡镇企业健康发展，建立健全农业生产经营社会化服务体系。

1. 1991 年 11 月 29 日，中共十三届八中全会通过的《中共中央关于进一步加强农业和农村工作的决定》提出，积极发展农业社会化服务体系，是深化改革的一个重要任务，是调动社会各方力量，促进农业生产经营持续发展的一项战略措施。农业生产经营社会化服务体系，是指国家经济技术部门、农村经济技术单位为农业生产经营提供服务的组织系统，服务内容主要包括：农林牧副渔各业生产经营环节和生产资料供应的服务，农林牧副渔各业生产经营技术、资金、信息、经营管理、产品加

工和销售等各项服务。各级党委和政府要做好健全农业社会化服务体系的组织工作，引导各种服务组织发挥各自的特长，相互配合，通过合作，并在财政、信贷、税收等方面给予适当优惠。各种服务组织都要以促进双层经营体制的完善和农村经济的发展为目标，提供低利优质服务，不准借服务为名坑农、卡农。

2. 1992 年 4 月 3 日，第七届全国人大五次会议通过的《政府工作报告》提出，为确保国民经济和社会事业全面发展，继续下大力发展高产优质高效农业，发展壮大农村集体经济实力，而积极发展农业生产经营社会化服务体系，采取坚决有力的政策措施，把科技、教育兴农的战略落到实处。

3. 1993 年 11 月 14 日，中共十四届三中全会通过的《中共中央关于建立社会主义市场经济体制若干问题的决定》提出，要发展农业生产经营社会化服务体系，促进农业专业化、商品化、社会化。为此，一是从农业生产经营需求出发，建立多样化的服务组织，形成国家有关部门、乡村集体单位、农民合作组织、各种专业协会相结合的服务网络；二是从全面放开农林牧渔各业产品经营出发，改变行业分割、产加销脱节的状况，发展农工商一体化经营，建立健全产加销产业链综合服务体系；三是从加快推进农业、科技、教育相结合出发，加强对农民科技务农培训，组织推广先进科技服务，用现代农业产业化经营服务方式，改造传统农业经营方式。

4. 1995 年 3 月 17 日，第八届全国人大三次会议通过的《政府工作报告》提出继续加强农业生产经营社会化服务体系建设：一是在服务体系结构上，形成以国家有关经济技术部门为依托，以农村集体经济技术单位为基础，以农民合作经济技术组织和各种专业协会为补充的服务体系；二是在服务体系发展方向上，努力建设一个适合不同地区生产力发展水平、多样化的农业生产经营社会化服务体系，向农民提供产前、产中、产后的全过程综合配套服务；三是在服务体系建设准则上，坚持以服务农业、农民和农村为宗旨的准则，坚持组织引导农户家庭以农业产品市场为导向的准则，坚持以维护科技为支柱转化生产力的准则。这是加强农业生产经营社会化服务体系建设三项基本准则。

（三）在“九五”规划时期，中共中央、全国人大、国务院为提高农业综合生产能力，确保农林牧副渔各业和乡镇企业持续健康发展，调整适应农业产品市场经济发展的经济体制和机制，促使广大农民从温饱达到小康阶段，对建立健全农业生产经营和城乡一体化经济发展社会化服务体系制定和推行以下系列方针策略：

1. 1996 年 3 月 17 日，第八届全国人大四次会议通过的《中华人民共和国国民经济和社会发展“九五”规划和 2010 年远景目标纲要》提出，大力发展农业生产经营社会化服务体系，逐步壮大农村集体经济实力，增强农村集体经济组织服务功能。为此，一是要推行社会化服务多种形式，主要有农村集体经济组织服务形式、农工贸一体化经营组织服务形式、农业产品采购与供销组织服务形式、农民个体或合作组织服务形式、国家基层经济技术单位服务形式；二是要遵循社会化服务多项准则，主要是指对服务单位实行量力而行的准则，对接受服务的农户实行自觉自愿的准则，对生产经营服务项目实行低偿收费的准则。

2. 1997 年 3 月 14 日，第八届全国人大五次会议通过的《政府工作报告》提出，加强农村卫生基础设施建设，防治地方病，扩大广播电视覆盖面，改善交通、通信等公共设施，发展社区服务，方便生产、生活。

3. 1998 年 3 月 19 日，第七届全国人大一次会议通过的《政府工作报告》提出，在经济发展的基础上，建立健全农村合作医疗制度，改善人畜饮水条件，做好计划免疫和妇幼保健工作，努力实现农村卫生保健指标。同年 10 月 14 日，中共十五届三中全会通过的《中共中央关于农业和农村工作若干重大问题的决定》提出，要从农业和农村经济现状和发展要求出发，适应农业生产经营和市场需要，发展跨所有制、跨地区的多种形式的联合和合作服务组织。要对农村供销、信用合作社继续深化改革，更好地为农民从事农业生产经营服务。要对农民参加多种股份合作形式兴办服务实体，积极扶持、正确引导、逐步完善。要对农民以劳动联合和资本联合的集体服务实体，更应鼓励发展壮大。

4. 1999 年 3 月 15 日，第九届全国人大二次会议通过的《政府工作报告》提出，要从各地区农村实际出发，生产和供应适销对路商品，稳定农用生产资料价格，以满足广大农村农民生产和生活的需求。要加快农村医药卫生体制改革步伐，开展卫生服务，争取基本实现农村初级卫生保健规划目标，做好灾区防疫工作。

5. 2000 年 3 月 15 日，第九届全国人大三次会议通过的《政府工作报告》提出，要大力发展信息、金融、中介服务等第三产业。要加大工作力度，如期实现基本普及九年义务教育与和基本扫除青壮年文盲工作的目标。要加大各方面对贫困地区教育对口支援的力度，加强农村卫生保健管理，提高农民群众健康文化水平。要倡导文明健康生活方式，开展丰富多彩的群众性文化、体育活动。

（四）在“十五”规划时期，中共中央、全国人大、国务院为转移农村人口，实施城镇化战略，保障农民增收致富，促进农业和农村经济持续发展，推动国民经济和社会协调发展，而对建立健全农业生产经营和城乡一体化经济发展社会化服务体系，明确规定目标、任务、要求等项方略规程。

1. 2001 年 3 月 15 日，第九届全国人大四次会议通过的《中华人民共和国国民经济和社会发展第十个五年规划纲要》提出，为坚持始终把农业放在发展国民经济的首位，保证农业在提高整体素质和效益的基础上持续、稳定发展，农民收入和生活水平较快增长、提高，而必须做到：一是为拓宽全国农民增收领域，扶持贫困地区农村农民脱贫，加强农业和农村基础设施建设，调整农业和农村经济结构，推动农业产业化生产经营持续健康发展，提高全国农民生活消费水平，而建立健全农业和农村的基础设施建设服务、种植和养殖与加工产业链服务、供应和批发与销售中介服务体系；二是为加快全国农业和农村信息化基础设施建设，广泛应用信息技术，建设农村小城镇，推进城乡一体化经济发展，而建立健全农业和农村信息基础设施建设服务、推广科技教育信息服务、提供卫生医疗和社会保障与城乡经济信息服务体系。同时，第九届全国人大四次会议通过的国务院《关于国民经济和社会发展第十个五年规划纲要的工作报告》提出，一要完善农民就业服务体系，发展职业培训，形成市场导向的就业机制；二要着力改善乡村居民的住行条件，改善农村卫生医疗、社会保障、公共公益设施条件。

2. 2002 年 3 月 15 日，第九届全国人大五次会议通过的《政府工作报告》提出，一是努力拓宽就业渠道，增加就业岗位，大力发展就业容量大的劳动密集型产业、服务业，采取弹性大、灵活性强、多样化的就业形式，扩大就业门路；二是努力发展劳动市场，完善就业服务体系，认真落实自谋职业和促进就业的优惠政策，对弱势群体给予特殊的就业援助。

十一、组织拓展依法加强农业生产经营土地等资源保护利用和生态环境建设管控之路方略规程

从“七五”规划时期间 1989 年起，经过“八五”规划至“九五”规划时期，到“十五”规划时期 2002 年近十五年来，为了依法保护和科学合理开发利用农业生产经营土地、水利等资源，保护和改善农业生态环境，从中央到地方各级党委、政府组织推行小流域水土保持、风沙源治理、植树造林、草原建设管控方略。

（一）第七届全国人大二次会议于 1989 年 4 月 4 日通过的《政府工作报告》提出，切实加强环境保护，是我国的一项基本国策。各级政府必须把环境保护作为关系经济发展和社会发展全局的重要问题来抓，切实加强领导，采取坚决措施，控制环环境污染的发展。要广泛动员各方面的力量，植树造林，进一步改善生态环境。

（二）在“八五”规划时期，中共中央、全国人大、国务院为加强对大气、水域、土壤污染、固体废物和噪音等公害的监测和防治，保护江河、湖泊、水库和地下水的水质，保护森林资源、抑制自然生态环境恶化的趋势，改善环境质量，保护和科学利用耕地，保障农业和国民经济发展需要的土地等资源，加强土地管理，切实保护耕地，严格控制农用土地转为非农业土地，明确规定目标，任务、

要求等项方略。中共十三届七中全会于1990年12月30日，通过的《中共中央关于制定国民经济和社会发展十年规划和“八五”规划的建议》提出，切实加强土地管理，珍惜和合理利用土地，逐步稳定现有耕地面积，为农业和国民经济发展提供土地保障，大力保护森林资源，严格执行采伐限额，严禁乱砍滥伐。

1. 1991年11月29日，中共十三届八中全会通过的《中共中央关于进一步加强农业和农村工作的决定》提出，我国人口多耕地少，一是要十分珍惜耕地，依法加强土地管理，建立基本农田保护区，严禁乱垦滥伐等破坏资源的行为；二是要充分利用农业资源调查和区域规划工作成果，有计划地开发荒地、荒坡、荒山、荒水、荒滩等农业后备资源，扩大农业发展空间，保证2000年全国耕地面积稳定在1991年水平上。

2. 1992年4月3日，第七届全国人大五次会议通过的《政府工作报告》提出，改革土地使用制度，合理利用土地，切实保护耕地，有步骤地开发宜农荒地、宜牧荒原和宜渔滩涂。进一步加强水土保持、小流域治理，保护森林和草原植被。全民植树造林活动，功在当代，福及子孙，要长期不懈地坚持下去。

3. 1993年11月14日，中共十四届三次全会通过的《中共中央关于建立社会主义市场经济体制若干问题的决定》提出，我国地少人多，必须十分珍惜和合理利用土地资源，加强土地管理，切实保护耕地，严格控制农业用地转为非农业用地。

4. 1994年1月19日，国务院发布了《九十年代中国农业发展纲要》，同年4月10日，中国中央、国务院发布了《关于1994年农业和农村工作的意见》，进一步提出，既要注意充分开发和利用土地资源，又要注意节约使用和切实保护土地等资源，防止和减少环境污染，科学利用和保护土地资源，预防和治理水土流失，切实保护耕地、水资源。

5. 1995年3月17日，第八届全国人大三次会议通过的《政府工作报告》提出，保护和合理使用耕地，稳定粮棉播种面积，坚决制止撂荒和乱占耕地的现象。各地区都要建立基本农田保护制度，并落实到地块和农户。

总之，在“八五”规划期间，为科学开发利用和切实保护管控土地等资源，全国人大、国务院制定和推行四项法规、条例：一是1991年6月29日，第七届全国人大常委会通过的《中华人民共和国水土保持法》，7月2日，国务院发布的《中华人民共和国防汛条例》；二是1992年11月23日，国务院发出通知，要求各地区严格控制乱占、滥用耕地；三是1993年7月2日第八届全国人大二次会议通过的《中华人民共和国农业法》《中华人民共和国农业技术推广法》，8月1日国务院发布的《中华人民共和国水土保持法实施条例》，10月5日国务院发布的《草原防火条例》；四是1994年8月18日国务院发布的《基本农田保护条例》，从当年10月1日起施行。

（三）在“九五”规划时期，中共十四届五中全会于1995年9月28日通过的《中共中央关于制定国民经济和社会发展“九五”规划和2010年远景目标建议的建议》提出，大力发展生态农业，保持农业生态环境，加快水土流失地区的综合治理和防护林体系建设。依法保护并合理利用土地等资源，严格控制用地，完善土地等资源有偿使用制度，建立土地等资源更新补偿机制。2010年基本改变生态环境恶化的状况。第八届全国人大四次会议于1996年3月17日，通过的《中华人民共和国国民经济和社会发展“九五”规划和2010年远景目标纲要》提出，依法保护耕地，开垦宜农荒地，提高复种指数，保持粮食播种面积长期稳定。“九五”期间，严格控制非农占用耕地，尽力减少灾害毁损耕地，大力开垦宜农荒地，确保现有耕地不再减少。

1. 1996年3月17日，第八届全国人大四次会议通过的《政府工作报告》提出，加强生态环境保护，合理开发利用资源，这是功在当代、造福子孙的大事。我国人均耕地等资源低于世界人均水平，加上粗放的生产经营方式，资源浪费和环境污染相当严重。为此，各级政府都要依法严格管理农业生态环境，积极发展生态农业，加快水土流失综合治理，加强草原建设，防风固沙，控制农田和水污染，努力改善生态环境。

2. 1997年3月14日，第八届全国人大五次会议通过的《政府工作报告》提出，认真实行基本农田保护制度，城乡建设少占土地，严格控制占用耕地。依法加强环境监督管理，改善人畜饮水条件，依法保护和合理开发海洋、草原等自然资源，加快建设黄河、辽河、珠江、淮河、太湖流域抗旱防洪工程，继续抓好西北、华北、东北地区和长江中上游流域防护林工程。

3. 1998年3月19日，第九届全国人大一次会议通过的《政府工作报告》提出，大力开展植树种草活动，治理水土流失，改善农业生态环境，落实基本农田保护制度，认真保护好耕地。加强对耕地等资源的保护和管理，实行有偿使用制度，促进合理利用资源，严格控制和治理污染，改善农业生产和农村经济发展生态环境。同年10月14日，中共十五届三中全会通过的《中共中央关于农业和农村工作若干重大问题的决定》提出，我国后备耕地资源不足，依法限制农用土地转为建设用地，严格执行基本农田保护区制度。要把黄河、长江上中游地区、风沙区、草原区作为全国生态环境建设的重点，大力植树种草，实行封山育林，加快水流域综合治理，加强水源涵养、水土保持，提高防御风沙能力，切实改变江河泥沙淤积、草原沙化的状况。禁止毁林毁草开荒和围湖造田。对过度开垦、围垦的土地，要有计划有步骤地还林、还草、还湖。治理退化沙化碱化草原，加强草原建设。控制农业不合理使用化肥、农药、农膜对土地和水资源造成的污染，加强沿海水域环境和渔业资源的保护。

4. 1999年3月15日，第九届全国人大二次会议通过的《政府工作报告》提出，要坚决实行最严格的土地管理制度和保护森林、草原的措施，停止长江、黄河上中游天然林采伐，东北、内蒙古林区和其他天然林区要限量采伐、停止采伐。坚决制止新的毁林开荒、围湖造田，对过度开垦、围垦的土地，有步骤地退耕还林、还草、还湖。要开展大规模的植树造林种草，抓好重点生态工程建设，治理水土流失，为子孙后代留下青山绿水。

5. 2000年3月15日，第九届全国人大三次会议通过的《政府工作报告》提出，切实保护耕地，搞好生态环境保护和建设，大力开展植树造林种草、治理水土流失，防治荒漠化。加大长江、黄河上中游天然林保护工程实施力度。有计划、有步骤地对陡坡耕地退耕还林还草，采取退耕还林（草）、封山绿化、以粮代赈、个体承包的综合措施，以粮换林换草。要坚决制新的毁林毁草开荒。

（四）在“十五”规划时期，中共十五届五次全会于2000年10月11日通过的《中共中央关于制定国民经济和社会发展第十个五年规划的建议》提出，今后五到十年，城乡居民收入持续增加，物质文化生活有较大改善，生态建设和环境保护得到加强，致使农业生态环境得到良性循环，实现了持续发展。第九届全国人大四次会议于2001年3月15日，通过的《中华人民共和国国民经济和社会发展第十个五年规划纲要》提出，首先要坚持资源开发与节约并举，把节约放在首位，依法保护和合理使用资源，提高资源利用率，实现永续利用。为此，一是要重视水资源可持续利用，坚持开源与节流并重，把节水放在首位；二是要保护土地、森林、草原、海洋和矿产资源，坚持保护耕地的基本国策，实施土地利用总体规划，统一安排各类建设用地，合理控制新增建设用地规模；其次要坚持把加强生态建设、保护环境，作为城乡经济发展和提高人民生活质量的重要任务。为此，一是要组织加强重点地区生态建设，加强以风沙源和水源为重点的治理，在放牧地区实行退牧、封地育草，实施“三北”草地治理政策；二是要加快小流域治理，减少水土流失，继续建设“三北”、沿海等领域防护林体系，加强自然保护区建设。

1. 2001年3月15日，第九届全国人大四次会议通过的《政府工作报告》提出：一是要保护好基本农田，绝不允许擅自将耕地改为非农用地，这是一条不可逾越的“红线”；二是要依法保护和合理利用土地、水源、能源等资源，积极开展资源回收利用，提高资源综合利用率，建立资源有偿使用制度；三是要加强生态建设和环境保护，着力开展防护林体系建设、天然草原建设，继续开展风沙源治理、农村污染治理和环境保护，确保农业和农村经济持续发展。

2. 2002年3月15日，第九届全国人大五次会议通过的《政府工作报告》提出，中西部地区实行退耕还林、还草、还湖，既是改善生态环境，促进农林牧副渔各业全面发展的举措，又是直接增加农民收入的途径。为此，从2002年起，要进一步扩大退耕还林规模，推进休牧还草，加快宜林荒山荒地植树造林步伐。要因地制宜、分类指导，认真落实退耕还林的政策措施，抓紧培育和供应优良树木种苗，保证退耕还林质量，开展退耕还林和天然林保护项目工程建设，为保障农民群众长期生产生活开辟途径。

十二、组织拓展调整完善农业产品购销价格机制和市场流通体制之路方略规程

从“七五”规划期间1989年起，经过“八五”规划至“九五”规划时期，到“十五”规划期间2002年近15年来，为了调整完善农业产品购销价格和农业产品市场流通体制和机制，中共中央、国务院推动各地区整顿、调整、改革农林牧副渔各业产品、生产资料、生活资料统派购销价格及管理制度，清理市场流通秩序混乱情况，加强市场体系、组织建设，逐步建立健全国家指导下的全国统一、公平竞争、规范有序市场管理监督体制，培育发展土地、劳动力、融资、技术、信息等要素市场机制，督促落实各计划时期对调整完善农业产品购销价格方针策略。

（一）在“七五”规划期间，中共中央、国务院推行整顿和调整农林牧副渔各业产品和农林牧副渔各业生产经营所需资料统派购销价格和市场购销价格双轨体制的目标、任务、要求等项方略。

1. 1989年4月4日，第七届二次会议通过的《政府工作报告》提出认真整顿农业产品、生产资料和生活资料统派购价格和市场流通体制：一是要整顿市场流通秩序，清理整顿各类公司，重点解决公司政企不分、官商不分、非法倒卖、牟取暴利的问题；二是要切实加强国家统派购销的生产资料、生活资料价格和各项收费管理，任何部门、地方和企业都不准擅自提价和提高收费标准；三是要改进市场流通方式，对重要生产资料实行专营。国务院在同年发布的《关于完善农药、化肥、农膜专营办法的通知》规定，统一营销、公平价格、及时供应、满足农业生产经营的需求。同时，在实行专营的以外，都应规定进入市场营销。对粮食、棉花、生猪等紧缺的农林牧副渔各业产品，既要防止地区之间相互封锁，又要防止地区之间抬价抢购。既要确保粮棉油肉产区农民增收，又要保证粮棉油肉调入区价格平稳。

2. 1989年6月22日，中共中央、国务院发布的《关于1990年农业和农村工作的通知》提出，从1990年至1991年，提高粮食、棉花、油料等农业产品收购价格。中共十三届五中全会于1989年11月9日通过的《中共中央关于进一步治理整顿和深化改革的决定》提出，一是有计划地逐步调整完善农林牧副渔各业主要产品统派购销价格，科学合理协调农林牧副渔各业比较利益，引导农民自觉自愿参加农林牧副渔各业产品产加销一体化经营。逐步解决农林牧副渔各业产品及其生产经营所需资料统派购销价格与市场购销价格双轨制问题，坚决制止和纠正乱收费、乱摊派、乱罚款现象。二是清理整顿流通领域的公司，消除流通领域秩序混乱的状况，大力加强市场管理、群众监督和舆论监督，严厉打击和取缔各种违法交易，严禁哄抬物价、坚决制止各种乱涨价、变相涨价和易地涨价现象。

（二）在“八五”规划时期，中共十三届七中全会于1990年12月30日通过的《中共中央关于制定国民经济和社会发展十年规划和“八五”规划的决议》提出，积极改革农业产品流通体制，大力发展农业产品流通。要像重视农业生产那样重视农业产品流通，动员各方面的力量，努力加强仓储、运输、加工等设施建设。逐步建立健全国家和省、自治区、直辖市两级粮食储备制度，有计划地发展粮食批发市场和货币市场，实行鼓励发展粮食生产购销体制和价格政策，以调动商品粮食主产区和粮农种粮的积极性。在“八五”期间，要在稳妥地做到购销同价的基础上，理顺价格关系，在国家宏观调控下逐步放开经营。要在国家建立粮食储备制度的同时，集体和农民也要储粮备荒。

1. 国务院于1991年5月7日发布的《关于严格控制农业生产资料价格的通知》提出，必须保证农业生产资料质量、公平价格、及时供应。同年10月28日，国务院发布的《关于进一步搞好农业产品流通的通知》提出，推进农业产品流通体制改革，逐步理顺农业产品价格，实行多渠道购销政策。

同年11月29日，中共中央发布的《关于进一步加强农业和农村工作的决定》提出，深化农业产品价格和流通体制改革，是广大农民强烈要求解决的紧迫问题，是进一步发展农村经济的关键环节。除国家规定少数重要农业产品实行国家统一收购经营外，其余部分全部放开，实行市场调节。要逐步理顺价格，使工农业产品之间和各农林牧渔业产品之间保持合理比价，有效地控制农业生产资料价格，逐步缩小"剪刀差"。为此，一是要坚定不移地实行多渠道流通政策，引导农民进入流通领域，凡是放开的农业产品，集体或个体都可以营销；二是要加强国家对市场宏观调控和管理，建立正常的流通秩序；三是要加强粮食购销体制改革，有计划地解决粮食收购价格偏低和购销价格倒挂的问题。

2. 第七届全国人大五次会议于1992年4月3日通过的《政府工作报告》提出，深化农业产品价格和市场流通体制改革，是进一步发展农村商品经济的关键。为此，一是要有效地控制农业生产资料价格，坚决制止乱摊派、乱收费；二是要积极推进粮食购销价格体制改革，进一步建立健全粮食、棉花、油料等重要农林牧渔各业产品储备调节制度，发展批发市场和期货市场；三是要实行多种渠道流通方式，在发挥国营和合作商业主渠道作用的同时，支持农民从事商品流通活动。同年10月18日，中共十四大通过的报告提出，建立社会主义市场经济体制，全面振兴农业和农村经济。10月25日，国务院发布的《关于加强化肥、农药、农膜经营管理的通知》提出，中国农业生产资料公司和各级供销合作社的农业生产资料经营单位，是农业生产资料经营的主渠道，其他任何单位和个人不得经营化肥、农药、农膜。积极稳妥地推进农业生产资料价格改革。12月29日，国务院发布的《全国农业工作电话会议纪要》提出：一是按期完成1992年国家定购粮食收购计划，增加粮食专项储备；二是及时地全部兑现收购农林牧副渔各业产品的欠款，解决打白条问题；三是多渠道发展粮食转化，改进粮食经营管理机制。

3. 国务院于1993年2月15日发布的《关于加快粮食流通体制改革的通知》提出，改变粮食购销调拨包干办法，推行以市场购销为主、合同定购为辅的政策。国务院于同年2月20日发布了《关于建立粮食收购保护价格制度的通知》《关于改进粮食棉花"三挂钩"兑现办法通知》《关于加强农业生产资料价格管理以及对其主要品种实行最高限价的通知》，这三个《通知》的宗旨是拓宽农林牧渔各业产品购销渠道，培育和发展多层次相互配套的市场体系，建立健全全国统一农林牧副渔各业产品及生产经营要素市场流通体制、机制。同年11月14日，中共十四届三中全会通过的《中共中央关于建立社会主义市场经济体制若干问题的决定》提出，一是要着重发展生产要素市场，规范市场行为，创造平等竞争环境，形成全国统一、开放、竞争、有序的大市场；二是要建立主要由市场形成价格的机制，培育和发展金融、劳动力、房地产、技术、信息等市场体系；三是要建立粮食等产品储备调节体系，实行保护价收购制度，切实保护农民的经济利益。

4. 中共中央、国务院于1994年4月10日发布的《关于1994年农业和农村工作的意见》提出，除粮食实行部分国家定购、对棉花、烟草等少数农林牧渔业产品继续实行计划收购外，其余大部分产品放开市场，实行自由购销，随行就市价格政策。同年9月28日，国务院发布的《关于切实做好1994年度棉花购销工作的通知》提出，运用经济手段，国家对棉花购销价格，由国家统一规定，逐步由市场供求形成，认真实行优质优价政策，扩大品种差价和等级差价，改革棉花质量标准，保证棉花市场流通正常秩序。

5. 国务院于1995年3月10日至12日召开的全国粮食、棉花、化肥工作会议讨论决定，各省、自治区、直辖市一级政府必须承担起保证本地区主要农业产品和化肥等主要农业生产资料供应平衡、价格稳定的责任，实行省长负责制。会后，国务院于4月2日发出的《关于深化粮食、棉花、化肥购销体制改革的通知》提出，坚持稳定和完善粮食、棉花、化肥购销政策，完善粮食购销办法，提高棉花收购价格，从1995年9月1日起，标准级皮棉收购价格，由每50公斤544元提高到700元，努力做好化肥供应工作。同年6月10日，国务院发布的《关于粮食部门深化改革实行两条线运行的通知》决定，将粮食部门的政策性业务和商业性经营分开，建立两条线运行机制。

（三）在"九五"规划时期，中共十四届五中全会于1995年9月28日通过的《中共中央关于制定国民经济和社会发展“九五”规划和2010年远景目标的建议》提出，实行市场机制和宏观调控的有机结合，要充分发挥市场机制的作用，遵循价值规律，适应供求变化，体现竞争规则。建立和完善社会主义市场经济体制，是1995年至2010年的战略任务。要发展商品市场，规范要素市场，健全统一开放、竞争有序的市场体系。要积极培育金融、土地、劳动力、技术、信息等要素市场，制定市场规划，加强物价、市场管理监督，规范流通秩序，保护生产者和消费者的合法权益。第八届全国人大四次会议于1996年通过的《中华人民共和国国民经济和社会发展“九五”规划和2010年远景目标纲要》提出：一是继续完善农业产品价格体系、流通体制和储备调节制度，进一步调整农业产品和农业生产资料价格政策。促进粮食调出区提高商品率和粮食调入区提高自给率；二是巩固和完善主要由市场形成商品价格的机制，完善重要商品储备机制、风险基金和价格调节基金机制，健全商品价格调节机制体系；三是充分利用重要商品的产地、销地或集散地，建立大宗农林牧渔业产品批发市场，培育农工商、产供销一体化集团公司，积极发展多种经济成分、多种经营形式的流通企业，活跃市场；四是积极培育和规范土地、劳动力、技术、信息等要素市场，发展完善以银行融资为主的金融市场；五是制定推行市场流通规则，加强市场管理监督，规范市场流通秩序，打击制售假冒伪劣商品的违法行为。

1. 国务院于1996年3月1日发布的《关于进一步做好农业生产资料工作的紧急通知》要求，各级政府要切实加强对农业生产资料工作的领导，切实保证化肥料生产企业所需的主要生产资料供应，要落实国家现行的优惠政策。要鼓励生产企业将自销化肥统一纳入主渠道经销。农村供销合作社要确保统配的化肥按规定的价格全部供应到农民手中。同年3月17日，第八届全国人大四次会议通过的《政府工作报告》提出，积极培育统一开放、竞争有序的市场体系，发展连锁经营和代理制等营销方式，整顿市场流通秩序，创造公平竞争环境。同年6月19日，国务院发布的《关于进一步完善化肥流通体制的通知》要求，认真落实化肥工作省长负责制，增强宏观调控能力，搞好化肥总量平衡，整顿化肥流通秩序，加强化肥价格管理，清理整顿各项收费。同年9月10日至12日，国务院召开的《全国棉花工作会议纪要》强调，1996年继续实行棉花购销、价格不放开政策，坚持由农村供销合作社棉花经营单位统一收购、加工、营销的政策，稳定棉花收购价格的政策，深化改革棉花流通体制，加强棉花收购资金的供应和管理。会后，国务院于10月4日发布了《关于切实做好1996年棉花工作的通知》。

2. 第八届全国人大五次会议于1997年3月14日通过的《政府工作报告》提出，深化改革粮食流通体制，完善保护价制度，加强粮食收储，保护农民的生产积极性。坚持“一主多辅”的原则，以国有粮食部门为主，以用粮大户和供销合作社等部门为辅，搞活粮食流通。坚持做好农业生产资料的生产和供应工作，稳定价格。同年5月22日，国务院办公厅发布的《关于切实抓好粮油收购工作的通知》要求，各级政府和有关部门积极做好定购粮和议价粮的收购工作，粮食企业要按国家保护价政策规定，敞开收购，不得限收、拒收，不得压价、压级。6月12日，国务院办公厅发布的《关于进一步做好夏粮收购工作的通知》要求，严格执行国务院规定的夏粮收购政策，加强夏粮收购资金的供应管理。

3. 第九届全国人大一次会议于1998年3月19日通过的《政府工作报告》提出，要积极稳妥地发展农业产业化经营，拓宽流通渠道，推动农业产品生产、加工和销售环节的有机结合和相互促进，促使农民既从生产中得到收益，又能从加工、销售环节中得到利益。粮食购销体制改革是当年的一件大事，要精心组织实施。要坚持执行保护价收购粮食的政策。同年6月3日，国务院召开的全国粮食购销工作电视电话会议决定，坚决贯彻按保护价敞开收购农民余粮、粮食收储企业实行顺价销售、农业发展银行收购资金封闭运行三项政策。同年10月14日，中共十五届三中全会通过的《中共中央关于农业和农村工作若干重大问题的决定》提出：一是要搞活农业产品流通，尽快形成开放、统一、竞争、有序的农业产品市场体系，为农民提供良好的市场环境；二是要建立适应社会主义市场经济要求和中国国情的粮食流通体制，保证国家粮食安全、经济发展、社会稳定；三是要深化棉花流通体制改革，从1999年起，放开购销价格，拓宽流通渠道，健全市场法规，维护市场秩序，反对封锁和垄断；四是加强农村商业网点建设，改革农业生产资料流通体制，积极开拓农村市场。同时，引导农村资金、技术、劳动力等要素规范发展。同年12月24日，国务院发布的《关于深化棉花流通体制改革的决定》提出，从1991年9月1日新的棉花年度起，棉花的收购价格、销售价格，主要由市场形成，国家不再作统一规定。国家主要通过储备调节、进出口调节等经济手段，调控棉花市场，防止棉花价格的大起大落问题。

4. 国务院于1999年1月28日发布的《关于解决农村供销合作社几个突出问题的通知》要求，坚持农业和农村合作经济发展方向，改造基层供销合作社，创造条件办成农民合作经济组织，按照自主经营、自负盈亏的要求，完善各级供销合作社管理体制。同年3月15日，第九届全国人大二次会议通过的《政府工作报告》提出，积极推进粮食流通体制改革，搞活农业产品市场流通。为此，一是要继续围绕贯彻保护价敞开收购农民余粮、粮食收储企业实行顺价销售、粮食收购资金实行封闭运行的三项政策；二是要加快国有粮食企业自身改革，完善企业购销经营管理制度，切实管好和搞活粮食购销市场，对粮食收储企业要实行自主经营、自负盈亏，转换经营机制，方便农民售粮，降低成本，销售粮食；三是要改革棉花购销体制，建立在政府指导下由市场形成棉花价格机制，拓宽棉花营销渠道，确保货畅其流。同年5月30日，国务院发布的《关于进一步完善粮食流通体制政策措施》提出：一是适当调整粮食保护价收购范围；二是完善粮食收购价格政策；三是健全粮食超储补贴办法，促进顺价销售；四是加强粮食购销市管理，抓紧处理陈化劣变粮食。

5. 第九届全国人大三次会议于2000年3月15日通过的《政府工作报告》提出：一是继续贯彻执行国家粮食流通体制改革的方针政策，坚持按照保护价敞开收购农民余粮，认真执行粮食优质优价政策。对国家确定退出保护价收购范围的粮食品种，要相应地调整购销价政策；二是依法整顿市场秩序，严厉惩处制售假冒伪劣商品、侵犯消费者权益和各商业欺诈行为，继续严厉打击走私贩私活动；三是要依法规范和维护社会主义市场经济秩序，建立健全各方面科学管理市场制度和机制。

（四）在“十五”规划时期，中共十五届五中全会通过的《中共中央关于制定国民经济和社会发展第十个五年规划的建议》提出，要深化改革，充分发挥市场机制的作用，进一步解放和发展生产力，全面提高农业产业化经营效益。第九届全国人大四次会议于2001年3月15日通过的《中华人民共和国国民经济和社会发展第十个五年规划纲要》提出，一是进一步开放市场，放开价格，继续发展商品市场、重点要素市场，建立全国统一、公平竞争、规范有序的市场体系，积极发展大宗商品批发市场、期货市场；二是坚持城乡统筹就业改革方向，推动城乡劳动力市场逐步一体化；三是深化土地使用制度改革，全面推行经营性用地招标拍卖制度，规范土地一级市场；四是完善市场形成价格的机制，建立政府价格决策听证等制度。

1. 第九届全国人大四次会议于2001年3月15日通过的《政府工作报告》提出，一是大力整顿和规范市场经济秩序，健全市场法律法规，严格执法。完善市场监督机制，加大监管力度；二是要根据粮食生产和流通的新情况，继续深化粮食流通体制改革，在适当扩大中央储备粮规模的同时，粮食主销区要加快粮食流通市场化进程，通过与粮食主产区建立长期稳定的购销关系；三是要继续坚持对粮食主产区，实行按保护价敞开收购农民余粮、中央财政给予资金扶持的政策，促进粮食主产区充分发挥粮食生产优势，为主销区提供更多的粮食，推进林牧副渔各业全面发展，全面增加农民收入。

2. 第九届全国人大五次会议于2002年3月15日通过的《政府工作报告》提出，一是要落实深化粮食流通体制改革政策措施，大力推进国有粮食购销企业改革，改进和加强粮食市场管理，推进粮食主销区和主产区建立长期稳定的购销合作关系。继续做好棉花购销市场化改革工作，保持棉花生产和市场销售顺畅的关系；二是要整顿和规范市场经济秩序，深入整顿金融市场秩序，打破地方保护和行业垄断，严格审查各类市场主体的资质，把好市场准入关，发展现代流通方式，使假冒伪劣商品难以进入市场。

十三、组织拓展统一疏通农业生产经营建设资金投入多元化渠道之路方略规程

国务院决定，从“七五”规划时期至“十五”规划期间2002年近15年来，为了促进现代农业和农村经济持续发展，从中央到地方各级党委、政府统一规划，确保从多渠道筹措农业生产经营建设资金，动员社会各界增加资金投入，一是中央和地方各级政府逐年增加财政资金投入；二是农业银行和其他金融机构增加信贷资金投入；三是鼓励引导农村集体企业和农民增加资金和劳动力投入；四是动员推动城镇工商企业、社会各界加大农业生产经营建设投资力度，制定和推行以下系列方针策略：

（一）在“七五”规划期间，1989年3月20日，第七届全国人大二次会议通过的《政府工作报告》提出，为了增加对农业生产经营建设资金投入，在1989年紧缩财政、金融的情况下，国务院仍然决定，中央财政对农业生产经营建设等方面的资金投入不仅不减少，还要增加。地方政府和其他部门要把更多的财力用于增加农业投入。为此，从本年开始，一是从多种渠道筹集和建立农业发展基金，其中包括从财政预算外资金中提取一部分，从乡镇企业税收、耕地占用税、农林特产税、农村个体工商户和私营企业税收中提取全部或部分，为农业发展基金开辟稳定增长来源；二是在农业银行、农村信用社信贷资金中增加农业贷款，从1989年起增加172亿元，同时调整原有农业贷款800亿元结构，支持粮棉油、肉蛋奶、水产、蔬菜等农业产品生产基地建设。同年11月9日，中共十三届五中全会通过的《中共中央关于进一步治理整顿和深化改革的决定》提出：一是各方面都要增加对农业的投入，中央财政预算内基本建设投资，要逐年增加用于农业的比重，省、地、市、县都要尽可能把较多的地方机动财力用于农业生产经营建设；二是逐步提高乡镇税后留利中用于补贴农业资金的比例；三是积极引导农民增加对农业的资金投入和劳动积累，这是增加农业投入的主体。在“七五”规划时期，针对我国农业基础设施条件差、农业发展后劲不足的情况，中共中央、国务院及时调整了财政扶持“三农”投资政策，引导地方各级政府财政加大“三农”投资力度，从中央到地方各级政府实施大规模农业综合开发项目工程建设，增强了农业综合生产能力。

（二）在“八五”规划时期，1990年12月30日，中共十三届七中全会通过的《中共中央关于制定国民经济和社会发展十年规划和“八五”规划的建议》提出，中央和各级地方政府都要提高农业投资的比重，同时建立健全农村集体经济的积累制度，农民是农业投入的主体，要鼓励和农民增加对农业的资金投入，特别要增加劳动投入，以充分发挥农村劳动力资源丰富的优势，不断改善农业生产经营条件。1991年3月20日，第七届全国人大四次会议通过的《中华人民共和国国民经济和社会发展十年规划和“八五”计划纲要》提出，为理顺和提高农业产品价格，提高农业实用增产技术，保证农业生产资料供应，引导各级地方政府和农民增加对农业的投入，加强农业商品生产基地、农业社会化服务体系等建设，提高农业综合生产能力。

1. 中共十三届八中全会于1991年11月29日通过的《中共中央关于进一步加强农业和农村工作的决定》提出：一是中央、地方、集体和农民都要增加农业投入，逐步建立健全国家、集体和农民个人相结合的投资体系；二是国家要逐步增加农业投入，并提高利用外资的比重，财政支农资金要稳步增长，县级机动财力应主要用于农业，已规定的农业发展基金和其他各项农业专项基金，都要保证提足用好；三是国家银行要继续把支援农业发展放在信贷工作的首位，确保农业贷款高于全国银行贷款增长幅度，要扩大专项农业中长期低息贷款规模，安排好农业产品收购资金，增加乡镇企业流动资金和技术改造贷款；四是国家对各项农业资金，要加强宏观协调，改进管理偏松、使用分散的状况，健全财务管理和审计监督等制度，提高资金使用效益；五是各级政府要支持建立多层次、互相联系的农业和农村专项保险基金，逐步建立农业和农村灾害补偿制度。

2. 第七届全国人大五次会议于1992年4月3日通过的《政府工作报告》提出，要在全社会贯彻

执行自力更生、艰苦奋斗、勤俭建国的方针，千方百计增收节支，压缩集团购买力，多渠道筹集资金，健全农业社会化服务体系，壮大农村集体经济实力，适当提高农业产品价格，增加农民收入，促进我国社会政治稳定、经济持续发展。同年10月12日，中共十四大通过的《加快改革开放和现代化建设步伐　夺取中国特色社会主义事业的更大胜利》的报告提出，全面振兴农业和农村经济，积极发展农林牧副渔各业，努力开发高产优质高效农业，坚持依靠科技、教育兴农，多形式、多渠道增加农业投入，坚持开展农林牧副渔各业基础设施建设，不断提高农业集约经营水平和综合生产能力。

3. 中共中央、国务院于1993年6月24日发布的《关于当前经济情况和加强宏观调控的意见》提出，必须切实执行中共中央、国务院关于扶持农业生产经营建设资金投入政策，抓紧解决农业生产经营建设资金需求问题，着力缓解粮棉油等农业产品购销、储运资金需求问题，这是关系经济社会全局稳定和经济发展的大事。同年7月11日，国务院召开的全国农村金融工作会议强调，坚决贯彻中共中央关于加强宏观调控、整顿金融秩序的精神，严格控制信贷总量，坚持深化农村金融体制改革，集中资金支持农业生产经营项目，推动农业和农村经济持续协调稳定发展。同年10月18日至21日，中共中央、国务院召开的中央农村工作会议决定，从1994年起，建立粮食风险基金和储备体系，支持粮棉主产区发展经济，在主产区选择500个商品粮大县、150个优质棉大县，由国家安排专项贷款，并增加基本建设投资，从1994年开始，有计划地建设各具特色的优质高产高效农业产业化示范区。同年11月14日，中共十四届三中全会通过的《中共中央关于建立社会主义市场经济体制若干问题的决定》提出，各级政府要逐步增加对农业的投入，积极鼓励农村集体和农民增加资金和劳动投入，不断改善农业生产经营条件，增强农业的物质技术基础；要建立健全粮食等农业产品的储备调节和市场风险基金体系，实行保护价收购制度。

4. 中共中央、国务院为扶持农业生产经营建设资金投入，一是国务院于1994年1月11日召开的全国农业综合开发会议决定，农业综合开发资金来源于中央和地方各级政府财政资金投入、农业银行专项贷款、农村集体和农民自筹资金和其他资金渠道。农业综合开发资金分配使用到改造中低产田、开垦宜农荒地、改善农业生产经营条件，发展农业产业化经营及龙头项目，带动农林牧副渔各业产品系列开发项目工程建设。二是同年2月28日至3月4日，国务院召开的全国扶贫开发工作会议决定，加大扶贫开发投资力度，从1994年起，实施国家八七扶贫攻坚计划，力争到2000年基本实现全国贫困人口8000万人温饱目标。三是同年6月8日，国务院批转《国家计委关于建设高产优质高效农业示范区和扶持粮棉大县发展经济报告的通知》提出，从1994年起，逐年增加农田水利基本建设和农业产业化经营投资。四是同年11月18日，经国务院批准，成立农业发展银行，其任务是以国家信用为基础，筹集农业政策性信贷资金，承担国家规定的农业政策性金融业务，代理财政性支农资金拨付职责，为农业和农村经济发展服务。

5. 中共中央、国务院于1995年3月11日发布的《关于做好1995年农业和农村工作的意见》提出，从中央到地方各级政府财政要加大农业和农村生产经营建设资金投入力度。同年3月17日，第八届全国人大三次会议通过的《政府工作报告》提出，一是要增加对农业的投入，1995年中央用于农业的投入将有较大幅度增加，地方政府也要增加投入，农业的投入不得侵占挪用；二是要积极引导农村集体和农民个人增加资金投入和劳动积累；三是要建立健全粮食等重要农业产品的储备体系和风险基金制度，促进粮食供需的地区平衡；四是要认真实施八七扶贫攻坚计划，多安排一些资金，扩大以工代赈规模，重点扶持贫困地区修建公路和基本农田，解决人畜饮水问题。

（三）在“九五”规划时期，1995年9月28日，中共十四届五中全会通过的《中共中央关于制定国民经济和社会发展“九五”规划和2010年远景目标的建议》提出，要在稳定现有农业投资的基础上，逐步稳定提高固定资产投资、财政预算内资金和银行信贷资金用于农业的比重，特别要引导农村集体组织、乡镇企业、农民群众对农业的资金投入，扩大劳动积累。1996年3月17日，第八届全国人大四次会议通过的《中华人民共和国国民经济和社会发展“九五”规划和2010年远景目标纲要》提出，增加对农业的投入，逐步提高固定资产投资、财政预算内资金和银行信贷资金用于农业的比重。鼓励和引导农村集体、乡镇企业和农民群众增加对农业的资金投入，扩大劳动积累，积极吸引外资，投入农业生产经营建设。

1. 第八届全国人大四次会议于 1996 年 3 月 17 日通过的《政府工作报告》提出，从中央到地方各级政府都要增加对农业的投入，鼓励和引导农村集体、农民个人和社会各方面增加对农业的投入。要充分利用农村人力资源，开展农田基本建设、兴修水利、修筑道路、植树造林，改善农业和农村经济发展的条件。

2. 第八届全国人大五次会议于 1997 年 3 月 14 日通过的《政府工作报告》提出，综合考虑促进经济增长的需要和财力物力的可能，保持合理的投资规模，要继续向农业和水利建设倾向投资。1997 年，国家安排的以工代赈、扶贫贷款和支援不发达地区发展基金，都要有较多增加，地方也要增加扶贫资金。这些资金要及时足额到位。

3. 第九届全国人大一次会议于 1998 年 3 月 19 日通过的《政府工作报告》提出，各级政府都要增加对农业的投入，落实水利建设资金，鼓励农民群众、农村集体组织增加劳动和资金投入。各地方政府要进一步加强对扶贫开发工作的领导，增加投入，着力改善贫困地区农业生产经营建设条件，重点扶持特困村和特困户。同年 10 月 14 日，中共十五届三中全会通过的《中共中央关于农业和农村工作若干重大问题的决定》提出，改革和完善农业投融资体制，以农村集体和农户投入为基础，逐步增加财政对农业的投资，引导信贷资金和社会资金更多地投向农业，利用外资支援农业。中央和地方都要大幅度增加农业投入，开展大规模的水利工程、生态工程、农村公路、农村电网和粮食仓储等基础设施建设。

4. 第九届全国人大二次会议于 1999 年 3 月 15 日通过的《政府工作报告》提出，要全面贯彻落实中共十五届三中全会精神，继续增加农业投入，促进农业和农村经济全面发展，努力增加农民收入。1999 年，中央财政要继续较多地增加水利建设和天然林保护的投资，地方财政也要增加农业投入，立足于防大风、抗大灾，开展农田水利建设，鼓励农村集体、农户以多种投入形式，建设和维护小型农田水利设施，治理水土流失，增强抗旱防涝能力，节约用水，推进农业和农村经济持续发展。

5. 第九届全国人大三次会议于 2000 年 3 月 15 日通过的《政府工作报告》提出，要从多方面加大对农业和农村经济发展的支持力度，努力解决农民生产经营贷款难问题。要引导集体、私营、个体经济单位增加农业投资，改善农业生产经营和农村经济建设条件，努力提高投资效益。同年 10 月 26 日，国务院发布的《关于实施西部大开发政策措施的通知》提出：一是加大建设资金投入力度，提高中央财政性建设资金用于西部地区的比例，在安排专项资金时，要充分体现对西部地区的支持；二是加大财政转移支付力度，逐步扩大中央财政对西部地区一般性转移支付的规模，中央财政扶贫资金重点用于西部贫困地区。

（四）在“十五”规划期间，2000 年 10 月 11 日，中共十五届五次会议通过的《中共中央关于制定国民经济和社会发展第十个五年规划的建议》提出，继续加大投资力度，全面提高农业生产经营水平和效益。2001 年 3 月 15 日，第九届全国人大四次会议通过的《中华人民共和国国民经济和社会发展第十个五年规划纲要》提出，改革农村金融体制，增加对农业的信贷投入，改进贷款方式，提高农村金融水平。实施西部大开发战略，增加对西部地区财政转移支付和建设资金投入。

1. 第九届全国人大四次会议于 2001 年 3 月 15 日通过的《政府工作报告》提出，一是要坚持开发式扶贫，多方面增加扶贫资金投入，扩大以工代赈规模，支持贫困地区加强基础建设；二是要充分发挥农村信用社在农村金融中的主力军和联系农民金融纽带作用。农业银行和其他金融机构要加强对农业和农村经济的支持。

2. 第九届全国人大五次会议于 2002 年 3 月 15 日通过的《政府工作报告》提出，增加对农业和农村基础设施建设投资，改善农业生产经营和农民生活条件，进一步搞好农村扶贫开发，多渠道增加扶贫资金，扩大以工代赈规模。

十四、组织拓展深入进行农村基层组织和民主自治法制建设之路方略规程

从“七五”规划时期初1986年至“十五”规划期间2002年近18年来，国家为了推动各地区不断完善农村基层中共党组织、政府机构、经济组织、民众团体等组织，在农村实行政社分设、建立乡镇政府的基础上，进一步理顺乡镇党委、政府和经济组织的关系及乡镇政府与村委会的关系，坚持发展民主自治、健全法制，深入开展农村基层组织和民主法制建设方略。

（一）在“七五”规划期间，中共中央、国务院于1986年9月12日发布的《关于加强农村基层政权建设工作的通知》提出，要理顺乡镇党委、政府和经济组织之间的关系，一是实行党政分工，乡镇党委要抓好党的自身建设，保证乡镇政府依照宪法和法律的规定，独立行使职权，不能包办政府的具体工作；二是实行政企分开，乡镇政府要行使管理经济的职能，支持乡镇经济组织行使自主权，不能包揽或代替经济组织的具体经营活动。1987年11月4日，全国人大常委会通过的《中华人民共和国村民委员会组织法》规定，村民委员会是农民自我管理、自我教育、自我服务的基层群众性自治组织。乡镇政府对村民委员会的工作，给予指导、支持和帮助，村民委员会协助乡镇政府开展各项工作。从1988年至1989年，从中央到地方各级党委、政府全面加强农村基层组织建设，在逐步理顺农村基层各种组织相互关系的同时，进一步开展村级党、团组织、妇联组织和农民各种经济组织建设。1990年8月中旬，中共中央、国务院有关部门召开了全国农村基层组织建设工作座谈会，总结交流各地区加强以党支部为核心的村级组织配套建设的经验，对村党支部、团支部、村民委员会、妇联会组织建设提出明确要求和政策措施。

（二）在“八五”规划时期，中共中央、国务院为切实加强农村基层组织建设、农村民主法制建设和农村精神文明建设，全面加强和改进党对农村工作的领导，发展壮大农村基层党政干部队伍，加强以党支部为核心的村级组织配套建设，同基层民主法制建设和社会治安综合治理相结合，建立健全民主监督制度和村规民约，调动农民群众当家作主的积极性，在“八五”规划时期各年度，制定和推行以下系列政策措施：

1. 中共十三届八中全会于1991年12月29日通过的《中共中央关于进一步加强农业和农村工作的决定》规定：切实加强农村基层组织建设；在农村继续深入开展社会主义思想教育，加强农村精神文明建设；开展农村民主法制建设；加强党对农村工作的领导。

（1）在加强农村基层组织建设上，一是坚持加强以党支部为核心的村级组织配套建设，基本要求是：有一个能够发挥核心的领导作用的党支部；有一个能够贯彻法律、法规、政策，履行自治职能的村民委员会；有一个具备集体经济实力，能够较好的发挥统一经营的乡村集体经济组织；有能够发挥作用的团支部、妇联会、民兵等群众组织。二是坚持加强乡镇党委和政府的自身建设，充分发挥乡镇党委领导核心作用，健全乡镇政府职能，使之成为有权威、有效能的基层党委和政权组织。实行双重领导的机构，干部的调动、任免、奖惩，应征求乡镇党委的同意。乡镇党委、政府对这些机构，要加强领导，使之互相配合，形成合力，为农业和农村经济发展服务。三是坚持加强乡村干部队伍建设，各地区要建立乡村干部的选拔、培训、考核、使用、奖惩、监督等制度。乡村干部要坚持原则，密切联系群众，廉洁奉公，努力工作。乡镇补充党政干部，可根据有关规定，从村干部中择优聘用或录用。乡镇党政干部，要注意从特别优秀的村干部和乡镇企业干部中选拔。县（市）党政干部，要注意从德才兼备、实绩突出的乡镇干部中选拔。

（2）在加强农村社会主义思想教育上：一是坚持开展爱国主义、集体主义和社会主义教育，坚持思想教育、正面教育、自我教育为主，思想教育以村一级为重点，思想教育，坚持标准，保证质量，务求实效，检查验收；二是坚持抓好经常性思想政治工作，加强精神文明建设，努力造成有理想、道德、文化、纪律的新型农民，不断提高农民的思想道德素质和文化科学水平；三是坚持严格实

行计划生育，推行优生优育，控制人口数量，提高人口素质。

（3）在加强农村民主法制建设上，大力加强农村社会治安综合治理，建立健全群众性自防自治的治安保卫组织和人民调解组织，建立治安责任制，制定乡规民约，发动和依靠群众，加强治安防范和民间纠纷调解工作，及时发现和消除不安定因素，保障国家、集体财产和群众生命财产安全，确保农业生产经营的顺利进行。

（4）在加强党对农村工作的领导上，各级党委、政府领导干部要真心实意为农村基层组织和广大农民服务。要深入基层、调查研究，倾听群众的意见，及时发展和妥善解决农村出现的新问题，总结和推广行之有效的经验。

2. 中共十四大于 1992 年 10 月 12 日通过的《加快改革开放和现代化建设步伐　夺取有中国特色社会主义事业的更大胜利报告》提出，党的基层组织是党的全部工作和战斗力的基础。各级党委要努力把基层党组织建设成为团结和带领群众进行改革和建设的战斗堡垒，努力搞好以党支部为核心的村级组织建设，努力发挥农村党员、干部的先锋模范作用。

（1）各地区农村基层党政干部肩负的任务很繁重、工作很辛苦，上级党政组织要关心和爱护他们，在工作上要严格要求，引导他们坚持实事求是的科学态度，鼓励他们任劳任怨、公道正派地为群众服务。

（2）各级党委、政府及有关部门要协同一致、真心实意为农民服务，坚决反对一切损伤农民的行为。在组织领导农村工作中，既要加强农村物质文明和精神文明建设，又要依法严厉打击各种经济犯罪和刑事犯罪活动，维护农村社会治安，保障农民群众生产、生活的安全，促进农业和农村经济发展，推动农村社会进步和稳定。

3. 中共十四届三中全会于 1993 年 11 月 14 日通过的《中国中央关于建立社会主义市场经济体制若干问题的决定》规定：加强法制建设，坚持遵循国家宪法规定的原则，加快经济立法，建立司法制度，提高执法能力，开展法制教育，增强群众法律意识和法制观念，继续完善立法体制，坚持法制统一、改进立法程序，加快执法进程；切实加强司法、行政执法和执法监督，维护社会稳定，保证经济发展，保障人民合法权益。依法惩处刑事犯罪和经济犯罪，及时处理经济和民事纠纷。

（1）各级政府都要依法行政，依法办事，坚决纠正经济活动和其他活动中有法不依、执法不严、违法不究、滥用职权、以权谋私等违反法律现象，建立对执法违法的追究制度和赔偿制度。

（2）各级执法、司法、经济管理等部门要建立有效的约束机制，防范以权谋私，纠正部门和行业不正之风，充分发挥法律监督、组织监督、群众监督和社会舆论监督的作用。

（3）各级党委、政府及有关部门要推广依法建制、以制治村、民主管理的经验做法，建立农村基层组织规章制度，加快推动农村基层组织配套建设进程。

4. 中共中央于 1994 年 10 月 26 日至 29 日召开了全国农村基层组织建设工作会议，会后，中共中央发布的《关于加强农村基层组织建设的通知》提出，加强以党支部为核心的村级组织建设，力争在三年内把处于软弱涣散和瘫痪状态的基层组织整顿和建设好。

（1）从中央到地方各级党委、政府，必须把农业和农村经济工作以及农村基层组织建设工作，摆在首位，务必促使农业和农村经济发展、农村社会全面进步，再上一个新台阶。农村安定，天下安定，农业和农村经济发展，农民增收致富，整个国家才能繁荣富强起来。

（2）中共中央、国务院为了组织领导新时期农业和农村经济发展任务，一定要把全国 80 万个农村基层组织分期分批地建设好，关键是把农村基层党组织建设好，充分发挥领导核心作用，使农村基层组织能有成效地工作，把 8 亿农民紧密团结起来，凝聚成建设社会主义新农村的强大力量。

5. 第八届全国人大三次会议于 1995 年 3 月 17 日通过的《政府工作报告》提出，高度重视民主法制建设，继续开辟和疏通多种渠道，切实保障人民群众民主权利。妥善处理和及时化解人民内部矛盾，促进社会稳定。

（1）加强基层民主建设，发挥农村村民委员会的作用，健全村民议事制度、村务公开制度和村规民约制度，调动农民群众的积极性。

（2）加强执法队伍建设，对执法工作检查监督，纠正有法不依、执法不严、违法不究的问题。建立健全法律服务机构，深入开展法制教育，增强全民法制观念。

（3）加强农村社会治安综合治理，深入开展打击破坏生产建设设施等严重犯罪活动，维护社会经济秩序，严格执行社会治安综合治理的政策，彻底改善社会治安状况。

（三）在“九五”规划时期，中共十四届五中全会于1995年9月28日通过的《中共中央关于制定国民经济和社会发展“九五”规划和2010年远景目标的建议》提出：一是加强民主和法治建设，使社会主义民主制度化、法律化，保障人民当家作主的权利。加强基层政权建设，发展基层民主；二是加强社会治安综合治理，维护社会长期稳定，保障人民安居乐业；三是开展法制宣传教育，提高民众法律意识和法制观念，增强广大干部依法行政、依法管理的能力。1996年3月17日，第八届全国人大四次会议通过的《中华人民共和国国民经济和社会发展“九五”规划和2010年远景目标纲要》提出，一是完善农村村民自治制度，加强基层政权建设，发展基层民主；二是建立对执法违法的追究制度和赔偿制度，以整顿纪律、严肃执法为重点，加强司法、执法队伍建设。

1. 第八届全国人大四次会议于1996年3月17日通过的《政府工作报告》提出：一是继续完善农村村民自治制度，加强基层政权建设，健全基层民主和经济监督，充分调动人民群众的积极性；二是继续完善普法规则，依法管理经济和社会事务，坚决维护国家法律法规的统一性和严肃性，做到有法必依，执法必严，违法必究。

2. 第八届全国人大五次会议于1997年3月14日通过的《政府工作报告》提出，维护社会政治稳定，为人民群众安居乐业创造良好的环境，认真抓好社会治安综合治理：一是政府执法部门肩负着惩治犯罪、保护人民、维护稳定的重要使命，必须加强自身队伍建设，提高政治素质和执法水平，严肃纪律、秉公办事，严格执法；二是政府执法部门坚持社会治安综合治理的领导负责制，坚持执法工作与基层群众监督相结合，提高基层治安防范能力，争取社会治安状况好转。

3. 第九届全国人大一次会议于1998年3月19日通过的《政府工作报告》提出：一是加强农村基层政权和村民自治组织建设，改善农村干部与群众的关系，这是发展农业和农村经济、维护农村社会稳定的重要保证；二是坚持社会治安综合治理，严厉打击各种犯罪活动，使广大农民群众有一个安定的生产、生活环境。

4. 第九届全国人大二次会议于1999年3月15日通过的《政府工作报告》提出：一是扩大农村基层民主，推进村民自治，实行村务公开，改进农村基层干部作风，教育农民依法履行应尽义务，密切干群关系；二是搞好农村社会治安综合治理，妥善处理人民内部矛盾，及时化解矛盾，依靠社会各方面力量，做好维护稳定工作。

5. 第九届全国人大三次会议于2000年3月15日通过的《政府工作报告》提出：一是要促进农民发展专业合作经济组织和公司加农户的产业化经营，把分散经营的农户同市场连接起来，推动农业和农村经济发展；二是要落实社会治安综合治理政策措施，创造良好的治安环境，协调好各方面利益关系，及时化解各种矛盾和纠纷。

（四）在“十五”规划期间，2001年3月15日，第九届全国人大四次会议通过的《中华人民共和国国民经济和社会发展第十个五年规划纲要》提出：一是健全农村初级卫生保健服务体系，加强农村卫生基础设施建设，因地制宜发展合作医疗、努力解决农民基本卫生医疗问题；二是提倡社会公德、家庭美德和职业道德，加强青少年道德品质、心理健康和法制教育，开展群众性精神文明创建活动，倡导科学健康的生活方式；三是实行民主选举、民主决策、民主管理、民主监督，完善村民自治，加强民主政治建设；四是推进基层组织工作法治化，依法行政，从严治政。推行执法责任制、评比考核制，提高行政执法水平。

1. 第九届全国人大四次会议于2001年3月15日通过的《政府工作报告》提出：一是要建立适应农业和农村经济发展的社会化服务体系，充分发挥农村供销社、信用社在农村市场、金融中的主力军作用和联系农民商品流通、金融纽带作用；二是要强化法制教育，增强农民群众法制观念，加强政法系统基础设施建设，提高执法队伍素质。

2. 第九届全国人大五次会议于2002年3月15日通过的《政府工作报告》提出：一是健全民主决策制度，鼓励人民群众对政府机构及其工作人员进行监督，拓宽及时反映社情民意的渠道，使政府工作能够真正体现人民的意愿和利益；二是加强农村基层政权建设，正确处理人民内部矛盾，把影响社会安定的因素化解在基层，全面落实综合治理政策措施，构建社会治安防控体系。

农村财政扶贫开发脱贫攻坚巩固课题组

组长：韩连贵

组员：赵新龄　郭　华　刘克星　陈文华　周彦生　董　齐
黄刚太　刘玉峰　宁进山　张景路　李振宇　陈贵峰
韩铁峰　赵明志　李秀松

第四章　中共十六大至十八大召开之前：组织攻坚全国农村农民群众脱贫增收致富奔小康之路方略规程

本章讲述2002年至2012年中国共产党组织领导带动全国农村农民群众实施农林牧副渔各业生产经营科技社会化服务、免除农林牧渔各业税收、补贴农林牧渔各业生产经营建设投资、统筹城乡经济社会发展一体化、攻坚全国农村农民群众脱贫增收致富奔小康之路方略规程经验启示。

以胡锦涛同志为总书记的中共中央、国务院领导集体，在中共十六大之后，为农民群众拓展脱贫增收致富奔小康之路，组织领导各级党委、政府及部门，带动全国农村干部、农民群众继续加强农村经济基础设施、生态文明环境建设，继续健全农村产业化经营社会化服务体系、农村土地经营维护调控体系，继续改革农村税费和财经管理体制、农村粮食购销价格和商品市场流通体制，免除农林牧渔各业税收、补贴农林牧渔各业生产经营建设投资，继续完善农村生产经营建设资金多元化投入机制、农村社会保障事业发展机制，推进农村政经业务公开、村民自治，加强农村党政基层组织和民主法治建设，促进农民群众走向城乡一体农业现代化、工业化、信息化、城镇化经济社会发展之路方略规程经验启示。

一、组织带动全国农村农民群众脱贫增收致富奔小康发展变化进程

在2002年至2012年期间，各级党委、政府根据中共中央、国务院的战略部署和加入世贸组织以后的新形势，紧紧围绕全国农业产品总产量，农业总产值、农民收入持续增长基本目标，制定推行了一系列方针政策、法规制度，在实践之后，全国各地区农业和农村经济结构取得明显进展，农业和农村基础设施建设与生态环境建设力度明显加大，农林牧渔各业产品生产经营科技化、优质化、区域化、产业化步伐加快，综合生产经营能力和效益显著增强，主要表现在：一是全国农业产品总产量持续增加；二是全国农业总产值持续增长；三是全国农民群众收入持续增加；四是全国农林牧渔业税收取消、支出补贴；五是中央政府财政扶持“三农”资金投入逐年增加；六是全国农村基础设施、生态环境建设成效较好；七是全国农村社会保障事业健康发展；八是全国农林牧渔业产品供应充裕，农业和农村经济稳定增长，农村社会保持稳定，有力地支撑了国民经济发展和全社会稳定；九是全国农村卫生医疗事业逐年顺利开展；十是全国农村最低生活保障、养老保险体系基本形成。分别说明如下：

（一）全国粮食总产量持续增加。在2003年至2012年期间，全国粮食总产量，由43070万吨增加到6万吨，平均每年增长3.9%。全国各地区从加强农田水利等基础设施建设、改善农业生产经营科技服务等条件入手，促进全国粮食从2003年起连续四年增加产量，2004年全国粮食总产量达到46947万吨，比上年增加3877万吨；2005年全国粮食总产量在上年大幅度增长的基础上，增加1454

万吨，达到48401万吨；2006年全国农业产品在自然灾害较重的情况下稳步增加产量，粮食总产量达到49746万吨，实现了连续三年增产；2007年全国粮食总产量达到50150万吨，实现了连续四年增产；2009年全国粮食总产量53082万吨，再创历史新高，实现了连续六年增产；2010年全国粮食总产量54641万吨，连续七年增产，又创历史新高，2011年全国粮食总产量57121万吨，再创历史新高；2012年全国粮食总产量连续六年稳定在万亿斤以上。

（二）全国农民群众收入持续增加。全国农村居民人均年纯收入，由2003年2583元，增加到2012年8106元，这十年间，全国农村居民人均纯收入持续增长，每年平均增长8.5%。2003年全国农村居民人均年纯收入2583元，比上年增长4.3%；2004年全国农村居民人均年纯收入2936元，比上年增长6.8%；2005年全国农村居民人均年纯收入3255元，比上年增长6.2%；2006年全国农村居民人均年纯收入3587元，比上年增长7.4%；2007年全国农村居民人均年纯收入4140元，比上年增长15.4%；2008年全国农村居民人均年纯收入4761元，比上年增长15%；2009年全国农村居民人均年纯收入5153元，比上年增长8.2%；2010年全国农村居民人均年纯收入5919元，比上年增长14.9%；2011年全国农村居民人均年纯收入6748元，比上年增长11.4%；2012年全国农村居民人均年纯收入7416元，比上年增长9.9%。这十年间，全国农村居民人均年纯收入，累计增长2.14倍，农民群众纯收入中来自农林牧渔产业收入占31%，来自城乡工商贸服务产业收入、土地及房屋基地承包经营权流转收入、国家对农村税费减免和对农林牧渔业生产经营建设财政补贴收入占69%。

（三）全国农林牧渔业税收取消、补贴农业生产支出。从2003年3月第十届全国人大一次会议，到2007年3月第十届全国人大五次会议四年期间，全国农村税费改革进入逐步取消农林牧渔业税收新阶段。2007年在全国范围内，取消了农业税、牧业税和农林渔业特产税，每年减轻农林牧渔业税收负担1335亿元，终结了延续2600多年农民从事农林牧渔业生产经营纳税的历史；从2004年起，经国务院报经全国人大批准，逐步对农民群众从事农林牧渔业生产经营建设项目支出实行补贴政策措施、法规制度，主要包括：一是对种粮农民实行直接补贴、良种补贴、农机具购置补贴和农业生产资料综合补贴；二是对重点粮食主产区的重点粮食品种实行最低收购价政策，对产粮大县增加转移支付；三是对主要农业产品实行临时收储政策，对养猪大县、养牛大县实行财政扶持政策，对生猪、奶牛、禽蛋、水产品、蔬菜等产品生产经营实行财政补贴制度；四是对农林牧渔业良种繁育疫病防控，产品质量安全等技术实行补贴制度。对上述各项补贴，中央财政逐年增加，2007年639亿元，2008年1030亿元，比上年增长61%；2009年1140亿元，比上年增长11%；2010年1226亿元，比上年增长8%，对小麦、水稻最低收购价提高25%到40%；2012年1923亿元，比2003年增长2倍。

（四）全国各级政府财政扶持“三农”资金投入逐年增加：从2003年以来，中央财政扶持“三农”资金投入逐步增加，2003年2035亿元，2004年2626亿元，比上年增长22.5%；2005年2975亿元，比上年增长13.3%；2006年3397亿元，比上年增长14.2%；2007年3963亿元，比上年增长16.7%；2008年5955亿元，比上年增长50.3%；2009年8183亿元，比上年增长37.4%；2010年8734亿元，比上年增长6.8%；2011年10573亿元，比上年增长21.1%；2012年11946亿元，比上年增长13.7%，比2003年增长4.9倍。各级政府财政扶持“三农”资金投入使用范围主要包括：一是农林牧渔业生产经营基础设施建设；二是农村山水林田路综合治理生态环境建设；三是农民群众从事农林牧渔业生产经营支出补贴；四是农村公共公益基础设施建设；五是农村社会文教、卫生、医疗、低保、养老等社会保障事业；六是农村自然灾害防治、社会治安法治等方面建设。

（五）全国农林牧渔各业生产经营基础设施建设成效显著。从2003年以来，一是调整优化农林牧渔各业结构，促进农林牧渔各业产业化、专业化、基地化、规模化布局，大力发展特色产品加工产业；二是大力加强农林牧渔各业生产经营土地基础设施建设，着力加强以农田水利为重点，加快水利灌排区配套改造，扩大节水灌溉面积，建设高标准农林种植业、牧渔养殖业基地；三是组织推进农林牧渔各业生产经营科技创新能力建设，进一步完善农林牧渔各业生产经营科技推广体系，着力加强以良种培育为重点，加快农林牧渔各业生产经营科技推广应用进程，推进农林牧渔科技示范园区建设，健全农林种植业病虫害、牧渔养殖业疫病防治、产品质量监管服务体系；四是坚持推行农村土地承包关系长久不变政策，加强农户土地承包经营权流转管理服务，在依法自愿有偿流转基础上发展多种形式规模经营，发展农民专业合作社，提高农林牧渔各业组织化生产经营管理水平。以上农林牧渔各业生产经营基础设施建设的成效，为稳定农村经济社会发展奠定了基础。

（六）全国农村山水林田路综合治理环境建设进程顺利。在2003年至2008年期间，一是以水污防治为重点，加强农村土地水源污染治理，保护饮用水源；二是搞好天然林保护和草原建设，加强风沙和水土流失治理和石漠化治理等生态项目工程建设，巩固和发展垦耕林、退牧还草成果；三是坚持保护耕地特别是基本农田，严格执行节约集约用地标准，严格控制使用农村集体建设用地和宅基地，提高土地节约集约利用率；四是全面推进农村居民生活污染治理，严格控制农村工业污染，加强禽畜、水产品养殖污染治理。在2009年至2012年期间，一是坚持加强农村生态环境综合治理，控制农村面源污染，大力开展植树造林，加强湿地保护恢复，加快山洪地质灾害易发地区监测预警防治建设；二是加强农村节能环保项目建设，实行草原生态保护奖励政策，开展湖泊生态环境保护工作，植树造林613万公顷；三是截至2012年累计完成植树造林2953万公顷，治理沙漠化、石漠化土地1196万公顷，综合治理水土流失面积24.6万平方公里。

（七）全国农村公共公益基础设施建设全面开展。在2003年至2012年期间，加强农村道路、饮水、沼气、电网、通讯等基础设施和人居环境建设全面开展：一是新建和改建农村公路，截至2007年为130万公里，2009年新建38万公里，2010年至2012年新建146.5万公里；二是新建改建农村人口饮水保障、安全设施和人数供应逐年增加，2003年至2005年累计4960万人，2006年2897万人，2007年为9748万人，2008年为4800万人，2009年为6069万人，2010年为2.15亿人，2011年为6398万人，2012年为3亿多人；三是新建扩建农村沼气设施和用户逐年增加，2003年至2005年累计1240万户，2006年为450万户，2007年为1650万户，2008年为580万户，2009年为510万户，2009年为630万户，2010年至2012年累计1740万户；四是新建和改造农村电网线路，2003年至2010年累计26.6万公里，2011年解决无电地区农村60万人口用电问题，2012年解决无电地区农村445万人口用电问题；五是推进农村危房改造，2012年累计改造农村危房1033万户。

（八）全国农村义务教育事业逐年健康发展。首先，在2003年至2007年期间，全国各地区已把农村义务教育全面纳入财政保障范围，对全国农村义务教育阶段学生全部免除学杂费，全部免费提供教科书，对家庭经济困难寄宿学生提供生活补助，使1.5亿学生和780万个家庭的经济困难寄宿学生受益。全国西北地区基本普及九年义务教育，基本扫除青壮年文盲攻坚计划如期完成。国家安排专项资金支持2.2万多所农村中小学改造危房、建设7000多所寄宿制学校，远程教育已覆盖36万所农村中小学校，确保更多的农村学生享受到优质教育。其中：一是2003年中央财政和国债资金加大对农村义务教育扶持力度，主要用于补助西部地区农村教师工资发放、中小学校危房改造、中小学现代远程教育工程建设和资助家庭经济困难学生资金投入；二是2004年中央财政加大对贫困地区农村义务教育扶持力度，继续实施农村中小学校危房改造，为中西部地区农村义务教育阶段2400多万贫困家庭学生免费提供教科书；三是2005年中央和地方财政安排专项资金70多亿元，对592个重点贫困县1700万名贫困家庭学生免除学杂费、免费提供教科书和补助寄宿生生活费；新建、改建、扩建农村借宿学校2400多所，为16万个农村中小学校和教学点配备了远程教育设施；四是2006年为了优先发展农村义务教育事业，全国财政安排农村义务教育经费1840亿元，全部免除了西部地区和部分中部地区农村义务教育阶段5200万名学生的学杂费，为3730万名贫困家庭学生免费提供教科书，对780万名寄宿学生补助生活费，中央财政安排90亿元，用于农村寄宿制学校7651所建设投资，中央财政安排80亿元，用于中西部地区农村中小学现代远程教育工程投资，1亿多中小学生得以共享优质教育资源；五是2007年全国财政安排农村义务教育经费2235亿元，比上年增加395亿元，着力实施农村初中学校改造计划，继续加强农村中小学现代远程教育，让所有孩子都能上起学、上好学。

其次，在2008年至2012年期间，全国教育资源重点向革命老区、少数民族地区、边远贫困地区农村倾斜，教育公平取得明显进展。全面实现城乡九年免费义务教育，惠及1.6亿学生，建立起家庭经济困难学生资助体系，组织落实农村义务教育阶段3000多万学生营养改善计划，加强了农村教师队伍建设，完成了中小学校房屋安全工程。其中：一是2008年促进教育公平取得新进展，全面实行城乡免费义务教育，对全国农村义务教育阶段学生免费提供教科书。对西部地区农村义务教育校舍提高了维修标准，国家财政安排32.5亿元，用于解决北方农村中小学生冬季取暖投资金问题，向中等职业学校中来自农村的学生提供助学金，每人每年1500元，惠及90%的在校学生；二是2009年全部落实城乡义务教育政策，中央财政安排用于农村义务教育资金投入666亿元，提前一年实现农村中小学生300元至500元的目标，实行农村义务教育阶段教师绩效工资制度，实施中等职业学校的农户家庭经济困难学生和农业专业学生免交学杂费政策，基本保障了家庭经济困难的学生不因贫困而失学；三是2010年全面实现城乡免费义务教育，对所有适龄儿都免费上学，全面实施义务教育阶级教师绩效工资制度，对进入农业中等职业教育的家庭经济困难学生，实行免交学杂费和助学金制度，国家财政资金投入从2006年的18亿元增加到2010年的306亿元，资金投入范围从农村中小学义务教育，扩大到普通高中学校、中等职业学校、高等学校，共资助学生2130万名，还为1200多万名义务教育寄宿生提供生活补助，对农村中小学校危房改造和职业教育基础设施建设；四是2011年全面实现农村九年义务教育，免除农村寄宿制3000万名学生住宿费，对中西部地区农户家庭经济困难的1228万名义务教育学生给予生活补助，建立起完整的农户家庭经济困难学生资助体系，初步解决了农民工随迁子女在城镇享受义务教育问题；五是2012年坚定不移地实施科教兴国战略，优先发展教育事业，国家财政性教育资金投入重点向边远贫困地区少数民族农村倾向，全面实现城乡九年免费义务教育。

（九）全国农村卫生医疗事业逐年顺利开展。首先，至2007年全国各地区建立起农村合作医疗制度，加强城乡基层卫生医疗服务体系建设，国家安排资金改造和新建1.88万所乡镇卫生院，国家为1.17万个乡镇卫生院配备了医疗设备，农村卫生医疗条件明确改善。其中：一是2003年开展农村卫生医疗设施建设，稳步推进农村新型合作医疗制度试点；二是2004年通过中央与地方财政共同投资政策，加强农村卫生医疗机构建设，实行农村新型合作医疗制度和医疗救助试点；三是2005年中央财政安排国债收入30亿元，支持中西部地区乡镇卫生院建设，改善农村医疗卫生条件，农村新型合作医疗试点，已扩大到671个县，惠及1.77亿农民；四是2006年中央财政安排国债资金27亿元，用于县、乡、村卫生医疗基础设施建设，在全国1451个县（市、区）进行农村新型合作医疗试点，占全国县（市、区）总数的50.7%，有4.1亿农民参加；中央财政安排42.7亿元，地方财政也相应增加资金，大幅提高农民参加合作医疗补助标准；五是2007年积极推行农村新型合作医疗制度，这项制度扩大到全国80%以上的县（市、区），中央财政安排资金101亿元，比上年增加58亿元，用于健全农村卫生服务体系建设，扶持县、乡、村三级卫生服务网络，确保每个乡镇办好一所卫生院，支持每个行政村设立一个卫生室，建设农村药品供应网和监督网，加强了农村卫生队伍建设，基本上能让广大农民享有安全、有效、方便、价廉的卫生医疗服务。

其次，在2008年至2012年期间，全国建立起农村新型合作医疗制度，城乡居民基本医疗保障体系初步形成，加强了城乡一体基层卫生医疗服务体系建设，初步实施了医疗保险和基本药物供应制度。其中：一是2008年参加农村新型合作医疗人口达8.14亿，参加合作医疗率为91.5%；二是2009年组织实施农村卫生医疗卫生事业发展政策，建立了农村新型合作医疗覆盖8.3亿人的规章制度；三是2010年国家财政安排专项资金，改造和新建2.3万所乡镇卫生院和1500所县医院；四是2011年国家对农村新型合作医疗补助标准，由2010年每人每年120元，提高到2011年200元，农村基层卫生医疗服务体系基本形成了；五是2012年组织建立农村基层卫生医疗机构运行新机制，健全农村居民医疗保障体系。

（十）全国农村最低生活保障、养老保险体系基本形成。在2003年至2012年期间，全国各地区农村逐步建立健全农村最低生活保障、孤儿保障、流浪儿童救助、五保户供养、居民养老保险等社会保障制度。

首先，全国各地区农村最低生活保障体系逐步形成。在2003年至2012年期间，全国各地区农村建立健全最低生活保障制度，截至2012年，其标准提高到2300元。其中：一是2003年加强农村扶贫攻坚开发，全力做好抗灾救灾，改善贫困、受灾地区农村农民的生产生活条件，中央财政用于扶贫、洪涝、干旱、地震等救灾救济资金达80.3亿元，比上年增长63.9%，中央财政用于灾后重建资金27.9亿元；二是2004年加大扶贫开发力度，中央财政安排扶贫开发资金122亿元，全国农村贫困人口比上年减少290万人；三是2005年中央财政用于抗灾救济资金投入89亿元，救助受灾农业人口9000多万人，中央和地方财政安排扶贫开发建设资金162亿元，农村贫困人口比上年减少245万人；四是2006年全国已有25个省（自治区、直辖市）2133个县（市、区）建立起农村最低生活保障制度，1509万农民得到了最低生活保障，加强了孤儿救助和流浪未成年人保护工作；五是2007年在全国农村全面建立最低生活保障制度，全国农村居民3452万人纳入最低生活范围；六是2008年稳定推进农民工、被征占耕地农民社会保障工作，全面加强农村最低生活保障制度建设，救助6619万人；七是2009年推动全国农村最低生活保障制度建设迈出历史性步伐，农村最低生活保障水平、农村五保户供养水平、优抚对象抚恤补助标准都有新的提高；八是2010年全国农村最低生活保障制度实现全覆盖，城乡社会救助体系基本建立，农村优抚安置、残疾人救助事业取得进展；九是2011年全国各地区调高农民工最低工资标准，进一步提高城乡最低生活保障水平，提高优抚对象抚恤和生活补助标准，对全国城乡低保对象、农村五保供养对象等8600万困难群众发给一次性生活补贴。中央决定将农村居民人均纯收入2300元（2010年不变价）作为国家扶贫标准，比上年提高92%，把农村低收入人口纳入扶贫范围，这是我国农村社会保障的进步；十是2012年制定实施十年农村扶贫开发纲要，将扶贫标准提高到农村居民人均纯收入2300元（2010年不变价），加强集中连片特殊困难地区农村扶贫攻坚项目工程建设。

其次，全国各地区农村社会养老保险体系逐步形成。在2008年至2012年期间，全国各地区农村社会养老保险制度，到2012年这项制度基本实行。其中：一是2008年各地区制定适合农民特点的养老保险办法，鼓励各地区开展农村养老保险试点，积极探索制定农村新型社会养老保险制度；二是2009年各地区制定实施农民工养老保险办法，推动农村社会养老保险试点覆盖全国10%的县（市、区），在320个县（市、区）开展农村新型社会养老保险试点；三是2010年各地区扎实推进农村新型社会养老保险试点，试点范围扩大到24%的县（市、区）；四是2011年2343个县（市、区）开展农村新型社会养老保险试点，3.58亿人参加养老保险，9880万人领取养老金，覆盖面扩大到60%；五是全国城乡居民社会养老保险实现了制度全覆盖，各项养老保险参保达到7.9亿人，取得了历史性的巨大成就。

概括地说，在2003年至2012年期间，中国中央、国务院以胡锦涛为核心的领导集体，在推行落实全国农民群众走向农林牧渔各业生产经营科技社会化服务、免除农林牧渔各业税收、补贴农林牧渔各业生产经营建设投资、统筹城乡一体化社会保障事业支出，脱贫增收致富方略上，主要包括十二项：一是加强农林牧渔各业生产经营基础设施建设；二是加强农村山水田林路生态环境保护建设；三是加强农村公共公益基础设施建设；四是拓宽农村土地经营利用维护调控管理途径；五是拓宽农林牧渔产业化规模经营社会化服务体系途径；六是拓宽农民参加城乡一体二三产业就业创业增收途径；七是完善粮食购销价格、市场流通管理体制；八是完善农村物流产业，商品市场流通管理体制；九是完善农村财政税务费用管理体制方略；十是健全农村文教卫生医疗低保养老社会保障体系；十一是健全农村村务公开、村民自治、党政组织体系；十二是创建农村现代经济社会和谐发展之路经验启示。

二、组织攻坚加强农林牧渔各业生产经营基础设施建设之路方略规程

为了促进各级党委、政府及部门带领农民群众加强农林牧渔各业生产经营基础建设，中共中央、

国务院于2003年1月16日发布的《关于做好农业和农村工作的意见》提出了农林牧渔各业生产经营基础设施建设、资金投入的意义、任务、要求等项规程。分别说明如下：

（一）农林牧渔各业生产经营基础设施建设的意义。农林牧渔业是国民经济和社会发展的基础产业。扶持农林牧渔各业持续健康发展，促进农民群众增加收入、改善生活，是全面建成小康社会，统筹城乡经济社会发展的宗旨。为此，中共中央号召全党全国人民必须更多地关注农村、关心农民、扶持农林牧渔各业生产经营基础设施建设，把解决好这三方面问题作为全党、全国工作的重中之重，放在更加突出的位置，努力推动全国农林牧渔各业持续健康发展。同时，针对全国农林牧渔各业产品质量较差、价格不高、增收迟缓、农民脱贫增收致富奔小康的任务艰巨问题，中共中央、国务院向各级党委、政府及部门明确提出，一是解决好"三农"问题，加快农林牧渔各业持续健康发展，是促进农民脱贫增收致富奔小康的必然需求。从我国的未来发展看，实现全面建设小康社会的目标，最繁重、最艰巨的任务在"三农"。这是由于我国农林牧渔业劳动生产率低，农村生产力落后，是国民经济的薄弱环节，我国人口大多数居住在农村，农民生活水平低于城镇居民，农民收入增长缓慢，制约着农民生活改善，影响着农林牧渔各业持续健康发展。二是解决好"三农"问题，加快农林牧渔各业持续健康发展，是确保国民经济持续快速健康发展的必然要求。农林牧渔各业是安天下的战略产业，农林牧渔各业在为城乡居民提供必需生存资料，为城镇工商服务业等产业提供原材料，随着国家社会经济日益发展，全社会对农林牧渔各业产品需求，会不断增加，优化供求结构，品种、质量也会发生变化。三是解决好"三农"问题，加快农林牧渔各业持续健康发展，是确保国民长治久安的必然要求。保持农村社会稳定是保持全国稳定的基础。只有广大农村社会和谐安定、健康向上、民主法治的局面，保证广大农民安居乐业，农村社会稳定，才能有坚实的基础，国家长治久安也才能有可靠保证。只有国家长治久安的态势，才能促使农村生产力得到进一步解放和发展，使广大农民的收入水平不断提高、生活得到进一步改善。

（二）农林牧渔各业生产经营基础设施建设的任务。从2003年全国人大第十届一次会议至2012年，第十一届五次会议通过的国务院《政府工作报告》明确提出，各年度农林牧渔各业生产经营基础设施建设的任务，从2003年至2012年这十年期间，在农林牧渔各业生产经营基础设施建设任务上，主要包括三方面：一是加强农林牧渔各业生产经营所需农田基本建设，改造中低产田，加大土地开发整理复垦力度，加强农村基本农田整治和保护，建设旱涝保收高标准基本农田，必须将全国耕地面积保持在18亿亩以上，坚持开展农田沃土、改良土壤、增添有机肥、测土配方施肥，增强地力，提高农田利用率和产出率；二是加强农林牧渔各业生产经营所需水利设施建设，加大抗旱防汛、抗洪排涝、灌溉与排水配套水利设施建设力度，组织开展全国大中型灌区灌排配套设施建设，扩大灌溉排水面积，大力推进节水灌溉，切实抓好小型灌区节约用水、雨水集蓄利用设施建设，着力加强中小型病险水库维修加固，进一步治理小河流域，为提高农林牧渔各业综合生产能力奠定基础；三是改善农林牧渔各业生产经营技术装备，推进基层农林牧渔各业生产经营科技推广体系建设，加强农林牧渔各业良种繁育、产品质量安全、病虫害防治、疫病防治、防灾减灾体系建设。

在这十年期间，全国累计新增改造中低产田、节水灌溉农田666.7万公顷，整理、复垦、开发之后补充耕地152.6万公顷，通过兴修水利、开展土地整治、建设旱涝保收高标准农田，2012年底全国耕地面积保持在18.2亿亩以上。还建立了农林牧渔业良种繁育、病虫害防控、疫病防治体系，防止了高致病性禽流感等疫情蔓延。

（三）农林牧渔各业生产经营基础设施建设的要求。主要有四项要求：一是从2003年至2004年，开展保护性耕作工程、土壤有机质提高含量试点和测土配方施肥等耕地质量项目建设，在保护耕地基础上提高耕地质量；二是从2005年至2006年，重点支持农田水利建设、中低产田改造、农田灌排配套、农田节水灌溉，加强大中型灌区续建配套和节水改造、病险水库维修加固和小型农田水利等重点工程建设；三是从2007年至2008年，着重改善农林牧渔各业生产经营技术装备，健全农林牧渔各业生产经营社会化服务体系，增强农林牧渔各业动植物病虫害防控、疫病防治体系建设；四是从2009

年至2010年，加快大中型和重点小型病险水库除险加固进度，加强灌区改造和小型农田水利建设，推进现代农林牧渔各业示范区建设；五是从2011年至2012年，加大土地开发整理复垦力度，大规模建设旱涝保收高标准基本农田，加快中小河流治理、小型水库除险加固和山洪地质灾害综合防治。

（四）农林牧渔各业生产经营基础设施建设资金投入方略规程。2003年全国人大第十届一次会议至2012年第十一届五次会议批准的国务院《政府工作报告》明确提出，从中央到地方各级政府增加财政对农林牧渔各业生产经营基础设施建设资金投入，加强农林牧渔各业生产经营所需农田水利、科技推广、良种繁育、产品质量安全控、疫病防治等方面基础设施建设资金投入方针策略。为此，一是各级政府在增加财政对农林牧渔各业生产经营基础设施建设资金投入来源上，各级政府依法安排对农林牧渔各业生产经营基础设施建设财政预算支出；健全稳定增长机制，提高资金使用效果。各级政府运用税收减免、财政贴息补助等政策，引导社会各种资金投入农林牧渔各业生产经营基础设施建设；二是各级政府在安排农林牧渔各业生产经营基础设施建设财政资金投入去向上，着力增加中低农田改造、丘陵农田整治、牧区草场建设、畜禽棚舍修建、渔业养殖场维护等设施建设投资，从实际出发，将资金投向农林种植业所需农田节水灌溉、灌排配套项目工程建设投资，坚持因地制宜，将资金重点投向畜牧养殖业所需雨水集蓄草场、水产养殖业所需河湖水源充足渠道通畅项目工程建设；三是各级政府在安排农林牧渔各业生产经营基础设施建设财政资金分配使用上，重点投入农林牧渔各业生产经营所需农田水利工程建设、中小河流域治理、小型水库除险加固和山洪地质灾害综合防治，加固河流堤岸、搞好清淤疏浚，消除水库隐患，扩大防洪库容，大力推进农林牧渔各业生产经营所需土地开发治理，发展节水灌溉，完善排灌设施，建设旱涝保收高标准农田，提高农林牧渔各业综合生产经营能力。

三、组织攻坚加强农村山水田林路生态环境保护建设之路方略规程

为了促进各级政府及部门带领农民群众加强农村山水田林路生态环境建设，在2002年至2012年期间，中共中央、国务院在加强农村山水田林路生态环境保护建设上，明确提出了任务、要求等项方略。

（一）农村山水田林路生态环境保护建设任务。主要包括三方面：一是加强农村山水林田路综合治理等项生态工程建设，开展水土流失治理，加强重点林、天然林保护、风沙源治理等生态工程建设，保护水源、森林、草原、湿地等生态环境，推动农村矿产资源保护和整治，整顿规范矿产资源开发秩序，科学合理利用江河、湖泊、海洋资源。坚持对退化土地、草原推进退耕还林、天然林保护、退牧还草以及山洪地震灾害综合防治等自然地理环境保护建设；二是加强农村环境保护，推进农村污水垃圾处理、农业资源污染治理，搞好节能、节水、节地、减排、提高能效、减少污染，发展节能环保产业；三是加强气象、地震、防灾减灾基础设施建设，切实抓好农村气象预报预警和地震监测管理，提高灾害防御能力；四是加强农村产品质量和安全管理体系建设，全面提高农业产品质量和安全生产供应水平，在全国开展整顿和规范市场秩序专项行动和质量安全活动，严格执行农林牧渔各业产品质量安全标准、市场准入和质量全追溯制度、召回制度。

（二）农村山水田林路生态环境保护建设要求。为了全面完成农村山水田林路生态环境保护建设任务，拓展建设资源节约型、环境友好型农村社会的途径，科学节约和集约利用农业土地、水利等资源，确保农村经济社会持续发展，从“十五”规划期间2003年至“十二五”规划期间2012年，经全国人大第十届一次会议至十一届五次会议通过的国务院《政府工作报告》要求，各级政府及部门执行科学开发与节约利用并重、节约资源和环境友好优先的方针，进一步落实节地节水与节能节材、加强资源综合利用、完善再生资源回收利用体系，全面推动清洁生产、形成低投入、低消耗、低排放和高效率的节约增长的方略。为此，分别在以下三个五年规划时期，组织开展农业土地、水利等资源

节约和集约利用上，落实各个年度由全国人大通过的国务院《政府工作报告》三项具体要求：

1. 在“十五”规划期间，一是2003年通过的《政府工作报告》提出，加强对农业土地、淡水、海水和生物等资源保护、利用和管理，制定和实施土地利用规划，严格实行土地用途管理制度，切实保护节约利用土地。对于重点江河全流域实行水资源统一调度和“引黄济津”等应急调水工程，对海水使用管理开始步入法制化轨道，对重点流域、区域、海域的污染进行治理。二是2004年通过的《政府工作报告》提出，实行最严格的耕地保护制度，依法加强耕地管理，坚决制止乱占滥用耕地，纠正随意改变基本农田用途的现象，改革土地征收、征用制度，完善土地征收、征用程序和补偿机制，确保占补平衡。在农村土地征用中，要严格控制征地规模，依法按规划和程序征地，及时给予农民合理补偿，切实保护农民合法权益。坚决把水资源的合理开发利用和节约保护放在首要位置，推行节约用水措施，加强各类节水设施建设，推进重点流域综合治理、水资源科学调配、水源涵养地保护。三是2005年通过的《政府工作报告》提出，坚决实行开发和节约并举、把节约放在首位的方针，鼓励开发和应用节能降耗的新技术，抓好节地节水节能节材工作，从资源开采、生产消耗、废弃物利用和各方面消费等环节，推进资源综合开发、循环利用。

2. 在“十一五”规划时期，一是2006年通过的《政府工作报告》提出，要抓紧制定和完善各行业节地、节水、节能、节材标准，推进节能降耗重点项目工程建设，促进土地集约利用。广泛持久地开展资源节约活动，加强对土地、水源、森林、草原、河湖、海洋等自然地理资源保护。二是2007年通过的《政府工作报告》提出，要大力抓好节能降耗，保护环境和节约集约用地，要把节能降耗、保护环境和节约集约用地，作为转变经济增长方式的突破口和重要抓手。为此，一要完善并严格执行节能降耗和环境标准。二要坚决淘汰落后生产能力，推进以节能减排为主要目标的工艺技术，大力发展节能环保产业。三是2008年通过的《政府工作报告》提出，加大节能减排的和环境保护力度，开发和推广节约、替代、循环利用资源和治理污染的先进适用技术，大力发展节能服务产业和环保产业。加强农村饮用水源地域保护，推进农村生活污染治理，加强牧业畜禽、渔业鱼虾等养殖污染治理，全面推动农林牧渔各业生产经营。加强土地、水利、草原、森林、矿产等资源保护和节约集约利用，要一代一代人持之以恒地进行下去。四是2009年通过的《政府工作报告》提出，坚持节土节水，严格执行节能环保国家标准、落实节能环保政策。加强石漠化、荒漠化治理，保护土地、水源、森林、草原、湿地等生态环境，推进农村山水田林路环境综合治理。五是2010年通过的《政府工作报告》提出，打好节能减排攻坚战和持久战，大力推进节能减排，提高能源效率，抓好节地、节水、节能、节材工作，合理开发利用和保护江河、海洋资源，加强适应和减缓气候变化的能力建设。

3. 在“十二五”规划时期，全国人大十一届四次会议通过的国务院《政府工作报告》提出，“十二五”规划时期是全面建设小康社会的关键时期，是深化改革开放、加快转变经济发展方式的攻坚时期。《国民经济和社会发展第十二个五年规划纲要》（以下简称《纲要》）明确了一系列节约能源资源和保护生态环境的目标。为此，一是要求耕地保有量保持在18.18亿亩，“十一五”期间，耕地保有量从18.31亿亩减少到18.18亿亩，已经逼近18亿亩“红线”。从保障国家粮食安全和经济社会可持续发展出发，《纲要》明确2015年耕地保有量保持在18.18亿亩。为此，“十二五”时期，必须坚持最严格的耕地保护制度，划定永久基本农田，建立保护补偿机制，从严控制各类建设占用耕地，落实耕地占补平衡，实行先补后占，强化规划和年度计划管控，加强用地节地责任和考核，确保耕地保有量不减少。二是要求做到农业灌溉用水有效利用系数提高到0.53。水资源短缺是制约我国发展的重要因素。《纲要》提出今后五年农业灌溉用水有效利用系数提高到0.53，主要是依据《全国新增1000亿斤粮食生产能力规划》确定的。“十二五”时期，要继续加快大型和重点中型灌区续建配套与节水改造，加快小型农田水利建设，大力推广农业高效节水灌溉技术，提高农业灌溉用水利用效率；三是要求落实，从2011年起，组织落实“十二五”时期资源节约、环境保护和应对气候变化的目标和任务。为此，必须加强资源节约和管理，提高资源保障能力，加大耕地保护、环境保护力度，加强生态建设和防灾减灾体系建设，全面增强可持续发展能力；必须加强水利基础设施建设，推进大江大河重要支流、湖泊和中小河流域治理，提高基本农田灌溉、水资源有效利用水平和防洪能力。

（1）2012 年通过的《政府工作报告》提出，推进节能减排和生态环境保护的关键是节约能源，提高能效，减少污染。为此，一是加快综合运用经济、法律、行政相结合手段，扶持重点领域和单位建立节能减排、生态环境建设补偿机制，促进生态环境保护和修复，推动退耕还林还草、退牧还草、加强坡耕地改造、草原生态建设；二是大力推进石漠化、荒漠化治理，切实保护河源、湿地、湖区生态功能区，加强适应气候变化、应对极端气候事件能力建设，增强科学节约和集约利用农业土地、水利等资源能力。

（2）2013 年通过的《政府工作报告》提出，要坚持节约资源和保护环境的基本国策，着力推进绿色、循环、低碳产业发展，加大推动能源资源节约和循环利用力度。为此，一是切实采取降低能耗、物耗和二氧化碳排放的措施，解决好关系群众切身利益的土、水、气等污染问题，改善环境质量，维护农民健康；二是切实抓好气象、地震等方面工作，提高防灾减灾能力，确保农业和农村经济持续健康发展。

（三）农村山水田林路生态环境保护建设方略规程。全国人大第十届一次会议至 2012 年十一届五次会议通过的国务院《政府工作报告》强调落实四项方略规程：一是农牧业生产经营环境保护建设方略规程；二是农村居民生产生活环境保护建设方略规程；三是农村土地节约集约利用方略规程；四是农村生态环境恶化修复补偿方略规程。分别说明如下：

1. 农牧业生产经营环境保护建设方略规程。中共中央、国务院在 2003 年 1 月 16 日发布的《关于做好农业和农村经济工作的意见》提出，保护建设农牧业生产经营环境方略。为调整优化农林牧渔各产业结构，确保农林牧渔各业全面健康发展，推行退耕还林还草，加强土地、草场生态环境保护建设，促使农民群众脱贫增收致富方略规程。主要包括：一是加强农业生产经营土地保护建设方略规程，这是指综合开发治理复垦农业生产经营所需水肥充足土地，保护农业生产经营土地生态环境，保障农业生产经营所需旱涝保收、持续高产增产土地，按照满足退耕农民长期生计需求，实行退耕还林还草、封地造林、种草、综合治理小流域、开展水土保持工程建设方略规程，注重实效，检查验收；二是加强牧业生产经营草场治理方略规程。这是指在组织开展牧业生产经营环境保护建设上，按照统筹规划、分类指导、保护优先、突出重点、加强建设，可持续利用的方略规程，采取围栏和改良草场，实行禁牧、休牧、轮牧和舍饲圈养、“以水定草、以草定畜”的方略规程，改变传统放牧习惯，加强天然草场退牧还草项目工程建设，恢复天然草场生态植被，提高牧业综合生产经营能力。

2. 农村居民生产生活环境保护建设方略规程。2005 年至 2006 年全国人大第十届三次至四次会议通过的国务院《政府工作报告》提出保护建设农村居民生产生活方略。为让农民群众喝上干净的水、呼吸清新的空气，有更好的生产生活环境，推行农村居民生产生活环境保护建设两项方略：一是加强农村面源污染治理，加强饮用水地保护，抓好污水处理、生活垃圾无害化处理；二是大力推行农林牧渔各业清洁生产经营方式方法，努力发展农村居民卫生环保服务、营养保健饮食产业；三是始终坚持加强风沙源和水土流失治理，切实加强防风固沙、保持水土植树造林等项目工程建设，保护好农村天然林和湿地；四是加强对农村居民生产生活环境保护执法检查，健全环境保护监测体系，评价考核和责任追究制度。

3. 农村土地节约集约利用方略规程。2007 年全国人大第十届五次会议通过的《政府工作报告》提出，节约集约利用农村土地是关系到我国经济社会发展、长远利益和民族生存根基的方略。这个方略宗旨是坚守全国耕地不少于 18 亿亩这条红线。主要包括：一是坚决控制建设占地规模，加强耕地特别是基本农田保护、禁止擅自将农业土地转为建设用地；二是严格执行节约集约用地标准，对农村集体建设用地和宅基地，都必须控制总量，盘活存量，提高农村土地利用率和集约化水平；三是坚持实行农村土地管理责任制度，落实农村土地利用督察制度，对各类农村土地违法违规案件都必须严肃查处。

4. 农村生态恶化修复补偿方略规程。2010 年 10 月 18 日，中共中央在发布的《关于制定国民经济和社会发展第十二个五年规划的建议》提出，加强农村生态保护和防灾减灾体系建设，坚持保护优先和自然恢复为主，以从源头上扭转生态环境恶化趋势。实施重大生态修复工程，巩固天然林保护、退耕还林还草、退牧还草等成果；推进荒漠化、石漠化综合治理，保护好草原和湿地。建立生态补偿机制，加强重点生态功能区保护和管理，增强涵养水源、保持水土、防风固沙能力，保护生物多样性。建立健全生态补偿机制，促进农村生态环境恶化修复，严格保护江河源、湿地、湖泊等重要生态功能区。

四、组织攻坚加强农村公共公益基础设施建设之路方略规程

为了促进各级党委、政府及部门带领农民群众加强农村公共公益基础设施建设，中共中央于2006年10月11日发布的《关于构建社会主义和谐社会若干重大问题的决定》中提出，以解决危害群众健康和影响可持续发展的环境问题为重点，促进人与自然和谐，统筹城乡环境建设，改善农村生活环境和村容村貌，加快建设资源节约型、环境友好型社会。2008年10月12日，中共中央在发布的《关于推进农村改革发展若干重大问题的决定》规定，加强农村环境治理保护、公共公益基础设施建设，切实改善农民生产生活条件，把农村建设成为广大农民的美好家园。为此，明确提出加强农村公共公益基础设施建设的任务、要求等项方略。

（一）农村公共公益基础设施建设的任务。总体说，各级党委、政府及部门组织领导农民群众，加强农村公路、饮水、能源、清洁、信息等基础设施和人居环境建设。分别说，一是加强农村公路建设，确保“十一五”期末，基本实现乡镇通油（水泥）路，进而普遍实现行政村通油（水泥）路，逐步形成城乡公交资源相互衔接、方便快捷的客运网络。确保到“十二五”时期，实现通油（水泥）路300万公里，全面实施农村公路“通达工程”，加快推进“畅通工程”，提升农村公路交通安全水平。二是加快农村饮水安全工程建设，重点解决农村饮水短缺、质量、安全问题。三是推进农村各种能源途径建设：其一加快无电地区农村电力工程建设，完善农村电网，扩大电网供电人口覆盖率；其二推进农村沼气建设，完善农村沼气服务体系，推广沼气使用农户和单位；其三推广秸秆利用、小水电、风能、太阳能等可再生能源技术，形成清洁、经济的农村能源体系。四是加强农村清洁工程建设，加快改水、改厨、改厕、改圈，开展垃圾集中处理，不断改善农村卫生条件和人居环境。五是加强农村通讯网建设，推进广电网、电信网、互联网“三网融合”，积极发挥信息化为“三农”服务作用。六是加强农村公共公益房屋修建及文明环境治理，加快农村危房改造，不断改善农村居民生产生活基础设施。

（二）农村公共公益基础设施建设的要求。总体说，要坚持从实际出发、因地制宜、分类指导、搞好规划，尊重农民群众心愿，禁止形式主义、强迫命令、一哄而起，发扬自力更生、艰苦奋斗、勤俭节约精神，求真务实干，完成农村公共公益基础设施建设任务，必须达到保量保质、及时实现目标的要求。分别说：一是坚持着力推进农村公路建设，基本实现全国乡镇通油（水泥）路，在东、中部地区所有具备条件的建制村通油（水泥）路，在西部地区所有具备条件的建制村通公路；二是坚持着力推进农村饮用水源安全保护区域保护管理，彻底满足农村人畜饮水安全需求；三是坚持着力推进农村居民生产生活污染治理，搞好农村居民污水、垃圾处理，引导和帮助农户切实解决住宅与畜禽圈舍混杂问题，控制农村地区工业污染，全面推行农村居民清洁生产、生活风俗传统，改善农村居民住宅环境卫生条件；四是坚持着力扩大农村沼气建设规模，推广沼气、秸秆气化、以沼气池建设带动农村改圈、改厕、改厨；五是坚持着力加强农村小水电开发规划和管理，推动农村小水电、太阳能，风力发电等清洁能源建设，扩大农村小水电代燃料规模，改造农村电网配套工程，扩大乡村农户覆盖面积；六是坚持努力推进农村信息化建设，充分利用和整合涉及农村信息资源，全面推进农村广播电视电信等信息服务基础设施建设；七是坚持组织开展农村宅基地规划和农户庭院治理，继续改造农村

危房，注重农户房屋安全建设，防止地震、山洪、泥石流、火灾对农户的危害，加强农户家庭养殖动物棚舍改造，加快农村人畜疫病防治、抗旱防汛和防灾减灾体系建设。减轻农户修建住宅、棚舍房屋负担，扎实稳步地推进农村人居环境建设，及早解决农村居民饮水、用电、燃料、行路等方面生活难题；八是坚持遵循乡村、民族特色的原则，保持乡村风土人情、自然风貌、文明传统，保护有历史文化遗产价值古代传统村落；九是坚持本着勤俭节约、自力更生的原则，推进社会主义精神文明新农村房屋改造、公共公益基础设施建设，反对强迫大拆大建的形式主义，推动农村营造安居乐业、幸福美满环境。

（三）农村公共公益基础设施的方略规程。总体说，推行工业反哺农业、城市支持农村公路、饮水、能源、清洁、通讯等基础设施建设方略规程。分别说：一是坚持在尊重农民意愿、维护农民权益的前提下，组织推动农民自愿参加农村公共公益基础设施，改善农民生活条件，壮大农村经济实力方略规程；二是坚持逐年加大国家财政投资和信贷资金对农村公共公益基础设施建设的投入，积极引导农民对直接受益的公共设施建设投资投劳，鼓励引导社会各类资金投向农村建设，整合各种渠道的资金，提高资金使用效益，逐步形成合利、有效的资金投入方略规程；三是坚持发展壮大建设新农村各类人才队伍，努力造就人才辈出、人尽其才环境方略规程；四是坚持尊重农民在进城和留乡问题上的自主选择权，切实保护农民承包地、宅基地等合法权益，坚持推动城乡一体同步建设方略规程；五是坚持使城镇化和新农村建设良好良性互动、保持乡村风貌，营造宜居环境方略规程。

五、组织攻坚拓宽农村土地经营利用维护调控管理之路方略规程

为了促进各级政府及部门带领农民群众完善农村土地经营利用维护调控管理机制，中共十六届三中全会、六中全会和十七届三中全会、五中全会，在2003年至2012年期间，都明确提出了全面拓宽农村土地经营维护利用调控管理途径的任务、要求等项方略。从“十五”规划期间2003年至“十二五”五规划间期2012年，中共中央、国务院一直强调，长期稳定农村土地承包经营法制，严格保护农村生产经营土地，维护农民拥有土地合法权益，严格控制国家经济社会建设征用地增量，强化节约集约使用土地，盘活土地存量，科学合理利用土地，加强土地调控管理，严禁违法犯规征用土地、滥占乱用土地，健全法制、统筹兼顾、标本兼治，健全严格的农村土地管理法规制度。全面实施农村土地经营利用维护调控管理的任务、要求，进一步落实包括以下行之有效的方略。

（一）农村土地经营利用维护调控管理的任务。农村土地经营利用维护调控管理的任务，主要包括八方面：一是长期稳定农村承包经营土地，坚持建立健全农村土地证承包经营制度，农村土地承包经营关系，要保持稳定长久不变，完善土地承包经营使用权益，依法保障农民对承包土地的占有、使用、收益等权利；二是严格保护农村生产经营土地，坚持落实最严格的耕地保护制度，层层落实责任，坚决守住18亿亩耕地红线，划定永久基本农田，建立保护补偿机制，确保基本农田总量不减少、用途不改变、质量有提高；三是坚持依法征用补偿农村土地，改革征地制度，严格界定公益性和经营性建设用地，逐步缩小征地范围，完善征地补偿机制，依法征收农村集体土地，按照同地同价原则，及时足额给农村集体组织和农民合理补偿，解决好被征地农民就业、住房、社会保障；四是强化节约集约使用农村土地，实行最严格的节约用地制度，完善和节约集约用地标准，提高土地节约集约使用率，从严控制城乡建设用地总规模；五是科学合理调整利用农村土地，在农村土地利用规划确定的城镇建设用地范围外，经批准占用农村集体土地建设非公益性项目，允许农民依法通过多种方式，参与开发经营并保障农民合法权益；六是综合开发复垦还原农村土地，继续推进综合开发整理复垦土地，耕地实行先补后占，不得跨省区市进行占补平衡；七是依法规范农村市场流转土地，逐步建立城乡统一的建设用地市场，对依法取得的农村集体经营性建设用地，必须通过统一有形的土地市场，以公开规范的方式转让土地使用权，在符合规划的前提下与国有土地享有平等权益，继续完善相关法律法规

的和配套政策，规范推进农村土地市场流转管理制度改革；八是依法加强保障农村居民住宅基地权益管理，完善农村居民宅基地制度，严格宅基地管理，依法保障农户宅基地用益物权。

（二）农村土地经营利用维护调控管理的要求，在上述确保完成农村土地经营利用维护调控管理的任务的基础上，必须进一步达到加强农村土地经营利用维护调控管理的要求。主要有九项：一是必须严格执行保护农村生产经营土地的基本国策，我国农村生产经营土地是十分宝贵的资源和资产。我国农村生产经营土地人均数量少，总体质量水平低，后备资源也不富裕。保护农村生产经营土地，就是保护我国城乡人民的生命线。但一些地方乱占、浪费土地的问题没有从根本上解决，严重影响了农林牧渔各业发展，也影响了整个国民经济的发展和社会的稳定。对于农村生产经营土地保护这个事关全国大局和中华民族子孙后代的大问题，中共中央、国务院高度重视，从我国国情出发，反复强调，必须认真贯彻十分珍惜和合理利用每一寸土地、切实保护农村生产经营土地的基本国策，必须采取治本之策，扭转在人口继续增加情况下土地资产减少的趋势。二是必须赋予农民包括离乡农民有保障土地承包经营权，对农村土地承包经营权流转，必须按照依法自愿有偿原则，允许农民以转包、出租、互换、转让、股份合作等形式，流转土地承包经营权，发展多种形式的适度规模经营。三是必须建立健全农村土地承包经营权流转管理和服务体系，有条件的地方可以发展专业大户、家庭农场、农民专业合作等土地承包规模经营主体。对农村土地承包经营权流转，不得改变土地集体所有性质，不得改变土地用途，不得损害农民土地承包权益。四是必须实施土地利用总体规划和征地用途管理制度，严格界定公益性和经营性建设用地，从严格控制征地规模，完善整地程序，提高征地补偿标准，确保被征地农民现实利益和长期稳定收益，及时给予被征地农民合理补偿，妥善提供被征地农民生产生活条件，解决好失地后农民就业和社会保障问题。五是必须坚持执行农村土地承包关系长久稳定、农民依法自愿有偿流转承包经营土地制度，健全农村土地承包经营权流转市场，推动农村土地多种形式经营利用维护调控管理。六是必须调节控制农村宅基地和村庄整理所节约的土地，首先要复垦为耕地，调剂为建设用地的必须符合土地利用规划、纳入年度建设用地计划，并优先满足农村集体建设用地，确保农村公共公益基础设施建设用地的需求。七是必须健全严格规范的农村土地经营利用维护调控管理制度，按照农村生产经营建设所需土地规定产权明晰、用途管制、节约集约、严格管理的原则，进一步完善农村土地确权、登记、颁证管理制度。八是必须坚持对依法取得未确定使用权的荒山、荒地、荒滩等土地综合开发治理，成为农林牧渔各业生产经营土地，其土地使用权，应当向县（市、区）人民政府土地主管部门，提出土地登记申请，经县（市、区）人民政府批准，由县（市、区）土地主管部门办理土地权属和用途登记手续，核发土地使用权证明书。九是必须坚持将农村集体土地增值收入，主要用于农村生产经营土地基础设施建设，综合开发治理复垦土地，补充农村生产经营土地。

（三）农村土地经营利用维护调控管理的方略规程。为了确保完成农村土地经营利用维护调控管理的任务，进一步达到要求，中共中央、国务院于2003年至2012年，制定推行一系列方略规程，主要包括七项：一是农村土地承包经营方略规程。2003年，中共中央、国务院发布《关于做好农业和农村工作的意见》规定，落实农村土地农民家庭承包经营长期稳定制度的方略规程。二是农村土地保护方略规程。同年，中共十六届三中全会通过的《中共中央关于社会主义市场经济体制若干问题的决定》规定，实行最严格的土地保护制度，保证国家基本农田安全的方略规程。三是农村土地征收补偿方略。2004年，国务院发布《关于深化改革严格土地管理的决定》规定改革征地制度，完善征地程序，严格界定公益性和经营性建设用地，严格控制国家经济社会建设用地增量，控制征地规模，征地时必须根据土地利用规划和用途规定，保障农民权益，及时给被征农民合理补偿的方略。四是农村土地节约集约利用方略规程。2007年，全国人大第十届五次会议通过的国务院《政府工作报告》提出严格遵守节约集约用地标准，提高节约利用效率的方略规程。五是农用土地转为非农业用土地审批方略规程。2008年，中共中央发布《关于推进农村改革发展若干重大问题的决定》规定从严审查调整各类非农建设用地规模和标准，严格执行土地用途管理制度，依法严格管理农村集体和农户建设用地，加大农林牧渔各业生产经营土地开发整理复垦力度的方略规程。六是农村土地督查惩处方略规程。2006年，国务院发布《关于加强土地调控有关问题的通知》规定坚决禁止擅自将农业生产的土地转为建设用地，强化对土地管理行为的监督检查，严肃惩处土地违法犯规行为的方略。七是农村土地利用调控管理方略规程。2011年至2012年，全国人大第十一届四次至五次会议通过的国务院《政府工作报告》都明确提出加强对农村生产经营建设用地和宅基地调控管理，坚持健全严格规范的农村土地经营利用维护调控管理制度的方略规程。

1. 农村土地承包经营方略规程。这是指落实农村土地承包经营政策，长期稳定农村土地承包关系，是全国农民的愿望，是保持农村社会稳定和国民经济健康发展的基础。为此，一是要切实抓好《农村土地承包法》的宣传教育和贯彻实施工作，认真加以落实；二是完善农村土地承包制度，土地农户承包经营是农村基本经营制度的核心，要长期稳定并不断完善以土地农户承包经营为基础，统分结合的双层经营体制，依法保障农户对土地承包经营的各种权利，农户在土地承包期内，可依法、自愿、有偿流转土地承包经营权，完善流转制度，逐步发展适度规模经营。

2. 农村土地保护方略规程。这是指对农村基本农田，实施严格保护、建立耕地保护责任考核体系的方略规程。农村土地保护方略规程的宗旨，是保障农民从事农林牧渔各业生产经营土地财产权益，底线是严守18亿亩耕地的红线，毫不放松粮食生产，建设高标准基本农田，增强农林牧渔各业综合生产经营能力，保障粮棉油肉等农林牧渔各业产品保质、保量安全供给，保持城乡一体化经济社会发展。为此，一是基本农田核心是确保国家粮食安全的基础，必须保证现有基本农田总量不减少、质量不降低。必须将基本农田落实到农户和地块，并在农村土地所有权证书和农村土地承包经营权证书中注明，建立基本农田保护图件档案。必须对划定的基本农田严加保护，任何单位和个人不得擅自占用，或者随意改变用途，这是不可超越的“红线”。必须禁止占用基本农田挖鱼塘、植树和其他破坏耕作层的活动，禁止以建设“现代农业区”或者“设施农业”等任何名义，占用基本农田，变相从事房地产开发项目。二是基本农田实质是耕地，必须建立耕地保护责任考核体系，确定耕地保护考核目标，实行耕地保护责任考核动态监测和预警制度。必须对认真履行耕地保护责任目标、成效突出的，要给予表彰，对没有达到耕地保护责任目标的，要给予批评，并责令限期补充耕地和补划基本农田。三是基本农田保护面积、耕地保有量、土地利用计划、建设用地调控等项工作，由各级政府主要领导者负总责，将以实际耕地保有量，作为耕地保护责任目标考核的依据；对耕地违法犯规行为不制止、不组织查处的，必须追究有关政府领导者责任。

3. 农村土地征收补偿方略规程。要针对一些地区征收农村土地补偿标准低、部分被征用土地农户生活得不到保障和违法占地的问题，中共中央、国务院规定，必须加强国家土地征收总体规划和城镇建设规划的管制，禁止随意修改土地征收规划，控制征收土地规模，改革征收土地制度，完善土地征收程序；必须公平合理确定农村土地征收补偿标准，妥善安置被征用土地农户，保障永久生计，进一步完善农村土地征用办法，健全有利于城乡经济社会协调发展、保护耕地、维护农民利益的土地征用制度。为此，必须组织落实以下三项方略：

（1）核定农村土地征收补偿标准方略规程。主要包括：一是公平合理确定农村土地征收补偿标准，保证依法足额和及时支付农村土地征收补偿费、安置费和地上附着物、青苗补助费；二是依照国家现行法律规定，支付农村土地征收补偿费、安置费，仍不能使被征用土地农户保持原有生活水平的，不足以支付因征用土地而导致无地农民社会保障费用的，各地区政府应批准增加安置费。

（2）健全农村土地征收程序方略规程。主要包括：一是在组织制定实施农村土地征收计划过程中，必须坚持维护农村集体土地所有权益和农民土地承包经营权益；二是在依据国家法规报批农村土地征收前，必须将计划征收农村土地的用途、位置、补偿标准、安置途径等事项，通告被征用土地农户；三是在调查核实计划征收农村土地有关情况和问题之后，必须将调查核实结果和意见，与被征用土地所在农村集体经济组织和农户协商确认后执行；四是在建立被征用土地农民知情、确认的有关材料作为档案资料基础上，完善农村土地征收补偿费、安置费争议协商机制，维护被征用土地农户和用地单位的双方权益；五是及时全面公示农村土地征收与占用情况。

（3）妥善安置被征用土地农民方略规程。为了保障被征用土地农民得到长远生计：一是当地政府必须对因征收土地而导致无地的农民，纳入城镇就业体系，建立社会保障制度；二是当地政府在城市规划区外征收农村集体所有土地时，必须在本行区域内为被征用土地农民留有必要的耕种土地，或安排相应的就业岗位，确保被征用土地农民原有生活水平不降低，长远生计有保障；三是各地区政府要认真落实《国务院转发劳动保障部关于做好被征用土地农民就业培训和社会保障工作指导意见的通知》的规定，对被征用土地农民的社会保障费用，按有关规定纳入征地补偿安置费用，不足部分由当地政府从国有土地有偿使用收入中解决。对社会保障费用不落实的不得批准征用土地。

4. 农村土地节约集约利用方略规程。各级政府及部门必须坚持推行农村土地节约集约利用方略规程，对非农业建设用地，要严格控制增量，积极盘活存量，把节约用地放在首位，重点在盘活存量上下功夫，严格控制非农业建设占用耕地、林地、草原和湿地，开展对非农业建设存量用地资源普查，制定和落实盘活存量用地的方略，必须推行提高土地利用率和增加容积率的方略。对非农业建设用地在国家规划和用途规定的方略规程下，提高土地利用率和增加容积率的，不再收取土地有偿使用费。在组织实施农村土地节约集约利用规划、计划方略上，必须坚持从实际出发，及时修订、修正农村土地节约集约利用规划、计划方略。为此，一是在组织推动各地区修订、修正农村土地节约集约利用规划、计划，确定的土地利用范围方略规程中，必须按照产业布局合理集中、节约集约用地的原则，科学考核评定农村土地利用总体规划计划，凡涉及改变农村土地利用方向、布局、规模等原则性变化时，必须报原批准机关审批；二是在组织制订实施非农用土地转化非农用土地计划方略规程中，必须严格规范农业用地转为非农业建设用地的年度计划实行指令性管理、节约集约利用土地计划指标，分别考核定额指标和节约集约利用效益指标。

5. 农用土地转为非农用土地审批方略规程。主要包括五项：一是农用土地转为非农用土地审批方略规程；二是非农建设项目用土地审批方略规程；三是乡镇村建设用土地审批方略规程；四是非农建设用土地税费征收方略规程；五是工业建设用地土地出价统一标准方略规程。分别说明如下：

（1）农用土地转为非农用土地方略规程。这是指必须从严从紧控制农用土地转为非农建设用土地的总量和速度。为此，一是加强农用土地转用审批的规划、计划审查，凡不符合农村土地利用总体规划、计划要求的，不得批准用地；二是加强农用土地转为非农建设用土地指标控制、引导，对过去拖欠被征用土地农民的安置费不能足额补偿的地方，暂缓下达该地方农用土地转为非农业建设用土地计划。

（2）非农建设项目用土地审批方略规程。这是指凡不符合农村土地利用总体规划、没有农用土地转为非农用土地计划指标的建设项目，不得通过非农建设项目用土地审查批准，没有预审意见或预审未通过的，不得核准或批准非农建设项目用土地。

（3）乡镇村建设用土地审批方略规程。这是指必须按照乡镇建设用地规划总量、合理布局，节约用地、保护耕地的要求，制订乡镇村土地利用总体规划、乡镇村非农建设用土地规划，明确规定乡镇村居民居住区域布局、面积和公益设施规模。为此，一是禁止农村集体经济组织擅自非法出让、出租集体土地用于非农建设项目；二是禁止擅自通过农村经济社会体制改革，将农村集体所有土地转为其他占有；三是禁止城镇企业、事业、机关和个人购置农村集体所有土地和农户宅基地。

（4）非农建设用土地税费征收方略规程。这是指对农用土地转为非农建设用土地，实行有偿使用缴纳税费方略规程。为此，一是必须提高农用土地转为非农建设用土地有偿使用税费缴纳标准，凡是新增非农建设用土地有偿使用费，专项用于农田基本建设和耕地保护、土地整理、耕地开发；二是必须对违纪法规减免和欠缴的非农建设用土地有偿使用费进行清理，限期追缴，逾期未缴的，不审批用地；三是必须提高农村耕地占用税和城镇土地使用税率，统一全国征收与减免标准，加强税收征管，严格控制税费减免。

（5）工业建设用地出让价统一标准方略规程。这是指国家根据土地等级、区域土地利用政策和规定，统一制订和公布全国各地区工业建设用地出让最低价标准。为此，一是对工业建设用地出让最低价标准，不得低于土地取得成本、土地前期开发成本和按规定收取的相关费用之和；二是对工业建设用地必须采取招标挂牌方式出让，出让价格不得低于公布的最低价标准；三是对属于非法低价出让国有土地使用权的行为，要依法追究有关单位和人员的法律责任。

6. 农村土地执法督查处罚方略规程。这是指农村土地监督检查和违法犯规处罚方略规程。主要包括：一是对农村土地执法行为监督检查方略规程；二是对农村土地行政管理行为监督检查方略规程；三是坚持组织进行对农村土地违法犯规惩罚方略规程；四是坚持组织实行农用土地擅自转为非农建设用地惩罚方略规程。分别说明如下：

（1）对农村土地执法行为督查方略规程。为此，必须建立公开的农村土地违法立案标准，强化对农村土地行为的监督检查，对有案不查、执法不严的，上级国土资源部门必须给予处罚，坚决纠正违法用地只通过罚款就补办合法手续的行为，建立健全农村土地执法监察体制，制定国家土地监察制度，设立国家土地总督察，向地方派驻监察员，监督土地执行为。

（2）对农村土地行政管理行为督查方略规程。这是指国家土地督察机构必须履行国务院赋予的职责，加强对地方政府土地行政管理行为的监督检查。对监督检查中发现的违法犯规问题，必须及时提出纠正、整改意见。对纠正、整改不力的，必须依照有关法规制度，责令限期纠正、整改。在纠正、整改期间，停止该地区农业用地转为非农业建设用地工作。为此，对国土资源管理部门及其工作人员，必须严格执行国家土地管理法律法规和方针策略，坚持从严依法行政管理，对农村土地利用的真实性、合法性负责。凡玩忽职守、滥用职权、徇私舞弊、不执行和不遵守土地管理法律法规的，必须依照有关法律法规，追究有关领导和人员的责任。

（3）组织进行农村土地违法犯规惩罚方略规程。这是指：一是对国家机关工作人员非法批准征收、占用土地，或者非法低价出让国有土地使用权，触犯刑律的，依法追究刑事责任；二是对不执行国家土地调控方略，超计划批准占用土地，未按期足额支付征地补偿安置费而占用土地、非法占用基本农田的，必须追究有关人员的行政责任；三是对农村土地违法犯规行为，加大查处力度，监察部要会同国土资源等部门组织开展查处非法批地、未批先用、批少用多、非法低价出让国有土地使用权等行为专项行动；四是对重大农村土地违法犯规案件必须公开处理，对涉嫌犯罪的，必须送司法机关依法追究刑事责任。

（4）组织实行农用土地擅自转为非农建设用土地惩罚方略规程。这是指：一是对国家机关工作人员非法批准征收、占用土地，或者非法低价出让国有土地使用权，触犯刑律的，依法追究刑事责任；二是对不执行国家土地调控政策、超计划批准用地、未按期缴纳新增非农建设用土地有偿使用费及其他规定税费、未按期足额支付征地补偿安置费而征占土地，以及通过调整农村土地利用总体规划，擅自改变基本农田位置，规避非农建设项目占用基本农田应上报国务院审批的，必须追究有关人员行政责任。

7. 农村土地利用调控管理方略规程。这是指在上述的切实加强农村土地承包、保护、征收补偿、节约集约利用、农用地转为非农用地审批、依法督查处罚六项方略的基础上，进一步加强农村土地利用规划和计划调控、严格农村土地用途管制，规范土地出让收支调控管理程序，调控国家经济社会建设用地有关税费政策，健全非农建设占用土地出让最低标准统一公示制度，认真遵守农村土地确权登记颁证规则等项农村土地利用调控管理方略规程。分别说明如下：

（1）农村土地利用调控管理法治方略规程。这是指各级政府及部门必须执行农村土地利用调控管理法律法规，严格依照国家有关法律法规，督促检查农村土地利用调控管理工作情况，从严处罚违法乱纪问题。为此，一是各级政府及部门必须深入开展农村土地利用调控管理法律法规学习教育活动，增强依法调控管理农村土地利用的自觉性、坚定性，对违反法律法规批准征收、占用、出让土地等行为的，必须承担法律责任；二是各地区政府、部门必须着力解决有法不依、执法不严、违法不究和滥用行政权力，侵犯农民合法权益的问题，严肃查处非法批准征收、占用土地等违法案件；三是各级政府、部门必须明确农村土地的权利和责任，建立农村土地保护责任考核体系，严格推行农村土地管理责任追究制检查手段，强化对农村土地执法行为的监督，加强农村土地保护管理行政能力建设。

（2）农村土地征收、占有、转用调控管理方略规程。这是指各级政府、部门在领导推动农村基层组织和农民群众增强科学节约、集约利用农村土地，提高农村土地利用率和产出效率的基础上，一是严格依照法定权限审查批准征收农村土地。这是指对农用土地转为非农建设占用土地征收的审批权，明确规定由国务院和省、自治区、直辖市政府承担，不得下放土地征收审批权限，对违反法律法规征收占地的，必须承担法律责任；二是坚持执行非农建设占用耕地补偿规定，相应补充耕地。这是指各类非农建设占用耕地，经国务院和省、自治区、直辖市政府批准占用耕地的，必须由建设单位补充数量、质量相当的耕地，补充的数量、质量落实按等级折算，防止占多补少、占优补劣的政策。对不能自行补充的，必须按照各省、自治区、直辖市政府的规定缴纳耕地开垦费，并列入专户管理，不得减免和挪用；三是坚持依照国家基本标准地价，制定并公布协议出让转用土地最低价标准，禁止非法压低地价出让转用土地。这是指各省、自治区、直辖市政府必须严格执行土地出让转用规定程序，对土地出让价格必须高于最低价标准，对违反规定出让土地、造成国有土地资产流失的，必须依法追究责任，情节严重的，必须依照《中华人民共和国刑法》的规定，以非法低价出让国有土地使用权罪追究刑事责任。

（3）农村土地管理权利、责任、能力调控方略规程。这是指在各地区农村土地管理上，明确规定权利、责任，严格遵守责任追究制，加强管理能力建设。为此，一是明确规定农村土地管理权利、责任。首先，坚持调控农用地转为非农建设用地总量的权利和责任在中央，盘活存量非农建设用地、科学利用土地的权利和责任在地方；其次，坚持遵守在农村土地利用总体规划确定的基本农田保护面积，由地方政府负责，将耕地保有量任务落实到农村基层组织。二是严格遵守农村土地管理责任追究制度。首先，对违反法律规定，擅自修改土地利用总体规划的、发生非法占用基本农田的、未完成耕地保有量任务的、征地侵害农民合法权益的，必须追究责任；其次，对违反法律规定农村土地管理责任人员，上级主管部门、监察机关必须依法规定权限给予行政处分。同时，上级政府必须责令限期整改，暂停农用地转为非农建设用地审查批准工作。三是切实加强土地管理行政能力建设。首先，各级国土资源管理部门必须会同有关部门建立起完善统一的土地分类、调查、登记、统计规章制度，健全农村土地利用总体规划实施、耕地保护、土地市场动态监测网络；其次，各地区政府必须高度重视土地保护、合理利用，推进土地管理体制改革，不断完善土地管理法规制度，维护农民群众根本利益，确保城乡经济社会一体化持续发展。四是建立健全农村土地出让收支管理体系。这是指对农村各种土地使用权出让总价收入，必须按国家规定足额安排土地补偿费、安置费、地上附着物和青苗补偿费、拆迁补偿费和补助被征地农民社会保障资金的不足，提高用于农业土地开垦和农村基础设施建设投资的比重。

六、组织攻坚拓宽农林牧渔产业化规模经营社会化服务体系之路方略规程

为了促进各级政府及部门带领农民群众参加农林牧渔产业化规模经营社会化服务体系建设，中共中央、国务院在2003年至2012年期间，明确制定推行了拓宽农林牧渔产业化规模经营社会化服务体系途径方略规程。拓宽农林牧渔产业化规模经营社会化服务体系途径方略规程包括：一是宗旨、任务、要求；二是基本经营体制、基础设施生态；三是农民增收、致富、扶贫攻坚开发；四是调整产业结构、优化产品质量；五是延长产业化链条、健全产业化经营体系；六是适应产业化经营需求、健全社会化服务体系。分别说明如下：

（一）拓宽农林牧渔业产业化规模经营社会化服务体系途径的宗旨、任务、要求。从“十五”计划期间2003年至“十二五”规划期间2012年十年间，中共中央、国务院一直坚持推行拓宽农林牧渔产业化规模经营社会化服务体系途径，提高农林牧渔业业综合生产经营能力、产品有效供给能力、增

效增值增收能力方略。为此，中共中央、国务院于2004年12月31日发布的《关于进一步加强农村工作、提高农业综合生产能力若干政策的意见》，2008年10月12日中共十七届三中全会通过的《中共中央关于推进农村改革发展若干重大问题的决定》，2010年10月18日中共十七届五中全会通过的《中共中央关于"十二五"规划的建议》，都逐渐明确提出了积极发展现代农林牧渔产业、加快现代产业化经营基础设施建设、完善农村基本经营体制、加强农村生态环境建设、推进现代产业结构调整优化产品品种质量、拓宽产加销产业链条、健全现代产业化经营体系、满足产业化经营需求服务、健全社会化服务体系，进一步提出拓宽农林牧渔产业化规模经营社会化服务体系途径的宗旨、任务、要求。

1. 拓宽农林牧渔业产业化规模经营社会化服务体系途径的宗旨。中共中央、国务院针对农林牧渔产业依然是国民经济发展的薄弱环节、投入不足、基础脆弱的状况没有改变、粮食增产和农民增收的长效机制没有形成、制约农林牧渔产业持续发展的矛盾没有消除等情况，进一步明确提出，一是加强农林牧渔各业生产经营基础设施建设，调整优化农林牧渔产业结构，努力实现农林牧渔各业产品供给持续稳定增长、农民群众不断增收、综合生产经营能力持续增强；二是按照发展现代农林牧渔各业产品高产、优质、高效、生态、安全的要求，加快转变生产经营发展方式，推进科技进步和创新，加强农业物质技术装备，健全农林牧渔产业化规模经营体系，提高土地产出率、资源利用率、劳动生产率，增强抗风险能力、国际竞争能力、可持续发展能力；三是坚持加强农林牧渔各业生产经营基础设施建设，加快推进健全现代农林牧渔各业生产经营体系，进一步健全农林牧渔各业产加销一条龙社会化服务体系，逐步形成城乡一体农林牧渔各业产品供应与需求平衡安全调控体系，确保农民群众持续增加收入、改善生活、走向脱贫增收致富奔小康的道路。

2. 拓宽农林牧渔产业化规模经营社会化服务体系途径的任务。2011年3月全国人大第十一届四次会议通过的国务院《政府工作报告》提出，根据《第十二个五年规划纲要》，"十二五"时期，要坚决把解决好"三农"问题作为重中之重的任务，把保障国家粮食安全作为首要目标，加快转变农林牧渔各业生产经营发展方式，提高农林牧渔各业综合生产经营能力、抗风险能力、市场竞争能力，拓宽农民群众脱贫增收渠道，改善农村生产生活条件，完善农村发展体制机制。为此，进一步提出拓宽农林牧渔产业化规模经营社会化服务体系途径的任务。总体说，在工业化、城镇化深入发展中同步推进农业现代化，是"十二五"时期的一项重大任务，必须坚持把解决好农业、农村、农民问题，作为全党、全国工作重中之重，统筹城乡发展，坚持工业反哺农业、城市支持农村和多予少取放活方针，加大强农惠农力度，夯实农林牧渔业、农村二三产业发展基础，加快发展现代农林牧渔产业，提高农林牧渔业现代化生产经营管理水平，提高农林牧渔业产加销系列经营取得综合效益能力，坚持走中国特色农林牧渔业产加销系列经营现代化道路。

分别说，有四方面任务：一是提高农林牧渔各业基础设施建设能力，坚持严格保护耕地等资源，大力推进农村土地开发整理复垦，全面加强农田水利建设、中小河流合理、小型水库和病险水闸除险加固以及山洪地质灾害防治。完善排灌设施，发展节水灌溉，加固河流堤岸，搞好清淤疏浚，消除水库隐患，扩大防洪库容，大规模建设旱涝保收高标准农田，全面提高防汛抗旱、防灾减灾能力，加快全国新增千亿斤粮食生产能力建设。加强农业机械化、农村水电路气房建设，大力改善农林牧渔各业生产经营基础设施，努力为农村居民改变生产生活条件，建设美好家园奠定坚实基础。二是提高农林牧渔各业综合生产经营能力。坚持加快转变农林牧渔各业生产经营发展方式，大力推进科技创新，健全公益性科学技术推广社会化服务体系，发展现代高产、优质、高效产品种业，促进农林牧渔业产品生态、安全生产，加快发展设施农林牧渔业产品加工、包装、贮运、供销产业链，推进现代农林牧渔各业产品产加销一条龙示范区建设，促进完善现代农林牧渔各业专业化、标准化、规模化、集约化生产经营体系，不断提高农林牧渔各业综合生产经营取得综合效益能力。三是提高粮棉油等农林牧渔各业产品供给能力。把保障国家粮食安全作为首要目标，稳定粮食种植面积，支持优势产棉花、油料、糖料、"菜篮子"工程建设，大力发展农村非农产业，壮大县域经济，提高农民职业技能和创业、创收能力，促进农民就地就近转移就业。提高扶贫标准，加大扶贫开发力度。四是提高国家财政金融机构对农林牧渔各业生产经营建设资金投入总量和比重，加大粮食主产区农民的生产补贴，新增补贴重点向主产区、重点品种、专业大户、农民专业合作组织倾斜。增加中央财政对粮食、油料、生猪调出大县的一般性转移支付，多渠道增加农民收入，提高农民生活水平，推动广大农民建设幸福美好家园。

3. 拓宽农林牧渔产业化规模经营社会化服务体系途径的要求。各级党委、政府及部门为组织完成上述各项任务，遵照中共中央、国务院在“十二五”规划期间的部署方略，提出了进一步达到的两项要求：一是要以严格保护耕地为基础，以加强农田水利建设为重点，以推进农林牧渔各业生产经营科技创新进步为支撑，以健全农林牧渔产业化规模经营社会化服务体系为保障，以开辟现代农林牧渔产业化规模经营为途径，不断改善农林牧渔业生产经营物质技术条件，提高农林牧渔各业生产经营土地产出率和劳动生产率，增强抗拒自然灾害风险、国内外市场竞争风险的能力，以达到实现城乡一体经济社会持续健康发展目标；二是要坚持在继续推行银行金融信用体制改革方略上，要从农村实际和农民需要出发，按照有利于增加农村企业、农户贷款，改善农业银行、农村信用社等金融体制，建立农村金融信用服务机制，扩大农村信贷利率浮动幅度。为此，我国农业银行等商业银行要创新金融产品和服务方式，拓宽信贷资金扶持农村企业、农户生产经营渠道。我国农业发展银行等政策性银行要调整职能，合理分工，扩大对农林牧渔业生产经营和农村经济建设服务范围；我国农村信用社要继续扩大农户小额信用贷款和农户联保贷款规模，在严格监管、有效防范金融风险的前提下，吸引社会资本和外资，兴办直接为“三农”服务的多种形式的金融组织；我国有关部门要针对农村企业和农户的实际情况，采取多种担保方式，开展动产抵押、仓库质押、权益质押等项服务，推动农村企业和农户经济发展，为农民增加收入开辟途径。

（二）拓宽农林牧渔产业化基本经营体制、基础设施建设途径方略规程。主要包括：一是完善农村基本经营体制方略规程；二是加强农林牧渔各业生产经营基础设施生态环境建设方略规程。

1. 完善农村基本经营体制方略规程。2003 年 10 月 14 日，中共十六届三中全会通过的《中共中央关于完善社会主义市场经济体制若干问题的决定》规定，农村基本经营体制的核心是农户家庭土地承包经营制，要长期稳定并不断完善以农户家庭承包经营为基础、统分结合的双层经营体制，依法保护农民群众对土地承包经营的各项权利；2006 年 10 月 11 日，中共十六届六中全会通过的《中共中央关于构建社会主义和谐社会若干重大问题的决定》规定，坚持农村基本经营制度，保障农民土地承包经营的各项权利，发展农民专业合作组织，增强农村集体经济组织服务功能；2008 年 10 月 12 日，中共七届三中全会通过的《中共中央关于推进农村改革发展若干重大问题的决定》规定，一是稳定和完善农村基本经济制度，以农户家庭承包经营为基础、统分结合的双层经营制度，是适应社会主义市场经济体制、符合农林牧渔业各业生产经营特点的农村基本经营制度，必须毫不动摇地坚持，赋予农民更加充分而有保障的土地承包经营权，现有土地承包关系要保持稳定并长久不变；二是推进农村基本经营体制机制创新，加快农林牧渔各业生产经营方式转变，农户家庭经营要向采用先进科技和生产手段的方向转变，增加技术、资本等要素投入，着力提高集约化水平；三是推动各农户联合与合作，统一生产经营，要向形成多元化、多层次、多形式经营服务体系的方向转变，培育农民新型合作组织，建立社会化服务组织，增强集体组织服务功能，鼓励龙头企业与农民建立紧密型利益联结机制，着力提高集体经济发展组织化程度；四是按照服务农民、进退自由、权力平等、管理民主的要求，扶持农民专业合作社加快发展，使之成为引领农民参与国内外市场竞争的现代农林牧渔产业化规模经营组织，进一步形成社会从服务体系。

2. 加强农林牧渔产业化基础设施生态环境建设方略规程。2008 年 10 月 12 日，中共中央发布的《关于推进农村改革发展若干重大问题的决定》规定，加强农林牧渔各业生产经营基础设施建设，一是以土地治理为核心的农林牧渔各业生产经营基础设施建设，是确保开展现代农林牧渔产业化规模经营的重要物质条件。搞好规划、统筹安排、连片推进，大规模实施农村土地整治，鼓励农民群众加快中低产田改造、开展土壤改良，推广测土配方施肥和保护性耕作，提高耕地质量，大幅度增加高产稳产农田比重。二是以农田水利为重点的农林牧渔各业生产经营水利基础设施建设，是加强大江大河大湖治理，集中建成一批大中型水利骨干工程，加快大中型灌区、排灌泵站配套改造、水源工程建设，力争2020年基本完成大型灌区续建配套和节水改造任务，加快病险水库除险加固，确保完成大中型和重点小型水库除险加固任务。三是鼓励和支持农民广泛开展小型农田水利设施、小流域综合治理等项目建设，推广节水灌溉，搞好旱作农业示范工程，搞好抗旱水源工程建设，完善农村小微型水利设施，全面实施农田水利工程管护机制，长久发挥作用。四是实施以奖代补投资等机制，加强农林牧渔各业良种繁育体系和产品批发市场网络建设，加快完善粮棉油等农林牧渔各业产品冷链和鲜活物流系统，支持农用工业发展，不断提高农林牧渔生产经营机械化、现代化水平，推动社会主义新农村建设，加快改善农村生产生活条件，推进城乡一体化经济社会发展。五是以生态保护建设为根本方略，中共十七届五中全会通过的“十二五”规划纲要《建议》提出，为了加强生态保护和防灾减灾体系建设，坚持保护优先和自然恢复为主，从源头上扭转生态环境恶化趋势。实施重大生态修复工程，巩固天然林保护、退耕还林还草、退牧还草等成果，推进荒漠化、石漠化综合治理，保护好草原和湿地。加快建立生态补偿机制，加强重点生态功能区保护和管理，增强涵养水源、保持水土、防风固沙能力，保护生物多样性。加强水利基础设施建设，推进大江大河支流、湖泊和中小河流治理，增强城乡防洪能力。加快建立地质灾害易发区调查评价体系、监测预警体系、防治体系、应急体系。加大重点区域地质灾害治理力度，加强救援队伍建设，提高物资保障水平。推行自然灾害风险评估，科学安排危险区域生产和生活设施的合理避让。坚持推行节约资源和保护环境的基本国策。面对日趋强化的资源环境约束，必须增强危机意识，加快构建资源节约、环境友好的生产方式和消费模式，增强可持续发展能力。积极应对全球气候变化、大力发展循环经济、加强资源节约和管理、加大环境保护力度、加强生态保护。气候变化是农林牧渔产业化规模经营面临的重大挑战，必须加大应对气候变化工作力度。

（三）拓宽农民群众增收致富、扶贫攻坚开发脱贫增收致富途径方略规程。主要包括：一是拓宽全国农民群众增收致富途径方略规程；二是拓宽扶贫攻坚脱贫增收致富途径方略规程。

1. 拓宽全国农民群众增收致富途径方略。“十五”规划期间2003年至“十二五”规划期间2012年十年间，中共中央、国务院组织领导各级党委、政府及部门在拓宽全国农民群众增收致富途径方略规程中，概括说，主要是：坚持继续改善农村基本经营管理体制；坚持继续加强农村公共公益基础设施建设；坚持继续健全农村生态保护和灾害防治体系；坚持继续调整农林牧渔产业结构产品质量；坚持继续提高农民牧渔产业规模经营社会化服务水平；坚持继续沟通城乡一体农林牧渔产品公平购销价格市场流通渠道；坚持继续拓宽农村富余劳动力参加城乡二、三产业化就业创业渠道；坚持各级党委、政府始终组织带领农民群众发扬艰苦奋斗、自力更生的精神，走向增收致富奔小康之路。分别说明如下：

(1)“十五”规划期间方略规程。中共中央、国务院于2003年12月31日，在发布的《关于促进农民增加收入若干政策的意见》提出，认真贯彻落实中共十六届及其三中全会关于按照统筹城乡经济社会发展，坚持“多予、少取、放活”，确保全国农民群众增产增收的方略，主要包括九项：一是集中力量支持粮食主产区发展粮食产业，促进农民增加生产粮食收入；二是继续推进调整优化农业产业结构，挖掘农业产业结构内部增加收入潜力；三是推动、扶持农村二、三产业发展，拓宽农民增加收入渠道；四是扩大、改善农民就业与创业的领域环境，保障农民的合法收入权益；五是充分发挥农业产品市场流通机制作用，确保农民在农业产品购销环节中增加收入；六是加强农业和农村基础设施建设，为农民持续增加收入创造条件；七是深化农村经济社会体制改革，为农民增加收入、减少负担提供保障；八是完善贫困地区农村脱贫开发攻坚机制，为贫困农民脱离贫困、增加收入开辟途径；九是加强各级党委、政府对农业、农村和农民工作组织领导，确保农民增加各项收入、减少负担政策落到实处。

（2）“十一五”规划时期方略规程。2005年10月11日，中共十六届五中全会通过的《中共中央关于制定国民经济和社会发展第十一个五年规划的建议》提出，要千方百计增加农民收入，采取综合方针政策和措施办法，组织开辟农民增收渠道：一是充分挖掘农林牧渔各业结构内部潜力，扩大农林业园艺、牧渔业养殖领域，开展农林牧渔各业劳动密集型产品和绿色有机食品生产经营，拓展市场流通渠道，为农民增加产品销售收入；二是大力发展乡镇、县（市、区）二、三产业，加强农村劳动力技能培训，引导富余劳动力向非农产业和城镇二、三产业有序转移，促进农民就业、创业增加收入；三是推动各级政府财政完善扶持农民从事农林牧渔各业生产经营建设补贴政策，保持农林牧渔各业产品价格公平合理水平，逐步地推进全国各地区扶持农林牧渔各业生产经营健康发展的保护政策。

（3）“十二五”规划期间方略规程。2011年3月14日，全国人大第十一届四次会议通过的国务院《政府工作报告》提出，根据中共中央《关于制定第十二个五年规划的建议》和编制的《第十二个五年规划纲要》规定，“十二五”时期，要不断提高城乡居民收入水平，合理调整收入分配关系，加快完善再分配调节机制，整顿和规范收入分配秩序，拓宽农民增收渠道，完善农林牧渔各业产品市场体系和价格形成机制，健全农林牧渔各业生产经营建设补贴等支持保护制度，提高农民职业技能和创收能力，增加农户家庭生产经营收入，努力增加工资性收入，大力增加转移性收入，促进农民收入持续较快增长。

2. 拓宽扶贫攻坚脱贫增收致富途径方略规程。“十五”规划期间2003年至“十二五”规划期间2012年十年间，中共中央、国务院不断地加大革命老区、少数民族地区、边远地区贫困农村脱贫开发力度，因地制宜地实行整村扶贫开发方略，对缺乏生产生活条件农村贫困人口实行易地方略，对丧失劳动力的贫困人口建立救助制度，对有劳动能力的贫困人口提高文化科技素质，促进改善基本生产生活条件，走向脱贫增收致富奔小康之路。分别说明如下：

（1）“十五”规划期间方略规程。中共中央、国务院于2003年1月16日在发布的《关于做好农业和农村工作的意见》提出，搞好新时期农村扶贫攻坚开发工作，提高扶贫开发成效。为此，一是要继续以中西部少数民族地区、革命老区、边疆地区、特困地区为重点，以改善农业农村生产生活条件和增加农民收入为核心、突出重点、集中财力物力，分期分批地进行扶贫开发，着力解决少数民族贫困人口住房、饮水和用电问题，对生态环境脆弱、丧失基本生存条件地区农村贫困人口，要坚持自愿原则，积极稳妥地进行扶贫工程建设。二是要增加财政扶贫开发资金投入，从中央到地方各级政府要切实管好用好扶贫开发资金，不准搞与群众脱贫无关的项目。广泛动员社会各界支援农村扶贫开发，提倡城镇居民向贫困农村人口开展捐赠活动。三是要对灾区和农村贫困人口及时发放救济粮款，认真落实农业税收灾歉减免政策，妥善安排好农村贫困人口生产生活。四是要贯彻中共十六届四中全会于2004年9月19日通过的《中共中央关于加强党的执政能力的决定》，支持革命老区、少数民族地区、边疆地区和其他欠发达地区节约资源、保护环境、发展循环经济，增强保障持续发展实力。

（2）“十一五”规划时期方略规程。中共十六届六中全会于2006年10月8日通过的《中共中央关于构建社会主义和谐社会若干重大问题的决定》规定，加大扶贫力度，完善扶贫机制，加快改善贫困农民生产生活条件。2008年10月12日，中共中央发布的《关于推进农村改革发展若干重大问题的决定》规定，推进农村扶贫开发，必须作为长期历史任务，持之以恒抓紧抓好新阶段扶贫开发方略规程，主要包括，一是完善国家扶贫战略和政策体系，坚持综合开发式扶贫攻坚，实现农村最低生活保障制度和扶贫开发政策有效衔接。二是实行新的扶贫标准，对农村低收入人口，坚持全面实施扶贫攻坚，把尽快稳定解决扶贫对象温饱并实现脱贫致富，作为新阶段扶贫开发的首要任务。三是重点提高农村贫困人口自我发展能力，对没有带动力或劳动能力丧失的贫困人口实行社会救助。四是加大对革命老区、民族地区、边疆地区、贫困地区发展扶持力度。五是继续开展党政机关定点扶贫和东西扶贫协作，充分发挥企业、学校、科研院所、军队和社会各界在扶贫开发中的积极作用。加强反贫困领域的国际交流合作。2009年3月13日，全国人大第十一届二次会议通过的国务院《政府工作报告》提出，加大扶贫攻坚开发力度，一是从本年起实行新的扶贫标准，对农村低收入人口全面实施扶贫攻坚，新标准提高到人均1196元，扶贫对象覆盖到4007万人，这标志着我国扶贫开发进入一个新阶段。二是要完善国家扶贫攻坚开发方略，加大扶贫攻坚开发资金投入，坚持综合开发式扶贫攻坚，重点抓好整村推进、劳动力转移培训、产业化扶贫和移民扶贫，稳定解决扶贫对象温饱问题，并努力实现脱贫致富目标。

（3）“十二五”规划期间方略规程。2011年至2012年，全国人大第十一届四次至五次会议通过的国务院《政府工作报告》提出，提高扶贫标准，加大扶贫攻坚开发力度，对农村五保、供养对象等8600多万名困难群众发放一次性生活补贴。中央决定将农民人均纯收入2300元，作为国家新的扶贫标准，比2009年提高92%，把更多农村低收入人口纳入扶贫攻坚开发范围。为此，一是在继续推进贫困地区农村扶贫攻坚开发资金投入方略规程上，各级党委、政府要进一步加大扶贫攻坚开发力度，健全扶贫攻坚开发责任制，确保扶贫攻坚开发取得脱贫增收致富成效。国家财政继续增加扶贫攻坚开发资金投入力度，切实扶贫开发到村到户。对丧失劳动能力的特困人口，要实行社会救济、适当提高救济标准。对缺乏基本生存条件的贫困人口，要积极稳定地进行生态迁移扶贫开发。对低收入的贫困人口，要着力改善生产生活条件，发展名特优产业，开辟增加收入渠道。各地方政府进一步健全扶贫开发资金投入机制，加强扶贫开发资金分配使用效益管理，严格执行扶贫开发资金分配使用效益公示、公告、报账制度，严格监督和审计，确保扶贫开发资金及时足额到位，真正使贫困户得救助。二是在组织推行贫困和受灾地区农户生产生活救助方略规程上，中共中央、国务院针对贫困地区农村以及遭受严重自然灾害地区农村农户生产生活困难给予救助问题，要求各级党委、政府切实负起责任，组织干部深入贫困地区农村以及遭受洪涝灾害、干旱、地震、病虫害等自然灾害地区农村，摸底排查、核实灾情，及时把救济资金、物资发到农户，按有关规定减免税费，组织引导农民开展生产生活救助。有条件的地区要建立和执行农民最低生活保障制度。

（四）拓宽调整产业结构、优化产品质量效益途径方略规程。这是指坚持拓宽调整农林牧渔产业结构、优化农林牧渔各业产品质量效益途径的任务、要求等项方略。分别说明如下：

1. 拓宽调整产业结构、优化产品质量效益途径的任务，主要有五方面：一是积极推进“米袋子”省长负责制度，稳定增加粮食播种面积，加强粮食生产基地建设，严格保护耕地特别是基本农田，确保粮食生产与供应的持续增长；二是严格遵照高产、优质、高效、生态、安全的目标，组织发展生态、特色、优势的农业现代化产业，培育壮大支柱产业，保护农业现代产业产品知名品牌；三是大力发展畜牧业现代产业，扩大畜禽良种补贴规模，推广健康养殖方式，加强畜禽疫病防控基础设施建设，完善突发疾病情应急机制，推动兽医管理体制改革，稳定基层兽医队伍；四是积极发展水产业现代产业，扩大水产业优质产品养殖，发展远洋渔产业，保护渔业资源，继续做好渔民转产转业工作；五是提高农林牧渔各产业国际竞争能力，扩大林牧渔产业优势产品出口，增强应对国际贸易争端的能力。

2. 拓宽调整产业结构、优化产品质量效益途径的要求。这是指各级党委、政府全力以赴地扶持粮棉油为主的农林牧渔产业化生产经营建设，促进农民群众积极主动从事农林牧渔各业现代化生产经营建设，减少支出增加收入的要求，主要达到四项要求：一是要在加强粮棉油等农业产品主产区生产能力建设上，从2003年起，国家集中力量建设一批优质粮棉油等农林牧渔各业产品基地，着力支持主产区建设旱涝保收、稳产高产基本农田，提高耕地质量，加强良种繁育、病虫害防治工程建设，强化科技集成能力，增强综合生产能力；二是要在支持粮棉油等农林牧渔各业产品主产区转化加工能力建设上，组织引导农民参加粮棉油等农林牧渔各业产品加工、包装、保鲜、贮藏、运输、供销产业化规模经营，国家通过财政投资、税收减免、贷款贴息等方略，扶持粮棉油等农林牧渔各业产品产加销一条龙、农工贸一体化产业基地建设；三是要在加强粮棉油等农业产品主产区生产能力建设上，必须在保护和提高粮棉油等农业产品生产能力的前提下，按照高产、优质、高效、生态、安全的目标，走精细化、集约化、产业化、规模化的道路，从2004年起，逐年增加财政补贴规模，在小麦、大豆、水稻等粮食主产区扩大良种补贴范围，深入开展标准化示范区建设，健全检验检测、安全监测、质量认证体系，推行绿色、有机食品等产品产地标记制度；四是要在支持粮棉油等农林牧渔各业产品主产区转化、加工能力建设上，各级财政要安排扶持粮棉油等农林牧渔各业产品转化、加工能力建设专项资金，较大幅度地增加对农林牧渔各业产品转化、加工龙头企业的投入，对符合条件的龙头企业的科技贷款，给予财政贴息，推动龙头企业为农民群众提供产加销服务，与农民群众建立公平合理的利益联结机制，给农民群众增加收入创造条件。

3. 拓宽调整产业结构、优化产品质量效益途径的方略规程。这是指中共中央、国务院为推动各地区党委、政府组织完成上述五方面任务，切实达到四项要求，而拓宽调整产业结构、优化产品质量效益的途径方略，主要包括四项：一是科学制定农林牧渔各业生产经营优势、特色产品区域布局规划，优先选择大宗农林牧渔各业产品，在水土资源条件好、生产经营规模大、生态环境区域优势强主产区，建立农林牧渔产业带的方略规程；二是坚持改进农林牧渔各业产品生产经营管理方式，提高农林牧渔各业产品质量标准，注重调整农林牧渔各业区域化布局，充分发挥各地区比较优势，遵循自然规律和经济规律，坚持以质量、品质取胜，提高农林牧渔各业产品优质效益的方略规程；三是建立健全农林牧渔各业产品统一质量标准体系和检测体系，按照统一标准、统一检测的要求，切实解决农林牧渔各业产品质量标准不一、多头检验、反复检测问题的方略规程；四是着力推进农林牧渔各业产品高产优质高效示范基地建设，促进农林牧渔各业产品产加销一条龙企业健康发展，增强“龙头”企业带动和核辐射能力的方略规程。分别说明如下：

（1）“十一五”规划时期方略规程。中共十七届三中全会通过的《中共中央关于推进农村改革发展若干重大问题的决定》提出，为推进农林牧渔各业结构战略性调整，以市场需求为导向、科技创新为手段，质量效益为目标，构建现代农林牧渔各业产业体系的方略规程，主要包括五项，一是搞好农林牧渔各业产业布局规划，科学确定区域农林牧渔各业发展重点，形成优势突出和特色鲜明的产业带，引导加工、流通、储运设施建设向优势产区聚集。采取有力措施支持发展油料生产，提高食用植物油自给水平。二是鼓励和支持优势产区集中发展棉花、糖料、马铃薯等大宗产品、推进蔬菜、水果、茶叶、花卉等园艺产品集约化、设施化生产，因地制宜发展特色产业和乡村旅游业。三是大力发展林业产业，繁荣山区经济，加快发展畜牧业，支持规模化饲养，加强品种改良和疫病防控。推进水产健康养殖，扶持和壮大远洋渔业。四是促进农林牧渔各业产品加工业结构升级，扶持壮大龙头企业，培育知名品牌，强化主要农林牧渔各业产品生产大县财政奖励机制，完善农林牧渔各业产品加工业发展税收支持规章。五是加强农林牧渔各业生产经营标准化监督管理，统一规范农林牧渔各业产品质量安全标准，严格监控农林牧渔各业生产经营环境、投入品使用过程、产品质量全程，切实落实农林牧渔各业产品生产、收购、储运、加工、销售各环节的质量安全监管责任，杜绝不合格产品进入市场，支持发展绿色食品和有机食品，加大农林牧渔各业产品注册商标和地理标志保护力度。全国人大第十一届二次会议通过国务院《政府工作报告》提出，为稳定全国粮食生产供应，满足城乡居民对农林牧渔各业产品需求，进一步部署三项方略：一是稳定发展粮食产业、切实稳定粮食生产面积，优化粮食品种结构，提高粮食单位产量，推动全国新增产千亿斤粮食能力建设；二是立足以市场需求为导向调整农林牧渔业产业结构，支持重要紧缺农林牧渔各业产品生产，提高农林牧渔各业产品质量、效益和竞争力；三是加快实施农林牧渔各业优势特色产品生产经营区域布局方略，扶持优势区发展油料等经济作物，稳定生猪生产、实施奶业振兴规划，推进牧渔业产品养殖标准化，增强疾病防控能力。

（2）“十二五”规划期间方略规程。全国人大第十一届四次会议通过的国务院《政府工作报告》提出，坚持把“三农”工作放在重中之重，巩固和发展农业农村好形势，确保农业产品供给，多渠道增加农民收入。为此，一是坚持把保障粮食安全作为首要目标，稳定粮食种植面积，支持优势产区生产棉花、油料、糖料等大宗产品，大力发展林业、牧业、渔业，切实抓好“菜篮子”工程建设；二是坚持强化农业生产经营科技支撑，大规模开展农林牧渔各业高产优质高效产品品种基地建设，继续实施粮食最低收购价格政策，从2011年起小麦最低收购价每50公斤提高5—7元，水稻最低收购价每50公斤提高9—23元，大力发展农村非农产业、提高农民职业技能和创业、创收能力。全国人大第十一届人大四次会议通过的国务院《政府工作报告》提出，继续开展粮食稳定增产行动，稳定粮种种植面积，着力提高单产，引导农民调整农林牧渔产业结构，扩大紧缺、优质农林牧渔各业产品生产经营规模，支持蔬菜、肉蛋奶、水产品生产供应，促进农林牧渔各业全面健康持续发展。

（五）拓宽延长产业化链条，健全产业化经营体系途径方略规程。这是指坚持拓宽延长产业化链条、健全产业化经营体系途径的任务、要求等项方略。分别说明如下：

1. 拓宽延长产业化链条、健全产业化经营体系途径的任务，总体说，拓宽延长现代农林牧渔各业生产、加工、供销一条龙产业化链条、健全现代农林牧渔产业化经营体系途径的任务。分别说：一是全面推动现代农林牧渔各业生产经营专业化、布局区域化、产品优质基地化、产品供销市场化、产业服务社会化进程，大力健全产加销一条龙、农工贸一体化现代农林牧渔产业化规模经营体系；二是建立健全现代农林牧渔各业优良品种繁育供应体系、粮食生产供应安全调控体系、农林牧渔各业产品市场流通体系；三是通过国家财政、银行资金投入，扶持农林牧渔产业化龙头企业基础设施建设，缓解流动资金不足问题，推动农林牧渔产业化龙头企业，增强现代产业化经营实力；四是引导鼓励农民自愿参加专业合作组织，开展农林牧渔产业化经营，推广龙头企业、合作组织与农户有机结合组织形式，让农民从产业化经营中得到公平合理收益。

2. 拓宽延长产业化链条、健全产业化经营体系途径的要求，总体说，要坚持以农户家庭承包经营为基础，拓宽延长现代农林牧渔产业链条、建立健全现代农林牧渔产业化、集约化、专业化、规模化、市场化、组织化、社会化相结合经营体系。分别说：一是要延长农林种植业、牧鱼养殖业产品生产、加工、供销产业化链条，加快构建农林牧渔各业种养加销产业体系，推动产业转型升级，提高农林牧渔各业产品质量和附加值；二是要有序推进农林牧渔各业生产经营所需自然地理资源，进一步推动节能环保、新能源、新材料等新兴产业健康发展；三是要大力发展生产性服务业，积极发展生活性服务业，着力营造有利于服务业发展的市场环境，加快完善促进服务业发展的政策体系。加强现代能源产业和综合运输体系建设，提高能源利用效率。推进传统能源清洁利用，加强智能电网建设，大力发展清洁能源。

3. 拓宽延长产业化链条，健全产业化经营体系途径的方略规程，总体说，为确保稳定发展粮食等农林牧渔各业产品生产经营和供求安全调控管理体系，健全农林牧渔各业特色、生物等多种功能产业循环体系而拓宽延长产业化链条、健全产业化经营体系途径的方略。分别说，主要有以下两项：

（1）在粮食等农林牧渔各业产品生产经营和供应安全调控体系途径拓宽方略规程上，要确保稳定发展粮食生产经营和供求安全，各地区党委、政府必须按照中共中央、国务院的部署方略规程，全面落实“米袋子”省长负责制，带动广大农村干部和农民群众积极发展粮食等农林牧渔各业产品生产经营，确保国家粮食等农林牧渔各业产品供应安全，以利于保持国民经济平稳发展和全社会和谐稳定。为此，组织落实四项方略规程：一是坚定不移保障全国粮食等农林牧渔各业产品供求平衡安全方略规程，各级党委、政府及部门全面落实农村干部和农民群众大力发展粮食等农林牧渔各业产品生产经营，不断提高粮食等农林牧渔产业化经营能力，确保农民群众逐步增加收入、全国供求平衡安全；二是坚决执行最严格的耕地保护制度，切实保护粮食等农林牧渔各业种植养殖基地，加强土地综合治理方略规程，改造中低产田，建设高标准农田、严格保护耕地、稳定种植面积，强化科技支撑，提高单位面积生产经营能力，优化品种品质，节俭成本费用，增加农民收益，增强集体经济实力；三是坚持加强对农林牧渔各业生产经营所需资料购销价格调控管理方略规程，完善粮食等农林牧渔各业产品品种最低收购价格制度，保持公平合理的价格水平，确保农民生产经营正常收益；四是坚持继续执行国家财政扶持粮食等农林牧渔各业产品主产区农村农民投资补贴、奖励方略规程，中央财政加大对粮食等农林牧渔各业主产区资金投入力度，中央和地方政府财政要安排专项投资，投入到粮食等农林牧渔各业生产经营农田水利建设、科技推广、优良品种的繁育、病虫害防治、产业化示范区建设，加快形成现代农林牧渔产业化规模经营体系。

（2）在农林牧渔各业特色、生物等多种功能产业循环体系健全途径拓宽方略规程上，要在大力发展农林牧渔各业的食品、原料的基础上，进一步发展农林牧渔各业的生态保护、旅游观光、文化传承等特色、生物产业。为此，一是坚持推进以生物能源、生物基产品和生物原料为重点的生物产业发展，加快开发以农作物秸秆等为主要原料的生物燃料、肥料、饲料，扶持秸秆饲料化利用。鼓励有条件的地方利用荒山、荒地等资源、种植生物的原料作物，切实落实扶持生物产业发展方略。二是坚持利用各地区农村自然地理、文化历史、民族传统优势，适应城乡人民日益多样化的物质文化需求，因地制宜地发展特而专、新而奇、精而美的各种物质、非物质产品和产业，特别要重视发展园艺业、特种养殖业和乡村旅游业方略。三是坚持通过规划引导、法制鞭策、资金扶持、示范带动等方略，培育特色明显、类型多样、竞争力强的乡村，拓宽一村一品，一镇一业、一县一产业化规模经营体系途径方略。

（六）拓宽适应产业化经营需求、健全社会化服务体系途径方略规程。这是指坚持适应产业化经营需求、健全社会服务体系途径的任务、要求等项方略。为此，中共中央于2003年10月14日发布的《关于完善社会主义市场经济体制若干问题的决定》，于2008年10月12日发布的《关于推进农村改革若干重大问题的决定》，于2010年10月18日发布的《第十二个五年规划的决议》（中共十七届五中全会通过）都作了明确部署。分别说明如下：

1. 拓宽适应产业化经营需求、健全社会化服务体系途径的任务，为了拓宽适应农林牧渔产业化经营需求、健全生化服务体系途径，中共中央在上述《决定》《建议》明确规定，建立新型农林牧渔各业生产经营社会化服务体系，建设覆盖全程、综合配套、便捷高效的社会化服务体系，加快构建以公共服务机构为依托、合作经济组织为基础、龙头企业为骨干、其他社会力量为补充、公益性服务和经营性服务相结合、专项服务和综合服务相协调的新型农业社会化服务体系的总体任务。进一步规定了六方面任务：一是推进农村集体经济组织增强服务功能，支持农民自愿、民主的原则，参加多种形式的专业合作服务组织；二是加强农林牧渔各业生产经营公共服务能力建设，创新管理体制，提高人员素质，力争在全国普遍健全乡镇或区域性农林牧渔各业产业技术推广、动植物疫病防控、农林牧渔各业产品质量监管等公共服务体系，逐步建立村级服务网点；三是支持农民专业合作社、专业服务公司、专业技术协会、农民经纪人、供销合作社等组织，提供多种形式的生产经营服务；四是鼓励乡村龙头企业、城镇工商企业投资，扶持农林牧渔各业产品生产、加工、销售一条龙产业链，完善农林牧渔业科技推广应用管理体制，形成农林牧渔各业生产经营科技创新进步机制；五是健全农林牧渔各业产品市场流通体系，完善农林牧渔各业产供销产品信息收集和发布制度，推广应用现代流通方式，减免运销环节收费，长期实行绿色通道，加快形成流通成本低、运行效率高的农林牧渔各业产品营销网络。保障农林牧渔各业生产经营所需资料供应，整顿和规范农村市场秩序，严厉惩治坑农害农行为，推进农村市场流通现代化；六是促进农村信用社增强诚实守信意识，确立为农林牧渔各业生产经营所需流动资金服务方向，坚持推行农林牧渔各业生产经营流动资金投入与收回信用监督和失信惩戒制度。

2. 拓宽适应产业化经营需求、健全社会化服务体系途径的要求。为了完成上述任务，总体要求是必须加快健全农林牧渔各业生产经营社会化服务体系，提高现代农林牧渔产业化规模经营组织程度。鼓励有条件的地区以县为单位建立社区银行，发展农村小型金融组织和小额信贷，改善农村金融服务。加快发展服务业，把推动服务业大发展，作为现代农林牧渔产业化规模经营结构优化升级的战略重点，建立公平、规范、透明的市场流通准入标准，大力发展为现代农林牧渔产业化规模经营全程服务的产业，拓展服务业新领域，形成现代农林牧渔产业规模化、品牌化、市场化、社会化、网络化经营体系，推动城乡一体化经济发展。具体要求做到以下两项：

（1）在拓宽现代农林牧渔产业科技推广服务体系途径的要求上，主要是加强农林牧渔产业科技创新、转化、推广和服务能力建设，壮大现代农林牧渔产业科技人员队伍，健全现代农林牧渔产业科技推广服务体系。为此，必须达到三项要求：一是要加强现代农林牧渔产业科技创新和成果转化，开展以公益性为主的多元化现代农林牧渔产业化经营科技推广服务，鼓励现代农林牧渔产业化经营科技进村入户，建立健全现代农林牧渔业产业化经营科技推广、灾害防治、疾病监控、产品质量安全体系；二是要组织推进现代农林牧渔产业示范区建设，建立健全现代农林牧渔产业化经营科技推广服务机构，完善现代农林牧渔产业化经营科技推广补贴制度，加大对农林牧渔各业产品优良品种繁育、疫病防治、质量安全等关键科技推广项目的扶持力度，促进先进科技进村到田入户，加快现代农林牧渔产业科技推广服务体系建设进程；三是要组织改善现代农林牧渔业产业科技创新和转化能力投资机制，把扶持农林牧渔产业化经营科技创新和转化能力的投入，放在各级政府公共财政扶持的优先位置，逐步提高财政资金投入比重，不断增强现代农林牧渔产业科技推广服务能力。

（2）在拓宽现代农林牧渔各业产品市场流通体系途径的要求上，必须要健全农林牧渔各业产品市场流通体系，拓宽现代农林牧渔各业产品产加销一条龙、农工贸一体化市场流通体系途径。为此，一是坚持加强农林牧渔业各业产品市场流通基础设施建设，开拓农林牧渔各业产品多元化、多渠道、多层次的市场流通途径，健全农林牧渔各业产品开放、统一、竞争有序的市场流通体系；二是坚持推行国家财政税务优惠政策，扶持农林牧渔各业产品市场流通基础设施建设，着力加快建设设施先进、功能完善、交易规范、购销畅通的农林牧渔各业产品批发市场；三是坚持推广应用农林牧渔各业产品产加销连锁经营、电子商务等现代市场流通方式，加快建设农村商品市场流通体系和商务信息网络工程；四是坚持推动农民专业合作组织、农村供销企业等直接向城镇社区菜市场和超市配送农林牧渔各业产品，改善农民进城销售农林牧渔各业产品的市场流通环境，依法治理农林牧渔各业产品期货市场，充分发挥稳定农林牧渔各业产品生产经营、市场流通、防控风险的作用；五是坚持促进农林牧渔各业产品质量安全监督管理，认真执行农林牧渔各业产品质量安全法，建立农林牧渔各业产品质量安全监管、追溯制度，完善农林牧渔各业产品质量安全标准体系，提高农林牧渔各业产品质量安全监管能力；六是坚持实施农林牧渔各业产品出口调控管理，加强农林牧渔各业产品出口基地建设，实行农林牧渔产业化龙头企业产品出口卫生注册制度，支持在国际市场注册品牌，开展国际营销策划、产品推介活动，加强对大宗农林牧渔各业产品进口调控管理，保护农民对农林牧渔各业产品生产经营利益，维护农林牧渔各业产品生产经营安全和市场流通稳定；七是坚持发展多元化农林牧渔各业产品市场流通主体，培育农林牧渔各业产品运销专业户和农村各种流通中介组织及农村经纪人。鼓励城镇各类工商企业通过收购、销售等经营方式，形成农商贸企业集团，充分发挥农业产品产加销一条龙、农工商贸一体化的作用。

3. 拓宽适应产业化经营要求、健全社会化服务体系途径的方略规程。中共中央、国务院在2003年至2012年期间，为适应和满足农林牧渔产业化经营需求，拓宽农林牧渔各业生产经营抗防灾害、合理价格、农民务业、资金投入、补贴激励等社会化服务体系途径的五项方略规程：

（1）健全抗防灾害服务体系的方略规程。中共十七届三中全会于2008年10月12日通过的《中共中央关于农村改革发展若干重大问题的决定》提出，我国农村自然灾害多、受灾地域广、防灾抗灾力量弱，必须切实加强农村防灾减灾工作，一是加强灾害性天气、地质灾害、地震监测预警，提高监测水平，完善处置预案，加强专业人员力量，提高应急救援能力，深入宣传普及防灾减灾知识，提高灾害处置能力和农民避灾自救能力。二是加强防洪排涝抗旱设施和监测预警能力建设，加快农村危房改造，提高农村道路、供电、供水、通讯设施抗灾保障能力，提高农村学校、医院等公共设施建筑质量，落实安全标准和责任，增强农村防灾减灾能力。

（2）坚持维护农林牧渔各业产品合理价格的方略规程。健全农林牧渔各业产品价格保护制度，完善农林牧渔各业产品市场调控体系，一是实施重点粮食品种最低收购价格政策，稳定发展粮食生产，保护粮农合理收益。建立主要农林牧渔业产品临时收储制度，及时在部分地区对稻谷、小麦、玉米、大豆、油菜籽进行托市收购，确保粮农收益。二是稳步提高粮食最低收购价，改进其他主要农林牧渔业产品价格保护办法，充实主要农林牧渔业产品储备，优化农林牧渔业产品进出口和吞吐调节机制，保持农林牧渔各产品价格合理水平，完善粮食等主要农林牧渔业产品价格形成机制，理顺比价关系，充分发挥市场价格对增产增收的促进作用。

（3）扶持农民拓展务业增收途径的方略规程。为此，一是通过充分挖掘农林牧渔各业内部潜力增收途径：其一，提高最低收购价，增加临时收储等托市政策，保持农林牧渔各业产品价格的合理水平；其二，支持农林牧渔各业产品加工和龙头企业发展，大力发展农林牧渔产业化经营和农民专业合作社，着力转变发展方式，拓宽流通渠道，减免流通费用，完善生产、加工、流通环节的利益分配机制，切实让农民从价格上升、产品增值中得到更多实惠。二是通过千方百计促进农民就业创业增收途径，国家在农民工权益保护、农民工培训、社会保障、公共服务等方面出台一系列政策措施：其一，着力解决农民工工资偏低和工资拖欠问题，全面实施劳动合同制度；其二，加大农民工培训投入，实施农民工培训阳光工程、星火科技计划、雨露计划、农村劳动力转移培训计划项目，大规模开展春风行动等就业服务。三是通过大力拓展农村非农产业增收途径，积极发展农村二三产业，壮大县域经济，促进乡镇企业健康发展，鼓励和支持个体私营经济发展。四是通过各级政府财政补贴途径，进一步加大农林牧渔各业补贴力度，增加农民转移性收入。五是通过依法保障农民对承包土地的占用、使用、收益等权利途径，确保农民分享土地承包经营权流转中的增值收益，提高征地补偿标准，创造条件增加农民财产性收入。

（4）继续在全国范围内，从2006年起，彻底取消农业税、屠宰税、牧业税、农业特产税和“三提五统”等面向农民的各种收费，结束农民从事农林牧渔产业缴税的历史（每年减轻农民负担1335亿元）基础上，全面建立农民粮食直补、良种补贴、农机具购置补贴、农资综合补贴等补贴制度。从2005年开始，中央财政对产粮大县给予奖励补助，随后对生猪大县、奶牛大县也进行扶持。从2005年以来，逐步健全农林牧渔各业生产经营业补贴制度，扩大范围，提高标准，完善办法，特别要支持增粮增收，逐年较大幅度增加农民种粮补贴、完善与农林牧渔各业生产经营所需资料价格上涨挂钩的农资综合补贴动态调整方略规程。

（5）按照统筹城乡经济社会发展，对“三农”多予少取放活的方针，国家各级政府执行财政扶持“三农”资金投入稳定增长方略规程。健全各级政府财政扶持农林牧渔各业资金投入保障制度，调整财政支出、固定资产投资、信贷投放结构，保证各级财政对农林牧渔各业投入增长幅度，高于经常性收入增长幅度，大幅度增加国家对农村基础设施建设和社会事业发展的投入，大幅度提高政府土地出让收益、耕地占用税新增收入，用于农林牧渔各业的比例，大幅度增加对中西部地区农村公益性建设项目的投入。国家在中西部地区安排的病险水库除险加固、生态建设等公益性建设项目，逐步取消县及县以下资金配套。拓宽农业投入来源渠道，整合投资项目，加强投资监管，提高资金使用效益。

七、组织攻坚拓宽农民参加城乡一体二三产业就业创业增收之路方略规程

中共中央，国务院在“十五”规划期间2003年到“十二五”规划期间2012年这十年来，在组织领导全国各地区党委、政府及部门着力拓宽农村剩余劳动力，在统一思想认识、自觉自愿的基础上，计划有序地转移城乡一体二三产业就业创业增收途径上，进一步明确提出：一是坚定不移、全面深入地组织完成各方面任务；二是因地制宜、行之有效地达到各项要求；三是科学正确、修正补充、及时落实各项方略。

（一）坚定不移、全面深入地组织完成各方面任务。主要包括：一是统一思想认识，增强自愿自觉性。二是开展职业技能培训教育和社会化服务；三是加强计划有序管理和组织领导。分别说明如下：

1. 统一思想认识，增强自愿自觉性。我国农村富余劳动力转移城乡一体工业、商业和服务业就

业创业，是我国农业现代化和工业化、信息化、城镇化同步前进的一支劳动大军。他们绝大多数户籍在农村，主要从事非农产业，有些在农闲季节外出务业、亦工亦农，流动性强，有些长期在城镇务业，已成为城镇工商服务产业的力量，对我国城乡一体化经济社会健康持续发展，全面建设小康社会作出了贡献。为此，扶持农村富余劳动力转移城乡一体工商服务产业就业创业，必须提高觉悟：一是认清农村富余劳动力转移城乡一体加工制造业、建筑业、采掘业、环保业、家政业、餐饮业、零售业等服务产业就业创业，是推动我国经济社会发展的重要力量，为农民增加了收入，为城乡一体化经济社会发展注入了活力，成为工业带动农业，城市扶持农村的有效途径；二是研究农村富余劳动力转移城乡一体工商服务业就业后发生一些问题，主要是工资偏低、工资拖欠、工伤事故、劳动时间、安全条件、技能培训、子女上学、生活居住、社会保障等方面存在一些问题，引发了一些社会矛盾和纠纷，解决好这些问题，直接关系到维护社会公平正义、保持社会和谐稳定；三是扶持农村富余劳动力及时转移城乡一体工商服务业就业创业，是缩小城乡差别、工农差别，建设中国特色小康社会的战略任务。农村富余劳动力向非农产业和城镇转移，是推动新农村现代化、工业化、信息化、城镇化发展必然趋势。在我国城乡一体工业化、信息化、城镇化加快发展的阶段，越来越多的农村富余劳动力逐渐转移出来，在城乡之间流动。为此，必须顺应我国工业化、信息化、城镇化的客观规律，引导农村富余劳动力计划有序向非农产业和城镇转移。必须坚持在确保我国经济社会全面发展战略上，充分认识扶持农村富余劳动力计划有序向非农产业和城镇转移的重要性、紧迫性和长期性。

2. 开展职业技能培训教育和社会化服务。为此，一是在组织开展农村富余劳动力职业技能培训教育任务上，必须适应工业化、信息化、城镇化和农业现代化同步前进、农村富余劳动力转移城乡一体工商服务业就业创业的需要，大力开展职业技能培训教育，提高农村富余劳动力转移城乡一体工商服务业就业创业能力，而必须坚持组织完成四方面任务：一要完善培训补贴办法，对参加培训的农村富余劳动力给予适当培训费补贴；二要利用广播电视和远程教育等现代手段，面向各地区农村富余劳动力进行职业技能培训；三要建立稳定的职业技能培训基地，执行职业技能鉴定、获取国家职业技能资格证书的政策；四要大力发展农村各种职业技能教育，鼓励农村初、高中毕业生接受正规职业技能教育，加强农村职业技能教育师资、教材和实训基地建设。二是在组织开展农村富余劳动力转移城乡一体工商服务就业创业社会化服务两方面任务。为此，一要统筹安排城乡就业计划部署，建立城乡统一平等竞争的劳动市场，形成促进农村富余劳动力向近地城镇转移就业的机制，提供平等就业机会和服务，进一步清理和取消各种针对农村富余劳动力转移城乡一体工商服务就业的歧视、限制规定；二要坚持促进农村富余劳动力向近地城镇转移就业服务，作为各级政府的重要任务，建立健全县（市）、乡（镇）转移就业服务网络，为农村富余劳动力转移就业提供服务，鼓励发展各种就业服务组织，加强各种就业服务市场监管，严厉打击以就业介绍为名坑害农民的违法犯罪活动，确保顺利开展职业技能培训教育和社会化服务。

3. 加强计划有序管理和组织领导。为此，一是在加强计划有序管理农村富余劳动力转移城乡一体工商服务就业任务上，必须订立和履行劳动合同制度，依法保障职业安全劳动保护权益，维护妇女工和未成年工权益；必须积极稳妥解决工伤保险、大病医疗等社会保障问题；必须相应提供城镇公共服务、子女义务教育、疾病预防、儿童免疫、计划生育、居住条件、生活低保、养老保险、公益事业等保障；必须坚持严格依法履行劳动管理章程。这主要包括三项：一要依法订立和履行劳动合同制度，建立权责明确的劳动关系，严格执行国家关于劳动合同试用期规定，不得滥用试用期侵犯农民工权益，任何单位都不准违反劳动合同约定损害农民工权益；二要依法保障和维护职业安全劳动保护权益，遵循国家职业安全劳动保护规程和标准，必须按国家规定配备安全生产和职业病防护设施和用品，对从事可能产生职业危险人员定期进行检查，加强职业安全、劳动保护教育，增强农民工自我保护能力；三要坚持保护妇女工和未成年工权益，严格禁止使用童工，依法保护妇女工特殊权益，不得以性别为由拒绝录用妇女工，不得在妇女工孕期、产期、哺乳期降低基本工资、单方面解除劳动合同，对介绍和使用童工的违法行为，必须从严惩处。

二是加强组织领导农村富余劳动力转移城乡一体工商服务业就业创业任务，主要包括三方面：一是创造就业创业的环境和条件；二是提供维护自主权益法律服务和援助；三是统筹协调和妥善解决涉及城乡社区工农权益矛盾。分别说明组织领导三方面任务：

（1）组织领导创造就业创业的环境和条件。为此，一是大力发展城乡一体二三产业和环保产业、发展农林种植、牧渔养殖及其加工产业化经营，吸纳农村富余劳动力在近地就业创业；二是大力引导相关产业向中西部地区转移发展，鼓励沿海发达地区劳动密集型产业和资源加工产业向中西部地区转移，为当地农村富余劳动力在近地就业创业创造良好环境；三是大力开展农村基础设施建设，改善农村生产生活条件，带动农村经济发展，为农村富余劳动力增加就业机会；四是积极推动农村城镇建设，发展二三产业，引导乡镇企业向小城镇集中，鼓励、吸引农村富余劳动力到小城镇就业创业和居住生活。

（2）提供维护自主权益法律服务和援助。为此，一是加大维护农民工自主权益的执法力度，强化劳动保障监察执法，加强劳动保障监察队伍建设，完善日常巡查检查制度和责任制度，依法严厉查处用人单位侵犯农民工权益的违法行为。健全农民工维权举报投诉制度，加强和改进劳动争议调解、仲裁工作；二是加强对农民工的法律服务、援助，把农民工列为法律服务、援助的对象，对农民工申请法律服务、援助，要简化程序、快速办理，政府要根据实际情况，安排一些法律服务、援助资金，为农民工法律服务、援助提供必要的经费支持；三是促进工会维护农民工权益的作用，各级工会要以劳动合同、劳动工资、劳动条件、职业安全、生活保障为重点，维护农民工合法权益。

（3）统筹协调和妥善解决涉及利益矛盾。为此，一是切实把解决农民工问题摆到重要议事日程，解决好涉及农民工的劳动就业、子女教育、治安管理等权益问题，是各级人民政府的重要职责，建立农民工权益问题化解经费保障机制；二是完善农民工权益协调机制，国务院建立农民工权益工作联席会议制度，联席会议由国务院有关部门和工会、共青团、妇联等有关群众团体组成，联席会议办公室设在劳动保障部，各有关部门要各司其职、分工负责，检查督促对农民工权益规定的落实；三是组织引导农民工全面提高自身素质，组织引导农民工自觉接受就业和创业培训，接受职业技能教育，提高科技文化水平，增强就业、创业能力；四是发挥社区为农民工服务的作用，鼓励农民参与社区自治，提高农民工自我管理、教育和服务能力，组织引导农民工开展多种形式的业余文化活动，丰富农民工精神生活；五是在全社会树立理解、尊重、保护农民的良好风气，开展关心帮助农民工的公益活动，对优秀农民工给予表彰奖励，总结交流善待农民工经验做法，提高对农民工的组织领导和指导能力。

（二）因地制宜地提出切实可行各项要求。必须达到七项要求：一是依法确定人工伤保险范围；二是依法规定公益事业章程；三是保障依法享有民主政治权利；四是改革居住户籍管理制度；五是保护农民工承包土地权益；六是确保农民工公平合理工资收入标准；七是提供农民工最低生活保障、养老保险。

1. 依法确定人工伤保险范围。为此，一是要认真贯彻落实《工伤保险条例》，所有用人单位必须及时为农民工办理参加工伤保险，按时足额缴纳工伤保险费。在农民工发生工伤后，要做好工伤认定、劳动能力鉴定和工伤待遇支付工作。二是要建立大病医疗保险统筹基金办法，重点解决农民工进城镇务业期间住院医疗保障问题。有条件的地方，可将稳定就业的农民工纳入城镇职工基本医疗保险，农民工也可自愿参加原籍的农村合作医疗。三是要建立适合农民工特点的养老保险办法，有条件的地方，可直接将稳定就业的农民工，纳入城镇职工基本养老保险，已经参加城镇职工基本养老保险的农民工，用人单位要继续为其缴费。

2. 依法规定公益事业章程。为此，一是要把农民工纳入城镇公益事业体系，统筹考虑长期在城镇务业、生活和居住的农民工对公益事业的需求，提高城镇综合承受能力，增加公共财政支出，健全农民工的城镇公益事业体系。二是要保障农民工子女平等接受义务教育，所在地政府要承担起农民工同住子女义务教育的责任，将农民工子女义务教育纳入当地教育发展规划，列入教育经费预算。城镇公办学校对农民工子女义务教育，要与当地学生在收费、管理等方面同等对待，不得违反国家规定，向农民工子女加收借读费及其他任何费用。三是要加强农民工疾病预防控制和农民工子女免疫工作，所在地政府要加强对农民工聚居地疾病监测，落实国家关于特定传染病的免费治疗政策，要把农民工子女纳入当地免疫规划。四是要搞好农民计划生育管理和服务，所在地政府要提供国家规定的计划生育、生殖健康等免费服务项目和药具。免费发放《流动人口婚育证明》，提供农民工婚育信息，加强全国流动人口计划生育管理工作。五是要努力改善农民工居住条件，有关部门要加强监督管理，确保农民工居住场所符合安全卫生条件，各地区要把长期在城镇务业与生活的农民工居住问题，纳入城镇住宅建设发展规划。

3. 保障依法享有民主政治权利。坚持促进招用农村富余劳动力的单位，必须成立有农民工参加的职工代表会，保障农民工民主政治权利，有关部门和单位在评定技术职称、晋升职务、评选模范、先进劳动者等方面，必须公平、同等看待，保障自身自由和人格尊严，严禁打骂、侮辱等非法行为。

4. 深化居住户籍管理制度改革。坚持逐步地、有条件地解决长期在城镇务业和居住农民工户籍问题，中小城镇要放宽农民工落户条件，大城市要积极稳妥地解决符合条件的农民户籍问题，对农民工中劳动模范、先进工作者、高级技工和技师及其他有突出贡献者，应优先准予落户。

5. 保护农民工承包土地权益。坚持稳定和完善农村土地承包关系，保障农民工土地承包权益，不得以农民进城镇务业为由收回承包地，纠正违法收回农民工承包土地的行为。对农民外出务业期间，所承包土地无力耕地的，必须坚持依法、自愿、有偿的原则，通过委托代耕、转包、出租、转让等形式，流转土地经营权，任何单位不准强制和限制，不得截留、扣缴、侵占土地经营流转收益。

6. 确保农民工公平合理工资收入标准。这就必须建立农民工的工资合理公平支付保障制度，适时调整提高工资水平，一是要建立农民工工资合理公平支付保障制度，严格规范用人单位工资支付行为，确保农民工工资合理公平、按时足额支付，做到工资发放月清月结，按合同约定执行，严格执行工资保证金、工资支付监控机制，从根本上解决拖欠、克扣农民工工资问题；二是要健全农民工同工同酬、劳动定额工资标准，农民工和其他职工要实行同工同酬，依法支付农民工加班工资。国务院有关部门要加强对地方制定、调整农民工工资标准的监督，促进农民工工资适时提高，彻底解决农民工工资偏低和拖欠问题。

7. 提供农民工最低生活保障、养老保险。这就必须在广开农民工务业门路的基础上，组织落实农民工最低生活保障、养老保险政策。为此，一是注重把在城镇稳定就业和居住的农民工有序转变为城镇居民；二是放宽中小城市落户条件，合理引导农村富余劳动力向近地城镇转移就业；三是加强对农民工的人文关怀和服务，着力解决农民工在务业服务、最低生活保障、子女入园上学、住房租购等方面的实际问题，逐步将城镇基本公共服务覆盖到农民工，关爱农村留守儿童、留守妇女和留守老人，让他们安居生活；四是建立农村社会养老保险制度，推进农民工参加社会保险，构建更加完善的社会保障安全网，使他们生活有基本保障、无后顾之忧。

（三）科学正确、修正补充、及时落实各项方略规程。国家各级政府及部门组织落实引导农村富余劳动力参加城市一体二三产业就业创业增收方略的宗旨，是推动全国各地区城乡一体农林牧渔各业产品加工、供销、服务企业，改善农村富余劳动力就业、创业条件，拓宽农民群众增加收入渠道。为此，国家明确规定，组织扶持农村富余劳动力转移城乡一体二三产业就业创业基本方略的八项原则：一是公平对待、一视同仁，维护他们合法权益，使他们和城镇职工享有同等权利和义务；二是全面服务、完善管理，改善对农村富余劳动力计划有序向非农产业和城镇转移的社会化服务管理，为他们的劳动和生活创造条件；三是统筹规划、科学引导，对农村富余劳动力，实行就地与异地相结合的策略，既要发展乡镇企业和乡村商业、服务业，支持农村富余劳动力就近地域城镇务业，又要引导农村富余劳动力跨地区城镇务业；四是因地制宜、分类指导，针对各地区自然地理条件、不同产业特点，引导农村富余劳动力，从实际出发，有序流动，维护切身利益；五是立足当前，着眼长远，对农村富余劳动力，既要拓宽他们就近地域从事非农产业服务，又要开辟跨地区进城镇从事工商服务业途径；六是鼓励企业发展、促进产品更新、产业升级，推动城乡一体农林牧渔各业产品加工企业、供销企业、服务企业发展，促进科技改造、产品更新换代、产业升级，引导农村集体企业改制为股份制和股份合作制等混合所有制企业，对资源合理利用，能安全生产、保护生态环境、能吸收农民就业的城乡农林牧渔各业产品加工企业，应给予扶持发展；七是扶持农村个体工商户和私营企业发展，在税收、投融资、资源使用、科技人才等方面，对农村个体工商户和私营企业给予扶持。对合法经营的农村个体工商户和私营企业给予减免税费照顾；八是推动农村小城镇建设，必须同推进现代农林牧渔产业化经营、城镇工商服务产业化经营、农村富余劳动力就业创业结合起来，促进农民在从事城乡一体二三产业中增收致富。为此，在推动农村小城镇建设方略上，正确引导农村富余劳动力进入农村小城镇，逐步形成农业产品生产、加工、供销、服务一条龙产业链条、人口聚集、市场购销畅通的良性循环体系，增强小城镇吸纳农村人口、带动农林牧渔各业全面发展、农民群众脱贫增收致富的能力。

中共中央、国务院为了确保完成上述三方面任务，切实达到七项要求，全面落实八项方略，分别在“十五”规划期间2003年到“十二五”规划期间2012年十年中，逐步深入落实了各项方略。分别说明如下：

1. 在“十五”规划期间，中共中央、国务院于2003年在发布的《关于做好农业和农村工作的意见》提出，加强农村富余劳动力科学规划、合理有序转移城乡一体二三产业就业创业服务和管理，维护农民工合法权益。农村富余劳动力到跨区域城镇二三产业就业创业，是沟通城乡一体化经济社会发展的必然趋势，也是增加农民收入的重要途径。同年，中共中央在发布的《关于完善社会主义市场经济体制若干问题的决定》提出，农村富余劳动力在城乡之间双向流通就业创业，是增加农民收入的有效途径，必须改善农村富余劳动力就业创业的环境。全国人大第十届三次会议于2005年通过的国务院《政府工作报告》提出，多渠道转移农村富余劳动力，推进城乡一体工商服务产业发展，稳步推进城乡一体农业现代化、工业化、信息化、城镇化同步建设，拓宽农村富余劳动力就业创业领域，积极开展职业技能培训教育，改善就业创业条件，进一步引导农村富余劳动力就业创业。同年，中共中央、国务院在发布的《关于进一步加强就业再就业工作的通知》决定：为加强农村富余劳动力和被征地农民就业创业服务工作，一是坚持国家财政固定资产投资继续扶持农村小城镇建设，通过金融机构支持农村小城镇二三产业化经营，加快农村小城镇建设进程，促进城乡一体经济社会协调发展；二是组织引导农村富余劳动力计划有序转移城镇、尽快适应非农产业环境，取消农村富余劳动力跨区域城镇就业创业限制，完善农村富余劳动力跨区域城镇就业创业合法权益保障制度；三是根据农村富余劳动力转移城乡一体二三产业务业需求，开展有针对性、实用性的培训和职业技能服务，充分利用电视远程培训等手段，促使农村富余劳动力和被征地农民及时掌握职业技能，积极创造条件为农村富余劳动力就业创业提供必要的社会保障，确保拓宽他们就业创业脱贫增收、改善生活途径。

2. 在“十一五”规划时期，中共中央、国务院为拓宽扶持全国农村富余劳动力转移近区域城镇二三产业就业创业途径，进一步推行三项方略，一是国务院于2006年1月31日，在发布的《关于解决农民问题的若干意见》提出，拓宽农村富余劳动力科学计划合理有序转移近区域城镇二三产业务业的意义、原则、途径，建立农村富余劳动力转移近区域城镇二三产业就业创业的自主权益、居住户籍、劳动管理、社会保障、公益事业制度，完善防止农村富余劳动力就业劳动工资偏低和拖欠机制，维护他们合法权益。二是中共中央于2008年10月12日，在发布的《关于推进农村改革发展若干重大问题的决定》提出，统筹城乡劳动就业，加快建立城乡统一的人力资源市场，引导农民有序外出就业，鼓励农民就近转移就业，扶持农民工返乡创业。加强农民工权益保护，逐步实现农民工劳动报酬、子女就学、公共卫生、住房租购等与城镇居民享有同等待遇，改善农民工劳动条件，保障生产安全，扩大农民工工伤、医疗、养老保险覆盖面，尽快制定和实施农民工养老保险关系转移接续办法。统筹城乡社会管理，推进户籍制度改革，放宽中小城市落户条件，使在城镇稳定就业和居住的农民有序转变为城镇居民。三是全国人大第十一届二次会议于2009年3月13日，通过的国务院《政府工作报告》提出，要广开农村富余劳动力就业门路和稳定现有就业岗位，发挥政府财政投资和非农项目工程建设带动被征地农民就业的作用，组织引导农村富余劳动力有序流向城镇就业，组织推动返乡农民工参与农村小城镇建设。四是全国人大第十一届三次会议于2010年3月14日，通过的国务院《政府工作报告》提出，重点提高农村富余劳动力转移城镇二三产业就业创业技能力，完善就业创业服务体系，健全农村富余劳动力输出输入地区协调协作机制，引导农村富余劳动力向就近地域进城务业有序流动，建立统一规范的人力资源市场，维护劳动者合法权益，构建和谐的劳动关系，达到各尽所能、按劳取酬的结果。

3. 在"十二五"规划时期，中共中央、国务院为扶持全国农村富余劳动力转移近区域城镇二三产业就业创业，实行劳动合同法和就业促进法，普遍提高最低工资标准，建立和谐劳动关系，切实保障和改善民生，组织推行四项方略，一是全国人大第十一届四次会议于2011年3月14日，通过的国务院《政府工作报告》提出，把有稳定劳动关系并在城镇居住一定年限的农民工，逐步转为城镇居民。对暂不具备落城镇户口条件的农民工，要解决好他们在劳动工资、子女上学、公共事业、住房租赁、社会保障等方面的实际问题。二是全国人大第十一届五次会议于2012年3月14日，通过的国务院《政府工作报告》提出，千方百计扩大就业，这是关系国家发展和人民福祉的大事，各级政府务必坚持就业优先战略，继续实施农村剩余劳动力就业安置政策，着重扶持就业容量大的服务业、创新科技企业和小型微型企业，提供更多就业岗位，鼓励以创业带动就业，加强职业功能培训，完善就业、创业服务体系，加大资金投入力度，做好农村富余劳动力人群就业、创业工作，促进城乡居民收入持续增长、生活日益改善。三是2011年至2012年，中共中央、国务院着力推行两项方略：其一，在加强对农村富余劳动力职业技能培训策略上，为增强农村富余劳动力就业、创业能力，必须根据城乡市场和企业的需求，按照不同行业、不同工种，对从业人员基本技能的要求，安排培训内容，实行定向培训，增强培训的针对性和适用性。必须调动社会各方面参与农民职业技能培训的积极性，鼓励各类教育培训机构、用人单位开展对农民职业技能培训。各级财政都要安排专门用于农民职业技能培训资金，提高培训资金使用效果。必须由农民自主选择培训机构、培训内容和培训时间，政府对接受培训的农民给予一定资助。必须防止和纠正各种强制农民参加有偿培训和职业资格鉴定的错误倾向；其二，在促进农村富余劳动力参加城乡一体二三产业就业创业方略上，进一步清理和取消对农村富余劳动力参加城乡一体二三产业的歧视规定和不合理收费，简化农村富余劳动力跨区域城镇就业创业登记凭证手续，防止乱收费。各地方政府要切实把参加城镇就业创业的农民职业培训、子女教育、劳动保障等方面经费开支，纳入政府财政预算，放宽农民进城镇务业和定居条件。

八、组织攻坚完善粮食购销价格、市场流通管理体制之路方略规程

为了加强国家粮食安全调控，完善粮食购销价格管理体制，放开国家粮食收购价格，健全粮食市场流通体系，建立保护农民种粮补贴机制，转换国有粮食购销企业经营方式，履行银行信贷对粮食收购资金供应规章，加强全国粮食市场流通组织领导、督查、增强国家粮食生产经营、需求平衡安全能力，中共中央、国务院在"十五"规划期间的2003年至"十二五"规划期间的2012年这十年来，组织领导全国各地区党委、政府及部门，在大力完善粮食购销价格，市场流通管理体制上：一是明确规定必须完成的任务；二是切实提出必须达到严格的要求；三是进一步认真落实行之有效的方略。

（一）必须完善粮食购销价格、市场流通体制的任务。概括说，主要包括两方面：一是加强保障国家粮食安全宏观调控；二是坚持组织领导国家粮食市场流通体制改革完善。

为了切实加强保障国家粮食安全宏观调控，确保国家粮食生产供求平衡、购销价格合理公平，逐步增强全国粮食安全宏观能力，中共中央于2004年5月23日在发布的《关于进一步深化粮食流通体制改革的意见》中提出，加强和改善粮食市场流通宏观调控，确保国家粮食安全。中共中央于2008年10月12日在发布的《关于推进农村改革发展若干重大问题的决定》中提出，确保国家粮食安全。粮食安全任何时候都不能放松，必须长抓不懈。全国人大第十一届五次会议于2012年3月14日通过

的国务院《政府工作报告》提出，继续开展粮食稳定增产行动，稳定粮食种植面积，着力提高单位产量，继续提高粮食最低收购价格。这十年来，国家逐步系统条理地组织完成以下五方面任务：

1. 严格执行《中华人民共和国土地管理法》和《基本农田保护条例》，稳定基本农田面积，加强基本粮田建设，建设高标准基本粮田，确保基本粮田保护区落实到村组、农户和地块，严守18亿亩耕地红线。坚持加大对粮食主产区扶持力度，扩大粮食播种面积，持续提高粮食综合生产能力，确保国家粮食生产经营、供需平衡安全。维护稳定落实农村土地承包经营管理制度，这关乎农村社会根本稳定，其核心是要保障农民财产权益。要坚持以农户家庭承包经营为基础，支持农民发展多种形式合作组织和社会化服务组织，逐步健全集约化、专业化、基地化、规模化、市场化、联营化有机结合的粮食生产经营和供需平衡安全体系。

2. 严格执行《中央储备粮管理条例》，完善有关配套规章，认真推行《粮食流通管理条例》，按照中央和省级政府粮食事权划分，健全中央和省级粮食储备制度和调控机制，继续完善中央储备粮垂直管理体系，健全中央储备粮的调控功能，做到严格制度、严格管理、严格责任，确保库存粮食数量真实、质量良好，进一步加强中央储备粮的财务管理、库存管理等监督检查，切实做到账实相符。

3. 坚持推行粮食购销价格，市场流通体制改革完善、加强全国粮食市场流通宏观调控、确保国家粮食生产经营、供求平衡安全的方针，从2004年开始，国家全面放开粮食收购和销售市场，实行购销多渠道经营，组织清理和修正不利于粮食流通的制度，加快改革完善国有粮食购销体制，转变国有粮食企业购销经营机制，完善粮食现货和期货市场，严禁地区粮食购销封锁，搞好粮食产加销协作，优化粮食收购、储备、供销布局，加强粮食市场供求情况监测分析，实行粮食生产、消费、库存、价格等信息的定期发布制度，分级制定粮食应急保障预案，确定粮食预警调控指标，建立中长期粮食供求总量平衡机制和粮食储备、市场需求市场预警机制。

4. 坚持继续实施2001年中央对地方粮食风险基金包干制度，中央财政补助的资金不减少，地方应配套的资金由省级财政确保及时足额到位。国家为保护农民生产粮食的积极性，建立起粮食生产经营补贴制度，用于粮食主产区农民的直接补贴，确保补贴资金真正落实到生产经营粮食的农民手里。

5. 坚持加快构建供给稳定、储备充足、调控有力、运转高效的粮食安全保障体系，把发展粮食生产放在现代农林牧渔产业化规模经营的首位，稳定播种面积，优化品种结构，提高单产水平，不断增强综合生产能力。各地区都要明确和落实粮食发展目标，强化扶持政策，落实储备任务，分担国家粮食安全责任。要抓紧实施粮食战略工程，推进国家粮食核心产区和后备产区建设，加快落实全国新增千亿斤粮食生产能力建设规划，以县为单位集中投入、整体开发，组织实施。要把扶持粮食生产的政策措施向主产区倾斜，建立主产区利益补偿制度，加大对产粮大县财政奖励和粮食产业建设项目扶持力度，加快实现粮食增产、农民增收、财力增强的目标。要充分调动农民种粮、地方抓粮的积极性，完善粮食风险基金政策，逐步取消主产区资金配套，产销平衡区和主销区要加强产粮大县建设，确保区域内粮田面积不减少、粮食自给水平不下降。要坚持放开市场，积极搞活流通，完善产销衔接，提高全社会节粮意识，强化从生产到消费全过程节粮机制。加强粮食领域国际交流合作，为改善全球粮食供给作出贡献。

（二）必须达到完善粮食购销价格、市场流通体制的要求。在2002年至2012年期间，中共中央、国务院反复强调，为了确保改革完善粮食购销价格、市场流通体制，进一步增强各地区粮食生产经营需求平衡安全能力，明确提出各地区、各部门必须统一思想认识，在国家宏观调控下，各省级政府要按照粮食省长负责制的要求，对本地区粮食生产经营，供求平衡安全，必须达到以下三项要求：

1. 要落实粮食省长负责制。主要包括：一是组织领导发展粮食生产，提高粮食综合生产经营能力，粮食主产区要稳定并逐步增加粮食产量，保障国家粮食安全，粮食主销区要保证粮食播种面积，确保必要的粮食自给率；二是建立对农民种粮直接补贴规章，确保地方应配套的粮食风险基金足额到位，合理确定对农民种粮直接补贴标准；三是组织协调粮食总量平衡，对粮食主产区和主销区，要按照互利互惠的原则，建立稳定的购销合作机制，主销区要积极支持主产区发展粮食生产，提供可靠的市场销路，并使自己有稳定的粮源保障。粮食主产区和主销区都要做好本区域内粮食供求总量的平衡，保证市场供应；四是保证地方储备的粮食达到国家规定的数量充足、产销对路、品质优良、调得动、用得上的目标；五是规范粮食市场流通秩序，禁止地区封销和地方保护行为，妥善解决历史包袱，化解各种矛盾，维护社会安定。

2. 要抓好国有粮食购销企业改革：一是劳动保障部门要指导企业要做好职工分流安置、再就业和社会保障工作；二是粮食行政管理部门机构和人员，要切实履行对全社会粮食流通监管的职责，做好国有粮食购企业的协调、监督、检查工作，进一步做好军粮供应、退耕（牧）、还林（草）用粮和贫困地区、水库移民、灾区人民口粮供应工作，确保供应及时、保量保质；三是国务院有关部门要密切配合落实粮食生产、收购、储备、销售各环节扶持政策；四是粮食行政管理部门要组织实施粮食市场流通体制改革和收购、储备、销售法规制度；五是财政部门要加强粮食风险基金分配使用监督管理；六是工商、质检、卫生等部门要按职责分工，加强粮食市场流通的监督管理。

3. 要制定实施粮食市场流通改革方案：一是各粮食主产省、自治区政府要制定周密的粮食市场流通体制改革方案，报国务院备案；二是各地区、各有关部门要周密部署、精心组织改革，及时总结经验，完善相关策略，确保粮食市场流通体制改革顺利推进。

（三）认真落实完善粮食购销价格，市场流通体制的方略规程。主要包括六项方略规程：一是放开粮食收购和价格；二是健全粮食市场流通体制；三是建立农民种粮补贴机制；四是转换国有粮食购销企业经营手段；五是完善银行信贷供应粮食收购资金制度；六是加强全国粮食市场流通管理监督。分别说明如下：

1. 放开粮食收购和价格方略规程。为此，在“十五”规划期间的2003年至2004年，国务院全面制定和实施了系列配套方略，一是全国人大第十一届一次会议于2003年3月14日通过的国务院《政府工作报告》提出，推进粮食购销市场化，是粮食流通体制改革，保护种粮农民群众利益的根本方向。1997年国家实行按保护价敞开收购农民余粮方略。1998年国家按保护价敞开收购农民余粮方略的同时，实行对国有粮食购销企业顺价销售、粮食收购资金封闭投入、加快国有粮食购销企业改革方略。2001年国家对粮食主产区继续按保护价敞开收购农民余粮的同时，实行放开主销区粮食收购市场和价格方略，收到明显效果。二是国务院于2004年5月23日发布的《关于进一步深化粮食流通体制改革的意见》提出，放开粮食收购和价格。为此，一要积极稳妥地放开粮食主产区的粮食收购市场和粮食收购价格，继续发挥国有粮食购销企业主渠道作用，组织开展多种市场主体单位从事粮食收购、供销活动，二要积极转换粮食收购价格由市场供求形成的机制，国家在充分发挥市场供求作用的前提下，实行宏观调控，充分发挥市场价格导向作用，切实保证市场供应，维护农民利益。

2. 健全粮食市场流通体系方略规程。为此，国务院于2004年5月23日发布的《关于进一步深化粮食流通体制改革的意见》提出，建立统一、开放、竞争、有序的粮食市场体系，继续办好农村集市贸易，加强粮食批发市场建设，提升粮食流通服务功能，引导企业入市交易，稳步发展粮食期货市场，规定粮食期货交易准则，取消粮食运输凭证制度和粮食准运证制度，严禁各种形式的粮食区域性封锁，形成公平竞争，规范有序、统一粮食市场流通体系。

3. 建立保护农民种粮补贴机制方略规程。全国人大第十届三次会议于2005年3月14日通过的国务院《政府工作报告》提出，从2004年起，全面实行对种粮农民的直接补贴方略。对粮食主产区实行直接补贴的粮食数量，原则上不低于前三年平均商品粮数量的70%。为此规定：一是直接补贴标准，按照能够补偿粮食生产成本，使种粮农民获得适当收益，有利于调动农民种粮积极性，促进粮食生产发展的原则确定；二是直接补贴对象，是粮食主产区种粮农民（包括农垦企业、农场种粮职工）；三是直接补贴办法，可以按农业计税面积补贴，可以按计税常年产量补贴，可以按粮食种植补贴，可以同种粮农民出售商品粮数量挂钩；四是直接补贴资金，要真正补贴到种粮农户，确实起到促进粮食生产发展和增加种粮农民收入的作用，由财政部会同发展改革委、农业部、粮食局等有关部门制定完善直接补贴办法；五是粮食风险基金优先用于对种粮农民直接补贴，2004年，国家对粮食主产区安排粮食风险基金 100 亿元，主要对种粮农民直接补贴；六是按照公开、公平、公正的规则，认真做好直接补贴的组织落实工作，保证种粮农民得到实惠。总之，从“十五”规划期间 2004 年，到“十二五”计划期间 2012 年，一是对种粮农民实行直接补贴，增加良种补贴和农机具购置补贴；二是对产粮大县增加转移支付投资；三是实施农业生产资料综合补贴；四是坚持和完善对重点产粮地区重点粮食品种实行最低收购价政策。

4. 转换国有粮食购销企业经营手段方略规程。国务院于 2004 年 5 月 23 日发布的《关于进一步深化粮食流通体制改革的意见》提出，进一步加快推进国有粮食购销企业经营手段改革。为此，一是对国有粮食购销企业实行政企分开，推进兼并重组，自主经营、自负盈亏，提高市场竞争能力，更好地发挥主渠道作用；二是对国有粮食购销企业产权制度加快改革，因地制宜实行企业重组，以现有仓储设施为依托，重组国有独资或国有控股的粮食购销企业，作为政府实行粮食宏观调控的龙头企业，改革国有粮食购销企业内部人事、劳动和分配制度，坚持按劳分配原则，建立以岗位为基础，与企业经济效益和个人贡献相联系的激励工资制度；三是对国有粮食购销企业职工和分流人员，统一纳入当地社会保障体系和再就业规划，保护职工合法权益，维护社会稳定；四是对国有粮食购销企业库存中以往按保护价收购的粮食，首先用于充实地方粮食储备和政策性供应粮源，以防止集中销售冲击市场粮价；五是对库存的陈化粮食，经国务院批准后，按计划统一组织定向销售，严禁倒卖和流入口粮市场。

5. 完善银行信贷供应粮食收购资金制度方略规程。国家农业银行、农业发展银行从 2005 年起，依照国务院发布的《关于进一步深化粮食流通体制改革的意见》提出完善银行信贷供应粮食收购资金制度的部署，组织落实三项方略：一是农业发展银行要保证国家粮食储备和政府调控粮的信贷资金需要，对中央储备粮和省级储备粮所需资金，有按计划保证供应，对地方政府为调控当地粮食市场供求所需资金，要及时足额提供贷款；二是农业发展银行对开户的国有粮食购销企业，要按企业风险承受能力确定发放收购资金贷款，建立以贷款风险控制为核心的信贷资金管理规章；三是各商业银行也要支持粮食生产经营，对符合贷款条件的各类粮食企业和经营者，应给予贷款支付。

6. 加强全国粮食市场流通管理监督方略规程。国家粮食、商业等部门按照国务院发布的《关于进一步深化粮食流通体制改革的意见》，切实加强全国粮食市场流通管理，严格维护粮食正常流通秩序，组织实施五项方略：一是严格执行粮食市场准入规章制度，要坚持多渠道经营，严格审核入市资格，凡是从事粮食收购的企业，必须经县级或县级以下粮食行政管理部门审核，并在工商行政管理部门注册登记后，方可从事粮食收购经营活动；二是继续发挥国有粮食购销企业的主渠道作用，增强政府对粮食市场流通调控能力，国有粮食收购企业要积极做好粮食收购和销售工作，尽可能多地掌握粮食来源，增加市场供应；三是加强对非国有粮食购销企业管理监督，地方各级政府要依法保障非国有粮食购销企业合法权益，充分发挥其搞活流通、保证市场供应的作用，同时要依法严格规模其合法经营活动，维护粮食市场流通秩序；四是强化粮食批发、零售市场管理监督，凡是从事粮食批发、零售的企业，要承担保证供应、稳定粮价的义务，省级政府可根据粮食供应情况规定本行政区域内粮食批发商、成品粮加工企业、连锁超市等粮食经营企业在正常情况下的库存数量；五是加大对粮食市场流通监管和调控力度，所有收购、批发、零售企业，都要建立粮食经营台账制度，定期如实报告粮食收购、销售和库存数量，不得囤积居奇、牟取暴利、哄抬物价、扰乱市场，也不得压级杀价。

九、组织攻坚完善农村物流产业、商品市场流通管理体制之路方略规程

中共十六届三中全会于 2003 年 10 月 14 日通过的《关于完善社会主义市场经济体制若干问题的决定》提出，继续完善农村物流产业、商品市场流通管理体制的宗旨、任务、要求等项方略。分别说明如下：

（一）继续完善农村物流产业、商品市场流通管理体制的宗旨。它是按照统筹城乡发展、统筹区域发展、统筹经济社会发展、统筹人与自然和谐发展的宗旨，更大程度地发挥市场在资源配置中的基础性作用，完善政府社会管理和公共服务职能，为全面建设小康社会提供市场经济体制保障。为此，继续完善农村物流产业、商品市场流通管理体制的宗旨有七项：一是推行公有制为主体、多种所有制经济共同发展的基本经济制度；二是建立有利于逐步改变城乡二元经济结构的体制；三是形成促进区域协调发展的机制；四是坚持全国统一组织领导的各地区农村市场经济体系；五是完善农村市场产品流通宏观调控行政管理、法制管理体制；六是实施农村居民就业、收益分配和社会保障制度；七是拓宽农村经济社会可持续发展的有效途径。

（二）继续完善农村物流产业、商品市场流通管理体制的任务。这是指健全农村商品市场流通体系，发展适应农林牧渔各业生产经营的物流产业，保持物价总水平基本稳定的任务。主要包括五方面：一是扶持农村商品市场流通基础设施建设；二是完善农村产品质量安全标准体系；三是加强农村产品出口基地建设；四是发展农村商品市场多元化流通主体；五是保持农村产品市场购销价格总水平基本稳定。为此，进一步完成以下五方面任务：

1. 扶持农村商品市场流通基础设施建设的任务，一是全面规划、布局合理，组织领导建设设施先进、功能完善、交易规范的农村产品批发市场，大力拓宽农村连锁经营、电子商务等现代流通渠道，加快建设“农村产品批发市场”、“农村现代化流通网络”和“农村商务信息服务”等项目工程；二是支持农民专业合作组织、农村产业化龙头企业等单位直接向城镇超市、社区菜市场和便利店配送农村产品。积极支持农村生产资料和农民日常消费品连锁经营市场建设，改善农民进城镇销售农村产品的市场环境，进一步规范农村产品期货市场。

2. 完善农村产品质量安全标准体系的任务，一是认真执行农村产品质量安全法，提高农村产品质量安全监管能力，加快完善农村产品质量安全标准体系。在重点地区、品种、环节和企业，推行标准化生产经营管理；二是继续加强农村产品生产环境维护、质量检测，依法保护农村产品注册商标、地理标志、知名品牌，加强对农村生产资料生产经营管理和农村产品质量安全标准监督管理。

3. 加强农村产品出口基地建设的任务，实行农村产品卫生注册和国际认证制度，支持农村产品出口企业在国际市场注册品牌，开展国际市场营销策划、产品推介活动。有关部门和行业协会要积极开展农村产品技能标准、国际市场促销等培训服务。要搞好农村产品出口信贷和保险服务。要减免农村产品出口检验检疫费用，简化检验检疫程序，加快农村产品出口通关速度，加强对大宗农村产品调控管理，维护农民群众从事农林牧渔各业产品生产经营收益。

4. 支持发展农村商品市场多元化流通主体的任务，组织培育农村经纪人、农村产品运销专业户和农村各种购销中介组织。通过财政、银行投融资方略，扶持农村产品市场多元化流通主体收购、运销、中介服务，培育农村产品产加销一条龙、农工贸一体化企业集团，提高经营活力和市场竞争力，推进农村供销合作社开展联合经营，鼓励农村邮政系统发挥邮递物流网络的优势，拓展农村产品市场多元化流通领域。

5. 保持农村产品市场购销价格总水平基本稳定的任务，为推行农村产品市场购销价格方略，在管好货币信贷总量、促进农村产品供求基本平衡的基础上，搞好价格调控，防止物价反弹。为此，一是坚持落实“米袋子”省长负责制和“菜篮子”市长负责制，保障粮食等产品有效供给，大中城市要有合理的菜地保有量，加强农村产品产运销衔接，搞好农业产品收储和投放，把抑制食品价格过快上涨，作为稳定物价的重点，增强农村产品市场流通调控能力；二是认真推行蔬菜等鲜活农村产品运输绿色通道、农村产品批发市场、社区平价菜店等扶持政策，坚决治理交通运输领域乱收费乱罚款，严厉查处发布虚假信息、囤积居奇、操纵价格等违法行为；三是大幅度提高粮食最低收购价，2012年小麦、稻谷最低收购价平均每公斤分别提高 0. 15 元、0. 32 元，保持农村产品价格合理水平，增强农民从事粮食等农林牧渔各业产品生产经营的积极性。

（三）继续完善农村物流产业、商品市场流通管理体制的要求，主要有四项：一是要加快健全农村商品市场流通体系，大力推进农村产品市场对内外开放，支持发展农村资本和其他要素市场，促进各地区农村产品和其他要素在全国自由流动；二是要切实把政府经济管理职能转到主要为市场主体服务上来，指导协调西部地区农村物流产业、商品市场流通管理体制建设，充分发挥中部地区农村市场经济综合发展优势，鼓励东部有条件地区领先完善农村物流产业、商品市场流通管理体制；三是要改革各级党委、政府宏观调控农村物流产业、商品市场流通管理、领导执政方式，拓宽农村产品产加销物流产业规模经营渠道；四是要健全与农村物流产业、商品市场流通管理体制相适应的教育、法制、督查并重的惩治和预防腐败体系。

（四）继续完善农村物流产业、商品市场流通体制的方略规程。主要包括五项坚持统筹持续发展方略：一是坚持完善农村商品市场流通管理体制方向，注重法规建设和体制创新，统筹城乡一体经济社会协调健康发展；二是坚持尊重群众首创精神，充分发挥中央和地方两个积极性，统筹区域农林牧渔各业合理布局发展；三是坚持正确处理改革与发展的关系，促进农民脱贫增收致富，统筹农村社会文教科技卫生保障事业全面发展；四是坚持统筹兼顾城乡、工农、乡村、农民各种利益关系，统筹农村居民生产生活与自然地理资源保护和生态环境建设科学规划设计、同步前进，共同发展；五是坚持以人为本、树立全面、协调、持续发展观，统筹农民脱贫增收致富与全面建设小康社会同步推进，持续发展。同时，进一步贯彻落实以下三项方略规程：

1. 在完善农村商品市场流通管理体制方略规程上：一是加快建立与现代农村产业体系发展相匹配的现代市场体系，重点是建设和改造一批区域性产地批发市场，支持产地批发市场储藏保鲜、物流配送能力建设，推动鲜活农村产品及时上市、安全上市、均衡上市；二是加大产销衔接力度，大力发展现代流通方式和新型流通业态，扶持“农超对接”，培育多元化、多层次的市场流通主体，构建开放统一、竞争有序的市场流通体系；三是坚持在扩大农村对外开放中，提高统筹利用国际、国内两个市场、两种资源的能力，坚持“引进来”和“走出去”相结合，实现优势互补，保障国内供给和产业安全，提升我国农村的综合素质和国际竞争力；四是强化市场价格运行监测分析，完善市场价格预测预警机制，搞好农村产品储备和进出口调节；五是针对不同品种制定不同的价格调控政策，努力保持粮食类基础性产品价格相对稳定，尽量减少大豆等贸易依存度高的产品价格大起大落，积极探索鲜活农村产品的有效调控方略。

2. 在继续保持农村商品市场流通物价总水平基本稳定方略规程上，要在组织推动农业和农村经济宏观调控、财政信贷资金投放、社会产品供求平衡、城乡共同繁荣基础上，实施调整价格、保持物价平稳方略。为此，一是要推行农业和农村经济持续发展、保障城乡人民生活供给的方略，继续把抑制食品价格过快上涨，作为稳定物价的重点，组织落实好“米袋子”省长负责制和“菜篮子”市长负责制，保障大宗农林牧渔各业产品供给；二是要推行农村产品市场搞活流通、降低农林牧渔各业产品供销成本的方略，坚持拓展农林牧渔业鲜活产品运输绿色通道，大力发展农林牧渔各业产品批发市场、集贸市场、社区平价菜店，开辟城乡一体农工商服务产品流通渠道，提高市场流通效率，降低种植、养殖、加工、运销成本，确保生产经营者和所需消费者都有收益；三是要加强农村商品市场流通监管、维护农林牧渔各业产品供销公平合理价格秩序的方略，加强对农林牧渔业产品产供销环节监督检查，坚决治理交通运输环节乱收费乱罚款，严格查处虚报信息、囤积居奇、操纵价格，恶意炒作、串通涨价、哄抬价格等违法案件。

3. 在继续加强农村商品价格调控监管方略规程上，一是要把稳定农村商品价格总体水平，作为宏观调控监管首要目标，充分发挥我国粮食等农林牧渔各业产品充足、国内外存款储备较多等有利条件，确保农林牧渔各业产品公平合理价格交易，抑制工商服务产品价格上涨势头；二是要加强农村商品价格调控监管，把握好政府调控监管农村商品价格时机、节奏和力度；三是大力发展农林牧渔各业产品生产经营，保障城乡人民生产、生活必需产品供应，落实“米袋子”省长负责制和“菜篮子”市长负责制；四是加强农村产品市场流通体系建设，积极开展城乡工农业产品生产与供销对接，拓宽运输“绿色”通道；五是完善农林牧渔各业产品收购储备制度，掌握好国家储备吞吐调控时机，增强市场调控能力；六是加强农林牧渔各业产品及其所需生产资料价格监督管理，维护市场流通秩序，坚持强化价格执法。

十、组织攻坚完善农村财政税务费用管理体制之路方略规程

在2003年至2012年这10年期间，中共中央、国务院坚持继续改革财政税务费用体制，进一步减免农民的税收费用负担，建立城乡财政税务统一管理体制，督促各地区政府财税部门：一要严格按照减免税收费用比例调减免到农户，真正让农民得到实惠；二要继续加强农民负担监督管理，防止农民负担加重；三要促使各级政府通过财政预算法制，确保转移支付资金专款专用于“三农”，及时足额下拨到位；四要推动乡镇政府精简乡镇机构和财政供养人员，积极稳妥地调整乡镇建制，有条件的可实行并村，清理和规范涉农行政事业性支出，加大生产经营建设性支出，发展壮大农村经济和农民脱贫增收实力。为此，一是明确指出农村财政税务费用管理体制改革完善的原因、形势、宗旨；二是明确规定农村财政税务费用管理体制改革完善的任务；三是切实提出农村财政税务费用管理体制改革完善的要求；四是全面落实农村财政税务费用管理体制改革完善的方略。

（一）农村财政税务费用管理体制改革完善的原由、形势、宗旨。首先，从原由上说，我国农村财政税务费用管理体制改革发展具备许多有利条件，也面对不少困难和挑战，特别是城乡二元结构造成的深层次矛盾突出。农村经济体制尚不完善，农林牧渔各业生产经营组织化程度低，农村产品市场体系、农林牧渔各业生产经营社会化服务体系、国家农林牧渔各业支持保护体系不健全，构建城乡经济社会发展一体化体制机制要求紧迫；农林牧渔各业发展方式依然粗放，农林牧渔各业基础设施和技术装备落后，耕地大量减少，人口资源环境约束增强，气候变化影响加剧，自然灾害频发，国际粮食供求矛盾突出，保障国家粮食安全和农林牧渔各业主要产品供求平衡压力增大；农村社会事业和公共服务也水平较低，区域发展和城乡居民收入差距扩大，改变农村落后面貌任务艰巨；农村社会利益格局深刻变化，一些地方农村基层组织软弱涣散，加强农村民主法制建设、基层组织建设、社会管理任务繁重。总之，农林牧渔各业基础仍然薄弱，最需要加强；农村发展仍然滞后，最需要扶持；农民增收仍然困难，最需要加快。为此，中共中央、国务院强调，各地区党委、政府必须居安思危、加倍努力，不断推进农村财政税务费用管理体制改革完善，巩固和发展农村好形势。

1. 从形势上着想，中共中央、国务院提醒各级党委、政府告诫全党全国人民必须深刻认识到，农林牧渔各业是安天下、稳民心的战略产业，没有农林牧渔各业现代化，就没有国家现代化，没有农村繁荣稳定，就没有全国繁荣稳定，没有农民全面小康，就没有全国人民全面小康。我国总体上已进入以工促农、以城带乡的发展阶段，进入加快改造传统农业、走中国特色的农业现代化道路的关键时刻，进入着力破除城乡二元结构、形成城乡经济社会发展一体化新格局的重要时期。要牢牢把握我国社会主义初级阶段的基本国情和发展的阶段性特征，适应农村改革发展新形势，顺应全国农民过上美好生活新期待，抓住时机、乘势而上，努力开辟中国特色农业现代化的广阔道路，奋力开创社会主义新农村建设的新局面。

2. 从宗旨上看，中共中央国务院把建设社会主义新农村，走中国特色农业现代化道路，加快形成城乡经济社会发展一体化新格局作为战略宗旨，坚持工业反哺农业、城市支持农村和多予少取放活方针，创新体制机制，加强农林牧渔各业生产经营基础设施建设，增加农民收入，保障农民权益，促进农村和谐，充分调动广大农民的积极性、主动性、创造性，推动农村经济社会又好又快发展。

（二）农村财政税务费用管理体制改革完善的任务。总体说，中共中央，国务院根据中共十七大提出的实现全面建设小康社会奋斗目标和建设生产发展、生活宽裕、乡风文明、村容整洁、管理民主的社会主义新农村目标，明确规定，到2020年，农村经济社会体制改革基本任务是：一是农村经济体制更加完善，城乡经济社会发展一体化体制机制基本建立；二是农林牧渔各业生产经营基础设施建

设取得显著进展，农林牧渔各业综合生产经营能力明显提高，国家粮食安全和农林牧渔各业产品供给得到有效保障；三是农民人均纯收入持续增强，农村经济实力不断增强，消费水平大幅提升，绝对贫困现象基本消除；四是农村基层组织建设进一步加强，村民自治制度更加完善，农民民主权利得到切实保障；五是城乡基本公共服务均等化明显推进，农村文化进一步繁荣，农民基本文化权益得到更好的落实，农村人人享有接受良好教育的机会，农村基本生活保障、基本医疗卫生制度更加健全，农村社会管理体系进一步完善；六是资源节约型、环境友好型农林牧渔各业生产经营体系基本形成，农村人居和生态环境明显改善，可持续发展能力不断增强。为此，进一步具体规定农村财政税务费用管理体制改革完善的六方面任务，分别说明如下：

1. 农民收入逐渐增加、负担切实减免的任务。2003 年 1 月 16 日，中共中央、国务院发布的《关于做好农业和农村工作的意见》指出，完成确保农民逐渐增加收入、切实减免农民负担的任务。为此，一是必须改革、完善农村税收征管制度，把农民各种税收费用纳入规范化、法制化轨道。财政税务征管机关要坚持依法征税，保护农民合法权益。农民要依法纳税，履行应尽义务。同年 3 月 27 日，国务院发布的《关于全面推进农村税费改革试点工作的意见》指出，必须加强和规范农村税收及其附加征收工作，要实行财税征管机关负责征税、聘请协税员协税的农村税收征管制度。二是必须完善农村税收减免制度，农村税收及其附加灾歉减免，要坚持执行“轻灾少减、重灾多减、特重全免”的规定。要注意解决好毗邻地区同等耕种条件土地的农业税负担相差悬殊的问题，促进农村税收征收减免公平合理。

2. 农村教育行政管理、财政转移支付体制完善的任务。2005 年 6 月 6 日，国务院发布的《关于全面推进以税费改革为重点的农村综合改革报告》指出，从 2006 年开始，重点完成以乡镇机构、农村义务教育行政管理和县乡财政转移支付体制等为主要内容的综合改革的任务。为此，一是必须在积极稳妥地推进乡镇机构改革上：一要抓转变职能，努力建设服务型，法治型政府；二要抓事业单位整合与改革，合理区分公益性事业和经营性事业，实行分类管理；三要妥善安排分流人员。二是必须在加大农村义务教育管理体制改革的力度上：一要明确各级政府对发展农村义务教育的责任，巩固以政府投入为主的经费保障机制；二要加快改革农村教育行政管理体制，严格教师资格制度，精简教师队伍，提高教师素质；三要建立城乡教师交流制度，继续做好农村中小学校布局的合理调整工作，提高教育资源使用效率。三是必须在进一步改革县乡财政转移支付体制上：一要完善省以下财政管理体制，提高县乡财政自我保障能力；二要规范财政转移支付制度，加大对困难地区转移支付力度；三要改革县乡财政管理方式，推进省直管县的财政管理方式。

3. 农村各种类型债务全面清理彻底化解的任务。2003 年 3 月 27 日，国务院发布的《关于全面推进农村税费改革试点工作的意见》提出，农村各种类型债务全面清理彻底化解的任务。为此，在督促各地区政府及部门组织开展农村各种类型债务全面清理彻底化解上，完成三方面任务：一是必须加快推动农业和农村经济发展，深化农村财经社会综合改革，积极通过债权债务抵冲、依法削减高利贷、加强内部控制、节约开支、盘活集体存量资产，逐步清理化解农村债务；二是必须分别清理化解各种类型债务，对乡镇政府机构债务问题，要靠发展乡镇企业、完善乡镇财政收支管理体制解决，对村级各种债务问题，要在防止新债的基础上，摸清底数，分清责任，确定债务对象，采取切实可行方式方法，逐步化解；三是必须对各地区改革前农民的税费尾欠，进行核实、登记、归类，对不符合有关政策规定的，要予以核销，不得再向农民追缴，对符合减免规定的税费尾欠，要给予减免，对农民历年形成的农村税收、乡镇统筹和村级提留费尾欠，要采取先挂方式，通过增强农村集体经济和农户经济的实力后，再作处理。

4. 农村涉农收费整顿监督管理的任务。在切实加强涉农收费整顿监督管理上，各地区要清理整顿监督涉农收费项目，加强对农村中小学生就学、计划生育指标审批、农村结婚登记、农民建房、农民外出务工等方面乱收费专项治理。为此，组织完成两方面任务：一是必须在国家规定的环节、范围和标准内收费，不得超范围、超标准收费，农村经营服务性收费应按照自愿、有偿原则，向农民收取，并实行公示制度，严格执行受益交费、计量收费的原则；二是必须切实加强涉农收费监督管理，任何地方和部门一律不得出台涉及农民负担的行政事业收费和政府性基金和集资项目。

5. 农村公共公益生产经营、社会保障事项管理的任务。在严格执行村内“一事一议”筹资投劳制度上，各地区要适应新形势，转变观念，统筹安排农村公益事业项目，坚持走群众路线，严格制定和执行村内“一事一议”的议事范围、议事程序和量力而行的制度，维护农民的民主权利，支持农民自觉自愿筹资投劳。为此，一是在议事范围上，规定村内生产经营收益性和公共公益保障性项目；二是在议事程序上，以村为单位，统一组织农民商议、民主表决、签字认可、防止强迫命令。

6. 农村基本经营制度保持长久稳定完善的任务。全国人大第十一届二次会议至五次会议于2009年3月13日至2012年3月14日通过的国务院《政府工作报告》提出，必须完成四方面任务，一是保持长久稳定农村基本经营制度，现有土地承包关系要保持稳定并长久不变，赋予农民包括离乡农民工的土地承包经营权。坚持实施最严格的耕地保护制度和最严格的节约集约用地制度，落实农村土地所有使用权制度。二是坚持完善农村基本经营制度，健全耕地、林地、草原等承包经营制度，健全农村土地综合开发治理复垦整理制度，实施严守保护耕地和基本农田奖惩制度，改革完善农村集体林业土地和牧区草原所有权、承包经营权、使用权流转监督管理制度。三是坚定维护农村基本经营制度，认真搞好土地确权登记颁证，土地承包经营权、宅基地使用权、集体收益分配权是农民的财产权利，任何人都不能侵犯，切实保护农民合法权益。四是坚持加强农村土地承包经营权流转管理和服务，在推动土地承包经营权有偿流转基础上，发展农民专业合作社等多种组织生产经营形式，健全社会化服务体系，提高现代农林牧渔各业生产经营组织化、规模化、社会化、市场化水平。

（三）农村财政税务费用管理体制改革完善的要求。概括地说，中共中央、国务院强调提出，农村社会经济体制综合改革的六项原则要求：一是统一思想认识，明确战略方向；二是加强组织领导，扎实稳步前进；三是积极探索实践，及时调研总结；四是典型示范推动，全面协调推进；五是修正完善制度，统筹兼顾开展。具体说，必须达到以下五项要求：

1. 统一思想认识，明确战略方向的要求。从2001年至2006年历经6年实践，逐年减免农村税收费用，到2006年全国免除农村税收费用，农民税费负担免除，公共财政覆盖农村步伐加快，统筹城乡发展取得进展。2007年3月16日，全国人大第十届五次会议通过的国务院《政府工作报告》提出全面推进农村综合改革，是巩固农村财政税务费用管理体制，推动农村经济基础建设和社会保障事业发展的迫切需要，它涉及农村政治、经济、文化、社会等各方面领域，关系到农村生产关系和上层建筑变革，具有重大意义。为此，一是要统一思想认识，切实解决农村经济社会发展问题，消除加重农民负担的体制性因素，从法制上防止加重农民负担，调整完善农村生产关系和上层建筑，进一步解决和发展农村生产力，为新农村建设提供体制保障，调整国民收入分配格局，扩大公共财政覆盖农村范围，促进城乡资源合理配置，为新农村建设提供必需财力扶持，转变农村基层政府职能，加强农村社会管理，搞好农村公共服务，保障农村经济社会健康发展。二是要明确战略目标，加快农村政府机构改革、农村义务教育改革和县乡财政管理体制改革，逐步建立精干高效的农村行政管理体制和运行机制、覆盖城乡的公共财政制度、政府保障的农村义务教育体制，促进农民增加收入、减轻负担和农村社会事业发展，全面推进社会主义新农村建设。

2. 加强组织领导、扎实稳步前进的要求。概括说，中共十六届三次会议于2003年10月14日通过的《中央关于完善社会主义市场经济体制若干问题决定》要求，全国各级党委、政府必须加强农村财政税收管理体制改革完善工作组织领导。中共十六届六次会议于2006年10月11日通过的《中共中央关于构建社会主义和谐社会若干重大问题的决定》要求，全国各级政委、政府领导必须扎实稳步完善农村公共财政制度，逐步实现基本公共服务均等化。全国人大第十一届一次至五次会议通过的国务院《政府工作报告》都明确提出，全国各级政府及部门加强农村财政税务费用管理体制改革完善组织领导，扎实稳步推进农村财政税务费用管理体制改革工作。具体说，必须达到四项要求：一是组织领导农村财政管理体制改革，明确规定各级政府的财政支出责任，改革财政预算转移支付制度，扎实进行税收制度改革，按照简税制、宽税基、低税率、严征管的规则，稳步推进税制改革，在统一税政前提下，赋予地方适当的税政管权，逐步实现城乡税制统一，实行综合和分类相结合的个人所得税制；二是完善农村公共财政管理体制，调整财政收支结构，把更多财政资金投向农村公共服务领域，加大财政在农村教育、卫生、文化、就业再就业服务、社会保障、生态环境、公共基础设施、社会治安等方面的投入，完善财力与事权相匹配的财税体制，加大财政转移支付力度，促进转移支付规范化、法制化，落实财政奖励补助政策，完善省以下财政管理体制，着力解决县乡财政困难，增强基层政府提供公共服务能力；三是清理农村行政事业性收费和政府性基金，推行省直管县财政管理方略，健全公共财政体系，完善财政转移支付制度，增强地方政府提供农村基本公共服务能力，完善农村基本财力保障机制，增强财政预算的透明度；四是构建有利于农村经济发展的财税管理体制，完善县级财力和事权相配套财税管理体制，清理和组合乡级转移支付项目，完善村级基本财力保障机制。

3. 积极探索实践，及时调研总结的要求。概括说，我国农村财政税务费用管理体制改革完善探索起步，是从1990年到1999年整顿农村税收征收减免工作，减轻农民税收负担开始的。1990年初，国务院在组织有关部门调查研究的基础上，发布了《关于切实减轻农民负担的通知》。同年9月，中共中央、国务院发布了《关于坚决制止乱收费乱罚款和各种摊派的决定》，把减轻农民负担工作纳入了全国治理“三乱”的总部署。同年12月，公布了《农民承担费用和劳务管理条例》。1993年，取消或暂停了上百项达标升级活动和对农民不合理收费及负担项目。1996年，中共中央、国务院在总结前几年农民减轻负担工作经验的基础上，发布了《关于切实做好减轻农民负担工作的决定》，规定了减轻农民负担的“约法三章”。1998年10月，国务院成立了农村税费改革工作领导小组办公室，为减轻农民负担，由治乱减负适时地转向税费改革做准备。2000年3月，中共中央、国务院发布的《关于进行农村税费改革试点的通知》提出，在安徽全省进行改革试点，正式启动了农村税费改革。2001年，又在江苏省试点。2002年，在总结安徽、江苏等地区试点经验的基础上，将试点范围扩大到20个省（自治区、直辖市）。2003年3月27日，国务院正式发布的《关于全面推行农村税费改革试点工作的意见》提出，按照国务院统一部署，从2003年起，必须达到四项要求，一是要对上年全国20个省（自治区、直辖市）以省为单位进行农村税费改革试点，其他省继续在部分县（市）进行试点。地方各级党委、政府要高度重视并精心组织试点工作，中央各有关部门要注意加强配合和指导，及时处理改革中遇到的矛盾和问题，为全面推进农村税费改革积累经验。实践证明，农村税费改革是减轻农民负担的治本之策，有力地推进了农林牧渔各业和农村经济持续发展，促进了农民收入增长，推进农村社会保障事业健康发展。二是要在全国各地区进一步总结经验教训、修正调整规则的基础上，全面推进、分类指导，对于试点的地区，要进一步落实各项改革政策，加快推进各项配套改革，建立确保农村基层组织正常运转和农村义务教育经费投入保障制度，完善改革后农民负担监督管理约束监督调控体制机制。三是要按照中央有关规定精神，对准备试点的地区，认真制定试点方案，于2004年4月15日前，报国务院审批后，中央财政安排一定资金支持地区试点工作，试点地区各级财政都要加大对试点的支持力度，千方百计安排足够资金，用于农村税费改革，坚持专款专用，确保顺利推进试点工作。

4. 典型示范推动，全面协调推进的要求。2005年6月6日，国务院农村税费改革领导小组办公室在全国试点工作会议上报告中指出，全国农村税费改革试点已经取得了显著成效：一是全国农民减轻税费负担，2004年比1999年减少815亿元，农村人口人均减轻91元；二是延续几千年的农业税、牧业税、农林特产税等农村税费即将全部取消，从1990年至2004年期间，经历了整治乱收税费、规范征收税费制度、逐步减免税费、全国取消税费四个阶段；三是从农村税费改革延伸到乡镇机构改革、农村义务教育改革和县乡财政管理体制等方面综合改革，带动农村上层建筑的变革和进步。为此，国务院于2006年6月18日发布的《关于做好农村综合改革工作有关问题的通知》指出，为了巩固发展农村税费改革成果，贯彻执行中共中央、国务院《关于推进社会主义新农村建设的意见》的部署，必须达到三项要求：一是在乡镇机构改革要求上，坚持因地制宜、精简效能，权责一致的原则，转变政府职能，精简机构人员，提高行政效率，建立行为规范、运转协调、公正透明，廉洁高效的基层行政管理体制和运行机制，组织开展农村公益基础设施建设；二是在农村义务教育改革要求上，建立政府投入办学、各级责任明确、财政分级负担、经费稳定增长的农村义务经费保障机制，推进农村义务教育综合改革，提高教育质量，促进教育公平；三是在农村财政管理体制改革要求上，建立健全与事权相配套的省以下财政管理体制，明确界定县乡政府财政收支责任，加大对县乡政府转移支付力度，完善财政对乡村级奖励、补助政策，切实增强基层政府经费保障能力，确保不断增加对农林牧渔各业生产经营建设和文教卫生医疗等社会保障事业的资金投入力度。逐步形成以政府投入为主导、农民自愿投资投劳、社会各界参与投入的多元化经营体系，确保农民脱贫增收、农村经济实力增强、社会保障事业发展。

5. 修正完善制度，统筹兼顾发展的要求。从2003年至2012年期间，中共中央、国务院在组织领导各级党委、政府开展农村财政税务费用管理体制改革完善进程中，逐步认清形势、统一思想、明确方向、确定任务、提出要求，必须达到六项要求：一是逐步修正、充实、提升农村财政税务费用管理体制改革完善的原由、形势、方向、任务、要求、方略；二是逐步组织开拓乡镇级、县市级、省级农村财政税务费用管理体制改革完善试点经验总结推广途径；三是逐步组织完成整治农村乱收税费、减少税费、取消税费工作任务；四是逐步努力达到农民收入持续增加、农村税费持续减少消除的目标；五是逐步修正健全农村债务、涉农收费清理整顿监督管理规章制度；六是逐步改革完善农村经济社会体制、财政税收管理体制及其组织领导督察惩处机制。

（四）农村财政税务费用管理体制改革完善的方略规程。概括说，为确保完成上述六方面任务，切实达到上述五项要求，必须贯彻落实五项方略规程，一是必须巩固和加强农业基础地位，始终把解决好十几亿人口吃饭问题作为治国安邦的头等大事的方略。坚持立足国内实现粮食基本自给方针，加大国家对农林牧渔各业支持保护力度，加快现代农林牧渔各业生产经营基础设施建设，奠定农林牧渔各业全面稳定发展坚实基础。二是必须切实保障农民权益，始终把实现好、维护好、发展好广大人民根本利益，作为农村一切工作出发点和落脚点的方略。坚持以人为本，尊重农民意愿，着力解决农民最关心、最直接、最现实的利益问题，保障农民政治、经济、文化、社会权益。三是必须不断解放和发展农村社会生产力，始终把改革创新作为农村发展根本动力的方略。坚持不懈推进农村改革和制度创新，提高改革决策的科学性，增强改革措施的协调性，调整不适用农村社会生产力发展要求的生产关系和上层建筑，使农村经济社会发展充满活力。四是必须统筹城乡经济社会发展，始终把着力构建新型工农、城乡关系作为加快推进现代化的重大方略。统筹农业现代化、工业化、信息化、城镇化同步建设，加快建立健全以工促农、以城带乡长效机制，巩固和完善强农惠农政策，把国家基础设施建设和社会事业发展重点放在农村，推进城乡基本公共服务均等化，实现城乡、区域协调发展，使广大农民平等参加现代化建设、共享改革发展成果。五是必须坚持党管农村工作，始终把加强和改善党对农村工作的领导，作为推进农村改革发展的政治保证的方略。坚持一切从实际出发，坚持党在农村的基本政策，加强农村基层组织和基层政权建设，完善党管农村工作体制机制和方式方法，保持党同农民群众的血肉联系，巩固党在农村的执政基础，形成推进农村改革发展强大合力。具体说，进一步落实四项方略规程：其一是农村税费逐步减免消除方略规程；其二是农村社会经济体制综合改革完善方略规程；其三是农村社会和谐安定维护治理方略规程；其四是农村经济社会体制综合改革完善督察领导方略规程。分别说明如下：

1. 农村税费逐步减免消除方略规程。主要包括：一是依法据实核定减免方略。这是指财税征管机关在组织调查、评估核实农业税收计税面积时，对因自然灾害、合法征占减少的耕地，应据实核减。对未经合法审批，长期建设占地、农村兴办公益事业占地等因素减少的计税土地，应先据实核减，并由占地单位按规定补办审批手续和补缴税款；各地区应结合实际，逐步缩小农业特产税征收范围，降低税率，为最终取消这一税种创造条件。二是依据全国人大第十届二次会议于2004年3月14日通过的国务院《政府工作报告》，除了烟叶外，取消农业特产税，每年可使农民减轻农民负担48

亿元。从2004年起，逐步降低农业税率，平均每年降一个百分点以上，五年内取消农业税。2004年，农业税率降低，使农民减轻负担70亿元。为支持农村税费改革，本年中央财政安排396亿元，用于转移支付农民生产经营建设补贴。三是依据国务院农村税费改革领导小组办公室于2005年6月6日发布的《关于全面推进以税费改革为重点的农村综合改革报告》说明，从1990年中央开始抓减轻农民负担工作算起，农民减轻负担和农村税费改革已经到2005年的16年期间，划分为三个阶段：第一阶段从1990年至1999年，为减轻农民负担工作，由治乱减负适时地转向税费改革做准备；第二阶段从2000年3月至2003年3月，按照减轻、规范、稳定的目标，推进农村税费改革试点，实现确保农民负担明显减轻、确保农村义务教育经费正常需要、确保乡镇机构和村级组织正常运转的“三个确保”的目标；第三阶段从2004年起，在全国降低农业税的税率，还选择了黑龙江、吉林两省进行全部免除农业税的试点，并取消除烟叶外的农业特产税。同时，对种粮农民实行直接补贴、对部分地区农民进行良种补贴和购置农机具补贴。这“两减免”“三补贴”的方略，使农民直接得到实惠450亿元；四是从2000年开始的正税清费，按照减轻、规范、稳定的原则，取消乡统筹、村提留和各种专门面向农村的集资摊派及行政事业性收费；从2004年开始的减免征农业税，到2006年在全国范围内彻底取消农业税。平均每年减轻负担1200多亿元，进一步理顺了农村生产经营收益分配关系，消除了农民的税费负担，拓宽了统筹城乡一体经济发展途径。

2. 农村社会经济体制综合改革完善方略规程。国务院于2006年10月8日发布的《关于做好农村综合改革工作有关问题的通知》提出，全面落实取消农业税、牧业税、农林特产税等农村税费方略。各地区、各有关部门要全面执行和落实2006年全国范围内取消农业税等农村税费方略，及时研究解决取消农业税等农村税费后出现的新情况、新问题。为此，进一步强调落实两项方略，一是中央财政将继续安排专项转移支付资金，对地方财政减少的收入给予适当补助。妥善处理历年农业税等农村税费征收尾欠，是否清收由政府决定。各地区要切实好农村税费征管体制调整和征管人员转岗安置工作。有关部门要制定涉及农村税费改革相关法规制度。二是稳定开展化解乡村债务，各地区要继续按照中央要求，扎实开展化解乡村债务工作，在合理划分债务类别、加强监察审计、规范乡村财务管理的基础上，清理核实债务底数，锁定旧债，结合实际情况，确定化解债务的优先顺序，区别轻重缓急，注意优先化解与农民利益直接相关、基层矛盾比较集中的农村义务教育、基础设施建设和社会公益事业发展等方面的债务，建立偿债奖励机制，支持基层推进化解债务工作。

3. 农村社会和谐安定维护治理方略规程。主要包括：一是维护农村社会和谐安定方略规程。高度重视维护农民群众合法权益，正确处理人民内部矛盾，及时合理解决群众反映的问题，坚决纠正损害群众利益的行为，健全农村社会矛盾纠纷协调化解机制，引导农民以理性合法的方式表达利益诉求，加强农村社会安全稳定综合治理；二是坚持强化政府社会管理职能，广泛动员和组织农民参加农村整合人口、就业、社保、民政、卫生、文化等社会组织管理，发挥社会组织作用，完善社会组织管理体系，以城乡社区为载体，以城乡居民生产生活需求为导向，增强农村社会组织管理和社会化服务管理职能，健全农村基层政府行政管理与村民自治有机结合体系；三是加强农村基层政府行政管理和公共服务职能，引导农民自觉自愿参加各种专业合作组织，发挥农民各种专业组织在农村社会管理中积极作用，建立健全农村社会法律援助体系；四是坚持农村公务决策民主，切实保障农民当家作主的民主权利，特别是保障农民的选举权、知情权、参与权、表达权和监督权。进一步扩大民主，健全农村基层组织和民主管理法规制度，组织落实督查奖惩法规制度。

4. 农村经济社会体制综合改革完善督查领导方略规程。国务院于2003年3月27日发布的《关于全面推进农村税费改革试点工作的意见》提出加强督促检查、严肃改革纪律的方略。2006年10月8日，国务院发布的《关于做好农村综合改革工作有关问题的通知》提出，创新农民负担监督管理机制，加强对农村综合改革工作组织领导的方略。在2003年至2012年这10年期间，国务院对农村经济社会体制改革完善的方略，主要包括三项：一是各地区要建立健全监督检查制度，改进督查方式，采取日常督查与重点检查、定期督查与随机抽查、明查与暗查相结合的方式，加大监督检查力度，各地区要建立健全农村税费改革工作责任追究制度，对违反农村税费改革政策的顶风违纪行为，必须依法严肃处理，认真落实涉及农民负担案件责任追究制。今后，凡是发现违反有关规定乱收费，或者歪曲中央改革方略加重农民负担的，必须追究县（市）、乡镇党委、政府主要领导责任，中央财政相应地扣减转移支付资金。二是各地区要继续坚持减轻农民负担工作，政府主要领导负责制和谁主管、谁负责的责任制，坚持标本兼治、预防与查处相结合的原则，创新农民负担监督管理机制，严格规范涉及农民负担的行政事业收费、罚款管理，深入开展对农村义务教育和农民建房、计划生育等方面乱收费、乱罚款、乱集资的专项治理，重点加强对农林牧渔各业生产经营建设投融资安排分配使用监督管理，加强对村级组织收费监督管理，进一步规范村级组织开支标准和范围。严禁有关部门、村级组织擅自设立项目向农民收费，或采取押金、违约金、罚款等不合法方式，约束农民，管理村务。三是各地区、各部门要从政治和全局的高度，正确认识推进农村综合改革的重要性、紧迫性、艰巨性、长期性，切实加强对农村经济社会体制综合改革完善的组织领导，统筹规划部署，超前提示指导、及时协调督查、精心组织实施。各级党委、政府继续坚持党政主要领导亲自抓、负总责的做法，建立健全农村社会经济体制综合改革领导小组及办事机构，配备必要专职人员，为推进农村社会经济健康发展，全面发挥提示指导、组织领导、协调和解、督查奖惩的作用。

十一、组织攻坚健全农村文教卫生医疗低保养老社会保障体系之路方略规程

中共中央、国务院从“十五”规划期间的2003年至“十二五”规划期间的2012年，为了大力发展农村先进文化事业，重点扶持农村义务教育，保持农村稳定计划生育，健全农村卫生医疗服务体系，促进农村最低生活保障养老保险事业发展，推动各地区党委、政府及部门贯彻落实以下五项方略：

（一）大力发展农村先进文化事业方略规程：一是加强农民思想道德建设，弘扬以爱国主义为核心的民族精神，树立集体主义、社会主义思想观念，深入开展农民群众性精神文明创建活动，坚持不懈地进行“扫黄打非”活动；二是加强农村基层文化建设，重点加强乡镇文化馆、图书馆、文艺活动站和村文化室建设，组织推动广播电视村村通、文化信息资源共享、农村电影放映、农家书屋等文化惠民工程建设，扩大覆盖、消除盲点、提高标准、完善服务、改进管理；三是加大对革命老区、民族地区、边疆地区、贫困地区农村文化服务网络建设扶持力度，从中央到地方各级政府设立农村基层文化建设专项资金，保证一定数量资金用于乡镇、村文化建设；四是建立以城带乡联动机制，合理配置城乡文化资源，鼓励城镇对农村进行文化帮扶，把支持农村文化建设，作为城镇创建文明的一项任务，鼓励文化单位面向农村提供流动服务、网点服务。

（二）重点扶持农村义务教育事业方略规程。要大力普及和巩固农村九年义务教育，从2006年起用两年时间，全部免除农村义务教育阶段学生学杂费，继续对贫困家庭学生免费提供教科书、补助寄宿生生活费。将农村义务教育全面纳入国家财政保障范围，建立中央和地方分担的农村义务教育保障机制，坚持大力提高农村义务教育阶段中小学公用经费保障水平，建立农村中小学校舍维修改造投入机制。为此，一是在“十五”规划时期，国家财政新增义务教育经费累计2182亿元。在全国农村普遍实行免除学杂费的义务教育，这是我国教育发展史上的一个重要里程碑，对全面提高国民素质产生重大深远的影响，解决农民工子女义务教育阶段上学困难问题，让每个孩子都有平等接受义务教育的机会。继续扎实推进西部地区农村义务教育攻坚计划，确保如期实现计划目标。二是在“十一五”规划时期，中央财政投入100亿元，实施农村初中学校改造计划，地方政府财政也相应增加这方面投入，继续解决好农民工子女接受义务教育问题，确保全面完成西部地区农村义务教育攻坚计划任务，加快农村中小学现代远程教育进展，让所有孩子都能上得起学、上好学。要把发展职业教育放在更加

突出的位置，使教育真正成为面向全社会的教育，这是一项重大变革和历史任务。三是在“十二五”规划时期，加快推进中西部地区农村初中校舍改造和全国农村中小学校舍安全工程建设，尽快使所有学校的校舍、设备和师资达到规定标准，为农村中小学班级配备多媒体远程教学设备，让广大农村、特别是边远地区农村的孩子共享优质教育资源，进一步加强农村儿童教育和特殊教育学校建设，因地制宜布局农村中小学校，处理好提高教育质量和方便孩子们就近上学的关系，办好农村寄宿学校，组织完成好农村义务教育学生营养改善计划任务，确保孩子们学习进步、身体健康。

（三）保持农村稳定计划生育事业方略规程。要继续推行全国人口发展战略，稳定农村计划生育政策，保持低生育水平，提高人口素质，扩大对农村部分计划生育家庭实行奖励扶持制度，开展少生快富扶贫工程建设，做好老龄人口工作，关心和支持残疾人事业。为此，一是在“十五”规划时期，统筹解决人口问题，继续落实计划生育政策，稳定低生育水平，提高出生人口质量，综合治理出生人口性别比例偏高问题，全面实行农村计划生育家庭奖励扶助制度，扩大农村少生快富工程实施范围，健全城乡流动人口计划生育管理服务体系。二是在“十一五”规划时期，做好城乡人口和计划生育工作，稳定低生育水平。从2009年开始，在全国农村实行住院分娩补助政策，定期为孕产妇做产前检查和产后访视，为3岁以下婴幼儿生长发育检查，加强出生缺陷预防工作。将农村部分计划生育家庭奖励扶助标准，由人均600元提高到720元。在农村妇女中开展妇科疾病定期检查，保护妇女和未成年人权益。三是在“十二五”计划时期，从2011年起加强出生缺陷干预，将免费孕前优生健康检查扩大到60%县属农村，做好孕产妇和婴幼儿保健工作，农村妇女住院分娩达到95%以上，加快建立健全老年人社会服务体系，加强公益性养老服务设施建设。加快实现计划生育优质服务全覆盖，提高农村部分计划生育家庭奖励扶助、特殊扶助标准，扩大农村妇女宫颈癌、乳腺癌免费检查覆盖面，提高妇女儿童发展和权益保障水平。

（四）健全农村卫生医疗服务体系方略规程。一是在“十五”规划时期，加快农村卫生医疗服务体系建设，组织实施农村医疗服务体系建设与发展规划，健全县、乡、村三级卫生医疗服务体系和网络。在五年内国家财政投入200多亿元，对乡镇卫生院房屋和设备进行修建和改造，加快推进新型农村合作医疗制度建设，从2006年起，中央财政和地方财政对参加合作医疗农民的补助标准，由20元提高到40元，为此，中央财政增加支出42亿元。到2008年，要在全国农村基本建立新型合作医疗制度和医疗救助制度，实行城镇卫生医疗人员定期到农村服务制度。二是在“十一五”规划时期，加快建立覆盖城乡居民卫生医疗制度，在全国农村全面推行新型合作医疗制度，到2010年将筹资标准，由每人每年50元提高到100元，其中国家中央与地方财政对农村新型合作医疗补助标准，由每人每年元40提高到80元，健全城乡医疗补助制度。要在西部地区农村实行住院分娩补助政策，推进城乡医疗服务体系建设，健全农村三级卫生医疗服务网络。要开展农村儿童白血病、先天性心脏病医疗保障试点，切实推行加强农村卫生医疗机构和队伍建设政策。三是在“十二五”规划时期，完成农村三级卫生医疗服务网络，加强农村重大传染病、慢性病、职业病、地方病和精神疾病预防控制和规范管理，大力发展中医药和民族医药事业，建立重大疾病救助机制，全面开展儿童白血病等20种重大疾病救助工作。从2013年起农村新型合作医疗财政补助标准，由每人每年240元提高到280元，人均基本公共卫生服务经费标准，由25元提高到30元。

（五）促进最低生活保障养老保险事业发展方略规程。主要是指对农村五保户、特困户、灾民基本生活保障，对军烈属等优抚对象抚恤，对农村老人养老和儿童健康保院等项方略，从“十五”规划期间2003年至“十二五”规划期间2012年完成：一是在“十五”规划时期，有条件的地区可探索建立农村居民最低生活保障制度，完善农村五保户供养、特困户救助、灾民救济等制度，增加资金扶持并提高救助标准。逐年加大、扶贫投入和工作力度，进一步减少贫困人口，监督落实军烈属优抚政策，积极发展农村福利事业和慈善事业，开展多种形式的捐助和扶持活动。促使失去父母的儿童、没有生活来源的老人和残疾人，得到更多的关怀和帮助，完善城乡社会救助体系，在全国城乡建立最低生活保障制度。二是在“十一五”规划时期，建立健全城乡社会保障体系，制定适合农民工特点的养老保险办法，鼓励各地方开展农村养老保险工作，完善失业、工伤、生育保险制度，加强农村住房建设规划管理，切实解决农民住房安全问题，促进农民安居乐业。进一步提高城乡低保、农村五保等保障水平，提高优抚对象抚恤和生活补助标准，大力发展社会福利和慈善事业。三是在“十二五”规划期间，不断完善农村社会保障体系，在2012年底前，实现农村社会养老保险制度全覆盖，加强城乡低保和社会救助工作，加快推进农村社会养老保险试点范围扩大全国各县（市）农村，坚持推行全覆盖、保基本、多层次、可持续的方略，提高城乡低保和优抚对象补助标准，加大扶持社会养老服务体系和儿童福利体系建设力度。

十二、组织攻坚健全农村村务公开和村民自治管理、党政组织体系之路方略规程

为了推动全国各地区农村建立健全和严格遵守村务公开和村民自治、党政组织体系，促进农村经济、公益事业健康发展，从“十五”规划期间2003年至“十二五”计划期间2012年10年来，中共中央、国务院的发布了《农村村务公开和民主管理制度》《中华人民共和国村民委员会组织法》等方略，在全国各地区农村实行了村务公开和村民自治管理制度，健全农村基层党政组织、村民自治组织和民主管理制度、公开办事制度，保证农民群众依法行使民主权利，管理基层公共事务和公益事业，推进农村社会主义政治文明、物质文明和精神文明协调发展，具体说，中共中央、国务院要求各地区党委、政府及部门在组织推进健全农村村务公开和村民自治管理体系工作上，始终坚持贯彻落实以下行之有效的七项方略规程：

（一）坚持推行农村加强村务公开和村民自治管理的宗旨，保障农民群众根本利益的方略规程。主要包括：一是由于农村村务是农民群众切身利益的事务，应由村民当家作主民主管理，实行村民自治；二是维护农民群众根本利益，推进农村社会经济发展，加快农村全面建设小康社会的必然发展趋势；三是坚持促进农村党风廉政建设，密切党政领导干部与农民群众关系，加强农村基层组织建设的有效途径；四是坚持推动农村党政组织引导农民群众增强村务公开和民主管理的紧迫感和自觉性，真正把关系农民群众切身利益的事项抓紧、抓实、抓好，切实保障广大农民群众根本利益的必由之路。

（二）坚持推进农村健全村务公开制度，保障农民群众知情权的方略规程。主要内容，一是规定村务公开内容。按照国家有关法律法规明确规定，必须公开农村集体经济收益、救灾救济、公益事业等村务。要把村财务事项作为村务公开的重点，促使农民群众监督村集体财政增减和财务收支情况。二是规范村务公开的形式、时间和程序。确定村务公开形式，是指广播、电视、网络、公告等形式。按照事先、事中、事后环节确定村务公开时间，凡是关系农民切身利益事项要及时公布。村务公开程序，是村委会依照国家法规和方略，根据本村实际情况拟订方案，提交村党组织和村民联席会议决定，并通过村务公开形式及时发布。三是建立村务公开监督小组。小组成员经村民会议推选产生，负责监督村务公开事项。村务公开监督小组要依法履行职责，认真审查村务公开各项内容是做全面真实，公开时间是否及时，公开形式是否科学，公开程序是否规范，并及时向村民会议报告监督情况。四是听取和处理群众意见。农民群众对公开的事项有意见可以投诉，监督小组应及时调查核实，督促村民委员会研究解决。也可以向村党组织、村民委员会询问，村民委员会应及时答复和处理。

（三）坚持推进农村规范村务民主决策机制，保障农民群众对村务决策权的方略规程。主要内容，一是推进村级事务民主决策，凡是与农民群众切身利益相关的事项，都必须民主决策，不准由个人或少数人决定。二是明确村级事务民主决策方式，村民会议或者村民代表会议是民主决策基本方式，为此，必须完善村民会议或村民代表会议议事规则，建立村民代表联系户制度，确保村民代表真正反映民意。三是规范涉及农民群众切身利益和村务民主决策程序，是指对涉及村民利益事项决策程序，有五步：第一步，由村党组织、村民委员会、村经济组织、村民联名、村民代表提出议案；第二

步，由村党组织统一受理议案，并召集村党组织和村民委员会联席会议，研究提出具体意见；第三步，由村民委员会召集村民会议或者村民代表会议讨论决定；第四步，由村党组织、村民委员会组织实施村民民主决策事项的办理；第五步，村党组织、村民委员会在组织实施民主决策事项中，自觉接受群众监督，及时公布实施情况和结果。四是村党组织、村民委员会必须坚持执行村级事务决策责任追究制度。除发生自然灾害等特殊紧急情况外，村民会议或村民代表会议依法形成的决议不准随意改变，如因情况发生变化确需更改的，要通过村民会议或者村民代表会议讨论决定。

（四）坚持推进农村完善民主管理规章，保障农民群众对村务参与权的方略规程。主要内容，一是推进村级事务民主管理。村党组织、村民委员会要按照国家法律法规，组织全体村民建立健全村民自治章程、村规民约、村民会议或者村民代表会议议事规则、财务管理制度，明确规定村民权利和义务、村级党政等各类组织及干部的职能、责任及相互关系，明确提出对经济管理、社会治安、移风易俗、计划生育等方面要求。通过制度规范村干部和村民行为，增强村民自我教育、服务、管理的能力。二是建立村民委员会换届移交制度。明确规定上届村民委员会应将公章、办公场所、办公用具、财务账目、固定资产、文件档案、债权债务等，及时移交下一届村民委员会。三是建立村民民主理财制度。村民民主理财小组对本村集体财务收支活动，进行民主监督，参与制定本村集体财务管理制度，检查、审核财务账目及相关的经济活动事项，否决不合理财务收支。四是规范村集体财务收支审批程序。村集体财务收支业务发生时，经手人必须取得有效的原始凭证，注意用途并签字，交民主理财小组审核，审核同意后，由民主理财小组长签字，报经村党组织、村民委员会负责人审批同意签字，由会计人员核实记账，财务流程完后，要按照财务公开程序进行公开，接受群众监督，乡政府及有关部门对村级财务收支活动加强指导和督查。

（五）坚持推进农村健全村民主管理制度，保障农民群众对村务民主权利的方略规程。为此，中共十七届三中全会通过的《中共中央关于推进农村改革发展若干重大问题的决定》规定，一是健全农村民主管理制度，坚持党的领导、人民当家作主、依法治国有机统一，开展农村基层民主，以扩大有序参与、推进信息公开、健全议事协商、强化权力监督为重点，加强基层政权建设，扩大村民自治范围，保障农民享有更多切实的民主权利，坚持逐步实行城乡按相同人口比例选举人大代表，扩大农民在县乡人大代表中的比例，密切人大代表同农民的联系。继续推进农村综合改革，2012 年基本完成乡镇机构改革任务，着力增强乡镇政府社会管理和公共服务职能，实行政务公开，依法保障农民知情权、参与权、表达权、监督权。二是健全村民自治管理体制，坚持健全村党组织领导的充满活力的村民自治体制，深入开展以直接选举、公正有序为基本要求的民主选举实践，以村民会议、村民代表会议、村民议事为主要形式的民主决策实践，以自我教育、自我管理、自我服务为主要目的的民主管理实践，以村务公开、财务监督、群众评议为主要内容的民主监督实践，推进村民自治制度化、规范化、程序化。三是健全农村依法治理机制，着力加强农村法制建设，完善涉农法律法规，增强依法行政能力，强化涉农执法监督和司法保护。加强农村法制宣传教育，搞好法律服务，提高农民法律意识，推进农村依法治理。四是健全农村公益事业发展机制，地方政府着力培育农村服务性、公益性、互助性社会组织，完善社会自治功能。采取多种措施增强基层财力，逐步解决一些行政村运转困难问题，积极稳妥化解乡村债务，继续做好农民负担监督管理工作，完善村民一事一议筹资酬劳办法，健全农村公益事业发展机制。

（六）坚持推进农村加强村务公开民主管理监督，维护农民群众对村务监督权的方略规程。主要内容，一是加强村集体财务审计监督，着重审计监督村集体生产经营建设流动资金、固定资产、收益分配、债权债务等事项。在审计中查处侵占资金、资产、铺张浪费的，必须如数退赔。二是推行民主评议村管理干部工作制度，定期对村党组织、村民委员会、村经济组织、村民小组的管理干部工作成绩考查评议，将评议结果与管理干部使用和补贴（工资）挂钩。三是建立村管理干部激励约束制度，对积极自觉地从事村务公开和民主管理工作的干部，应给予表彰鼓励，切实维护和保障他们的合法权益，对在村级重要事务决策和管理中独断独行、弄虚作假，侵犯农民群众权力的干部，应根据情况，给予相应党纪违法处理。

（七）坚持推行农村健全村务公开制度，完善民主管理组织体系领导的方略规程。主要包括：一是加强党委、政府组织领导。各级党委、政府要以求真务实的精神，把推行健全村务公开和完善民主管理组织体系，作为考核评比民主法治示范村、先进党组织的重要内容；二是健全领导体制和工作机制。各级党委、政府组织建立有关部门共同参与、民政部门组织协调的领导体制和工作机制，确保开展工作的必要人员和经费；三是明确县乡党委、政府的职责，推行健全村务公开制度和完善民主管理组织体系，作为县乡党委、政府的重要职责；四是发挥村党组织的核心作用，健全村党组织领导的村民自治机制。村党组要督促落实健全村务公开制度和完善民主管理组织体系，及时听取群众意见，完善制度、改进工作。

十三、组织攻坚创建农村现代经济社会和谐发展之路成效经验

为了领导各级党委、政府及部门带领农民群众创建农村现代和谐经济社会，走向城乡一体农业现代化、工业化、信息化、城镇化同步建设道路，实现中共十六大提出的脱贫增收致富奔小康的宏伟目标，以胡锦涛为核心的中共中央、国务院领导集体从2002年11月8日中共十六大至2012年11月8日中共十八大之前，在全面分析国际政治经济环境和我国改革开放深入开展、城乡经济繁荣发展、任重道远的严峻形势下，中共中央、国务院组织领导各地区党委、政府及部门，扎实推进社会主义新农村建设，进一步总结交流推广切实可行的工作成效、经验。具体说明如下：

（一）扎实推进社会主义新农村建设成效。从“十五”规划期间2003年到“十二五”规划期间2012年，中共中央、国务院在组织领导各地区党委、政府及部门带领农民群众参加社会主义新农村建设上，一是共同认清意义，二是适应客观形势，三是满足建设需求，四是肩负艰巨任务，五是逐步得到成效。

1. 社会主义新农村建设的意义，主要在两方面：一是扎实推进社会主义新农村建设，是有利于推进农业现代化产业化经营、提高农业综合生产能力的必然趋势，是发展壮大农村经济、建好农户家庭美好家园，促进农民增加收入、过上富裕生活的途径；二是扎实推进社会主义新农村建设，是有利于促进经济社会全面发展，妥善处理工农、城乡关系的桥梁，是顺应国民经济社会发展，构建社会主义和谐社会，保障城乡居民共享经济社会发展成果，不断扩大内需、以工促农、以城带乡的必由之路。

2. 社会主义新农村建设的形势。中共中央、国务院明确提出，“十一五”规划时期是为社会主义新农村建设打下坚实基础的关键时期，是推进农业现代化建设迈出重大步伐的关键时期，是构建新型工农、城乡关系取得突破进展的关键时期，也是农村全面建设的关键时期。从这个时期起的形势：一是从中央到地方各级党委、政府和有关部门统筹城乡一体化经济社会发展，实行工业反哺农业、城市支持农村和多予少取放活的方针；二是各地区乡镇党委、政府按照“生产发展、生活宽裕、乡风文明、村容整洁、管理民主”的要求，协调推进农业农村经济建设、政治建设、文化建设、社会建设和党的建设；三是各地区党委、政府和有关部门坚持强化“三农”政策，稳定发展粮食生产，开展农业现代产业化经营，加强农村基础设施建设，推动农村民主政治、精神文明建设，加快农村社会保障事业发展，推进农村综合改革，确保社会主义新农村建设有良好开局。

3. 社会主义新农村建设的需求。从“十五”计划时期以来，中共中央、国务院组织领导各级党委、政府和有关部门按照统筹城乡经济社会发展的要求，落实了扶持“三农”的各项优惠政策，推动了调整优化农业农村经济结构，促进粮棉油等农业产品连年增长，农民群众收入较快增加，农村税费改革取得重要成果，农村文教医疗社会保障事业健康发展，农村基层党政组织得到加强，对国民经济发展和社会稳定发挥了重要支撑作用。同时，全国农业农村发展仍然处在艰难的爬坡阶段，农业农

村基础设施脆弱，农村社会保障事业发展滞后，城乡居民收入差距扩大的矛盾依然突出，解决“三农”问题仍然是工业化、城镇化进程中的迫切需求。为此，统筹城乡一体化经济社会发展，扎实推进社会主义新农村建设是我国社会主义现代化的建设必需的组成部分。

4. 社会主义新农村建设的任务。在“十一五”规划时期，建设社会主义新农村是中共十六届五中全会提出的重大历史任务，事关全面建设小康社会和现代化建设全局，要贯彻工业反哺农业、城市支持农村的方针，加大对“三农”的支持力度，推进农村经济社会体制改革和制度创新，尽快使广大农村面貌有比较明确变化。为此，2006 年 3 月 14 日，第十届全国人大四次会议通过的国务院《政府工作报告》提出，扎实推进社会主义新农村建设的艰巨任务，主要包括：加强以小型水利设施为重点的农田基本建设，加强农村防汛抗旱和防治灾害体系建设，加强农村道路、饮水、沼气、电网、通信等基础设施和人居环境建设，加强农村文化、教育、卫生等公共事业建设，全面推进农村文化教育、行政机构、财政管理等综合改革。同年 10 月 11 日，中共十六届六中全会通过的《中共中央关于构建社会主义和谐社会若干重大问题的决定》提出，扎实推进社会主义新农村建设，促进城乡经济社会协调发展，加快建立改革城乡二元结构体制机制的任务。同年 12 月 31 日，中共中央、国务院发布的《关于积极发展现代农业　扎实推进社会主义新农村建设的若干意见》指出，积极发展现代农业，扎实推进社会主义新农村建设，是构建社会主义和谐社会、加快社会主义现代化建设的重大任务。2007 年 3 月 16 日，第十届全国人大五次会议通过的国务院《政府工作报告》提出，以加快发展现代农业为重点，扎实推进社会主义新农村建设。2008 年 3 月 18 日，第十一届全国人大一次会议通过的国务院《政府工作报告》提出，在推进社会主义新农村建设上，要突出抓好全面提高粮食综合生产能力和供给保障能力、加强农业和农村基础设施建设、拓宽农民增收渠道三项任务。2009 年 3 月 13 日，第十一届全国人大二次会议通过的国务院《政府工作报告》提出，加强农业基础设施和农村民生工程建设，大力发展农村社会事业，着力保障和改善民生，完善农村社会保障体系的任务。2010 年 3 月 14 日，第十一届全国人大三次会议通过的国务院《政府工作报告》提出，加大统筹城乡发展力度，推进城镇化和新农村建设，加快完善覆盖城乡居民社会保障体系的任务。

在“十二五”规划期间，2010 年 10 月 18 日，中共十七届五中全会通过的《关于制定国民经济和社会发展第十二个五年规划的建议》提出，推进农业现代化，加快社会主义新农村建设，加强农村基础设施建设和公共服务，加快改善农村生产和农民生活条件。必须提高农民职业技能和创收能力，多渠道增加农民收入，解决“三农”问题，缩小城乡差距，这是全面建设小康社会以及现代化建设中最艰巨、最繁重的任务；2011 年 3 月 14 日，全国人大第十一届四次会议通过的国务院《政府工作报告》提出，2011 年，是“十二个五”年规划开局之年。从这一年起坚持推动农业现代化和社会主义新农村建设与城镇化建设同步前进，健全覆盖城乡居民社会保障体系的任务；2012 年 3 月 14 日，全国人大第十一届五次会议通过的国务院《政府工作报告》提出，加强农村水电路气以及文化体育等基础设施建设，推进农村环境治理，加快农村危房改造，继续改善农村生产生活条件，建立农村社会养老保险制度，加强城乡低保和社会救助工作，加快发展农村社会福利、慈善事业，健全农村基本医疗卫生保障体系，推动城乡一体化经济社会健康发展的任务。

5. 社会主义新农村建设的成效。2003 年至 2012 年，全国各地区在组织推进社会主义新农村建设上取得了显著成效。主要表现在农业农村的土地基本经营制度、基础设施建设、生态环境治理、生产经营社会化服务、现代产业化规模经营、社会保障事业、城乡一体化经济体系等方面取得显著成效：一是坚持推行了农业农村土地基本经营制度，维护了农村土地承包经营权、宅基地使用权、集体土地收益分配权等财产权利，加强了农村土地承包经营权流转管理和服务，发展适度规模经营，严格保护了耕地和基本农田，完善了农村集体土地征收补偿制度；二是加强了农田水利建设，开展了农村土地整治，建设高标准农田、耕地面积保持在 18.2 亿亩以上，加强了农村水电路气等基础设施建设，新建改建农村公路 146.5 万公里，改造农村危房 1033 万户，解决了 3 亿多农村人口饮水安全和无电区农村人口用电问题；三是推进了天然林保护、退耕还林、防风治沙等重点生态环境建设，已完成造林

2953万公顷，治理沙漠化、石漠化土地1196万公顷，综合治理水土流失面积24.6万平方公里，整治国土面积18万平方公里；三是推进了农林牧渔各业生产经营科技进步，加大对良种繁育、动植物疫病防控、基层科技推广的扶持力度，开展多种形式社会化服务；四是扶持了现代农林牧渔各业产加销一条龙产业化、集体化、专业化、市场化规模经营，扶持了发展农民专业合作社、产业化龙头企业，提高了现代产业化、组织化经营水平；五是农村生产生活条件不断改善，积极引导了农村富余劳动力转向非农产业，农民人均纯收入持续较快增长，2010年以来，城乡居民相对收入差距逐步缩小；六是加强了农村公共文化设施建设，全面实现城乡九年免费义务教育，建立了农户家庭经济困难学生资助体系，实行了农村义务教育阶段学生营养改善计划，完成了农村中小学校舍安全工程，加强了农村教师队伍建设，建立了农村新型社会养老保险制度、合作医疗制度、五保供养制度，逐步建立起应急服务管理体系，农村社会保持和谐稳定。

（二）扎实推进社会主义新农村建设的经验。从中央到地方各级党委、政府及部门在组织开展新农村建设过程中，总结交流推广九方面经验：一是科学确定指导方针；二是坚持开展基础设施建设；三是始终加强生态环境建设；四是调整优化产业结构；五是全力保障改善民生；六是扶持社会事业发展；七是促进社会和谐稳定；八是统筹策划投融资；九是推动城乡一体经济社会发展。

1. 科学确定社会主义新农村建设指导思想的经验。在科学确定社会主义新农村建设指导思想上：一是必须坚持从实际出发、因地制宜、分类指导，按照推进城乡经济社会发展一体化的要求，搞好社会主义新农村建设规划；二是必须尊重农民意见，维护农民利益，不搞形式主义和强迫命令，防止一哄而起；三是必须发扬自力更生、艰苦奋斗精神，求真务实，真抓实干；四是必须在推动工业化、信息化、城镇化深入发展中，同步推进农业农村现代化，坚持工业反哺农业、城市支持农村和多予少取放活的方针，加大强农惠农力度，夯实农业农村发展基础，着力扶持社会主义新农村建设。

2. 坚持开展社会主义新农村基础设施建设的经验。在坚持开展社会主义新农村基础设施建设上：一是必须加强农田水利基本建设：改造中低产田，加强土地综合开发治理复垦整治，保护好基本农田，稳定粮食种植面积，加强防汛抗旱和防治灾害体系建设；二是必须加快农林牧渔各业生产经营基地设施建设，提高基地规模化、机械化、科技化生产经营水平，改善优良品种繁育、科技种植养殖设备，加强农林种植业植物病虫害和牧渔养殖业动物防治体系建设；三是必须推进农村水电、道路、电网、通信、安全饮水、沼气等设施建设；四是必须抓紧农村实用人才队伍建设和农村人力资源开发，加强农村劳动力培训，提高农民科学种养技术水平和转移就业创业能力，培养造就新型农民。

3. 始终加强社会主义新农村生态环境建设的经验。在始终开展社会主义新农村生态环境建设上：一是必须加强农村环境保护，加强农村面源污染防治，加强饮用水源保护，加大环境保护监督和执法力度，加强基本农田保护，继续搞好天然林和草原保护；二是必须注重农村资源能源合理节约集约利用，坚持实行开发应用节能降耗技术，提倡节约能源资源生产经营方式和生活消费途径，节约集约利用土地，坚决控制建设占地规模，严禁擅自将农用地转为建设用地，严格执行节约集约用地标准，提高土地利用效率和集约化水平；三是必须推进农村山水林田路生态环境建设，健全生态补偿机制，促进恢复生态，巩固天然林、退耕还林还草、退牧还草成果，加强草原生态建设，大力开展植树造林，推进石漠化、荒漠化、坡荒地治理，走出一条经济发展、生活富裕、生态良好的农村文明发展道路。

4. 调整优化社会主义新农村产业结构的经验。在组织开展调整优化社会主义新农村产业结构上，坚持在工业化、信息化、城镇化深入发展中，同步推进农业现代化的基础上：一是必须坚持以农户家庭承包经营为基础，调整优化农林牧渔业结构，建立农林种植业和牧渔养殖业高产优质高效产品基地园区，健全农牧渔各业产品产加销连锁产业化、专业化、集约化、规模化、市场化联合经营体系；二是必须加快发展高产优质高效生态安全农林牧渔业产业，支持现代农林牧渔产业化、专业化规模经营，促进产加销连锁龙头企业发展，健全农林牧渔各业产品市场流通体系；三是必须大力健全农林牧渔各业生产经营科技推广、动植物病虫害和动物疫病防治、产品种类品质监管等公共服务组织体系，支持农民专业合作社、农村供销合作社、龙头企业等提供产加销系列服务；四是必须支持农村网络物流、信息咨询、金融保险等产业发展，拓展新兴服务领域，提升传统服务业；五是必须鼓励发展绿色环境保护产业、旅游观光产业、各民传统手工艺、食品等产业。

5. 全力保障社会主义新农村改善民生的经验。在组织开展全力保障社会主义新农村改善民生上：一是必须多予少取放活，特别要在多予上采取更多措施，增加农民收入，制定和推行最低小时工资标准，逐步解决农民工工资偏低问题，建立和完善防止工资拖欠的法规和机制；二是必须把保障改善民生，作为政府一切工作的出发点和落脚点，放在更加突出位置，加强农民职业技能培训教育，提高农民就业创业能力，建立农民就业创业服务组织机构，完善农民低保、养老、优抚、医疗、救助保障法规；三是必须加强农村商品流通市场体系建设，拓宽农民日常生产生活消费领域，着力解决农民遭受自然灾害和市场风险的损失问题，减轻农民增加消费的后顾之忧，充分发挥农村市场流通网络作用，推动城镇商品流通企业经营网络向农村延伸，为农民增加日常消费提供方便条件；四是必须坚持完善农村居民物质精神生活环境，改善农村居民住、行条件，引导参加文化、娱乐、健身、旅游等活动，切实保障农民物质精神生活合法权益，提高农民物质精神生活水平。

6. 扶持社会主义新农村社会事业发展的经验。在组织开展扶持社会主义新农村社会事业发展上：一是在教育方面，对农村义务教育全部纳入国家财政保障范围，对农村义务教育阶段学生全部免除学杂费、全部免费提供教科书，对农户家庭经济困难寄宿生提供生活补助，国家安排资金扶持农村中小学校改造危房、建设寄宿制学校校舍；二是在卫生方面，国家安排资金新建和改造乡镇卫生院，增添医疗设施设备；三是在文化方面，农村广播、电话、联网、电视等基层文化设施建设正在推进，基本形成公共文化服务体系；四是在社会保障方面，从 2007 年起，不断完善农村新型合作医疗制度，健全全国城乡居民医保体系，建立重特大疾病保障和救助机制，在全国农村全面建立最低生活保障制度，完善孤儿保障、流浪儿童救助保护、农村五保供养制度，建立农村新型社会养老保险制度，在全国加强农村抗灾救灾、优抚安置工作，妥善安排受灾群众生产生活。

7. 促进社会主义新农村社会和谐稳定的经验。在组织促进社会主义新农村社会和谐稳定上：一是必须以维护农村社会和谐稳定、加强民主政治建设为宗旨，加强农村社会管理和政府公共服务体系建设，完善农民自治、民主管理制度，健全民主形式，保证村民依法实行民主选举、民主决策、民主管理、民主监督，保证村民依法直接行使民主权利，参与管理监督村公共公益事务；二是必须全面推进农村党政组织机构依法办理村务，重点加强农村公共公益基础设施建设、农村生态环境保护、自然地理资源利用、农村社会和谐稳定、农村产品市场流通秩序等方面组织领导，完善村民参与管理监督机制，畅通和规范村民诉求表达、利益协调、权益保障渠道；三是必须高度重视农村社会稳定工作，正确处理农村社会矛盾，认真落实涉及农民群众利益政策，及时研究解决村民与各方面利益关系问题，化解矛盾；四是必须搞好农村社会治安综合治理，加快建设农村社会防控体系，依法严厉打击严重暴力性犯罪、经济犯罪、抢劫等多发性侵财犯罪；五是必须大力加强农村社会公德、职业道德、家庭美德、个人品德教育。推动诚信体系建设，以政务诚信带动商务诚信和社会诚信，形成优良的社会风尚。

8. 统筹安排社会主义新农村建设投资融资的经验。在统筹安排社会主义新农村建设投融资资金上：一是必须逐年加大财政投资和信贷资金对农村生产经营建设的投入，整合各种渠道的支农资金，提高资金使用效益；积极引导农民对直接受益的基础设施建设投资投劳；鼓励和引导社会各类资金投向农村，逐步建立合理、稳定和有效的资金投入机制；二是必须加大国家对农村建设资金投入力度，切实把国家基础设施建设和社会事业发展的重点转向农村，逐步增加国家固定资产投资用于农村建设的投入；三是必须将土地出让收入用于农村土地综合治理复垦，调整耕地占用税收入使用方向，重点投入农田改造，进一步将城市建设维护税收入用于城乡一体基础建设；

四是必须坚持科学民主决策，着力优化投资结构，确保公共投资真正用于推进新农村经济社会发展，为农民增加收入、改善生活。

9. 坚持推动城乡一体经济社会和谐发展的经验。在组织开展社会主义新农村建设的同时，必须推动城乡一体经济社会和谐发展。为此，全国各地区总结交流推广五方面经验：必须坚定指导方略；必须摆正“三农”位置；必须解决“三农”问题；必须加强组织领导；必须推动城乡和谐发展。

（1）科学确定城乡一体经济社会和谐发展指导方略的经验。主要包括：一是坚持加强农村公共基础设施建设和基本公益服务体系，推动城乡一体经济社会和谐发展，形成以工促农、以城带乡、工农互惠、城乡一体的新型工农联盟、城乡经济社会和谐发展关系的方略；二是坚持科学规划、合理布局、城乡统筹、节约用地、因地制宜、提高质量，积极稳妥地推动城乡一体经济社会健康发展的方略；三是坚持组织推进城镇与乡村共同建立健全农工商产业化、专业化、市场化、社会化规模经营服务体系，吸纳农民就业创业、安居乐业、有序推进农村居民转化城镇居民的方略；四是坚持农村建设要保持乡村风貌、营造宜居环境、推动新农村建设与城镇建设和谐前进的方略。

（2）坚持始终摆正“三农”位置，及时解决“三农”问题的经验。中共中央、国务院反复强调，更多地关注农村、关心农民、支持农业、把解决好农业、农村和农民问题，作为全党全国工作的重中之重，放在更加突出的位置，努力开创“三农”工作的新局面。为此，一是要高度认识解决好“三农”问题，加快农业和农村经济持续健康发展，是全面建设小康社会的迫切需求，是保持国民经济持续快速健康发展，确保国家长治久安的必然趋势；二是要坚持继续落实农业和农村的基本方略，稳定以农户家庭承包经营为基础、统分结合的双层经营体制，完善土地承包经营权流转制度；三是要推进调整优化农业和农村经济结构，培育农业和农村经济发展新的增长点，推进农业产品质量标准体系和检验检测体系建设，推动现代农业产业化经营机制创新、技术改造、布局优化和产业升级，向农业和农村经济发展深度和广度进军，全面推进农业和农村基础设施建设和生态环境建设，改变农民群众生产经营条件、安居乐业环境、收入持续增加结构的方略。

（3）坚持维护农民群众利益、促进城乡和谐发展的经验。各级党委、政府及部门在维护农民群众利益、促进城乡和谐发展上，一是坚持一切从实际出发，执政为民，尊重农民群众意愿，把实现好、维护好、发展好农民群众根本利益，作为各级党委、政府及部门工作的出发点和落脚点，各级党委、政府及部门的一把手领导要亲自抓“三农”问题，地（市）、县（区）两级党委、政府领导干部要把主要精力放在发展农业和农村经济上，把保障改善民生作为事关全局的大事，在组织开展城乡一体经济社会发展上，必须抓住增产节约、增收节支和减轻负担的组织领导，确保节支增收减负各项方略落实到实处。二是坚持探讨、实践，各级党委、政府及部门领导干部要始终重视农业和农村的基础地位；始终重视严格保护耕地，提高粮棉油等农林牧渔业综合生产经营和供应能力；始终维护粮食主产区农民生产粮食积极性，注重确保农民群众从事农林牧渔各业生产经营增加收入；始终加强农村职业教育和技能培训，提高农村富余劳动力转移城乡二三产业就业创业增收致富能力；要深入农村、农户，为推进城乡一体经济社会经济和谐发展，确保农民增产增收、节支减负，出谋划策，提供急需服务，排除后顾之忧，把提高农民群众脱贫增收致富水平，壮大城乡一体经济社会发展实力，作为各级党委、政府及部门衡量组织领导工作成效的标准。三是坚持加强农村基层干部培训教育，增强法制、政策观念，增进与农民群众的情谊，增强带领农民增收致富的技能，促进各行各业为农民增收贡献力量，在全社会形成协助农民群众增收致富、农村经济实力壮大的局势，激发农民群众艰苦创业的积极性，发扬自力更生、艰苦奋斗的精神，走上辛勤劳动、增收致富之路。四是坚持依法行政，严格按照法定权限和程序行使权利，履行职责，加强政府立法，规范行政执法，促进行政监督，建设法治政府，不断提高依法行政能力，保证维护农民群众的权益，始终为农民群众谋利益。五是坚持推动农村基层组织建设、精神文明建设和民主管理村民自治建设，促进农村社会主义物质文明、政治文明和精神文明协调发展，加强农村法制建设，切实维护农村社会和谐稳定，为全面建设小康社会做出贡献。

六是坚持发展农村二三产业，稳步推进城乡一体农业现代化、工业化、信息化、城镇化同步建设，拓宽农村剩余劳动力转移城乡一体工农商服务领域就业创业空间、环境，推进农村转移人口城镇居民化，加强城乡一体公共服务体系建设，完善城乡一体文化教育、医疗保险、生活低保、养老保险等社会保障体系，推进公共服务和社会保障均等化，维护社会秩序。

农村财政扶贫开发脱贫攻坚巩固课题组

组长：韩连贵

组员：丁小平　夏晓军　肖东军　许静华　李振宇
任忠丹　曾晓东　张天录　霍云峰　杨玉生
陈贵峰　韩铁峰　董　齐　吴建军

第五章　中共十八大以来组织攻克全国农村农民群众脱贫增收致富奔小康之路方略规程

本章讲述2012年至2018年，以习近平总书记为核心的中共中央、国务院领导集体，带领各级党委、政府及部门组织开展全国农民群众保障粮食供给，端牢中国人的饭碗，严守18亿亩耕地红线，全面划定永久基本农田，实施耕地质量保护与提升行动，依法保障农村农民群众承包经营土地流转权益，促进现代产业化、基地化生产规模经营，全方位扶持老少边穷地区农村扶贫攻坚综合开发治理方略。包括十一个方面：一是全力以赴推动农业和农村发展基础强化、城乡一体化经济社会发展；二是同心协力完成农业现代化建设任务、完善农村经济社会体制要求；三是努力促进粮食综合生产能力持续增强、农林牧渔各业产品生产供需平衡；四是组织开展农业基础设施建设、农林牧渔各业生态环境建设；五是组织推进农村经济社会公共公益基础设施建设、农村社会人居环境建设；六是组织构建农村生产经营服务体系、健全农村供产销产品流通产业链体系；七是改革完善农村土地基本经营监督管理体制、保持农业生产经营建设土地占用与补充平衡；八是组织引导农村脱贫致富综合开发治理、科学精准扶持建设；九是组织推行农村文教、卫生医疗、低保养老等社会保障体系建设；十是组织加强农村财税金融服务管理体制改革完善；十一是组织加强农村民主自治、法律法制、脱贫增收致富之路建设，达到2020年共同构建脱贫增收致富奔小康之路方略规程。

以习近平总书记为核心的中共中央、国务院领导集体，在中共十八大之后，组织领导全国农村农民群众强化农业和农村发展基础，参加农林牧渔各业基础设施建设，推广应用农林牧渔各业生产经营科学技术社会化服务，调整优化农林牧渔各业产品品种品质，全面进行农林牧渔各业种养加销产业链系列化经营，鼓励扶持农民参加农工商服务产业合作入股联营，建立健全农业产品购销公示公平价格和市场流通与计划调控体系，加强对农村土地承包经营使用权流转，引导促使农村富余劳动力向城乡二、三产业转移务业，大力扶持老少边穷地区农村农民生产建设投资，组织培训贫困农民增强自我创业就业能力，全方位筹措财政、银行等金融单位和社会群团财力、物力，公平合理分配使用到农林牧渔各业生产经营建设领域，全力推进农村文教卫生医疗低保养老社会保障事业健康发展，全面加强农村民主自治、精神文明、法律法制建设，组织推行城乡一体农业现代化、工业化、信息化、城镇化“四化同步”建设，取得显著成效和经验。

一、组织攻克农业和农村发展基础强化、城乡一体化经济社会发展之路方略规程

中共十八大之后，以习近平总书记为核心的中共中央、国务院领导集体带领全国农村农民群众在向城乡一体农业现代化与工业化、信息化、城镇化“四化”同步走上脱贫增收致富奔小康之路上，

坚持加大统筹城乡发展一体化力度，增强农业和农村经济发展活力。逐步缩小城乡差别，促进城乡一体化经济社会繁荣发展。为此，一是坚持继续推行工业反哺农业、城市支持农村和多予少取放活方针，加大强农惠农富农政策力度，让广大农民平等参与现代化建设、共同分享现代化成果；二是坚持继续推进农业现代产业化经营，增强农业综合生产能力，确保国家粮食安全和重要农业产品有效供给；三是坚持继续加强农业基础设施建设和社会事业发展重点放在农村，深入推进新农村建设和扶贫开发，全面改善农民生产生活条件，着力促进农民增收，保障农民收入持续较快增长；四是坚持继续巩固和完善农村基本经营制度，依法维护农民土地承包经营权、宅基地使用权、集体收益分配权；五是坚持壮大农村集体经济实力，发展农民专业合作和股份合作，培育新型经营主体，发展多种形式规模经营，构建集约化、专业化、组织化、社会化相结合的农业新型经营体系；六是坚持继续改革和完善农村土地征用制度，提高农民在土地增值收益中的分配比例；七是坚持继续完善城乡经济社会发展一体化体制机制，着力在城乡规划、基础设施、公共服务等方面推进一体化，促进城乡要素平等交换和公共资源均衡配置，形成以工促农、以城带乡、工农互惠、城乡一体的新型工农、城乡关系；八是坚持继续加大对革命老区、民族地区、边疆地区、贫困地区扶持力度，科学规划城乡一体化发展规模和布局，增强中小城镇与乡村一体化产业、公共服务、吸纳就业、人口集聚功能，加快改革户籍制度，有序推进农业转移人口市民化，努力保持城乡一体化社会经济健康发展。

（一）坚持推行农业和农村发展基础强化方略规程。2013 年 3 月 17 日。第十二届全国人大一次会议通过的《政府工作报告》提出，强化农业农村发展基础，推动城乡发展一体化。在“十二五”规划期间，我国农业发展最快、农村面貌变化最大、农民得到实惠最多，农业农村发展进入一个新阶段，呈现出农业生产综合成本上升，农业产品供求结构性矛盾突出、农村社会结构深刻变动、城乡发展加快融合的态势，全面建设小康社会的重点难点仍然在农村。为此，一是坚持把解决好“三农”问题作为全部工作的重中之重，这是历史经验科学总结的方略，既管当前、也管长远是长期指导思想；二是坚持全国严守 18 亿亩耕地红线，严格执行农村土地制度的方略，这是关于农村的根本稳定，也关乎中国的长远发展，其核心是要保障农民的财产权益；三是坚持以农户家庭承包经营为基础的方略，支持发展农民新型多种形式合作组织，推动形成农业社会化多层次服务体系，逐步完善农业现代产业集约化、专业化、组织化、社会化和规模化相结合的新型体制，始终注重保护法律赋予农民的财产权利，调动农民的积极性；四是坚持毫不放松粮食生产，建设高标准基本农田的方略，推广先进技术，增强农业生产能力，保障粮食等农业产品有效供给；五是坚持继续加大“三农”资金投入的方略，加强农业农村基础设施建设，扶持农业生产经营社会化服务体系，推动城乡经济社会一体化发展，形成以工促农、以城带乡、工农互惠、城乡一体的新型工农、城乡关系；六是坚持稳定农业生产经营队伍的方略，积极培育新型农民，参加城乡二、三产业化经营，有序推进农业转移人口市民化，逐步实现城镇基本公共服务覆盖常住人口，为安居乐业创造公平的制度环境；七是坚持在社会主义农村建设的方略，科学规划、合理布局、城乡统筹、节约用地、因地制宜、提高质量，保持乡村风貌，营造宜居环境，使新农村建设和城镇化建设良性互动、相互推进。

（二）坚持推动城乡一体化经济社会发展方略规程。2013 年 11 月 12 日，中共十八届三中全会通过的《中共中央关于全面深化改革若干重大问题的决定》明确指出，要建立一种在以工促农、以城带乡、工农互惠、城乡发展一体化的新型工农城乡关系基础上的体制，确保广大农民平等参与现代化建设，共同分享现代化成果。这个《决定》围绕健全城乡经济社会发展一体化体制机制：一是要加快构建新型农业现代产业化经营体系；二是要健全广大农民更多财产权利保障机制；三是要推进城乡要素平等交换和公共资源均衡配置；四是要推进城乡经济社会发展一体化健康发展方针策略；五是要继续深化农村土地制度改革，缩小征地范围，规范征地程序，完善对被征地农民合理、规范、多元保障机制。

二、组织攻克农业现代化建设任务完成、农村经济社会体制要求完善之路方略规程

2015年2月1日，中共中央、国务院发布的《关于加大改革创新力度 加快农业现代化建设的若干意见》提出，一是我国经济发展进入新常态，正从高速增长转向中高速增长，如何在经济增速放缓背景下继续强化农业基础地位、促进农民持续增收，是必须破解的一个重大课题；二是国内农业生产成本快速攀升，大宗农产品价格普遍高于国际市场，如何在“双重挤压”下创新农业支持保护政策、提高农业竞争力，是必须面对的一个重大考验；三是我国农业资源短缺，开发过度、污染严重，如何在资源环境硬约束下保障农产品有效供给和质量安全、提升农业可持续发展能力，是必须应对一个重大挑战；四是城乡资源要素流动加速，城乡互动联系增强，如何在城镇化深入发展背景下加快新农村建设步伐、实现城乡共同繁荣，是必须解决好的一个重大问题；五是破解这些难题，是今后一个时期“三农”工作的重大任务。必须始终坚持把解决好“三农”问题作为全党全国工作的重中之重，靠改革添动力，以法治作保障，加快推进中国特色农业现代化，为此，国家进一步提出加大改革创新力度、加快农业现代化建设的五方面任务和六项要求方略规程：

（一）组织开展农业现代化建设任务完成，在农业现代化建设中，组织开展实施五方面任务完成方略规程：

1. 要加快转变农业发展方式，建设现代农业。这是指我国要强，农业必须强。做强农业，必须尽快从主要追求产量和依赖资源消耗的粗放经营转到数量质量效益并重、注重提高竞争力、注重农业科技创新、注重可持续的集约发展方式上来，走产出高效、产品安全、资源节约、环境友好的现代农业发展道路。为此，必须不断增强粮食生产能力，深入推进农业结构调整，提升农产品质量和食品安全水平，强化农业科技创新驱动作用，创新农产品流通方式，加强农业生态治理，提高统筹利用国际国内两个市场两种资源的能力。

2. 要强化农业社会化服务，推进农村扶贫开发。这是指中国要富，农民必须富。富裕农民，必须充分挖掘农业内部增收潜力，开发农村二三产业增收空间，拓宽农村外部增收渠道，加大政策助农增收力度，努力在经济发展常态下保持城乡居民收入差距持续缩小的势头。为此，必须优先保证农业农村投入，提高农业补贴政策效能，完善农产品价格形成机制，强化农业社会化服务，推进农村一二三产业融合发展，拓宽农村外部增收渠道，大力推进农村扶贫开发。

3. 要深入推进新农村建设，加快城乡发展一体化。这是指中国要美，农村必须美。繁荣农村，必须坚持不懈推进社会主义新农村建设。要强化规划引领作用，加快提升农村基础设施水平，推进城乡基本公共服务均等化，让农村成为农民安居乐业的美丽家园。为此，必须加大农村基础设施建设力度，提升农村公共服务水平，全面推进农村人居环境整治，引导和鼓励社会资本投向农村建设，加强农村思想道德建设，切实加强农村基层党建工作。

4. 要全面深化农村改革，增添农村发展活力。为此，必须加快构建新型农业经济体系，推进农村集体产权制度改革，稳步推进农村土地制度改革试点，推进农村金融体制改革，深化水利和林业改革，加快供销合作社和农垦改革发展，创新和完善乡村治理机制。

5. 要深入做好“三农”工作，加强农村法治建设。为此，必须健全农村产权保护法律制度，健全农业市场规范运行法律制度，健全“三农”支持保护法律制度，依法保障农村改革发展，提高农村基层法治水平。

（二）组织达到农村经济社会体制要求完善方略规程，在农村经济体制完善上，组织达到五项要求方略规程：

1. 要完善保证农业农村投入体制。这就要明确政府对改善农业农村发展条件的责任，坚持把农

业农村作为各级财政支出的优先保障领域，加快建立投入稳定增长机制，持续增加财政对农业农村支出，中央基建投资继续向农业农村倾斜，确保增加农民收入。

2. 要完善农村外部增收体制。这就要求：其一，完善促进农民转移就业和创业体制，实施农民工职业技能提升计划，落实同工同酬政策，依法保障农民工劳动报酬权益，建立农民工工资正常支付的长效机制；其二，加快户籍制度改革，建立居住证制度，分类推进农业转移人口在城镇落户并享有与当地居民同等待遇。现阶段，不得将农民进城落户与退出土地承包经营权、宅基地使用权、集体利益分配权相挂钩，促进增加农民收入。

3. 要完善农村公共服务体制。这就要求：一是要全面改善农村义务教育薄弱学校基本办学条件，提高农村学校教学质量，因地制宜保留并办好村小学和教学点；二是要支持乡村两级办公和普惠性民办幼儿园建设，加快发展高中阶段教育，逐步实现免费中等职业教育；三是要积极发展农业职业教育，大力培养新型职业农民。提高重点高校招收农村学生比例；四是要完善社会资本投向农村体制。这就要求：其一，要鼓励社会资本投向农村基础设施建设和在农村兴办各类事业；其二，要对政府主导、财政支持的农村公益性工程和项目，可采取购买服务、政府与社会资本合作等方式，引导企业和社会组织参与建设、管护和运营；其三，要对能够商业化运营的农村服务业，向社会资本全面开放，制定鼓励社会资本参与农村建设目录，研究制定财税、金融等支持政策。

4. 要稳步推进农村土地制度改革试点。这就要求：其一，要在确保土地公有制性质不改变、耕地红线不突破、农民利益不受损的前提下，按照中央统一部署，审慎稳妥推进农村土地制度改革。分类实施农村土地征收、集体经营性建设用地入市、宅基地制度改革试点；其二，要制定缩小征地范围的办法，完善对被征地农民合理、规范、多元保障机制，赋予符合规划和用途管制的农村集体经营性建设用地出让、租赁、入股权能，建立健全市场交易规则和服务监管机制；其三，要依法保障农民宅基地权益，改革农民住宅用地取得方式，探索农民住房保障的新机制。

5. 要推进农村金融体制改革。这就要求：其一，要主动适应农村实际、农业特点、农民需求，不断深化农村金融改革创新；其二，要综合运用财政税收、货币信贷、金融监管等政策措施，推动金融资源继续向“三农”倾斜，确保农业信贷总量持续增加、涉农贷款比例不降低，完善涉农贷款统计制度，优化涉农贷款结构，鼓励各类商业银行创新“三农”金融服务。

三、组织攻克粮食综合生产能力持续增强、农林牧渔业产品生产供需平衡之路方略规程

以习近平总书记为核心的中共中央、国务院领导集体明确指出，我国用不到世界十分之一的耕地，养活了世界五分之一的人口，以高投入的生产模式，实现粮食生产连年丰收，我国农业取得显著成绩。但发展中也面临诸多新挑战，日益稀缺的资源和脆弱的生态环境，以及不具竞争力的价格，正对农业生产高投入高产出的旧有发展模式亮起“红灯”，“地越种越硬、越种越薄，肥越施越多、成本越涨越高”。农业发展如何可持续，成为我国农业发展面临的新课题。我国必须尽快从主要追求产量和依赖资源消耗的粗放经营，转到数量质量效益并重、注重提高竞争力、注重农业科技创新、注重可持续的集约发展上来，走产出高效、产品安全、资源节约、环境友好的现代农业发展之路。我国强，农业必须强，农业是立国之本，强国之基。农业要强，唯以改革创新为动力，尽快从主要追求产量和依赖资源消耗的粗放经营，转到数量质量效益并重、注重提高竞争力、注重农业科技创新、注重可持续的集约发展上来，走产出高效、产品安全、资源节约、环境友好的现代农业发展道路。为此，要不断增强粮食生产能力、深入推进农业结构调整、提升农产品和质量和食品安全水平、强化农业科技创新驱动作用、创新农产品流通方式、加强农业生态治理、提高统筹利用国际国内两个市场两种资源的能力。2015 年中央一号文件发布的《关于加大改革创新力度加快　农业现代化建设的若干意见》

规定，按照稳粮增收、提质、增效、创新驱动的总要求，继续全面深化农村改革，全面推进农村法治建设，认真贯彻落实习近平总书记提出的“五新”要求，努力在提高粮食生产能力上挖掘新潜力，在优化农林牧渔各业结构上开辟新途径，在转变农业发展方式上寻求新突破，在促进农民增收上获得新成效，在建设新农村上迈出新步伐。进一步让农业强起来，让农村美起来，让农民富起来。

（一）鼓励保护粮食综合生产能力持续增强方略规程。这是指为不断增强粮食生产能力，进一步完善和落实粮食省长负责制，强化对粮食主产省和主产县的政策倾斜，保障产粮大县重农抓粮得实惠、有发展。粮食主销区要切实承担起自身的粮食生产责任。全面开展永久基本农田划定工作，统筹实施全国高标准农田建设总体规划，实施耕地质量保护与提升行动，科学确定粮食自给水平的策略。这就必须在我国经济发展新常态下，继续强化农业基础地位，切实防止出现忽视农业的倾向，夯实粮食生产这一基础。在这样一个13.7亿人口的大国，任何时候都不能轻言粮食生产已经过关，粮食安全的弦一刻也不能松。稳住粮食生产，关键是要加强农业基础设施建设。为此，一是坚决守住耕地保护红线，加快划定永久基本农田，力保耕地不减少、加强高标准农田建设，力争提高地力，统筹实施耕地质量保护与提升行动，建立粮食生产功能区，将口粮生产能力落实到田块地头、保障措施落实到具体项目，做到藏粮于地。二是要创新投融资机制，加大资金投入，集中力量加快建设一批重大引调水工程、重点水源工程、江河湖泊治理骨干工程，节水供水重大水利工程建设，坚持执行征地补偿、耕地占补平衡实行与铁路等国家重大基础设施项目同等政策。三是加快大中型灌区续建配套与节水改造，加快推进现代灌区建设，加强小型农田水利基础设施建设。要实施粮食丰产科技工程和盐碱地改造科技示范，深入推进粮食高产创建和绿色增产模式攻关，实施植物保护建设工程，开展农作物病虫害专业化统防统治，不断夯实增强粮食生产能力的物质基础。四是要坚持在提高粮食生产能力上挖掘新潜力，始终把中国人的饭碗牢牢端在自己手上，挖掘粮食生产新潜力。中共十八大以来，中央高度重视粮食安全。2013年至2017年这5年期间，从中央到地方各级党委、政府及部门都贯彻落实以下三项方略规程：

1. 2013年中央经济工作会议提出，必须把国需民用的“粮食安全”问题，放在首要地位。2014年中央一号文件再次强调完善国家粮食安全保障体系，更加注重粮食品质和质量安全，粮食安全涉及国家的安全稳定，已成为国家战略安全问题，更加注重粮食品质和质量安全，切实保障国家粮食安全，列在2014年六大任务的第一位。《中国粮食安全发展报告（2013—2014）》明确指出，我国粮食生产安全、流通安全、消费安全、进出口安全等方面还存在许多问题。根据粮食安全保障体系指标，报告对这两年我国粮食安全保障体系进行了评价，认为我国现阶段粮食安全总体级别为比较安全。具体来说：一是我国粮食生产总体为“比较安全”，但大都存在潜在风险；二是我国粮食流通性安全为“比较安全”，但产后物流损失较大；三是我国粮食消费性安全为“比较安全”；四是粮食安全宏观调控安全为“比较安全”；五是要看到中国粮食连年丰收，但耕地和水资源对农业生产的约束日益加剧，拼资源、拼消耗的粗放经营难以为继，转变农业发展方式刻不容缓，今后应从主要追求产量增长，向数量品质效益并重、注重提高竞争力、注重可持续的集约发展转变。为了坚定不移加快转变农业发展方式，尽快转到数量品质效益并重、注重提高竞争力、注重农业技术创新、注重可持续的集约发展上来，走产出高效、产品安全、资源节约、环境友好的现代农业发展道路。

2. 2014年12月22日，中共中央、国务院在召开的中央农村工作会议上研讨部署了这个方略。2015年2月1日，中共中央、国务院发布了转变农业发展方式、提高粮食生产能力、加快推进中国特色农业现代化方略。同年3月15日，第十二届全国人大三次会议通过的国务院《政府工作报告》强调，要加快推进农业现代化，坚持“三农”重中之重地位不动摇，加快转变农业发展方式，让农业更强、农民更富、农村更美。为此，一要坚持全国粮食产量要稳定在1.1万亿斤以上，保障粮食安全和主要农产品供给，二要坚守耕地红线，全面开展永久基本农田划定工作，实施耕地质量保护与提升行动，推进土地整治，增加深松土地2亿亩。

3. 2016年第十二届全国人大四次会议通过的《政府工作报告》提出的《十三五规划》规定，坚持最严格的耕地保护制度，坚持耕地红线，实施藏粮于地、藏粮于技战略，提高粮食产能，确保谷物基本自给、口粮绝对安全。2017 年 3 月 15 日，第十二届全国人大五次会议通过的《政府工作报告》提出，完善强农惠农政策，保障国家粮食安全，引导农民增加优质绿色水稻、小麦等产品供给，加快培育农业农村发展新功能，促进农业稳定发展和农民持续增收。

（二）扶持推行粮食等农林牧渔各业产品生产供需平衡方略。这是指调整粮棉油等农林牧渔业结构，科学确定粮食等农林牧渔业主要产品供给与需求相应水平，科学合理安排农林牧渔业产业化经营发展程序，引导农民瞄准市场需求，由单纯在耕地上想办法到面向整个国土资源做文章，因地制宜地调整粮棉油等农林牧渔业结构等策略。为此，扶持推行以下五项方略规程：

1. 要在组织调整优化农林牧渔业结构上开辟新途径，要更好地发挥区域比较优势，更好地适应个性化、多样化的消费需求，促进农林牧渔业结构优化升级，使有限的农林牧渔业资源产出更多、更好、更安全的产品，在确保“粮棉油等农林牧渔业产品自给、安全”的前提下，对重点保什么、放什么，保多少、放多少，进行系统谋划，做到心中有数。

2. 要提高粮棉油等农林牧渔业产品质量和食品安全水平，确保广大农民增加收入，优化粮棉油等农村牧渔业产品品种。目前，我国每年推广农林牧渔业产品优良品种约 5000 个，自育品种占主导地位，其中水稻、小麦、大豆、油菜等几乎全部为我国自主选育品种，玉米和蔬菜 85% 以上种植的是国内品种。

3. 要坚持推进乡村造林绿化，结合新农村建设和美丽乡村建设，广泛开展庭院绿化，路旁、沟旁、渠旁和屋旁“四旁”绿化，在田边地角、房前屋后、路旁沟见缝植绿、见隙补绿，努力让每个村庄都做到“从村庄外看，白天看不到村庄，晚上看不到灯光；从院子里看，白天看不到太阳，晚上看不到月亮”。要大力发展经济林木，推进经济林、产业林、生态林、景观林“四林共建”，做强做大林业产业。

4. 要加快发展草牧业，支持青贮玉米和苜蓿等饲草料种植，开展粮改饲和种养结合模式试点，促进粮食、经济作物、饲草料三元种植结构协调发展，增加肉蛋奶产品等供给。要鼓励发展农产品精深加工，延长农业产业链、提高农业附加值。

5. 要着力加强渔业开发、渔业基础设施建设、渔业科技推广、渔村环境整治、市场建设，落实好《全国水生生物增殖放流总体规划》，其一，要科学确定增殖放流品种和规模，在发展湖泊水库滤食性、草食性、杂食性鱼类增殖的同时，监测水域生态环境改善状况，平衡水域生产功能和生态功能二者的关系。其二，要开展珍稀物种流放，保护水生生物多样性，加快以县级水生动物防疫站建设为基础的水产动物防疫体系建设，加强重大水生动物疫病监控，积极推进水产苗种产地检疫工作。其三，要推行官方渔医与执业渔医制度，实行执业资格认证；推行渔药处方制度，大力推进海洋工程装备、海洋生物、海水淡化与综合利用、海洋能等战略性新兴产业向支柱产业发展。

（三）努力提高农林牧渔各业产品质量和食品安全水平方略规程。这是指加强农林牧渔各业产品质量和安全监管能力建设，严格产品投入管理，大力推进产品标准化生产，建立全程可追溯、互联共享的农业产品质量和食品安全信息平台，强化地方政府法定职责，严惩各类食品安全违法违规行为方略。为此，一是要建立更加严格的农林牧渔各业投入品管理制度，大力推进产品标准化生产，加强对生产基地、批发市场的产品质量和食品安全检验检测工作，提升农林牧渔各业产品质量和食品安全水平；二是要加强县乡（市）农林牧渔各业产品质量和食品安全监管能力建设，建立全程可追溯、互联共享的农林牧渔各业产品质量和食品安全信息平台；三是要落实农林牧渔各业产品生产经营者主体责任，健全监管制度，让城乡人民能够吃得放心、吃得安心、吃得健康。为此，进一步组织实施以下四项方略：

1. 要强化农林牧渔各业产品生产科技创新驱动作用方略。推动农林牧渔各业产品生产科技创新，关键是健全科技创新激励机制，激发科研和技术推广人员创新创业的积极性。要完善科研人员与企业人才流动和兼职制度，实施科研成果使用收益管理和科技人员股权激励机制。要加强对生物育种、智能产业、机具装备、生态环保和粮食绿色增产模式等领域的科技攻关。要引导企业成为技术创新和应用的主体，充分发挥科研院所、科技队伍在科研成果转化中的作用。推动农林牧渔各业科技在关键领域取得突破，快速转化为现实生产力。

2. 要创新农林牧渔各业产品流通方式方略。这是指加快全国农林牧渔各业产品市场体系转型升级，完善全国农业产品流通骨干网络，加大重要农林牧渔各业产品仓储物流设施建设力度等方略。为此，一是要加快千亿斤粮食新建仓容建设进度，尽快形成中央和地方职责分工明确的粮食收储机制，提高粮食收储保障能力，继续实施农户科学储粮工程。二是要加强农林牧渔各业产品产地市场建设，加快构建跨区域冷链物流体系，继续开展公益性农林牧渔各业产品批发市场建设，推进合作社与超市、学校、企业、社区对接。清理整顿农林牧渔各业产品运销乱收费问题，发展农林牧渔各业产品期货交易，开发农林牧渔各业产品期货交易新品种。三是既要强化全国农林牧渔各业产品流通骨干网络建设，又要重视交易制度、交易规则等软环境建设。既要加强传统的产地市场、跨区域冷链物流体系建设，开展好公益性农工商服务业产品批发市场建设，又要支持电商、物流、商贸、金融等企业共同参与涉农电子商务平台建设，开展好电子商务进农村综合示范，用电子商务推动农林牧渔各业现代产业化经营。四是既要破解农林牧渔各业生产成本攀升、国内外主要农林牧渔各业产品价格倒挂的“双重挤压”，突破农林牧渔各业资源要素的弦绷得越来越紧、生态环境承载力越来越接近极限的“双重约束”，尽快从主要追求产量和依赖资源消耗的粗放经营转到数量质量效益并重、注重提高竞争力、注重可持续的集约发展上来，走产出高效、产品安全、资源节约、环境友好的现代农林牧渔各产业化规模经营发展道路。

3. 要提高统筹利用国际国内两个市场两种资源的能力策略。这是指加强农林牧渔业产品进出口调控，积极支持优势农林牧渔业产品出口，把握好农产品进口规模、节奏、完善粮食、棉花、食糖等重要农林牧渔各业产品进出口和关税配额管理，严格执行棉花滑准税政策，严厉打击农林牧渔各产品走私行为，完善边民互市贸易政策等策略。为此，一是要支持农林牧渔各业产品贸易做强，加快培育具有国际竞争力的农林牧渔各业企业集团；二是要健全农林牧渔各业对外合作部际联席会议制度，抓紧制定农林牧渔各业对外合作规划；三是要创新农林牧渔各业对外合作模式，重点加强产品加工、储运贸易等环节合作，支持开展境外农林牧渔各业合作开发，推进科技示范园区建设，开展技术培训、科研成果示范、品牌推广等服务；四是要完善支持农林牧渔各业对外合作的投资、财税、金融、保险、贸易、通关、检验检疫等政策，落实到境外从事农林牧渔各业生产所需机具设备和投入品出境的扶持政策；五是要充分发挥各类商会组织的信息服务、法律咨询、纠纷仲裁等作用。

4. 要强化农林牧渔业产品收购价格支持保护方略。提高小麦、稻谷最低收购价格，继续执行玉米、油菜籽、食糖临时收储政策，建立农林牧渔业产品目标价格制度，市场价格过低时对生产者进行补贴、提高时对低收入消费者进行补贴，增加对粮油猪等生产大县的奖励补助，扶持牛羊肉生产。

四、组织攻克农业土地基础设施建设开展、农林牧渔业生态环境建设加强之路方略规程

2013 年以来，以习近平总书记为核心的中共中央、国务院领导集体，推动全国各地区党委、政府及部门，带领广大农村基层干部和农民群众，一是大力开展农业土地基础设施建设，二是尽力加强农林牧渔各业生态环境治理建设。为此，组织制定实施以下两项方略规程：

（一）大力开展农业土地基础设施建设方略规程。经国务院批准，国土资源部、农业部于 2014 年 10 月 17 日联合发布《关于进一步支持设施农业健康发展的通知》指出，为了适应现代农业发展需求，大力促进农业生产土地基础设施建设有序开展，在加大优惠政策扶持力度，保障设施农业合理使用土地需求的同时，科学规范设施农业土地使用标准，加强部门执法监督管理，组织采取以下五项方

略规程：

1. 合理界定设施农业土地使用范围。设施农业土地使用范围划分为农业生产经营设施使用土地、附属设施使用土地、配套设施使用土地。为此，一是将规模化粮食生产经营所需的配套设施使用土地，纳入设施农业使用土地范围。二是将附属设施中的生活使用土地，从设施农业土地使用范围中扣除。三是严禁随意扩大农业土地使用范围，对经营性粮食存储、加工和农机农资存放、维修场所，以农业为依托的休闲观光度假场所、各类庄园、酒庄、农家乐，以及各类农业园区中设计建设永久性餐饮、住宿、会议、大型停车场、工厂化农业产品加工、展销等项使用土地，必须严禁随意扩大设施农业土地使用范围，依法依规按建设使用土地进行管理。

2. 积极支持设施农业发展使用土地。《通知》规定“设施农业使用土地，按农业用地管理”、“合理控制附属设施和配套设施用地规模”、“引导设施建设合理选址”、“鼓励集中兴建公用设施”等内容。为此，一是农业生产经营设施、附属设施和配套设施用地，直接用于或服务与农业生产经营，其性质属于农业生产经营设施使用土地，按设施农业土地使用管理监督；二是在农业生产经营结束后，经营者应按相关规定进行土地复垦，占用耕地的应复垦为耕地；三是对于平原地区从事规模化粮食生产涉及的配套设施建设，选址确实难以安排在其他地类上、无法避开基本农田的，经论证后可用基本农田，必须按数量相等、质量相当的原则和有关要求予以补划。

3. 组织规范设施农业土地使用管理。《通知》要求：一是对从事设施农业建设的，应通过经营者与土地所有权人约定用地条件，并发挥乡级政府的管理作用，规范用地行为；二是对用地协议由乡镇政府、农村集体经济组织和经营者三方签订，并与设施建设方案一同报县级国土资源主管部门和农业部门备案，不符合设施农业土地使用有关规定的，不得动工建设。

4. 切实加强设施农业土地使用服务与监管。《通知》强调：一是主动公开设施农业土地建设与管理的有关政策规定，加强设施农业土地使用地监管，严格设施农业土地使用执法；二是督促经营者必须按照协议约定使用土地，确保农地农用，不得改变土地用途，禁止擅自或变相将设施农业土地用于其他非农建设；三是不得超过用地标准，禁止擅自扩大设施农业土地规模或通过分次申报用地变相扩大设施农业土地规模；四是不得改变直接从事或服务于农业生产经营的设施性质，严禁擅自将设施用于其他经营，对设施农业土地使用和管理情况，纳入省级政府耕地保护责任目标考核内容。

5. 扶持开展农业土地水利项目工程建设。《通知》决定：一是从 2013 年起，国家集中力量扶持一批重大水利项目，中央财政预算安排水利投资 700 多亿元，扶持引水调水、江河湖泊治理、高效节水灌溉等重点项目；二是各地区要扶持中小型水利项目，加快建成一批旱涝保收高标准农田，组织培育一批重要优良品种，推广应用农业新型机械化作业，拓展农田水利化、良种化、机械化途径。

（二）尽力加强农林牧渔各业生态环境建设方略规程。这是指实施农林牧渔各业生态环境突出问题治理总体规划和农林牧渔各业可持续发展规划，加强农林牧渔各业面源污染治理等策略。为此，一是加强农林牧渔各业面源污染治理，深入开展测土配方施肥，大力推广生物有机肥、低毒低残留农药，开展秸秆、畜禽粪便资源化利用和农田残膜回收区域性示范，实施新一轮退耕还林还草工程扩大重金属污染耕地修复；二是要大力推广节水技术，全面实施区域规模化高效节水灌溉行动，加大水污染防治和水生态保护力度，扩大地下水超采区综合治理、退耕还湿试点范围，推进重要水源地生态能清洁小流域等水土保持重点工程建设，建立健全规划和建设项目水资源论证制度、国家水源督察制度；三是要大力推进重大林业生态工程，加强营造林工程建设，发展林产业和特色经济林。为此，从 2013 年至 2017 年，组织落实以下两项方略规程：

1. 各级政府及有关部门必须坚持做到：一是要摸清底数、搞好规划、增加投入，保护好全国的天然林，提高天然林资源保护工程补助和森林生态效益补偿标准，继续扩大停止天然林商业性采伐试点；二是要实施湿地生态效益补偿、湿地保护奖励试点和沙化土地封禁保护补贴政策；三是要加快实施退牧还草、牧区防灾减灾、南方草地开发利用等工程，落实畜禽规模养殖环境影响评价制度，继续实行草原生态保护补助奖励政策；四是要开展西北旱地区农牧业可持续发展、农牧交错带已垦草原治理、东北黑土地保护试点；五是要加大水生生物资源增殖保护力度，建立健全规划和建设项目水资源论证制度、国家水资源督查制度。

2. 各级政府及有关部门必须坚持做到：要大力推动农林牧渔各业循环经济发展，建立健全农林牧渔各业生态环境保护责任制，加强问责监管，依法依规严肃查处各种破坏生态环境的行为。为此，一是2013年3月17日，第十二届全国人大一次会议通过的《政府工作报告》提出，下决心解决关系群众切身利益的大气、水、土壤等突出环境问题，改善环境质量。二是2014年3月13日，第十二届全国人大二次会议通过的《政府工作报告》提出，推进生态保护与建设，继续实施退耕还林还草，当年安排500万亩，实施天然林保护、防沙治沙、水土保持、石漠化治理、湿地恢复等重大生态工程。三是2015年3月15日第十二届全国人大三次会议通过的《政府工作报告》提出，当年新增退耕还林还草66.7万公顷，造林600万公顷，扩大天然林保护范围，有序停止天然林商品采伐。四是2016年，中共中央、国务院强调，各地区党委、政府要推进重大生态工程建设，拓展重点生态功能区，办好生态文明先行示范区，开展国土江河综合整治试点，扩大流域上下游横向补偿机制试点，保护好三江源。扩大天然林保护范围，有序停止天然林商业性采伐。新增退耕还林还草1000万亩，造林9000万亩。生态环保贵在行动、成在坚持，必须紧抓不松劲，一定要实现蓝天常在、绿水长流、永续发展。五是2017年2月6日，中共中央、国务院在发布的《关于深入推进农业供给侧结构性改革　加快培育农业农村发展新动能的若干意见》提出推行绿色生产方式，增强农业可持续发展能力。为此，其一，深入推进化肥农药零增长行动，大力推行高效生态循环的种养模式，推动规模化大型沼气健康发展，加大农作物秸秆综合利用支持力度；其二，加快完善国家支持农业节水政策体系，大力实施区域规模化高效节水灌溉行动，大力普及喷灌、滴灌等节水灌溉技术，加大水肥一体化等节水推广力度；其三，集中治理农业环境突出问题，实施耕地、草原、河湖休养生息规划，深入实施土壤污染防治行动计划，扩大农业面源污染综合治理试点范围，加大东北黑土地保护支持力度，推进耕地轮作休耕制度；其四，推进山水林田湖整体保护、系统修复、综合治理、加快构建国家生态安全屏障，全面推进大规模国土绿化行动。

五、组织攻克农村经济社会公共公益基础设施建设加强、农村社会人居环境整治之路方略规程

以习近平总书记为核心的中共中央、国务院领导集体明确指出，中国要美，农村必须美。繁荣农村，必须坚持不懈推进农村经济社会公共公益基础设施建设方略。主要包括：一是着力加强农村经济公共公益基础设施建设；二是全面推进农村社会人居环境整治建设；三是引导鼓励社会资本投向农村经济社会公共公益基础设施建设。为此，组织实施这三项方略规程：

（一）着力加强农村经济社会公共公益基础设施建设方略规程。为此，一是2014年3月13日，全国第十二届二次会议通过的《政府工作报告》提出，改善农村水电路气信等基础设施建设，改建农村公路20万公里，改造农村危房260万户，再解决农村6000万人口饮水安全问题。二是2015年3月15日，全国第十二届三次会议通过的《政府工作报告》提出，新建改建农村公路20万公里，当年再解决农村6000万人口饮水安全问题，力争让最后20多万无电人口都能用上电，必须以垃圾、污水为重点加强农村环境治理，建设美丽宜居县乡村。三是2016年，中共中央、国务院提出：其一是要推进城镇供水管网向农村延伸，继续实施农村电网改造升级工程，因地制宜采取电网延伸和光伏、风电、小水电等供电方式，尽快解决无电人口用电问题；其二是要加快推进西部地区和集中连片特困地区农村公路建设，强化农村公路养护管理的资金投入和机制创新，切实加强农村客运和农村安全管理；其三是要完善农村沼气建管机制，加大农村危房改造力度，统筹搞好农房抗震改造；其四是要深入推进农村广播电视、通信等村村通工程，加快农村信息基础设施建设和宽带普及，推进信息进村入

户。四是2017年3月15日，全国第十二届全国人大五次会议通过的《政府工作报告》提出，加强农村公共设施建设，新建改建农村公路20万公里，实现农村稳定可靠供电服务和平原地区机井通电全覆盖，完成3万个行政村通光纤。

（二）全面推进农村社会人居环境整治方略规程。这是指从2013年至2017年，中共中央、国务院组织领导各级党委、政府及部门实施乡（镇）、村社会人居环境治理规划，强化规划的科学性和约束力政策。为此，一是要改善农民居住条件，搞好农村公共服务设施配套，推进山水林田路综合治理；二是要继续支持农村环境集中连片整治，加快推进农村河塘综合整治，开展农村垃圾及项整治，加大农村污水处理和改厕力度，加快改善村庄卫生状况；三是要加强农村周边工业“三废”排放和城市生活垃圾堆放监管治理，完善村级公益事业一事一议财政奖补机制，扩大农村公共服务运行维护范围，重点支持村内公益事业建设与管护；四是要完善传统村落名录和开展传统居民调查，落实传统村落和居民保护规划；五是要鼓励各地从实际出发开展美丽乡村创建示范样板，有序推进村庄整治，切实防治违背农民意愿撤并村庄、大拆大建；六是提高农村饮水安全供水保证率，加大农村危房改造力度，深入推进农村人居环境整治，建设既有现代文明、又具田园风光的美丽乡村。

（三）引导鼓励社会资本投向农村经济社会公共公益基础设施建设方略规程。这是指对于政府主导、财政支持的农村公益性项目工程，可采取购买服务、政府与社会资本合作等方式，引导企业和社会组织参与建设、管护和运营政策。为此，一是要对能够商业化运营的农村服务业，向社会资本全面开放；二是要鼓励社会资本参与农村公共公益设施建设；三是要将适合社会兴办的公共服务，交由社会组织承担。

六、组织攻克农村生产经营社会化服务体系构建、农村供销产品流通产业链体系健全之路方略规程

以习近平总书记为核心的中共中央、国务院领导集体明确指出，必须组织推行农业现代产业化经营，进一步激发农村经济社会发展活力方略规程。为此，一是加快构建农村生产经营社会化服务体系：其一，坚持完善农村集体产权经营管护制度；其二，建立健全农村林业水利经营管护制度。二是逐步健全农村供销产品流通产业链体系。分别说明如下：

（一）加快构建农村生产经营社会化服务体系方略规程。为此，一是坚持和完善农村基本经营制度，坚持农民家庭经营主体地位，引导土地经营权规范有序流转，创新土地流转和规模经营方式，制定工商资本租赁农村土地的准入和监管办法，严禁擅自改变农业用途；二是要坚持以农户家庭承包经营为基础，支持发展农民多种形式新型合作组织，积极发展多种形式适度规模经营，提高农民组织化程度，鼓励发展规模适度的农户家庭农场，完善对粮食生产规模经营主体的支持服务体系，引导农民专业合作社拓宽服务领域，促进规范发展，实行年度报告公示制度，深入推进示范社创建行动；三是推进农业产业化示范基地建设和龙头企业转型升级，引导农民以土地经营权入股合作社和龙头企业，鼓励工商资本发展适合企业化经营的现代种养业、农产品加工流通和农业社会化服务，构建农业现代产业化、集约化、专业化、社会化相结合经营服务体系。为此，必须相应组织落实两项方略：

1. 坚持完善农村集体产权经营管理体制方略。这是指为维护农村集体所有制，创新农村集体经济运行机制，稳步推进农村集体产权制度改革方略：一是必须抓住对土地等资源性资产，重点是土地承包经营权确权登记颁证工作，扩大全省推进范围，要确地到户，从严掌握确权确股不确地的政策；二是必须抓住对非经营性资产，提高公共服务能力，集体统一运营管理。对经营性资产，明晰产权归属，将资产折股量化到集体经济组织成员，发展多种形式的股份合作，开展赋予农民对集体资产股份权能改革，防止侵蚀农民利益，健全农村集体“三资”管理监督和收益分配制度；三是必须充分发挥乡（镇）农村土地承包经营权、林权流转服务平台作用，引导农村产权流转交易市场健康发展，

落实有利于推进农村集体产权制度改革的税费政策。

2. 建立健全农村林业、水利经营管理制度方略。为此，一是建立健全最严格的林地、湿地保护制度。深化集体林权制度改革，稳步推进国有林场改革和国有林区改革，明确生态公益功能定位，加强森林资源保护培育，建立国家用材林储备制度，积极发展符合林业特点的多种融资业务，吸引社会资本参与碳汇林业建设。二是建立健全水权制度，开展水权确权登记试点，探索多种水权流转方式，推进农业水价综合改革，推广水价改革和水权交易的成功经验，建立农业灌溉用水总量控制和定额管理制度，加强农业用水计量，合理调整农业水价，建立精准补贴机制，吸引社会资本参与水利工程建设和运营，鼓励发展农民用水合作组织，扶持其成为小型农田水利工程建设和管护主体，积极推进农村水利工程专业化管理。这是针对从2013年至2015年期间全国干旱年年发生，主要集中在西南地区、西北地区、东北地区，主要特点是冬春连旱或秋冬连旱。在干旱频发重发的背景下，我国节水灌溉面积少，高效节水灌溉面积占比更低，截至2014年，全国9亿多亩有效灌溉面积中，节水灌溉面积中节水灌溉工程面积仅占45%，微灌、喷灌等高效节水灌溉的面积更是仅占8%，各区域发展不平衡，农业用水效率不高。我国农业节水灌溉水平，与国外农业节水灌溉水平相比的差距，主要是重视供配水而对节水不够重视、节水设备技术落后、缺乏系统有效的农业用水管理网络等。为此，组织推动各地区政府及有关部门相应采取以下五项方略规程：

（1）加大农业节水灌溉的资金投入力度，优先支持干旱地区。以滴灌系统为例，典型的滴灌系统由水源工程、首部控制枢纽、输配水管网和灌水器（滴头及滴灌带）组成，工程量大、复杂、昂贵，国家加大农业节水灌溉的资金投入力度，优先支持干旱地区，中央及地方政府将在其自身占据资金主导地位同时，积极鼓励其他渠道投资。

（2）建立区域性农业节水灌溉技术体系，推广喷灌和滴灌等先进技术。由于我国各个地区的水资源、气候、农业、经济等具有较强地域性，因此国家建立和推广区域性农业节水灌溉技术体系，在华北地区推广低压管道输水技术，在中部地区推广微灌、喷灌节水技术，在新疆、甘肃、宁夏等干旱且经济欠发达地区推广低成本的节水技术，如渠道防渗、低压管道输水等节水技术。总体发展趋势来看，喷灌和滴灌等先进节水灌溉技术和设备的应用面积将进一步扩大（前提是价格能够降低至农户或企业用户可以接受的范围），其他简单节水灌溉方式发展速度将减缓。

（3）给予农业节水灌溉技术的用户以财政及金融支持，对于购买及应用节水灌溉产品及服务的农户或企业给予低息或无息贷款，对农业节水灌溉技术研发提供必要财政补贴及融资政策支持。2014年，国务院先后安排部署东北地区加快推进节水供水重大水利工程建设工作，项目涵盖重大农业节水工程、重大引调水工程及重点水源建设工程等多个领域，敦煌水资源合理利用与生态保护综合规划项目已获国务院批准实施，广西50万亩“双高一优”糖蔗料示范基地建设、500万亩高效节水灌溉工程项目及甘肃省内的河西千万亩高效节水灌溉工程都将会全面铺开。

（4）发布“水十条”，提出“到2020年新增高效节水灌溉面积1.5亿亩”，与《国家农业节水纲要（2012—2020年）》提出的目标保持一致。喷灌、滴灌等高效节水灌溉技术每亩初始投入按700元计算，则2012—2020年，高效节水灌溉市场规模由2012年的1039亿元增长至2020年的2359亿元，增量1050亿元，平均每年增量130亿元。该估算数据还不包括节水灌溉面积中的非高效节水灌溉面积。

（5）健全节水灌溉项目工程管护体制，坚持进行三分建、七分管、建得成、管得住、长收益的规则，一是规定节水灌溉项目工程管护主体、模式、环节、职责：其一是管护主体主要包括乡镇水利站、农民用水合作组织、村集体组织、农户等；其二是管护模式是指乡镇水利站、农民用水合作组织、专业企业、农户等管护形式；其三是管护环节，主要包括管护的产权、主体、模式、方式相连接的环节。二是在产权环节上明晰产权，工程产权、资产收益权要明确，实现责任共担、收益共享。三是在主体环节上：其一是明确产权归属，将设备产权移交给项目区所在乡镇或再由乡镇移交给受益村屯，也有的产权归水务局所有；其二是详细落实管护主体，理清所有权和使用权关系；其三是项目所在乡镇、村集体作为产权所有者，负责工程运行管理；其四是受益农户仅有使用权，向管理者按亩缴纳运行管理费用。四是在模式环节上，落实管护主体、责任、机制，建立管护经费保障机制，要建立以绩效考核为基础的运行维护经费奖补机制，进行水价改革。五是在方式环节上，对节水灌溉项目工程实施方式要有所创新，鼓励专业合作组织、村集体、家庭农场、用水者协会等作为项目法人来参与运行管护，改变项目工程申报机制，变“要我干”为“我要干”。六是在管护职责上，主要是对节水灌溉项目工程按照流域、工程性质、工程规模、受益面积等进行等级划分：其一是分别明确市、县、乡、村的事权和职责；其二是落实管护经费，重点保障基层水利服务机构人员经费和业务经费；其三是以基层水利服务体系建设为载体，加快推进农民用水合作组织和准公益性专业化服务队伍建设，全面打造“三位一体”的服务体系，初步建立起适合农村实际的节水灌溉项目工程管护体系。

（二）逐步健全农村供销产品流通产业链体系方略规程。这是指在全面深化农村供销合作社综合改革，坚持为“三农”服务方向，着力推进基层社改造，创新联合社治理机制，拓展为“三农”服务领域，把供销合作社打造成全国性为“三农”提供综合服务的骨干体系的基础上，顺应我国城乡一体化经济形势的变化新需要，创新保供应、稳价格的方式，加强农业基本经营收益保护，采取更直接、更有力和更有效的农业基本经营收益保护措施，持续提高农业综合生产能力，减少政府干预对市场配置资源的不利影响，同时更好地发挥政府在市场建设、战略储备和应急调控中的功能，实现保供稳价、开放高效、有管有调、调管结合和可持续发展。为此，必须相应组织落实以下三项方略规程：

1. 通过调整农业产品供销价格转变方式，稳步推进更直接、更细致和更合理的目标价格补贴机制。在农村土地流转和农业规模经营发展条件下，国家对主产区农民的生产补贴，逐步转变为农民的产品供销差价补贴：一是补贴资金的支付管理到户，按照农户在市场上自由出售粮食、棉花等价格低于国家规定的最低收购价或保护价的差额计算差价损失；二是在生猪市场调控中引入生猪生产周期性亏损救助机制，实行更直接和更细致的农业基本经营收益保护，提高农民生产的积极性，促进农业生产稳定发展。

2. 通过深化地方国有粮食流通企业等改革途径，有序推进提高农产品市场流通系统的活力、效率和国际竞争力政策。为了提升农产品市场流通效率，解决农民在农产品销售上可能存在的“卖难”问题，保证农民在生产出产品后能获得更好的经营收益：一是要扩大市场准入，建立更加统一、高效、竞争、有序的农产品流通市场；二是要完善全国统一、分级分类、公开透明、监管严格的农产品供销产量标准体系，重点加强带有公共性的农产品市场流通基础设施建设；三是要整合资源建立一批按照现代企业制度运行、垂直管理的国有粮食、棉花、畜产品等仓储物流加工企业，在必要时承担政策性收储任务；四是重点引入竞争机制，推动竞争，促进创新，降低成本。

3. 通过推行农业全产业链管理的规范化制度，建立更加完善的农产品质量安全管理机制和农业生产者利益保护机制。为此，一是适应居民消费结构升级的新形势，引导和促进农业生产经营者细分消费市场，发展多层次、多元化和多样化的农产品生产供应链，提高农业产业经营的品牌价值、附加值和增加值，扩大农业生产经营者的利益分配空间。二是加快新型农业经营体系建设，创新农业生产经营的组织方式和管理方式，从源头上降低农业生产发展的市场风险和疫情疫病风险，建立和完善农业生产经营利益全产业链，统筹平衡分配机制。

七、组织攻克农村土地基本经营监督管理体制改革完善、农业生产经营建设土地占用与补充平衡之路方略规程

以习近平总书记为核心的中共中央、国务院领导集体明确指出，审慎稳妥推进农村土地制度改革。在确保土地公有制性质不改变、耕地红线不突破、农民利益不受损的前提下，按照中央统一部署，一是必须分类实施农村土地征收、集体经营性建设用地入市、宅基地制度改革试点，制定缩小征

地范围的办法。二是必须建立兼顾国家、集体、个人的土地增值收益分配机制，合理提高个人收益，完善对被征地农民合理、规范、多元保障机制。三是必须赋予符合规划和用途管制的农村集体经营性建设用地出让、租赁、入股权能，建立健全市场交易规则和服务监管机制。四是必须依法保障农民宅基地权益，改革农民住宅用地取得方式，探索农民住房保障的新机制。五是必须加强对试点工作的指导监督，切实做到封闭运行、风险可控，边试点、边总结、边完善，形成可复制、可推广的改革成果。为此，2013 年至 2017 年，国家都相应提出各年方略。

2013 年 3 月 17 日，第十二届全国人大一次会议通过的《政府工作报告》对当年政府工作的建议中指出，农村土地制度关乎农村的根本稳定，也关于中国的长远发展，其核心是保障农民的财产权益，底线是严守 18 亿亩耕地红线。同年 11 月 12 日，中共十八届三中全会通过的《中共中央关于全面深化改革若干重大问题的决定》明确规定，农村集体建设用地与国有土地具同等权利进入建设用地市场，准许农户土地承包经营权的抵押、担保、入股，推进农民住房财产权抵押、担保、转让，探索农民增加财产性收入渠道。

2014 年 3 月 13 日，第十二届全国人大二次会议通过的《政府工作报告》指出，保持农村土地承包关系长久不变，抓紧土地承包经营权及农村集体建设用地使用权确权登记颁证工作，引导承包地经营权有序流转，慎重稳妥进行农村土地制度改革试点。同年 8 月 10 日，国土资源部、财政部、住房和城乡建设部、农业部、国家林业局联合发布《关于进一步加快推进宅基地和集体建设用地使用权确权登记发证工作的通知》，明确要求结合国家建立和实施不动产统一登记制度的有关要求，将农房等集体建设用地上的建筑物、构筑物纳入宅基地和集体建设用地使用权确权登记发证的工作范围，实现统一调查、统一确权登记、统一发证。同年 12 月 2 日中央全面深化改革领导小组第七次会议审议了《关于农村土地征收、集体经营性建设用地入市、宅基地制度改革试点工作的意见》并指出，分类实施土地征收、集体经营性建设用地入市和宅基地制度改革，这 3 项改革涉及农村集体经济组织制度、村民自治制度等一系列重要制度，关乎城镇化、农业现代化进程。要始终把维护好、实现好、发展好农民权益作为出发点和落脚点，坚持土地公有制性质不改变、耕地红线不突破、农民利益不受损三条底线，在试点基础上有序推进。

2015 年 1 月 11 日，中共中央办公厅和国务院办公厅联合发布了《关于农村土地征收、集体经营性建设用地入市、宅基地制度改革试点工作的意见》，这标志着我国农村土地制度改革即将进入试点阶段。同年 2 月 1 日，中共中央、国务院发布的《关于加大改革创新力度　加快农业现代化建设的若干意见》要求，全面开展永久基本农田划工作，加强农业生态环境治理，开展退耕还林还草工程建设，抓紧抓实土地承包经营权确权登记颁证工作，稳步推进农村土地制度改革试点。同年 3 月 15 日，第十二届全国人大三次会议通过的《政府工作报告》提出：一是坚守耕地红线，全面开展永久农田划定工作，实行耕地质量保护与提升运动，推进土地整治，增加深松土地 1333 万公顷；二是做好土地确权登记颁证工作，审慎开展农村土地征收、集体经营性建设用地入市、宅基地制度、集体产权制度等改革试点。在改革中，要确保耕地数量不减少、质量不下降、农民利益有保障。

2016 年 3 月 15 日，第十二届全国人大四次会议通过的《政府工作报告》提出“十三五”规划，规定全面划定永久基本农田，大规模推进农田水利、土地整治、中低产田改造和高标准农田建设，加强粮食等大宗农产品主产区建设。

2017 年 3 月 15 日，第十二届全国人大五次会议通过的《政府工作报告》提出，打造粮食生产功能区、重要农产品生产保护区、特色农产品优势区和现代农业产业园，新增高效节水灌溉面积 2000 万亩。

总之，从 2013 年 3 月至 2017 年 3 月，以习近平总书记为核心的中共中央、国务院领导集体，在组织推行农村土地制度基本经营监管体改革方略中包括：一是农村土地基本经营监督管理体制改革完善的宗旨和责任；二是农业生产经营土地占用与补充平衡调节；三是农村集体土地所有权、承包权、经营权分离；四是农村集体经营建设用地与国有土地具有同等权利进入建设用地市场；五是农村对农户土地承包经营权抵押、担保、转让、入股权益；六是农村对农户住房财产抵押、担保转让权益；七是农村宅基地和集体建设用地使用权登记发证制度；八是农村土地征收、集体经营建设用地入市、宅基地制度改革。

（一）统一规定农村土地基本经营监督管理体制改革完善的宗旨和责任方略规程。农村土地是农民最重要的生产生活资料，土地制度是国家的基础性制度。中共十八届三中全会明确了农村土地基本经营监督管理体制改革完善的宗旨和责任，确定了要坚持土地公有制性质不改变、耕地红线不突破、农民利益不受损三条底线，这既有利促进国家土地管理制度和城乡间土地资源配置的改革，又对农民土地财产权利和农村金融空间产生积极影响。改革完善这个监管体制，涉及2亿多农户的切身利益，又关系到农业基本经营制度、农村集体经济组织制度、农村村民自治制度等一系列农业农村重要经济社会制度发展变化问题。同时，农村土地是自然地理资源，是农村居民最重要的财产权利，又是拓展农业现代化与工业化、信息化、城镇化同步前进的道路的坚实地基。

1. 农村土地基本经营监督管理体制改革完善的宗旨方略，是指对国家征地制度、农村集体建设用地、农村生产经营土地制度的改革完善，一是在国家征地制度上，对象是用于工业化、信息化、城镇化建设的农村集体土地。我国现行征地制度存在征地权行使范围过宽、补偿标准低、安置途径单一等缺陷。中共十八届三中全会就此提出，缩小征地范围，规范征地程序，完善对被征地农民合理、规范、多元保障机制。世界各国都有一定数量的土地是通过征收来转变用途的。征地制度未来还会存在，但征地的范围会逐步缩小。针对土地用途和性质改变时产生的土地增值收益，要建立兼顾国家、集体、个人的土地增值收益分配机制，合理提高个人收益。二是在农村集体建设用地上，既包括农户的宅基地，又包括集体经营性建设用地。集体经营性建设用地是指农村从事二三产业的集体土地，主要是乡镇企业的土地。宅基地是农民以集体组织成员的名义获得的，且只有本集体的成员才能在本集体申请宅基地。虽然农民房屋的建设费用是自己承担的，但农民的宅基地是无偿获得的，农民对宅基地拥有的权能是不完整的，有占有、使用的权利，而没有收益、处分权利。宅基地对于农民具有重大意义，不能轻易将其转化成其他性质的土地。宅基地使用权人必须在拥有其他合理居住地，经农民自主选择同意后，宅基地才可能转化成耕地或经营性建设用地，决不能因宅基地的流转，使农民失去了居住地。据统计，2014年底，全国的农村土地征收、集体经营性建设用地、宅基用地的面积，分别约占全国建设用地的总面积的29%、15%、56%。三是在农业生产经营土地制度上，对象是从事农业生产经营性耕地。习近平总书记在2013年中央农村工作会议上强调，耕地是粮食生产的命根子，必须坚守18亿亩耕线，现有耕地面积必须保持稳定。2014年1月中央发布的一号文件提出，稳定农业生产经营土地承包关系并保持长久不变。同年9月29日，习近平总书记在中央全面深化改革领导小组第五次会议上指出，要在坚持农业生产经营土地集体所有制基础上，促使农户土地承包权和经营权分离，形成所有权、承包权、经营权三权分离和经营权流转的格局，发展农业现代产业化规模经营。同时，必须坚持推行农业生产经营土地占用与补充平衡的方略。

2. 农村土地基本经营监督管理体制改革完善的责任方略，是指在确保农村土地公有制性质不改变、耕地红线不突破、农民利益不受损的前提下，按照中央统一部署，审慎稳妥推进农村土地制度改革完善方略。2015年2月1日，中共中央、国务院印发了《关于加大改革创新力度加快农业现代化建设的若干意见》。《意见》明确提出，要主动适应经济发展新常态，按照稳粮增收、提质增效、创新驱动的总要求，努力在提高粮食生产能力上挖掘新潜力，认真落实农村土地基本监督管理体制改革完善的九项责任方略：

（1）保持稳定耕地红线不突破。中共十八大以来，习近平总书记多次指出，要解决好吃饭问题，始终是治国理政的头等大事，中国人的饭碗任何时候都牢牢端在自己手上，应该主要装中国粮，确保粮食基本自给、口粮绝对安全。耕地是粮食生产的命根子，必须坚守18亿亩耕地面积红线，全国现有耕地面积保持稳定。

（2）全面开展永久基本农田规划工作。统筹实施全国高标准农田建设总体规划，实施耕地质量保护与提升行动，全面推进建设占用耕地剥离耕作层土壤再利用。创新投融资机制，加大资金投入，集中力量加快建设一批重大引调水工程、重点水源工程、江河湖泊治理骨干工程，节水供水重大水利工程建设的征地补偿、耕地占补平衡实行与铁路等国家重大基础设施项目同等政策。

（3）继续加强农业农村生态环境治理。实施新一轮退耕还林还草工程，扩大重金属污染耕地修复、地下水超采区综合治理、退耕还湿试点范围，推进重要水源地生态清洁小流域等水土保持重点工程建设。实施湿地生态效益补偿、湿地保护奖励试点和沙化土地封禁保护区补贴政策。提高农业补贴政策效能，健全粮食主产区利益补偿、耕地保护补偿、生态补偿制度。

（4）坚持确保农村集体土地应该由农户家庭承包，不论承包经营权如何流转，农村集体土地承包权都属于农户家庭，坚持长久稳定农村集体土地承包关系，依法保障农民对农村集体土地承包地占用、使用、效益及承包经营权流转、抵押、担保、入股的权利。

（5）组织推动农村贯彻落实土地集体所有权、稳定农户承包权、放活承包经营权，加快构建以农户家庭经营为基础，合作与联合为纽带、社会化服务为支撑的农业现代产业化经营体系。坚持和完善农村基本经营制度，坚持农民家庭经营主体地位，引导土地经营权规范有序流转，创新土地流转和规模经营方式，积极发展多种形式适度规模经营，提高农民组织化程度。引导农民以土地经营权入股合作社和龙头企业。土地经营权流转要尊重农民意愿，不得硬性下指标、强制推动。尽快制定工商资本租赁农地的准入和监管办法，严禁擅自改变农业用途。

（6）大力推进农村集体产权制度改革。重点抓紧抓实土地承包经营权确权登记颁证工作，扩大整省推进试点范围，总体上要确地到户，从严掌握确权确股不确地的范围。充分发挥县乡农村土地承包经营权、林权流转服务平台作用，引导农村产权流转交易市场健康发展。完善有利于推进农村集体产权制度改革的税费政策。

（7）尽快完善宅基地权益保障的取得方式，探索农民住房保障在不同区域户有所居的多种实现形式；对超标准占用宅基地和一户多宅等情况，探索实行有偿使用以及进程落户农民在本集体经济组织内部资源有偿退出或转让宅基地等。

（8）推动建立城乡统一的建设用地市场，允许农村集体经营性建设用地出让、租赁、入股，实行与国有土地同等入市、同权同价。这突破了过去集体建设用地进入市场必须征为国有的制度。改革的总体方向，应在加强用途管制和规划约束的前提下，消除集体土地与国有土地在权能上存在的制度。

（9）稳步推进农村土地制度改革试点。在确保土地公有制性质不改变、耕地红线不突破、农民利益不受损的前提下，按照中央统一部署，审慎稳妥推进农村土地制度改革。分类实施农村土地征收、集体经营性建设用地入市、宅基地制度改革试点。制定缩小征地范围的办法。建立兼顾国家、集体、个人的土地增值收益分配机制，合理提高个人收益。完善对被征地农民合理、规范、多元化保障机制。赋予符合规划和用途管制的农村集体经营性建设用地出让、租赁、入股权能，建立健全市场交易规则和服务监管机制。依法保障农民宅基地权益，改革农民住宅用地取得方式，探索农民住房保障的新机制。加强对试点工作的指导监督，切实做到封闭运行、风险可控，边试点、边总结、边完善，形成可复制、可推广的改革成果。

总之，我国农业农村经济持续健康发展，关键在人。要通过富裕农民，提高农民，扶持农民，解决好农民种地问题，让农业生产经营有效益，让农业成为有奔头的产业，让农民成为体面的职业，让农村成为安居乐业的美丽家园。富裕农民，就是提高种地集约经营、规模经营、社会化服务水平，增加农民务农收入。

（二）坚持推行农村耕地永久保护、占用与补充平衡方略规程。国家 1999 年新《土地管理法》明确提出：实行“建设用地占一补一”制度。明确提出了耕地占补平衡的政策，即建设占用多少耕地，就要补充多少数量和质量相当的耕地。同时在总结各地土地开发整理经验的基础上，提出了两项重要政策：其一是土地置换政策；其二是60%指标折抵政策。2004 年国务院提出了“增减挂钩”政策，即“鼓励农村建设用地整理、城镇建设用地增加，要与农村建设用地减少相挂钩”。政策设计的要点是：通过对农村集体建设用地进行折旧复垦，耕地增加，城市建设也获得相应土地指标，一举多得。占补平衡政策的宗旨是占多少耕地，需补多少耕地。以确保我国的土地红线。而增减挂钩的基本准则是：减少多少农村建设用地，可以增加多少城市建设用地，以达平衡指标。占补平衡侧重在于耕地保有量不减少，增减挂钩着眼于建设用地增量的开发。两者的关系不再是占多少补多少的关系，而是强调增量的关系，对地方形成激励机制。有些地区政府发出《关于实行最严格节约用地制度的通知》提出，加强耕地保护，对建设占用耕地的，按照以补定占、先补后占、占优补优的规定，落实耕地占补平衡方略。对城乡建设用地增减挂钩、农村土地综合整治优化出来的建设用地指标和耕地占补平衡指标实行有偿使用的政策。在占补平衡和增减挂钩政策实行过程中却存在不可忽视的问题，其一是经济发展对耕地的依赖程度巨大，耕地保护的形式更加严峻。不少地方处于工业化和城镇化加速推进期，建设用地规模指标严重不足，违法用地现象仍时有发生。其二是在没有更多顾忌环保因素下的工业化进程，使耕地数量和质量都在下降。一些地方耕地后备资源匮乏，难以实现市域内的占补平衡。其三是随着国务院推进户籍制度改革意见的实施，大量农民涌入乡镇和城市，新农村建设和大量城镇化扩张，难以避免占用大量的基本农田。在这种情况下，对集体经营性建设用地，应严格推行农业经营性建设用地制度、农村住宅地有偿退出机制，完善节约用地绩效考核体系，健全税收调节机制，达到节约土地资源的目的。

中共中央、国务院于2017年1月9日发布《关于加强耕地保护和改进占补平衡的意见》，必须要坚定不移、刻不容缓保护耕地。一是要保护耕地、占用与补充平衡组织领导；二是要保护耕地、占补平衡管理控制；三是要保护耕地、占补平衡调节法规；四是要保护耕地、占补平衡整治复垦；五是要保护耕地、占补平衡制定严谨；六是要保护耕地、占补平衡节约集约；七是要保护耕地、占补平衡提高质量；八是保护耕地、占补平衡休养生息；九是保护耕地、占补平衡调查检查；十是保护耕地、占补平衡责任考核。

保护耕地、耕地占用与补充平衡是坚定不移、刻不容缓的任务，这是因为下面两个原因。

首先，在客观趋势上：其一，我国有13.7亿人口，人多地少、人增地减，基本国情不会改变，耕地保护面临多方面客观需求的矛盾；其二，国家粮食安全、生态安全和社会稳定，始终是国计民生的头等大事，事关耕地保护、粮食安全在国家经济社会发展大局中的特殊战略地位，任何时候都不能动摇，耕地是国家粮食安全的根本保证；其三，农业发展和农业现代化的根基和命脉是耕地，它是农村改革发展稳定的基石，直接关系广大农民切身利益，关系农民土地财产权益的实现，关系“三农”工作与国家长治久安；其四，我国城乡一体新型工业化、城镇化建设深入推进，还要占用一定数量耕地，生态文明建设也要退耕还林、还湿、还草等。

其次，在主观需求上：其一，我国粮食连年增产，粮食储存较多，一些忽视粮食安全、轻视耕地保护的苗头有所抬头。在这个时候，要头脑清醒，要绷紧耕地保护这根弦，不能有丝毫放松，不容许出现闪失，不允许犯难以挽回的颠覆性错误。其二，我国持续推进农业供给侧结构性改革的必然要求。根据中央经济工作会议、中央农村工作会议部署，2017年是供给侧结构性改革的深化之年，农业是供给侧改革的重要一环。按农业供给侧结构性改革主线要求，国家将对耕地保护实施退耕还林还草还湿，开展污染耕地治理，要调减一部分不稳定耕地，因此在注重保护耕地“量”之外，必须加强耕地质量和生态保护这个“质”的方面。其三，我国耕地质量总体不高、局部退化，不能满足粮食和农林牧渔各业产品生产需求，因而对耕地数量、质量、生态等方面提出需求。其四，按《意见》要求，要积极开展退化耕地、污染耕地综合治理和修复，统筹推进耕地休养生息、减肥减药、高效种植，要大规模推进高标准农田建设，通过推进建设占用耕地耕作层剥离再利用、中低田提质改造、新增耕地后期培肥改良等措施，大力提升耕地质量。其五，我国最为宝贵的资源是耕地，耕地关系十几亿人吃饭大事，必须保护好，绝不能有闪失。要牢牢立足于基本国情，把握供给侧结构性改革主线，把握好政府管控与市场激励机制的关系，做好新常态下的耕地保护工作。其六，按《意见》部署，各级党委、政府及部门要对保护耕地、耕地占用与补充平衡千方百计，拓展途径。为进一步加强耕地保护和改进占补平衡工作，各地区各有关部门按照党中央、国务院决策部署，积极采取措施，强化主体责任，严格落实占补平衡制度，严守耕地红线，推行耕地保护、占补平衡十项方略。分别说明如下：

1. 组织领导保护耕地、占补平衡方略。在组织领导保护耕地、占补平衡方略上，一是确定指导思想，二是坚持统筹协调，三是加强组织领导。

（1）树立指导思想。这是指要坚持全面贯彻落实中共十八届三至六中全会及习近平总书记系列重要讲话精神和治国理政新理念新思想新战略，牢固树立新发展理念，按照国务院决策部署，坚守土地公有制性质不改变、耕地红线不突破、农民利益不受损三条底线，坚持最严格的耕地保护制度和最严格的节约用地制度，着力加强耕地数量、质量、生态“三位一体”保护，着力加强耕地管控、建设、激励多措并举保护，采取更加有力措施，依法加强耕地占补平衡规范管理，落实藏粮于地、藏粮于技战略，提高粮食综合生产能力，保障国家粮食安全，为实现“两个一百年”奋斗目标、实现中华民族伟大复兴中国梦构筑坚实的资源基础。

（2）坚持统筹协调。这是指要充分发挥市场配置资源的决定性作用和更好发挥政府作用，强化耕地保护主体责任，健全利益调节机制，激励约束并举，完善监管考核制度，实现耕地保护与经济社会发展、生态文明建设相统筹，耕地保护责权利相统一。

（3）加强组织领导。各地区各有关部门要按照本意见精神，抓紧研究制定贯彻落实具体方案，强化耕地保护工作责任和保障措施。为此，一是要建立党委领导、政府负责、部门协同、公众参与、上下联动的共同责任机制，地方各级党委和政府要树立保护耕地的强烈意识，切实担负起主体责任，采取积极有效措施，严格源头控制，强化过程监督，确保本行政区域内耕地保护责任目标全面落实；二是地方各级政府主要负责人要承担起耕地保护第一责任人的责任，组织相关部门按照职责分工履职尽责，充分调动农村集体经济组织、农民和新型农业经营主体保护耕地的积极性，形成保护耕地合力。

2. 管理控制保护耕地、占补平衡方略。在管理控制保护耕地、占补平衡方略上：一是确定总体目标；二是坚持改革创新；三是加强规划管控；四是坚持严保严管。

（1）确定总体目标。这是指要牢牢守住耕地红线，确保实有耕地数量基本稳定、质量有提升。为此，一是到2020年，全国耕地保有量不少于18.65亿亩，永久基本农田保护面积不少于15.46亿亩，确保建成8亿亩、力争建成10亿亩高标准农田，稳步提高粮食综合生产能力，为确保谷物基本自给、口粮绝对安全，提供资源保护。二是不断完善耕地保护制度和占补平衡政策体系，促进形成保护更加有力、执行更加顺畅、管理更加高效的耕地保护新格局。

（2）坚持改革创新。这是指适应经济发展新常态和供给侧结构性改革要求，突出问题导向，完善永久基本农田管控体系，改进耕地占补平衡管理方式，实行占补平衡差别化管理政策，拓宽补充耕地途径和资金渠道，不断完善耕地保护和占补平衡制度，把握好经济发展与耕地保护的关系。

（3）加强土地规划管控和用途管制。为此，一是要充分发挥土地利用总体规划的整体管控作用，从严核定新增建设用地规模，优化建设用地布局，从严控制建设占用耕地特别是优质耕地。二是要实行新增建设用地计划安排与土地节约集约利用水平、补充耕地能力挂钩，对建设用地存量规模较大、利用粗放、补充耕地能力不足的区域，适当调减新增建设用地计划。三是要探索建立土地用途转用许可制，强化非农建设占用耕地的转用管控。

（4）坚持严保严管。为此，一是要强化耕地保护意识，强化土地用途管制，强化耕地质量保护与提升，坚决防止耕地占补平衡中补充耕地数量不到位、补充耕地质量不到位的问题，坚决防止占多补少、占优补劣、占水田补旱地的现象。二是要对已经确定的耕地红线绝不能突破，已经划定的城市周边永久基本农田绝不能随便占用。

3. 占补平衡保护耕地、占补平衡方略。在补偿补充保护耕地、占补平衡方略上：一是严格落实占补平衡责任；二是规范省域内补充耕地调剂制度；三是实行跨地区补充耕地利益调节法制；四是国家试行补充耕地统筹机制。

（1）严格落实耕地占补平衡责任。为此，一是要完善耕地占补平衡责任落实机制。对非农建设占用耕地的，建设单位必须依法履行补充耕地义务，无法自行补充数量、质量相当耕地的，应当按规定足额缴纳耕地开垦费；二是要地方各级政府负责组织实施土地整治，通过土地整理、复垦、开发等推进高标准农田建设，增加耕地数量、提升耕地质量，以县域自行平衡为主、省域内调剂为辅、国家适度统筹为补充，落实补充耕地任务；三是各省（自治区、直辖市）政府要依据土地整治新增耕地平均成本和占用耕地质量状况等，制定差别化的耕地开垦费标准。对经依法批准占用永久基本农田的，缴费标准按照当地耕地开垦费最高标准的两倍执行。

（2）规范省域内补充耕地指标调剂制度。为此，县（市、区）政府无法在本行政辖区内实现耕地占补平衡的，可在市域内相邻的县（市、区）调剂补充，仍无法实现耕地占补平衡的，可在省域内资源条件相似的地区调剂补充。各省（自治区、直辖市）要规范补充耕地指标调剂制度，完善价格形成机制，综合考虑补充耕地成本、资源保护补偿和管护费用等因素，制定调剂指导价格。

（3）实行跨地区补充耕地的利益调节法制。为此，一是要在生态条件允许的前提下，支持耕地后备资源丰富的国家重点扶贫地区有序推进土地整治增加耕地，补充耕地指标可对口向省域内经济发达地区调剂，补充耕地指标调剂收益由县级政府通过预算安排用于耕地保护、农业生产和农村经济社会发展。二是要各省（自治区、直辖市）政府统筹耕地保护和区域协调发展，支持占用耕地地区在支付补充耕地指标调剂费用基础上，通过实施产业转移、支持基础设施建设等多种方式，对口扶持补充耕地地区，调动补充耕地地区保护耕地的积极性。

（4）国家试行补充耕地统筹机制。这是指探索补充耕地国家统筹途径。为此，一是要根据各地资源环境承载状况、耕地后备资源条件、土地整治新增耕地潜力等，分类实施补充耕地国家统筹。二是要对耕地后备资源严重匮乏的直辖市，新增建设占用耕地后，新开垦耕地数量不足以补充所占耕地数量的，可向国务院申请国家统筹。三是要对资源环境条件严重约束、补充耕地能力严重不足的省份，由于实施国家重大建设项目造成的补充耕地缺口，可向国务院申请国家统筹。四是要经国务院批准后，有关省份按规定标准向中央财政缴纳跨省补充耕地资金，中央财政统筹安排落实国家统筹补充耕地任务所需经费，在耕地后备资源丰富省份落实补充耕地任务。五是要对跨省补充耕地资金收取标准，综合考虑补充耕地成本、资源保护补偿、管护费用及区域差异等因素确定，具体办法由财政部会同国土资源部另行制定。

4. 整治复垦保护耕地、占补平衡方略。在整治复垦保护耕地、占补平衡方略上，一是实施土地整治复垦；二是科学划定可耕地资源。

（1）大力实施土地整治，落实补充耕地任务。各省（自治区、直辖市）政府负责统筹落实本地区年度补充耕地任务，确保省域内建设占用耕地及时保质保量补充到位。为此，必须拓展补充耕地途径，统筹实施土地整治、高标准农田建设、城乡建设用地增减挂钩、历史遗留工矿废弃地复垦等，新增耕地经核定后可用于落实补充耕地任务。

（2）在严格保护生态前提下，科学划定宜耕土地后备资源范围，禁止开垦严重沙化土地，禁止在25度以上陡坡开垦耕地，禁止违规毁林开垦耕地。鼓励地方统筹使用相关资金实施土地整治和高标准农田建设。为此，必须充分发挥财政资金作用，鼓励采取政府和社会资本合作（PPP）模式、以奖代补等方式，引导农村集体经济组织、农民和新型农业经营主体等，根据土地整治规划投资或参与土地整治项目，多渠道落实补充耕地任务。

5. 划定农田保护耕地、占补平衡方略。在划定农田保护耕地、占补平衡方略上，一是划定永久基本农田；二是划定粮食生产功能区；三是严禁占用永久基本农田。

（1）严格永久基本农田划定和保护。全面完成永久基本农田划定任务，将永久基本农田划定作为土地利用总体规划的规定内容，在规划批准前先行核定并上图入库，落地到户，并与农村土地承包经营权确权登记相结合，将永久基本农田记载到农村土地承包经营权证书上。为此，必须将粮食生产功能区和重要农产品生产保护区范围内的耕地要优先划入永久基本农田，实行重点保护。

（2）永久基本农田一经划定，任何单位和个人不得擅自占用或改变用途。为此，必须强化永久基本农田对各类建设布局的约束，各地区各有关部门在编制城乡建设、基础设施、生态建设等相关规划，推进多规合一过程中，应当与永久基本农田布局充分衔接，原则上不得突破永久基本农田边界。

（3）一般建设项目不得占用永久基本农田，重大建设项目选址确实难以避让永久基本农田的，在可行性研究阶段，必须对占用的必要性、合理性和补划方案的可行性进行严格论证，通过国土资源部用地预审。为此，一是必须对农用地转用和土地征收依法依规报国务院批准。二是严禁通过擅自调整县乡土地利用总体规划，规避占用永久基本农田的审批。

6. 节用集约保护耕地、占补平衡方略。在节约集约保护耕地、占补平衡方略上，一是坚持节约集约用地优先原则，二是推广节约集约用地技术模式。

（1）坚持节约集约用地优先原则。这是指坚持节约优先。统筹利用存量和新增建设用地，严控增量、盘活存量、优化结构、提高效率，实行建设用地总量和强度双控，提高土地节约集约利用水平，以更少的土地投入支撑经济社会可持续发展。

（2）推广节约集约用地技术模式。这是指以节约集约用地缓解建设占用耕地压力的技术模式。为此，一是坚持实施建设用地总量和强度双控行动，逐级落实“十三五”时期建设用地总量和单位国内生产总值占用建设用地面积下降的目标任务。二是坚持盘活利用存量建设用地，推进建设用地二级市场改革试点，促进城镇低效用地再开发，引导产能过剩行业和“僵尸企业”用地退出、转产和兼并重组。三是坚持完善土地使用标准体系，规范建设项目节地评价，推广应用节约集约用地技术模式，强化节约集约用地目标考核和约束，推动有条件的地区实现建设用地减量化或零增长，促进新增建设不占或尽量少占耕地。

7. 提升质量保护耕地、占补平衡方略。在推进提升耕地质量保护耕地、占补平衡方略上，一是建设高标准农田，二是落实提升耕地质量保护措施。

（1）坚持建设高标准农田。这是指从 2017 年起，要大规模建设高标准农田。各省（自治区、直辖市）要根据全国高标准农田建设总体规划和全国土地整治规划的安排，逐级分解高标准农田建设任务，统一建设标准、统一上图入库、统一监管考核。为此，一是建立政府主导、社会参与的工作机制，以财政资金引导社会资本参与高标准农田建设，充分调动各方积极性。二是加强高标准农田后期管护，按照谁使用、谁管护和谁受益、谁负责的原则，落实高标准农田基础设施管护责任。三是对高标准农田建设情况要统一纳入国土资源遥感监测“一张图”和综合监管平台，实行在线监管，统一评估考核。

（2）坚持落实提升耕地质量保护措施。这是指坚持推动各地区实施耕地质理保护与提升行动。全面推进建设占用耕地耕作层剥离再利用，市县政府要切实督促建设单位落实责任，将相关费用列入建设项目投资预算，提高补充耕地质量。为此，一是要将中低质量的耕地纳入高标准农田建设范围，实施提质改造，在确保补充耕地数量的同时，提高耕地质量，严格落实占补平衡、占优补优。二是要加强新增耕地后期培肥改良，综合采取工程、生物、农艺等措施，开展退化耕地综合治理、污染耕地阻控修复等，加速土壤熟化提质，实施测土配方施肥，强化土壤肥力保护，有效提高耕地产能。

8. 休养生息保护耕地、占补平衡方略。在组织拓展休养生息保护耕地、占补平衡方略上，一是确定休养生息耕地标准；二是推进耕地轮作休耕科学化。

（1）确定休养生息耕地标准。这是指全国统筹推进耕地休养生息标准，对 25 度以上坡耕地、严重沙化耕地、重要水源地 15—25 度坡耕地、严重污染耕地等有序开展退耕还林还草，不得将确需退耕还林还草的耕地划为永久基本农田，不得将已退耕还林还草的土地纳入土地整治项目，不得擅自将永久基本农田、土地整治新增耕地和坡改梯耕地纳入退耕范围。

（2）积极稳妥推进耕地轮作休耕试点，加强轮作休耕耕地管理，不得减少或破坏耕地，不得改变耕地地类，不得削弱农业综合生产能力。为此，一是要加大轮作休耕地保护和改造力度，优先纳入高标准农田建设范围。二是要因地制宜实行免耕少耕、深松浅翻、深施肥料、粮豆轮作套作的保护性耕作制度，提高土壤有机质含量，平衡土壤养分，实现用地与养地结合，多种举措保护提升耕地产能。

9. 调查检查保护耕地、占补平衡方略。在组织开展调查检查保护耕地、占补平衡方略上，一是调查评价耕地质量产能，二是监督检查耕地保护情况，三是检查验收耕地补充结果。

（1）严格调查评价耕地质量产能。这是指加强耕地质量调查评价与监测。为此，一是严格建立健全耕地质量和耕地产能评价制度，完善评价指标体系和评价方法，定期对全国耕地质量和耕地产能水平进行全面评价并发布评价结果；二是严格完善土地调查监测体系和耕地质量监测网络，开展耕地质量年度监测成果更新。

（2）严格监督检查耕地保护情况。为此，一是要完善国土资源遥感监测“一张图”和综合监管平台，扩大全天候遥感监测范围，对永久基本农田实行动态监测，加强对土地整治过程中的生态环境保护，强化耕地保护全流程监督检查；二是要加强耕地保护信息化建设，建立耕地保护数据与信息部门共享机制；三是要健全土地执法联动协作机制，严肃查处土地违法违规行为；四是国家土地督察机构要加强对省级政府实施土地利用总体规划、履行耕地保护目标责任、健全耕地保护制度等情况的监督检查。

（3）严格检查验收耕地补充结果。为此，一是各县（市）政府要加强对土地整治和高标准农田建设项目的全程管理，规范项目规划设计，强化项目日常监管和施工监理；二是各县（市）有关部门要做好项目竣工验收，严格新增耕地数量认定，依据相关技术规程评定新增耕地质量；三是要将验收合格的新增耕地，应当及时在年度土地利用变更调查中进行地类变更；四是省级政府要做好对市县补充耕地的检查复核，确保耕地数量质量到位。

10. 责任考核保护耕地、占补平衡方略。在组织推进责任考核耕地、占补平衡方略上，一是加强对耕地保护责任主体补偿激励，二是完善耕地保护责任目标考核制度。

（1）加强对耕地保护责任主体的补偿激励。为此，一是要坚持积极推进中央和地方各级涉农资金整合，综合考虑耕地保护面积、耕地质量状况、粮食播种面积、粮食产量和粮食商品率，以及耕地保护任务量等因素，统筹安排资金，按照谁保护、谁受益的原则，加大耕地保护补偿力度；二是要坚持鼓励地方统筹安排财政资金，对承担耕地保护任务的农村集体经济组织和农户给予奖补；三是要坚持奖补资金发放，与耕地保护责任落实情况挂钩，主要用于农田基础设施后期管护与修缮、地方培育、耕地保护管理等。

（2）完善耕地保护责任目标考核制度。为此，一是要完善省级政府耕地保护责任目标考核办法，全面检查和考核耕地与永久基本农田保护情况、高标准农田建设任务完成情况、补充耕地任务完成情况、耕地占补平衡落实情况等；二是要经国务院批准，国土资源部会同农业部、国家统计局等有关部门下达省级政府耕地保护责任目标，作为考核依据；三是各省级政府要层层分解耕地保护任务，落实耕地保护责任目标，完善考核制度和奖惩机制；四是要将耕地保护责任目标考核结果作为领导干部实绩考核、生态文明建设目标评价考核的重要内容。五是要探索编制土地资源资产负债表，完善耕地保护责任考核体系。实行耕地保护党政同责，对履职不力、监管不严、失职渎职的，依纪依规追究党政领导责任。

（三）坚持推行农村集体土地所有权、承包权、经营权分离方略规程。在坚持农村土地集体所有制基础上，形成所有权、承包权、经营权三权分离，允许经营权流转格局。中共中央、国务院于2014年1月发布的一号文件提出，稳定农村土地承包关系并保持长久不变，在坚持和完善最严格的耕地制度前提下，赋予农民对承包土地占有、使用、收益、流转及承包经营权抵押、担保权益。同年9月29日，习近平总书记在中央全面深化改革领导小组第五次会议讲话中指出，现阶段深化农村土地制度改革，要更多地考虑推进农业现代化问题，既要解决好农业问题，又要解决好农民问题，走出一条中国特色农业现代化道路。包括：一是要在坚持农村土地集体所有制的基础上，促使承包权和经营权分离，形成所有权、承包权、经营权三权分离、经营权流转的格局；二是要发展农业现代产业化规模经营，必须与城镇化进程和农村劳动力转移规模相适应，与农业科技进步和生产手段改进程度相适应，与农业社会化服务水平提高相适应；三是要加强引导，不损害农民土地承包经营权益，不改变土地用途，不破坏农业综合生产能力；四是要尊重农民意愿，坚持依法自愿有偿流转土地经营权，不能搞行政瞎指挥、强迫命令；五是要坚持农业生产经营规模适度，重点支持发展粮食规模生产；六是要让农民成为土地适度经营的积极参与者和真正受益者；七是要根据各地基础和条件，确定土地合理的农业生产经营规模，不能片面追求快和大，更不能忽视普遍农户占大多数经营自家承包土地的基本农情；八是要对工商企业租赁农户承包土地，必须设置严格的门槛，建立资格审查、项目审核、风险保险金制度，对准入和监管制度作出明确规定。为此，坚持组织推行以下五项方略：

1. 坚持依法管制农村土地用途出让方略。这是指中共中央、国务院及各级党委、政府组织发布推行农村土地所有、承包、经营法律法规，严格土地用途管制，严格依法出让土地的策略：一是坚持用科学规划落实土地管理的各项具体规定，在有效利用土地的基础上，确保不减少土地数量，不降低土地质量；二是坚持推动土地的所有者、承包者、经营使用者严格按照用途利用土地，严格执行土地保护的基本国策，严守农业土地不被非农业占用的红线；三是坚持在国家法律法规督导调控下，落实农村土地所有权、承包权、经营权三权分离、经营权流转的策略。据统计，2014 年底，全国农户家庭承包经营流转土地面积 4.6 亿亩，占农户家庭联产承包经营土地总面积 32%，比“十一五”规划末 2010 年提高 24%。在实践中：其一是各地区在依法推进土地承包经营流转上，着力发展专业大户、家庭农场、农民专业合作社和股份合作组织等新型农业产业化经营主体，依法采取转包、出租、互换、合作、转让等土地经营流转形式，都坚持遵循自觉、自愿、有偿、互利的规划；其二是各地区在依法推行土地承包经营流转上，地方各级政府及有关部门着力加强监督管理，退出土地承包经营流转环节，发挥市场信息收发、资源利用、价格调剂的作用，统筹兼顾政府与市场双方面的作用；其三是各地区在依法推行土地承包经营流转上，地方各级政府及有关部门着力引导农民学会维护自己的土地承包经营流转权益，预防发生把土地承包经营流转给工商企业，造成非粮、非农化占用土地、难以恢复农田的风险问题，充分发挥农村基层党政组织维护土地集体所有权的监管作用。

2. 坚持组织推行农村土地经营权有序流转方略。中共中央、国务院于 2014 年 10 月 17 日审议通过的《关于引导农村土地经营权有序流转发展、农业适度规模经营的意见》提出，着眼于推进现代农业发展、维护农民合法权益，坚持一切从国情和农村实际出发，一是坚持农村土地集体所有，所有权、承包权、经营权三权分置，引导土地经营权有序流转。首先，要维护好农村土地集体所有权，其次，要保障好土地承包权，同时，要放活经营权。二是坚持强化对农户承包地权益的保护，加强对承包地的保护，是促进土地经营权流转起来，形成农业现代产业化规模经营的前提条件。首先，要建立新型职业农民制度，积极培养专业大户，家庭农场经营者、农民专业合作社带头人、农业企业经营管理人员、农业社会化服务人员和返乡农民工等新型职业农民。其次，要引导土地资源流向新型农业生产经营主体，促使更多的土地经营权，优先流向家庭农场等规模经营农户。再次，要着力为新型农业生产经营主体提供财政、金融、用地、税收等方面优惠扶持政策。三是坚持鼓励经营权有序流转的土地用于粮食规模生产。为了保障经营权流转的土地用于粮食规模生产，首先，要通过相关优惠政策，引导农业生产经营主体生产，重点扶持粮食规模化生产经营。其次，要通过合理引导土地经营权流转价格，降低粮食生产经营成本，稳定粮食种植面积。四是坚持及时纠正和解决农村土地承包、经营权流转中逼迫强行、追求规模、服务水平低、侵害农民合法权益的问题，要坚决纠正一些工商企业长时间、大面积租赁农户承包地“非粮化”、“非农化”的问题。为此，一要坚守土地经营权流转底线，要坚持农村土地集体所有，坚持依法自愿有偿，保护农民土地承包权益，确保经营权流转土地用于农业生产经营，重点扶持粮食规模生产经营；二要坚持鼓励创新土地经营权流转形式，鼓励农民以多种形式长期流转承包地，稳步推进土地经营权抵押、担保，允许农民以承包权、经营权入股，发展农业产业化经营；三要坚持严格规范土地经营权流转行为，尊重农民在流转中的主体地位，村级组织只能在农户书面委托的前提下，才能组织统一流转；四要坚持加强土地承包、经营权流转服务体系建设；五是坚持防止“非粮化”、“非农化”等倾向，鼓励经营权流转土地用于粮食生产经营。为此，一要通过国家财政新增补贴资金投入粮食生产经营主体，优先安排农机具购置补贴、农田水利建设补助；二要通过粮食主产区、功能区、高产区产业扶持政策，引导经营主体进行粮食生产经营；三要通过合理引导土地经营权流转公平合理价格，以降低粮食生产成本，稳定粮食种植面积；四要通过停止采取粮食直接补贴、良种补贴、农业生产资料综合补贴政策，遏制撂荒粮食种植耕地；五要坚持鼓励工商资本发展良种种苗繁育、高标准农林种植和牧渔养殖各产业规模化经营，对工商企业租赁农户承包土地加强监管和风险防范，建立健全资格审查、项目审核、风险保障金制度，严格准入门槛，加强事后监管，及时查处和纠正违法犯规行为；六是坚持推进农业生产经营专业化、标准化、规模化、集约化的现代化，提高农业产业经营社会化服务水平，建立多元社会化服务组织，拓展农业科技推广、动植物防疫、农业产品质量安全监管等公共服务组织的服务范围，支持开展农业生产经营服务，推广土地承包、经营权流转托管服务模式，鼓励农村供销社为农业生产经营各环节服务。

3. 坚持组织推行农村集体建设用地与国有土地具有同等权利进入建设用地市场方略。为了确保农民实现土地承包经营流转权益，改变城镇建设用地方式，中共十八届三中全会通过的《中共中央关于全面深化改革若干重大问题的决定》对农村集体建设用地与国有土地具有同等权利进入建设用地市场规定四项策略：一是“只有符合规划和用途规则的农村集体经营性建设用地，才能进入建设用地市场”，主要指依国家法规批准的农业产品产加销一条龙企业建设用地，进入建设用地市场；二是进一步明确国家征用农村集体土地制度改革的方向，“缩小征地范围，规范征地程序，完善对被征地农民合理、规范、多元保障机制”；三是“对改变用途的土地，要建立国家、集体、个人的土地增值收益分配机制，合理提高个人收益”；四是“在符合规划和用途管制前提下，允许农村集体经营性建设用地出让、租赁、入股，实行与国有土地同等入市、同权同价”。

4. 坚持组织推行农村对农户土地承包经营权抵押、担保、入股权益方略。为了在继续贯彻执行国家《物权法》《农村土地承包法》明确规定农村集体土地承包经营权人，依法对其承包的土地享受占有、使用、收益、流转的权利的基础上，中共中央在发布《关于全面深化改革若干重大问题的决定》规定两项策略：一是“赋予农民对承包地占有、使用、收益、流转及承包经营权抵押、担保、权能，允许农民以承包经营权入股发展农业产业化经营”，这对农民承包土地增加了承包经营权的抵押、担保、入股的权能，完善了农民对土地承包经营权的占有、使用、收益、处理四个权能；二是“稳定农村集体土地承包关系并保持长久不变”，农户对农村集体土地承包权，是不能被其他主体取代的，但准许农户用承包土地的经营权抵押、担保、入股，即使经营失利，农户也不会失去土地承包权，更不会损坏土地所有制。

5. 坚持组织推行农村对农户住房财产权抵押、担保、转让、入股方略。为了继续加强农村农户住房基地管理，依法确定每个农户一个住房基地、长期无偿使用，对农户住房及基地，允许出租、转让，但转让、出租后，不得再申请住房基地，中共中央在《关于全面深化改革若干重大问题的决定》中规定，“保障农户宅基地用益物权，改革完善农村宅基地制度，选择若干试点，慎重稳妥推进农民住房财产权抵押、担保、转让，探索农民增加财产性收入渠道”。农户住房财产权的抵押、担保、转让，必须是依法“房地一体”的农户住房，对抵押房屋必须一并抵押房屋所占用的土地使用权，既要使农民能够增加财产性收入，又必须制止农村乱占土地、乱建房屋现象，对于农户住房财产权的抵押、担保、转让，必须在经批准的地方开展试点。

（四）坚持推行农村宅基地和集体建设用地使用权登记发证方略规程。2014 年 8 月 10 日，由国土资源部、财政部、住房和城乡集建设部、农业部、国家林业局联合发布的《关于进一步加快推进宅基地和集体建设用地使用权确权登记发证工作的通知》，明确将宅基地和集体建设用地使用权确权登记发证纳入不动产统一登记制度的实施进程，强调要为建立城乡统一的建设用地市场奠定产权基础。为此，这个《通知》明确提出以下三项方略：

1.《通知》规定，农村宅基地和集体建设用地使用权确权登记发证工作的目标，是在实施不动产统一登记制度前提下，将农房等集体建设用地上建筑物、构筑物，纳入宅基地和集体建设用地使用权确权登记发证的范围，基本实现统一调查、统一确权登记、统一发证。这是维护农民合法权益，促进农村社会秩序和谐稳定的重要措施，是深化农村改革，促进城乡统筹发展的产权基础，也是建立实施不动产统一登记制度的基本内容。

2.《通知》要求，全面加快农村地籍调查，因地制宜确定调查方法和精度，避免“一刀切”，要以针对本省实际问题，进一步细化完善有关政策和技术标准。坚持农村违法宅基地和集体建设用地，必须依法补办用地批准手续后，方可进行登记发证。地方政府要按照2013年、2014年中央一号文件要求，将确权登记颁证工作经费纳入财政预算，切实保障工作开展。

3.《通知》指出，经国务院同意建立不动产登记工作部际联席会议制度以来，有关部门首次联合发文，明确阐述了不动产统一登记“城乡统一”的重要意义。在农村宅基地和集体建设用地使用权登记发证工作中，将农房等集体建设用地上建筑物、构筑物一并纳入，有助于建立健全不动产登记制度，形成覆盖城乡房地一体的不动产登记体系，提高政府行政效能和监管水平，避免增加群众负担，减少重复建设和资金浪费。中共十八届三中全会提出建立城乡统一的建设用地市场、改革完善基地管理制度的要求，推进确权登记发证工作是实现这些改革目标的产权基础和法律保障，对农民基本财权权利意义重大。

（五）坚持实施农村土地征收、集体经营建设用地入市和宅基地制度改革试点方略规程。中共十八届三中全会《关于全面深化改革若干重大问题的决定》提出：在符合规划和用途管制前提下，允许农村集体经营性建设用地出让、租赁、入股，实行与国有土地同等入市、同权同价；缩小征地范围，规范征地程序，完善对被征地农民合理、规范、多元保障机制；保障农户宅基地用益物权，改革完善农村宅基地制度。这些要求明确了农村土地制度改革的方向和任务。农村土地制度改革事关重大，必须试点先行。2015年1月11日，中央印发了有关改革试点工作意见：一是为什么要开展农村土地制度改革试点；二是农村土地制度改革试点的指导思想是什么；三是农村土地制度改革的基本原则是什么；四是农村土地制度改革的主要任务有哪些；五是农村土地增值收益分配机制怎样建立。分别说明如下：

1. 为什么要开展农村土地制度改革试点。开展农村土地征收、集体经营性建设用地入市、宅基地制度改革，是中共十八届三中全会《决定》提出的明确任务。农村土地制度是国家的基础性制度，在实践基础上形成的中国特色土地制度，为我国经济社会发展作出了历史性贡献。但是，随着实践发展和改革深入，现行农村土地制度与社会主义市场经济体制不相适应的问题日益显现，必须通过深化改革来破解。为此，一是改革完善农村土地制度，有利于健全城乡发展一体化体制机制，有利于建立城乡统一的建设用地市场，有利于推进中国特色农业现代化和新型城镇化。二是按照中共中央、国务院的要求，国土资源部开展了以土地征收、农村集体经营性建设用地流转和宅基地制度为主要内容的改革试点，各地区结合实际进行了积极探索，为改革完善农村土地制度积累了经验。三是农村土地制度改革牵一发而动全身，涉及重要法律修改，涉及重大利益调整，涉及农村集体经济组织制度、村民自治制度等重要制度的完善，必须根据中央统一部署，按照守住底线、试点先行的原则平稳推进。

2. 农村土地制度改革试点的指导思想，必须严肃认真贯彻落实中共十八大和十八届三中、四中全会精神，立足我国基本国情和发展阶段，一是要坚持问题导向和底线思维，使市场在资源配置中起决定性作用和更好发挥政府作用，兼顾效率与公平，围绕健全城乡发展一体化体制目标，以建立城乡统一的建设用地市场为方向，以夯实农村集体土地权能为基础，以建立兼顾国家、集体、个人的土地增值收益分配机制为关键，以维护农民土地权益、保障农民公平分享土地增值收益为目的，发挥法律引领和推动作用，着力政策和制度创新，为改革完善农村土地制度，推进中国特色农业现代化和新型城镇化提供实践经验。二是要通过改革试点，探索健全程序规范、补偿合理、保障多元的土地征收制度，同权同价、流转顺畅、收益共享的农村集体经营性建设用地入市制度，依法公平取得、节约集约使用、自愿有偿退出的宅基地制度。探索形成可复制、可推广的改革成果，为科学立法、修改完善相关法律法规提供支撑。

3. 农村土地制度改革试点的基本原则，一是把握正确方向，紧扣中共十八届三中全会提出的农村土地制度改革任务；二是坚守改革底线，坚持试点先行，确保土地公有制性质不改变、耕地红线不突破、农民利益不受损；三是维护农民权益，始终把维护好、实现好、发展好农民土地权益作为改革的出发点和落脚点；四是坚持循序渐进，既要有条件、按程序、分步骤审慎稳妥推进，又要鼓励试点地区结合实际，大胆探索；五是注重改革协调，形成改革合力。

4. 农村土地制度改革试点的主要任务，一是在农村土地征收改革方面完善土地征收制度：一要针对征地范围过大、程序不够规范、被征地农民保障机制不完善等问题，要探索缩小土地征收范围，规范制定土地征收目录，严格界定公共利益用地范围；二要规范土地征收程序，建立社会稳定风险评估制度，健全矛盾纠纷调处机制，全面、公开土地征收信息；三要完善对被征地农民合理、规范、多元保障机制。二是在农村集体经营性建设用地入市改革方面，建立农村集体经营性建设用地入市制度。针对农村集体经营性建设用地权能不完整，不能同等入市、同权同价和交易规则亟待健全等问题：一要探索完善农村集体经营性建设用地产权制度，赋予农村集体经营性建设用地出让、租赁、入股权能；二要明确农村集体经营性建设用地入市范围和途径；三要建立健全市场交易规则和服务监管制度。三是在农村宅基地制度改革方面，要改革完善农村宅基地制度。针对农户宅基地取得困难、利用粗放、退出不畅等问题：一要完善宅基地权益保障和取得方式，探索农民住房保障在不同区域户有所居的多种实现形式；二要对因历史原因形成超标准占用宅基地和一户多宅等情况，探索实行有偿使用；三要探索进城落户农民在本集体经济组织内部自愿有偿退出或转让宅基地；四要改革宅基地审批制度，发挥村民自治组织的民主管理作用。四是在建立兼顾国家、集体、个人的土地增值收益分配法规上，合理提高个人收益。针对土地增值收益分配机制不健全，兼顾国家、集体、个人之间利益不够等问题，要建立健全土地增值收益在国家与集体之间、集体经济组织内部的分配办法和相关制度，公平合理安排分配。

八、组织攻克农村脱贫致富综合开发治理、科学精准扶持建设之路方略规程

第一，坚定不移地推行扶贫攻坚战略。2014 年 1 月 24 日，中共中央办公厅、国务院办公厅印发了《关于创新机制扎实推进农村扶贫开发工作的意见》。该《意见》明确规定，当前和今后一个时期扶贫开发的 6 个工作机制，包括改进贫困县考核机制、建立精准扶贫工作机制、健全干部驻村帮扶机制、改革财政专项扶贫资金管理机制、完善金融服务机制、创新社会参与机制。该《意见》提出，组织实施村级道路畅通、饮水安全、农村电力保障、危房改造、特色产业增收、乡村旅游扶贫、教育扶贫、卫生计划生育、文化建设、贫困村信息化等 10 项扶贫开发重点工作政策措施。同年 3 月 13 日，第十二届全国人大二次会议通过的《政府工作报告》提出，创新扶贫开发方式，加快推进集中连片特殊困难地区区域发展与扶贫攻坚，地方要优化整合扶贫资源，实行精准扶贫，确保扶贫到村到户，引导社会力量参与扶贫事业，本年再减少农村贫困人口 1000 万人以上，要继续向贫困宣战，决不让贫困代代相传。同年 10 月 17 日，国务院在召开的全国社会扶贫工作电视电话会议上决定，遵照习近平总书记批示，将每年 10 月 17 日设立扶贫日，全党全社会要继续共同努力，形成扶贫攻坚开发强大合力，各级党委、政府贫困地区农村农民格外关爱，履行职责，加大扶持力度，加快脱贫致富奔小康的步伐。同年，国土资源部为拓宽土地资源扶贫攻坚开发途径，支持低缓坡荒地荒滩等利用地开发治理；同年国务院扶贫办公室与中国农业银行签署的《金融扶贫协议》规定，进一步加大信贷扶

持力度，重点支持基础设施、区域特色农业、资源优势工业、特色旅游业、民生工程等项目。中央财政继续增加对集中连片贫困地区农村转移支付额度，完善各级财政专项扶贫开发资金投入机制，促进贫困地区农村农民群众增收致富。

第二，坚定不移地加快脱贫致富步伐。2015 年 2 月 1 日，中共中央、国务院颁布的《关于加大改革创新力度 加快农业现代化建设的若干意见》规定，大力推进农村扶贫开发，增加农民收入，必须加快农村贫困人口脱贫致富步伐。为此，一是要以集中连片特困地区为重点，加大投入和工作力度，加快片区规划实施，打好扶贫开发攻坚战。二是要推进精准扶贫，制定并落实建档立卡的贫困村和贫困户帮扶措施。三是要加强集中连片特困地区基础设施建设、生态保护和基本公共服务，加大用地政策支持力度，实施整村推进、移民搬迁、乡村旅游扶贫等工程。四是要对扶贫项目审批权，原则上要下放到县，省市切实履行监管责任建立公告公示制度，全面公开扶贫对象、资金安排、项目建设等情况。五是要健全社会扶贫组织动员机制，搭建社会参与扶贫开发平台，完善干部驻村帮扶制度。六是要加强贫困监测，建立健全贫困县考核、约束、退出等机制，经济发达地区要不断提高扶贫开发水平。七是同年 3 月 15 日，第十二届全国人大三次会议通过的《政府工作报告》提出，持续打好扶贫攻坚战，深入推进集中连片特困地区扶贫开发，实施精准扶贫、精准脱贫。难度再大，本年也要再减少农村贫困人口 1000 万人以上。

第三，坚定不移地走出中国脱贫致富道路。中共十八大之后，习近平总书记多次强调，推进扶贫攻坚开发，事关中国特色社会主义伟大事业的顺利推进，事关国家的长治久安，事关亿万贫困群众"中国梦"的实现。如果贫困地区长期贫困，面貌长期得不到改变，群众生活得不到明显提高，那就没有体现我国社会主义制度的优越性。在当前扶贫攻坚的历史新阶段，习总书记进山区、走边疆、访老区、入海岛，他告诫全党全社会认清消除贫困、改善民生，实现共同富裕，是社会主义本质要求。改革开放以来，我国扶贫开发工作取得举世瞩目的成就，走出一条中国特色扶贫开发道路。但是，贫困地区农村发展滞后问题没有根本改变，贫困农村人口生产生活仍然十分困难。全面建成小康社会，最艰巨最繁重的任务在农村特别是在贫困地区。实现《中国农村扶贫开发纲要（2011—2020 年）》（以下简称《纲要》）提出的奋斗目标。此后，中共十八大和十八届二中、三中、四中、五中、六中全会通过了新时期扎实推进扶贫攻坚开发方略，从 2014 年至 2015 年，通过中央经济工作会议、中央农村工作会议、国务院扶贫开发工作会议、全国人大和政协会议，全面落实习近平总书记等中央领导同志关于扶贫开发工作的一系列重要指示，进一步增强责任感和紧迫感，切实将扶贫攻坚开发工作，摆到更加重要更为突出的位置，以改革创新为动力，着力消除体制机制障碍，增强内生动力和发展活力，加大扶持力度，集中力量解决突出问题，加快贫困群众脱贫致富、贫困地区全面建成小康社会。为此，一是注重实效，组织完成农村扶贫攻坚开发任务方略规程；二是深化改革，达到有效扶贫攻坚开发要求方略规程；三是加强领导，确保落实扶贫攻坚开发方略规程；四是组织动员、引导推动各地区、部门组织落实扶贫攻坚开发方略规程。分别说明如下：

（一）组织完成脱贫致富综合开发治理、科学精准扶持建设任务方略规程。各级党委、政府要针对制约贫困地区农村经济发展的问题，以集中连片特殊困难地区农村为主战场，因地制宜，分类指导，突出重点，注重实效，继续做好整村推进、易地扶贫搬迁、以工代赈、就业促进、生态建设等工作，进一步整合力量、明确责任、明确目标，组织完成脱贫致富综合开发治理、科学精准建设十方面任务方略规程：

1. 完成村级道路畅通任务。按照《全国农村公路建设规划》确定的目标任务，结合村镇行政区划调整、易地扶贫搬迁、特色产业发展和农村物流等工作，加大对贫困地区农村公路建设支持力度。加强安全防护设施建设和中小危桥改造，提高农村公路服务水平和防灾抗灾能力。到 2015 年，提高贫困地区县城通二级及以上高等公路比例，除西藏外，西部地区 80% 的建制村通沥青（水泥）路，稳步提高贫困地区农村客运班车通达率，解决溜索出行特殊问题。到 2017 年，新改建农村公路 20 万公里。到 2020 年，实现具备条件的建制村通沥青、水泥路和通班车。

2. 完成人畜饮水安全任务。继续全力推进《全国农村饮水安全工程“十二五”规划》实施，优先安排贫困地区农村饮水安全工程建设，确保到2015年解决规划内贫困地区剩余的农村居民和学校师生饮水安全问题。到2017年，提高农村饮水安全供水保证率。到2020年，农村饮水安全保障程度和自来水普及率进一步提高。

3. 完成电力保障供应任务。与易地扶贫搬迁规划相衔接，加大农村电网升级改造工作力度。落实《全面解决无电人口用电问题三年行动计划（2013—2015年）》，因地制宜采取大电网延伸以及光伏、风电光电互补、小水电等可再生能源分散供电方式。到2015年，全面解决无电人口用电问题。到2017年，实现农村稳定可靠供电服务和平原地区机井通电全覆盖。

4. 完成危房改造任务。科学制定贫困地区危房改造计划，继续加大对贫困地区和贫困人口倾斜力度。明确建设标准，确保改造户住房达到最低建设要求。完善现有危房改造信息系统，有步骤地向社会公开。加强对农村危房改造的管理和监督检查。到2017年，加大农村危房改造力度，深入推进农村人居环境整治，建设既有现代文明，又具有田园风光的美丽乡村。到2020年，完成贫困地区存量农村危房改造任务，解决贫困农户住房安全问题。

5. 完成特色产业发展任务。指导连片特困地区编制县级特色产业发展规划。加强规划项目进村到户机制建设，切实提高贫困户的参与度、受益度。积极培育贫困地区农民合作组织，提高贫困户在产业发展中的组织程度。鼓励企业从事农业产业化经营，发挥龙头企业带动作用，探索企业与贫困农户建立利益联结机制，促进贫困农户稳步增收。深入推进科技特派员农村科技创业行动，加快现代农业科技在贫困地区的推广应用。到2015年，力争每个有条件的贫困农户掌握1至2项技术，至少参与1项养殖、种植、林下经济、花卉苗木培育、沙产业、设施农业等增收项目。到2017年，加快推进农业产品标准化生产、品牌创建和保护，打造粮食生产功能区、重要农业产品生产保护区、特色农业产品优势区、现代农业产业园区。到2020年，初步构建特色支柱产业体系。不断提高贫困地区防灾避灾能力和农业现代化水平。畅通农产品流通渠道，完善流通网络。推动县域经济发展。

6. 完成旅游脱贫致富任务。加强贫困地区旅游资源调查，围绕美丽乡村建设，依托贫困地区优势旅游资源，发挥精品景区的辐射作用，带动农户增加收入，在研究编制全国重点旅游区生态旅游发展规划时，统筹考虑贫困地区旅游资源情况，对贫困乡村旅游发展给予重点支持。结合交通基础设施建设、农村危房改造、农村环境综合整治、生态搬迁、游牧民定居、特色景观旅游村镇、历史文化名村名镇和传统村落及居民保护等项目建设，加大政策、资金扶持力度，促进休闲农业和乡村旅游业发展。到2015年，扶持约2000个贫困村开展乡村旅游。到2017年，发展观光农业、休闲农业、拓展产业链价值链，打造农村一二三产业融合发展新格局，加快培育农业和农村经济发展新动能。到2020年，扶持约6000个贫困村开展乡村旅游，带动农村劳动力就业。

7. 完成教育扶贫就业创业任务。全面实施教育扶贫工程，科学布局农村义务教育学校，保障学生就近上学。大力发展现代职业教育，办好一批中、高等职业学校，支持一批特色优势专业，培育当地产业发展需要的技术技能人才。实施中等职业教育协作计划，支持贫困地区初中毕业生到省内外经济较发达地区中等职业学校接受教育。继续推进面向贫困地区定向招生专项计划和支援中西部地区招生协作计划的实施，不断增加贫困地区学生接受优质高等教育机会。到2015年，贫困地区义务教育巩固率达到90%以上。到2017年，统一城乡义务教育学生“两免一补”政策，加快实现城镇义务教育公共服务常住人口全覆盖，持续改善薄弱学校办学条件，扩大优质教育资源覆盖面，不断缩小城乡、区域、校际办学差距。继续扩大重点高校面向贫困地区农村招生规模，办好公平优质教育。到2020年，贫困地区基本普及学前教育，义务教育水平进一步提高。

8. 完成卫生计生服务体系任务。加强妇幼保健机构能力建设，加大重大疾病和地方病防控力度，采取有效措施逐步解决因病致贫、因病返贫问题。加强贫困地区计划生育工作，加大对计划生育扶贫对象的扶持力度。到2015年，贫困地区县、乡、村三级卫生计生服务网基本健全，县级医院的能力和水平明显提高，每个乡镇有1所政府举办的卫生院，每个行政村有卫生室；新型农村合作医疗参合率稳定在90%以上；逐步提高儿童医疗卫生保障水平，重大传染病和地方病得到有效控制。到2017年，城乡居民医保财政补助由每人每年420元提高到450元，扩大用药保障范围，完善大病保险制度，提高保障水平。增强基层服务能力，方便群众就近就医。到2020年，贫困地区群众获得公共卫生和基本医疗服务更加均等，服务水平进一步提高，低生育水平持续稳定，逐步实现人口均衡发展。

9. 完成公共文化服务体系任务。加强贫困地区农村公共文化服务体系建设，提高服务效能，积极推进公共数字文化建设。统筹有线电视、直播卫星、地面数字电视等多种方式，提高电视覆盖率。充分利用村级组织活动活动场所等所有设施，积极开展群众性文化活动。到2015年，基本建成以县级公共图书馆、文化馆和乡镇综合文化站为主干的公共文化设施网络。到2017年，发展文化事业和文化产业。加强社会主义精神文明建设，提高基本公共文化服务均等化水平。加快培育文化产业，加强文化市场监管，广泛开展全民健身，使更多人享受运动快乐、拥有健康体魄。到2020年，全面实现广播电视户户通。

10. 完成信息服务网络任务。推进贫困地区建制村接通符合国家标准的互联网，努力消除“数字鸿沟”带来的差距。整合开放各类信息资源，为农民提供信息服务。每个村至少确定1名有文化、懂信息、能服务的信息员，加大培训力度，充分利用有关部门现有培训项目，着力提高其信息获取和服务能力。到2015年，连片特困地区已通电的建制村，互联网覆盖率达到100%，基本解决连片特困地区内义务教育学校和普通高中、职业院校的宽带接入问题。到2017年，在年内全部取消国内长途和漫游费，推动“互联网+”深入发展、促进数字经济加快成长，让农民受惠。到2020年，自然村基本实现通宽带。

（二）切实达到脱贫致富综合开发治理、科学精准扶持建设要求方略规程。各级党委、政府及各有关部门要深刻认识扶贫开发的重大意义，更加重视脱贫致富综合开发治理、科学精准建设工作，转变作风，扎实工作，切实帮助贫困地区农村改变面貌，帮助贫困群众脱贫致富。为此，切实达到脱贫致富综合开发治理、科学精准建设六项要求方略规程：

1. 达到明确工作职责要求。要把扶贫开发工作列入重要议事日程，摆在突出位置，党政主要负责同志要认真履行职责，把工作重点放在扶贫开发上，切忌空喊口号，不提好高骛远的目标，出实招、办实事、求实效。关注少数民族、妇女儿童、残疾人等特殊群体，加大支持力度、中央和国家机关要发挥引领示范作用，认真贯彻扶贫开发政策，落实分工任务，积极选派优秀干部到贫困地区帮扶。东部各省（直辖市）在做好东西部扶贫协作的同时，进一步加大对本区域内贫困地区和贫困人口的扶持力度，鼓励支持其开展扶贫改革实验，探索解决相对贫困、缩小收入差距、实现共同富裕的有效途径。加大扶贫开发工作考核力度，做到有目标、有计划、有措施、有检查、有奖惩。加快扶贫立法，把扶贫开发工作纳入法治轨道，确保长期化、可持续。

2. 达到完善管理体制要求。要进一步完善中央统筹、省负总责、县抓落实的管理体制。国务院有关部门负责统筹协调、分类指导，以连片特困地区为重点，组织编制规划，加强政策指导，强化对跨区域重大基础设施建设、生产力布局、经济协作等事项的督促、衔接和协调，公共投资要向贫困地区倾斜。各省（自治区、直辖市）党委、政府要对本区域内贫困地区的扶贫脱贫负总责，逐级建立扶贫开发目标责任制，组织制定贫困县、村脱贫规划和产业发展规划，整合省内资源予以支持。各县（市、区、旗）党委、政府要采取措施，帮扶到村到户到人，把扶贫开发任务和政策逐项落实到实处。

3. 达到加强基层组织要求。要加强服务型党组织建设，健全党员干部联系和服务群众制度，切实发挥基层党组织推动发展、服务群众、凝聚人心、促进和谐的作用。选好配强村级领导班子，突出抓好村党组织带头人队伍建设。鼓励和选派思想好、作风正、能力强、愿意为群众服务的优秀年轻干部、致富带头人、外出务工经商人员、企业经营管理人员、退伍军人、高校毕业生等到贫困村工作，充分发挥驻村工作队（组）作用。发展集体经济，增加村级集体积累。尊重贫困地区群众在脱贫致富中的主体地位，鼓励其发扬自力更生、艰苦奋斗精神，通过自身努力增加收入，改变落后面貌。

4. 达到强化队伍建设要求。各级党委、政府要加大贫困地区干部培训力度，提高执行能力，重视扶贫开发队伍建设，提供必需的工作条件和经费保障。各级扶贫开发领导小组要认真履行职责，切实改进作风，深入调查研究，加强工作指导，总结推广经验，统筹各方面资源，发挥牵头协调作用。各级扶贫开发相关部门要加强思想、作风、廉政、和效能建设，加强督促检查，认真履职尽责。扶贫任务重的县要加强扶贫开发能力建设，充实工作力量，扶贫任务重的乡镇要有专门干部负责扶贫开发工作。基层扶贫开发队伍建设要适应精准扶贫工作需要。

5. 达到营造良好环境要求。要进一步加强扶贫开发宣传工作，积极宣传贫困地区广大干部群众自强不息、战胜贫困的先进事迹，总结推广扶贫开发实践中探索的成功经验，大力弘扬中华民族扶贫济困、乐善好施的传统美德，引导和鼓励社会各界更加关注、广泛参与扶贫开发事业，激发贫困地区干部群众脱贫致富的信心。

6. 达到促进农民就业创业要求。完善农民就业创业政策，加大对农民就业创业教育培训力度，加强对农民灵活就业创业的鼓励和扶持力度，坚持建立健全农村“双创”促进机制，培养更多新型职业农民，支持农民工返乡创业，进一步采取措施鼓励高校毕业生、退役军人、科技人员到农村施展才干，拓展农民就业创业增收渠道，持续推进农民群众和社会各界人员在农村创业就业上，促进传统农业焕发新的蓬勃生机，推动农业现代化与城镇化互促共进。

（三）确保落实脱贫致富综合开发治理、科学精准扶持建设方略规程。今后一个时期，扶贫攻坚开发工作，要进一步解放思想，开拓思路，深化改革，创新机制，使市场在资源配置中起决定性作用和更好发挥政府作用，更加广泛、更为有效地动员社会力量，构建政府、市场、社会协同推进的大扶贫开发格局，在全国范围内整合配置扶贫开发资源，形成扶贫开发合力的六项方略：

1. 改进贫困县考核方略。为此，一是要由主要考核地区生产总值，向主要考核扶贫开发工作成效转变，对限制开发区域和生态脆弱的国家扶贫开发工作重点县（以下简称重点县），取消地区生产总值考核，把提高贫困人口生活水平和减少贫困人口数量作为主要指标，引导贫困地区党政领导班子和领导干部把工作重点放在扶贫开发上。二是要中央有关部门加强指导，各省（自治区、直辖市）制定具体考核评价办法，并在试点基础上全面推开。同时，研究建立重点县退出机制，建立扶贫开发效果评估体系。

2. 建立精准扶贫开发方略。为此，要由国家制定统一的扶贫对象识别办法：其一，对各省（自治区、直辖市）在已有工作基础上，坚持扶贫开发和农村最低生活保障制度有效衔接，按照县为单位、规模控制、分级负责、精准识别、动态管理的原则；其二，对每个贫困村、贫困户建档立卡，建设全国扶贫信息网络系统；其三，对专项扶贫措施，要与贫困识别结果相衔接，深入分析致贫原因，逐村逐户制定帮扶措施，集中力量予以扶持，切实做到扶真贫、真扶贫，确保在规定时间内达到稳定脱贫目标。

3. 健全干部驻村帮扶方略。要在各省（自治区、直辖市）现有工作基础上，普遍建立驻村工作队（组）制度。为此，一是可分期分批安排，确保每个贫困村都有驻村工作队（组），每个贫困户都有帮扶责任人。二是把驻村入户扶贫作为培养锻炼干部特别是青年干部的重要渠道。三是驻村工作队（组）要协助基层组织贯彻落实党和政府各项强农惠农富农政策，积极参与扶贫开发各项工作，帮助贫困村、贫困户脱贫致富。四是落实保障措施，建立激励机制，实现驻村帮扶长期化、制度化。

4. 加强财政专项扶贫资金管理方略。各级政府要逐步增加财政专项扶贫资金投入，加大资金管理改革力度，增强资金使用的针对性和实效性，项目资金要到村到户，切实使资金直接用于扶贫对象。为此，一是把资金分配与工作考核、资金使用绩效评价结果相结合，探索以奖代补等竞争性分配办法。二是简化资金拨付流程，项目审批权限原则上下放到县。以扶贫攻坚规划和重大扶贫项目为平台，整合扶贫和相关涉农资金，集中解决突出贫困问题。三是省、市两级政府主要负责资金和项目监管，县级政府负责组织实施好扶贫项目，各级人大常委会要加强对资金审计结果的监督，管好用好资金。四是坚持和完善资金项目公告公示制度，积极发挥审计、纪检、监察等部门作用，加大违纪违法行为惩处力度。逐步引入社会力量，发挥社会监督作用。

5. 完善金融服务方略。充分发挥政策性金融的导向作用，支持贫困地区基础设施建设和主导产业发展。为此，一是引导和鼓励商业性金融机构创新金融产品和服务，增加贫困地区信贷投放。二是在防范风险前提下，加快推动农村合作金融发展，增强农村信用社支农服务功能，规范发展村镇银行、小额贷款公司和贫困村资金互助组织，完善扶贫贴息贷款政策，增加财政贴息资金，扩大扶贫贴息贷款规模。三是进一步推广小额信用贷款，推进农村青年创业小额贷款和妇女小额担保贷款工作，推动金融机构网点向贫困乡镇和社区延伸，改善农村支付环境，加快信用户、信用村、信用乡（镇）建设，发展农业担保机构，扩大农业保险覆盖面。四是改善对农业产业化龙头企业、家庭农场、农民合作社、农村残疾人扶贫基地等经营组织的金融服务。

6. 创新社会参与方略。建立和完善广泛动员社会各方面力量参与扶贫开发制度，充分发挥定点扶贫、东西部扶贫协作在社会扶贫中的引领作用。为此，一是支持各民主党派中央、全国工商联和无党派人士参与扶贫开发工作，鼓励引导各类企业、社会组织和个人以多种形式参与扶贫开发。二是建立信息交流共享平台，形成有效协调协作和监管机制。三是全面落实企业扶贫捐赠税前扣除、各类市场主体到贫困地区投资兴业等相关支持政策。四是支持军队和武警部队积极参与地方扶贫开发，实现军地优势互补。五是每5年以国务院扶贫开发领导小组名义进行一次社会扶贫表彰。加强扶贫领域国际交流合作。

（四）引导推动各地区、部门组织落实扶贫攻坚开发方略规程。2014年10月17日，在国务院召开的全国社会扶贫开发工作电视电话会议上，习近平总书记对扶贫开发工作批示强调，我国将每年10月17日设立为“扶贫日”，并于2014年第一个扶贫日之际表彰社会扶贫先进集体和先进个人，进一步部署社会扶贫工作，对于弘扬中华民族扶贫济困的传统美德，动员社会各方面力量共同向贫困宣战，继续打好扶贫攻坚战，具有重要意义。习近平总书记明确指出，要清除贫困，改善民生，逐步实现全国人民共同富裕，是社会主义的本质要求。全面建成小康社会，最艰巨最繁重的任务在贫困地区农村。全党全社会要继续共同努力，形成扶贫开发强大合力。各级党委、政府对贫困地区农村农民群众要格外关注、格外关爱，履行职责，加大扶持力度，善于因地制宜，理清思路、完善规划、找准突破口，注重精准发力，充分发挥贫困地区广大干部群众能动作用，扎实做好扶贫开发工作，推动贫困地区和贫困群众加快脱贫致富奔小康的步伐。国务院总理李克强批示强调，当前扶贫已进入攻坚期，要进一步深化改革、创新机制，完善政策，增强贫困地区造血功能和发展后劲，实行更科学更有效的扶贫政策。坚持把集中连片地区作为主战场，注重整体推进与精准到户、加快发展与保护生态、各方支持与贫困地区自身奋斗相结合，汇聚强大力量，努力啃下扶贫攻坚的硬骨头，共同打胜这场硬仗。

1. 各地区党委、政府就学习贯彻习近平总书记精准扶贫攻坚开发系列方略，具体部署落实，健全组织动员机制，搭建社会参与平台，培育多元社会扶贫主体，完善政策支撑体系，营造良好扶贫环境，让社会扶贫人人皆愿为、人人皆可为、人人皆能为。为此，组织贯彻落实习近平总书记提出的五项方略政策措施：一是要紧紧担任增加农民收入这个中心任务，健全农村基本公共服务体系这个基本保障，提高农村义务教育这个治本之策；二是要通过共同目标、整体联动、政策措施，突出重点，着力加强对特困村和特困户的帮助和扶持；三是要推动贫困地区依靠内生动力，发展地方产业，开辟农村富余劳动力就业领域，推进城乡一体化经济发展；四是要认真落实中共中央、国务院关于科学扶贫、精准扶贫、内源扶贫的政策，为全国12万个贫困村1亿贫困人口建立“专属档案”，建档立卡登记农户人口姓名、经济状况，分析致贫原因，逐户采取扶贫措施，扭转由目标不准的漫灌扶贫为精准到户的滴灌扶贫；五是要规定贫困地区把提高扶贫人口生活水平作为平衡政绩的主要考核指标，彻底纠正一些地区以贫困为荣的不良现象，改革创新扶贫开发体制和考核体制，引导贫困地区党政领导班子把工作重点放在扶贫开发上，真正把贫困群众生活冷暖放在心上，全力扶真贫、真扶贫，消除贫困，实现共同富裕。

2. 国土资源部拓宽土地资源扶贫开发途径的方略。2014 年 10 月 17 日是全国首个扶贫日，国土资源部党组高视扶贫开发工作，坚持贯彻落实习近平总书记等中央领导同志有关扶贫开发工作的重要讲话精神，遵循《中国农村扶贫开发纲要（2011—2020 年）》确定的重要政策措施，从规划、政策、项目、资金等方面，加大对贫困地区的扶持力度，形成具有部门特色的国土资源扶贫开发新机制：一是加大土地政策倾斜力度，支持矿产资源开发和综合利用，促进贫困地区资源优势转化为经济优势。国土资源部在编制和下达 2014 年全国土地利用计划时，对相关省份给予不同程度倾斜，要求省级国土资源主管部门在分解下达土地利用年度计划时，给予国家扶贫开发重点县适度倾斜，优先保障易地扶贫搬迁、小城镇和产业聚集区建设用地需求，推动贫困地区农村危旧房改造，促进农村社区建设。二是逐年加大城乡建设用地增减挂钩项目支持力度，拓展扶贫开发建设用地新空间，选择部门有条件的贫困地区，组织实施工矿废弃地复垦利用建设，推进低丘缓坡荒地荒滩等未利用地开发治理，全面提升矿产资源对扶贫开发的保障和促进作用，加大对贫困地区编制矿产资源规划的技术指导与支持力度。三是加大土地整治和建设力度，大力推进土地整治，改善贫困地区生产生活条件。2014 年至 2017 年期间，在国家扶贫开发重点县安排土地整治项目 1820 个，建设规模 1739 万亩，投入资金 247. 23 亿元。联合有关部门编制下发土地整治重大工程年度评估方案，组织专家率先评估在贫困地区实施的重大工程，启动了标准基本农田建设和土地整治重大工程中央支持资金分配测算工作。四是加大地质灾害防治力度，保障贫困地区人民群众生命财产安全。首先，针对贫困地区山体滑坡、崩塌、泥石流等地质灾害，重点实施了调查评价工程、群专结合的监测预警体系建设、搬迁避让与治理工程，并部署了有针对性的防范措施。其次，指导做好汛期地质灾害防治工作，下发《关于做好地质灾害防治工作的通知》，从切实履行职责、深入开展高标准“十有县”建设、严格落实制度、加强重点地区防治、全力做好应急处置、大力开展宣传培训演练活动、推动防治行业健康发展等 7 个方面提出总体要求。其三，加强督促检查指导，下发《关于开展地质灾害防治工作检查的通知》，部署各地开展检查工作，确保责任到位、措施到位、宣传到位。其四，指导做好地灾防治工作，组织对 11 个地质灾害重点省份开展竞争性选拔，选择四川、甘肃、湖南 3 个省进行集中重点支持。

3. 国务院扶贫办与中国农业银行加强金融扶贫合作的方略。2014 年 10 月 5 日，中国农业银行和国务院扶贫开发领导小组办公室在京签署《金融扶贫协议》。根据《协议》，双方将发挥各自优势，加强业务合作，为贫困地区经济社会发展和贫困农户增收加大金融服务力度，按照中共中央、国务院《关于创新机制扎实推进农村扶贫开发工作的意见》，农业银行与国务院扶贫办进一步加强金融扶贫合作力度，创新扶贫开发机制：一是国务院扶贫办将充分发挥在政策制定、资金统筹、部门协调、规划发展等方面的优势，引导加大对贫困地区的资源投入，不断完善开发式扶贫体制机制，积极营造产业发展的良好环境，并在风险补偿等方面与农业银行开展合作。国务院扶贫办作为实施全国扶贫攻坚的领导机构，一直以来坚持不懈推进扶贫开发，广泛动员社会力量参与，在加强组织领导、建立工作机制、强化政策支持、统筹资金安排等方面开展了大量卓有成效的工作，推动中国扶贫开发事业取得了举世瞩目的成就，走出了一条中国特色的扶贫开发道路，为全球减贫事业作出了积极贡献。二是农业银行将积极发挥资金、渠道、产品等方面的优势，进一步加大贫困地区信贷支持力度，重点支持贫困地区的重大基础设施、区域特色农业、资源优势工业、特色旅游、重点民生工程的建设与发展，帮助农户脱贫致富，以市场化运作推动金融扶贫可持续发展。农业银行作为以“服务三农”为特色的大型商业银行，始终以支持贫困地区经济发展和改善民生为己任，多年来为扶贫开发事业投入了数千亿信贷资金，创造出多种切实可行的扶贫模式，积累了丰富的金融扶贫经验。自 2013 年中央扶贫工作会议以来，农业银行已在国家级和省级扶贫开发重点县累计投放贷款 1. 7 万亿元，在集中连片特困地区农村累计投放贷款近 8000 亿元，远高于同期全行贷款增幅；积极与各级政府和扶贫部门密切合作，创造了甘肃“双联贷款”、内蒙古“富农贷”、“强农贷”等金融扶贫产品，有力地支持了贫困农户脱贫致富和贫困地区经济社会发展。大力改善贫困地区基础金融服务，在集中连片特困地区布放电子机具 17 万台，基本实现了对具备通信网络条件贫困村的金融服务全覆盖。

4. 中央财政扶持“老少边穷”地区农村经济发展的方略。2014 年 10 月 8 日，财政部遵照中共十八届三中全会对全面深化改革的部署和要求，坚持执行促进工业化、信息化、城镇化、农业现代化同步发展的战略，促进各类资源向贫困地区和贫困农户倾斜，进一步加快贫困地区发展步伐，更快地提高贫困农户收入水平，不断缩小贫困地区和富裕地区的发展差距，一是坚持不断地强化各级财政综合扶贫开发理念，继续增加对集中连片贫困地区农村转移支付额度，其中，中央财政预算安排专项扶贫资金 394 亿元，比上年增长 18.7%。2017 年再减少农村贫困人口 1000 万以上，完成易地扶贫搬迁 340 万人，中央财政专项扶贫资金增长 30% 以上，推进贫困是涉农资金整合，强化扶贫资金和项目监管。同年，中央财政安排补助地方专项资金 861 亿元，比 2016 年增加 200 亿元，增长 30.3%，用于支持落实脱贫增收致富综合开发治理、科学精准扶贫建设项目工程建设。二是坚持加强各项与扶贫开发相关财政政策协调配合，围绕贫困地区城镇化建设、统筹整合现有各项政策资源、引导社会资金加大投入，集中资金投入到贫困地区山水林田路村综合治理、彻底摆脱贫困项目。三是坚持完善各级财政专项扶贫开发资金投入机制，增强财政扶贫开发资金投入科学合理性，强化扶贫开发资金投入绩效评价激励机制，推动各地区多方投资，集中投入攻坚，解决贫困地区、贫困村、贫困户脱贫致富的关键项目。四是坚持进行财政扶贫开发资金管理监督，完善财政扶贫开发项目资金管理制度，坚持推行财政扶贫开发项目资金投入情况公告公示制度，建立全国财政统一协调扶贫开发资金管理监督体制，加强管理与核算，严格监督检查，坚决处理侵占挪用、铺张浪费、贪污盗窃财政扶贫开发资金的行为，确保有效使用资金。五是坚持按照中共十八届三中至六中全会提出的方针政策，完善财政转移支付增长机制，重点增加对革命老区、民族地区、边疆地区、贫困地区的转移支付，支持这些地区增强发展能力，促进贫困地区农村农民群众增收、脱贫致富。

总之，从 2013 年以来，在中共中央、国务院的关怀和决策部署以及各级党委、政府组织领导落实的基础上，经过全党全社会继续共同努力，充分调动广大干部的积极性，树立脱贫致富、加快发展的坚定信心，发扬自力更生、艰苦奋斗精神，坚持苦干实干，全国扶贫开发事业取得了举世瞩目的成就。在全国大幅度提高扶贫标准的背景下，到 2014 年，农村贫困人口减少 1232 万人，农村居民人均可支配收入实际增长 9.2%，快于城镇居民收入增长。贫困地区经济快速发展，基础设施建设、社会事业发展、生态环境建设得到加强，6600 多万农村人口饮水安全问题得到解决，自然村公路、通电、通电话比例达到 90% 左右，适龄儿童入学率接近 100%，农村新型合作医疗已覆盖全国农村。农村贫困人口减少，为农村地区消费和国家经济内需的水平提高起到支撑作用，为我国城乡一体化经济持续健康发展奠定了坚实基础。习近平总书记在庆祝中华人民共和国成立 65 周年招待会上豪迈地说，65 年来，中国的社会生产能力、综合国力实现了历史性跨越，人民生活实现了从贫困到温饱再到总体小康的历史性跨越。这不仅使中国彻底抛掉了“东亚病夫”的帽子，而且为人类战胜贫困、为发展中国家寻求发展道路提供了成功的实例。2015 年至 2017 年，全面推进脱贫攻坚，全国财政专项扶贫资金投入超过 1000 亿元。提高低保、优抚、退休人员基本养老金等标准，为 1700 多万困难和重度残疾人发放生活或护理补贴。财政性教育经费支出占国内生产总值比例继续超过 4%。重点高校招收贫困地区农村学生人数增长 21.3%。免除农村贫困家庭学生普通高中学杂费。全年资助各类学校家庭困难学生 8400 多万人次。整合城乡居民基本医保制度，提高财政补助标准。增加基本公共卫生服务经费。实现大病保险全覆盖，符合规定的省内异地就医住院费用可直接结算。特别是长江流域发生严重洪涝等灾害，通过及时有力开展抢险救灾，紧急转移安置 900 多万人次，最大限度降低了灾害损失，恢复重建有序进行。在 68 年实践中，我国成功地走出一条以经济发展为带动力量，以增强扶贫对象自我发展能力为根本途径，政府主导、社会帮助与农民主体作用相结合，普惠性政策与特惠性政策相配套，扶贫开发与社会保障相衔接的中国特色扶贫开发道路，中国扶贫开发实践丰富了世界减贫模式和经验，得到国际组织的肯定。

九、组织攻克农村文化教育、卫生医疗、低保养老等社会保障体系建设之路方略规程

2012年11月14日，中共十八大报告指出：一是大力促进教育公平，合理配置教育资源，重点向革命老区、少数民族地区农村倾斜，提高农户家庭经济困难学生资助水平，积极推动农民工子女接受平等教育，让每个孩子都能成有用之才；二是加大对农村文化建设帮扶力度，完善公共文化服务体系，提高文化服务效能；三是整合城乡居民基本公共卫生和基本医疗制度，完善社会救助体系；四是健全生活低保养老保险等社会福利制度，支持发展慈善事业，做好优抚安置工作，统筹推进城乡社会保障体系建设，以保障和改善民生为重点，从维护最广大人民根本利益的高度，多谋民生之利，多解民生之忧，解决好人民最关心、最直接、最现实的利益问题，在幼有所育、学有所教、劳有所得、病有所医、老有所养、住有所居上持续取得新进展，提高人民物质文化生活水平，加快健全政府主导、覆盖城乡、可持续的基本公共服务和社会保障体系。为此，从2013年至2017年，从中央到地方各级党委、政府及部门，在组织推行中共十八大以来关于加快农村文教卫生社会保障体系建设方略上：一是促进农村教育事业优先、平衡发展；二是促进农村基本公共文化服务标准、均等化发展；三是整合城乡居民卫生医疗保险机制；四是建立城乡居民统一低保、养老保险等社会保障。

（一）促进农村教育事业优先、平衡发展方略规程。促进农村教育事业优先、平衡发展策略主要包括促进农村义务教育、职业教育、农民进城随迁子女在城镇接受义务教育、家庭经济困难学生和义务教育阶段学生营养改善、中小学校舍基础设施建设投资补贴策略。

1. 第十二届全国人大一次会议于2013年3月17日通过的《政府工作报告》回顾，为优先发展教育事业，2012年国家财政性教育经费支出重点向革命老区、少数民族地区、边远贫困地区农村倾斜，教育公平取得明显进步：一是实行中等职业教育免学政策，覆盖范围包括所有农村学生、城市涉农专业学生和家庭经济困难学生；二是解决进城务业1260万农民子女在城镇接受义务教育问题；三是实施农村义务教育阶段3000多万学生营养改善计划；四是扶持农村中小学校舍基础设施建设，加强农村中小学教师队伍建设。《报告》提出，在2013年继续推进教育优先发展，继续增加财政性教育经费，着力推动农村义务教育均衡发展，进一步促进职业教育公平发展。

同年，中共十八届三中全会通过的《全面深化改革若干重大问题的决定》提出，义务教育免试就近入学，推行学区制和九年一贯制招生策略。2014年1月，教育部发布《关于进一步做好小学升入初中免试就近入学工作的实施意见》提出，合理划定招生范围、有序确定入学对象、规范办理入学手续，大力推进均衡公平发展。明确提出考试招生制度改革的原则和方向，到2020年基本建立中国特色现代教育考试招生制度，包括三方面：一是建立分类考试、综合评价、多元录取的基本模式；二是健全学生、学校、专业机构、政府、社会共同参与的招考机制；三是构建衔接各级各类教育的人才成长的畅通渠道。

2. 第十二届全国人大二次会议于2014年3月13日通过的《政府工作报告》回顾，推进农村教育发展，2013年启动教育扶贫工程，实施农村义务教育薄弱学校改造计划和3200万学生营养改善计划。对集中连片特困地区农村教师给予生活补助，对贫困地区农村学生上重点高校补助人数比2012年增长8.5%。《报告》提出，2014年促进教育事业优先、公平发展，继续加大教育资源向中西部农村倾斜，促进义务教育均衡发展。全面改善贫困地区农村义务教育薄弱学校办学条件、贫困地区农村学生上重点高校人数再增长10%以上，使更多的农民子女有升学机会。加强农村特别是边远贫困地区农村教师队伍建设，扩大优质教育资源覆盖面，改善贫困地区农村儿童营养状况。

3. 中共中央、国务院于2015年2月1日发布的《关于加大改革创新力度加快 农业现代化建设的若干意见》提出：一是要全面改善农村义务教育薄弱学校基本办学条件，提高农村学校教学质量，

因地制宜保留并办好村小学和教学点，支持乡村两级公办和普惠性民办幼儿园建设；二是要加快发展高中阶段教育，以未能继续升学的初中、高中毕业生为重点，推进中等职业教育和职业技能培训全覆盖，逐步实现免费中等职业教育。积极发展农业职业教育，大力培养新型职业农民；三是要全面推进基础教育数字教育资源开发与应用，扩大农村地区优质教育资源覆盖面，提高重点高校招收农村学生比例；四是要加强乡村教师队伍建设，落实好集中连片特困地区乡村教师生活补助政策；五是要国家教育经费要向边疆地区、民族地区、革命老区农村倾斜。

2015 年 3 月 15 日，第十二届全国人大三次会议通过的《政府工作报告》回顾了 2014 年继续促进教育公平。加强贫困地区义务教育薄弱学校建设，提高家庭经济困难学生资助水平，国家助学贷款资助标准大幅上调。中等职业学校免学费补助政策扩大到三年。实行义务教育免试就近入学政策，28 个省份实现了农民工随迁子女在流入地参加高考。贫困地区农村学生上重点高校人数连续两年增长 10% 以上。经过努力，全国财政性教育经费支出占国内生产总值比例超过 4%。该《报告》提出促进教育公平发展和质量提升。教育是今天的事业、明天的希望。要坚持立德树人，增强学生的社会责任感、创新精神、实践能力，培养中国特色社会主义建设者和接班人。为此，一是加快义务教育学校标准化建设，改善薄弱学校和寄宿制学校基本办学条件；二是落实农民工随迁子女在流入地接受义务教育政策，完善后续升学政策；三是全面推进现代职业教育体系建设，引导部分地方本科高校向应用型转变，通过对口支援等方式支持中西部高等教育发展，继续提高中西部地区和人口大省高考录取率；四是促进民办教育健康发展，加强教师队伍建设，切实把教育事业办好；五是要畅通农村和贫困地区学子纵向流动的渠道，让每个人都有机会通过教育改变自身命运。

4. 第十二届全国人大四次会议于 2016 年 3 月 15 日通过的《政府工作报告》提出，统一城乡义务教育学校生均公用经费基准定额，免除普通高中建档立卡等家庭经济困难学生学杂费，支持全面改善贫困地区 8 万余所义务教育薄弱学校基本办学条件，全面建立中职学校生均拨款制度。第十二届全国人大五次会于 2017 年 3 月 15 日通过的《政府工作报告》提出，从春季学期开始统一城乡义务教育学生“两免一补”政策，实现“两免一补”和生均公用经费基准定额资金随学生流动可携带，继续开展薄弱学校改造等工作，支持提升现代教育基础能力，进一步聚焦贫困地区和贫困人口，加快推进教育脱贫攻坚。

（二）促进农村现代公共文化服务体系建设方略规程。在促进农村现代公共文化服务体系建设策略中，主要包括：统筹城乡公共文化服务设施网络建设、促进城乡公共文化服务标准化与均等化、深化农村公益性文化事业单位改革、推动城乡文化服务社会化发展、建立健全农村现代文化市场体系方略规程。

1. 第十二届全国人大一次会议于 2013 年 3 月 17 日通过的《政府工作报告》回顾道，2012 年国家大力加强农村文化建设，覆盖城乡公共文化设施网络体系初步建成。《报告》提出，2013 年国家推进农村文化建设，把文化改革发展纳入农村经济社会发展总体规划，推动农村文化事业全面繁荣、文化产业快速发展，完善农村公共文化服务体系。

同年，中共十八届三中全会通过的《关于全面深化改革若干重大问题的决定》明确提出，必须增强国家文化软实力，坚持社会主义先进文化前进方向，提高文化领域管理效能和服务水平。为此，一是必须坚持政府主导，按照标准化、均等化的要求，加强文化基础设施建设，完善公共文化服务网络，构建覆盖城乡、结构合理、功能健全、实用高效的公共文化服务体系，为广大农民提供免费或优惠的公共文化服务；二是必须加快建立健全城乡一体化公共文化市场体系，打破农村文化市场条块分割、地区封锁、城乡脱离的传统格局，完善文化市场准入和退出机制，鼓励各种市场主体公平竞争、优胜劣汰，促进文化资源在全国范围内流动。

2. 第十二届全国人大二次会议于 2014 年 3 月 13 日通过的《政府工作报告》回顾了 2013 年国家推进文化事业和文化产业健康发展，扩大公益性文化设施向社会免费开放，深化文化体制改革，加强文化市场建设，文化产业增加值增长 15% 以上。《报告》提出，文化是民族的血脉，继续深化文化体制改革，完善文化经济政策，增强文化整体实力和竞争力。为此，必须促进农村基本公共文化服务标准化、均等化，提升文化产业发展水平，培育和规范文化市场，必须传承和弘扬优秀传统文化。

3. 第十二届全国人大三次会议于2015年3月15日通过的《政府工作报告》回顾了2014年积极发展文化事业和文化产业，推动重大文化惠民项目建设，广播电视“村村通”工程向“户户通”升级，实施文艺精品战略，完善现代文化市场体系，群众健身活动蓬勃发展。《报告》提出，深化文化体制改革，逐步推进基本公共文化服务标准化均等化，扩大公共文化设施免费开放范围，发挥基层综合性文化服务中心作用，促进传统媒体与新兴媒体融合发展。

4. 第十二届全国人大四次会议于2016年3月15日通过《政府工作报告》提出，支持农村公益性文化设施向农民群众免费开放，支持城乡一体化文化宣传教育设施、体育场馆向民众免费或低价收费开放，鼓励农村文化产品、手工艺品创作生产，促进文化对外交流，推动文化事业与文化产业协调发展。第十二届全国人大五次会议于2017年3月15日通过的《政府工作报告》提出，加强文化遗产保护利用，支持实施中华优秀文化传承发展工程，推动中华文化向外发展。

（三）整合城乡居民卫生医疗保险机制方略规程。在整合城乡居民卫生医疗保险机制方略规程中，主要包括：一是坚持为城乡居民健康服务的方向，坚持预防为主、以农村为重点、中西医并重、按照基本、强基层、建机制要求，重点推进公共卫生、医疗保障、医疗服务、药品供应、监管体制综合改革，为城乡居民提供安全有效方便价廉的公共卫生和基本医疗服务；二是建全城乡居民卫生医疗保险体系，建立重特大疾病保障和救助机制，完善突发公共卫生应急和重大疾病防控机制，巩固基本药品供应制度；三是健全农村三级卫生医疗服务网络，提高卫生医疗队伍服务能力，加强医德医风建设；四是坚持计划生育的基本国策，提高出生人口素质，促进农村人口长期均衡发展。

1. 第十二届全国人大一次会议于2013年3月17日通过的《政府工作报告》回顾了2012年建立起新型农村合作卫生医疗制度，全民基本卫生医疗保险体系初步形成，加强城乡基层卫生医疗服务体系建设，建立基本药品供应制度并在基层医疗机构实施，健全城乡居民医疗救助制度。《报告》提出，促进卫生医疗事业发展，巩固完善基本药品供应制度，健全基层卫生医疗机构运行新机制，建立重特大疾病保障和救助机制，从2013年起，新型农村合作卫生医疗保险财政补助标准，由每人每年240元提高到280元，人均基本公共卫生服务经费标准由25元提高到30元。

同年，中共十八届三中全会提出，启动实施一方是独生子的夫妇可以生育两个孩子的政策，从1980年国家提倡一对夫妇只生一个孩子，到1984年国家提出在农村适当放宽生育两个孩子的条件，此次启动实施“单独两孩”政策，是为了保持持续的劳动力优势。我国低生育水平稳中有降，劳动年龄人口开始减少，劳动力平均年龄不断提高，为此，必须及时调整完善计划生育政策，改善人口结构，保持合理劳动力规模，延缓劳动力老化趋势，增强城乡经济发展活力。

2. 第十二届全国人大二次会议于2014年3月13日通过的《政府工作报告》回顾了2013年深化卫生医疗体制改革，基本卫生医疗保险总体实现全覆盖，城乡居民基本卫生医疗保险补助标准增加到人均280元，基本药品供应制度覆盖85%以上村卫生室。28个省份开展大病医疗保险试点，启动疾病应急救助试点。全面实施国家基本公共卫生服务项目，农村免费孕前检查使600万个农户家庭受益。《报告》提出，2014年推动卫生医疗体制向纵深发展：一是组织改革整合城乡居民基本卫生医疗保险制度，健全城乡居民卫生医疗保险服务体系，完善政府、单位和个人合理分担的基本卫生医疗保险筹资机制，城乡居民基本卫生医疗保险财政补助标准提高到人均320元；二是组织推行在全国城乡居民大病保险，加强城乡医疗救助、疾病应急救助；三是组织扩大到1000个县级公立医院综合改革试点，覆盖农村5亿人口；四是不断提高重大传染病、慢性病、地方病防治能力，人均基本公共卫生服务经费补助标准增加到35元；五是扶持中医药和民族医药事业发展；六是坚持执行国家计划生育基本国策，落实一方是独生子女的夫妇可生育两个孩子政策。

3. 中共中央、国务院于2015年2月1日发布的《关于加大改革创新力度加快农业现代化建设的若干意见》决定，建立新型农村合作医疗可持续筹资机制，同步提高人均财政补助和个人缴费标准，进一步提高实际报销水平。全面开展城乡居民大病保险，加强农村基层基本医疗、公共卫生能力和乡村医生队伍建设。推进各级定点医疗机构与省内新型农村合作医疗信息系统的互联互通，积极发展惠及农村的远程会诊系统。同年3月15日第十二届全国人大三次会议通过的《政府工作报告》回顾，2014年深入推进医药卫生改革发展。城乡居民大病保险试点扩大到所有省份，疾病应急救助制度基本建立，全民医保覆盖面超过95%。基层医疗卫生机构综合改革深化，县乡村服务网络逐步完善。公立医院改革试点县市达到1300多个。《报告》提出：2015年加快健全基本医疗卫生制度，一是完善城乡居民基本医保，财政补助标准由每人每年320元提高到380元，基本实现居民医疗费用省内直接结算；二是全面实施城乡居民大病保险制度，深化基层医疗卫生机构综合改革，全面推开县级公立医院综合改革；三是破除以药补医，降低虚高药价，合理调整医疗服务价格，通过医保支付等方式平衡费用，努力减轻群众负担；四是加快建立医疗纠纷预防调解机制，人均基本公共卫生服务经费补助标准由35元提高到40元，增量全部用于支付村医的基本公共卫生服务，方便几亿农民就地就近看病就医；五是推进计划生育服务管理改革。

4. 第十二届全国人大四次会议于2016年3月15日通过的《政府工作报告》提出，深化医药卫生体制改革，城乡居民基本医疗保险财政补助标准由每人每年380元提高到420元。基本公共卫生服务项目年人均财政补助标准由40元提高到45元，继续推动实施疾病预防控制、妇幼健康等重大公共卫生服务项目。第十二届全国人大五次会议于2017年3月15日通过的《政府工作报告》提出，健全基本医保稳定持续筹资和报销比例调整机制，坚持适度保障原则，更加注重保大病。将城乡居民基本医疗保险财政补助和个人缴费标准均提高30元，分别达到每人每年450元和180元。

（四）建立城乡统一低保、养老保险等社会保障体系方略规程。推行全覆盖、保基本、多层次、可持续方针，以增强公平性、适应流动性、保证可持续性为重点，全面建成覆盖城乡居民统一低保、养老保险等社会保障体系方略规程主要内容包括：一是整合城乡居民最低生活保障、基本养老保险制度，逐步做实养老保险个人账户，实现基础养老金全国统筹，扩大社会保障基金筹资渠道，建立社会保险基金投资运营制度，确保社会保险基金安全和保值增值；二是完善城乡社会救助体系，健全城乡福利制度，支持发展城乡慈善事业，做好城乡优抚安置工作；三是建立市场配置和政府保障相结合的城乡住房制度，加强城乡保障性住房建设和管理，满足城乡居民家庭住房困难要求；四是坚持男女平等基本国策，保障妇女儿童合法权益；五是积极应对城乡人口老龄化，大力发展老龄服务事业和产业；六是健全残疾人社会保障和服务体系，切实保障残疾人权益；七是健全城乡社会保障经办管理体制，建立更加便民快捷的社会保障服务体系。

1. 第十二届全国人大一次会议于2013年3月17日通过的《政府工作报告》回顾了2012年全面推进社会保障体系建设，建立新型农村社会最低生活保障和养老保险制度，城乡居民最低生活保障和基本养老保险实现了制度全覆盖，各项养老保险参保达到7.9亿人。报告提出：2013年完善城乡社会保障制度，坚持全覆盖、保基本、多层次、可持续方针，不断扩大社会保障覆盖面，增强公平性、适应流动性、保证可持续性；城乡低保和优抚对象补助标准进一步提高；要加大对城乡社会养老服务体系和儿童福利机构建设扶持力度。

2. 第十二届全国人大二次会议于2014年3月13日通过的《政府工作报告》回顾了2013年推进城乡养老保险、社会救助制度建设，城乡低保标准分别提高13.1%和17.7%。报告提出：社会保障是民生之基，着重推进社会救助制度改革，继续提高城乡低保水平，全面实施临时救助制度，为特殊困难群众基本生活提供保障；建立城乡统一的居民基本养老保险制度，落实社会救助和保险标准与物价变化联动机制；发展老龄事业，保障妇女权益，加强未成年人保护和困难家庭保障，做好残疾人基本公共服务和残疾预防，支持慈善事业发展。

3. 中共中央、国务院于2015年2月1日发布的《关于加大改革创新力度　加快农业现代化建设的若干意见》决定：加强农村最低生活保障制度规范管理，全面建立临时救助制度，改进农村社会救助工作；落实统一的城乡居民基本养老保险制度；支持建设多种农村养老服务。同年3月15日，第十二届全国人大三次会议通过的《政府工作报告》回顾，2014年统一城乡居民基本养老保险制度，全面建立临时救助制度，城乡低保标准分别提高9.97%和14.1%，残疾军人、烈属和老复员军人等优抚对象抚恤和生活补助标准提高20%以上。报告提出：城乡居民基础养老金标准统一由55元提高到70元；全面实施临时救助制度，让遇到急难特困的群众求助有门、受助及时；对困境儿童、高龄和失能老人、重度和贫困残疾人等特困群体，健全福利保障制度和服务体系；继续提高城乡低保水平，提升优抚对象抚恤和生活补助标准。

4. 第十二届全国人大四次会议于2016年3月15日通过的《政府工作报告》提出：继续提高全国城乡最低生活保障标准；进一步建立健全特困人员救助供养制度；保障优抚对象等人员各项抚恤待遇落实；支持做好退役士兵安置工作；在全国范围建立困难残疾人生活补贴和重度残疾人护理补贴制度；通过社会保险补贴、职业培训补贴等方式，鼓励企业吸纳就业困难人员，提高劳动者职业技能，增强就业公共服务能力。第十二届全国人大五次会议于2017年3月15日通过的《政府工作报告》提出：适当提高退休人员基本养老金标准，建立基本养老金合理调整机制；加大统筹社会救助资源力度，科学合理确定城乡最低生活保障标准；实施更加积极的就业政策，健全就业创业政策措施，着力促进重点群体就业，研究建立终身职业技能培训制度。

十、组织攻克农村财税金融服务管理体制改革完善之路方略规程

中共十八大以来，加快改革财税体制，健全中央和地方财力与事权相匹配的体系，完善公共财政体制，构建地方税收体制，深化金融体制改革，健全金融服务体系，加强金融监管，推进金融创新，增强金融职能的方略包括：一是深化财税体制改革，建立现代财税体制，认真贯彻《中华人民共和国预算法》，依法加强预算管理，继续实施积极的财政政策，中央财政加大税收优惠和奖补政策支持力度，鼓励引导社会资金回流“三农”，建立由中央财政主导的中国农业产业发展基金、农村义务教育经费保障机制，改革和完善中央对地方转移支付制度，促进城乡经济社会经济持续健康发展；二是深化金融体制改革，主动适应农村实际、农业特点、农民需求，不断深化农村金融改革创新，通过货币信贷、金融监管等政策措施，推动金融资源继续向“三农”倾向，确保农业信贷资金总量持续增加、涉农贷款比例不降低，完善涉农贷款统计制度，优化涉农贷款结构，延续并完善支持农村金融发展的有关税收方略规程。

（一）深化财税体制改革完善、扶持“三农”方略规程。中共中央政治局于2014年6月30日召开会议，审议通过了《深化财税体制改革总体方案》。习近平总书记主持会议，会议指出，财税体制是国家治理的基础和重要支柱，财税体制在治国安邦中始终发挥着基础性、制度性、保障性作用。会议认为，深化财税体制改革的目标是建立统一完整、依法规范、公开透明、运行高效，有利于优化资源配置、维护市场统一、促进社会公平、实现国家长治久安的可持续的现代财税体制。为此，要重点推进三个方面的改革：一是改进预算管理制度，强化预算约束、规范政府行为、实现有效监督，加快建立全面规范、公开透明的现代预算制度；二是深化税收制度改革，优化税制结构、完善税收功能、稳定宏观税负、推进依法征税，建立有利于科学发展、社会公平、市场统一的税收制度体系，充分发挥税收筹集财政收入、调节分配、促进结构优化的职能作用；三是调整中央和地方政府间财政关系，在保持中央和地方收入格局大体稳定的前提下，进一步理顺中央和地方收入划分，合理划分政府间事权和支出责任，促进权力和责任、办事和花钱相统一，建立事权和支出责任相适应的制度。2016年基本完成重点工作和任务，2020年基本建立现代新一轮财税体制。下面具体说明深化财税体制改革总体的形势趋势、目标任务、方略规程：

1. 深化财税体制改革形势趋势。这是指深化财税体制改革，既是对现行财税体制和制度的继承与创新，又是适应国家治理现代化新形势，对财税体制等基础制度的系统性重构。一是财税体制在治国安邦中始终发挥着基础性、制度性、保障性作用。财税制度安排体现并承载着政府与市场、政府与社会、中央与地方等方面的基本关系，在国家治理体系中处于基础位置，深刻影响着经济、政治、文化、社会、生态文明、国防等领域。古今中外的实践表明，人类国家史上的每一次重大变革，无不渗透着深刻的财政原因。中共中央、国务院历来高度重视财税体制改革和财政制度建设。新中国成立后，财政管理体制大体上经历了从统收统支到包干制，再到分税制三个阶段。1994 年实施的分税制改革是一个重要里程碑。分税制财政体制的建立及随后的调整、完善稳健运行，为建立现在财税体制奠定了良好的基础，对充分发挥中央和地方积极性、促进经济社会发展、全面扩大对外开放、提高人民生活水平、维护社会和谐稳定发挥了重要作用。二是准确把握国内外形势变化，扎实推进经济社会发展，全面深化财税体制改革，彻底消除现行财税体制存在的问题：其一是预算管理制度不规范、不透明，不适应国家治理现代化要求；其二是税收制度不健全、不完善，不利于发展方式转变、社会公平和市场统一；其三是中央和地方事权与支出责任划分不清楚、不合理，不利于建立健全财力与事权相匹配的财政体制。这三方面问题，既影响财政自身的稳定性和可持续性，又影响国家发展战略、宏观政策效果，还影响国家治理体系和治理能力现代化进程，迫切需要进行整体性、适应性的改革。三是中共十八届三中全会明确提出要深化财税体制改革、建立现代财税体制。这是全面总结古今中外历史经验、深刻把握国家治理与执政规律、着眼我国现代化建设全局作出的重大决策。新一轮财税体制改革就是要建立“与国家治理体系和治理能力现代化相适应”的政治制度基础。只有财税体制改革取得根本性突破，才能为实现国家治理现代化和“两个一百年”奋斗目标提供物质基础和制度保障。新一轮财税体制改革是一场关系我国现代化事业和国家治理现代化的深刻变革，是完善社会市场经济体制、加快转变政府职能的迫切需要，是转变经济发展方式、促进经济社会持续稳定健康发展的必然要求，是建立健全现代国家治理体系、实现国家长治久安的重要保障。

2. 深化财税体制改革的目标任务。《深化财税体制改革总体方案》明确指出，深化财税体制改革的目标任务是，按着完善和发展中国特色社会主义制度、推进国家治理体系和治理能力现代化的全面深化改革总目标，坚持稳中求进、改革创新，充分发挥中央和地方两个积极性，以改进预算管理、完善税收制度、明确事权和支出责任为重点，建立统一完整、法制规范、公开透明、运行高效，有利于优化资源配置、维护市场统一、促进社会公平、实现国家长治久安的可持续的现代财税体制，为实现“两个一百年”奋斗目标提供财税制度保障，组织实施以下深化财税体制改革三面目标任务：

（1）建立全面规范、公开透明的现代财政制度体系。这是国家治理体系和治理能力现代化的基础和重要标志，是强化预算约束、规范政府行为、实施有效监督、把权力关进制度笼子的七项任务：一是建立透明预算制度，所有使用财政资金的部门都要公开本部门预决算，都要公开财政资金安排的“三公”经费，细化政府预决算公开内容、扩大部门预决算公开的范围和内容；二是完善政府预算体系，政府收支要全部纳入预算，明确“四本”预算的收支范围和功能定位，加大相互之间的统筹力度；三是改进年度预算控制方式，建立跨年度预算平衡机制，实行中期财政规划管理，并强化三年滚动财政规划对年度预算的约束；四是完善转移支付制度，完善一般性转移支付稳定增长机制，建立专项转移支付定期评估和退出机制；五是加强预算执行管理，硬化预算约束，预算未安排事项一律不得支出；六是规范地方政府债务管理，依法建立以政府债券为主体的地方政府举债融资机制，对地方政府债务实行限额控制，分类纳入预算管理，并严格限定举债程序和资金用途；七是建立权责发生制的政府综合财务报告制度，完善地方政府考核问责机制和信用评级制度。

（2）建立健全有利于科学发展、社会公平、市场统一的税收制度体系。税收制度是现代财政制度的重要组成部分。新一轮税制改革总的任务是优化税制结构、完善税收功能、稳定宏观税负、推进依法治税，充分发挥税收筹集财政收入、调节分配、促进结构优化的职能作用。具体任务有七项：一是清理规范税收优惠政策，除专门的税收法律、法规外，起草其他法律、法规、发展规划和区域政策，都不得规定税收优惠政策，未经国务院批准，不能对企业规定财政优惠政策，同时严肃财经纪律，严格财政资金分配使用的监督问责，严厉查处违法违规行为；二是推进增值税改革，扩大营改增实施范围，“十二五”时期完成“营改增”目标，适时优化税率，实行彻底的消费型增值税制度并完成增值税立法；三是完善消费税制度，调整消费税征收范围，优化税率结构，改革征收环节和收入分享办法，增强消费引导与调节功能；四是加快资源税改革，抓紧在全国范围内实施煤炭资源税从价计征，全面推进资源税从价计征改革，相应清理取消涉及的行政事业性收费和政府性基金，逐步将资源税扩展到水流、森林、草原、滩涂等自然生态空间；五是建立环境保护税制度，按照重在调控、清费立税、循序渐进、合理负担、便利征管的原则，将现行排污收费改为环境保护税，新设二氧化碳税目，进一步发挥税收对生态环境保护的促进作用；六是加快房地产税立法，适时推进改革，总的方向是在保障基本居住需求的基础上，对城乡个人住房和工商业房地产统筹考虑税收与收费等因素，合理设置建设、交易、保有环节税负，促进房地产市场健康发展，使房地产税逐步成为地方财政持续稳定的收入来源，同时要求房地产税改革要加强调研，立法先行，适时推进；七是逐步建立综合与分类相结合的个人所得税制，合并部分税目作为综合所得，适时增加专项扣除项目，合理确定综合所得适用税率。

（3）调整中央和地方政府间财政关系，建立事权和支出责任相适应的制度。在保持中央和地方收入格局大体稳定的前提下，进一步理顺中央和地方收入划分，合理划分政府间事权与支出责任，促进权力与责任、办事与花钱相统一，全面提升国家治理效率。具体任务有三项，一是进一步理顺中央和地方收入划分。遵循公平、便利、效率等原则，考虑税种属性和功能，将收入波动较大、具有较强再分配作用、税基分布不均衡、税基流动性较大的税种划为中央税，或中央分成比例多一些。将地方掌握信息比较充分、对本地资源配置影响较大、税基相对稳定的税种，划为地方税，或地方分成比例多一些。收入划分调整后，地方形成的财力缺口由中央财政通过税收返还方式解决。二是合理划分各级政府间事权与支出责任。要适度加强中央事权和直接支出比重，将区域性公共服务明确的地方事权，决定中央与地方共同事权。在明晰事权的基础上，进一步明确中央和地方的支出责任，中央可运用转移支付机制，将部分事权的支出责任委托地方承担。三是明确 2016 年基本完成深化财税体制改革的重点工作和任务，2020 年基本建立现代财政制度。财税体制改革事关经济社会发展全局，涉及方方面面的权益调整，情况复杂、矛盾交织，而且时间紧、任务重。必须统一思想、凝聚共识、精心组织、周密部署、攻坚克难，确保改革顺利推进。

3. 深化财税体制改革的方略。首先，从 2013 年以来，各级党委、政府及部门认真学习宣传贯彻中央关于深化财税体制改革总体方案，深刻认识到新一轮财税体制改革的思路和任务，凝聚全社会支持财税体制改革的共识和力量，责无旁贷地发挥深化财税体制改革的领导核心作用。其次，各级财政部门在党委、政府的领导下，扎实做好每一环节的改革工作，确保中央改革决策部署的顺利有序实施。具体实施三项方略，一是坚持问题导向研究各项具体改革方略。深化财税体制改革，要敢于正视问题、化解矛盾，坚持用科学的方法研究和解决问题。尤其是在推进预算公开、清理专项资金、规范税收优惠政策等问题上，要有敢于触及矛盾、解决问题的责任担当，牢固树立实践第一的观点，在深入人民群众、深入基层一线中破解财税体制改革发展中的难题。二是坚持顶层设计与“摸着石头过河”相结合方略。深化财税体制改革，必须把顶层设计与“摸着石头过河”结合起来。改革总体方案是顶层设计，要深入研究每一项改革任务的具体方案、路径、举措、步骤。在改革过程中，要坚持“摸着石头过河”的方法，对那些有共识但尚不具备全面推开条件的改革，以及涉及面广、利益关系复杂、意见分歧较大的改革事项，应试点先行，从典型经验中丰富改革理论，完善改革实践。以制度创新为核心任务，以可复制、可推广为基本要求，不能借改革之机，要照顾、争优惠，打造新的“政策洼地”。三是坚持整体推进与重点突破相结合方略。在深化财税体制改革过程中，要注意处理好政府与市场的关系，发挥中央与地方两个积极性，兼顾效率与公平，统筹当前与长远。为此，要明确改革逻辑顺序、主攻方向、工作机制、推进方式，增强改革的整体性、系统性、协调性，对于财税体制改革中一些矛盾集中、情况复杂的“硬骨头”，要坚决冲破传统观念的束缚，以壮士断腕的精神，尽快在重要领域和关键环节取得改革新进展。要注重改革的统筹性，使财税体制改革与其他方面改革相互衔接形成合力，以握指成拳、集中发力。

4. 依照新预算法加强预算管理方略。2014 年 8 月 31 日，第十二届全国人大常委会十次会议通过了《全国人民代表大会常务委员会关于修改〈中华人民共和国预算法〉的决定》（以下简称《决定》），并重新颁布修订后的预算法，《决定》自 2015 年 1 月 1 日起施行。新预算法全面贯彻了中共十八大和十八届三中全会精神，充分体现了中共中央、国务院确定的财税体制改革总体要求，也为进一步深化财税体制改革引领方向。预算法是中国特色社会主义法律体系中的一部重要法律，其颁布标志着我国加快建立全面规范、公开透明的现代公开预算制度迈出了坚实的一步。现代预算制度是现代财政制度的基础，是国家治理体系的重要内容。因此，修改预算法是规范预算行为，推进预算管理科学化、民主化、法治化的迫切需要，是深化预算制度改革、建立现代财政制度的必然要求，是依法治国、提高国家治理能力的重要保障。新预算法，在财政功能上，利于处理好政府与市场的关系，使财政的作用不“越位”、不“缺位”。在预算管理上，力争做到预算完整，公开透明，科学有序，执行有效，纪律严明。新预算法反映了上述现代预算管理的基本要素，是现代财政制度的重要组成部分。为此，具体实施以下七项方略：

（1）完善政府预算体系、健全透明预算制度方略。新预算法删除了有关预算外资金的内容，一是新预算法明确规定，政府的全部收入和支出都应当纳入预算。预算包括一般公共预算、政府性基金预算、国有资本经营预算、社会保险基金预算。同时对四本预算功能定位、编制原则及相互关系作出规范。公开透明预算制度是现代财政制度的基本特征，是建设阳光政府、责任政府的需要。二是新预算法增加规定，除涉及国家秘密的事项外，经本级人大或其常委会批准，预算、预算调整、决算、预算执行情况的报告及报表，应当在批准后 20 日内，由政府财政部门向社会公开，并对本级政府财政转移支付的安排、执行情况以及举借债务的情况等重要事项作出说明。各部门预算、决算及报表，应当在本级政府财政部门批复后 20 日，内由各部门向社会公开，并对其中的机关运行经费的安排、使用情况等重要事项作出说明。

（2）改进预算控制方式、建立跨年度预算平衡机制方略。根据十八届三中全会关于“审核预算的重点由平衡状态、赤字规模向支出预算和政策拓展”的要求，新预算法增加规定，一是各级人大预算审查的重点是：其一，预算安排是否符合国民经济和社会发展的方针政策，收支政策是否可行；其二，重点支出和重大投资项目的预算安排是否适当；其三，对下级政府的转移性支出预算是否规范、适当等内容。二是各级政府为确保收入预算从约束性转向预期性，新预算法要求各级预算收入的编制应当与经济和社会发展水平相适应，与财政政策相衔接。三是各级政府不得向预算收入征收部门和单位下达收入指标。同时，为适应经济形势发展变化和财政宏观调控的需要，新预算法强调，各级政府应当建立跨年度预算平衡机制。

（3）规范地方政府债务管理、严控债务风险方略。按照疏堵结合、“开前门、堵后门、筑围墙”的改革思路，新预算法增加了允许地方政府举借债务的规定，同时从五个方面作出限制性规定：一是限制主体，经国务院批准的省级政府可以举借债务：二是限制用途，举借债务只能用于公益性资本支出，不得用于经常性支出；三是限制规模，举借债务的规模由国务院报全国人大或者全国人大常委会批准，省级政府在国务院下达的限额内举借的债务，列入本级预算调整方案，报本级人大常委会批准；四是限制方式，举借债务只能采取发行地方政府债券的方式，不得采取其他方式筹措，除法律另有规定外，不得为任何单位和个人的债务以任何方式提供担保；五是控制风险，举借债务应当有偿还计划和稳定的偿还资金来源，国务院建立地方政府债务风险评估和预警机制、应急处置机制以及责任追究制度，既坚持从严控制地方政府债务的原则，又适应地方经济社会发展的需要，从法律上解决地方政府债务怎么借、怎么管、怎么还的问题，有利于把地方政府融资引导到阳光下，建立起规范合理的地方政府举债融资机制，有利于人大和社会监督，防范和化解债务风险。

（4）完善转移支付制度、推进基本公共服务均等化方略。国家实行财政转移支付制度，是分税制财政体制改革中的成功经验，对于缩小地区间财力差距、推进基本公共服务均等化、促进区域协调发展发挥了重要作用。但在执行中，也存在专项转移支付设置过多、配套资金压力过大、资金下达不及时等问题。为进一步规范和完善转移支付制度，新预算法增加规定：一是财政转移支付应当规范、公平、公开，以均衡地区间基本财力、由下级政府统筹安排使用的一般性转移支付为主体，建立健全专项转移支付定期评估和退出机制，市场竞争机制能够有效调节的事项不得设立专项转移支付；二是除按照国务院规定应当由上下级政府共同承担的事项外，上级政府在安排专项转移支付时不得要求下级政府承担配套资金；三是上级政府应当提前下达转移支付预计数，地方各级政府应当将上级提前下达的预计数编入本级预算。这将有利于优化转移支付结构，提高转移支付资金分配的科学性、公平性和公开性，有利于减少“跑部钱进”现象和中央部门对地方事权的不适当干预，也有利于地方统筹安排预算，提高地方预算编报的完整性。

（5）坚持厉行节约、硬化预算支出约束方略。为了执行中共中央、国务院关于厉行节约、反对浪费、推动建设廉洁政府的方略，新预算法确定：一是统筹兼顾、勤俭节约、量力而行、讲求绩效和收支平衡的策略；二是各级预算支出的编制，应当贯彻勤俭节约的策略，严格控制各部门、各单位的机关运行经费和楼堂馆所等基本建设支出，对各级政府、各部门、各单位在预算之外或者超预算标准建设楼堂馆所的，责令改正，对负有直接责任的主管人员和其他直接责任人员给予撤职开除处分；三是新预算法增加规定，国家实行国库集中收缴和集中支付制度，对政府全部收入和支出实行国库集中收付管理。

（6）全面理解新预算法、贯彻执行新预算法方略。其一，引导社会各界认真学习、全面理解新预算法各项具体规定，增强预算法治意识，自觉把新预算法的各项规定，作为从事预算管理活动的行为准则，严格依法办事，严肃财经纪律，切实做到有法必依、执法必严、违法必究。其二，各级财政部门在学好用好新预算法的同时，还要大力做好新预算法的宣传普及工作，把该法作为“六五”普法的重要内容，除专门组织新预算法培训外，在其他业务培训中，也要安排这方面的内容。其三，财政部在“六五”普法验收中，要把各地贯彻执行新预算法的情况作为重要考核内容。同时，各地要采取各种方式广泛宣传新预算法，让社会公众了解掌握预算法律知识，推动全社会形成办事依法、遇事找法、解决问题用法、化解矛盾靠法的良好法治环境。

（7）坚持新预算法实施立法配套、协调推进财税体制改革方略。新预算法的制定和实施正处于我国全面深化改革时期，对一些符合改革发展方向，但一时还难以具体规定的问题做一些原则性规定。我国各地预算管理所面临的环境和条件不同，预算管理的水平差别较大。因此，一是本着从实际出发、统一性与灵活性相结合的原则，中央还需要按照新预算法确定的原则及授权，修订预算法实施条例，研究制定财政转移支付、财政资金支付、政府债务管理、政府综合财务报告等方面的规章制度。地方制定有关预算审查监督的决定或者地方性法规。二是加快形成一套较完善的现代预算制度，增强新预算法的可操作性、可执行性，为依法理财奠定坚实的制度基础。三是这次新预算法的制定和实施具有承前启后的重要作用，它认真总结并继承了改革开放以来我国预算管理实践的经验，明确了今后预算管理活动的方向，为深化预算制度改革预留了空间。四是在贯彻实施新预算法的同时，要做好各项财税改革具体方案与新预算法的衔接工作，做好新预算法配套制度建设与财税体制改革具体方案的衔接工作，相互协调，同步推进，坚持用制度引领和推进改革，在改革中不断完善制度。

5. 中央财政鼓励引导社会资金回流“三农”方略。从 2014 年以来，财政部接连出台加大税收优惠和奖补政策支持力度，引导社会资金回流“三农”。为此，一是加大县域金融机构涉农贷款增量奖励力度，对涉农贷款平均余额增长超过 15% 的县域金融机构，按照增量部分 2% 的给予奖励。2013

年，拨付奖励资金20.9亿元，同年末全国涉农贷款余额为20.8万亿元，比上年增长18.4%。2014年，中央财政对全国25个省（区、市），包括全部粮食主产区和绝大多数中西部地区拨付奖励资金26.8亿元。二是完善农村金融机构定向费用补贴方略。对符合条件的村镇银行、贷款公司、农村资金互助社等3类新型农村金融机构，以及基础金融服务薄弱地区的金融机构网点，按照贷款平均余额的2%给予补贴，2013年，拨付补贴资金41.05亿元。2014年，中央财政在总结政策执行情况的基础上，明确金融机构享受政策的期限，严格政策执行要求，突出支持"三农"导向。在政策支持下，新型农村金融机构蓬勃发展，截至2013年末，全国共有987家村镇银行开业，贷款余额3632亿元，其中80%以上投向"三农"和小微企业。三是实施农村金融税收优惠方略。为此，一要减轻农村金融机构税负。对金融机构小额农户贷款（5万元以下）利息收入和保险公司农业保险保费收入免征营业税，并减按90%计算应纳税所得额，对农村信用社、新型农村金融机构以及县域以下法人的农村合作银行、农村商业银行，继续实行3%的营业税率；二要减轻小微企业税负。对符合条件且年应纳税所得额低于10万元（含）的小型微型企业，其所得减按50%计入应纳税所得额，并减按20%征收企业所得税。

6. 中央财政主导创立中国农业产业发展基金方略。中国农业产业发展基金（下称"中国农业基金"）自2012年年末设立以来，以财政部主导下的"中"字头基金角色，秉承服务"三农"的宗旨，实现了政策导向与市场经营的有机结合，创新了财政金融支农的新机制，创造了农业投资领域的良好业绩。中国农业基金具有国家基金功能，既不同于传统的财政无偿投入，又不能像纯商业投资那样看什么赚钱就投什么、只追求利润最大化投入，而是要以社会效益为主，兼顾经济效益投入。中国农业基金从投资策略上来说，为体现国家对农业领域的政策扶持，中国农业基金坚持"安全、稳健"的投资理念，以价值型投资为主，主要采取多轮次的组合投资方法，主要以股权投资的形式进行投资，从而追求长期增值。为此，组织实施十项方略，一是农业基金所投企业均为产业化龙头企业，项目涉及农林业种植、牧渔业养殖、农林牧渔各产品加工、供销服务等产业化项目。二是农业基金要帮助农业企业在获得资金的同时，实现产业的转型与升级，就需要投资方在商业模式、企业管理与技术服务等方面，为企业提供全方位的服务。农业基金通过协助农业企业进行战略规划、盈利模式优化、产品定位、品牌推广、渠道与网络的建设，帮助农业企业成功转型为有自主品牌与渠道的消费品企业。三是农业基金还从全面预算、内控制度、绩效考核、人力资源等方面帮助农业企业提升内部管理水平。四是农业基金作为投资方把先进技术和先进理念引入到这些农业企业中，使其在细分领域内加大新技术的应用。五是农业基金扶持的农业企业都是有行业领袖潜质的优秀农业企业，通过投资与服务，帮助其做大做强，成为行业细分领域中的代表企业。加之基金提供的兼并、收购、重组等行业整合服务，这些企业可以加快产业集约化，从而合理进行资源配置，摆脱长期存在的散而乱、小而弱、资源浪费的状况。六是农业基金通过支持农业行业生态友好型标杆企业的发展，可以帮助建立农业可持续发展长效机制。通过扶持农业产业龙头企业，可以促进全产业链发展，带动更多农民脱贫致富。七是农业基金既要直接提升被投资农业产业龙头企业的实力，向企业传送现代管理理念，将国家相关农业政策更好地传达给企业，并通过企业股权价值的提升，为企业及基金本身均创造经济效益，又要促进企业和产业的转型升级，带动当地农户增收致富，促进地方经济发展。农业基金在兼顾经济效益同时，要创造更大的社会价值。八是农业基金投资直接增强信贷资金、民间资本对于相关农业子行业及农业企业的信心，使被投资企业往往可以争取到银行更大额度的授信，或吸引到社会更多的投资资金。九是农业基金作为国家财政直接出资的投资基金，承载着产业引导的职能，其投资资金的流向无疑可成为农业投资领域的风向标。十是农业基金发挥财政资金作为"引子"资金、"种子"资金的"四两拨千斤"的效应，创新了财政金融支农新方式。农业基金初步达到了设立之初有关方面对基金的要求，也为我国公私合作模式、财政资金引领社会资金投资"三农"领域，起到了积极的引导与示范作用。

7. 中央财政安排农村义务教育经费保障机制方略。2014年至2017年，中央财政继续把义务教育特别是农村义务教育，作为教育支出的重中之重予以保障，中央财政全年安排农村义务教育支出1600亿元；其一，着重用于进一步完善农村义务教育经费保障机制；其二，着力缩小城乡差距，支持全面改善贫困地区义务教育薄弱学校基本办学条件；其三，着力改善学生营养状况，提高营养膳食补助标准；其四，加强教师队伍建设，提高农村教育教学水平；其五，继续支持农民工随迁子女平等接受义务教育。为此，进一步实施以下五项方略：

（1）中央财政进一步完善农村义务教育经费保障机制，2015年11月，国务院决定建立城乡统一、重在农村的义务教育经费保障机制。2016年统一了城乡义务教育学校生均公用经费基准定额，将农村中小学生均公用经费基准定额提高40元，中西部地区达到年生均小学600元、初中800元；东部地区达到年生均小学650元、初中850元。在提高基准定额基础上，中央财政进一步提高农村寄宿制学校公用经费，由省级财政统筹使用。2014年，中央财政安排农村义务教育经费保障机制资金878.97亿元，在学生人数减少的情况下，该项投入同比仍增长6.1%。2016年，中央财政安排义务教育经费保障机制资金1103亿元，比2015年增长52亿元。全国约1.4亿城乡义务教育学生全部免除学杂费。同年，全国约1.1亿名农村义务教育阶段学生全部享受免杂费和免费教科书政策，小学一年级新生免费获得正版学生字典，中西部地区约1240万名家庭经济困难寄宿生继续获得生活费补助，约1300万进城务工农民工随迁子女实现生均公用经费基准定额资金可携带。

（2）经国务院批准，教育部、国家发展改革委和财政部联合发布意见，从2014年起，中央聚焦贫困地区和薄弱学校，通过3年至5年的努力，支持地方全面改善基本办学条件。2014年7月，三部门下发通知，从2014年起，中央财政对农村义务教育薄弱学校改造计划进行适当调整：在原来支持内容的基础上，将运动场、学生宿舍、食堂、饮水设施、厕所、澡堂等教学和生活设施纳入支持范围；加大了投入力度，将专项资金统一分配到各省份，由省级财政和教育部门按照“缺什么、补什么”的原则，统筹安排使用。2015年中央安排310亿元，比上年增加近50%，由各省份统筹用于薄弱学校改造计划工作。2016年，中央财政安排338亿元，支持地方按照“缺什么、补什么”的原则，全面改善贫困地区农村义务教育薄弱学校基本办学条件。

（3）中央财政从2014年11月起，将营养改善计划国家试点地区中央补助标准每生每天提高1元，达到每生每天4元、每年800元的标准。同时，继续鼓励地方因地制宜开展地方试点，中央给予适当奖补。2015年，中央财政共安排营养改善计划资金171.4亿元，惠及3200万名农村中小学生。2016年，继续实施农村义务教育学生营养改善计划，改善学生营养健康状况。

（4）中央财政从2014年起，安排“农村教师特设岗位计划”资金44.7亿元，对23.6万名特岗教师给予工资性补助；安排“中小学和幼儿园教师国家级培训计划”专项资金20亿元，继续支持中西部地区培训中小学学科骨干教师和幼儿园教师；安排资金2.94亿元，支持各地选派优秀义务教育阶段教师到边远贫困地区、边疆民族地区和革命老区支教一年。2016年，继续实施“特岗计划”“国培计划”、乡村教师生活补助政策等重大项目，提升乡村教师队伍素质。

（5）2017年，中央财政将按照中央有关决策部署，重点做好两方面工作：一方面，全面实现国务院关于城乡义务教育经费保障机制改革的政策目标，即从2017年春季学期起，统一城乡义务教育学生“两免一补”政策，推动相关教育经费随学生流动可携带；另一方面，落实教育脱贫攻坚“十三五”规划部署，扩大学生营养改善计划地方试点范围，实现国贫县覆盖等。抓好这些重大政策的落实落地，进一步支持城乡义务教育均衡发展，提高教育教学质量。

（二）深化金融体制改革完善、扶持“三农”方略规程。中共十八届三中全会针对我国近年来金融改革和发展取得明显成效、金融服务发展不断增强，但也存在金融机构经营方式总体粗放，农村金融和中小金融机构发展相对滞后，金融体系对实体经济和民生支持不够等问题，明确强调，从2013年起，要完善金融市场体系，放宽资本准入市场，推进利率市场化，建立存款保险制度，发挥货币政策调节作用，调节市场流动性，扩大社会融资规模，强化金融监管，引导金融机构对“三农”，小微企业扶持力度。

1. 第十二届全国人大一次会议于2013年3月17日通过的《政府工作报告》回顾了2012年实施适度宽松的货币政策，有效运用存款准备金率、利率等货币政策工具，保持货币信贷合理增长，加强农村金融服务，涉农贷款从2007年末的6.12万亿元，增加到2012年末的17.63万亿元。报告提出，2013年继续实施稳健的货币政策，把握好促进城乡经济增长、物价稳定和防范金融风险的平衡。为此，一是要综合运用多种货币政策工具，调节市场流动性，保持货币信贷合理增长，适当扩大社会融资规模，完善货币政策传导机制，加强金融监管与货币政策的协调，不断优化监管标准和监管方式。二是引导金融机构加大对“三农”、小微企业、新兴产业扶持力度，拓宽实体经济融资渠道，降低实体经济融资本，促进金融机构持续扶持农业和农村经济持续发展。

2. 中共十八届三中全会对全面深化改革作出了战略部署，明确提出深化金融体制改革是深化经济体制改革的重点，着力落实三项策略，一是放宽资本市场准入策略。要在加强监管前提下，放宽资本市场准入，允许具备条件的民间资本依法发起设立中小银行等金融机构，以缓解小微企业、“三农”等融资难、融资贵的问题。二是推进利率市场化策略。利率市场化就是将资本价格的决定价格交给市场。为此，要继续推进利率市场化，扩大金融机构自主定价权。三是建立存款保险制度策略。存款保险制度是市场经济条件保护存款利益的重要措施，是金融安全网的重要组成部分。存款保险客观上能增强这些银行的信用，为之创造一个与大银行公平竞争的金融市场环境。

3. 第十二届全国人大二次会议于2014年3月13日通过的《政府工作报告》提出：一是继续推进进利率市场化，扩大金融机构利率自主定价权，保障人民币汇率在合理均衡水平上的基本稳定，扩大汇率双向浮动区间，推进人民币资本项目可兑换；二是稳步推进由民间资本发起设立中小型银行等金融机构，引导民间资本参股、投资金融机构及融资中介服务机构；三是建立存款保险制度，健全金融机构风险处置机制，推荐政策性金融机构改革，进一步引导发展多层次资本市场。四是积极发展农业保险，建立巨灾保险制度。

4. 中共中央、国务院于2015年2月1日发布的《关于加大改革创新力度　加快农业现代化建设的若干意见》提出，一是要主动适应农村实际、农业特点、农民需求，不断深化农村金融改革创新。综合运用财政税收、货币信贷、金融监管等政策措施，推动金融资源继续向“三农”倾斜，确保农业信贷总额持续增加，涉农贷款比例不降低，完善涉农贷款统计制度，优化涉农贷款结构。二是开展信贷资产质押再贷款试点，提供更优惠的支农再贷款利率。鼓励各类商业银行创新“三农”金融服务。农业银行三农金融事业部改革试点覆盖全部县域支行。农业发展银行要在强化政策性功能定位的同时，加大对水利、贫困地区公路等农业农村基础设施建设的贷款力度，审慎发展自营性业务。国家开发银行要创新服务“三农”融资模式，进一步加大对农业农村建设的中长期信贷投放。提高农村信用社资本实力和治理水平，牢牢坚持立足县域、服务“三农”的定位。鼓励邮政储蓄银行拓展农村金融业务。提高村镇银行在农村的覆盖面。三是积极探索新型农村合作金融发展的有效途径，稳妥开展农民合作社内部资金互助试点，落实地方政府监管责任。做好承包土地的经营权和农民住房财产权抵押担保贷款试点工作。鼓励开展“三农”融资担保业务，大力发展政府支持的“三农”融资担保和再担保，完善银担合作机制。支持银行业金融机构发行“三农”专项金融债，鼓励符合条件的涉农企业发行债券。开展大型农机具融资租赁试点。完善对新型农业经营主体的金融服务。强化农村普惠金融。继续加大小额担保财政贴息贷款等对农村妇女的支持力度。

5. 第十二届全国人大三次会议于2015年3月15日通过的《政府工作报告》提出，围绕服务实体经济推进金融改革，推动具备条件的民间资本依法发起设立中小型银行等金融机构，成熟一家，批准一家，不设限额。深化农村信用社改革，稳定其县域法人地位。发挥好开发性金融、政策性金融在增加公共产品供给中的作用，推出存款保险制度，推进利率市场化改革，健全中央银行利率调控框架。保持人民币汇率处于合理均衡水平，增强人民币汇率双向浮动弹性。稳步实现人民币资本项目可兑换，扩大人民币国际使用，加快建设人民币跨境支付系统，完善人民币全球清算服务体系，开展个人投资者境外投资试点，适时启动“深港通”试点。加强多层次资本市场体系建设，实施股票发行注册制改革，发展服务中小企业的区域性股权市场，开展股权众筹融资试点，推进信贷资产证券化，扩大企业债券发行规模，发展金融衍生品市场。推出巨灾保险、个人税收递延型商业养老保险。创新金融监管，防范和化解金融风险。大力发展普惠金融，让所有市场主体都能分享金融服务的雨露甘霖。

6. 第十二届全国人大四次会议于 2016 年 3 月 15 日通过的《政府工作报告》提出，促进多层次资本市场健康发展，提高直接融资比重，建立巨灾保险制度，规范发展普惠金融和绿色金融，整顿规范金融秩序，严厉打击金融诈骗、非法集资等违法犯罪活动。第十二届全国人大五次会议于 2017 年 3 月 15 日通过的《政府工作报告》提出，推进农村信用社改革，强化服务“三农”功能，拓宽保险资金支持实体经济渠道。大力发展绿色金融，推动融资租赁业健康发展。

十一、组织攻克农村民主自治、法律法制、脱贫致富奔小康建设之路方略规程

中共十八大以来，中共中央、国务院组织领导各级党委、政府及部门，一是健全民主自治协商制度，通过各级政府机关、政协组织、党派团体等途径，就经济社会发展重大问题、涉及群众切身利益问题，广泛协商、广集民智、增进共识、增强合力。在农村基层公共事务和公益事业中，实行群众自我管理、自我服务、自我教育、自我监督，推进信息公开、加强议事协商、强化权力监督，保障群众享有更多更切实的民主权利。二是全面推进依法治国、科学立法、严格执法、公正司法、群众守法，坚持法律面前人人平等，保证有法必依、执法必严、违法必究。拓展群众有序参与立法途径，推进依法行政，切实做到严格公正文明执法。任何组织或者个人都不得有超越宪法和法律的特权，绝不允许以言代法、以权压法、徇私枉法。三是建立健全农村产权保护法律制度，健全农业市场规范运行法律制度，健全农产品市场流通法律制度，规范市场秩序，促进公平交易，营造农产品流通法治化环境。健全“三农”支持保护法律制度，健全农业资源环境法律法规，提高农村基层法治水平，加快农村改革发展，为全面建成的小康社会作出新的贡献！

（一）加强农村民主自治之路建设方略规程。第十二届全国人大一次会议于 2013 年 3 月 17 日通过的《政府工作报告》提出，要坚持社会主义民主法治建设。为此，一是坚持人民主体地位，发展更加广泛、充分、健全的人民民主，保证人民依法享有广泛权利和自由，维护社会公平正义；二是坚持依法治国，尊重宪法和法律的权威，确保决策权、执行权、监督权，既相互制约又相互协调，确保国家行政机关按照法定权限和程序行使权力；三是健全基层群众自治制度，加强城乡社区治理，充分发挥工会、共青团、妇联等群团组织作用，改革完善社会组织管理制度，依法推进公益和慈善事业健康发展，促进专业社会工作、志愿服务发展。

（二）加强农村村务财务公开轨道建设方略规程。第十二届全国人大二次会议于 2014 年 3 月 13 日通过的《政府工作报告》提出，要注重运用法治方式，实行多元主体共同治理。为此，一是健全村务公开、财务公开和民主管理制度，更好发挥社会组织在公共服务和社会治理中的作用；二是深入开展普法教育，加大法律援助，加强社会治安综合治理，坚决打击暴力恐怖犯罪活动，维护国家安全，形成良好社会秩序，共同建设平安中国。

（三）加强农村政府法治轨道建设方略规程。中共十八届四中全会于 2014 年 10 月 23 日通过的《中共中央关于全面推进依法治国若干重大问题的决定》规定，一是深入推进依法行政，加快建设法治政府。各级政府必须在法治轨道上开展工作，创新执法体制，完善执法程序，推进综合执法，严格执行责任，建立权责统一、权威高效的依法行政体制，加快建设职能科学、权责法定、执法严明、公开公正、廉洁高效、守法诚信的农村法治政府。为此，其一，必须依法全面履行政府职能，要坚持法定职责必须为、法无授权不可为、勇于负责、敢于担当，坚决纠正不作为、乱作为；其二，必须健全

依法决策机制，把公众参与、专家论证、风险评估、合法审查、集体讨论确定为重大行政决策法定程序，确保决策制度科学、程序正当、过程公开、责任明确；其三，必须深化改革行政执法体制，根据不同层级政府的事权和职能，按照减少层次、整合队伍、提高效率的原则，合理配置执法力量；其四，必须严格规范公正文明执法，完善执法程序，建立执法全过程记录制度，全面落实行政执法责任制；其五，必须强化对行政权力的制约和监督，加强党内监督、人大监督、民主监督、行政监督、司法监督、审计监督、社会监督、舆论监督制度建设，增强监督合力和实效。二是增强全民法治观念，推进法治社会建设。法律的权威源自人民的内心拥护和真诚信仰。人民权益要靠法律保障，法律权威要靠人民维护。必须弘扬法治精神，建设法治文化，增强全社会厉行法治的主动性，形成守法光荣、违法可耻的社会氛围，使全民都成为法治的崇尚者、自觉遵守者、坚定捍卫者。为此，其一，必须推动全社会树立法治意识，推进多层次多领域依法治理，建设完备的法律服务体系，健全依法维权和化解纠纷机制；其二，必须大力提高法治工作队伍思想政治素质、业务工作能力、职业道德水准，着力建设忠于党、忠于国家、忠于人民、忠于法律的法治工作队伍，为加快建设法治国家，提供强有力的组织和人才保障。

（四）加强农业和农村财产法律保护轨道建设方略规程。中共中央、国务院于2015年2月1日发布的《关于加大改革创新力度加快农业现代化建设的若干意见》提出，农村是法治建设相对薄弱的领域，必须从农村实际出发，善于发挥乡规民约的积极作用，把法治建设和道德建设紧密结合起来，善于运用法治思维和法治方式，完善农业农村法律体系，同步推进城乡法治建设。第十二届全国人大四次会议于2016年3月15日通过的《政府工作报告》提出，开展农村法治宣传教育，创新社会治安综合治理机制，推进农村社会治安防控体系建设，依法惩治违法犯罪行为。第十二届全国人大五次会议于2017年3月15日通过的《政府工作报告》提出：加强法治宣传教育和法律服务；落实信访工作责任制，依法及时就地解决群众合理诉求；健全立体化信息化社会治安防控体系，严厉打击暴力恐怖活动，依法惩治黑恶势力犯罪、毒品犯罪和盗窃、抢劫、电信网络诈骗、侵犯个人信息等多发性犯罪，维护国家安全和社会稳定；严格规范公正文明执法，大力整治社会治安突出问题，全方位提高人民群众安全感。为此，必须围绕做好“三农”工作，在加强农村法律法规制度建设上，组织推动以下六项方略：

1. 健全农村产权保护法制方略。完善相关法律法规，加强对农村集体资产所有权、农户土地承包经营权和农民财产权的保护。组织修改农村土地承包方面的法律，明确现有土地承包关系保持稳定并长久不变的具体实现形式，界定农村土地集体所有权、农户承包权、土地经营权之间的权利关系，保障好农村妇女的土地承包权益。统筹推进与农村土地有关的法律法规制定和修改工作。研究起草农村集体经济组织条例。加强农业知识产权法律保护。

2. 健全农业市场规范运行法制方略。健全农产品市场流通法律制度，规范市场秩序，促进公平交易，营造农产品流通法治化环境。完善农产品市场调控制度，适时启动相关立法工作。完善农产品质量和食品安全法律法规，加强产地环境保护，规范农业投入品管理和生产经营行为。逐步完善覆盖农村各类生产经营主体方面的法律法规，适时修改农民专业合作社法。

3. 健全“三农”支持保护法制方略。研究制定规范各级政府“三农”事权的法律法规，明确规定中央和地方政府促进农业农村发展的支出责任。健全农业资源环境法律法规，依法推进耕地、水资源、森林草原、湿地滩涂等自然资源的开发保护，制定完善生态补偿和土壤、水、大气等污染防治法律法规。积极推动农村金融立法，明确政策性和商业性金融支农责任，促进新型农村合作金融、农业保险健康发展。加快扶贫开发立法。

4. 健全农村村民民主自治管理方略。这是指组织推进实施农村治理机制，扩大以村民小组为基本单元的村民自治试点，继续搞好以社区为基本单元的村民自治试点，探索符合各地实际的村民自治有效实现形式政策。为此，一是进一步规范村“两委”职责和村务决策管理程序，完善村务监督委员会的制度设计，健全村民对村务实行有效监督的机制，加强对村干部行使权力的监督制约，确保监督务实管用；二是激发农村社会组织活力，重点培育和优先发展农村专业协会类、公益慈善类、社区服务类等社会组织。构建农村立体化社会治安防控体系，开展突出治安问题专项整治，推进平安乡镇、平安村庄建设。

5. 依法保障农村改革发展方略。加强农村改革决策与立法的衔接。农村重大改革都要于法有据，立法要主动适应农村改革和发展需要。实践证明行之有效、立法条件成熟的，要及时上升为法律。对不适应改革要求的法律法规，要及时修改和废止。需要明确法律规定具体含义和适用法律依据的，要及时作出法律解释。实践条件还不成熟、需要先行先试的，要按照法定程序进行授权。继续推进农村改革试验区工作。深化行政执法体制改革，强化基层执法队伍，合理配置执法力量，积极探索农林水利等领域内的综合执法。健全涉农行政执法经费财政保障机制。统筹城乡法律服务资源，健全覆盖城乡居民的公共法律服务体系，加强对农民的法律援助和司法救助。

6. 提高农村基层法治水平方略。深入开展农村法治宣传教育，增强各级领导、涉农部门和农村基层干部法治观念，引导农民增强学法尊法守法用法意识。健全依法维权和化解纠纷机制，引导和支持农民群众通过合法途径维权，理性表达合理诉求。依法加强农民负担监督管理。依靠农民和基层的智慧，通过村民议事会、监事会等，引导发挥村民民主协商在乡村治理中的积极作用。

（五）加强农村政府执行力、公信力轨道建设方略规程。第十二届全国人大三次会议于 2015 年 3 月 15 日通过的《政府工作报告》提出，要全面推进依法治国，加快建设法治政府、创新政府、廉洁政府和服务型政府，增强农村政府执行力和公信力，促进国家治理体系和治理能力现代化。为此，一是坚持依宪施政，依法行政，把政府工作全面纳入法治轨道。宪法是政府根本的活动准则，农村政府及其工作人员都必须严格遵守。要尊法学法守法用法，依法全面履行职责，所有行政行为都要于法有据，任何政府部门都不得法外设权。深化行政执法体制改革，严格规范公正文明执法，加快推进综合执法，全面落实行政执法责任制。一切违法违规的行为都要追究，一切执法不公正不文明的现象都必须纠正。二是坚持创新管理，强化服务，着力提高政府效能。提供基本公共服务尽可能采用购买服务方式，第三方可提供的事务性管理服务交给市场或社会去办。扎实开展政府协商，积极推进决策科学化民主化，重视发挥智库作用。全面实行政务公开，推广电子政务和网上办事。各级政府要自觉接受同级人大及其常委会的监督，接受人民政协的民主监督，认真听取人大代表、政协委员、民主党派、工商联、无党派人士和各人民团体的意见。所有工作都要全面接受人民的监督，充分体现人民的意愿。三是坚持依法用权，倡俭治奢，深入推进党风廉政建设和反腐败工作。认真落实党中央八项规定精神，坚持不懈纠正“四风”，继续严格执行国务院“约法三章”。腐败现象的一个共同特征就是权力寻租，要以权力瘦身为廉政强身，紧紧扎住制度围栏，坚决打掉寻租空间，努力铲除腐败土壤。加强行政监察，发挥审计监督作用，对公共资金、公共资源、国有资产严加监管。始终保持反腐高压态势，对腐败分子零容忍、严查处。对腐败行为，无论出现在领导机关，还是发生在群众身边，都必须严加惩治。

（六）加强农村居民脱贫增收致富小康社会建设方略规程。中共十八届二中、三中、四中、五中、六中全会，第十二届全国人大一次至五次会议通过的国务院《政府工作报告》于 2013 年至 2017 年，逐年组织推行农村居民脱贫增收致富途径方略。2012 年，中共十八大报告提出，加大强农惠农富农政策力度，让广大农民平等参与现代化建设，共同分享现代化成果，着力促进农民增收，保持农民收入持续较快增长。

1. 第十二届全国人大一次会议于 2013 年 3 月 17 日通过的《政府工作报告》提出，要保障农民的财产权益，坚持以农户家庭承包经营为基础，支持发展农民多种形式合作组织和农业产业经营社会化服务组织，推动城乡一体化经济发展，继续加大“三农”资金投入，促进农民增收，缩小城乡居民相对收入差距。中共十八届三中全会在全面深化改革部署中提出，要以增进人民福祉为出发点和落脚点，让农民群众得到收益，就是促进权利公平、机会公平、规则公平，使发展成果更多更公平惠及农民群众。

2. 第十二届全国人大二次会议于2014年3月13日通过的《政府工作报告》回顾了2013年全国农村居民人均纯收入比上年实际增长9.3%，农村贫困人口减少1650万人，城乡居民收入差距继续缩小。报告提出，农业是扩大内需调整结构的重要领域，更是安定天下稳定民心的产业。要坚持把解决“三农”问题放在全部工作的重中之重，推进农业现代化，保障国家粮食安全，促进农民增收。同年12月9日至11日，中国中央、国务院召开的中央经济工作会议提出，必须继续夯实农业稳定发展的基础、稳住农村持续向好的局势，稳定粮食和主要农产品产量，持续增加农民收入。要坚定不移加快转变农业发展方式，尽快转到数量质量效益并重、注重提高竞争力、注重农业技术创新、注重可持续的集约发展上来，走产出高效、产品安全、资源节约、环境友好的现代农业发展道路。要深化农村各项改革，完善强农惠农政策，完善农产品价格形成机制，完善农业补贴办法，强化金融服务。要完善农村土地经营权流转政策，搞好土地承包经营权确权登记颁证工作，健全公开规范的土地流转市场。要完善职业培训政策，提高培训质量，造就一支适应现代农业发展的高素质职业农民队伍。

3. 中共中央、国务院于2015年2月1日发布的《关于加大改革创新力度　加快农业现代化建设的若干意见》明确提出，中国要富，农民必须富。让农民富裕，必须充分挖掘农业内部增收潜力，开发农村二三产业增收空间，拓宽农村外部增收渠道，加大政策助农增收力度，努力在经济发展新常态下保持城乡居民收入差距持续缩小的势头。促进农民增收，加大惠农政策力度，主要包括：优先保证农业农村投入、完善农业产品价格形成机制，提高农业补贴政策机制，强化农业生产全程社会化服务，推进农村一二三产业融合发展，拓宽农村外部增收渠道。第十二届全国人大三次会议于2015年3月15日通过的《政府工作报告》回顾了2014年不断巩固农业基础，加大强农惠农富农政策力度，农业综合生产能力稳步提高，农业科技和机械化水平持续提升，重大水利工程建设进度加快，新增节水灌溉面积223万公顷，新建改建农村公路23万公里；新一轮退耕还林还草启动实施；农村土地确权登记颁证有序进行，农业新型经营主体加快成长；实现粮食产量“十一连增”、农民收入“五连快”。报告提出，加快推进农业现代化，坚持“三农”重中之重的地位不动摇，加快转变农业发展方式，让农业更强、农民更富、农村更美。

4. 第十二届全国人大四次会议于2016年3月15日通过的《政府工作报告》提出，一是在2015年，农村贫困人口减少1亿人，解决农村3亿多人口饮水安全问题，农村危房改造432万户，改善贫困地区农村义务教育薄弱办学办校条件，重点高校招收贫困地区农村学生人数又增长10.5%。第十二届全国人大五次会议于2017年3月15日通过的《政府工作报告》提出，一是中央财政安排补助地方专项扶贫资金861亿元，比上年增加200亿元，增长30.3%，用于支持落实精准扶贫、精准脱贫。二是国家在农业林业水利方面，落实《建立以绿色生态为导向的农业补贴制度改革方案》，完善农业补贴制度，提高补贴政策指向性和精准性，发展壮大农业新产业新业态。三是国家在生态环保方面，适时启动第二批山水林田湖生态保护和修复工程试点。深入落实新一轮草原生态保护补助奖励政策，支持新一轮退耕还林还草并扩大规模，实施天然林保护全覆盖政策。四是国家从春季学期开始统一城乡义务教育学生“两免一补”政策，实现“两免一补”和生均公用经费基准定额资金随学生流动可携带。五是国家将城乡居民基本医疗保险财政补助和个人缴费标准均提高30元，分别达到每人每年450元和180元，继续推进农村危房改造工作。

总之，从中央到地方各级党委、政府及有关部门组织推动全党、全国各族人民，为完成农村贫困人口脱贫是全国全面建成小康社会最艰巨的任务，坚持实施四项方略：一是实施脱贫攻坚工程建设责任制度，进一步完善中央统筹、省（自治区、直辖市）负总责、市（地）县抓落实的责任机制，考核扶贫责任和脱贫成效；二是实施精准扶贫、脱贫、因人因地脱贫攻坚、分类扶持贫困家庭规则，对有劳动力的农民支持就业创业，对当地水土养不起的农民动员扶贫搬迁，对生态特别重要和脆弱的农村保护生态，对丧失劳动能力的农民兜底保障，对因病致贫的农民提供医疗补助保障；三是实施贫困地区农村基础设施建设投资政策，因地制宜地解决通路、通水、通电、通络等问题；四是提高贫困地区农村基础教育质量、医疗服务水平，推进贫困地区农村基本公共服务均等化，健全农村留守儿童、妇女和老人关爱服务体系，实行最低生活保障和扶持脱贫攻坚政策衔接，对贫困人口应保尽保，保障基本民生，实现全国城乡人民共同迈入全面小康社会。

农村财政扶贫开发脱贫攻坚巩固课题组

组长：韩连贵

组员：李铁君　刘春生　朱晓光　吴刁丰　王英单
董　齐　李振宇　陈贵峰　李九辉　张照利

第六章　中共七届二中全会至十九届三中全会期间组织开创全国贫困地区农村农民群众脱贫增收致富奔小康之路方略规程经验启示

本章讲述中共中央、国务院于1949年至2019年组织开创全国贫困地区农村农民群众脱贫增收致富之路方略规程。70年来的实践证明，历届中共中央、国务院领导集体领导各级党委、政府及部门，带动全国地区农村干部、农民群众，开创一条切实可行、行之有效的脱贫增收致富奔小康社会之路，在这条路程上，共同一致认清贫困地区农村农民群众贫困的主要特点、原因，统一制定实施贫困地区农村农民群众脱贫增收致富的目标任务，职责要求、方略规程、法规制度、方式方法，取得丰功伟绩、丰富经验。

从1949年中共七届二中全会，到2019年中共十九届三中全会期间，历届中共中央、国务院领导集体，坚定不移地引领各级党委、政府及部门，带动农村干部、农民群众，为确保逐年增产增收、脱贫致富奔小康社会之路，一是从解放和发展农业生产力到调整和改革农业生产关系，从农村经济基础领域改革到农村上层建筑结构变革，从农户个体单干到互助合作，从农户家庭承包经营到农业产业化经营。二是从农林牧副渔各业全面发展，到工农商服务各业联营发展，从深化农村税费及综合改革，调整优化农业和农村经济结构，到开展农业生产经营科技及农村农民群众生活社会化服务，健全农村商品市场流通体系。三是从促进农村综合开发治理、科学节约集约利用土地等资源，深入开展现代农业产业化、市场化规模经营，到城乡一体农业现代化、工业化、信息化、城镇化同步前进，以工促农、以城带乡、推进新型工农、城乡一体化文教卫生医疗、生活补助养老保险等社会保障事业健康发展，开拓贫困地区农村农民群众脱贫增收致富之路，而制定实施一系列方针政策、法律法规、方式方法。四是从中央到地方各级党委、政府及部门，引导扶持贫困地区农村干部、农民群众坚定不移地走中国特色社会主义农业现代化道路，坚持以转变农业发展方式为主线，以保障主要农业产品有效供给和促进农民群众持续较快增收为主要目标，以提高农业生产经营专业化、标准化、综合生产能力、抗风险能力和市场竞争能力为主攻方向，着力促进规模化、集约化，着力强化政策、科技、设施、装备、人才和体制支撑，着力完善现代农业产业体系，不断提高农业现代化水平、农民群众生活水平和新农村建设水平，为全面建设小康社会和国家现代化建设，奠定具有决定性意义的社会经济基础。坚定不移地按照农业和农村经济发展的新情况新任务，提出千方百计保持粮食稳定发展、千方百计保持农民群众收入较快增长，努力确保不发生重大农业产品质量安全事件、努力确保不发生区域性重大动物疫情。五是坚定不移地强化农业综合生产能力建设，保障粮食等农业产品有效供给，强化农业发展的质量效益，促进农民群众收入持续增加，强化物质技术装备和人才支撑，加快转变农业发展方式，强化国际国内两个市场、两种资源的利用，提高农业国际竞争力，强化资源环境保护，促进农业和农村经济可持续发展。六是坚持推进农业供给侧结构性改革，从2017年起，要在确保国家粮食安全的基础上，紧紧围绕市场需求变化，以增加农民收入、保障有效供给为主要目标，以提高农业供给质量为主攻方向，以体制改革和机制创新为根本途径，优化农业产业体系、生产体系、经营体系，提高土地产出率、资源利用率、劳动生产率，促进农业农村发展由过度依赖资源消耗、主要满足“量”的需求，向追求绿色生态可持续、更加注重满足“质”的需求转变。

一、共同认清全国贫困地区农村农民群众贫困的特点及原因

贫困，是困扰世界的全球性问题。贫困有狭义和广义之分，狭义上的贫困是指经济上的拮据和困苦。广义上的贫困是指经济基础薄弱、社会体制落后、自然生态条件差、人员文化科技等综合素质低等几项差异综合结果。贫困的程度，可分为相对贫困和绝对贫苦。绝对贫困是指人员生活收不抵支，入不敷出，只能在死亡线上挣扎，人员生产和再生产只能在萎缩状态下进行。相对贫困是指局部地区人员生活水平低于社会平均水平。贫困又是一个动态概念，不同时期的贫困标准是不同的。因此，对贫困地区农村农民群众，既要解决绝对贫困问题，又要解决相对贫困问题。最重要的是要解决绝对贫困问题。全国四面八方都有贫困地区农村，特别是西北、西南区域，是贫困地区农村农民群众相对集中和较多的地区，要达到国家对贫困地区农村农民群众脱贫致富攻坚计划的目标任务繁重、要求严格、时间紧迫。特别是在市场经济条件下，由于各地区农村农民之间农业生产经营要素质量和要素组合能力上的差异，在农业和农村经济发展上，必然会有差距，而且这种差距会不断扩大。如何扶持贫困地区农村农民脱贫增收致富奔小康，历届中共中央、国务院领导集体都强调，各级党委、政府及部门必须全面调查研究、深入了解掌握全国各贫困地区农村农民群众贫困的特点及原因。分别说明如下：

（一）全国贫困地区农村农民群众贫困的特点。具体说，全国贫困地区农村农民群众贫困的主要特点，主要包括以下六点：

1. 自然条件严酷恶化。全国贫困地区农村农民群众大部分布西藏、贵州、云南、陕西、甘肃、青海、宁夏、新疆、内蒙古的荒漠化沙漠区域，平均海拔在千米以上，生态环境恶化，自然灾害频繁。这些地区农民群众，一是生产生活用水困难，特别人畜饮水非常艰难。二是交通不便，已通公路的地方，有相当一部分是坡陡路窄，雨天，不能通行。有四分之一的农村不通公路。三是耕地稀少，粮食不能自给，要实现人均1亩口粮田的标准相当艰巨。四是常年发生严重的旱灾，经常发生山洪、崩山滑坡等灾害。六是电讯文化落后，大多数农村不通电话、广播、电视，没有小学、文化站。例如，青海省地处的青藏高原，号称“世界屋脊”和“世界第三极”，海拔高、气候干燥，空气稀薄，气压低，含氧量少，国家核定的14个贫困县和38个贫困乡又都是全省自然条件最差的地方，大都地处干旱浅山区和高寒脑山区。浅山区降水量少，蒸发量大，一般为降水量的3倍左右，种植业一遇旱情就大幅度减产甚至颗粒无收，脑山区降水量稍多一点农作物就无法成熟。其牧业区的贫困县乡，都地处条件最差的青南地区，海拔极高，大多在3500—5000米之间，气温低，无绝对无霜期，自然灾害频繁，由于多系游牧生产，一遇雪灾，牲畜大量死亡，不少牧业户成为少畜户或无畜户，失去基本生产生活保障。据统计，从1950年至2017年期间，青南地区就发生大中雪灾14次，死亡牲畜大580多万头（只），人均达到20头（只）以上，等于目前的人均牲畜存栏数。

2. 农牧业经济基础薄弱落后。全国贫困地区农村是经济文化比较落后的区域，国民生产总值占不到全国的7%；农业生产建设基础设施相当落后，粮食不能自给。工业基础相当薄弱，企业经济效益差，每百元固定资产实现的利税不到全国平均数的三分之一。农业区的贫困县人均生产粮食为200公斤，除了种子和饲料粮后所剩无几，不能维持吃饭。牧业区的贫困县人均牲畜20头（只），难以进行再生产和维持生活，农牧民年人均纯收入不足2000元。这些贫困地区农村财政非常困难，大多数贫困县财政自给率很低，只有百分之几到二十几之间，这给贫困地区政府财政扶贫带来了困难。

3. 农村工业经济发展迟缓滞后。贫困地区农村面对的是以农牧业为主体的产业结构，还没有突破以农林种植业、牧渔养殖业低层次原材料生产为主的农牧业经济格局，农牧业经济增长在很大程度

上依赖于向发达地区提供初级原料和低级产品，丰富的资源优势没有转化为经济优势。工业经济发展迟缓滞后。大多数贫困地区也发展一些工业，由于原材料价格高、加工产品质量差等多种因素，企业经营亏损、破产甚至倒闭，一直处于腿短产业状态。特别是一些贫困地区农村工业生产经营规模小、技术含量低、市场竞争力差，财务风险大。从经济发展水平看，这些贫困地区农村生产力落后，经济发展水平低，仍然处于落后状态。从绝对额看，差距进一步扩大；从发展速度上看，呈相对倒退趋势。

4. 农村财政收支矛盾突出、财政赤字难于解决。多年来，贫困地区农村财政收支矛盾突出，而财政赤字虽然在逐步减少，但老赤字难于及时消化，流动性赤字有增加的趋势，给贫困地区农业和农村经济发展、农村公共公益事业发展带来极为不利的影响：一是受农事季节性影响，资金调度紧张，财政供给人员的工资不能如期足额兑现，许多政策性增支不能到位，影响了工作积极性；二是共用经费紧缺，机关事业运转困难，必须召开的会议费、调研差旅费不能开支，严重影响农村公共公益事业发展；三是农业生产和农村经济建设所需资金主要依靠各级政府各种补助和信贷支撑，不仅来源不稳定，政府调控经济的手段乏力，有些农业生产和农村经济建设所需资金供应不足，工程不能竣工、发挥效益；四是农村财政债务包袱沉重，每年农村财政都向银行增拨贷款补贴利息，导致财政雪上加霜，债台高筑，恶性循环。

5. 农民群众生活质量差、水平低。贫困地区农村难于从根本上改善农民群众生活，特别是高原、沙漠贫困地区农村农民群众生活仍然比较困难：一是还有一部分贫困地区农村农民没有解决温饱问题，年人均纯收入低于1750元，缺基本生活资料、缺致富门路、缺稳定地经济来源；二是大多数贫困地区农村返贫的压力较大，在正常年景的返贫率高达10%，大灾之年返贫率更高，特别是高寒、边远山区，生存环境恶劣，扶贫的难度更大；三是大多数贫困地区农村相对贫困的压力日益增大，突出表现在农民的贫困已由缺衣少粮的生存贫困，逐步转变为子女上学、治病吃药等缺乏经费，发展农业生产缺乏科技推广经费等方面的贫困。

6. 农村文化教育、科技、卫生事业落后。在农村小学教育方面，适龄儿童的入学率、巩固率和九年义务教育的普及率，大大低于一般地区；在中等教育方面，贫困山区农村正在接受中等教育的人口占贫困山区农村总人口的比例4.8%；在高等教育方面，贫困山区农村的升学率年平均6.2%。贫困山区农村既缺乏科技人才，又缺乏实用技术。

（二）全国贫困地区农村农民群众贫困的主要原因。全国贫困地区农村农民群众贫困的原因是错综复杂、多种多样的，主要原因有七方面：一是贫困地区农村农民群众思想观念滞后，小农经济意识浓厚，商品意识缺乏；二是农民群众文化科技素质较低；三是政府财政扶贫资金投入不足，资金投入数额不多，资金投入激励竞争机制不力，资金投入方向不准，资金侵占挪用，资金投入不及时到位；四是政府组织领导调查研究不深入，指挥指导不得力，部门之间配合不密切，协作不和谐，未能形成有力的合作力量，各级党委、政府及部门组织协调领导职责不到位；五是贫困地区农村脱贫致富工程建设优惠政策不配套；六是农林牧渔各业结构单纯、产品少、品种杂，自然资源综合开发利用、抵抗自然灾害及市场风险的能力弱；七是农业产品供需矛盾突出，阶段性供过于求和供给不足。

1. 贫困地区农民群众思想观念滞后。这是指小农意识、懒汉思想、依赖思想，是脱贫致富进展缓慢的重要原因。在贫困地区农村，一是有相当大部分农民仍停留在“种田为保肚子圆、养猪为过年、养鸡为换油盐钱”的小农经济意识，温饱即安，缺乏致富愿望、顺其自然、得过且过的懒汉思想严重。二是一部分农民封闭自守意识浓厚，开放、竞争意识缺乏。习惯于那种日出而作、日落而息、自我封闭，不愿走出山门去学习技术、捕捉信息、参与市场竞争。据调查，贫困地区农村常年富余的劳动力约占20%，而外出务工经商的却不到一半。三是“等、靠、要”的依赖思想浓厚，自力更生、艰苦奋斗意识缺乏，把希望完全寄托在国家救济和社会各界援助上。

2. 贫困地区农民群众文化科技素质较低，这是指农民群众固守传统的生产、生活方式，缺乏文化科技知识，没有跳出家门闯天地的风险意识、科技意识，对农业生产经营消极悲观，对农业产业化、机械化、市场化、现代化，缺乏热情和自觉性，因而科技难以普及，劳动技能得不到提高，生产手段原始、落后，耕作方式出现“返祖”现象，生产力发展比较缓慢。贫困地区农村适龄儿童入学率低，尤其是高寒高原、边远沙漠地区农村、牧场入学率更低。有些边远贫困地区农村封建迷信思想严重，宗教、家族影响很深，思想保守陈旧。这些地区农村受原始经济和封建教育影响，加上交通不便和偏僻闭塞，导致因循守旧的思想观念，形成闭关自守的封建文化，致使一部分贫困农民缺乏自力更生精神，缺乏脱贫的信心，对科学技术接受迟缓，生产和企业管理不善，从而造成农业和农村经济发展徘徊、农民群众收入增长踏步，脱贫致富进展缓慢。

3. 贫困地区财政扶贫资金投入不足、使用管理漏洞。这是指政府财政扶贫资金投入规模过小，资金投入激励竞争机制不强、资金投入方向不准，资金投入不及时到位、资金侵占挪用等方面管理漏洞的因素。分别说明如下：

贫困地区扶贫资金投入不足。各贫困地区农村脱贫致富开发资金投入能力有限，始终满足不了脱贫致富项目工程建设投资需求。特别是有些贫困地区国民经济发展速度慢、财政收入增长慢、财政入不敷出、赤字逐年扩大、有些贫困县财政收入不够县政府行政事业人员经费支出，因而很难安排资金用于脱贫致富项目工程建设。有些贫困县政府为组织开发农业资源，选择确立农业综合开发项目，而需要考察评估、论证设计经费，由于缺少资金难以实施，致使贫困地区农村脱贫致富项目工程无法上马。特别是对贫困农民最低生活困难补助标准低，财政资金投入少。据统计，每解决一个贫困农村人口的温饱问题，需要资金投入1500元，每解决一个贫困地区人口异地搬迁问题，需要资金投入5000元，而自国家实施八七扶贫攻坚计划以来，国家各级政府财政对每一个农村人口的温饱问题资金投入1240元，对每一个农村人口搬迁问题的资金投入3450元。由于贫困县财政困难，这两部分资金往往难于实际到位。

贫困地区扶贫资金投入激励竞争机制不力。各级政府财政对贫困地区农村扶贫资金，主要是采取平均分配方法，缺乏激励竞争机制，因而助长贫困户“等、靠、要”的依赖思想，不利于奖勤罚懒，不利于形成争先恐后的脱贫致富风气。

贫困地区扶贫资金投入方向不准。各级政府财政在扶持贫困地区农村脱贫致富项目工程过程中：一是对选择确定的脱贫致富项目不准，特别是对选择确定的扶贫工业项目不准；二是对选择确定的脱贫致富项目资金投入对象不准，使该扶的对象没有扶，不该扶的对象得到扶持；三是对财政扶贫资金投入到户率不高，据调查统计，有些地区财政扶贫资金投入户率还不到60%。

贫困地区扶贫资金投入不及时到位。从中央到地方各级财政扶贫资金和银行扶贫贷款，不同程度存在资金到位不及时的现象，影响脱贫致富项目工程的建设速度，有的甚至错过良机，失去贫困地区农村脱贫致富项目工程建设的价值。

贫困地区扶贫资金侵占挪用不止。由于财政部门在组织筹措扶贫资金投入的同时，没有相应跟上监督管理工作，使扶贫资金被侵占挪用的现象时有发生：一是农林水部门层层截留，主要是农林水等部门在组织开展贫困地区农村脱贫致富项目工程建设中截留10%的资金，用于农林水事业经费支出；二是财政部门用于政府行政机构人员经费支出，特别是乡镇政府将财政无偿扶贫资金的20%，用作县（市）文教卫生事业经费；三是乡镇政府将生产建设资金投入生活领域消费，有些贫困地区农村将扶贫资金用于建房、买车等非生产性消费，20%左右的农户将扶贫款用于生活消费。

4. 贫困地区政府组织领导调查研究不深入，指挥指导不得力，各部门之间配合不密切、协作不和谐，未形成团结协作的强大合力，这是贫困地区农村脱贫致富项目工程建设成果不够显著的一个原因。全国贫困地区农村脱贫致富项目工程建设资金投入来源，一是财政部门管理的财政资金、支援不发达地区发展基金；二是计划部门管理的以工代账资金；三是银行、信用社管理的信贷资金。这种多头管理体制，虽然有一些优势、长处，但也存在一些问题。各部门之间在资金投入和管理上各有侧重，对资金是多头下达，存在顾此失彼的现象。对贫困地区农村脱贫致富项目的选择和审批，各个部门都有一套规定，这对组织实施脱贫致富项目工程建设带来一定的困难，很难形成统一的意见，致使脱贫致富项目工程建设规划、政策、措施难以实现。

5. 贫困地区脱贫致富项目工程建设优惠的政策不配套。这是影响脱贫致富项目工程建设效果的因素之一。从1996年以来，以中央到地方各级政府都陆续出台了一些扶贫优惠政策，但是，这些政策在具体执行过程中，由于受诸多因素的影响，落实难度较大。例如，银行对脱贫致富项目贷款投入与脱贫致富项目对象之间联系不紧密，农业信贷资金投入原则和解决农民群众温饱问题的目标之间缺乏有机结合。一些特困村和特困户缺少贷款担保和抵押能力，得不到贷款支持，扶贫贷款对贫困户的覆盖率低，相当一部分贷款投入到与解决农民群众温饱关系不大的一般性工业项目，影响脱贫致富项目工程建设的进展。

6. 贫困地区农林牧渔业生产结构单一，抗御自然灾害能力低，农业综合生产能力差。各贫困地区大都分布在干旱、高寒的高原、沙漠区，生态环境脆弱，自然条件差，自然灾害频繁。农林牧渔业生产基本上是靠天种植、养殖。降雨量少，蒸发量大，水土流失严重，农林牧渔业生产结构单一，抵抗自然灾害的能力低，风调雨顺的年份能脱贫，维持基本温饱线，收入低而不稳，遇到自然灾害，大量返贫，返贫率高达25%，有个别地区甚至高达30%—40%，巩固温饱的任务十分艰巨。

7. 贫困地区农林牧渔产品阶段性供过于求和供给不足，矛盾的主要方面在供给侧。2017年中央一号文件《中共中央、国务院关于深入推进农业供给侧结构性改革　加快培育农业农村发展新动能的若干意见》指出，经过多年不懈努力，我国农业农村发展不断迈上新台阶，已进入新的历史阶段。农业的主要矛盾由总量不足转变为结构性矛盾，突出表现为阶段性供过于求和供给不足并存，矛盾的主要方面在供给侧。近几年，我国在农业转方式、调结构、促改革等方面进行积极探索，为进一步推进农业转型升级打下一定基础，但农产品供求结构失衡、要素配置不合理、资源环境压力大、农民收入持续增长乏力等问题仍很突出，增加产量与提升品质、成本攀升与价格低迷、库存高企与销售不畅、小生产与大市场、国内外价格倒挂等矛盾亟待破解。必须顺应新形势新要求，坚持问题导向，调整工作重心，深入推进农业供给侧结构性改革，加快培育农业农村发展新动能，开创农业现代化建设新局面。

二、组织开创全国贫困地区农村农民群众脱贫增收致富之路的目标任务

实现2020年全国地区农村农民群众脱贫增收致富奔小康的目标，关键在西北、西南部贫困地区农村，这些贫困地区农村中的重点和难点集中在高原、沙漠区农村。针对全国贫困地区农村自然、经济、社会、文教、思想、习俗等特殊情况，中共中央、国务院都提出，各级党委、政府及部门必须从实际出发，因地制宜、科学精准地确定开创贫困地区农村农民群众脱贫增收致富奔小康之路的战略目标任务，主要有四项：一是必须实现四个目标；二是必须提供三个保障；三是必须健全五个结合体系；四是必须完善七个关系体制。

（一）必须实现脱贫增收致富的四个目标：一是贫困地区农村农民群众需求粮食等产品供求平衡；二是贫困地区农村农民群众收入持续稳定增长；三是贫困地区农业生产经营条件和农民群众生活条件全面改变；四是贫困地区农村土地等资源综合开发治理和科学节约集约利用的能力不断增强，以及农村生态环境保护改善的能力持续增强。分别说明如下：

1. 贫困地区农村农民群众所需粮食等产品供求平衡。全国贫困地区农民群众每日都需要粮食等产品。因而各级党委、政府及部门必须引导贫困地区农村农民群众认清粮食等产品是贫困农村农民群众生产生活必需品，是一切发展的基础。为此，各级党委、政府及部门必须调动贫困地区农村农民群众合理地安排好粮食等产品生产经营积极性，摆正粮食生产地位，不断加大投入和扶持力度，大力推广良种良法，促进粮食稳定增产，提高自给粮食水平，促进贫困地区农村粮食供需平衡，节约依靠外运粮食所需的资金、劳力和其他生产运输设施，从而保证贫困地区农村经济发展建立在粮食自给有

余、农民群众生活稳定、农村社会公共公益事业人员对粮食需求达到满足的基础上，使贫困地区农业和农村经济走上良性发展的道路。

2. 贫困地区农村农民群众收入持续稳定增长。为了推动贫困地区农村提高农业综合生产经营管理水平，增强农村经济持续发展能力，确保农民群众持续稳定脱贫增收致富，而必须坚持做到：一是大力发展生态林牧渔业生产经营，全面提供技术、良种、防疫、防治、供销、融资等服务，创新机制，推广统一修建圈舍、统一修通水电路、统一技术服务、分户投资建设、分户经营管理、推进产业化经营、促进传统林牧渔业向现代林牧渔业产业化经营转变；二是大力发展棉、油、糖、菜、瓜、果等传统经济产品的同时，重点发展马铃薯、辣椒、葱、姜、蒜、山药、中药材等特色优势产品，形成辐射带动区域经济发展的特色产业；三是大力发展种养业相结合产业、推进林果、林茶、林竹、林草产业化经营，逐步解决退耕农户的长远生计问题；四是大力发展城乡一体化农工商服务业联营经济，加强农村富余劳动力技能培训，加快转移城镇就业创业，参加城乡一体化基础设施建设，增加非农业收入；五是积极发展乡村旅游，增加农村农民群众旅游业收入。

3. 贫困地区农村农民群众生产生活条件全面改变。为了增强贫困地区农村农民群众自觉抵抗自然灾害能力，彻底解决贫困地区农村灌溉难、饮水难、行路难、燃料难、住房难等突出问题，一是狠抓农田水利基本建设，因地制宜开展坡地改梯田、中低产田改造、节水灌溉和水土保持工程建设，加强贫困地区农村农田骨干水利枢纽工程建设，搞好病险水库治理，大力发展小型水利设施，逐步解决工程性缺水问题；二是狠抓农村人畜饮水工程建设，大力实施“渴望工程”“饮水安全工程”等项目工程建设，彻底排除农村人畜饮水困难；三是狠抓贫困地区道路通村工程建设，采取财政补助、以工代赈、组织受益群众投工投劳等办法，加快道路通村工程建设进度；四是狠抓农村能源建设，通过财政扶贫资金贴息，利用扶贫信贷资金支持农村电网改造、小水电和沼气工程建设；五是狠抓农民群众居住环境建设，按照“搬得出、稳得住、能致富”的要求，对生活在生态条件恶劣地区农村农民群众，进行自愿异地扶贫搬迁，帮助改造农户房屋庭院，改善农民群众居住条件。

4. 贫困地区农村土地资源综合开发治理和科学节约集约利用的能力持续增强。为了增强贫困地区农村农民群众综合开发治理和科学节约集约利用的能力，增强保护改善农村生态环境的自觉性、积极性，各级党委、政府及部门组织推动贫困地区农村农民群众，在加强农林牧渔各业生产经营基础建设的同时，综合开发治理和科学利用山水林田路等自然地理资源，保护和改善现有的生态环境。为此，必须始终坚持在因地制宜地组织推进贫困地区农村综合开发治理和科学复垦、节约集约利用农林牧副渔各业所需土地、矿山、水利等资源的基础上，统一规划布局，切实做到将各种资源开发利用与各种资源生态环境保护改善相结合，确保农林牧副渔各业生产经营，在持久良好环境中发展，确保贫困农村农民群众不断地获得来自优越自然资源环境所提供的利益。

（二）必须提供脱贫增收致富的三个保障：一是贫困地区农村农民群众文化科技等综合知识技能掌握提高的保障；二是贫困地区农村农业生产经营建设投融资金筹措的保障；三是贫困地区农村经济发展持续健康发展的保障。

1. 保障贫困地区农村农民群众掌握运用文化科技等综合知识技能。为了彻底改变贫困地区农村文教科技、卫生医疗等社会事业发展滞后局面，及早解决贫困农民群众文化科技素质的问题，尽快排除贫困地区农村经济健康发展的障碍，不断增强贫困农民群众科技务农、脱贫致富能力，必须做到：一是各级政府文教科技、卫生医疗等部门密切配合协作，扶持贫困农村大力推广农业先进适用技术，组织建设科技示范试验园区，促进贫困农民掌握科技务农本领，壮大贫困农村经济和社会事业自我发展动力；二是各级政府不断增加教育投入，实现“普九”目标，提高“普九”人口覆盖率，降低青壮年文盲率，提高小学适龄儿童入学率，普通高中、高等学校和各类职业学校在校生成倍增加；三是各级政府增加贫困地区农村科技示范推广和教育培训经费投入，努力使每个农户都有掌握一两门适用技术的劳动力，每个村都有一批科技示范户；四是各级政府大力发展贫困农村农民专业协会和经济人队伍，通过他们向农民群众提供信息和技术服务，组织农民群众发展生产、开拓市场；五是加快农村信息化建设，实施“信息入乡”工程，发展农村远程教育网络，提高广播、电视、通信覆盖率；六是各级政府深入推进贫困农村医疗制度改革，努力解决农民群众因病致贫、返贫问题，大力加强农村基层组织建设、民主法制建设和精神文明建设。

2. 保障贫困地区农村农林牧副渔各业生产经营建设投融资金筹措来源。为了进一步拓宽贫困地区农村农林牧渔各业生产经营建设投融资金筹措渠道，着力解决贫困地区农村农林牧渔各业生产经营建设所需资金不足这个经常存在的主要问题，必须做到：一是保障以国家扶持为主导，争取社会团体支援，推动贫困农村农民群众坚持自力更生、艰苦奋斗，自觉自愿投入人力、物力、财力；二是保障各级财政等部门对贫困地区农村，统一规划、统筹安排、公平科学分配资金，严格控制资金使用范围，合理地使用资金，提高资金使用效益；三是保障各级财政、银行等金融机构拓展投资、融资途径，尽量适应贫困农村农林牧副渔各业生产经营建设资金的需求；四是保障贫困地区农村坚持落实农田改造、流域治理、公路修建、抗旱防汛、沙漠绿化等建设资金需求项目，严格实施考察评估、审查批准、检查验收、建后管护等规章制度，使之在科学的管理体制下，更好地解决贫困地区农村农林牧副渔各业生产经营建设所需资金问题。

3. 保障贫困地区农村农林牧副渔各业因地制宜持续发展。贫困地区农村农林种植业、牧渔养殖业的发展，虽然不是广大贫困地区农村经济发展的最终优势，但它确是推动贫困地区农村经济发展的关键因素。尤其是从广义的农林牧副渔各业生产经营结合来看，它更是贫困地区农村经济发展的基础。因此，因地制宜地确定农林牧副渔业的发展方向，促进贫困农村农民群众坚持走宜农则农、宜林则林、宜牧则牧、宜副则副、宜渔则渔之路，组织发动贫困农民群众加强农林牧副渔各业生产经营基础设施建设，彻底改变农林牧副渔各业生产经营落后条件，保护改善生态环境，确保贫困农村经济持续发展。

（三）必须健全脱贫增收致富的五个结合体系。在组织推动贫困地区农村农民群众脱贫增收致富项目工程建设中，必须坚持健全发展粮食生产与多种经营结合、近期温饱与长期致富结合、富裕农民群众与富裕农村结合、输血功能与造血功能结合、财力投入与其他投入结合的“五个结合”体系：

1. 粮食生产与多种经营相结合体系。粮食生产与多种经营是贫困地区农业生产和农村经济建设的两大经济支柱。贫困地区农村要实现林茂粮丰、经济繁荣，粮食是基础。如果粮食长期徘徊不前，多种经营的发展，就会受到影响，反过来说，多种经营发展缓慢，就不能充分发挥资源优势，也不可能持久发展粮食生产，难以改变贫困面貌。

2. 近期温饱与长期致富相结合体系。解决贫困地区农村农民群众温饱问题，是脱贫致富项目工程建设的当务之急，温饱问题不解决，贫困地区农村经济就无法发展，但是，解决温饱问题并不是最终目的，最终目的是帮助贫困地区农村农民群众彻底摆脱贫困，同全国人民一道走共同富裕的道路。因此，在脱贫致富项目工程建设中，一定要把近期安排和长远打算结合起来，把解决近期温饱与长期致富结合起来，一是坚持长短结合上项目，既抓好近期可见效的种植业、养殖业项目，又抓好长期效益的副业、服务业项目；二是坚持瞻前顾后，综合治理，彻底改变自然地理条件，建设优异经济开发环境；三是坚持培育人才，智力开发，开展科技扶贫，为贫困地区农村治穷致富奠定基础；四是坚持引导农民群众在改善生活的同时，增加用于农业生产的投资，逐步增加积累，增强自我扩大再生产能力，为长期致富开辟农业生产持续发展、农民群众持续增收创造条件。

3. 民众富裕与国家强盛相结合体系。贫困农民群众脱贫是根基，国家强盛是先导，只有民富，才能国强。坚持富民与强国兼顾，走农民群众富裕与国家强盛相结合的道路。为此，一是从农民群众富裕入手，在扶持发展农业和农村经济中，坚持投资少、见效快、效益高、容劳多的原则，注意扶持一些劳动密集型、技术层次不低、收入不多家家有、风险不大都能干的项目，做到上一个项目带一片，成一个项目富一片，促进农民群众得到富裕效果；二是面向全国，总览全局，立足自然资源，发挥经济技术优势，走城乡结合、农工结合、农工商一体化的路子，在促进农业和农村经济持续发展，确保农民群众富裕的基础上，振兴国民经济，培植财源，富裕财政，确保国家强盛。

4. “输血”功能与“造血”的功能相结合体系，也就是坚持内因与外因相结合。所谓“输血”功能是指从外部输入启动力；所谓“造血”功能是指内部功能恢复和自我发展的过程，两者相辅相成，彼此依存，缺一不可。只“输血”不“造血”，贫血者将永远依赖于“输血”而无“造血”功能；但在失血过多，生命垂危时，输血为救急之举，势在必行。否则，失血者因缺血而危及生命，就失去了造血的基础与可能。为此，在推动贫困地区农村脱贫致富项目工程建设中：一是坚持着眼于推动农民群众增强治穷信心、励精图治、勤奋拼搏、治理环境、改变条件、应用技术、引进良种、提高粮食产量、发展多种经营，增强造血功能；二是坚持立足于帮助农民群众端正农业生产经营建设方向，增强“科技务农市场经农”功能，摆脱单纯的“保姆方式”，消除依赖“输血”的经济模式，科学把握住内部活力的“启动点”，恢复自身的“造血”机能，告别贫困，走向富裕之路。

5. 财力投入与其他投入相结合体系。财力投入是贫困地区农村脱贫致富项目工程建设所必需的一项重要投入。但是，脱贫致富这项复杂的系统工程建设，单靠财力投入是不行的，只有在增加财力投入的同时，因地制宜，增加与之配套的其他投入，才能使脱贫致富项目工程建设后，达到事半功倍的效果。为此，在注重财力投入的同时，充分发挥财政部门的职能作用，加大技术、信息、政策、管理等方面的措施，做到综合输入，配套支援。这就必须坚持做到：一是要利用财政部门联系面广、信息灵通的优势，穿针引线，为贫困地区农村提供脱贫致富的信息，帮助寻找生产经营门路，引进先进技术，提供市场需求情况，促进农民群众增产增收；二是要促进有关部门配合协作，发挥业务技术专长，开展社会化系列服务，在提供服务中及时向受援贫困地区农村提供管理技术，参与项目管理，实行跟踪问效，帮助解决脱贫致富项目工程建设中出现的新问题。

（四）必须完善脱贫增收致富的七个关系体制。在调整完善贫困地区农村农民群众脱贫增收致富的七个关系体制上，正确处理脱贫增收致富的七个关系。分别说明如下：

1. 正确处理物质文明建设与精神文明建设的关系。贫困地区农村为了加快农业和农村经济发展，促使农民群众增加收入，必须提高农民群众综合素质，发扬自力更生、艰苦奋斗、无私奉献的精神，把两个文明建设作为统一的奋斗目标，一起部署，一起落实，一起检查，实现同步发展。

2. 正确处理改革开放与对内搞活的关系。在全国改革开放的形势下，贫困地区农村也加大了改革开放力度，但仍然缺乏生机和活力。为此，一是必须树立改革开放促农业和农村经济发展的观念，打开门路，走出封闭；二是必须首先在自身发展的基础上，进行改革开放，充分调动一切积极因素，激活内在发展潜力，创造适应改革开放的发展环境。

3. 正确处理农民负担与建设事业的关系。这是指正确处理国家经济建设、农村公共公益社会事业与农民群众负担的关系。为此，各级政府对贫困地区农村，一是加强对农民群众的爱国主义、社会主义、集体主义教育，增强农民群众履行义务的自觉性，为国家建设和农村公共公益社会事业，自觉承担自己应尽义务；二是扶持农民群众增加农业产品产量、增加纯收入，促使农民群众负担在农业总收入中的比例不断降低。对于农村公共公益社会事业所需资金投入，应主要依靠农民群众提供的义务劳动力，转化劳动力为货币资本，也可通过搞股份制、股份合作制，对农民群众实行按股分红。

4. 正确处理吃饭财政与财源建设的关系。为此，各级政府在组织推进贫困地区农村脱贫致富项目工程建设中，将有限的财政资金补贴在这项工程建设上，加强监督管理，提高资金使用效益。同时，坚持将财源建设列入政府议事日程，大力扶持农林种植业、牧渔养殖业产品生产，进一步推动城乡农工贸一体化、产加销一条龙经济发展，增强贫困地区农村自身造血功能，壮大经济实力。

5. 正确处理基础设施建设与生态环境建设的关系。贫困地区农村基础设施建设，是指农村生产性、公共性、公益性基础设施建设；生态环境建设，是指农村山水林田路综合治理、水土保持、退耕还草，植树造林等保护生态环境建设。这两种类型建设是贫困地区农村脱贫致富的坚实基础和根本保障，两者目标一致，相互促进，相互依托。关键是统筹兼顾，合理安排时间，科学组织劳动力，建设有序，突出重点，避免顾此失彼。

6. 正确处理脱贫温饱与致富小康的关系。脱贫温饱是指贫困农民群众温饱问题基本解决，已具备最低生活保障水平；致富小康是指贫困农民群众在解决温饱、达到基本生活保障水平之后，进一步增收致富，走上精神文明与物质文明的康庄道路。为此，要求做到：以脱贫温饱为起跑点，以致富小康统揽农业和农村经济发展全局为落脚点，将这两者有机结合起来，坚持长短结合，摆正两者顺序，全面规划，分步实施，坚持抓点示范，典型引路，点面结合，辐射带动全面，推动全国贫困地区农村农民群众自觉自愿走上勤劳致富奔小康的道路。

7. 正确处理农业供给侧结构性改革和农林牧渔产业发展新动能的关系。2016 年中央农村工作会议全面贯彻落实中共十八届三中、四中、五中、六中全会及中央经济工作会议精神，部署 2017 年农业和农村工作任务，按照中共中央总书记、国家主席习近平指示：一是要坚持新发展理念，把推进农业供给侧结构性改革作为农业农村工作的主线，培育农业农村发展新动能，提高农业综合效益和竞争力；二是要始终重视、持续抓好“三农”工作，持续强化重农强农信号，准确把握新形势下“三农”工作方向，大力推进、深入进行农业供给侧结构性改革，完善体制、创新机制，加快深化农村改革，理顺政府和市场的关系，全面激活市场，激活要素，激活主体；三是要在确保国家粮食安全基础上，积极调整、着力优化农林牧渔产业产品结构，发展多种形式适度规模经营，促使强农惠农政策照顾到大多数普通农户，全面发挥政府和市场“两只手”的作用，更好引导农林牧渔产业产品生产、优化供给结构；四是要把发展农林牧渔产业适度规模经营同脱贫攻坚结合起来，加快现代农业建设，推动农业现代化与推进新型工业化、信息化、城镇化相适互促共进，拓展城乡一体经济社会和谐健康发展之路。

三、组织开创全国贫困地区农村农民群众脱贫增收致富之路的职责要求

中央对各级党委、政府及部门在组织开创扶持贫困地区农村农民脱贫增收致富之路项目工程建设尽心尽力尽责的基础上，进一步对贫困地区党委、政府及部门明确提出必须承担的职责要求。为此，中共中央、国务院强调，各级党委、政府及部门与各贫困地区党委、政府及部门必须履行六项职责：一是坚持实现脱贫增收致富目标的职责；二是转向现代农业生产经营方式的职责；三是调研示范约束的职责；四是分类指导精准扶持的职责；五是持续增加整合资金投入的职责；六是促使农民群众参加管理监督的职责。分别说明如下：

（一）实现脱贫增收致富目标的职责。全国贫困地区农村农民群众脱贫增收致富目标的职责包括两项：一是实现贫困农民群众脱贫增收致富的职责，彻底解决贫困农民群众温饱问题，从根本上促进贫困农民群众脱贫增收致富奔小康；二是实现贫困农村财政增收、收支平衡目标的职责，贫困农村财政是贫困地区农业和农村经济可持续发展、农民群众脱贫致富的根本，是贫困地区农村文教、科技、卫生医疗、生活补助、养老保险等社会保障事业发展的基础。因此，必须履行实现贫困地区农村农民群众脱贫增收致富和贫困地区农村财政增收、收支平衡两项同等重要的目标职责。

（二）转向现代农业生产经营方式的职责。全国贫困地区农村农民现代农业生产经营方式的职责包括三个转变的职责：一是由输血式生产经营方式，向造血式生产经营方式转变；二是由传统农业零星分散小生产经营方式，转向现代农业集中统一规模化、产业化生产经营方式；三是农户家庭联产承包生产经营方式，转向农民专业合作组织、形成产加销一条龙，农工贸一体化生产经营方式。为此，要达到上述三个转变，必须促进贫困地区农村农民群众提高文化科技素质，增加贫困地区农村农业生产经营科技含量，把资金重点投入到科技培训、推广与普及上，投入到农村科技网络建设上，投入到农业科技产业化生产经营脱贫增收致富示范园区上，切实增强贫困地区农村“造血”功能，促进贫困地区农民群众勤奋劳动，摆脱贫困，走向富裕之路。

（三）始终深入调研示范约束的职责，各级党委、政府及部门在组织开展贫困地区农村农民群

众脱贫增收致富项目工程建设上，应做到：一是必须坚持深入贫困地区、农村、农户调查研究、全面分析贫困的特点，精准把握贫困的原因，因地制宜提出脱贫增收致富的政策措施；二是必须坚持建立贫困地区农村农民脱贫增收致富的示范园区、农村、农户、各级党委、政府及部门领导在贫困地区、农村、农户中建立联系点，经常沟通情况，及时解决出现的问题；三是必须坚持执行各级党委、政府及部门领导干部与贫困地区、农村、农户建立结对帮扶脱贫增收致富的约束规整制度，正式与贫困村委会、农民专业合作组织，签订和实施脱贫增收致富的合同制，双方严格遵循各项规划。

（四）分类指导精准帮助扶持的职责。各级党委、政府及部门必须依据贫困地区农村自然地理环境、资源生态条件、贫穷困难程度，将贫困地区乡镇、村屯划分为第一、二、三种等类型，以贫困乡镇、村屯为着力点，重点对最贫困的第一种类型乡镇、村屯进行倾斜帮助扶持，并有计划地向第二、三种类型乡镇、村屯转移，有针对性地采取扶贫措施：一要对具备基本生产生活条件、通过扶持和自身努力能够摆脱贫困的，采取开发式扶贫的方式进行帮扶；二要对缺乏基本生存条件的，采取自愿异地扶贫搬迁的方式解决温饱问题；三要对丧失劳动能力的农村特困人口，由财政安排专款实施长期救助，保障其基本生活条件。

为此，各级党委、政府及部门在组织推进贫困地区农村农民群众脱贫增收致富项目工程建设分类指导帮扶的职责上，一是必须坚持选准到村到户扶贫，产业化扶贫，开发式搬迁扶贫突破口和着力点，是提高财政扶贫效益，加快脱贫致富步伐的有效途径。在一定时期，应把财政到村到户扶贫、产业化扶贫、搬迁扶贫，作为重点，花大气力，加大扶贫投入力度。二是必须坚持实行财政到村到户的扶贫方式，集中力量啃硬骨头，明确扶贫攻坚到户职责，切实做到八到户：组织发动到户、项目安排到户、资金落实到户，技术传授到户、劳力转移到户、异地搬迁到户、减免兑现到户、收入提高到户，真正让有限的财政资金用在刀刃上，用出效益来。三是必须坚持实行产业化扶贫，大力促进贫困农村农民群众生产品牌产品、特色产品、培植特色龙头企业，建成名牌、特色产品基地，形成一个外联千变万化的大市场，内联千家万户农民，集生产、加工、销售于一体和一带十、以十带百，以百带千的扶贫的大产业体系。四是必须坚持各级政府财政扶贫资金，把扶持以农林种植业、牧渔养殖业生产化经营当做投入重点，通过建规模基地，搞深加工、精加工、抓市场体系建设等，形成贸工农一体化的格局。发展小城镇，推进城乡一体化经济发展。五是必须坚持实行开发式异地搬迁扶贫，这是彻底解决贫困问题的根本之策。贫困地区农村多属边远贫瘠山区或不毛之地，限制其脱贫的因素实在太多，年年扶持，年年不能脱贫，最根本的出路在于大的战略转移，实行开发式异地搬迁一劳永逸的扶贫政策，通过各级政府财政资金扶持等方面的优惠政策，加快搬迁扶贫进程。

（五）持续增加整合资金投入的职责。各级党委、政府及部门在组织推进地区农村农民群众脱贫增收致富项目工程建设投融资金的职责上：一是各级政府财政逐年增加扶贫资金投入，逐年增加财政贴息贷款资金，争取社会各方面资金投入；二是各级政府针对农业资金部门切块、专项“戴帽”较多、投入分散的状况，以“百乡千村”工程为平台，强调按照“集中使用、渠道不乱、用途不变、各司其职、各记其功”的原则，将扶贫和涉农资金以县为单位尽可能整合、打捆使用，形成农村扶贫攻坚综合开发治理项目工程建设的资金合力。

（六）促使农民群众参加管理监督的职责。各级党委、政府及部门在组织推进贫困地区农村农民群众脱贫增收致富项目工程建设，依靠农民群众参加管理监督的职责上：一是各级党委、政府及部门必须始终坚持相信群众、依靠群众、尊重农民群众的自主权，发挥其主体作用。在实施整村推进中，充分尊重农民群众对扶贫项目的知情权、选择权、参与权和监督权，大力推广参与式扶贫，确立贫困农民群众在扶贫开发工作中的主体地位；二是各级党委、政府及部门必须从贫困农民群众要求最迫切的问题入手，让项目受益农民群众全程参与脱贫增收致富项目工程建设的规划、实施、检查、验收、管理，激发贫困农民群众参加管理监督的自觉性和积极性。

四、组织开创全国贫困地区农村农民群众脱贫增收致富之路的方针政策

中共中央、国务院明确提出，各级党委、政府及部门在组织开创贫困地区农村农民群众脱贫增收致富之路项目工程建设上，必须坚持贯彻落实八项方针政策：一是组织开展山水林田路村综合治理；二是建立健全农林牧副渔各业产加销社会化服务体系；三是调整优化农林牧副渔各业生产经营结构；四是落实农业供给侧结构性变革；五是培养提高农民群众文化科技等综合素质；六是统筹发展农村文教科技、卫生医疗、生活低保、养老保险等社会保障事业；七是调整完善农村财政收支预算管理体制；八是建立规范财政扶持"三农"各种专项资金、一般补助资金转移支付渠道。分别说明如下：

（一）贯彻落实山水林田路综合开发治理的方针政策。历届中共中央、国务院针对全国西北、西南贫困地区农村农民群众所处山水林田路等自然地理资源、生态环境等条件差和生产生活所需交通、水利电力通讯等公共公益基础设施落后等情况，始终坚持组织动员、领导推动各级党委、政府及部门，带领贫困地区农村农民群众，贯彻执行山水林田路综合开发治理方针政策，坚持开展农林牧渔各业生产经营设施、生态环境建设，彻底改变农林牧副渔生产经营建设条件，全面改善贫困农村农民群众生活环境。为此，从中央到地方各级党委、政府及部门在扶持贫困地区农村农民群众脱贫增收致富项目工程建设上，具体落实以下三项方针政策。

1. 贫困农林牧副渔各业生产经营基础设施建设的方针政策包括：土地整理整治、耕地科学复垦、农田改造、植树造林、抗旱防汛、灌溉排涝、人畜饮水、畜禽防疫、良种培育、道路疏通、能源供应、广播通讯等基础设施建设的方针政策。为此，国务院针对上述基础设施建设的任务重、投资多、周期长的问题，只靠农村农民群众难以承担的情况，明确规定，从中央到地方各级政府制定实行财政扶持贫困地区农村加强农林牧副渔各业生产经济基础建设所需投融资方略规程，通过各级政府财政投资、银行贷款、民众集资、社会团体等全方位投融资方略规程，着力改变农林牧副渔各业生产经营建设条件，尽快改善贫困农村农民群众生活条件。

2. 贫困农村自然地理资源综合开发科学治理节约利用和生态环境保护改善的方针政策包括：山水林田路等自然地理资源综合开发治理、流域治理、水土保持、退耕退耕还林还草、防风固沙、荒漠绿化等生态环境保护完善的方略规程。为此，国务院决定，为推进农林种植业，牧渔养殖业持续健康发展，为贫困农民群众脱贫增收致富奠定坚实基础，而必须促进贫困农民群众组织起来，因地制宜综合开发治理利用宜农则农、宜林则林、宜牧则牧、宜果则果的土地资源，建设适应农林牧渔各业生产经营基地，确保农林牧渔各业综合生产经营持续增长能力。

3. 贫困农村土地资源保护、资源开发收益分配与湿地生态效益补偿和生态还湿的方针政策包括，一是贫困农村土地资源保护方针政策。中共中央、国务院决定，在贫困地区农村开展异地扶贫搬迁，允许将城乡建设用地增减挂钩指标在省域范围内使用，支持有条件的老区贫困农村开展历史遗留工矿废弃地复垦利用、城镇低效用地再开发和低丘缓坡荒滩等未利用地开发利用项目工程建设，落实和完善农业产品批发市场、农贸市场城镇土地使用税和房产税政策。二是贫困农村土地资源开发收益与湿地生态效益和生态还湿方针政策。合理调整资源开发收益分配政策，强化资源开发对老区贫困农村发展的拉动效应。支持将符合条件的贫困老区纳入重点生态功能区补偿范围，逐步建立地区间横向生态保护补偿机制，引导提供生态产品的老区与受益地区之间，通过资金补助、产业转移、人才培训共建园区等方式实施补偿，支持符合条件的老区启动实施湿地生态效益补偿和生态还湿。

（二）贯彻落实农林牧副渔各业产加销社会化服务体系的方针政策。中共中央、国务院强调，各级党委、政府及部门组织推行贫困地区农村建立健全农林牧渔各业生产、加工、包装、贮藏、保鲜、运输、购销各环节系列化、社会化服务网络体系的方略规程。为此，以组织推行贫困地区农村发展农林牧渔各业产加销一条龙，农工贸一体化服务实体为宗旨，以加强各种服务组织功能为出发点，形成

政府计划指导与市场流通调节有机结合成社会化服务网络体系的方略规程，进一步落实以下两项政策。

1. 坚持对贫困地区农村传统的经济管理体制进行改革政策，将经济技术服务组织办成经济实体，推行集团化服务，融农、工、商、贸各业为一体，以龙头企业为依托，采取“公司＋农户”的形式，与农民结合成风险共担、利益均沾的利益共同体或集团，直接组织产供销活动。

2. 坚持对贫困地区农村由行政管理型向经营管理服务型转变政策。凡是适合下放到乡镇、村屯的站、所，都要下放，兴办各种服务实体，建立农林牧副渔各业生产经营科技推广应用服务中心，切实起到促进农林牧副渔各业健康持续发展，为贫困农村农民群众脱贫增收致富开辟途径。

（三）贯彻落实调整优化农林牧副渔各业生产经营结构的方针政策。中共中央、国务院反复强调，各级党委、政府及部门组织推行贫困地区农村调整优化农林种植业、牧渔养殖业、工商服务业生产经营结构的方针，进一步落实以下四项政策。

1. 调整优化农林种植业结构政策。在确保粮食稳定增长的前提下，积极发展高产、高值经济作物和饲料作物，做到以粮保经、以饲保牧，形成粮食、饲料、经济作物的良性循环三元结构。

2. 调整优化牧渔养殖业结构政策。在保护改善农村生态环境，确保农林种植业持续稳定发展的基础上，科学开发治理荒山、荒滩、草原、江河、湖泊，推动农民参加牧渔养殖业生产经营，调整优化畜禽、鱼虾等产品品种品质。

3. 调整优化工商服务业结构政策。组织推动贫困农村因地制宜调整优化农林牧渔各业产品加工业、采矿业、农机具制造修理业、工商品供销业、科技推广应用服务业、生产生活服务业。

4. 调整优化农林牧渔各业产业链经营政策。组织调整优化农林牧渔各业产品产加销一条龙，农工贸、一体化生产经营结构，推进贫困农村一、二、三产业走向城乡一体农业现代化、工业化、信息化、城镇化同步前进的轨道。

（四）贯彻落实农业供给侧结构性改革方针政策。21世纪以来指导“三农”工作的第14个中央一号文件《中共中央、国务院关于深入推进农业供给侧结构性改革　加快培育农业农村发展新动能的若干意见》，明确规定组织推进农业供给侧结构性改革的目标，组织推进农业供给侧结构性改革，深入贯彻习近平总书记系列重要讲话精神和治国理政新理念新思想新战略，坚持新发展理念，协调推进农业现代化与新型城镇化，以推进农业供给侧结构性改革为主线，围绕农业增效、农民增收、农村增绿，加强科技创新引领，加快结构调整步伐。为此，一是要处理好政府和市场关系、协调好各方面利益，直面困难和挑战，坚定不移推进改革，勇于承受改革阵痛，尽力降低改革成本，积极防范改革风险，确保粮食生产能力不降低、农民增收势头不逆转、农村稳定不出问题；二是要加大农村改革力度，提高农业综合效益和竞争力，推动社会主义新农村建设取得新的进展，力争农村全面小康建设迈出更大步伐；三是要组织推进农业供给侧结构性改革。主要包括以下九项政策。

1. 优化产品产业结构、着力推进农业提质增效政策。主要包括：一是统筹调整粮经饲种植结构，按照稳粮、优经、扩饲的要求，加快构建粮经协调发展的三元种植结构；二是发展规模高效养殖业，稳定生猪生产、优化南方水网地区生猪养殖区域布局，引导产能向环境容量大的地区和玉米主产区转移；三是做大做强优势特色产业，实施优势特色农业提质增效行动计划，把地方土特产做成带动农民增收的大产业；四是调整优化农林牧渔业区域布局，全面提升农林牧渔业产品质量和食品安全水平；五是积极发展适度规模经营，建设现代农业产业园，以规模化种养基地为基础，依托农业产业化龙头企业带动，发展设施农业、精准农业、精深加工、现代营销，带动新型农业经营主体和农户农业化、标准化、集约化生产，推动农业全环节升级、全链条增值。

2. 推行绿色生产方式、增强农业可持续发展能力政策。主要包括，一是深入推进化肥农药零增长行动，开展有机肥替代化肥试点，促进农业节本增效。为此，建立健全化肥农药行业生产监管及产品追溯系统，严格行业准入管理，大力推行高效生态循环的种养模式，加快畜禽粪便集中处理，推动规模化大型沼气健康发展。二是大规模实施农业节水工程，把农业节水作为方向性、战略性大事来抓，加快完善国家支持农业节水政策体系。为此，加大大中型港口灌排骨干工程节水改造与建设力度，同步完善田间节水设施，建设现代化灌区，大力实施区域规模化高效节水灌溉行动，集中建成一批高效节水灌溉工程，推进牧区高效节水灌溉饲草料地建设，严格限制生态脆弱地区抽取地下水灌溉人工草场。建立健全农业节水技术产品标准体系。加快开发种类齐全、系列配套、性能可靠的节水灌溉技术和产品，大力普及喷灌、滴灌等节水灌溉技术，加大水肥一体化等农艺节水推广力度。

3. 集中治理农业环境突出问题、加强重大生态工程建设政策。主要包括：一是实施耕地、草原、河湖休养生息规划。开展土壤污染状况详查，深入实施土壤污染防治行动计划，继续开展重金属污染耕地修复及种植结构调整试点，扩大农业面源污染综合治理试点范围，加大东北黑土地保护支持力度，推进耕地轮作休耕制度试点，合理设定补助标准，支持地方重点开展设施农业土壤改良，增加土壤有机质；二是推进山水林田湖整体保护、系统修复、综合治理，加快构建国家生态安全屏障，全面推进大规模国土绿化行动，启动长江经济带重大生态修复工程，把共抓大保护、不搞大开发的要求落到实处。继续实施林业重点生态工程，推动森林质量精准提升工程建设。推进沙化土地封禁与修复治理，加大野生动植物和珍稀种质资源保护力度，推进濒危野生动植物抢救性保护及自然保护区建设。

4. 壮大新产业新业态、拓展农业产业链价值链政策。主要包括：一是大力发展乡村休闲旅游产业，充分发挥乡村各类物质与非物质资源富集的独特优势，利用“旅游＋”、“生态＋”等模式，推进农业、林业与旅游、教育、文化、康养等产业深度融合，丰富乡村旅游业态和产品，打造各类主题乡村旅游目的地和精品线路，发展富有乡村特色的民宿和养生养老基地；二是推进农村电商发展，促进新型农业经营主体、加工流通企业与电商企业全面对接融合，推动线上线下互动发展，推动商贸、供销、邮政、电商互联互通，加强从村到乡镇的物资体系建设，实施快递下乡工程；三是加快发展现代食品产业，引导加工企业向主产区、优势产区、产业园区集中，在优势农林牧渔业产品产地打造食品加工产业集群，加大食品加工业技术改造支持力度；四是培育宜居宜业特色村镇，围绕有基础、有特色、有潜力的产业，建设一批农业文化旅游“三位一体”、生产生活生态同步改善、一产二产三产深度融合的特色村镇。支持各地加强特色村镇产业支撑、基础设施、公共服务、环境风貌等建设。

5. 强化科技创新驱动、引领现代农业加快发展政策。主要包括：一是加强农业科技研发，适应农业转方式调结构新要求，调整农业科技创新方向和重点，整合科技创新资源，完善国家农业科技创新体系和现代农业产业技术体系，建立一批现代农业产业科技创新中心和农业科技创新联盟，推进资源开放共享与服务平台基地建设；二是强化农业科技推广、创新公益性推广服务方式，引入项目管理机制，推行政府购买服务，支持各类社会力量广泛参与农业科技推广；三是完善农业科技创新激励机制，加快落实科技成果转化收益、科技人员兼职取酬等制度规定，通过“后补助”等方式支持农业科技创新，实施农业科研杰出人才培养计划，深入推进科研成果权益改革试点；四是提升农业科技园区建设水平，科学制定园区规划，突出科技创新、研发应用、试验示范、科技服务与培训等功能，建设农业科技成果转化中心、科技人员创业平台、高新技术产业孵化基地，打造现代农业创新高地。五是开发农村人力资源，重点围绕新型职业农民培育、农民工职业技能提升，整合各渠道培训资金资源，建立政府主导、部门协作、统筹安排、产业带动的培训机制。

6. 补齐农业农村短板、夯实农村共享发展基础政策。主要包括：一是持续加强农田基本建设，推动鼓励藏粮于地、藏粮于技、藏粮于农，严守耕地红线，保护优化粮食产能，全面落实永久基本农田特殊保护，实施耕地质量保护和提升行动，持续推进中低产田改造，加快高标准农田建设，提高建设质量；二是深入开展农村人居环境治理和美丽宜居乡村建设，推进农村生活垃圾治理专项行动，促进垃圾分类和资源化利用，选择适宜模式开展农村生活污水治理，加大力度支持农村环境集中连片综合治理和改厕；三是提升农村基本公共服务水平，全面落实城乡统一、重在农村的义务教育经费保障机制，加强乡村教师队伍建设，继续提高居民基本医疗保险筹资水平，加强农村基层卫生人才培养。完善农村低保对象认定办法，科学合理确定农村低保标准，扎实推进农村低保制度与扶贫开发政策有效衔接，做好农村低保兜底工作，完善城乡居民养老保险筹资和保障机制，健全农村留守儿童和妇女、老人、残疾人关爱服务体系；四是扎实推进脱贫攻坚，进一步推进精准扶贫各项政策措施落地生根，确保2017年再脱贫1000万人以上。深入推进重大扶贫工程，强化脱贫攻坚支撑保障体系，统筹安排使用扶贫资源，注重提高脱贫质量，激发贫困人口脱贫致富积极性主动性，建立健全稳定脱贫长效机制。

7. 加大农村改革力度、激活农业农村内生发展动力政策。主要包括：一是深化粮食等重要农林牧渔业产品价格形成机制和收储制度改革，坚持并完善稻谷、小麦最低收购价政策，合理调整最低收购价水平，形成合理比价关系；二是深化农村集体产权制度改革，落实农村土地集体所有权、农户承包权、土地经营权“三权分置”办法，加快推进农村承包地确权登记颁证，扩大整省试点范围，统筹协调推进农村土地征收、集体经营性建设用地入市、宅基地制度改革试点；三是探索建立农业农村发展用地保障机制，优化城乡建设用地布局，合理安排农业农村各业用地，完善新增建设用地保障机制，将年度新增建设用地计划指标确定一定比例，用于支持农村新产业新业态发展；四是健全农业劳动力转移就业和农村创业创新体制，完善城乡劳动者平等就业制度，健全农业劳动力转移就业服务体系，鼓励多渠道就业，切实保障农民工合法权益，着力解决新生代、身患职业病等农民工群体面临的突出问题，支持进城农民工返乡创业，带动现代农业和农村新产业新业态发展；五是统筹推进农村各项改革，继续深化供销合作社综合改革，增强为农服务能力。

8. 改革财政支农投入机制、加快农村银行金融创新政策。主要包括：一是完善农业补贴制度，进一步提高农业补贴政策的指向性和精准性，重点补主产区、适度规模经营、农民收入、绿色生态，深入推进农业“三项补贴”制度改革，完善粮食主产区利益补偿机制，稳定产粮大县奖励政策；二是改革财政支农投入机制，坚持把农业农村作为支出的优先保障领域，确保农业农村投入适度增加，着力优化投入结构，创新使用方式，提升支农效能，固定资产投资继续向农业农村倾斜，发挥规划统筹引领作用，多层次多形式推进涉农资金整合，对各级财政支持的各类小型项目，优先安排农村集体经济组织、农民合作组织等作为建设管护主体，强化农民参与和全程监督；三是加快农村银行金融创新，强化激励约束机制，确保“三农”贷款投放持续增长，支持金融机构增加县域网点，适当下放县域分支机构业务审批权限，对涉农业务较多的金融机构，进一步完善差别化考核办法，落实涉农贷款增量奖励政策，支持农村商业银行、农村合作银行、村镇银行等农村中小金融机构立足县域，加大服务“三农”力度，严厉打击农村非法集资和金融诈骗，积极推动农村金融立法。

9. 推动各级党委和政府必须坚持把解决好“三农”问题作为全党工作重中之重不动摇，重农强农调子不能变、力度不能减政策。为此，一是必须切实把认识和行动统一到中央决策部署上来，把农业农村工作的重心转移到推进农业供给侧结构性改革上来，落实到政策制定、工作部署、财力投放、干部配备等各个方面。二是必须深入贯彻党的十八届六中全会精神，切实增强“四个意识”，将全面从严治党要求落实到农村基层，严格落实农村基层党建工作责任制，坚持整乡推进、整县提升，切实加强农村基层党组织建设，全面规范农村基层党组织生活，持续整顿软弱涣散村党组织，选好管好用好农村基层党组织带头人，实行村党组织书记县级备案管理，强化村级组织运转经费保障，发展壮大村级集体经济。三是必须扎实推进抓党建促脱贫攻坚工作，充分发挥村党组织第一书记的重要作用。县乡纪委要把查处侵害群众利益的不正之风和腐败问题作为主要工作任务。四是必须加强农民负担监管，完善村党组织领导的村民自治有效实现形式，加强村务监督委员会建设，健全务实管用的村务监督机制，开展以村民小组、自然村为基本单元的村民自治试点工作。五是必须强化农村社会治安管理、法律宣传教育服务和信访工作，加大“三农”工作宣传力度，锐意进取，攻坚克难，扎实推进农业供给侧结构性改革，引领现代农业加快发展，夯实农村共享发展基础；加大农村改革力度，激活农业农村内生发展动力。

（五）贯彻落实贫困农村农民群众提高文化科技等综合素质的方针政策。中共中央、国务院针对全国贫困地区农民群众文化科技素质低、思想依赖严重、观念保守落后、对市场经济适应能力差、导致农村文教科技滞后、经济发展缓慢的情况，明确提出，各地党委、政府及部门必须组织推进贫困地区农村贯彻落实计划生育人口、提高农民群众文化科技等综合素质的方针政策。要进一步落实以下两项政策。

1. 推动计划生育人口政策。组织推动贫困农村坚持落实计划生育人口的政策，走出“越穷越生、越生越穷”恶性循环的穷路子，克服地少人多的矛盾，为贫困农村农民群众脱离贫困和落后的教育医疗状况创造条件。为此，各级政府财政在支持计划生育工作的同时，加强贫困地区农村计划生育罚没收入的集中和管理。

2. 提高农民群众文化科技等综合素质政策。组织推动贫困地区农村坚持进行摆脱贫困的普及九年制义务教育，努力普及和提高小学教育，在普及小学教育的基础上，努力提高师资水平，改善办学条件，进一步普及初中教育。同时，组织加强使用科技推广应用试点、培训，促使农民群众增强科技务农自觉性，掌握运用脱贫致富的本领和技能，提高农民群众文化科技等综合素质。

（六）贯彻落实贫困地区农村统筹发展文教科技、卫生医疗、生活低保、养老保险等社会保障事业的方针政策。中共中央、国务院为了推进贫困地区农村统筹发展文教科技、卫生医疗、生活低保、养老保险等社会保障事业健康发展，明确提出，各级党委、政府及部门组织落实贫困地区农村统筹发展文教科技、卫生医疗、生活低保，养老保险等社会保障基金筹集分配使用政策。要着力落实以下两项基金筹集分配使用政策：

1. 统筹发展文教科技事业基金筹集分配使用政策。各级政府为弥补贫困地区农村文化教育、科技推广事业经费不足，一是明确规定各级政府财政、文化、教育、科技等部门共同设立文教科技扶贫基金，组织动员文教科技事业、农工商贸企业、社会民众团体等单位投入人力、物力、财力。二是逐年加大贫困地区农村文教科技事业投入力度。

2. 统筹扶持卫生医疗、生活低保、养老保险等社会保障基金筹集分配使用政策。各级政府财政、卫生、民政等部门共同设立卫生医疗、生活低保、养老保险等社会保障基金，逐年加大贫困地区农村卫生医疗、生活低保、养老保险等社会保险事业投入力度，为了彻底改善贫困地区农村卫生医疗条件，各级政府组织设立贫困地区农村医疗扶贫基金，帮助贫困县修建医院和诊所，添置医疗设备，培训乡村医务人员，进行地方病防疫等。

（七）贯彻落实贫困地区农村调整完善财政收支预算管理体制的方针政策。为了彻底摆脱贫困地区农村自然地理资源贫乏、生态环境恶化、农户家庭生活艰难的情况，中共中央、国务院明确规定，调整改善贫困地区农村财政收支预算管理体制的政策包括：一是调整完善贫困县（市）财政收支预算管理体制政策；二是调整完善贫困乡镇财政收支预算管理体制政策。分别说明如下：

1. 调整完善贫困县（市）财政收支预算管理体制政策。国务院和各省、自治区、直辖市政府及财政部门，针对贫困县（市）经济发展缓慢、财政收不抵支等情况，对各县（市）之间，避免差距拉得过大，排除基数法，明确规定，按照因素分析测算法，核定贫困县（市）财政收支预算基数，以利于逐步加大贫困县（市）财政投融资力度，对贫困县（市）给予重点扶持，加快贫困县（市）摆脱贫困的进程。

2. 调整完善贫困乡镇财政收支预算管理体制政策。各省、自治区、直辖市政府及财政部门针对各贫困乡镇不同自然地理资源、生态环境、经济发展、社会保障、财政收支、债务负担、农民群众贫困等情况，规定相应的乡镇财政收支预算管理体制政策。为此，在遵照事权与财权相统一，调动县（市）与乡镇两级积极性，公平合理安排分配使用各种资源的基础上，对于农业生产经营方式原始和手段落后、农村基础设施薄弱和集体经济无力、农民群众整体文化科技素质低、原始积累少、社会投资环境差、工商业经济总量小、财政减收增支因素多、支持经济建设余力小、可用财力不足、调控乏力的乡镇，县（市）在财政体制上应给乡镇创造一个比较宽松的环境，凡属于乡镇范围的地方收入要划分给乡镇，合理确定乡镇固定收入和县乡共享收入，相应地把应由乡镇承担的支出也划归乡镇，充分调动乡镇增收节支的积极性。

（八）贯彻落实贫困地区农村建立规范财政各种专项资金、一般补助资金转移支付渠道的方针政策。为了支持贫困农村农民群众脱贫致富项目工程建设、文教科技、卫生医疗、生活低保、养老保险等社会保障事业健康发展，中共中央、国务院决定，对贫困地区农村财政增加财力，减少社会负担，建立规范的财政转移支付制度，实行财政转移支付政策，主要包括以下四项政策：

1. 上级政府财政各种专项资金转移支付政策。各级政府财政对贫困地区农村财政所有的预算支出科目专项拨款集中起来，以转移支付手段支持贫困地区农村，对相对固定的专项资金数额，应并列贫困地区农村财政收支预算基数。

2. 上级政府财政一般补助资金转移支付政策。各级政府财政对贫困地区农村财政给予"一般财力补助"转移支付的政策。这是依照贫困地区农村财政"财力"低于"最低"标准支出"差额"，确定一般财力补助数额的政策。为此，上级政府财政必须明确规范贫困地区农村财政的"财力"应是"可用财力"，即扣除可不用财力后的财力；必须规定"最低标准支出"里的教育事业费支出、计划生育支出等各项政策性支出，不宜按各主管部门条件规定与某某挂钩来固定支出比例，"最低标准支出"应由贫困县财政在消肿裁冗的基础上，本着节约开支的原则，根据可用财力的多少和实际需要等来确定支出数额。

3. 上级政府财政奖励补助资金转移支付政策。各级政府财政通过奖励补助资金转移支付政策，激励贫困地区农村财政开辟财源、增收节支、消化滚存赤字、促进收支平衡。但在奖励之前，必须加强检查监督，以免弄虚作假。

4. 上级政府财政坚持执行财政转移支付评价、监督和考核指标体系以及跟踪检查政策。各级政府财政要改变"重拨轻管"的现象，促使转移支付均衡效果最大化，避免出现"补助越多、差距越大"的局面。

五、组织开创全国贫困地区农村农民群众脱贫增收致富之路的法规制度

中共中央、国务院强调，各级党委、政府及部门在组织开创贫困地区农村农民群众脱贫增收致富之路项目工程建设上，必须坚持依照执行五项法规制度：一是贫困地区农村农民群众脱贫增收致富项目工程建设资金管理与核算；二是贫困地区农村农民群众脱贫增收致富财政投资监督管理；三是贫困地区农村农民群众脱贫增收致富财源建设管理；四是贫困地区农村财政预算管理约束；五是贫困地区农村财政银行投融资管理。

（一）贫困地区农村农民群众脱贫增收致富项目工程建设资金管理与核算法规制度。长期以来，从中央到地方各级政府及部门在组织开展贫困地区农村农民群众脱贫增收致富项目工程建设资金管理与核算上，坚持推行八项法规制度：一是项目评估论证；二是项目业主负责制；三是项目年度审核；四是扶贫资金纳入基建预算；五是扶贫资金使用跟踪问效和监督检查；六是全面系统绩效考核；七是专项专款专用管理；八是保障实现综合效益，即坚持生态效益、社会效益和经济效益为客观标准。分别说明如下：

1. 推行项目评估论证法规制度。各级政府及有关部门要变被动式扶贫为主动式扶贫，积极牵头，聘请各有关涉部门的知名专家和权威，组成专家组，实地考察、论证，选择项目，把项目的实施建立在科学决策人基础上，严防决策失误，造成资金浪费，确保资金发挥应用的扶贫效应。

2. 推行项目业主负责法规制度。各级政府及有关部门对每个扶贫项目都要做到产权明晰、投资主体明确、业主的责任与权利清楚，受益对象具体，确保项目工程建一个，成一个，能按期发挥效益。

3. 推行项目年度审核法规制度。各级政府及有关部门对各项扶贫资金，都要实行一年一审核制度，通过年审，对使用合理、效益较好的项目单位和农户，下一年度加大扶持力度，对哪些资金使用不合理、效益较差的项目单位和农户，下一年度采取减少资金投入甚至停止资金投入。

4. 推行扶贫资金纳入基本建设预算法规制度。各级政府及有关部门将扶贫资金纳入基本建设预算范畴，从制度上进行规范扶贫资金预算体制，保证专款专用，提高扶贫资金使用效益，确保贫困农村农民群众脱贫增收致富奔小康。

5. 推行扶贫资金使用跟踪问效和监督检查法规制度。各级政府及有关部门对每项扶贫资金投入，都必须建立项目档案，各有关部门指派专人全程参与项目管理，实行项目跟踪问效。在扶贫资金使用过程中，都必须进行监督检查，不允许以任何借口未经批准改变财政、银行等部门扶贫资金性质、用途和使用范围，更不允许挪用、拖欠和挤占，发现问题，及时调查研究分析、严肃查处、追究责任。

6. 推行全面系统的绩效考核法规制度。各级政府及有关部门要打破扶贫资金按行政区域平均分配的格局，实行按效益分配的办法。对政绩突出、管理科学的地区优先分配，加大扶贫资金投入，促进该地区农村农民群众早日脱贫增收致富。

7. 推行专项专款专用管理法规制度。各级政府及有关部门在扶持贫困地区农村农民群众脱贫增收致富项目工程建设上，确保专项、专款、专用农业农村基础设施建设、生态环境建设、产业化规模经营、文教科技卫生医疗和生活低保养老保障等社会保障事业项目工程建设投资。

8. 推行保障实现综合效益法规制度。各级政府及有关部门在扶持贫困地区农村农民群众脱贫增收致富项目工程建设所需财政银行投资上，必须科学合理选择好贫困地区农村山水林路综合开发治理利用好、农林牧渔各业现代产业化规模经营水平高、管理能力加强的项目，坚持以生态效益、社会效益和经济效益为客观标准，严防决策失误造成的资金浪费，确保资金安全，发挥扶贫资金的应有作用。

（二）贫困地区农村农民群众脱贫增收致富财政投资监督管理法规制度。各级政府及财政部门在支援贫困地区农民群众脱贫增收致富项目工程建设所需财政资金监督管理上，坚持遵守四项法规制度：一是财政扶贫投资监督管理；二是财政扶贫补贴资金监督管理；三是财政贴息资金监督管理；四是财政扶贫资金使用监督管理。分别说明如下：

1. 遵守财政扶贫投资监督管理法规制度。各级政府及财政部门为推进贫困地区农村农民群众加强生态环境保护改善建设、公共公益基础设施建设，必须坚持遵守财政扶贫投资监督管理法规制度。在法规制度引导激励贫困地区农村农民群众增强依法投资自觉性的基础上：一是坚持确保贫困地区农村基础设施建设投资；二是坚持确保粮食等产品基地建设投资；三是坚持确保农林牧渔各业科技推广投资；四是坚持自然地理生态环境保护改善投资；五是坚持全方位、多种投资。为此，坚持按照市场经营的要求，财政投资应行多种形式，或全部有偿的，或全部无偿的，或部分有偿部分无偿的，或直接投资，或间接投资，也可实行民办公助、以奖代补、以工代赈等形式，还可对贫困农村基础设施项目工程建成后，采取转售收回投资的投资方式。总之，采用多种投资方式，能提高财政投资效益和效率。

2. 遵守财政扶贫补贴资金监督管理法规制度。各级政府及财政部门为推行贫困地区农村农民群众调整优化农林牧渔各业生产经营结构，推动农林牧渔各业持续健康全面发展，必须坚持遵守财政扶贫补贴资金监督管理法规制度，因地制宜、公平合理地对农林牧渔各业生产经营成本费用，产品价格补贴，为减轻贫困农民群众税费负担、增加收入。“八五”时期以前，国家财政补贴资金投入流通领域，但农民群众受益并不多。从“九五”时期起，国家财政补贴的环节，重点由流通领域转移到生产领域，补助对象直接落实到农民群众生产经营环节，以利于减少成本费用，增加收入。

3. 遵守财政扶贫贴息贷款资金监督管理法规制度。各级政府及财政部门为推进贫困地区农村农民群众参加农林牧渔各业产加销一条龙、农工贸一体化产业化经营体系，扶持文化科技，卫生医疗等社会事业健康发展，科学开发利用自然地理资源，拓宽财政与银行投融资渠道，使贫困农民群众脱贫增收致富奔小康，必须坚持遵守财政扶贫贴息贷款法则制度。财政贴息是财政与银行互相配合的投资融资渠道，既弥补财政的资金不足，又发挥银行的信贷优势，运用财政贴息的目的，在于引导银行贷款用于社会效益大于经济效益的生产经营活动，而不能等同商业活动。为此，必须遵守财政扶贫贴息法规制度，确保农业银行、建设银行的财政贴息贷款，用于贫困地区农村农民群众脱贫增收致富的项目工程建设投资需求，加快贫困地区农村农民群众脱贫增收致富进程。

4. 遵守财政扶贫资金使用监督管理法规制度。各级政府及财政部门为改进财政扶贫资金分配使用管理，提高财政扶贫资金使用效益，彻底解决贫困地区农村资金不足、分散的问题，必须坚持遵守财政扶贫资金分配使用监督管理法规制度，一是要科学确定贫困地区农村农民群众脱贫增收致富项目工程建设的目标任务、规划布局、投资定向、投资效果。二是要严格进行贫困地区农村农民群众脱贫增收致富项目工程建设投资的无偿投入、有偿借出、专项管理，对公共公益性、环保生态的周期长的项目工程建设投资，采取无偿投入方式。对农林牧渔各业产加销一条龙、农工贸一体化经营项目工程建设投资，采取有偿借出方式，其中见效快，效益好的经营项目工程建设投资，采取有偿低息借出方式。三是要有计划地对贫困地区农村农民群众脱贫增收致富项目工程建设投资的分类分批、集中投入、深入管理，按照规划目标任务，有计划地、分类分批、集中投入急需扶持、能取得显著成效的基础设施项目工程建设。四是要坚持始终加强对贫困地区农村农民群众脱贫增收致富项目工程建设投资分配使用效益跟踪检查、监督管理，各级政府及财政等有关部门必须坚持跟踪检查、监督管理，确保脱贫增收致富项目工程建成后真正发挥综合效益。

（三）贫困地区农村农民群众脱贫增收致富财源建设管理法规制度。从中央到地方各级政府及财政等有关部门为扶持贫困地区农村农民群众拓宽脱贫增收致富之路，而建立和遵守加强财源建设的七种类型法规制度：一是综合开发型；二是联锁产业型；三是多元经营型；四是社会公共服务型；五是节约节支型；六是综合收益型；七是征收管理型。这七者是互相约束和促进的关系。为此，坚持以综合开发型、联锁产业型为基础，以多元经营型，社会公共服务型为导向，以节约节支型、综合收益为目标，以征收管理为手段，共同遵守加强贫困地区农村农民群众脱贫增收致富财源建设管理法规制度。分别说明如下：

1. 坚守综合开发型财源建设管理法规制度。各级政府及财政等有关部门组织推进贫困地区农村农民群众，依照山水田林路村综合开发治理利用法规制度，积极主动投入农田水利项目工程建设，改造中低产田，加强农林牧渔各业高产优质高效产品基地建设，彻底改变基本生产经营条件，保护改善生态环境，持续增强生产经营供销能力，不断满足城乡居民对农林牧渔各业产品的需求。

2. 坚守产业链型财源建设管理法规制度。各级政府及有关部门组织推行贫困地区农村农民群众依照农林牧渔各业产加销一条龙、农工贸一体化产业法规制度：一是必须充分发挥适宜农林牧渔各业生产经营土地资源的优势，以建设农林种植业、牧渔养殖业产品基地为重点，加快农林牧渔各业产加销一条龙产业化规模经营进程；二是必须推进农林牧渔各业由增量型发展向增效型开发转变、由生产单一型向生产系列型转变、有产品内销型向外销型转变，促进农林牧渔各业在产加销一条龙产业链基础上，进一步形成农工贸一体化经营、农科教社会化服务体系，为国内外市场提供农林牧渔各业名特优产品，提高市场的竞争力和占有率。

3. 坚守多元化经营型财源建设管理法规制度。各级政府及有关部门组织推进贫困地区农村农民群众，依照多元化经营型财源建设管理法规制度，在扶持国家所有制经营、集体所有制经营的基础上，大力发展股份合作制经营、个体制经营等多层次、多元化经营型财源建设，支持合营企业、私营企业、股份合营企业增加经济效益，增强贫困地区农村经济实力，拓宽贫困地区农村脱贫增收致富财源途径。

4. 坚守社会公共服务型财源建设管理法规制度。各级政府及财政税务部门为贫困地区农村农民群众脱贫增收致富项目工程建设增加所需投资来源，必须共同遵守加强对增值税、营业税、消费税等社会公共服务型财源建设管理法规制度，加强对中央与地方共同分享税收财源建设管理，壮大贫困地区农村农民群众摆脱贫困的财政实力。

5. 坚守节约节支型财源建设管理法规制度。各级政府及有关部门为扶持贫困地区农村农民群众脱贫增收致富项目工程建设所需投资，精准核算、节约开支，提高效益，一定必须共同坚守节约节支型财源建设管理法规制度，帮助贫困地区农村干部和农民群众认识到，由于农村财政增收却受到方方面面条件的限制，因此，节支就成为摆脱财政困难最现实最见成效的途径。二是必须将财政节约支出纳入法制化管理的轨道，紧紧围绕“脱、硬、压、包、堵、管”的重点，实行从严从紧的财政节约节支管理法规制度。

6. 坚守综合收益型财源建设管理法规制度。各级政府及有关部门为促进贫困地区农村农民群众脱贫增收致富项目工程建成后取得综合效益，一是必须共同坚守综合收益型财源建设管理法规制度，扶持贫困地区农村农民群众在从事农林牧渔各业生产经营上，努力争取经济效益，社会效益和生态效益三合一的综合效益。二是必须扶持贫困地区农民村企业、事业单位，努力提高经济效益，壮大贫困农村经济发展实力，拓展财政状况好转有效途径。

7. 坚守征收管理型财源建设管理法规制度。各级政府及有关部门为促进贫困地区农村不断增加财政收入积累，必须坚守加强各种税源建设管理法规制度。为此，一是必须坚持加强各种税源征收管理宣传教育，强化依法纳税意识，逐步建立以纳税人“自核自缴”为基础的申报制度，使征管工作制度化、规范化，同时加强税收稽查，杜绝税款流失；二是必须坚持层层推行目标责任制，落实县（市）政府领导包干负责制，将完成财政收入状况与政府及有关部门领导、行政事业单位领导实绩挂钩，实行财政收入一票否决，总收入与县（市）政府领导实绩挂钩。在分项收入中，农村各种税收与乡镇主要领导实绩挂钩，企业上缴税金与企业厂长、经理实绩挂钩，行政事业单位创收与其单位主要领导实绩挂钩；三是必须坚持实行农村税收征管奖励与惩罚法规制度，对加强贫困农村财源建设，严格税收征管，促进农村财政增加收入，给予奖励，对放松税收征管，减少财政收入，追究责任，给予处罚。

（四）贫困地区农村财政预算管理约束法规制度。从中央到地方各级政府及财政部门为调整完善贫困地区农村财政预算管理约束体制，必须坚持实行贫困地区农村财政预算管理约束三项法规制度：一是贫困地区农村财政收支平衡；二是贫困地区农村财政收支统管；三是贫困地区农村税收减免优惠。分别说明如下：

1. 坚持实行农村财政收支平衡法规制度。各级政府及财政部门必须对贫困地区农村财政收支，加强预算管理，推行综合财政预算，强化预算约束力，严格控制财政支出，保证财政收支平衡，必须严格贯彻执行《预算法》，扭转过去预算执行中随意性和凭长官意志追加支出的做法，以强化预算为约束力。在编制财政预算计划时，坚决不能打赤字，实行自求平衡。

2. 坚持实行农村财政收支统管法规制度。各级政府及财政部门对农村财政收支统管法规制度包括：一是通过编制贫困地区农村综合财政预算计划，由财政部门统一征收管理，按比例返还，接受监督。二是对各种事业性收费收入、专项资金、行政事业单位经营服务性纯收入、其他社会收费等，由财政部门委托各职能部门征收，所征收入全额缴存财政部门的专户储存，坚持收支两条线，实行财政监督。三是通过加强预算外资金管理，推行综合财政预算，既可以解决重复建设，铲除腐败滋生的土壤，只能够缓解财政压力，消化财政赤字。

3. 坚持实行贫困地区农村税收减免优惠法规制度。各级政府及财政税务部门在实行贫困地区农村税收减免优惠法规制度上包括：一是对尚未解决温饱的贫困户，免除税费征缴任务；二是对贫困户适当延长扶贫贷款的使用期限，放款抵押和担保条件，农牧户小额贷款实行信用贷款；三是对国定贫困县和省定贫困乡所办的企业，在三年内免征所得税；四是对化肥、农药和农机等农用生产资料，财政给予价格补贴；五是国家对粮棉油收购实行价格保护政策，给贫困农民群众以扶持。

（五）贫困地区农村全方位多渠道投融资金管理法规制度。从中央到地方各级政府及有关部门为扶持贫困地区农村农民群众脱贫增收致富项目工程建设需求投资，而制定实行全方位、多渠道投融资法规制度。主要包括：一是各级政府坚持实行全方位、多层次、多形式、多渠道投资法规制度；二是各级政府财政扶贫资金管理法规制度；三是国家银行贫困信贷资金管理法规制度；四是国家财政贴息扶贫资金管理法规制度；五是农村以工代赈扶贫资金管理法规制度。分别说明如下：

1. 各级政府坚持实行全方位、多层次、多形式、多渠道投资法规制度。各级政府及财政等有关部门在组织制定实行扶持贫困地区农村农民群众脱贫增收致富项目工程建设全方位多渠道投融资管理法规制度中包括：一是坚持实行国家所有制、农村集体所有制、农户个体所有制三层次扶贫投入规则；二是坚持实行各级政府财政预算投入，税收减免投入、银行信贷投入、工商企业投入、以工补农投入、农民群众投入、社会团体投入等多种渠道扶贫投入规则；三是坚持实行各级政府财政逐年增加贫困地区农村公共公益基础设施建设和生态环境保护改善投资规则。这部分投资在财政中单列，专项专用，并使投入的份额和方式制度化、规范化；四是坚持实行各级政府财政预算安排的农林种植业、牧渔养殖业生产经营建设基金、产加销一条龙产业化服务基金、科技推广应用基金规则；五是坚持实行各级政府财政补助资金、财政贴息资金、银行贷款资金、农村集体资金、农户个体资金和社会团体资金的渠道明确、结成一体、集中投入、追踪效益规则；六是坚持实行各级政府充分发挥财政、银行筹集资金、分配调节资金、监督管理资金等多项职能规则，引导世界银行贷款资金、各商业银行资金、企事业单位资金、其他社会帮扶资金，向贫困地区农村倾斜投入，大力支持贫困地区农村农民群众脱贫增收致富项目工程建设，加快贫困地区农村农民群众脱贫致富奔小康的进程。

2. 各级政府财政扶贫资金管理法规制度包括：从中央到地方各级政府及财政部门，依照国家扶持贫困地区农村农民群众脱贫增收致富项目工程建设法规、计划，多方筹集资金，加大投入力度，确保各级政府财政扶贫资金的稳定增长、充分发挥财政扶贫资金“一花引来万花开”的投入导向作用，引导社会各方面资金投入贫困地区农村农民群众脱贫增收致富项目工程建设，改善贫困地区农村农民群众脱贫增收致富项目工程建设的投资环境。为此，必须实行各级政府增加财政扶贫资金投入、加强财政扶贫资金管理的四项法规制度：一是各级政府在财政预算上逐年增加扶贫资金在中央财政转移支付上，多向贫困地区农村倾斜，随着各级政府财政收入增长，适当增加转移支付数量，同时将转移支付的存量部分，列入贫困地区农村用于平衡预算，增量部分用于扶持贫困地区农村农民群众脱贫增收项目工程建设投资；二是各级政府大力压缩财政供给人口开支、减少行政开支，把减少的资金用于扶持贫困地区农村农民群众脱贫增收致富项目工程投资；三是各级政府统筹安排项目，统筹使用各类资金，统一管理，增强合力，加快农民群众脱贫增收致富项目工程建设速度，提高项目工程建设质量；四是各级政府加强贫困地区农村财务管理和清理工作，切实对农民群众减轻负担、增加投入，让农民群众休养生息，增强自身投入能力，加快脱贫致富步伐。

3. 国家银行扶贫信贷资金管理法制制度包括：为扶持贫困地区农村农民群众脱贫致富项目工程建设，设立优惠信贷基金使用对象：一是贫困地区国有企业、集体企业、合资企业、个体企业；二是贫困地区农村自办企业、县（市）办企业、乡镇办企业等；三是外地、外商等投资主体开办的企业；四是以上各类企业用于发展农林牧渔各业、加工业，也可以用于发展第三产业，由少到多，由弱变强，逐渐发展壮大起来。

4. 国家财政贴息扶贫贷款资金管理法规制度包括：为扶持贫困地区农村农民群众脱贫增收致富项目工程建设所需银行贷款融资，各级政府财政部门对贫困地区农村农民群众已申请借用贷款资金，按照贷款期限全额支付利息，以利于减轻贫困地区农民群众贷款利息负担。这种财政贴息扶贫贷款资金管理法规制度，是从 1984 年起逐步形成的，同年 4 月，经国务院批准，中国人民银行每年向老革命根据地、少数民族地区、边远边疆地区发放 10 亿元财政贴息贷款；1986 年，经国务院批准，中国农业银行发放 592 个贫困县农村农民群众 20 亿元财政贴息贷款；1988 年，经国务院批准，中国农业银行发放牧业区畜牧业户 10 亿元财政贴息贷款；1989 年至 1999 年，全国财政贴息扶贫贷款资金 124.7 亿元；2000 年至 2010 年，全国财政贴息扶贫贷款资金 869 亿元；2011 年至 2019 年，全国财政贴息扶贫贷款资金 1346 亿元，对贫困地区农村农民群众脱贫增收致富项目工程建设投融资缺口，起到缓解作用。

5. 农村以工代赈扶贫资金管理法规制度包括：为扶持贫困地区农村开展农田、水利、道路等项基本设施建设，国务院决定，从 1984 年起，组织实施以工代赈扶贫资金管理法规制度，全国安排使用以工代赈扶贫资金数额，由1985年的12亿元，到1995年为41亿元，到2005年86亿元，到2015年136亿元，到2017年147亿元，到2019年158亿元。实践证明，通过坚持实行以工代赈资金管理法规制度，可以弥补贫困地区农村农民群众脱贫增收致富项目工程建设所需投资的不足，以利于加快推动脱贫增收致富奔小康的进程。

六、组织开创全国贫困地区农村农民群众脱贫增收致富之路的方式方法

1949年至2019年70年来，历届中共中央、国务院领导集体一贯强调，各级党委、政府及有关部门在组织开创贫困地区农民群众脱贫增收致富之路项目工程建设中，必须采取切实可行、行之有效的六种方式方法：一是统一实事求是思想；二是实行因地制宜规划；三是奠定标本兼治基础；四是建立示范样板基地；五是健全社会保障体系；六是拓展增收致富之路。

（一）坚持统一实事求是、求真务实指导思想的方式方法。首先，各级党委、政府及有关部门在组织开展贫困地区农村农民群众脱贫增收致富项目工程建设之前，必须在广泛深入实际、全面细致调查研究的基础上，通过各方面专家和实际工作者考察评估、论证核实、精准分析、科学预测、民主决策，贯彻实事求是、求真务实指导思想。其次，各级党委、政府及部门组织引导贫困地区农村干部和农民群众转变保守落后思想观念，提高文教科技素质，端正扶贫先扶智、治贫先治愚、摆脱愚昧、解决温饱、脱贫致富的战略指导思想。

1. 必须坚持深入开展唯物论、无神论的宣传教育，全面贯彻中央民族宗教政策，认真清理宗教负担，教育农牧民群众转变保守落后、不思进取、自私自利、只顾自家、不想国家的思想观念，提高文教科技素质，依靠科技进步，拔掉穷根，摆脱贫困、走向致富奔小康之路。

2. 必须坚持深入开展自力更生、艰苦奋斗的教育，在各级政府扶持下，只有靠自己勤劳的双手，抓好适宜农林种植业、牧渔养殖业及各业产品加工供销业，才能使自己摆脱贫困，增收致富。

3. 必须坚持进行扶贫开发与计划生育相结合教育，教育农牧民群众改变生育观念，严格控制贫困地区农村人口的过快增长，树立以搞好农村农民经济建设为中心的思想，增强贫困农村农民群众科技务农的自觉性，尽快改变越穷越生、越生越穷的恶性循环状况。

（二）坚持实行因地制宜、有的放矢规划的方式方法。中共中央、国务院反复强调，老少边穷地区大部分是自然和社会经济条件极差的地区，是我国贫困人口集中的地方，这些地方农村农民群众突出的贫困问题，就是自然条件极其恶劣，自然灾害频发，贫困覆盖面宽，贫困人口生产发展能力比较弱，农村财政能力薄弱等。为此，必须坚持制定实行因地制宜、有的放矢脱贫增收致富规划。

1. 必须加大对革命老区、少数民族地区、边疆地区贫困地区农村发展的扶持力度，改善农林牧渔各业生产经营基础设施条件，提高抵御自然灾害的能力，建立基本的农村社会安全网、防止贫困农民群众长期陷入贫困陷阱，在注意保护自然资源、改善生态环境的前提下，推进农林牧渔各业产加销一条龙产业发展，加大贫困农村富余劳动的转移力度，为贫困地区农民群众增收致富奔小康开辟途径。

2. 必须组织壮大贫困地区农村干部队伍，选好配强农村“两委”班子成员，让那些自己能致富、又能带领农民致富的人才进入“两委”班子，开拓贫困农村农民群众脱贫致富的有效途径。要切实做到：以农村“两委”班子换届为契机，通过从创业能人中选拔、从机关干部中选配、对原有干部进行培训、从大学毕业生中选聘等方式，把那些“四能”（能带头致富、能带领致富、能依法办事、能服务群众）型干部选拔到村级“两委”班子中，特别是把企业人才、农村种养大户、农民经纪人、机关干部、优秀大中专毕业生等群体作为重点培养对象。

（三）坚持奠定标本兼治、治理根本基础的方式方法。中共中央、国务院指出，对贫困地区农村要坚持山水林田路综合开发治理利用，坚持增强自我造血、自我积累、自我发展能力，奠定脱贫增收

致富的基础为目标，组织开展流域治理、水土保持、土地整理、农田改造、抗洪排涝、公路修建、植树造林、草场改良、鱼塘修整等基础设施建设，奠定标本兼治、治理根本基础，坚持推行以下四种方式方法：

1. 农田水利工程建设。坚持以改造中低产田、增强农田肥力为中心、以灌溉排涝和抗旱防汛为重点的农田水利工程建设。坚持注重高标准、高效益的节水灌溉工程建设。

2. 农村公路修建工程建设。坚持以国家财政扶贫资金、以工代赈资金为引导，促进交通部门与贫困地区农民群众共同进行公路建设，确保贫困地区农村农民群众生产生活公路畅通。

3. 农村群众迁移工程建设。坚持组织指导贫困地区农村农民群众，从农林牧渔各业生产经营无条件、农户生活无着落和生存无保障的地方，搬迁到农林牧渔各业生产经营条件好、农户生活有着落和生存有保障的地方的工程建设。

4. 农村文化教育科技工程建设。坚持组织指导贫困地区农村农民群众参加农林牧渔各业产品良品种繁育、先进适用科技推广、地膜覆盖、节水灌溉、生态种植、节粮饲养、温棚种菜等项目工程建设。

（四）坚持建立示范样板、带动脱贫基地的方式方法。各级党委、政府及有关部门，为切实抓好贫困地区农村农民群众脱贫增收致富项目工程建设，坚持通过建立示范推广、带动脱贫样板基地的方式方法多种多样。主要采取以下两种方式方法：

1. 按照城乡居民多样化、多变化生产生活对农林牧渔各业产品的需求，积极引导和扶持贫困地区农村农民群众自觉自愿参加农民专业合作经济组织，加入农村供销经纪人组织，建立农林牧渔各业产加销一条龙产业化经营示范基地，进一步形成农工贸与农科教一体化联合经营体系。为此，在贫困地区各种条件差的农村，必须通过有关部门培育发展农林牧渔业主导产业产加销一条龙合作联合组织，引领农民群众参加增产增收的产加销连锁经营活动。

2. 按照贫困地区农村因地制宜、有的放矢地实施农林牧渔业生产经营、扶持农民群众脱贫增收的战略部署，通过扶持贫困地区一乡一业、一村一品产业化经营方式方法，建立起农林牧渔各业产品基地村，在这个基础上，扩大周围邻村同类产品的品种优良化、质量标准化、经营专业化、服务系列化、产量规模化基地面积，拓宽产加销各环节畅通途径。

（五）坚持健全改善民生、社会保障体系方式方法。各级党委、政府及有关部门为健全贫困地区农村文教科技、卫生医疗、生活低保、养老保险、改善民生等社会保障体系，采取以下三种方式方法：

1. 健全贫困地区农村发展文教科技卫生医疗事业服务体系。加快农村义务教育进程，着力保障贫困农户子女九年免费义务教育和教育救助，组织推动贫困地区农村健全新型合作医疗、大病救助、特困户医疗救助体系，促进贫困农民群众积极参加农村基本合作医疗保障体系，减轻农民群众的医药负担，减少因贫致病，因病致贫返贫的现象。

2. 健全贫困地区农村农民群众生活低保、养老保险、改善等社会保障体系。为此，一是健全贫困地区农村人口最低生活保障体系，将符合救助条件的农村贫困农民群众纳入保障范围，稳定持久地解决农村贫困农民群众温饱问题，将病残体弱丧失劳动能力生活困难的人，纳入农村人口最低生活保障范围，确保贫困农民群众日常最低困难得到救助保障；二是健全贫困地区农村农民群众养老保险体系，贫困农村 60 岁以上老年人日常衣食住行医疗等养老生活费用，都纳入养老保险范围。

3. 健全贫困地区农村社会保障监测预测体系。各级党委、政府及部门为调整贫困地区农村分散多头管理农村社会保障体系，一是坚持健全贫困地区农村社会保障动态监测体系，切实掌握农村社会保障人群的变化情况；二是健全贫困地区农村社会保障以预防为主的风险预警体系；三是健全贫困地区农村农民群众脱贫增收致富项目工程建设投资稳定持续投入体系。

（六）坚持组织开创推行脱贫增收致富奔小康之路的方式方法。为了扩展全国贫困地区农村农民群众走向脱贫增收致富奔小康之路，中共中央、国务院强调，各级党委、政府及部门在深入实际、调查研究、专家考察、评估论证、各方民意代表民主选择的基础上，坚持实事求是、求真务实、因地制宜、有的放矢地以贫困村为主战场，以开展山水田林路村综合治理为中心，以保护改善农村生态环境为根本，以加强农田水利建设为重点，以彻底改变农林牧渔各业生产经营条件，确保农民群众摆脱贫困、增收致富奔小康为宗旨，而组织指导扶持贫困地区农村干部和农民群众，在拓展脱贫增收致富奔小康之路上，必须坚持统一实事求是、求真务实的指导思想，必须坚持实行因地制宜、有的放矢的规划，必须坚持奠定标本兼治、治理根本的基础，必须坚持建立示范样板、带动脱贫基地，必须坚持健全改善民生、社会保障体系，进一步推行拓宽贫困地区农村农民群众脱贫增收致富的现代农业产业化、农民群众文教科技素质化、城乡一体经济社会持续健康发展之路的方式方法：

1. 现代农业产业化之路。各级党委、政府及部门进一步拓宽从传统农业顺其自然、零星分散、自求供应、农户为主生产经营，走上农业合作化、科技化、标准化、专业化、产业化、规模化、市场化、社会化之路。现代农业产业化之路的捷径，是农业布局区域化、农业品种优良化、农业产品优质化、农业结构有机化、农业生产机械化、农业经营规模化、农业种养加工系列化、农业供销市场化、农业科技服务社会化、农业收益分配公平化、农业管理监督民主化、农业处罚法制化、农业现代产业化、专业化、基地化、规模化、一体化的途径。这是我国贫困地区农业农村经济持续健全发展，不断增强农林牧渔业综合生产经营能力和抵抗自然灾害能力，转移农村富余劳动力从事二三产业，适应国内外市场需求，确保贫困农村农民群众脱贫增收致富的有效途径。

2. 农民群众文教科技素质化之路。各级党委、政府及部门进一步拓宽从农民群众由原愚昧无知、祖传世俗、安分守已、自家生产经营，转向提高文教科技素质、依靠科技务农、参加专业合作组织、投入农林牧渔业产加销一条龙产业化规模经营途径。贫困地区农民群众文教科技素质之路的捷径，是从贫困地区农村青少年进入九年义务教育、科学技术教育、创业就业教育，引导成年农民群众增强科技务农、二三产业技能，从传统零星分散的家庭生产经营，转向农民专业合作化、市场化生产经营，加入农林种植业、牧渔养殖业和农林牧渔各业产加销一条龙产业化经营体系，增强抗拒自然灾害、市场风险和脱贫增收致富奔小康能力。

3. 城乡一体经济社会持续健康发展之路。各级党委、政府及部门进一步拓宽从贫困地区农村自然地理资源匮乏、生态环境恶化、农林牧渔业生产经营基础设施条件薄弱、农村工商服务产业缺乏转向城乡一体经济社会持续健康发展之路：一是拓展城乡一体山水林田路综合开发治理、流域治理、水土保持等生态环境维护改善，推进农林牧渔各业、工商服务业健康持续发展之路；二是拓展城乡一体化农业现代化、工业化、信息化、城镇四化同步建设，推动农村富余劳动力参加工商服务产业中就业创业之路；三是拓展城乡一体教育文化、卫生医疗、生活低保、养老保险等社会保障事业，确保自觉自愿放弃家乡土地住宅、长久在城镇务业的农民享有上述各种社会保障待遇之路。

七、组织开创全国贫困地区农村农民群众脱贫增收致富之路的显著成就

历届中共中央、国务院和各级党委、政府及部门组织领导推动全国贫困地区农村干部和农民群众因地制宜地开展了脱贫增收致富项目工程建设，全面规划拓宽了贫困地区农村农民群众，脱贫增收致富项目工程建设投融资渠道，引导鼓励社会各行企业、事业、团体等单位投入人力、物力、财力，支援贫困地区农村农民群众加大了开展农村生态环境保护、公共基础设施建设投资力度，健全了农林牧渔各业产加销一条龙产业化、专业化、基地化、规模化、市场化、社会化经营体系，促进了城乡一体教育文化、卫生医疗、生活低保、养老保险社会保障事业持久发展，增强了贫困地区农村生态环境保护、自然灾害预防、生产经营科技服务、市场供销调控的能力，提高了农民群众综合素质、脱贫增收、生活改善的水平，为城乡一体经济社会持续健康发展、城乡居民共同增收致富奔小康社会，开拓了切实可行、行之有效途径。主要说明以下五方面：

（一）全国贫困地区农村生态环境、公共基础设施逐步改善管护了。历届中共中央、国务院及各级党委、政府及部门都注重加强了农业农村生态环境、公共基础设施建设，扶持了贫困地区农村开展农业资源保护和生态环境修复，加强了农业农村公共基础设施建设，一是逐步走上自然资源科学利用、生态系统稳定、生产生活环境良好的轨道；二是逐步形成现代农林牧渔种养加产业化生产经营体系，提供坚实的基础设施；三是逐步推动城乡一体公共基础设施均衡配置，平等提供公益服务条件。

1. 逐步加强了农业农村资源保护和生态环境修复：一是在加强农业资源保护利用上，实行了耕地保护和占用补偿平衡、水资源保护和利用，河湖水域用途等管理法制；二是在加强农业生态环境治理上，推行了耕地轮作休耕、荒漠化、石漠化、水土流失治理法制；三是在加强农业生态环境保护修复上，推动了山水林田路村生态环境保护修理、退牧还草、沙化土地封禁保护、天然林保护、生态环境保护补偿等法制。

2. 逐步加强了现代农林牧渔种养加产业化生产经营基础设施建设：一是在加强农田水利建设上，推进了农村河塘清淤治理，山丘区农田蓄节水、田间灌排渠系、雨水积储利用、牧区节水灌溉饲料地等项目工程建设；二是在加强农田高标准建设上，推进了旱涝保收、稳产高产、品质优良、生态友好的高标准农田建设，建起了口粮安全高标准农田，划定了永久基本农田和地方政府耕地保护责任制；三是在加强科技创新推广上，推进了农林牧渔各业良种繁育、遗传培植、灾害防治、机具装备、生态保护、高产高效等科技创新推广体系；四是在加强现在产业化规模经营上，推进了现代农林牧渔各业产加销一条龙、科教商贸一体化服务产业适当规模经营，形成了规模化、集约化、专业化、社会化种植、养殖、加工、供销的城乡一体产业化经营格局。

3. 逐步加强了农村公共公益基础设施建设：一是推进了农村饮用水源保护、电网改造、公路硬化、沼气供应、房屋维修、灾害防治等公共设施建设；二是推进了农村基层综合公共服务资源优化整合、义务教育、文化信息、科技普及、医疗救助、生活低保、养老服务、儿童福利等公益基础设施建设。

（二）全国贫困地区农村农民群众综合素质、务业职能逐步增强了。从中央到地方各级党委、政府及部门在组织推进贫困地区农村农民群众脱贫增收致富项目工程建设上，逐步增强了农民群众综合素质、务业职能，一是逐步增强了新型职业农民本领；二是逐步增强了农民参加现代农业产业化经营本领；三是逐步增强了农村富余劳动力转移就业创业本领。

1. 逐步增强了新型职业农民本领：一是逐步从根基上不断提高农民文化科技素质，不断加大农村义务教育投入，确保实施九年义务教育制度，防治出现新一代文盲，对有机会接受普通高等教育和高等职业技术教育的农村贫困学生，逐步加大了财政信贷支持力度，避免农村青年经济困难失去上学机会；二是逐步将农村壮年农民纳入政府及部门教育培训发展计划，基本形成新型职业农民教育培训体系，不断提高专业技能和职业道德等素质，把职业农民培养成现代农业化经营主体力量。

2. 逐步增强了农民参加现代农业产业化经营本领。一是逐步推动了农民调整优化农业结构。在确保粮食稳定增长的前提下，推动农民因地制宜地积极发展名特优粮棉油肉糖等大宗农业产品批量生产，调整优化农业内部的生产经营结构，推动农民适应国内外市场需求，组织建设农林牧渔业产品基地，饲养节粮型畜禽，推广规模养猪，发展淡水、近海养殖和远洋捕捞业。二是逐步推动了农民自觉参加土地适度规模经营。随着农业结构调整优化、农业产业化规模经营发展，鼓励农民采取有偿转包、招标承包责任田等形式，合理流动家庭联产承包土地使用权，逐步形成适度规模经营。三是逐步稳定了农民基本生产经营权制度，坚持执行了以农户家庭联产承包经营为基础，统分结合的基本经营制度。其中，最基本的是维护农民的土地承包权制度，坚定不移地贯彻土地家庭承包经营长久不变的政策。四是逐步建立健全了农民专业合作经济组织，逐步建立了能够代表和维护农民根本权益的自己的组织、使农民能与国内外农业产品市场相连接、将农民引入市场的中介组织。逐步强化了农村村民自治组织，强化其民主自治功能，真正做到民主选举、民主决策、民主管理、民主监督，真正做到自我管理、自我教育、自我服务。五是逐步促进了农民参加现代农业产业化经营。注意发挥当地资源优势，大力发展农业产品精深加工、适销对路、附加值高的产业化龙头企业。

3. 逐步增强了农村富余劳动力转移就业创业本领：一是各地区党委、政府及部门逐步加强了对农村富余劳动力资源市场监管，及时公布国家的就业政策，及时收集和公布劳动力供需双方的信息，定期提供免费的职业指导、求职技巧、能力测评、政策咨询等服务；二是各地区党委、政府及部门逐步加强了对农村富余劳动力资本投资、享受充分、高质量的教育培训，提高文化科技素质、增强就业创业本领；三是各地区党委，政府及部门逐步建立健全了农村富余劳动力进入城镇劳动就业和用工制度、切实保障在城市有固定职业和稳定收入来源，愿意在城镇长期生活的新移民，获得城镇户口，为其子女受教育提供同等机会和待遇；四是各地区党委、政府及部门逐步努力创新城乡一体化社会保障制度，缩小我国城乡之间、城乡居民之间的差距，减少农村富余劳动力转移中的风险，为农村富余劳动力进城务业创造条件。

（三）全国贫困地区农业农村财政、信贷投融资管制逐步加强了。从中央到地方各级党委、政府及部门在组织推进贫困地区农村农民脱贫增收致富项目工程建设上，逐步增加了各级财政、信贷投融资力度：一是逐步增加了财政、信贷对贫困地区农村农民群众投融资力度；二是逐步调整了财政、信贷对贫困地区农村农民群众投融资投入方式；三是逐步加强了投融资监管法制；四是逐步调整了财政扶贫救困体制。

1. 逐步增加了财政、信贷对贫困地区农村农民群众投融资力度。为了逐年加强对贫困地区农村农民群众脱贫增收致富基础设施建设，各级政府在财政、税收、信贷投融资等方面，逐年在稳定现有基础设施建设投融资的基础上，逐步提高固定资产投资、财政预算内资金和信贷资金用于贫困地区农业、农村和农民群众投融资比例，引导推动了农村集体经济组织、农业产业化龙头企业和农民群众逐步为农业基础设施投入了大量资金，逐步改变了农业基本生产经营条件，改善了农村生态环境、提高了农业综合生产能力、增强了农村集体经济实力、提高了农民群众生活、收入水平。

2. 逐步调整了财政、信贷对贫困地区农村农民群众投融资投入方式。为了逐年增加财政、信贷对贫困地区农村公安能基础设施和公益服务事业体系建设投融资投入，提高各方面投融资金使用效益，各级党委、政府及财政、银行等部门在坚持通过中央财政与地方财政配套投入、财政无偿与银行有偿结合投入方式的基础上，进一步调整优化了财政、银行与社会各界相结合的投融资投入方式：一是各级财政对农村公共基础设施、生态环境建设，采取先建后补、以奖代补的方式；二是财政与银行对农林牧渔各业产加销一条龙、农工贸一体企业化种植、养殖、加工、供销经营，采取银行贷款与财政贴息的方式；三是地方财政对贫困农村农户种植、养殖成本费用补贴，生活困难补助的方式；四是各级财政对农村义务教育采取无偿支付的方式，对农村农民群众生活低保、基本医疗、老年生活，采取保障保险的投入方式；五是各级政府和社会各界合作、购买服务等多种方式，引导社会团体、企业、事业等单位和个人资金，投向有回报的、准公益性的基础设施建设，参与现代农林牧渔各业产加销一条龙适度规模经营，促使兼业型农户参加承包土地使用权流转，向现代农业产业化、专业化、社会化道路前进。

3. 逐步加强了对贫困地区农村农民群众投融资监管法制。从中央到地方各级政府财政部门对贫困地区农村农民群众脱贫增收致富项目工程建设所需资金，加强了统一筹集安排、分配使用效益的监督管理，制定了实行一系列法规制度，在组织开展脱贫增收致富项目工程建设上，从考察评估、申报审批、施工修建，到检查验收、竣工管护各环节，都制定实行了严格规定，基本上走向以下四条有法必依、有章可循、分级负责、按项目安排、分配使用监督管理的法制之路：

（1）各级财政部门配合有关部门实行了调整研究、考察评估、申报审批、施工修建、检查验收、竣工管护的法制，共同组织加强了监督管理与检查验收，保证了把资金真正投到项目工程上，资金专款专用，足额及时到位，防治了资金被挤用挪用，提高了资金使用效益。

（2）各级财政部门与有关部门实行了共同组织筹集、集中整合、合理分配，重点用于贫困地区农村生态环境、公共基础设施、农林牧渔各业产加销一条龙产业链基地建设的法制。为贫困农民群众改善生产生活条件，扭转贫困落后局面奠定基础。

（3）各级财政部门与有关部门实行了脱贫增收致富项目工程建设投融资使用追踪反馈的责任法制，促进了贫困地农村农民群众，逐步由单纯分散救济向整体经济开发转变，由单纯满足温饱的自然经济逐步向增收致富的商品经济转变，由单纯资金无偿投放向无偿有偿相结合、以有偿使用为主的方向转变，由单纯财政资金扶持向多渠道筹集资金扶贫综合开发方向转变。

（4）各级财政部门与有关部门实行了以实现综合效益为宗旨、以“造血”为中心、合理调整优化组合集中资金，重点用于制约贫困地区农村农民群众脱贫增收致富的主体项目骨干工程和关键环节的法制，促使了农民群众在农林牧渔各业生产经营上，逐步从粗放型向集约型转变，逐步在推进农村文教、科技、事业发展中，提高农村群众文化科技素质，为农民群众增加收入，改善生产、生活条件，依靠科技脱贫致富，起到了保障作用。

4. 逐步调整完善了贫困地区农村财政扶贫救困体制。为了尽早促使贫困地区农村彻底改变交通不便、资源匮乏、生存环境恶劣、文化教育落后、人畜饮水困难、农村人口素质低下、经济发展缓慢、农民群众生活艰难等贫穷落后状况，中共中央、国务院决定，从1980年中央财政设立支援贫困地区发展资金起，到2019年39年来，逐步调整了以下四个时期贫困地区农村财政扶贫救困体制：

（1）在1980年至1991年期间，中共中央、国务院决定，建立国家财政扶贫救困体制的方略，改善贫困地区农村农民群众生产生活条件，消除饥寒、摆脱贫困、满足温饱、增产增收，生活富裕，壮大农村经济发展实力。

（2）在1992年至2002年期间，中共中央、国务院决定，调整国家扶贫救困体制方略，发挥各级政府财政职能作用，扶持贫困县（市）、乡镇、村屯增强经济持续发展实力，培植贫困农户自我积累、脱贫致富能力，各级政府及部门、社会各界等单位对贫困地区农村农民群众脱贫增收致富项目工程建设，加强了投融资力度，提高了扶贫救困投融资管理水平。

（3）在2003年至2012年期间，中共中央、国务院决定，进一步调整国家扶贫救困体制的方略，取消农业税收、免除义务教育费、参加合作医疗、提供公务服务。从2006年起，取消农业税收1250亿元，免除义务教育费1840亿元，补助合作医疗140亿元，提供通路、通水、通电、通讯等公共服务。从2007年起，中共中央、国务院决定，把基础设施建设和社会事业发展的重点转向农村，把财政新增教育、卫生、文化事业经费和固定资产投诉增量主要用于农村，全面取消农业税收、实行粮食直补、良种补贴、农机补贴、农资综合直接补贴等政策。

（4）在2013年至2019年期间，中共中央、国务院决定，完善国家扶贫救困体制的方略，优先保障财政对农业农村的投入，坚持将农业农村作为国家固定资产投资的重点领域，深入推进涉农资金整合统筹，将种粮农民直接补贴、良种补贴、农机补贴、农资综合补贴合并为农业支持保护补贴，重点扶持改造农田，提升粮食生产能力，建立健全农林牧渔各业生产经营保险担保、农村人居环境整治、农村劳动力转移就业创业服务体系。从2016年起，中共中央、国务院决定，实施精准扶贫、精准脱贫、因人因地施策，分类扶持贫困家庭，坚决打赢脱贫攻坚战：其一，通过产业扶持、转移就业、易地搬迁等措施，解决5000万左右贫困人口脱贫；其二，对完全或部分丧失劳动能力的2000多万贫困人口，全部纳入低保覆盖范围，实行社保政策兜底脱贫；其三，实行脱贫工作责任制，进一步完善中央统筹、省（自治区、直辖市）负总责、（市）县抓落实的工作机制。各级党委、政府要把脱贫攻坚作为重大政治任务扛在肩上，各部门要步调一致、协同作战，履职尽责，切实把民生项目、惠民政策，最大限度向贫困地区农村农民群众倾斜；其四，广泛动员社会各方面力量积极参与扶贫开发，实行最严格的脱贫攻坚考核督查问责制，坚持推行了脱贫攻坚工程检查验收和管护体制。

（四）全国贫困地区农村农民群众持续增收新产业融合发展了。从中央到地方各级党委、政府及部门为推动贫困地区农村农民群众脱贫增收致富奔小康，充分发挥自然地理优势，挖掘农林牧渔各业功能，培育壮大了以下四方面农林牧渔各业新产业健康持续发展的实力：

1. 壮大了农林牧渔各业产品加工产业化规模经营。为促进贫困地区农村农民群众脱贫增收，一是开展了农林牧渔各业产品加工科技创新，促进了农林牧渔各业综合利用加工协调发展，提高了农林牧渔各业产品加工转化率和附加值。二是支持了粮棉油等大宗农业产品深加工，提升了加工科技设备机械器具技能，建起了农林牧渔各业种植、养殖产品系列加工技术集成基地，培育了农林牧渔各业产品精深加工领军企业和国内外知名品牌，提高了农林牧渔各业产品种植、养殖加工各环节的环保、能耗、质量、安全等标准，适应了适应国内外市场多样化、优质化的需求。

2. 形成了农林牧渔各业产品供销流通设施和市场运营体系。为了促进贫困地区农村农民群众脱贫增收，一是开展了统一开放、布局合理、竞争有序的农林牧渔各业产品供销流通市场建设，推动了农林牧渔各业产品批发市场升级改造、流通骨干网络、粮食等重要产品仓储物流设施建设。二是促进了农村电子商务加快发展，形成了线上线下融合、农业产品进城与工业产品下乡双向流通格局，加强了农商贸流通、供销、邮政等系统物流服务网络和设施建设、县乡物流体系建设。三是推动了大型电商平台企业开展农村电商服务，支持了建立健全适应农村电商发展的农业产品质量分级、包装配送等标准体系。深入开展了电子商务进农村综合示范、信息进村入户试点工作。

3. 推进了农业农村观光旅游休闲度假产业发展。为了促进贫困地区农村农民群众脱贫增收，一是推动了农村农民群众依托农村绿水青山、田园风光、乡土文化等资源，大力发展休闲度假、旅游观光、养生养老、创意农业、农耕体验、乡村手工艺等业务，使之成为繁荣村、富裕农民的新兴支柱产业。二是采取了规划引导、以奖代补、先建后补、财政贴息、设立产业投资基金等方式，扶持休闲农业与乡村旅游业发展，着力改善休闲旅游重点村道路、宽带、停车场、厕所、垃圾污水处理等基础服务设施，促使农村群众参加休闲旅游业合作社，引导和支持社会资本开发农民参与度高、受益面广的休闲旅游项目。三是加强了农村生产环境和文化遗存保护，发展具有历史记忆、地域特点、民族风情的特色小镇，建设一村一品、一村一景、一村一韵的魅力村庄和宜游宜养的森林景区，开发休闲农庄、乡村酒店、特色民俗、自驾露营、户外运动等乡村休闲度假产品。

4. 建立健全了农村一二三产业融合发展服务组织。为了促进贫困地区农村农民群众脱贫增收：一是促进了农林牧渔各业产加销衔接、农村一二三产业融合，推进农林牧渔各业产业链价值提升，让农民群众共享产业融合发展的增值收益；二是支持了农村供销合作社创办领办农民合作社，引领农民参与农村产业链经营、分项产业链收益；三是支持了农业产业化龙头企业建设稳定的原料生产基地、为农户提供贷款担保和资助订单农户参加农业保险。鼓励发展股份合作，引导农户自愿以土地经营权入股龙头企业和农民合作社，采取“保底收益＋按股分红”等方式，让农户分享加工销售环节收益；四是加强了农民专业合作社示范社建设，支持合作社发展农业产品加工流通和直供直销，通过政府与社会资本合作、贴息、设立基金等方式，带动社会资本投向农民专业合作社新产业；五是组织实施了农村产业融合发展试点示范工程，建立农民分项产业链利益机制，为农民和涉农企业提供法律咨询、合同示范文本，纠纷调处等服务。

（五）全国贫困地区农村农民群众文教卫生医疗生活低保养老服务等社会事业健康发展了。从中央到地方各级党委、政府及部门在扶持贫困地区农村农民群众脱贫增收致富奔小康项目工程建设上：一是扎实推进了农村义务教育事业发展；二是组织培训了农民群众增强就业创业技能；三是组织推动了农村公共文化事业发展；四是建立起农村新型卫生合作医疗服务体系；五是建立起农村农民群众最低生活保障体系；六是建立起农村农民群众养老保障保险体系。

1. 扎实推进了农村义务教育事业发展。各级党委、政府彻底解决了贫困地区农村教育系统运行缺少法律保障、农村义务教育法律观念淡薄、农村教育中相关法律责任追究机制欠缺、农村教育法律责任承担形式短缺、农村教育经费投入不足、农村教育教师流失、农村教育教师队伍专业化水平偏低、农村教育目标面临两难等以下四个问题：

（1）逐步完善了农村教育法规制度，主要包括：各级政府教育行政主管部门事权、财权、人事权，农村教育系统中存在的非义务教育资源（主要是学前教育）和民办小学、初级中学等教育资源，接受教育行政主管部门统一业务指导和监督；以提高质量为核心，巩固农村义务教育普及成果；以深化改革为动力，大力加强农村教师队伍建设；以中等职业教育为重点，加快普及农村高中阶段教育；以服务“三农”为方向，争取高等学校人才支持和知识贡献；以强化政府责任为关键，形成办好农村教育事业的合力。

（2）逐步落实了农村义务教育经费保障新机制，主要包括：其一，农村义务教育经费分级承担的保障机制，全部免除农村义务教育阶段学生杂费，从2007年1月起，全部免除农村义务教育阶段学生杂费，在全国免除农村义务教育阶段中小学生1.48亿元学杂费；其二，农村中小学公用经费保障机制，各级政府财政逐步增加农村中小学公用经费；其三，农村义务教育补助长效机制，在农村义务教育免杂费的基础上，对农村贫困家庭学生义务教育阶段学生免费提供教科书并补助寄宿生生活费；其四，农村义务教育阶段中小学校舍维修改造长效机制，各级政府财政逐步增加农村中小学校维修改造资金；其五，农村中小学教师工资统一标准发放的保障机制，各级政府财政逐步提高教师工资标准，实现县域内中小学教师工资统一标准、统一发放，确保教师养老保险金、住房公积金、医疗保险金等待遇落实到位。同时，坚持实行教师浮动工资制度，在工资上适当上浮一定比例，更好地调动农村中小学教师工作积极性。

（3）逐步加强了城乡教育交流与互助，关怀、培养、轮换、壮大稳定了农村教师队伍。首先，各级政府认真贯彻国务院《关于进一步加强农村教育工作的决定》等文件精神，实行“以县为主”的农村义务教育管理体制，落实国家规定革命老区、边远地区、贫困地区、少数民族地区的农村中小学教师津贴、改善教师生活环境，解决教师住房问题的政策，推动学校为教师提供尽可能多的进修机会，鼓励并支持教师之间的专业知识的交流，不断提升他们自身的素质；其次，各级政府加强农村中小学教师思想工作，营造留人氛围，尊重教师，知人善任，促使教师对学校产生归属感。同时，积极建立城市与农村教师定期轮换制度，加强城乡教育的交流与互助。

（4）逐步坚持了农村教育“相结合”目标，其一，打破城乡二元结构，坚持城乡相结合，继续完善农村九年义务教育制度，使更多的农村孩子享受与城市儿童平等的公民教育权。其二，坚持基础教育与职业教育相结合，大力发展农民职业教育，使占中国人口四分之一的农民转变成具有一定职业技术能力的现代农民。其三，逐步减轻了农民群众教育负担，使农民群众能够共享加大财政教育投入和教育改革发展的成果，保障农民群众依法享有受教育的权利。其四，组织推动了城乡、区域之间教育协调发展，统筹教育资源重点革命老区、边远地区、贫困地区和少数民族地区的农村农民群众倾斜，加快缩小教育差距，促进基本公共服务均等化。

2. 组织培训了农民群众参加就业创业能力。各级党委、政府为了推动贫困地区农村农民群众摆脱文化科技素质低的脱贫致富障碍因素，加强对农民群众进行农业科技、职业技能、文化素养等方面的培训，全面提高农民群众文化科学素质、科学技术和劳动技能的本领，使他们成为新型农民，从传统农林牧渔各业零星分散手工种植养殖、自给自足为主的生产经营方式，向现代农林牧渔各业产业化、规模化、科技化、机械化、市场化、社会化、城乡一体化产加销一条龙、农工贸联合生产经营方式转变，自觉自愿走上脱贫增收致富的就业创业之路，统一规定了农民群众培训的内容，主要包括：科技、文化、卫生、经营、法制等多种知识和技能，农林种植业、牧渔养殖业、农林牧渔各业产加销一条龙产业等技能。主要取得以下六方面成果：

（1）满足了农民群众参加就业创新培训的需求，主要包括：最愿意接受的教育培训是短期培训，最愿意接受的培训方式是现场培训，最愿意接受培训的时间是2至3天，最愿意接受培训的地点是在本乡本村，最愿意接受的组织形式也是更加多样化。

（2）扩大了农民群众培训的领域，主要包括：首先，注重对农村干部的培训，农村干部是培训农民的具体组织者、实施者，通过组织他们赴经济发达地区学习考察和参加各类培训班等方式，使其进一步解放思想、转变观念，增长见识，提高劳务输转组织本领，增强他们对农民群众指导和带动能力，使他们起到带动一方经济发展的“领头羊”作用，成为发展现代农业的骨干力量和建设社会主义新农村的带头人。其次，组织农业科技人员对农民进行培训和指导，以使农民掌握科学农林业种植、牧渔业养殖方法。

（3）加强了农民群众转岗、转业培训，面向城乡劳动力市场需求，围绕农民转岗就业，对农村富余劳动力进行内容广泛、形式多样、针对性和实用性强的职业技术教育培训，使他们掌握非农产业所必备的职业技能，主要包括：其一，方针政策、法律法规知识培训，使他们熟悉相关的法律法规，增强自觉遵纪守法意识，保护自身合法权益；其二，安全常识和职业道德规范培训，使他们掌握安全生产、公共交通规则、城市生活等方面的常识，提高他们生活自理和预防、处理不测事件的能力；其三，以市场需求为导向，根据市场需求和技能要求，进行职业技能培训，从而提高就业机会。

（4）开展了新一代农民培养教育，对农村中学毕业生中即将进入创业行列的青年农民，进行内容广泛、形式多样、针对性和实用性强的职业技术教育培训，培养造就新型职业农民，把发展中等职业学校的重点放在农村，对完成义务教育后的青年农民进行分业教育，开展职业技能培训、新型农民科技培训和农村实用人才培训，建立农业经营资格认定制度，加强农业职业技能鉴定体系建设。

（5）引导了城镇工商服务企业、文教卫生医疗事业、大专院校和中等职业学校毕业生，到农村创办现代农业企业、文化教育卫生医疗服务业，吸引和培养有兴趣的城市青年转变为农业生产者、经营者、非农产业经营者，成为新型农村职业技能人才。

（6）建立了职业农民补贴保障制度，对具备资格的职业农民从事农林种植业、牧渔养殖业生产经营给予补助，对返回到贫困农村的创业者给予扶持，把握创业机会，发挥创业能力。

3. 组织推动了农村公共文化服务事业发展。各级党委、政府为了加快发展农村公共文化服务事业，继续推进广播电视“村村通”和农村电影数字化放映工程、加快全国城乡一体文化学习资源共享工程建设，逐步做到县有文化馆、图书馆，乡镇有综合文化站，行政村有文化活动室，满足农民群众多方面、多层次精神文化需求。为此，在组织推动农村公共文化服务事业发展中，进一步取得以下五方面成果：

（1）组织贯彻了以城镇文化辐射服务农村、全国城乡文化信息共享、各级政府保障公共财政加大农村文化建设专项投入的方略规程，进一步出台优惠政策，减免各种税收，为推动贫困农村公共文化服务事业发展创造良好的政策环境，充分调动和发挥农民自办文化的热情和潜力，在丰富的文化活动和独特的文化创造中形成农民健康的文化风格，培养壮大乡土文化新军，大力倡导并扶持文化中心户和农民自办文化大院儿，鼓励援建单位关心文化中心户和农民自办文化大院儿，组织培训活动和援建活动。

（2）不断提高了农村公共文化服务质量，针对农村新型农民具备一定的鉴赏能力，获取文化知识渠道不断增加，对高层次文化生活有着强烈追求和多样化需求的趋势，经常对送文化下乡的流动舞台车配备、广播电视、图书馆、农家书屋、科技文化培训、乡村贴报栏、活动室等形式与内容不断充实变更，充分发挥宣传作用。

（3）宣传教育了农民群众增强公共文化意识，鼓励农民自己组织起来，开展形式多样的文艺活动，扶持农村社火演出。首先，通过故事会、农民文化节等当地农民喜闻乐见的文化形式，让农民发挥自身优势，自己演、演自己，让农村文艺人才到专业艺术院团进修、深造和参加培训班，学习他们真正需要的才艺。其次，通过各级文艺团体的传、帮、带，帮助农村建设文化队伍，激发农民的文化自豪感、表演欲和文化活力，创造农村本土文化，逐步培养农村文化的造血功能和旺盛的生命力，帮助、鼓励、扶植、呵护农民宣传队、农民书社、个体放映队、民间职业剧团和农村业余剧团等文化实体；

（4）组织开展了农村廉政文化建设，增强了农村党组织的凝聚力、战斗力，提高了农村党员干部和农民群众遵纪守法、崇尚廉洁、诚信奉献的觉悟，加强了农村政务财务民主监督管理，开展了农民负担专项治理，纠正了农村扶贫救灾中违犯法纪问题，促进了农村社会和谐稳定；

（5）坚持拓宽了农村公共文化服务事业发展途径。第一，按照“培养有文化、懂技术、会经营”的新型农民要求，大力发展农村教育事业，培育民智，依托农业院校、农村科技书屋、远程教育网络，面向市场对农民进行各项技能职业培训，使他们成为“有文化、懂技术、会经营”的新型农民和产业工人；第二，切实采取为农民群众所接受、以群众喜闻乐见、贴近群众的实际方式，以多姿多彩的文化活动为载体，把理想信念教育融入活动之中，增强他们对党和政府的信任；第三，采取“政府激励、民间融资、大户帮建、社会集资”的多元化投入方式，调动社会参与基层文化创建的积极性，整合地域性特色文化资源，组织宣传、文化广电等部门联合对农村民间文艺团体进行摸底调查，实行“民有民营、谁投入、谁管理、谁受益”的市场化运作机制；第四，根据文化扶持重点户的具体情况，县乡宣传文化部门对其赠送不同的文化读物及视听设备，办好县乡村三级远程教育网络。

4. 建立健全了农村新型卫生合作医疗服务体系。各级党委、政府为了尽快解决贫困地区农村新型卫生合作医疗服务中出现思想疑虑偏差、医疗规章制度漏洞、法律责任缺位、筹资来源不稳定、管理机构不健全、补偿标准偏低、服务网络稀少、服务收费偏多、监管查处不力等问题，在组织推进贫困地区建立健全农村新型卫生合作医疗服务体系上：一是深入开展了卫生医疗宣传教育；二是制定实行了卫生医疗法规制度；三是全面加强了卫生医疗监督管理；四是充实壮大了卫生医疗服务机制队伍；五是多方了加大卫生医疗投融资力度；六是建立健全了卫生医疗服务网络体系；七是拓展疏通了卫生医疗服务长效渠道。分别说明如下：

（1）深入开展了农村新型卫生合作医疗服务宣传教育。各级党委、政府针对贫困地区农村一些农民群众不愿意参加新型农村合作医疗制度，对新型农村合作医疗制度心存误解、疑虑、认识偏差等思想问题，组织开展了深入细致宣传教育工作：一是广泛深入地向农民群众宣传讲解了农村新型卫生合作医疗宗旨，是帮助农民抵御重大的疾病风险，缓解农民因病致贫、因病返贫问题，提高农民的健康水平；二是推动了农村基层党政组织宣传动员农民群众自愿实行农村新型卫生合作医疗制度，从2003年起开始实行农村新型卫生合作医疗制度，为了着力解决农民看病难看病贵问题，实现“病有所医”。加强农村医疗卫生人才培养，加大城市医院支援农村的力度，促进以乡镇卫生院为重点的农村卫生基础设施建设，健全县乡村三级卫生网络，提高农村医疗服务水平；三是促进了农村基层党政组织结合运用农民群众身边以及其他地方的卫生医疗保健实例，向农民群众宣传自我保健意识、预防医疗风险意识和互助共济意识，增强自我保健自觉性。

（2）制定实行了农村新型卫生合作医疗服务法规制度。从中央到地方各级政府及部门制定实行了农村新型卫生合作医疗服务法规制度：一是组织、引导、支持了农民自愿参加个人、集体和政府多方筹资，以大病统筹为主的农民医疗互助共济法规制度；二是鼓励了农民以家庭为单位自愿参加合作医疗，注重典型示范，做深入细致工作，不搞任何形式的强迫命令和硬性摊派；三是坚持了这项制度的互助共济性质，切实让参加的农民得到医疗、健康的安全保障，这是法规制度的核心；四是建立了公开透明的管理办事法规制度，做到规范操作，让农民有管理的知情权、参与权、监督权；五是强调了把农民的利益放在第一位，真正做到便民利民，让农民受益，使农民得到比较满意的卫生医疗服务；六是掌握了农村新型卫生合作医疗服务法规制度内容。第六点主要包括：其一，制定卫生合作医疗公平补偿标准，促使农民群众自愿参加医疗；其二，加强农村基层卫生医疗服务网络建设，提高卫生医疗服务质量；其三，降低卫生医疗服务收费标准，减轻农民群众医疗经费负担；其四，全方位筹集卫生医疗投融资，扶持卫生医疗服务事业；其五，加强卫生医疗监督管理，从严查处违规、违纪、违法事项；其六，坚持实行各级政府及部门、卫生医疗服务领导责任制，充实壮大卫生医疗服务机构队伍。

（3）全面加强了农村新型卫生医疗监督管理。各级党委、政府及部门在全面加强农村新型卫生医疗监督管理上，一是坚持完善了各级政府组织领导责任制，强化政府工作人员责任感，切实提高政府政策制定的民主化和科学化水平：首先，在民主决策方面，明确规定参加合作医疗农民代表的产生渠道、资格条件、权利责任，以保证合作医疗工作的顺利开展；其次，在科学决策方面，认真做好调查，制定不同的政策方案，以维护农民的选择权；最后，依法行政，从法律上，保证政府在新型合作医疗制度实施中的具体责任。二是坚持健全了以法规制度为重点，对定点医疗机构实行动态管理，做好事前监督：首先，以监督检查为重点，采取明察暗访的形式，对定点医疗机构的患者登记核查情况、做好事中监督；其次，以审核报销为重点，坚持每月对所有主要住院患者的相关资料进行逐一审核，做好事后监督，逐步规范定点医疗机构的服务行为，降低医药费用，解除农民群众担心的医疗机构服务收费、服务质量方面的顾虑。三是坚持推动了农村卫生医疗机构设立合作医疗固定公示栏：首先，对住院合作医疗患者姓名、入院时间、住院天数、住院总费用、报销费用等情况，每月进行公示，各乡镇对所在村组患者进行公示，村委会对本村农民享受合作医疗补偿情况进行公示；其次，公开举报电话，设立举报箱，接受监督委员会和农民群众监督，不断提高参加合作医疗农民满意度。四是坚持遵循了农村新型卫生合作医疗资金严格监管规则，实行专户管理体制和封闭运行，有关经办机构不得既管账又管钱，以确保农村新型卫生合作医疗资金得以专款专用，防范、避免贪污、挪用、挤占行为发生。五是坚持推进了县（市）政府在加强乡镇卫生医疗机构调整和资源整合，加大财政投入，保证其正常经营、设备更新的需要的同时，进一步建立了市场准入制度、强化服务与监督，鼓励民营医疗服务业健康发展。

（4）充实壮大了农村新型卫生医疗服务机构队伍。各级党委、政府及部门在充实壮大农村新型卫生医疗服务机构队伍上，一是建立健全了农村基层卫生医疗服务机构。健全县、乡、村三级农村卫生医疗服务网络，每个乡镇由政府办好一所卫生院，每个行政村设立一个卫生室，建设农村药品供应网和监督网，加强农村卫生队伍建设。二是建立健全了农村卫生医疗服务管理和经办机构。根据有关规定和工作需要，省（自治区、直辖市）人民政府成立由卫生、财政、农业、民政、审计、扶贫等部门组成的农村新型合作医疗协调小组，县（市）级人民政府成立由有关部门和参加农村新型合作医疗的农民代表组成的农村新型合作医疗管理委员会，负责有关组织、协调、管理和指导工作，乡（镇）级人民政府设立农村新型合作医疗经办机构，负责具体业务工作。各级政府高度重视上述有关机构的设置，研究解决机构设置、编制、经费、队伍建设、工作条件等方面问题，以充分发挥其职能作用，确保农村新型卫生医疗服务事业健康发展。三是坚持抓了农村卫生医疗机构经办人员、定点医疗机构人员培训，实行持证上岗，真正培养出一支业务技术熟练、作风扎实、懂管理、爱岗位、务实高效的医疗管理队伍。同时，加强了医疗服务机构内部管理，树立“服务第一、病人至上”理念，坚持合理用药、合理检查、合理入出院等制度，严禁乱收费、搭车药、打车检查等错误行为，真正把农民的保命钱用好。四是坚持动员了城镇名医师支援贫困地区农村门诊医疗，组织二级综合医院对口支援乡镇卫生院门诊医疗，推动医务人员采取坐诊、巡诊等方式，为农民送医送药。通过举办学术讲座、开展技术培训、疑难病症会诊等方式对受援医疗机构技术人员进行培训指导，为农村培养一支自己的医疗队。支援农村卫生医疗单位更新硬件设施，改善就医条件，安排免费进修学习。五是坚持提高了下乡医务人员工资、补贴、奖金等福利待遇水平，对在卫生下乡工作中成绩突出的医务人员，优先晋升职称、优先聘用职务、优先选派进修、优先推荐入党、优先提拔重用。而对于没有下过乡或下乡时间达不到规定要求的，则在专业技术职务晋升、聘任方面实行“一票否决”。

（5）多方加大了农村新型卫生医疗投融资力度。从中央到地方，各级党委、政府在组织多方面加大农村新型卫生医疗投融资上，一是各级政府财政加大了农村新型卫生医疗补助资金力度，着重加大对乡村基层卫生医疗服务网络建设投资力度，扶持县乡村三级农村卫生医疗服务网络、每个乡镇办好一所卫生院、每个行政村设立一个卫生室、建立农村药品供应网和监督网、壮大农村卫生医疗队伍。二是各级政府财政落实了对农村新型卫生医疗补助资金及时足额到位，筹好用活资金，以确保农村新型卫生医疗服务事业资金需求，进一步完善补偿报销方案，做到不沉淀资金、不超支透支，确保农村新型卫生医疗服务事业资金使用效益，积极稳妥地实行慢性病门诊补偿，重点解决癌症、肿瘤放化疗等病种补助。三是各级政府财政每年提高了城乡卫生医疗服务事业费用于农村的比例，2002 年至 2007 年提高到 70%，2008 年至 2016 年提高到 80% 以上。对农村农业人口年人均卫生医疗补助费，2002 年至 2007 年为 50 元，2008 年至 2012 年为 80 元，2013 年至 2016 年为 140 元。全国农村卫生医疗服务事业费支出，由2002年812亿元，增加到2012年1320亿元，2016年1736亿元，受益人数从2002年2.9亿人增加到2016年5.4亿人，2019年已覆盖农村人口，并着力对农村妇女增补叶酸预防神经管缺陷、乳腺癌、宫颈癌检查、贫困白内障患者复明、消除燃煤型氟中毒危害、农村无害化厕所改造等六大公共卫生服务项目补助资金。四是各级政府财政着重照顾边远交通不便，贫困农牧民群众在县、乡医疗机构住院医疗费用补偿的起付线，将从原来的500元以上分别降低到300元和200元。将高血压、肺心病、类风湿关节炎等8种常见慢性病门诊费用纳入大病补偿范围，每年给予500左右的补偿。对于残疾人、五保户、特困人口的费用补偿比例提高3%—5%；五是各级政府财政着重减轻了农牧民医药费用负担，放宽了基本用药报销范围，把省、洲、县、乡、村级基本药品分别增加到1400、1200、1000、300、140种。并将中药、藏药纳入基本用药范围，对应用中医药、藏医药的补偿比例提高5%，允许各地在15%的范围内根据本地情况调整用药，最大限度提高了农牧民受益面和受益程度。

（6）建立健全了农村新型卫生医疗服务网络体系。从中央到地方各级党委、政府组织建立健全了农村新型卫生医疗服务药品供应、设施配置、资金筹措、监管助理四方面网络体系：

第一，在药品供应网络上，建立起了覆盖面广、便农惠农的药品供应网。为此，一是组成专门班子，对原有医药企业进行改制，发展壮大药品批发企业，引入竞争机制，发展医药流通企业；成立医药商会，积极发挥桥梁纽带作用，促进医药企业交流合作、快速发展；二是坚持推行“开放发展、有序竞争、监管到位、布局合理、方便群众”的方针政策，在人口较多的村大力发展零售药店或者药品零售连锁公司，实现了药品集中配送；三是普遍在人口少、用药量少，不宜开办零售药店的村，设立服务性药品供应点，执行农村非营利性医疗机构供应药品的政策，由食品药品监管部门单独对其实行监管职能，从而减低成本，降低药价；四是鼓励乡村医疗机构实行医药分离，药房按照服务性药品供应点或专柜单独管理，达到药店标准要求。配备专门药学人员，经食品药品监管部门培训后持证上岗，使他们不仅成为药品的供应者，而且成为广大农民自我药疗的咨询者、处方药品的审核者、合理用药知识的宣传者、药物不良反应信息的监测者，实施科学、合理、客观、可靠的用药指导。

第二，在医疗设施配置网络上，逐步加强了农村新型卫生医疗服务机构基础设施建设，增添了医疗设备：一是以改善就医条件为目标，改扩建业务用房，乡镇卫生院根据服务人口核定建筑面积，建设造价按每平方米2000元控制，村卫生室业务用房面积控制在80至120平方米，建设造价按每平方米1500元控制；二是以提高诊疗技术为目标，添置和更新医疗设备、配置X光机、B超、心电图机、半自动生化分析仪等常用设备。补助资金按平均每院200万元左右控制；配置诊断床、治疗台、急救药柜等设备，补助资金按平均每室2万元控制；三是推动乡镇卫生院和行政村卫生室的标准化建设，改善农村新型卫生医疗服务机构的基础设施，侧重对设备条件得到明显改善，特别是通过开展乡村医生在岗培训、招募执业医师和招聘医科院校毕业生到乡镇卫生院工作等措施，提高了农村新型卫生医疗服务水平，促进了乡镇卫生院的门诊人次和住院人次呈逐年上升趋势，确保了村卫生室为农村居民提供常见病、多发病的诊治服务，承担起传染病防控、健康教育、慢性病防治等公共卫生服务。

第三，在卫生医疗资金筹措网络上，进一步拓宽了筹资渠道，积极推行了建设农村卫生医疗机构多渠道补偿机制，确保农村卫生医疗服务事业发展资金需求及其使用效益：一是形成了中央投入为主、地方配套、整合资源、填平补齐、统筹规划、分步实施、监督管理体制。对卫生医疗项目工程建设资金，中央财政承担50%、省级财政承担30%、县（市）级财政承担20%，可统筹用于农村卫生医疗基础设施建设；二是坚持了各级财政、卫生等部门统一制定和实施农村卫生医疗服务事业发展计划，统一对乡镇卫生院和村卫生室基础设施建设和设备配置，公开招标和集中采购，采取分配实物措施；三是加强了农村卫生医疗基础设施建设资金专户管理，使用专项资金的部门和项目单位必须开设“专项资金专户”，单独建账、专款专用，未开设专户的，各级财政部门拒绝付款；四是实行了农村卫生医疗基础设施建设和设备配置公示与督查制度，所有建设项目，通过政府和有关部门网站等媒体公示，接受群众和社会舆论监督。财政等有关部门对资金核拨、工程审计、固定资金登记入账情况等，实行全程监督管理。

第四，在卫生医疗监督管理网络上，一是建立了以县（市）食品药品监管部门为主体，以乡镇监管所、食品药品监管助理员和村信息员为辅助的农村食品药品监管网络，监管网络逐步成为农村食品药品监管信息的主要渠道。对乡镇食品药品监管所，配备1至3名专职食品药品监管助理员，强化食品药品监管职能，建立根植行政村行动快捷的食品药品监管模式。二是建立农村卫生医疗服务监督网络，坚持医务公开，建立和完善农村合作医疗管理制度，实行价格和收费公开制度，尊重患者的选择权、知情权和监督权，接受群众监督，让群众用明白钱，办明白事，用得放心，医得安心。

（7）拓展疏通了农村新型卫生医疗服务长效渠道。各级党委、政府及部门在组织拓展疏通农村新型卫生医疗服务长效渠道上，一是增强农村新型卫生医疗服务意识；二是推行农村新型卫生医疗法规制度；三是实施农村新型卫生医疗长效政策；四是提高农村新型卫生医疗服务质量；五是控制农村新型卫生医疗服务价格；六是履行政府组织开展农村新型医疗服务责任。

第一，增强了农村新型卫生医疗服务意识。组织推动了农村医务人员增强服务意识和优胜劣汰意识，大力弘扬医疗救助、乐于奉献的高尚医德和服务精神，开展便民服务，方便群众就医。组织开展了农村医务人员培训，加强医患双方交流，增强医疗信任感，优化医疗服务环境，不断提高农村医疗服务能力和水平。

第二，推行了农村新型卫生医疗法规制度。在推行的法规制度内容包括：要求各县（市）充分尊重市场规律和农民的自主选药权，将农村药店和服务性药品供应点纳入医疗报销范围，实现农村药品“两网”与农村合作医疗有机结合，农民在辖区内任何合法医疗机构、药店、服务性药品供应点就医买药，都可以按比例报销，实行合作医疗一证“走”全县（市）。

第三，实施了农村新型卫生医疗长效政策。农村新型卫生医疗政策，不是权宜之计，而是坚持推行的长久有效政策，主要包括：一是积极建立和完善农村合作医疗长效机制，严格把好质量、价格、监督和服务“四关”，有效破解“三农”问题，确保农民群众得实惠，有效解决广大农民群众“看病难”、“看病贵”及因病致贫返贫问题；二是不断探索农村合作医疗的组织形式以及发挥作用的方法途径，用精湛的技术和崇高的医德和服务精神来激励、支持和鼓舞农村合作医疗事业健康发展，使广大农民群众真正感受到农村合作医疗的益处；三是净化农村药品市场，药品供应网点增加，药品批发配送到村，方便农民群众的购药，堵住假劣药品和非法经营流入农村的路径，农民用药质量和安全有保障；四是减少农村药品中间环节，降低药价和医疗服务成本费用，提高医疗质优、价廉、便捷的服务水平；五是打破各种地域界线，优化服务，建立和形成内部竞争激励机制，促进农村新型卫生医疗事业健康发展。

第四，提高了农村新型卫生医疗服务质量。各级政府及卫生部门在组织推动农村卫生医疗机构严格把好质量关，规范进药渠道，保持农村合作医疗健康运行上：一是坚持了向社会公开采购药品，采用招投标的方式统一市场药价，规范进药渠道，保证药品质量；二是禁止了村医私开诊所，加大对无证行医清理力度，坚决打击制售假冒伪劣药品的违法犯罪行为，整顿和规范药品市场秩序，确保农村合作医疗健康运行，提高广大农民群众生活健康水平。

第五，控制了农村新型卫生医疗服务价格。各级政府及卫生部门在组织推动农村卫生医疗机构严把医疗服务药品供应价格关、确保农民群众就近得到适宜、价廉、质优的医疗服务，在降低药价、检查费、手术费和加强医德医风教育上下功夫。根据患者病情的实际需要，规范开药，合理收费，不开大处方，不做不必要的医疗检查和治疗。能够针对患者病情对症下药，尽量节省和减少患者不必要的医疗开支和经济负担，确保了广大农民群众得到实惠。

第六，履行了政府组织开展农村新型卫生医疗服务责任制。各级政府在组织开展农村新型卫生医疗服务责任包括：一是积极稳妥地建立和完善农村新型卫生合作医疗保障责任制，解决农民群众因病致（返）贫、长期得不到医疗保障的痛苦和负担，加快农村卫生合作医疗服务事业健康发展；二是组织、引导、支持农民群众自愿参加个人、集体和政府多方面筹资、以大病统筹为主的农民群众医疗互助共济责任制，实现农民互助共济，共同抵御大病风险，切实解决农民群众“看病难”“看病贵”及因病致贫返贫问题；三是建立和完善农村合作医疗服务责任制，严格把好质量、价格、监督和服务“四关”，大力弘扬医疗救助、乐于奉献的高尚医德和服务精神，强化服务意识，优化农村医疗环境，不断提升医疗技术水平和服务质量；四是引导社会各界、民众团体、企业和事业单位对农村新型卫生医疗服务事业的支持和帮助责任制，不断增强合作医疗服务第一、病人至上、医疗救助、乐于奉献的自觉积极性。

5. 建立健全了农村农民群众最低生活保障体系。各级党委、政府及部门为了贯彻落实中共十六届六中全会精神，进一步实行《国务院决定 2007 年在全国建立农村最低生活保障制度的通知》，切实解决农村贫困人口的生活困难，具体实行的各项收到成效的规章制度、政策措施，主要包括农村农民群众最低生活保障六方面规定：一是目标、任务；二是对象、标准；三是实施规则；四是统筹资金；五是供求管控；六是组织领导。分别说明如下：

（1）落实了农村农民群众最低生活保障目标、任务。中共八大以来，不断加大扶贫开发和社会救助工作力度，农村贫困人口数量大幅减少。但是，仍有部分贫困人口尚未解决温饱问题，需要政府给予必要的救助，以保障其基本生活，并帮助其中有劳动能力的人积极劳动脱贫致富。中共十六大以来，部分地区根据中央部署，积极探索建立农村最低生活保障制度，为全面解决农村贫困人口的基本生活问题打下了良好的基础。2007 年 8 月 14 日，国务院发布了《关于在全国建立农村最低生活保障的通知》，指明了为促进农村经济社会发展，逐步缩小城乡差距，维护社会公平，建立覆盖城乡的社会保障体系，各级政府及部门必须充分认识建立农村最低生活保障制度的重要意义，必须确定努力实现农村农民群众最低生活保障目标、任务，相应采取解决农村贫困人口温饱问题的行之有效政策措施。中共十八大以来，农村社会保障体系趋于完善，健全了农村最低生活保障制度，为农村生活困难人口提供兜底的基本保障，实现“困有所济”的目标，到 2020 年完成脱贫致富奔小康的任务。为此，一是进一步明确了建立农民农民群众最低生活保障的目标，是在全国范围实施农村最低生活保障制度，将符合条件的农村贫困人口全部纳入保障范围，稳定、持久、有效地解决全国农村贫困人口的温饱问题。二是进一步提出了完成农村农民群众最低生活保障的任务，健全农村最低生活保障制度，实行地方人民政府负责制，按属地进行管理，要从当地农村经济社会发展水平和财力状况的实际出发，合理确定保障标准和对象范围；要做到制度完善、程序明确、操作规范、方法简便，保证公开、公平、公正；要实行动态管理，做到保障对象，有进有出，补助水平有升有降，要与扶贫开发、促进就业以及其他农村社会保障政策、生活性补助措施相衔接，坚持政府救济与家庭赡养抚养、社会互助、个人自立相结合，鼓励和支持有劳动能力的贫困人口生产自救，脱贫致富。

（2）确定了农村农民群众最低生活保障对象、标准，一是 1957 年至 2006 年，从中央到地方各级政府确定扶持农村农民群众最低生活保障对象是农村“五保户”。2007 年，国务院确定扶持农村农民群众最低生活保障对象是家庭年人均纯收入低于当地最低生活保障标准的农村居民，主要是因病残、老年体弱、丧失劳动能力以及生存条件恶劣等原因而生活常年困难的农村居民。2010 年，国务院强调提出，着力落实农村五保户供养对象基本生活及其物价上涨补贴、孤儿基本生活保障补助政策。二是 1957 年以来，从中央到地方各级政府及部门都明确地指出，农村农民群众最低生活保障标准，是一个综合性的社会救助标准，它包含最基本的吃饭、看病、养老、教育、就业等内容。在确定农村农民群众最低生活保障线标准时，应当科学合理，既能保障农村贫困人口的最低生活，又能防止保障标准过高而形成“养懒汉”的倾向。对于生活条件恶劣地区农村贫困人口开发性扶贫方式不仅成本高，而且也很难根本解决问题，就应当通过农村最低生活保障标准，对其进行救济。2007 年 7 月国务院决定，农村农民群众最低生活保障标准，由县（市）级以上地方政府按照能够维持当地农村居民全年基本生活所必需的吃饭、穿衣、用水、用电等费用确定，并报上一级地方政府备案后公布执行。农村农民群众最低生活保障标准要随着当地生活必需品价格变化和生活水平提高适时进行调整。2016 年，中共中央、国务院决定，到 2020 年，我国现行标准下农村贫困人口实现脱贫，贫困县全部摘帽，解决区域性整体贫困；农民素质和农民社会文明程度显著提升。

（3）实施了农村农民群众最低生活保障规则。根据第十届全国人大五次会议于 2007 年 3 月 16 日通过的《政府工作报告》的决定，从 2008 年起建立农村最低生活保障制度，将符合条件的农村贫困人口纳入保障范围，重点保障残疾、年老体弱、丧失劳动能力等生活常年困难的农村居民。报告强调，建立农村最低生活保障制度，以地方人民政府为主，实行属地管理，中央财政对财政困难地区给予适当补助。报告指出，在全国农村普遍建立最低生活保障制度，对于稳定地解决农村贫困人口温饱问题，逐步缩小城乡差距，维护社会公平，促进社会主义和谐社会建设具有重要意义。该报告部署，各级政府及部门组织实施农村农民群众最低生活保障的以下四项规则：

第一，合理确定保障标准和范围。我国地域广阔，发展很不平衡，保障标准和范围都要从实际出发，与各地经济社会发展水平、财力状况和当地生活水平相适应。

第二，加强保障监督管理规则。坚持公开、公平、公正的原则，规范申请、审核和审批程序，实行民主评议、社会公示、动态管理，做到制度完善、程序明确、操作规范，加强保障资金监管管理，确保资金安全。

第三，统筹协调法规制度与政策措施规则。各级政府及部门做好农村最低生活保障制度与其他农村社会保障政策和补助措施的衔接工作，保持农村各项救助、优抚制度的基本稳定。

第四，继续加强扶贫开发、改善贫困地区的生产和生活条件规则。积极推进农村劳动力培训和转移就业工作，扶持有劳动能力的贫困人口自强自立、发展生产，加快脱贫致富。2016 年 3 月 17 日第十二届全国人大四次会议通过的《政府工作报告》提出，从 2016 年起，各级政府及部门组织实施因人因地精准扶贫、精准脱贫，最低生活保障与脱贫致富攻坚工程建设相结合，对贫困人口应保尽保，划分五类扶持的规则：一类是对有劳动能力的，采取支持发展特色产业和转移就业规则；二类是对一方水土养不起一方人的，采取扶贫搬迁的规则；三类是对生态环境脆弱和恶化的，实行生态保护改善扶贫规则；四类是对丧生劳动能力的，实施兜底性保障规则；五类是对因病致贫的，实施提供医疗救助规则。

（4）统筹了农村农民群众最低生活保障资金投入。1952 年至 1978 年，从中央到地方各级政府为农村五保供养对象基本生活及时足额地进行补助，并对农村五保供养对象基本生活因物价上涨及时给予补贴；1988 年至 1995 年，为了全国统筹落实农村农民群众最低生活保障资金，国务院规定，对农村农民群众的最低生活保障资金的统筹以地方为主，地方各级政府要将农村农民群众最低生活保障资金列入财政预算，省级政府要加大投入。地方各级政府民政部门要根据保障对象人数等提出资金需求，经同级财政部门审核后列入预算。中央财政对财政困难地区给予适当补助。1989 年至 2011 年地方各级政府及其相关部门要统筹考虑农村各项社会救助制度，合理安排农村农民群众最低生活保障资金，提高资金使用效益。同时，鼓励和引导社会力量为农村农民群众最低生活保障提供捐赠和资助。农村农民群众最低生活保障资金实行专项管理，专账核算，专款专用，严禁挤占挪用。2012 年至 2019 年，为了进一步完善中央统筹、省（自治区、直辖市）负总责、县（市）抓农村农民群众最低生活保障资金投入机制，国务院规定，加大中央和省级财政扶贫资金投入，发挥政策性金融和商业性金融互补作用，整合各类扶贫资金投入项目，拓展扶贫开发治理渠道。

（5）规范了农村农民群众最低生活保障供求管控程序。为了规范全国各地区农村农民群众最低生活保障供求管控程序，从中央到地方各级政府及部门统一制定和共同遵守了四道农村农民群众最低生活保障管理控制程序：

第一，申请、审核和审批程序。首先，申请农村最低生活保障，一般由户主本人向户籍所在地的乡（镇）政府提出申请。其次，村民委员会受乡（镇）政府委托，也可受理申请。受乡（镇）政府委托，在村党组织的领导下，村民委员会对申请人开展家庭经济状况调查、组织村民会议或者村民代表会议民主评议后提出初步意见，报乡（镇）政府。最后，乡（镇）政府审核后，报县（市）级人民政府民政部门审批。乡（镇）政府和县（市）级政府民政部门要核查申请人的家庭收入，了解其家庭财产、劳动力状况和实际生活水平，并结合村民民主评议，提出审核、审批意见。在核算申请人家庭收入时，申请人家庭按国家规定所获得的优待抚恤金、计划生育奖励与扶助金以及教育、见义勇为等方面的奖励性补助，一般不计入家庭收入，具体核算办法由地方人民政府确定。

第二，民主公示程序。首先，村民委员会、乡（镇）政府以及县（市）级政府民政部门要及时向社会公布有关信息，接受群众监督。其次，公示的内容重点为：最低生活保障对象的申请情况，对最低生活保障对象的民主评议意见，审核、审批意见，实际补助水平等情况。最后，对公示没有异议的，要按程序及时落实申请人的最低生活保障待遇，对公示有异议的，要进行调查核实，认真处理。

第三，资金发放程序。农村农民群众最低生活保障资金，首先，原则上按照申请人家庭年均纯收入与保障标准的差额发放，也可以在核查申请人家庭收入的基础上，按照其家庭的困难程度和类别，分档发放。其次，通过代理金融机构直接、及时地将最低生活保障金支付到最低生活保障对象账户。

第四，调查核实操作程序。首先，乡（镇）政府和县（市）级政府民政部门要采取多种形式，定期或不定期调查了解农村困难群众的生活状况，及时将符合条件的困难群众纳入保障范围。其次，根据其家庭经济状况的变化，及时按程序办理停发、减发或增发最低生活保障进的手续。最后，对保障对象和补助水平变动情况，都要及时向社会公示。

（6）加强了农村农民群众最低生活保障组织领导。为了在全国确保农村最低生活保障制度的顺利实施，从中央到地方各级政府将制定实行农村最低生活保障制度这项重大复杂的系统性工作，纳入政府工作的重要议事日程，加强领导，明确责任，统筹协调，抓好落实。

第一，坚持从农村实际出发，精心设计严格规范、简便易行制度方案，周密组织实施。首先，各省、自治区、直辖市政府制定和修订的方案，上报民政部、财政部备案。其次，已经建立农村最低生活保障制度的，进一步完善制度，规范操作，努力提高管理水平。

第二，加大政策宣传力度，利用广播、电视、报刊、互联网等媒体，做好宣传普及工作，使农村农民群众最低生活保障政策进村入户、家喻户晓。

第三，加强协调与配合，各级民政部门发挥职能部门作用，建立健全各项规章制度，推进信息化建设不断提高规范化、制度化、科学化管理水平。各级财政部门落实资金，加强对资金使用和管理的监督，扶贫部门密切配合、搞好衔接，在最低生活保障制度实施后，仍坚持开发式扶贫的方针，扶持有劳动能力的贫困人口脱贫致富。

第四，开展监督检查，县（市）级以上政府及其相关部门定期组织检查或抽查，对违法违纪行为及时纠正处理，对工作成绩突出的予以表彰，并定期向上级政府及其相关部门报告工作进展情况。各省、自治区、直辖市政府于每年年底前，将农村最低生活保障制度实施情况报告国务院。

第五，提高组织领导水平，地方各级政府针对农村农民群众最低生活保障工作涉及面广、政策性强、工作量大的实际情况，统筹考虑建立农村最低生活保障制度的需要，科学整合县乡管理机构及人力资源，合理安排工作人员和工作经费，切实加强工作力量，提供必要的工作条件，逐步实现低保信息化管理，努力提高农村农民群众最低生活保障组织领导水平。

6. 建立健全了农村农民群众养老保障保险体系。2009 年 6 月 24 日，国务院常务会议审议通过《关于开展新型农村社会养老保险试点的指导意见》，在全国 10% 的县（市、区）开展新型农村社会养老保险试点。首先，人力资源和社会保障部宣布，这项惠及 8 亿农民的改革在当年 10 月 1 日国庆节之前正式启动试点，随着试点逐步推开，全国农民 60 岁以上都将享受到国家普惠式的养老金。这是继实行全面取消农业税、实行农业直接补贴、免除农村义务教育学杂费、建立新型农村合作医疗制度等深受广大农民欢迎惠农政策之后的又一项历史性重大变革。它意味着，我国政府首次对农民养老承担责任。其次，组织开展新型农村社会养老保险试点主要内容包括：实行基础养老金和个人账户养老金相结合的养老待遇，国家财政全额支付最低标准基础养老金。最后，组织实行个人缴费、集体补助、政府补贴相结合的筹资办法，地方财政对农民缴费实行补贴。中央财政对中西部地区最低标准基础养老金给予全额补助，对东部地区补助 50%，确保同一地区参保农民将来领取的基础养老金水平是相同的，这体现了新农保制度的基本性、公平性和普惠性。

2013 年，国务院决定，在全国建立新型农村社会养老保险制度，为农村居民提供老年基本生活保障。这又一项重大惠农政策，是国家朝着促进社会公平正义、破除城乡二元结构、逐步实现基本公共服务均等化的又一个重大步骤。建立起这项制度，会使农民“养老不犯愁”，逐步解决后顾之忧。这时加快完善覆盖城乡的社会保障体系，推动和谐社会建设和国家的长治久安，都具有重要意义。中共十八大以来，从中央到地方各级政府及部门在建立健全农村农民群众养老保障保险体系上：一是逐步拓展了养老渠道；二是逐步形成了养老责任；三是逐步采取了养老方式；四是逐步统筹了养老基金；五是逐步建立了养老管理体制；六是逐步健全了的养老服务体系。分别说明如下：

（1）逐步拓展了农村农民群众养老保障渠道。1949 年至 2008 年，全国农村农民群众家庭养老和土地养老是我国农村社会传统的养老方式，1954 年至 1978 年农村农业集体化时期，农民群众养老基本上采取了集体和家庭共担的方式。1979 年至 2008 年，在农村社会养老保险制度一时难以建立健全的条件下，农民群众养老生活保障是由家庭和土地来承担的，实质是建立在土地经济基础上的家庭养老方式。据 2008 年部分地区抽样调查显示，农村 60 岁以上老年人中，依靠家庭其他成员供养的占 52%，依靠土地收入供养的占 48%，这证明，土地养老保险是非强制性的，随着农村经济体制改革逐步深化、市场经济的发展，家庭养老和土地养老保险也不断受到冲击和削弱。2009 年至 2018 年，从中央到地方各级政府为了应对老龄化，解决城乡一体化经济社会发展中所产生的农民与农民工社会保障问题，加快构建我国农村养老保险制度，中共中央、国务院决定，从 2009 年起，在全国各地区推动新型农村社会养老保险试点，促进农民群众养老方式实现重大转变，实现“老有所养”。

各地区政府及部门在试点中拓展了农村农民群众养老保障渠道，按照国家规定要求，保持“保基本、广覆盖、有弹性、可持续”的方针，遵循个人缴费、集体补助和政府补贴相结合筹资的原则，采取社会统筹与个人账户相结合的方式，主要做法，一是界定参保对象，凡具有本地区农村农业户籍，年满 60 周岁，未参加城镇企业职工基本养老保险的农村居民均可参加新农保。二是明确缴费标准，每年个人缴费分 600 元、800 元、1000 元和 1200 元四个档次。在此范围内，农民可以自由选择不同的缴费档次，按年缴费。三是建立财政补贴制度，试点区域凡年满 60 周岁的老人，从参保次月起每人每月享受 100 元基础养老金，由省、县两级财政按 1:1 比例负担。四是设立个人账户，经人社部门会同财政部门确定，由新农保经办机构设立个人账户专户，为参保人建立个人账户。个人账户专户资金包括个人缴费和村集体补助、其他经济组织、社会团体资助，财政缴费补贴和财政适当补贴，个人账户转移收入以及个人账户专户利息收入。五是个人账户资金只能用于参保人员年老时养老，不得挪用。参保人死亡时，按相关规定把其个人账户（财政补贴本息除外）本息金额，一次性退给其法定继承人或者指定受益人。六是个人账户专户实行封闭运行、分项核算、实账管理。参保人死亡后，该账户按规定一次性支付个人账户养老金本息余额后的财政补贴剩余部分（含该利息收入），实行个人账户统筹。七是个人账户统筹金，专项用于支付参保个人账户养老金；八是新农保养老金享受条件和待遇标准，按照省级政府规定执行。

（2）逐步形成了农村农民群众养老保障责任。各地区政府在组织建立农村农民群众养老保障保险体系上，合理划分了农民群众家庭责任、政府及部门责任、市场主体经营单位责任。这是指农民群众家庭、政府及部门、市场主体经营单位，在明确规定各自在承担农村农民群众养老保障责任时，能够做到各司其职、各负其责。为此，一是农民群众家庭保障责任包括：家庭保障、个人储蓄保障、土地保障。首先，家庭保障，主要是家庭中的成年子女通过物质帮助、生活服务来满足老年人的物质、情感需求，体现成年子女对老年人的反哺。其次，个人储蓄保障，是指个人将其在青壮年时劳动的部分收入用来储蓄，以备年老时的需要，它体现了个人在追求终生收入平衡。个人储蓄可增加老年人的收入，提高老年人的生活质量，国家通过优惠政策鼓励储蓄养老。再次，土地保障，对制度保障能够起到重要的补充作用。二是政府及部门责任包括普惠式国民养老保险和老年人贫困救助制度，政府是直接责任主体。政府直接给广大农村农民群众提供部分养老保障基金，建立和完善农村最低生活保障制度和“五保户”制度。三是市场主体经营单位责任包括：市场流通领域中商业性人寿保险单位，一方面引导农村生活富裕的农民群众积极参与，通过市场自由交易实现养老保障，另一方面促进市场发育，完善市场体系，为农民群众养老保障创造条件。

（3）逐步采取了农村农民群众养老保障方式。各级政府及部门针对各地区农村经济发展不平衡的情况，因地制宜地采取农村农民群众养老保障方式，一是经济发达地区农村农民群众养老保障方式。北京、天津、上海、广州、南京等地区经济发展水平和农民收入水平都比较高，集体经济承受能力强，农村基层组织也比较健全。在这些地区，采取以市场保障为主、家庭保障为辅，率先建立起真正意义上的农村社会养老保障制度。二是经济发展中等水平地区农村农民群众养老保障方式。福建、浙江、山东、广东、江苏等地区经济快速发展，但暂时还不具备全部农民参加市场保险的条件，建立以个人缴费为主、集体为辅、国家予以政策扶持的初级社会养老保障方式。三是经济欠发达地区农村农民群众养老保障方式。吉林、四川、陕西、河北、山西、内蒙古等地区经济发展和人口年龄状况都处于一般水平，还不具备集体保障能力，首先在政府扶持的基础上，抓好乡镇企业职工、村级干部等有固定收入的人员和计划生育模范户及务农经商富起来的农民，积极参加市场养老保险。四是贫困地区农村农民群众养老保障方式。广西、新疆、宁夏、云南、贵州、甘肃、西藏等贫困的边远地区、少数民族地区、革命老区经济发展水平较低，目前政府在这类地区加大转移支付力度，搞好社会救济和社会福利工作，建立农村老年人生活最低保障基金，把养老保障与社会救济工作统一起来。

（4）逐步统筹了农村农民群众养老保障基金。2009 年 9 月 17 日，国务院在发布的《关于开展新型农村社会养老保险试点指导意见》（以下简称《指导意见》）决定在全国（市、区、旗）开展新型农村社会养老保险（以下简称新农保）试点，以后逐步扩大试点，全国普遍实施，2020 年之前基本实现对农村适龄居民的全覆盖，明确了各级财政对参保农民缴费给予补贴，并全额支付基础养老金。

第一，为了确保试点成功并能顺利推进，中央与地方财政加大了补助力度。首先，中央财政主要负责就国务院统一确定的基础养老部分，对中西部地区给予全额补助，对东部地区给予 50% 的补助。其次，地方财政补助两部分，其一，为激励农村居民参保缴费《指导意见》规定，地方政府对个人缴费给予补贴。为鼓励参保农村居民多缴费，地方财政按照“多缴多补”的原则，对选择较高档次标准缴费的，给予适当鼓励，具体办法由地方政府决定。对农村重度残疾人等缴费困难群体，地方财政代其缴纳部分或全部最低标准的养老保险费。这部分保险费也计入个人账户，作为将来计发个人账户养老金的基数，具体办法，也由地方政府确定。其二，鉴于各地方经济发展水平、消费水平等存在差异，地方政府可以根据实际情况，提高基础养老标准。为鼓励参保农村居民长期缴费，增加个人账户积累，对缴费超过一定年限的，地方政府可适当加发基础养老金，具体政策由地方政府确定。

第二，为了推动地方各级政府财政加强新农保基金管理，中共中央、国务院反复强调，采取得力措施，确保新农保基金的安全，防止挤占挪用。为此，《指导意见》规定，新农保基金要纳入社会保障基金财政专户，实行收支两条线管理，单独记账、核算。对个人缴费、集体补助和各级政府补贴，都作为新农保基金纳入财政专户管理，各项养老金待遇均从新农保基金中列支。同时，为保障参保农民的合法权益，新农保工作经费由同级财政部门根据实际工作需要和有关经费支出标准，合理安排，纳入财政预算，不得从新农保基金中提取。各级财政部门将新农保补助资金作为财政支出的一项重点，加以保证，及时分配，及时到位。

（5）逐步建立了农村农民群众养老保障保险管理体制。各级政府及部门在组织开展农村农民群众养老保障保险监督管理上，要做好以下工作：

第一，坚持城乡一体化经济社会持续协调发展方针，建立健全统筹安排农村社会养老保险制度、被征地农民基本生活保障制度、农民进城务工养老保险制度，并与农村“五保户”供养制度、农村最低生活保障制度、家庭养老、个人储蓄、商业保险等组成完整的农村养老保障体系。从“十三五”规划的 2016 年起，尽快解决目前我国农村地区仍有数千万贫困人口不具备维持生存的条件、养老更没有保障的问题，在欠发达地区农村落实农村最低生活保障制度，及时解决农民群众老有所养问题。

第二，坚持加大对农村社会养老保障支持力度，各级财政要逐年增加农村社会养老保障补贴资金，确保专款专用，特别要保障提供被征地农民今后生产生活必需投资，必须确保耕地出让收入用于被征耕地农民社会保障的一定资金比例。

第三，坚持努力开创农村社会养老保障保险多元化渠道，调整优化农村社会保障的管理资源，建立农村社会养老保障管理体制，推进农村社会养老保障事业发展。2013 年以来，中共中央、国务院推动了中西部地区在社会经济尚不发达、养老保障体系不健全的条件下，强调家庭养老不能退出历史舞台，进一步完善家庭养老措施，促使农民家庭养老逐步走向规范轨道：坚持通过签订赡养协议，强化家庭养老的责任和意识；实施优惠政策鼓励子女与父母合住或近邻居住，以方便照顾老人等。

第四，坚持建立农村社会养老保障基金管理体制，设立新农保基金财政专户、个人账户专户和新农保发放户。新农保养老金分为个人账户养老金和基础养老金，按用款计划分别从个人账户专户和基金财政专户核拨养老金发放户，按月支付养老金。基础养老金由财政部门根据人社部门及所属经办机构编制的基金预算和用款计划，预（核）拨至基金财政专户，直拨发放户。个人账户资金（包括社保费收入和财政补贴）通过基金财政专户核拨个人账户专户，封闭管理。财政补贴资金分年度清算结算。

第五，坚持壮大农村社会养老保障保险经济实力。首先，严格土地征用制度，确保欠发达地区农民养老的底线。历史经验证明，在社会经济不发达的条件下，以土地作为规避老年风险和解决生活来源的模式，在一定程度上是有效的。因此，我国政府采取强有力的措施，大力保护耕地，重视和强化土地养老的功能，确保欠发达地区农民养老的底线。其次，加快农村经济发展，提高农民收入水平，大力推进现代农林牧渔各业结合、种养加销一体产业链、城乡一二三产品融合发展，走产出高效、产品安全、资源节约、增收致富的农业现代化道路。再次，逐步引导农村富余劳动力转向非农产业，加强执法监管，使劳动力转移后的劳动权益能够得到保障，从而为真正解决农村农民群众养老问题创造条件。

第六，坚持推动金融机构拓宽农村社会养老保障保险融资渠道。第一，在缴费与支付环节，金融机构利用丰富的网点网络、服务、产品、系统等优势，为其提供相应的金融服务，有效解决参保人流动性导致的转移续保问题。第二，在基金的保值增值方面，金融机构通过产品的设计，探索基金的投资方向，为规范基金投资管理提供可靠的投资模式，使农民也能充分享受经济增长和资本市场增长的成果。第三，在基金的安全保障方面，金融机构利用先进的托管经验及风险控制手段，确保基金的安全性，控制基金被挪用的风险。第四，金融机构还可以尝试开展保险质押贷款，避免农保基金“只存不贷”现象，扩大农村金融服务供给。

（6）逐步健全了农村农民群众养老保障保险服务体系。为了加快农村农民群众养老保障保险服务体系建设进程，中共中央、国务院决定，从 2009 年开始，对新农保试点正式实行，并逐步扩大试点，2020 年基本实现全国覆盖。据人力资源和社会保障部统计，2011 年底，全国有 27 个省、自治区的 1914 个县（市、区、旗）和 4 个直辖市部分区县开展国家新型农村社会养老保险试点工作。2018 年全国已有 99% 新型农村社会养老保险试点覆盖的县（市、区、旗）。各地区党委、政府逐步健全了农村农民群众养老保障保险服务体系。

第一，实行了个人缴费、集体补助、政府补贴相结合的筹资结构政策，采取基础养老金和个人账户养老金相结合的待遇方式。国家将全国开展新型农村社会养老保险，纳入到了中央财政补贴范围之内，由中央财政负责提供基础养老资金，各地方财政可根据实际情况予以适当补贴。同时，参保人可在一定比例范围内缴纳个人养老金，该资金与相对应的集体补助、政府补贴一起记入个人账户，并对个人账户实行完全积累，实账管理，提高基础养老保障水平。

第二，推行了中央和地方各级财政对新型农村社会养老保险资金配套投入政策，2009 年中央财政投入部分为 115 亿元，2015 年全国范围全年新型农村社会养老保险基金收入 1588 亿元，其中：中央财政投入部分为 365 亿元，地方财政投入部分为 436 亿元，农村集体投入部分 364 亿元、农民个人缴费315亿元，参保人数59643万人，累计结存1430亿元，基金管理运作逐步规范，完善基金管理监督、风险控制、审核披露机制，加强社会监督，从而有效遏制基金被挪用的现象，极大地保证了基金的安全性。

第三，建立了新型农村社会养老保险弹性化的缴费机制与待遇支付调整机制，从而有效地解决了负面影响问题，最大程度地保持了新型农村社会养老保险保障水平；着力加强了新型农村社会养老保障体系建设，进一步完善多层次、多支柱的保障体系，实现公共财政和农村社会保障的最有效的制度融合，从而促进农村社会保障制度快速向全国统筹过渡，加快建立统筹城乡发展、覆盖城乡居民的社会保障体系，让农村老人均能平等地早日享受国家公共财政的“阳光雨露”，避免出现厚此薄彼的问题。

第四，探索了城乡居民社会基本养老保障保险、被征地农民养老保险等各项养老制度衔接与转换的可操作性方案，解决基本养老保险保障出现的各种问题，提升了新型农村社会基本养老保障保险统筹层次。随着城乡一体经济社会协调发展，农村人口呈逐年递减态势，必须兼顾农村人口不多的中心城区农民参保问题。提高统筹层次，制定实施被征地农民养老保险、农村主职干部基本养老保险、农村五保户和“城中村”人员养老保险等，针对不同人群养老保障制度和办法。组织推进了新型农村社会基本养老保障保险服务体系信息化建设，规范参保登记和待遇发放操作流程，加强新农保档案管理，做到档案管理规范化。

八、组织开创全国贫困地区农村农民群众脱贫增收致富之路的经验启示

全国从中央到地方各级党委、政府及部门在组织领导推动贫困地区农村农民群众脱贫增收致富的生产经营建设和社会保障事业发展实践中，总结交流推广应用了一系列切实可行、行之有效的成功经验启示，主要包括：一是更新脱离贫困思想理念，坚定增收致富宗旨目标；二是构筑坚实扶贫基础设施，保护改善脱贫生态环境；三是扶持农林牧渔业结合，种养加销一体产业链，推动城乡一二三产业融合发展；四是增强农民群众多种就业创业能力，提高农村社会保障事业发展水平；五是全方位筹集资金投入，开源节流增强实力；六是维护农民群众利益，减轻负担负债；七是保证农民群众基本收入，增加多项收入；八是坚持各级政府及部门组织领导，动员社会各界协助支援。分别说明如下：

（一）更新脱离贫困思想理念、坚定增收致富宗旨目标的经验启示：更新脱离贫困思想理念，是指更新农民群众传统守旧观念，更新农民职业创业观念，持续奠定农业根基理念、更新农业发展形势理念、更新扶贫攻坚关键理念、更新精准脱贫增收致富理念；坚定增收致富宗旨目标，是指农村贫困人口实现脱贫，推进城乡基本公共服务均等化，建设美丽宜居乡村，坚决打胜脱贫攻坚战，对贫困人口应保尽保，确保困难群众基本生活，建立更加公平均等社会保障制度。

1. 更新脱离贫困思想理念的经验启示。坚持引导贫困地区农村基层干部和农民群众彻底清除愚昧无知、因循守旧、封建迷信、依赖等待、观望偏见的思想意识，树立实事求是、求真务实、真抓实干、开拓创新、艰苦奋斗、自力更生的思想意识，推动县（市）、乡镇政府及部门领导干部坚持缩小城乡差别、工农差距、城乡居民就业创业和公共服务均等化、维护民族团结、保持社会稳定的思想理念，向贫困地区农村农民群众进行全方位、多层次宣传教育，促使贫困地区农村农民群众增强脱贫增收致富的坚定信念，进一步汲取更新以下四种理念的经验启示：

（1）持续奠定农业根基理念的经验启示。农业是国民经济的基础。农业稳，天下安。只有农业的牢固根基，才能有国家的自立；只有农业的积累，才能有工业的发展；只有农业的现代化，才能有整个国民经济的现代化。今后，虽然农业在国民经济中的份额会下降、农村人口会减少，但农业在我国经济社会发展中的基础地位和战略作用，永远不变。为此，坚持奠定农业根基理念：一是我国农业发展越是形势喜人，越要保持清醒头脑，居安思危，未雨绸缪，遵循经济社会发展规律，立足我国基

本国情农情，促进工业化、信息化、城镇化、农业现代化同步发展，促进农业发展、保障粮食等产品供给绝非易事，根本出路在于加快推进现代农业建设，不断提高农业综合生产能力，以满足全国经济社会持续健康发展、保障对粮食等产品数量质量持续增长的需求；二是我国目前支撑农业生产经营各种要素已经绷得很紧，耕地和水资源紧缺、农业生产经营成本上涨、青壮年劳动力减少、环境污染和生态退化等问题突出，必须坚持实行最严格的耕地保护和水资源管理制度，毫不动摇地稳定和完善农村基本经营制度，坚持不懈地推进农业科技进步，持续加大农业支持保护力度；三是我国今后农业对外开放的广度和深度进一步拓展，要进一步提高统筹利用国际国内两个市场、两种资源的能力，完善农业产品进出口战略规划和调控机制，从长计议，趋利避害，争取主动；四是中共十八大报告强调，解决好农业农村农民问题是全党工作重中之重，必须坚持这一科学定位和战略方针，做好新形势下的"三农"工作这篇大文章，任重道远，必须把"重中之重"的战略方针，贯穿现代化建设始终，遵循发展规律，增强忧患意识，持之以恒夯实农业基础。

（2）更新农业发展形势理念的经验启示。未来我国农业生产在面临发展机遇的同时，也将面临一系列挑战，包括自然资源约束和退化、农业生产力增长乏力、农业生产经营规模小、劳动力成本上升和气候变化的影响等。为此，从以下两方面做到：

第一，认清趋势。其一，我国农业发展将面临日益严峻的水资源短缺和耕地退化的威胁趋势，我国农业发展的最大影响因素，是水资源最短缺、有限耕地数量和质量，尤其水土污染等水土资源的质量恶化也威胁农业发展。其二，我国农业生产力增长速度呈现下降的趋势。过去农业产品产量增长主要来自于单产的提高，但从趋势来看，农业产品单产的增长速度在逐渐下降，农业科研和技术推广体系还没能很好地适应农业发展的变化、农业科技发展同农民的技术需求尚存在着许多脱节的现象。要充分发挥农业科技在为未来提高农业生产力的作用，急需推进农业科技体制和激励机制等的改革。农业基础设施建设是农业生产力提高的基础，但目前土地生产力的提高，也还受制于水利设施、土壤改良和田间道路和防护等农业基础设施的建设。其三，我国农业生产经营小规模的方式，同劳动生产率提高和农业现代化的矛盾将日益突出。其四，我国农村劳动力转移到工业和服务业就业和人口增速的下降及老龄化，使农业劳动力机会成本显著提高，劳动力工资上涨将显著影响农业产品生产成本，影响农业产品在国际市场的比较优势和竞争力。其五，我国气候变化的冲击，对农业生产带来许多极不确定的影响和风险。其六，我国虽然近期国内生产能够基本满足食物总量需求的增长，但未来食物供需缺口将逐渐增大，部分农业产品结构性短缺已成常态，并将逐渐演变为较大范围农业产品的供需短缺。其七，我国满足对农业产品质量和食品安全的需求，也将面临日益突出的挑战，农业将面临农业产品生产和市场价格波动的更大风险。总之，我国农业产品供需平衡所呈现的变动特征和趋势的根源，在于农业产品需求的增长、资源的约束和生产力增长速度的下降。未来我国至少在 20 年内农业产品需求还将出现刚性的增长，而水土等资源将是永久的刚性约束。

第二，采取对策。上述两种刚性变动都是未来难以改变的趋势，要提高农业产品供给安全的保障程度，必须把战略重点聚焦在农业生产力的提升上，并根据国家总体利益做出战略的调整，坚持科学有效地利用好国内外的农业产品市场。为此，一要通过对农业社会化服务体系等多方面的改革创新，发展多种形式的适度规模经营，降低生产成本，提高农业的劳动生产力。二要通过财政支持力度，培育能为农民生产经营，提供农民专业合作经济组织等各种形式的农业社会化服务，促进社会资源的高效配置，提高农业资源利用率。三要对各级财政对农业生产经营建设投入，作全面考察和科学评估，在此基础上调整财政投入结构，提高财政扶持农业生产经营建设资金使用效益。四要把农业科技创新和农业基础设施建设作为提高农业生产力的有效途径，农业科技创新是生产力增长的主要推动力，不断增加对农业科研和技术推广的投入，适应农业生产经营建设的需要，更好地满足农民对务农技术的需求，推动对农田水利基本建设、中低产田改造建设、农业产品供应链系统和食品安全监管，提高抵抗自然灾害能力、农业产品的供给能力。五要对短缺农业产品的安全性进行评估，调整国家财政对不同农业产品生产经营投入的优先序，要对未来短缺农业产品的国内生产能力和安全性的优先序作出科学的评估，根据水土资源约束和农业产品需求增长趋势，制定出主要农业产品未来实现的自给率目标，制定战略性财政投入优先序。

（3）更新扶贫攻坚关键理念的经验启示。各级政府在扶贫攻坚中，是政策、规划的制定者，是贫困群体的识别者，是脱贫发展的引导者，及时承担好这几种角色，尽心尽职，不能单纯用行政命令指挥扶贫，或代群众做主、大包大揽，杜绝弄虚作假。从“根”上、扶贫攻坚上，一是从国家经济社会发展大局中，统筹思考贫困地区发展路径和规划，通过制度设计，将政府、市场、社会资源向贫困地区倾斜，从宏观、中观层面，谋划破解制约贫困地区，特别是国家连片特困地区交通、电力、水利、教育、特色产业等瓶颈性问题。二是国家对贫困地区农村贫困人口，要解决生存权利，要赋予其更多发展权利。具体来说，就是既要强化保障兜底，提高教育、医疗、低保、养老保障标准，真正实现城乡人口均衡覆盖，也要通过机制创新，改革农村财政投入、土地产权、涉农补贴等制度，赋予农民对各类资源要素的使用权、处置权、收益权。

（4）更新精准脱贫增收致富理念的经验启示。农村贫困人口脱贫是全面建成小康社会艰巨的任务。必须充分发挥政治优势和制度优势，坚决打赢脱贫攻坚战。为此，一是坚持实施精准扶贫、精准脱贫，因人因地施策，提高扶贫实效。要坚持分类扶持贫困家庭政策，对有劳动能力的支持发展特色产业和转移就业政策，对“一方水土养不起一方人”的实施扶贫搬迁政策，对生态特别重要和脆弱的实行生态保护扶贫政策，对丧失劳动能力的实施兜底保障政策，对因病致贫的提供医疗救助保障政策。二是坚持实行低保政策和扶贫政策衔接，对贫困地区农村人口应保尽保。要坚持对在贫困地区开发水电、矿产资源占用集体土地的，采取给原住居民集体股权方式进行补偿政策，对贫困地区农村人口实行资产收益扶持政策，对提高贫困地区农村人口基础教育质量和医疗服务水平，推出贫困地区农村人口基本公共服务均等化政策。对贫困地区农村实施建立健全农村留守儿童和妇女、老人关爱服务体系政策。

2. 坚定脱贫增收致富宗旨目标的经验启示。要坚持在全国现行标准下农村贫困人口实现脱贫，贫困县全部摘帽，解决区域性整体贫困，必须进一步推广实现以下三方面目标的经验启示：

（1）推进城乡基本公共服务均等化的经验启示。坚持工业反哺农业、城市支持农村，健全城乡发展一体化体制机制，推进城乡要素平等价交换、合理配置和公共服务均等化：一是健全财政转移支付同农村转移人口市民化挂钩机制，建立城镇建设用地增加规模同吸纳农村转移人口落户数量挂钩机制；二是健全农村基础设施投入长效机制，把社会事业发展重点放在农村和接纳农村人口转移较多的城镇，推动城镇公共服务向农村覆盖；三是提高农村建设水平，开展农村人居环境整治行动，加大传统村落民居和历史文化名村名镇保护力度，建设美丽宜居乡村。

（2）完善更加公平均等社会保险体系的经验启示。坚持实行全民社会保险制度，完善社会保险体系：一是全面实施城乡居民大病保险制度，整合城乡居民医保政策和经办管理，健全城乡居民统筹救助体系，确保困难群众基本生活；二是积极开展应对人口老龄化行动，弘扬敬老、养老、助老社会风尚，建设以居家为基础、社区为依托、机构上为补充的多层次养老服务体系，推动卫生医疗和养老服务相结合，建立长期护理保险制度。

（3）确定2016年至2020年五年内有能力实现7000万人脱贫目标的经验启示。我国现行脱贫标准是农民年人均纯收入，按2010年不变价计算为2300元，2014年现价脱贫标准为2800元，按照这个标准，2014年末全国还有7017万农村贫困人口。综合考虑物价水平和其他因素，逐年调整按现价计算的标准。据测算，若按每年6%的增长率调整，2018年全国脱贫标准约为人均纯收入4000元。今后，脱贫标准所代表的实际生活水平，大致能够达到2020年全面建成小康社会所要求的基本水平。通过实施脱贫攻坚工程，实施精准扶贫、精准脱贫，7017万农村贫困人口脱贫目标是可以实现的。2011年至2017年，每年农村脱贫人口分别为4329万、2339万、1650万、1232万、1360万、1000万、1000万，累计12910万。因此，通过采取过硬的、管用的举措，2018年后每年减贫1000万人的任务是可以完成的。具体说，到2020年，通过产业扶持，可以解决3000万人脱贫；通过转移就业，可以解决 1000 万人脱贫；通过易地搬迁，可以解决 1000 万人脱贫，总计 5000 万人左右，还有 2000 多万完全或部分丧失劳动能力的贫困人口，可以通过全部纳入低保覆盖范围，实现社保政策兜底脱贫。

（二）构筑坚实扶贫基础设施，保护完善脱贫生态环境的经验启示，一是构筑坚实扶贫基础设施的经验，是指持续夯实扶贫攻坚现代农业基础，推进高标准农田建设、农田水利建设、农业科技推广创新体系建设、现代种业体系建设、农村公共基础建设的经验。推广交流其经验的宗旨，是提高农业质量效益和竞争力，提高新农村建设水平、推动城乡协调发展。二是保护改善脱贫生态环境的经验，是指加强农业资源保护和高效利用、加快农村生态环境综合治理、加强农业生态保护和修复、推进农业产品质量和食品安全战略的经验。推广交流其经验的宗旨，是加强对农业和农村资源保护和生态修复，推动农业和农村经济有机绿色发展。分别说明如下：

1. 构筑坚实扶贫基础设施的经验启示。为了坚持工业反哺农业、城市支持农村，促进城乡公共资源均衡配置、城乡要素平等交换，稳步提高城乡基本公共服务均等化水平，彻底改变贫困地区农业和农村生产经营和公共公益基础设施条件，而推广交流了以下三项持续推进和着力加强农业生产经营和农村公共公益基础设施建设的经验启示：

（1）推进高标准农田、农田水利建设的经验启示，一是力争建成集中连片、旱涝保收、稳产高产、生态友好的高标准农田。整合完善建设规划，统一建设标准、统一监管考核、统一上图入库。提高建设标准，充实建设内容，完善配套设施。优化建设布局，优先在粮食主产区建设确保口粮安全的高标准农田。健全管护监督机制，明确管护责任主体。将高标准农田划为永久基本农田，实行特殊保护。将高标准农田建设情况，纳入地方各级政府耕地保护责任目标考核内容。二是把农田水利作为农业基础设施建设的重点，扩大有效灌溉面积，提高农田灌溉水有效利用系数，完善小型农田水利设施，加强农村河塘清淤整治、山丘区“五小水利”田间渠系配套、雨水集蓄利用、牧区节水灌溉、饲草料地建设。大力开展区域规模化高效节水灌溉行动，推广先进适用节水灌溉技术。实行农业用水总量控制和定额管理，合理确定农业水价，建立节水奖励和精准补贴机制，提高农业用水效率。鼓励社会资本参与小型农田水利工程建设与管护。

（2）推进农业科技创新、种业育繁体系建设的经验启示，一是在现代农业科技创新推广体系建设上，统筹协调各类农业科技资源，建设现代农业产业科技创新中心，实施农业科技创新重点专项工程，重点加强农业联网、农业机械装备、农业转基因科技研发和监管的创新体系建设，大力推进现代农业联网、云计算、大数据、移动互联等现代信息技术，推动农业产业链改造升级。大力发展智慧气象和农业遥感技术应用。加快研发高端农业机械装备及关键核心零部件，提升主要农作物生产全程机械化水平。健全适应现代农业生产经营建设科技推广体系，对农村基层公益性与经营性科技推广服务机构提供精准支持，鼓励支持科技特派员深入一线创新创业，发挥农村专业技术协会的作用。二是在推进现代种业育繁体系建设上：一要大力提升种业自主创新能力，保障国家种业安全，深入推进种业领域科研成果权益分配改革，探索成果权益分享、转移转化管理机制，实施现代种业建设工程和种业自主创新重大工程；二要全面推进良种培育和推广适应机械化生产、优质高产多抗广适新品种，加快主要粮食作物新一轮品种更新换代；三要实施畜禽遗传改良计划，加快培育优异畜禽新品种；四要开展种质资源普查，加大保护利用力度，贯彻落实种子法，全面推进依法治种，加大种子打假护权力度。

（3）推进农村公共公益基础设施建设的经验启示：坚持把国家财政支持城乡公共公益基础设施建设重点放在农村，建好、管好、护好、运营好农村公共公益基础设施，提高农村公共服务水平。健全农村基础设施投入长效机制，促进城乡基础设施互联互通、共建共享，逐步缩小城乡差别的经验：一是强化农村饮用水水源保护，实施农村饮水安全巩固提升工程，推动城镇供水设施向周边农村延伸；二是加快实施农村电网改造升级工程，开展农村“低电压”综合治理，发展绿色小水电；三是加快实现所有具备条件的乡镇和建制村通硬化路、通班车，推动一定人口规模的自然村通公路，创造条件推进城乡客运一体化，加快国有林区防火应急道路建设，将农村公路养护资金逐步纳入地方财政预算；四是发展农村规模化沼气，加大农村危房改造力度，统筹搞好农房抗震改造，通过贷款贴息、集中建设公租房等方式，加快解决农村困难家庭的住房安全问题，加强农村防灾减灾体系建设。

2. 保护改善脱贫生态环境的经验启示。为了推动农业和农村经济可持续发展，加快形成农业资源利用高效、农业产品质量安全、农村生态系统稳定、农业产品产地环境良好的农业和农村经济发展新格局，而推广交流以下四项农业和农村资源利用、生态环境保护治理的经验启示：

（1）推进农业资源保护和高效利用的经验启示。为了建立农业资源有效保护、高效利用的政策和技术服务体系，从根本上改变开发强度过大、利用方式粗放的状况，一是坚持最严格的耕地保护制度，坚守耕地红线，全面划定永久基本农田，大利实施农村土地整治，推进耕地数量、质量、生态“三位一体”保护机制，落实和完善耕地占补平衡制度，坚决防止占多补少、占优补劣、占水田补旱地，严格控制农村集体建设用地规模。完善耕地保护补偿机制，实施耕地质量保护与提升行动，加强耕地质量调查评价与监测。二是保障落实最严格的水资源管理制度，强化水资源管理“三条红线”刚性约束，实行水资源消耗总量和强度双控行动，加强地下水监测，开展超采区综合治理，落实江湖水域岸线用途管制制度。

（2）加快农村生态环境综合治理的经验启示。为了加强农村生态环境治理，严格执行农村环境的政策法规制度，实施农村生态环境治理规划，加大农业面源污染防治力度，遏制生态环境恶化趋势，一是坚持推动农民在农林种植业、牧渔养殖业生产经营中，实施种养业废弃物资源化利用、无公害化处理区域示范工程，采用高效生态循环农业模式。二是坚持鼓励农民实行耕地轮作休耕制度，通过轮作、休耕、退耕、替代种植等多种方式，对地下水漏斗区、重金属污染区、生态严重退化地区开展综合治理。三是坚持开展农村水土保持、小流域治理工程建设，推进荒漠化、石漠化、水土流失综合治理。

（3）加强农业生态保护和修复的经验启示。为了推动农民群众参加山水田路村生态保护和修复工程建设，进行整体保护、系统修复、综合治理，一是坚持扩大退耕还林还草规模，扩大退牧还草工程实施范围，实施新一轮草原生态保护补助奖励政策，适当提高补奖标准。坚持实施湿地保护与恢复工程，开展退耕还湿。建立沙化土地封禁保护制度。二是坚持开展大规模国土绿化行动，增加森林面积和蓄积量，加强防护林体等林业重点工程建设。完善天然林保护制度，全面停止天然林商业性采伐。三是坚持完善海洋渔业资源总量管理制度，严格实行休渔禁渔制度，开展近海捕捞限额管理试点，按规划实行退养还滩。加快推进水生态修复工程建设。四是坚持建立健全生态保护补偿机制，开展跨地区跨流域生态保护补偿试点，为加强农业生态保护和修复开拓有效途径。

（4）推进农业产品质量和食品安全战略的经验启示。为了实施农业产品和食品安全战略，加快完善食品安全国家标准，到2020年农兽药残留限量指标基本与国际食品法典标准接轨，加强产地环境保护和源头治理，实行严格的农业投入品使用管理制度，一是坚持推广高效低毒低残留农药，实施兽用抗菌药治理行动，创建优质农业产品和食品品牌。二是坚持推进农业标准化示范区、园艺作物标准园、牧业畜禽规模化养殖场、渔业鱼虾标准化养殖场建设，实施动植物保护能力提升工程。三是坚持加快健全从农田到餐桌的农业产品质量和食品安全监管体系，建立全程可追溯、互联共享的信息平台，加强标准体系建设，健全风险监测评估和检验检测体系，实施食品安全创新工程。四是坚持加强基层监管机构能力建设，培育职业化检查员，扩大抽检覆盖面，加强日常检查。五是坚持推进病死畜禽无害化处理与养殖业保险联动机制建设，规范畜禽屠宰管理，加强人畜共患传染病防治；六是坚持开展食品安全城市和农业产品质量安全、农村食品安全治理行动，强化食品安全责任制，把保障农业产品质量和食品安全作为衡量党政领导班子政绩的重要考核指标。

（三）扶持农林牧渔业结合、种养加销一体产业链、推动城乡一二三产业融合发展的经验启示。为此，一是指大力推进农业现代化，必须着力强化物质装备和技术支撑，着力构建现代农业产业体系、生产体系、经营体系、实施藏粮于地、藏粮于技战略，推动粮经饲统筹、农林牧渔业结合、种养加销一体产业链、城乡一二三产业融合发展，让农业成为充满希望朝阳产业的成功经验。二是指推进农村农林牧渔产业与城镇工商服务产业融合，充分发挥农村的独特优势，深度挖掘农林牧渔产业的多种功能，推动农林牧渔业产品加工业转型升级，培育壮大农村新产业新业态，推动产业融合发展成为农民增收的重要支撑，让农村成为可以大有作为的广阔天地，促进农民收入持续较快增长，走向持续增收致富奔小康之路的成功经验，主要包括：一是调整优化农林牧渔产业结构和区域布局；二是组织推动农村新型产业主体发挥适度规模经营引领作用；三是坚持推进破除城乡二元结构的一二三产业融合发展。

1. 调整优化农林牧渔产业结构和区域布局的成功经验启示。这是指坚持始终遵循面向整个国土资源，全方位、多途径开发治理、科学利用，力争满足全国经济社会持续发展、城乡人民生活日益多元化，优质化需求的指导思想，坚持立足各地区农村自然地理资源条件、生态环境，在确保粮食等食品基本自给、绝对安全的前提下，基本形成与市场需求相适应、与资源禀赋相匹配的现代农林牧渔产业结构和区域布局，提高农业综合效益，增加农民群众收入。为此，在组织推进确保粮食等食品基本供应、绝对安全的农林牧渔产业结构调整优化上，主要总结推广交流推广以下两方面成功经验启示：

（1）坚持保障供给安全的粮食等食品生产，这是关系全国经济社会发展全局，关系城乡人民切身利益，丝毫不能放松粮食等食品生产。要抓好稳定粮食种植面积，提高单产水平。加大对粮食主产区和种粮农民的扶持力度，实施粮食战略工程，加快建立粮食核心产区，全面提高粮食综合生产能力和供给保障能力。

（2）坚持在大力支持粮食主产区建设粮食生产核心区的基础上，一是进一步划定粮食生产功能区和大豆、棉花、油料、糖料蔗等重要产品生产保护区，注重发展旱作农业、热作农业、优质特色杂粮、特色经济林、木本油料、竹藤花卉、林下经济。二是推进牧渔产业优化品种结构，促进各类重要产品增加产量，加快建设现代饲草料产业体系，根据环境容量调整优化牧业养殖结构，发展草食畜牧业，形成规模化生产、集约化经营为主导的生猪、奶业产业发展格局，科学开发利用河湖海资源，积极发展渔业养殖产业。三是实施种养结合循环农业示范工程，推动种养结合、农牧渔循环发展，推动农林牧渔业标准化生产，提高农林牧渔业产品质量安全水平。

2. 组织推动农村新型产业主体发挥适当规模经营引领作用的成功经验启示。这是指坚持以农户家庭经营为基础，支持新型农业经营主体和新型农业服务主体成为建设现代农业的骨干力量，充分发挥多种形式适度规模经营在农业机械和科技成果应用、绿色发展、市场开拓等方面的引领功能作用：

（1）组织发挥多种形式农业适度规模经营引领作用的成功经验启示。中共十七届三中全会明确提出，有条件的地方可以发展专业大户、家庭农场、农民专业合作社、农业产业化龙头企业等新型农业经营主体。此后，全国各地区农村新型农业经营主体如雨后春笋般迅速发展起来，多种类型的新型农业服务主体开展代耕代种、联耕联种、土地托管等专业化规模化服务。家庭农场作为我国现代农业发展的一支骨干力量，目前呈现着蓬勃发展的势头。

（2）组织加强对农村土地流转和规模经营的管理服务的成功经验启示。全国各地区农村在推动农业现代化进程中，一家一户的土地承包责任制，由“分”到“合”已是大势所趋。特别是在城乡一体农业现代化、工业化、信息化、城镇化同步建设进程中，各地区政府及部门进一步加强农业现代产业化规模服务体系建设，实施农业科技、信息、气象社会化服务支撑工程，扩大政府购买农业公益性服务机制创新试点，完善工商资本租赁农业生产经营土地准入、监管和风险防范机制。健全县乡农村经营管理服务体系。

（3）坚持推进破除城乡二元结构的一二三产业融合发展的成功经验启示。各地区在调整优化农林牧渔产业结构、品种结构、优质高效中增收的基础上，一是鼓励乡镇企业、个体私营业主和农户引进加工、保鲜、贮存、运输等技术和设备，对农林牧渔业产品进行深度开发、转化增值。着重解决农林特产品、药材和牧渔产品的加工增值问题，开拓产品销售市场，发展中介组织和股份合作运销联合体，设立销售窗口，推动网上销售，发展订单农业，使产品货畅其流，从加工流通中增收。

第一，坚持改革完善粮食等重要农林牧渔业产品价格形成机制和收储制度，坚持完善农林牧渔业产品市场调控制度，继续执行并完善稻谷、小麦最低收购价格政策，按照市场定价、价补分离的原则，综合考虑农民合理收益、财政承受能力、产业链协调发展等因素，建立粮食生产补贴制度。

第二，坚持放活土地使用权，逐步确立规范的土地流转制度，鼓励土地向技术能手、种田大户集中，发挥能人带动作用，提高土地规模效益；坚持调整优化农村劳力结构，采取技术培训、保护权益、牵线搭桥等措施，不断提高农村劳动力参加城镇二三产业务业质量，从苦力型向智力型、普通型向特色型转化，改善服务环境，发展个体私营经济。

第三，坚持引导鼓励中央企业和地方国有企业、民营资本组建混合所有制企业，因地制宜勘探开发农村水电、风电、太阳能、天然气、页岩气、煤层气、页岩油等资源。发展生物质能、天然气、农村小水电等清洁能源，建设能源化工基地，加快推进技术创新，实现资源就地加工转化利用，开展矿产资源综合利用。

第四，坚持鼓励农民从城镇返回乡村兴办实体，将信息技术、订单、资金带回来，形成人心回归、资本回流、知识回报、繁荣农村、富裕农民的良好局面；坚持完善农业对外开放战略布局，统筹农业产品进出口，加快形成农业对外贸易与国内农业发展相互促进的政策体系，实现补充国内市场需求，促进结构调整、保护国内产业和农民利益的有机统一，加大对农业产品出口支持力度，巩固农业产品出口传统优势，扩大特色和高附加值农业产品出口。促进我国企业开展农业投资、贸易、科技、动植物检疫合作，加强农业产品加工、储运、贸易等环节合作，统筹用好国际国内两个市场、两种资源。

（四）增强农民群众多种就业创业能力、提高农村公共服务和社会保障事业发展水平的经验启示：一是增强农民群众多种就业创业能力的成功经验，包括科学确定新型农民综合素质的培育标准，组织培养新型农民各种职业功能的有效途径，全面扶持新型农民就业创业的方略规程；二是提高农村公共服务和社会保障事业管理水平的成功经验，包括坚持开展新农村人居环境整治，提高新农村公共公益服务水平，推进新农村社会保障事业发展。分别说明如下：

1. 科学确定新型农民综合素质培育标准、方式的经验启示。中共十六届六中全会提出建设新农村，培养“有文化、懂技术、会经营”的新型农民。科学确定新型农民“有文化”是指农民能说会写、崇尚科学、诚信友爱、知法守法；“懂技术”是指农民至少要熟练掌握一到多项生产技能和技巧，具有较高的技术素质；“会经营”是指农民能合理配置人、财、物和土地等资源，组织生产和参与市场活动，获得较高的经济效益，具有一定的经营和管理能力。农民是建设新农村的主体力量，是建设自己美好家园的生力军。只有培养农民现代意识，树立“崇尚科学、崇尚文明”的新理念，提倡农民的科学健康生活方式，提高农民综合素质，造就有文化、懂技术、会经营的新型农民，才能为现代农业发展提供强有力的人才智力队伍。

（1）科学确定新型农民综合素质标准的经验启示。为贯彻落实《中华人民共和国科学技术普及法》和《全民科学素质行动计划纲要》，加快实施农民科学素质行动，切实加强农民教育培训和科学普及工作，努力培养有文化、懂技术、会经营的新型农民，加速树立“崇尚科学崇尚文明”的新理念，提高有道德、有文化、懂技术、会经营、能创业的综合素质标准包括六项：

第一，深入贯彻落实科学发展观，树立正确的人生观和价值观。了解公民的基本权利和义务，学法知法守法，树立主人翁意识，积极参与民主选举和农村社区事务，实行村务公开和民主管理，让农民增强政治权利意识，自觉争取真正享有知情权、参与权、管理权和监督权，切实维护农民的民主权利。

第二，积极参与健康文明的文化娱乐活动，反对封建迷信，不信邪教，远离“黄赌毒”，树立文化文明新观念，提高农民文化素质，保证农民文化权益，共享文化发展的成果，推进农民提高自我教育、自我发展的积极性和主动性，树立自强、自立意识，增强农民自我增强脱贫增收致富的信心和能力。树立环境保护意识，崇尚生态文明，治理农村脏乱差，改善居住条件，建设生态家园。掌握文明礼仪基本常识，诚信待人，处理好家庭和邻里关系，建设和谐农村。

第三，学习运用科学种养技术，提高务农技能，积极应用新品种、新技术、新设备。为此，一要学习运用了解农业产品安全生产知识，不使用国家明令禁止的农药、兽药等投入品，运用动植物重大疫病和常见病虫害的基本防治技术。二要树立节约资源意识，运用节地、节水、节种、节肥、节药、节电等技术，综合利用农业废弃物。三要自觉培养不断学习、不断进取的好习惯，积极适应新形势和新情况的变化，不断提高自身素质，努力增强适应科技进步和经济社会发展的能力。

第四，了解掌握农村生产生活安全常识，掌握农业生产经营机具操作技术，进一步了解掌握安全应用家用电话、电视、电脑技术，掌握应用广播、电视、报刊、电话、互联网等现代工具，获取有效生产生活知识和信息。为此，一要了解掌握农村金融和财税基本政策，合法争取运用农村信贷资金投入，反对高利贷，抵制乱收费、乱集资、乱摊派等非法行为。二要了解掌握农村合作经济组织法律法规知识，树立互助合作意识，积极参加农民专业合作社，提高进入市场的组织化程度。三要了解掌握农业生产经营管理基本知识，科学配置家庭土地、人力、资金等农业生产资源，增强自主创业能力。四要了解掌握农业现代产业多种功能知识，延长农业现代产业链条，合理利用当地资源条件，发展旅游、观光、休闲等农业新产业，提高农业综合效益。五要了解掌握学习外出务工职业技能、掌握城市生活常识和安全生产知识，维护自身合法权益，预防职业病和传染病。

第五，促进农民提高医疗、救济养老保障能力。为此，一要促进农民预防生理和心理疾病，提倡合理膳食，坚持锻炼身体，有病及时就医。二要健全农村社会保障基本法制，鼓励农民积极参加新型合作医疗、农村养老等社会保险，掌握灾害防范基本技能，增强自我保护和救助能力。

第六，培养农民在市场中致富的能力，坚持发展以农村经济为中心，进一步发展农村生产力，要为培养高素质的农民营造一系列适宜的外部环境条件，使农民在自治中发挥新农村建设的主体作用，能够利用民主和法治的方式，表达自己的意愿、维护自身的权益。

（2）科学确定新型农民综合素质培育方式的经验启示。这是指为建设现代农业产业化规模经营和社会化服务体系、建设社会主义新农村、构建社会主义和谐社会的宗旨，按照政府主导、科学规划、因地制宜、社会参与的原则，充分发挥各级政府及有关部门和社会各界的积极性和主动性，大力开展农民教育培训和科学普及工作，加快培养有道德、有文化、懂技术、会经营、能创业的新型农民，全面提高综合素质，为农业农村经济发展和全面建设小康社会壮大智力支撑和人才保障队伍。为此，必须通过以下四种方式进行培养教育：

第一，通过农村小学中学教育方式，推动农村青少年参加农村小学中学教育，使农民学科学、学技术，打下实现职业转化的必要文化基础。国家要加大对农村教育的倾斜力度，启动政策引导、鼓励更多的优秀人才回归农村从事农村教育事业。首先，通过实行免费义务教育，保证农村适龄青少年上得起学，保证家庭经济困难的学生不失学不辍学，绝不再产生新的文盲、半文盲；其次，通过开展形式多样的教育宣传活动，引导农民走进知识、走向文明，提高思想和科学文化素质，提高获取、吸收、交流各种知识和信息的能力。

第二，通过对农村两级干部和农村致富能手进行定期培训方式，让其起带头示范作用，应作为培训重点。首先，促进大专院校、科研院所、农技部门等与农村建立对口支援联系点，或者在农村建立科研示范基地，结合生产实际，直接面对面地培训农民；其次，在乡镇成立农业信息站，让农民通过上网了解外地市场行情，开通知识与信息的“直通车”；最后，县（市）财政应设立“农村劳动力教育培训资金”账户，每年专门安排专项教育培训资金，保障培训经费落实。

第三，通过对农村广播、电视、网络等远程教育培养方式，邀请社会科学、党史党建、法律法规、文化教育、科学技术等方面专家，经常开展科技知识、法律知识、专业知识和党的农村政策讲座，让农民接受新思想、新观念和新技术，开阔视野，扩大交流，获取更多信息。要充分发挥科技、农业、林业和教育等部门作用，经常开展“送科技下乡”“送文化下乡”和“送知识下乡”等活动，举办劳动技能知识竞赛等活动，不断更新知识，拓宽知识面，丰富农民精神生活。

第四，通过农村开展丰富的乡土文化、特色文化、文艺演出、民间文化的方式，“激活”民间艺人和广大农民的"血脉关系"，政府应多渠道培养、发掘民间艺人。要对于常年活跃于田间地头的民间文艺表演团体，政府应当加大扶持力度，从各方面为其创造有利条件，开拓发展空间，让他们唱响、唱红广大农村，丰富农民文化生活。通过全面开展群众性、社会性、经常性的教育培训、科学普及活动方式，使广大农民的政治思想道德和文化科技素质明显提高，在广大农村形成崇尚科学、移风易俗、学法守法、勤劳致富的新风尚。着力提高农民掌握和运用先进实用技术发展生产、增收致富的能力，提高农民节约资源、保护环境、建设生态家园的能力，提高农村富余劳动力向农村二三产业和城镇转移就业的能力，提高农民经营管理和创业发展的能力，提高农民学习科学知识、适应现代文明，改善生活质量的能力。要力争到2020年，全国乡村能够开展群众性、社会性、经常性的科学普及活动，农民科学素质能够基本适应全面建成小康社会的要求。

2. 组织培养新型农民各种职业功能有效途径的经验启示。职业农民是以农业为职业、具有文化、懂技术、会经营和高度社会责任感的农民，在我国现代农林牧渔各业产业化、规模化、市场化、社会化生产经营中，承担起种植、养殖、加工、贮藏、运输、供销等职业功能，在我国城乡一体农业现代化、工业化、信息化、城镇化同步建设进程中，承担参加工业、商业、服务业的职业功能。为此，从中央到地方各级党委、政府及部门在组织培养新型农民各种职业功能有效途径上，一是客观分析农村人口变化趋势，二是明确培养新型农民各种职业功能任务要求，三是组织培养新型农民各种职能方式方法。

（1）客观分析农村人口变化趋势的经验启示。我国农村人口的变化，基本上形成两种趋势：一是各地区农村之间、农林牧渔各业之间人口变化；二是各地区农村与城镇之间、城乡一二三产业之间人口变化。从目前全国各地区城乡人口变化趋势来看，农民离开土地向非农领域流动的直接动因是城乡产业经营价值、城乡居民生产生活存在差别，一是从事农林牧渔各业生产经营劳动艰苦，承担着巨大的风险。在不可预知的自然灾害面前农民为农林种植业、牧渔养殖业生产经营收成担惊受怕，他们担心收成少，即使获得好收成农民又为卖而发愁，一年到头收入低。因而一部分农民就背井离乡流向城镇中那些收入更稳定的职业领域。二是农村年轻人羡慕城镇的繁华景象、城镇居民稳定增长的劳务收入、便捷的生活条件、完善的公共服务，他们或为城镇务业途径所吸引，或为让后代享受良好教育，或为自己寻求更大发展空间，坚定了他们彻底离开乡村的志向。三是社会各界教育环境营造了只有离开农村才光荣的社会心理氛围，也成为农村青年离开乡村的重要推力。无论是家庭教育，还是学校教育或社会舆论，都把离开农村作为教育目标和价值取向，使得年轻人认为只有远离农村和农业才是"光荣"的，这种社会心理成为年轻人远离乡村的一个重要动因。四是举家外迁的农户越来越多，妇女大都随着丈夫进城，儿童也随着父母进入城镇读书，留在农村的主体是老年人。乡村劳动力短缺已经表现在许多方面。在农村也有一些年轻的劳动力，那是暂时留在农村或照顾老人，或照顾自己的子女，他们并不是稳定的农业劳动力。五是老年农民对农林种植业、牧渔养殖业生产经营的影响严重，逐年减少种植指数、养殖数量。以粮食种植为例：其一，减少复种指数，原来种两季作物，现在只种一季，如以前种玉米和小麦，一年两熟，现在只选择种玉米，原来种双季稻，现在改为单季稻；其二，粗放经营，许多老年人由于体力和精力的原因，无法进行精耕细作和田间管理，只管播种和收获，实行粗放管理；其三，撂荒田地，尽管撂荒田地相对数量并不多，但撂荒田地现象在一些地区较普遍。老年人只选择生产条件好的、离家近的水地耕种，离家远的和旱地则选择了撂荒。

（2）明确培养新型农民各种职能任务要求的经验启示。据2017年测算，全国4.9亿农民中，高中及以上文化程度的只占13%，初中的占49%，小学及小学以下的占38%，其中不识字或识字很少的还占到7%，科学素质水平低于城市居民。在城乡一体农业现代化、工业化、信息化、城镇化同步建设中，高中及以上文化素质的农民大量流向非农产业、城镇工业、商业、服务业，留在农村的农民素质呈逆向发展态势；大批转移出去的农民，又因缺乏城镇居住条件和就业技能而就业不稳。这些都表明，培养新型农民各种职业功能，已成为发展现代农业产业化规模经营、推进城乡一体化经济社会发展的当务之急、紧迫需求。

首先，在明确培养新型农民各种职业功能的任务上，为了组织培养新型农民各种职业功能，努力用现代农业科技知识培养造就新型农民，让农民学会使用先进的技术和装备，有效推进现代农林牧渔各业产业化、规模化、社会化经营，促进城乡一体化经济社会健康持续发展，推动贫困农民走上脱贫增收致富奔小康之路，促使全国各种新型职业农民成为现代农林牧渔产业、城乡一体一二三产业的主体力量。为此，一是要培养各种新型职业农民，既是有道德、有文化、懂技术、会经营、能创业的农民，又是以农林牧渔产业、城乡一二三产业为职业、具有高度社会责任感的农民；二是要拓展各种新型职业农民的来源途径，既有农户联产承包的农民，也有农民专业合作组织者，又有农民家庭联营农场的继承人，还有返乡创业的农民企业家，更要鼓励城乡大中专毕业的学生，一切有志于农林牧渔各业生产经营的工商企业者、科技教育和供销等人员；三是要将培养各种新型职业农民纳入国家教育培训发展规划，基本形成职业农民教育培训体系，开辟城乡人才的双向流动渠道，发展壮大各种新型职业农民师生队伍，逐步将各种新型职业农民培养成城乡一体经济社会健康发展主体力量；四是要将各种新型职业农民培养教育和投资列入各级政府教育计划和财政预算，对新型职业农民，必须进行全面培训教育，而不是片面的技术培训教育；五是要办好农业职业教育，将全日制农业中等职业教育纳入国家资助政策范围。依托高等教育、中等职业教育资源，鼓励农民通过“半农半读”等方式，就地就近接受职业教育，并开展新型农业生产经营主体带头人培育行动，使他们基本得到培训，加强涉农专业全日制学历教育，支持农业院校办好涉农专业，健全农业广播电视学校体系，定向培养职业农民；六是要引导投身现代农业建设的农村青年、返乡农民工、农业科技推广人员、农村大中专毕业生和退役军人等加入职业农民队伍。还要优化财政支农资金使用结构，把一部分资金用于培养职业农民，建立健全职业农民扶持制度，将与优惠相关政策向符合条件的职业农民倾斜，鼓励有条件的地方试行职业农民养老保险办法。

其次，在明确培养新型农民各种职业功能的要求上，必须做到：一是要把培养新型农民各种职业功能作为公共公益事业来对待，是各级政府应尽的责任，要保障一个国家农业的安全，政府必须抓好新型农民各种职业功能培训教育，维护农民享有职业培训教育的利益，把农民切身利益的实现和国家农业安全的目标统一起来，通过政府扶持新型农民增强各种功能，是使农民获得较高的收入，提高农民的社会地位；二是要推动全社会理解、支持农民参加农林种植业、牧渔养殖业生产经营，引导农民加入现代农林牧渔产业化、规模化、社会化联合经营组织，切实维护协调农民的利益；三是要督促地方基层政府从现代农林牧渔产业化建设的大局出发，创新思路，求真务实，切实抓好、做细新型农民各种职业功能培训教育工作，为发展壮大各种新型职业农民队伍创造良好的“生态”环境；四是要完善现代农林牧渔各业生产经营社会化服务体系，为农林牧渔各业生产经营分散农户和劳动力不足的家庭，提供生产、加工、供销、技术、机械、水电、运输、信息等方面服务，弥补劳动力不足，凡是对农业、农村、农民有关的社会化服务，都具有一定的公益性质，都必须由政府及部门给予引导和支持。

（3）组织培养新型农民各种功能方式方法的经验启示。各地区在组织开展培养新型农民各种职业功能方式方法上，一是坚持努力扩大农村职业教育规模。目前中等职业学校约80%的学生来自农村，农村已成为我国中等职业教育发展的主要空间。必须扩大面向农村中等职业教育招收农村学生的规模，并加大对农村贫困家庭学生的资助力度，帮助更多农村贫困家庭的子女接受中等职业教育，为城乡建设培养大批高素质的劳动者。“十五”规划时期以来，中央财政在职业教育经费和专项安排上都向农村地区倾斜。近年来，中央财政投入十几亿元，有力地提高了一批县（市）级职教中心和职业学校的教育、培训等服务功能。二是坚持切实加强农村职业教育的基层能力建设，使之更好地为组织培养新型农民各种职业功能服务，进一步加大对农村学生接受中等职业教育的扶持力度，建立农村中等职业教育家庭经济困难学生助学制度，扩大对农村学生接受中等职业教育的资助面，并加大资助力度，大力发展农村职业教育和农民技能培训。三是坚持建立健全以县（市）级职教中心为核心，以乡村成人学校、普通中小学以及其他培训机构为基础的农村职成教网络，继续加强“三教统筹”，促进“农科教结合”，推动建立政府扶助、多元办学、农民受益的教育培训机制，推动农村职业教育和成人教育为社会主义新农村建设作出更大的贡献。四是坚持组织开展对农村优秀青年以科技为主的综合性培训，培养农村致富带头人和建设社会主义新农村的中坚力量。五是坚持按农业生产岗位规范要求，对广大农民开展“绿色证书”培训，培养骨干农民。六是坚持组织实施新型农民科技培训工程，主要是针对务农农民开展的农业生产技能及相关知识培训，以提高农民的务农技能。根据优势农业产品区域布局规划和地方特色农业发展要求，围绕主导产业，培训专业农民，进村办班指导，发展“一村一品”的思路，采取集中办班、现场指导、技术服务相结合，实行整村推进。七是坚持组织实施农业远程培训工程，主要是运用现代教育手段，加大传播覆盖面，快捷有效地向广大农民提供技术、信息和咨询服务。

3. 全面扶持新型农民就业创业方略规程的经验启示。全国各级政府及部门在全面扶持推进农村新型农民转移就业创业方略规程的经验启示包括：一是拓宽新型农民转移就业创业教育培训渠道，是指通过农村职业技术院校的专业教育、新型农民各种职业功能培训等方面渠道；二是拓展新型农民转移就业创业职能渠道，是指通过各级政府及部门为新型农民拓展就业创业渠道。

（1）组织拓宽新型农民就业创业教育培训渠道方略规程的经验启示，一是组织引导各地区农村未进入高中阶段学习的初中毕业生，进入农村中等职业学校，逐年面向农村中等职业教育招生规模不断扩大。二是组织拓展各地区职业学校和成人学校成为农村劳动力转移培训的渠道，进一步完善农村职业技术院校的专业及教学内容设置，培养出大批生产经营型、专业技能型、专业服务型的职业技能实用型人才。推进农村富余劳动力向城镇和二、三产业的转移就业，在扶贫开发、增加农民收入方面发挥重要作用。三是组织实施国家关于农村劳动力转移培训阳光工程和“教育部农村劳动力转移培训计划”，继续实施“教育部农村实用技术培训计划”。“十五”至“十二五”期间，教育系统的农村成人学校累计培训农村实用人才 3.65 亿人次，农村职业学校也积极开展农民技术培训，有效地提高了农民科学文化素质。四是组织实施新型农民创业培植工程，开始于 2003 年，主要选拔能开展规模化生产和具有创业能力的优秀学员，通过政策引导、信息服务、创业资金扶持和后援技术支持，将其培植成规模化和专业化生产经营的农场主和农民企业家。

2004 年以来，全国各级政府及部门大力开展农村劳动力转移培训和农民实用技术培训，努力提高优秀青年农民转移就业能力。农业、财政、教育、劳动等部门共同实施新型农民创业培训阳光工程，中央财政累计投入 12.5 亿元，已培训 880 万人，转移创业 790 万人。

2009 年以来，农业部与有关部门围绕发展现代农业和促进农村富余劳动力转移，开展了“新型农民科技培训工程”“阳光工程”等多项农民培训，促进了农民根据市场需求科学种田、科学养殖，增强了农民转移就业的能力。

2013 年以来，把工作着力点放在培养五支队伍上：其一，培养一大批基层组织负责人，带领农民发展农业生产，繁荣农村经济；其二，培养一大批农民技术员，带头使用和传播先进农业技术；其三，培养一大批种养能手，率先发家致富，带动广大农民共同富裕；其四，培养一大批经济能人，兴办实体，繁荣农村市场，形成各具特色和竞争优势的农村产业群体；其五，培养一大批活跃在农村发展建设各领域的能工巧匠，改善农村生产生活环境和面貌。

2015 年以来，各地区以省级政府为龙头统一规划，实施“新型农民就业创业教育培训计划”，确立实施目标、实施办法和考核标准，全面推进新型农民就业创业教育培训工作。省、市、县各级政府成立由政府统筹，农业部门牵头，财政、教育、科技等各有关部门参与的综合协调机构，并设立专门办公室，统筹规划，集中资金，有效整合各类培训资源，统一实施培训任务和计划，促进各部门分工协作、优势互补，使农民就业创业教育培训工作的效益达到最大化。

2017 年以来，各地区基层政府充分发挥农民专业合作经济组织特点，开展培训特色化、专业化，有较强指导性、针对性和实用性的各种就业创业技能，制定相应的激励政策，鼓励、扶持农民专业合作组织在系统内对农民开展培训，提高农民的专业技术和适应市场的能力。有些地区政府通过引入竞争机制，赋予农民自主选择权，以满足不同地区不同农民的实际需求，实现培训的多元化、个性化、特色化和人性化服务。

（2）组织开展新型农民就业创业职能渠道方略规程的经验启示：一是依据国家关于城乡一体经济社会发展规划，发挥贫困的老革命根据地区、少数民族地区、边疆地区中心城市和小城镇集聚功能，积极发展劳动密集型产业和家政服务、物流配送、养老服务等产业，拓展劳动力就地就近就业空间；二是加强基层人力资源和社会保障公共服务平台建设，推动贫困农村劳动力向经济发达地区转移，建立和完善劳动力输出与输入地劳务对接机制，提高转移输出组织化程度，支持符合条件的老区建设创业园区或创业孵化基地等，鼓励外出务工人员回乡创业；三是大力推进现代农林牧渔产品有关的初加工和深加工，并开展仓储、运输等相关的服务活动，在此基础上创建有关的乡镇企业、服务业；四是大力发展中小型城镇，促其成为连接农村和大中型城市的纽带，从而作为农村发展非农产业的基本载体，在中小城镇促进第二、三产业，尤其是第三产业发展容纳农村劳动力就业。

2013 年以来，中共中央、国务院强调，各级党委、政府组织破除二元社会结构中的传统农民制度，促使农民成为体面职业，确保农林牧渔产业取得综合效益，推进农村成为安居乐业的家园方略，主要有五项，一要从农林牧渔业培育新型职业农民。要改变以往一家一户生产经营方式，实现集约化、规模化、产业化相结合的新型产业经营体系，要通过对那些有意愿、有能力从事农林牧渔业生产经营的农村青壮年农民，进行更加专业化、职业化的教育培训，使其成为新型职业农民。二要鼓励农户以个人独资企业等形式进行注册登记，从事农业产业规模经营，使“传统农民”转型升级为“法人农民”。开展针对农民专业合作组织、家庭农场、农业产品加工户等各类生产经营和技能服务人才的培训，推行职业农民持证上岗。三要强化政策引导，鼓励农民工返乡创业。各级政府及部门要进一步整合创业资源，优化创业环境，以人力资本、社会资本的提升、扩散、共享为纽带，加快建立多层次多形式的返乡农民工创业平台，全面激发农民工返乡创业热情，创造更多就地就近就业机会，发挥创业带动就业的“倍增效应”。四要推行大户制经营，走农业集约化、规模化、专业化、产业化、组织化和市场化相结合的新型发展道路，推动现代化农林牧渔业持续发展。五要在农林牧渔业管理体制、经营模式、投资机制、分配方式上探索和创新，形成全新的组织形式、经营模式。要以宽松的政策鼓励和激励更多有资质、有能力的社会各界人士投入到现代农林牧渔业发展中来。

2017 年以来，各地区进一步健全新型农民转移就业创业服务体系，大力促进就地就近转移就业创业、支持农民工返乡创业方略，主要有五项，一要推动发展农业特色县域经济和农村服务业，加快培育中小城市和特色小城镇，增强吸纳农业转移人口能力。二要加大对农村灵活就业、新就业形态的支持，鼓励各地设立农村妇女就业创业基金，加大妇女小额担保贷款实施力度，加强妇女技能培训，支持农村妇女发展家庭手工业。三要实施新生代农民工职业技能提升计划，依法维护农民工合法劳动权益，完善城乡劳动者平等就业制度，建立健全农民工工资支付保障长效机制。四要进一步推进户籍制度改革，落实转移城镇就业创业农民在城镇定居落户的目标，保障进城落户农民与城镇居民享有同等权利和义务，加快提高户籍人口城镇化率。五要组织落实和完善农民进城务业后纳入城镇社会保障和城镇住房保障服务体制，推行财政转移支付同农业转移人口市民化挂钩政策，实施城镇建设用地增加规模同吸纳农业转移人口落户数量挂钩机制，维护进城落户农民土地承包权、宅基地使用权、集体收益分配权，支持引导其依法自愿有偿转让上述权益。

4. 坚持开展新农村美而宜人居环境建设的经验启示。近几年来，农村人口在乡村与城镇之间，在全国行政区域之间的流动性逐年增强，越来越多的农民从农业农村转移到城镇非农业，因而致使农民在思想方法、就业岗位、经营服务、生活习惯等方面发生了显著变化。农民渴望像城镇居民一样不断增加收入，不断改善物质生活，日益享受丰富多彩的文化生活，尽快具有良好的居住环境、文化娱乐、卫生医疗、子女上学、老人保健等条件。为此，各级党委、政府及部门组织开展了农村人居环境整治行动和美丽宜居乡村建设，总结交流了三方面成功经验：一是保护改善农村居民公共基础设施生态环境；二是不断改变农村居民务业生活条件；三是充分发挥农民在农村建设中主体作用。

（1）保护改善农村居民公共基础设施生态环境的经验启示。为了全力推进贫困地区农村民生改善，大幅提升基本公共公益设施服务水平，一是科学编制县域乡村建设规划和村庄规划，提升居民设计水平，强化乡村建设规划许可管理。二是加快解决贫困地区农民群众饮水安全问题，加大农村电网改造升级力度，进一步提高农村饮水、电力保障水平。加快贫困老区农村公路建设，重点推进剩余乡镇和建制村通硬化路建设，推动一定人口规模的自然村通公路。三是继续推进农村环境综合整治，完善以奖促治政策，扩大连片整治范围。实施农村生活垃圾治理5年专项行动。采取城镇管网延伸、集中处理和分散处理等多种方式，加快农村生活污水治理和改厕。全面启动村庄绿化工程，开展生态乡村建设，推广绿色建材，建设节能农房。开展农村宜居水环境建设，实施农村清洁河道行动，建设生态清洁型小流域。四是发挥好村级公益事业一事一议政奖补资金作用，支持改善村内公共设施和人居环境，普遍建立村庄保洁制度，坚持城乡环境治理并重，逐步把农村环境整治支出纳入地方财政预算，中央财政给予差异化奖补，政策性金融机构提供长期低息贷款，探索政府购买服务、专业公司一体化建设运营机制。五是遵循乡村自身发展规律，体现农村特点，注重乡村味道，保留乡村面貌，努力建设农民幸福家园。六是加大传统村落、民居和历史文化名村名镇保护力度，开展生态文明示范村镇建设，鼓励各地方因地制宜探索各具特色的美丽宜居乡村建设模式。七是侧重加大农村危房改造力度，统筹开展农房抗震改造，对贫困老区予以倾斜支持。加快老区农村集贸市场建设。

（2）不断改变农村居民就业机会、生活条件的经验启示。为了尽快缩小农村和城镇在就业机会少、基础设施差、公共服务水平低、社会保障能力弱等方面的差别，各级党委、政府及部门在组织推进“新型农村社区建设”上，打破城乡二元结构，实现城镇生产要素和产业链条向农村延伸、基础设施和公共服务向农村覆盖，实现农村劳动就业、基础设施、社会保障、公共服务的城乡一体化发展目标。主要体现在：一是通过新型农村社区建设，合村并点、拆旧建新、腾出大量的村庄占地复耕，确保耕地面积只增不减，促进粮食增产，保障农民正常的生活条件；二是通过新型农村社区建设，在人口聚居、要素集聚、土地集约基础上，坚持以农林牧渔产业为基础、就业为本，为城乡一二三产业的发展提供载体，为就近转移农民、就地富裕农民创造条件，使农民在家门口就可以打工赚钱，实现“离土不离乡、就业不离家、进厂不进城、就地市民化”的目标；三是通过新型农村社区建设，将自然村进行撤并建成行政村社区，建立医疗卫生、社区警务、劳动保障、社会救助、文化体育等基本公共服务机构和超市、快餐店、幼儿园等服务设施一应俱全，农民不出社区就可满足就近购物、就医、就学、休闲娱乐等生活需求；四是通过新型农村社区建设，实行城乡居民失业登记、社会保障、社会救助、退役士兵安置、计划生育、义务教育等“六个统一”，给入住社区建房的农民办理城镇居民户口，让入住社区的农民享受城乡统一的养老保险、城镇低保等城市居民待遇。新农村建设已经成为城乡一体化进程不可或缺的环节，它使广大农民群众的就业机会、生活条件发生了根本改变。

（3）充分发挥农民在社会主义新农村建设中主体作用的经验启示。2008年以来，为了尽快解决农村劳动力数量减少、从事农林牧渔生产经营人员结构变化、农村劳动力整体素质偏低、农村劳动力“后继乏人”的问题，中共十七大报告指出，要“培育有文化、懂技术、会经营的新型农民，发挥亿万农民建设社会主义新农村的主体作用”，充分调动农民的积极性、主动性和创造性，形成一套“政府主导、农民主体、干部服务、社会参与”的新农村建设工作机制。所谓政府主导，主要体现在宣传发动、制定规划、政策扶持和投入支持上，引导而不代替，支持而不包办。农民主体，就是始终把相信农民、依靠农民、发动农民放在首位，农民的事情让农民做主，农民的事业靠农民来办，切实落实农民的决策主体、投入主体、实施主体的地位，充分发挥农民在社会主义新农村建设中的主体作用。

2013年至2018年期间，中共中央、国务院进一步明确提出，各级政府及部门充分发挥农民在新农村建设中主体作用上，主要有六方面，一是在现代农林牧渔各业产前、产中、产后衔接，产加销连锁，农工贸联营，基地化、规模化、专业化、市场化联接、服务社会化、经营一体化的轨道上，发挥农民主体作用。二是在城乡一体农业现代化、工业化、信息化、城镇化同步建设中，必须使农民适应二三产业需求，培养有文化、懂技术、会经营的新型农民，提高农民自我发展能力。三是在中共中央、国务院提出“多予、少取、放活”“工业反哺农业”“城市支持农村”的方针指引下，要依靠农民自我创业创新农村自治的机制，健全村务公开和“一事一议”等民主议事制度，让农民享有知情权、参与权、管理权、监督权。四是健全农民自主筹资筹劳的机制，培育农村新型经济社会服务组织，增强农民自我管理、自我服务的能力，引导和支持农民建立村民理事会等服务组织，充分发挥农民主体作用，让农民为自己的事情做主。五是为适应建设新农村的需求，不断提高农民科技务农素质，正确处理好政府投资主体和农民建设主题的关系，要切实尊重农民的意愿，通过规划引导、政策引导、典型示范的方式，组织和引导农民参加新农村建设。新农村是农民自己的家园，农民最期盼什么，最需要什么，农民最有发言权。要以农民为本，充分尊重农民的意愿，着眼农村的发展远景，立足当地的具体条件，鼓励农民自力更生首创精神，发挥农民主体作用。六是在共同促进农村公共产品和公共服务基础设施建设上，要发挥各方面的积极性，动员全社会关心、支持和参与新农村建设，推进农民主体、政府扶持、社会参与这三者紧密结合，更好地建设社会主义新农村。

5. 坚持推进新农村公共公益服务、社会保障事业健康发展的经验启示。推进农村基层综合公共服务资源优化整合，把社会事业发展的重点放在农村和接纳农业转移人口较多的城镇，加快推动城镇公共服务向农村延伸。为此，各级党委、政府及部门在组织推进新农村公共公益服务、实用人才队伍、社会保障事业健康发展上，总结交流四方面经验启示：一是全面加强农村公共文化服务体系建设；二是组织推进农村义务教育全面纳入公共财政保障范围；三是培养壮大农村各种专业实用人才队伍；四是建立健全农村社会保障体系。分别说明如下：

（1）全面加强农村公共文化服务体系建设的经验启示。这是指在农村建设基层综合性文化服务中心，整合基层宣传文化、党员教育、科学普及、体育健身等设施，整合文化信息资源共享、农村电影放映、农家书屋等项目，继续实施文化惠民项目。大力开展廉政文化进农村、创建廉洁和谐乡村活动，加强农村基层党风廉政建设，推进社会主义新农村建设，维护农村改革发展稳定的成功经验：

第一，加强农村党组织和党员干部队伍建设，增强党员干部的廉洁自律意识，推动党组织和党员干部改进作风，提高执行党的路线方针政策的能力，增强党组织的创造力，凝聚力和战斗力，夯实党在农村的执政基础。

第二，教育党员干部树立马克思主义的世界观、人生观、价值观，树立正确的权力观、地位观、利益观，提高党员干部和群众遵纪守法、崇尚廉洁的意识。教育党员牢记“立党为公、执政为民”，带头树立诚信、勤俭、奉献的思想观念，营造“以廉为荣、以贪为耻”的良好社会氛围。

第三，强化群众监督意识和党员干部接受监督意识，把村务公开摆上重要位置，深化村务公开内容，创新公开形式，深入推进村务公开，以财务公开为重点，细化公开内容。为此，一要坚持拓宽民主监督渠道，实行党务公开，保障党员的知情权、参与权、监督权、评判权。二要坚持基层民主监督和专门机关监督相结合，加强对村主要负责人任期经济责任审计，加强对村级财务的审计监督。

第四，完善农村基层党风廉政制度，健全村领导班子议事规则，落实重大事项集体决策制度。为此，一要完善农村民民主议事制度，建立群众对所议事项实施全程监督的机制。二要健全农业财务管理制度，完善乡（镇）、村（屯）财务管理制度，推行农村财务委托代理服务制度，加强对农村集体资金和财产的监管。三要健全农村村民民主理财制度，规范农村集体收支程序。四要健全农村基层干部报酬待遇、社会保障制度。

（2）组织推进农村义务教育全面纳入公共财政保障范围的经验启示。这是按照“明确各级责任、中央地方供担、加大财政投人、提高保障水平、分步组织实施”的基本原则，加快发展农村学前教育，坚持公办民办并举，扩大农村普惠性学前教育资源。为此，一是要建立城乡统一、重在农村的义务教育经费保障机制。二是要全面改善贫困地区义务教育薄弱学校基本办学条件，改善农村学校寄宿条件，办好乡村小规模学校，推进学校标准化建设。三是要加快普及高中阶段教育，逐步分类推进中等职业教育免除学杂费，率先对建档立卡的家庭经济困难学生，实施普通高中免除学杂费，实现家庭经济困难学生资助全覆盖。四是要深入实施贫困地区农村定向招生等专项计划，对民族自治县实现全覆盖。五是要加强乡村教师队伍建设，拓展教师补充渠道，推动城镇优秀教师向乡村学校流动。办好农村特殊教育。

（3）培养壮大农村各种专业实用人才队伍的经验启示。在我国全面建设社会主义新农村的新时期，农村各种专业实用人才培养，是全面提升农民科技素质的有效载体和主攻方向，是推进现代农林牧渔业产业化规模经营，增强农民脱贫增收致富奔小康的根本力量。从农民科技素质层次来说，农村实用人才可分为大专以上的高层次农村实用人才、中等专业实用人才、初中以下受一定技能短训的低层次农村实用人才。

目前我国农村农民短训因量大、面广，培训质量难以保证，中等专业农村实用人才队伍，是我国今后 15 至 20 年留得住、用得上、培养得起、迫切需要的新农村领头人队伍，是提升农民科技素质的主攻目标。为此，一是组织培养与我国农村发展阶段相适应的各种中等专业实用人才：其一，培养对象是离不开土地的在岗农民；其二，培养目标是培养千千万万的从事农业或农村工作的技能型农民；其三，培养方式立足本土培养，结合农村产业确定专业和课程，学以致用，只有农村才是用武之地，基本排除了其他杂念；其四，培养重点是农村中专实用人才。参加培训农民的愿望是把学到的技术用于生产实现富裕，期望值不高，容易配套支持。农村中等专业人才是今后 15—20 年我国新农村建设领头人的主力队伍。二是组织推进农村青壮年人员中普及中等专业教育。我国 8 亿农村人口中从事农林牧渔生产经营的劳动力有 3 亿多人，其中青壮年人口 2 亿人。农业部提出，从 2006 年起用 10 年时间，培养 200 万名具有中专学历的新型农民，这个目标还难以适应发展现代农业对农村实用人才的需求。

农业部和各省进一步确定，从 2016 年至 2020 年，全国农村中等专业实用人才培养的目标方向，是坚持把农民普及中专业教育作为新时期提高农民科技素质。促进农民致富和建设和谐社会主义的主要载体和主攻目标，在农村青壮年农民中普及中等专业教育，一年培养 1000 万人，全面提升农民科技素质。在培养对象上，要结合新农村建设，培养成农民技术员队伍、农民企业家队伍、能工巧匠队伍、农村干部队伍，优先组织和发动：其一，各级党委、政府部门机关行政人员；其二，文化教育、科学技术、卫生医疗人员；其三，城镇工业、商业、服务业和乡镇人员；其四，初高中和大专院校学员，其五，各行业能工巧匠。大家共同参加支援新农村建设，培养和造就出大批新农村建设的带头人和主力军。

（4）建立健全农村社会保障体系的经验启示。全国各地区农村社会保障的内容是多方面的，主要包括卫生医疗、生活低保、优待优恤、养老保险等内容。为此，一是加强贫困地区县乡村三级医疗卫生服务网络标准化建设，支持贫困老区实施全科医生和专科医生特设岗位计划，逐步提高新型农村合作医疗保障能力和大病救助水平。整合乡村居民基本医疗保险制度，适当提高政府补助标准、个人缴费和受益水平。全面实施城乡居民大病保险制度。健全城乡医疗救助制度。二是改进农村低保申请家庭经济状况核查机制，实现农村低保制度与扶贫开发政策有效衔接。加大社会救助力度，逐步提高老区最低生活保障水平。三是提高优抚对象优待抚恤标准，继续提高“三红”人员（在乡退伍红军老战士、在乡西路军红军老战士、红军失散人员）在乡老复员军人等优抚对象抚恤和定期生活补助标准，保障好老无所养和伤病残优抚对象的基本生活。逐步提高新中国成立前入党的农村老党员和未享受离退休待遇的城镇老党员生活补助标准。严格落实优抚对象医疗保障政策，逐步提高医疗保障水平。鼓励有条件的地方实行优抚对象基本殡葬服务费用减免政策。优抚对象申请经济适用住房、公租房或农村危房改造的，同等条件下予以优先安排。加大优抚对象家庭成员就业政策落实力度，符合就业困难人员条件的优先安排公益性岗位，组织机关、企事业单位面向老区定向招聘辅助人员。四是完善贫困老革命地区、少数民族地区城乡居民养老保险制度，落实国家基础养老金标准相关政策。加快完善城乡居民基本养老保险参保缴费激励约束机制，引导参保人员选择较高档次缴费，加强农村养老服务体系、残疾人康复和供养托养设施建设。五是切实维护农村妇女在财产分配、婚姻生育、政治参与等方面的合法权益，让女性获得公平的教育机会、就业机会、财产性收入、金融资源。建立健全农村留守儿童和妇女、老人关爱服务体系。建立健全农村困境儿童福利保障和未成年人社会保护制度。

（五）全方位筹集扶贫资金投入、开源节流增强脱贫实力的经验启示。从中央到地方各级党委、政府为了解决扶持贫困地区农村脱贫增收致富项目工程建设资金来源渠道少、筹集之间能力弱、安排分配资金偏散、资金监督管理偏松、资金使用效益较差的问题，而组织总结交流七项方略规程实践成功经验：一是全方位筹集资金；二是持续增加投入资金；三是调整优化结构资金；四是科学合理安排分配资金；五是全面整合集中使用资金；六是严格监督管理资金；七是经常检查考核使用资金，提高资金使用效益。下面具体说明上述七项经验启示：

1. 全方位筹集扶贫资金的成功经验启示。这是指全国四面八方，从中央到地方多方面、多层次、多途径统筹集中资金的成功经验，包括：一是从中央到地方各级政府财政部门逐年统筹的资金；二是各地区农村集体和农民逐年统筹的资金；三是银行等金融机构逐年统筹的信贷资金；四是城镇工商服务企业统筹的采购资金；五是乡村企业统筹的加工和供销资金；六是社会各界筹集的救援资金。为此，各级政府在组织筹集扶贫资金上，既坚持调动国内中央与地方各级政府财政部门和银行金融机构筹措资金的积极性，又坚持调动国内城镇工商服务企业、乡村企业筹措采购、加工和供销资金的积极性，也调动各地区农村集体和农民筹措生产经营建设资金的积极性，还调动国内外社会各界团体筹措救助支援资金的积极性。

2. 持续增加投入资金的成功经验启示。这是指从中央到地方各级财政、银行持续加大贫困地区农村脱贫增收致富项目工程建设资金投入的成功经验，包括：一是严格落实国家在贫困地区安排的公益性建设项目工程建设资金投入政策，取消县级和特困地区地势及配套资金的政策，并加大中央和省级财政投资补助比重；二是积极推广政府在公共服务等领域，与社会资本合作、政府购买服务的模式；三是鼓励和引导各银行等金融机构加大对老区开发建设的金融支持，鼓励各银行等金融机构合理扩大分支机构授信审批权限，加大支农贷款、扶贫贷款对贫困老区的支持力度，建立健全信贷资金投向老区的激励机制。支持具备条件的民间资本在老区依法发起设立村镇银行、民营银行等金融机构，推动有关金融机构延伸服务网络、创新金融产品。鼓励保险机构开发老区特色优势农作物保险产品，支持贫困老区开展特色农产品价格保险；四是坚持以财政资金为导向，吸引民间资金，大力推进粮食产业化经营，对企业开展粮食产业化经营进行补贴和奖励；五是继续加大对粮农的直补力度，既要提高目前实行的对农民粮食直补、良种直补的标准，又要扩大农民购置农机的直补范围，还要试行对农民生产有机食品、绿色食品和无公害农产品进行补贴；六是坚持各级政府财政大力增加收入，每年财政支农投入的增量要明显高于上年，国家固定资产投资是用于农村的增量要明显高于上年，政府土地出让收入用于农村建设的增量要明显高于上年，同时调整耕地占用税使用方向，改革城市建设维护税使用办法，增加农村建设投入；七是坚持强化和完善农业生产经营支出补贴支持政策，增加粮食直补、农资综合直补，扩大良种补贴规模和范围，增加农机具购置补贴种类，提高补贴标准，农机具购置补贴覆盖到所有农业县，根据情况提高粮食最低收购价；七是坚持采取多种有效措施，积极稳妥地化解乡村债务。中央和地方将增加财政投入，尽快基本化解农村义务教育历史债务。

3. 调整优化结构资金的成功经验启示。这是指调整优化农林种植结构、牧渔养殖业结构、种养加结构、储运销结构、农工贸结构等项资金投入的成功经验，包括：一是科学计划地调整优化贫困地区县（市）农林牧渔各业产业化、规模化、市场化结构投资布局；二是因地制宜地调整优化乡镇农林牧渔各业产品生产、加工、包装、储存、运输、供销结构投资企业公司；三是深入细致地调整优化村屯农户的农林种植产品生产经营结构投资基地场所；四是统筹调剂贫困地区县（市）、乡（镇）、村（屯）农户扶贫救困项目工程建设结构不连接配套、不均衡资金投入有关项目的缺口。

4. 科学合理安排分配资金的成功经验启示。这是指组织安排协调分配好各种扶贫救困资金，将各种扶贫救困资金，及时如数地分配到最需要的贫困地区、农村最需要的贫困人口和最需要的扶贫攻坚项目，努力改变贫困落后境地的成功经验，包括：一是坚决确保扶贫救困资金及时到贫困地区农村农户，能够使用到最需要的扶贫攻坚项目，按照科学的专项转移支付方法，科学合理地分配扶贫救困资金，防止安排分配扶贫救困资金的主观随意性，任何单位和个人都不准截留、挪用、浪费、贪污扶贫救困资金；二是必须坚持科学合理安排分配扶贫救困资金，确保贫困地区农村农民群众及时足额得到扶贫救困资金，抓紧抓实抓好脱贫增收致富项目工程建设，提高扶贫救困资金科学合理安排分配水平。

5. 全面整合集中使用资金的成功经验启示。这是指在全方位加大扶贫救困资金投入的基础上，将来自各方面的资金整合起来，集中使用，精打细算，降低成本，把一个钱当两个钱用，使有限资金发挥无限作用的成功经验，包括：一是必须将全面整合后的资金，集中使用在贫困地区农村基础设施、生态环境建设，改善贫困地区农村公共公益基础设施条件、农民群众生产生活环境；二是必须将全面整合后的资金，集中用于扶持农林种植业、牧渔养殖业、种养加工业、储运销业，切实解决贫困农民温饱、摆脱贫困、增收致富问题。

6. 严格监督管理资金的成功经验启示。这是指坚持对扶贫救困项目工程建设资金安排分配、整合集中、拨付使用各环节统一监督管理的成功经验，包括，一是建立健全扶贫救困资金“一取消、二直达、三集中、四设立、五建制”监督管理体系。“一取消”，即取消单位的银行账户。“二直达”：其一，收入直达财政专户，即部门和单位所取得的各种资金收入、上级部门拨款和下级单位上缴，都直达财政账户；其二，支出直达收款单位，即部门和单位所有的财政支出，从财政专户直达收款单位，不在经过单位银行账户中转。“三集中”：其一，统一集中办理资金结算，即部门和单位现金，转账、汇兑等资金收支结算，由部门和单位出纳集中到财政部门办理；其二，统一集中会计核算，即由财政部门从各部门和单位在编财会人员中，择优抽调到会计服务中心担任统管会计；其三，统一集中会计档案，即将部门和单位的会计档案全部集中交财政部门集中统一保管，便于查账、审核和管理。“四设立”：其一，财政部门设立总会计，主要负责综合预算指标分配、考核和调整；其二，设立资金会计，主要负责部门和单位在存款余额内办理现金、转账、汇兑等资金收支结算业务；其三，设立统管会计，主要负责定期与单位出纳结算收支原始凭证；其四，部门和单位设立单位出纳，主要负责向总会计申请拨款，经办本部门和单位收支具体业务。“五建制”：其一，建立综合财政预算管理制度；其二，建立收支审批制度；其三，建立会计凭证审核制度；其四，建立限额和限范围管理先进支出制度；其五，建立总会计、资金会计、单位出纳分工负责票据管理制度。二是坚持在扶贫救困项目工程建设监督管理上，首先，必须正确处理集权与分权的关系，进一步调动自下而上的各种层次的积极性，尤其是贫困户从查、扶贫救困项目管理的积极性。其次，必须根据各贫困地区农村实际情况，调整扶贫救困资金分配重点，着力落实到贫困地区农村基础设施和生态文明环境建设，为贫困农民群众提供必要的文化教育、卫生医疗、生活低保、养老保险等社会保障项目。最后，必须在扶贫救困资金使用方向确定上，严格区分发展资金、新增财政扶贫资金和以工代赈资金的使用范围，分别使用，并严格控制财政扶贫周转金的规模，把财政扶贫周转金用于能为贫困农林种植业、牧渔养殖业、种养加业、产供销业等农工贸一体化产业项目工程建设。

7. 经常检查考核使用资金的成功经验启示。这是指坚持对组织全方位筹集、持续增加投入、调整优化结构、科学合理安排分配、全面整合集中使用、严格监督管理六个资金环节，经常检查考核使用资金的成功经验，包括，一是坚持严格执行检查考核制度，对参加扶贫救困项目工程的建设者、受益者，必须切实加强项目工程建设和管护，严格检查考核项目工程建设和管护的成果和问题，严格检查考核扶贫救困的方针政策、法规制度制定实行的作用和差距。二是坚持突出检查考核扶贫救困资金安排分配和整合集中使用数额落实到实处途径、方式和管理，确保用足用好，提高使用效益。为此，要抓好落实扶贫救困资金的经常监督检查考核工作，认真检查考核各项扶贫救困资金是否按国家方针政策指引和法规制度规则、各级政府规划及细则要求，组织全方位筹集资金、逐步加大投入资金、调整优化结构资金、科学合理安排分配资金、全面整合集中使用资金、严格监督管理资金，提高扶贫救困资金使用效益等方面成果和问题。三是坚持深入查证核实地方各级政府对扶贫救困配套资金是否达到规定的标准，在扶贫救困项目工程建成后，是否真正使贫困地区、贫困农村、贫困农户直接受益。对侵占、挪用、浪费、贪污扶贫救困资金的单位和个人，必须坚决坚持依据国家法律法规和党政组织纪律，严肃查处，进一步完善实行规范化扶贫救困项目工程建设和维护管理制度，全面推行“统一规划、综合设计、统一评估、一次批准、分年实施、分期投入”的扶贫救困项目工程建设方略规则，严格实行项目工程建设制度的扶贫救困资金管理办法。

（六）维护农民利益权益、减轻负债的经验启示。这是指：一是坚持维护农民经济利益、政治权益。这是指要维护农民的财产所有权，要采取切实有效的措施，使农民的合法利益和个人财产不受侵害，要尊重农民的民主权利，要采取多方面措施，切实保障农民政治上的民主权利，认真坚持村民自治原则，依靠农民依法管理村务，推进农村基层民主政治建设；二是坚持维护农民外向型生产经营管理权益，这是指调整优化农业区域布局、产品结构、产业结构、就业结构等方面生产经营管理权益；三是坚持减轻农民负担专项治理，这是指要从政治的、全局的高度来看待减轻农民负担问题，各地区党委、政府与农民之间，要正确处理好“给”与“取”的关系，多给予、少索取，减轻农民负担；四是坚持化解农村农民债务事项，这是指坚持推进农村村民自愿化解债务，努力防止新增债务事项。

1. 坚持维护农民经济利益、政治权益的经验启示。各级党委政府及部门、农村基层领导干部，必须切实转变工作作风，时刻把农民根本利益放在心上，做到察民情、解民忧、慰民心、维民权、聚民力、建民业、保民生、造民福。为此，必须坚持推广应用以下八项经验启示：

（1）要体察民情。这是指要经常调查研究农民的实际情况，注意倾听农民的意见。要代表和维护农民的根本利益，一是要及时了解农民的喜忧思想，只有经常体察民情，随时掌握农民的喜忧想法的领导干部，才能在作出决策中体现农民的意愿和利益，调查研究是体察民情的重要方法，农村领导干部要多深入基层调查研究，要走村串户谈心、了解农民的真实想法。二是要在作出决策前，广泛征求农民的意见，采纳正确意见。三是要在形成决策后，要经常了解农民的反应，防止不良倾向。四是要及时纠正决策的失误，尽快推广农民创造的新鲜经验，力争把农业和农村经济工作决策建立在农情民意的基础上。

（2）要解除民忧。这是指及时送给农民温暖。由于自然环境制约，大部分地处边远的革命老区、少数民族地区、边疆地区、贫困地区农村农民生活仍然比较贫困，农业基本生产条件差、农业基础设施投入少、农民吃水难、上学难、医疗难、通讯难、行路难的问题还不同程度存在。自然灾害和意外事故，时常使一些农民群众陷入困境之中，这些地区的农民既是脱贫致富的重点，又是推进农村经济发展的难点。为此，要采取扶贫与治愚相结合的方法，促使农民走出危难与贫穷的困境。要有针对性地在这些地区农民的自然环境中投入山水林田路村综合开发治理的农田、水利、交通、生态建设项目，扶持改善农民生存生活条件，帮助贫困农民提高文化科技素质，采取多种形式，组织农民参加农业科技培训，向农民推广先进技术，使农民掌握实用技术，不断增强农民自我发展经济能力。

（3）要慰问民心。这是指要随时排除农民的忧虑。随着农村经济体制改革深入，社会上出现了一些不容忽视的倾向问题，一些地区农民收入未增支出未减，有些农村干部为政不实、不廉、不公，党群、干群关系疏远，农民心存不满，农村社会治安问题急待予以解决。为此，必须从农民最不满意的地方抓起，坚决贯彻各项政策措施，加强农村财务管理，努力增加农民收入，减少农民负担，转变农村干部作风，认真纠正农村干部作风不实、方法简单粗暴、执政不公、铺张浪费的不正之风，彻底解决各级行政执法部门“门难进、脸难看、事难办”及吃拿卡要等问题。

（4）要维护民权。这是指要自觉摆正农村干部与农民的关系。要大力维护好农民的三项基本权利：一是自主经营权，调整农业结构，要让农民说了算，不能强行要求农民从事农业生产经营活动；二是民主自决权，要通过推行乡镇政务公开和村政务公开，实行村民自治，提高农业和农村经济工作透明度，充分尊重农民参与乡镇政务和村政务、事务决策，评议监督乡镇和村政务、经济等方面的权利；三是人格平等权，各级行政、事业、企业等单位人员在与农民交往中，要真摆正位置，切实尊重农民的意愿，绝不能以权逼人，以势压人。只有这样，才会在农民心中真正信得过、瞧得起，才能鼓舞农民参加各方面的事业活动。

（5）要积聚民力。这是指要充分发挥好农民的首创精神。这就要促使农村干部必须诚心诚意地向农民群众学习，真心实意地发动农民参加讨论研究解决制约农业和农村经济发展的各种矛盾和问题，尽心、尽力、尽责，献计献策，调动农民的积极性和创造性，以促进农业增产增效、农民增收致富，保障农业和农村经济持续、稳定、健康发展。

（6）要创建民业。这是指各级政府及部门扶持农民在农村第一产业即农林牧渔产业就业创业，引导农民在城乡一体二三产业即工商服务产业就业创业。为此，要总结汲取以下五方面经验启示：

第一，扶持农民积极主动在农村就业创业，自觉自愿从事农林牧渔产业。为此，一要扶持农民提高文化科技、互助合作、机械化作业、专业化生产、产业化经营、社会化服务水平；二要对我国户均耕地1.4亩的2.4亿农户，实行农户间的互助合作、通过土地转包规模经营、发展农村服务组织，为人民提供代耕代种、用水管理、仓储、运输等等方面的服务，即通过专业分工的途径提高劳动生产率；三要加大对农林牧渔产业基础设施和科技服务方面的投入，降低农民劳动生产经营成本；四要加大对农林牧渔业的各项直接补贴，种粮补贴、良种补贴、农机购置补贴和农资综合补贴这四项补贴达到1200亿元左右；五要提高政府对粮食最低收购价格的水平，增加政府的储备，合理调控进出口。

第二，鼓励农民离土不离乡就业创业，支持农民参加农村股份合作制、“公司＋农户”、贸工农一体化动农林牧渔产业化龙头企业就业创业，维护农民利益，保障农民收益。为此，一要支持农民工返乡创业，着力扶持农民工返乡创办农林牧渔种养加劳动密集型的企业，为当地农民提供容量大、门槛低、易接受的就业渠道。二要鼓励农民就地就业创业，既实现务工收益，又使从事生产和照顾家庭两不误，促进形成以创业带动就业，以就业促创业的格局。三要支持返乡创业者反哺农业，创业者通过吸纳农村富余劳动力，发展农业产品加工业，参与农业现代产业化经营，带动农业产品原料基地和营销网络的建设，促进工业和农业、农业和商业有益的衔接，从而带动农业产业化、规模化、专业化、标准化，促进小城镇发展。

第三，引导农村富余劳动力转移到城镇和非农产业就业创业，对于增加农民收入、解决基本温饱、减轻粮食和生态压力等多个方面都起到极为重要的作用，是国家实现城乡一体工业化、信息化、城镇化和农业现代化的发展趋势。为此，一要提高农民工资性收入，就必须创造更多的农民就业创业机会，切实提高农民的工作技能。二要在增加就业创业机会方面，要加快城镇化进程，三大力发展农村商贸服务业。要加大农民工技能培训的力度，建立全民职业技能终身培训体系，让职业训练普及到每一个农民身上。

第四，引导农村富余劳动力在农村商贸服务业就业创业。为此，一要认识到农村商贸服务业与地方经济的发展程度关系很大，是容纳就业人数两大的产业，农村养老市场、农村的医疗服务市场、农村饮食、农产品批发市场、连锁零售商场等服务业存在极大发展潜力。二要认真制定农村服务业发展规划，构建农村现代流通体系，大力发展农村现代金融业，构建农民生活服务体系、农业科技服务体系、农村经济信息服务体系、农村专业合作经济组织体系，推进农村文化产品开发和生产，推动娱乐休闲、全民健身活动，引导农民进行农林牧渔产业的深度开发，积极开展深加工、深营销，推进农林牧渔产业商贸服务业全面发展。

第五，要落实失地农民培训规划、失地农民创业规划，针对失地农民文化、年龄、性别、技能基础等制定具体的培训方案，将失地农民全部纳入培训计划，针对性地开展大规模失地农民培训，建立失地农民档案，努力提高失地农民的就业率。为此，一要建立失地农民信息、咨询、职业介绍、培训社会化就业服务体系和促进失地农民跨地区流动的市场组织体系，加强社会沟通，向外输送失地农民中的富余劳动力；二要健全失地农民自主创业扶持激励机制，激励和扶持失地农民自主创业。

（7）保障民生。这是指各级政府及部门为推进各地区保障和改善农民民生，在着力防止农民收入徘徊，千方百计促进农民收入持续增长的同时，必须高度重视，切实做好“惠民生”的各项工作，加大民生事业投入，稳定和扩大就业创业，落实并完善社会保障制度，加强教育、文化、卫生等基本公共服务，加大对困难农民的扶持力度，扎实推进保障性住房建设，规范低保标准机制、落实社会救助标准与物价变动挂钩联动机制，持续提高困难群众救助水平。为此，一是在社会救助方面，建立以农村五保、农村特困户救助、灾民救助为基础，临时救助为补充，医疗、教育、住房、司法等专项救助相衔接，政策优惠和社会互助相配套的城乡社会救助体系；二是在失地农民中建立失地农民最低生活保障制度，对月收入不足低保标准的农民，实行补足到低保标准的最低生活保障，对不符合低保的特困老人和已纳入低保仍较为困难的老人实行救助；三是在养老保障方面，按照“财政拿一点、村集体补一点、个人缴一点”的办法，落实失地农民基本生活保障资金；四是在医疗保障方面，加强农村医疗保险和商业保险，建立完善以农民大病统筹为主，政府推动、个人参与的新型农村合作医疗制度。

各级政府及部门在城乡一体工业化、信息化、城镇化、农业现代化同步前进阶段，引导农村富余劳动力向非农产业和城镇有序转移，着力解决进城务工人员的社会保障等问题。为此，一要根据农民工的社会保障需求，着力解决工伤保险和大病医疗保障问题，逐步解决养老保障问题。要促进农民工的社会保障，应适应流动性大的特点，保险关系和待遇能够转移接续，使农民工在流动就业中的社会保障权益不受损害。二要兼顾农民工工资收入偏低的实际情况，实行低标准进入、渐进式过渡，调动用人单位和农民工参保的积极性。三要认真贯彻落实《工伤保险条例》，依法将农民工纳入工伤保险范围。要促进用人单位及时为农民工办理参加工伤保险的手续，按时足额缴纳工伤保险费。四要加快推进农民工较为集中、工伤风险程度较高的建筑行业、采掘行业参加工伤保险，相关地区要采取建立大病医疗保险统筹基金的办法，重点解决农民工进城务工期间的住院医疗保障问题。

（8）创造民福。这是指要用全心全意为农民服务良好的政绩回报农民。农村领导干部要想为农民造福，一是必须深入农民的农林牧渔各业生产经营活动中，去紧紧地抓住影响农民增收的关键点不放，采取针对性措施，大力发展农林牧副渔各业，极力推进农林牧渔各业现代产业化经营，尽快形成农工贸一体化联营体系，加强农业产品市场建设，提高农民参与市场竞争的本领。同时，要经常组织专家学者为农民指导传授现代农业经营管理知识，要引导农民走农业合作、集约化经营的道路，想方设法创造条件，提供农业资金、技术、政策方面的支持，使农民增产又增收，增强农民致富奔小康的能力。

2. 坚持维护农民在农业和农村经济管理权益地经验启示。农民是农业的主体、土地的主人。农业和农村经济持续发展的决定因素，是农民的积极性和创造力。我国历史经验告诫全党、全国人民：一是务必把农民的积极性和创造力调动好、保护好，在任何时候、任何情况下，都必须以农民对办事情是否赞成、作决定是否拥护为基本准则。二是务必正确认清当今世界已进入知识经济时代，以生物技术、信息技术为主要标志的科技革命正在我国兴起，基因工程育种、信息互联网、精准农业、设施农业、生态农业和深加工农业等高新科技成果正在全国各地区广泛应用。三是务必切实保障我国农业和农村经济实现跨越式发展，缩小与发达国家的差距，必须在加大农业科技攻关力度、引进农业高新科技的同时，积极引导农民学习应用农业科技，抛弃高耗低效的粗放经营方式，广泛采用农业最新科技成果，科学合理节约、综合开发利用农业资源，持续有效提高农业综合生产能力，不断增强农业和农村经济持续发展实力，必须维护农民在农业和农村经济管理权益，总结交流推广以下八项成功经验启示：

（1）维护农民合理安排农业区域布局权益的成功经验启示。这是指各级政府及部门必须维护和引导农民科学合理、因地制宜地安排农村一产业和城乡二三产业区域布局权益。为此，总结汲取以下两方面经验启示：

第一，维护和引导农民在合理安排农业产业区域布局上，要着眼于农业长远发展，促进城乡协调发展，根据农业区域资源比较优势的原则，优化农业资源配置，发挥各区域比较优势，充分利用各区域自然地理资源和农业各产品品种资源，加快形成农业区域优势和农业产业优势，有选择地发展各农业区域的名、优、特、稀、贵产品生产，侧重发展具有农业区域特色的主导产品和支柱产业。要通过合理安排农林牧渔各业区布局，建立农林牧渔各业产业基地，改善基础设施条件，扩大生产经营规模，降低生产经营成本，增强区域竞争优势，调整农村产业结构，加快农村富余劳动力在农村内部转移。农村富余劳动力在农村内部转移，就是向林业、牧业、渔业的转移。从现实来看，我国农村内部就业天地是很广阔的，我国目前待开发的农村资源前景十分可观，三分之二的耕地属于需要改造的中低产田，还有5亿亩宜开发的荒地，18亿亩宜林、宜草的荒坡，2000万亩咸海滩涂和3000万亩可养殖的淡水水域，如果这些资源有三分之一得到有效开发，可吸纳数千万劳动力。

第二，维护和引导农民在合理安排城乡二三产业区域布局上，首先，要着重通过发展城乡二三产业，实现农村富余劳动力在城乡二三产业转移。从目前我国农村资源状况和乡镇民营企业的发展潜力看，乡镇民营企业仍然是转移农村富余劳动力的主要渠道。为此，要因势利导，推动一些乡镇民营企业上水平、上档次、上规模、扩大乡镇民营企业的发展空间与领域，使其更多地吸收农村富余劳动力。其次，要大力发展城乡第三产业。我国第三产业发展相对滞后，针对这种情况，必须推动乡镇民营企业的连片发展、加工业的适当集中，进而为农村富余劳动力提供大量的就业机会。还要促进村（屯）、乡（镇）工商企业向县域城镇转移，在当地扶助微型企业发展，创造出更多的就业岗位。要坚持有计划有组织地向区域内大中城市和沿海内地输送劳动力，参加二三产业就业创业。

（2）维护农民调整优化农业产品结构权益的成功经验启示。这是指各级政府及部门必须维护和引导农民调整优化农业产品的品种和品质结构，全面提高农业产品安全水平，加快实现农业产品，由产量型向质量型、专用型和高附加值型发展。具体地说，要从以下四方面调整优化农业产品的品种和品质结构：

第一，调整优化粮食品种、品质结构。为此，一要依据国内外市场的需求，以发展优质专用小麦、稻米、玉米、饲料为重点，调整优化粮食品种、品质结构，提高国内外市场竞争力；二要在全面调整优化粮食品种、品质结构的基础上，大力发展优质强筋小麦，尽快淘汰劣质品种，以市场需求为依据，确定重点推广种植的优质小麦品种；三要着力繁育推广优质水稻品种，提高稻米品质，在水稻产区建立无公害优质水稻基地，稳定水稻种植面积，重点发展绿色稻米；四要优先发展高蛋白饲料玉米，我国加入世贸组织以后，畜禽产品具有很强的市场竞争优势，要围绕牧业发展，扩大高蛋白饲料玉米种植面积，压缩普通玉米种植面积。

第二，调整优化经济作物品种、品质结构。要在全面调整优化经济作物品种、品质结构的基础上，努力加快发展产量与品质并重的蔬菜、草药生产。蔬菜、草药出口是我国农业的优势。因此：一要充分利用各地区区域、自然条件和科技优势，把蔬菜、草药生产调整为农业支柱产业，重点发展反季节精品蔬菜、草药，突出名特优新品种、品质，要做到一县一色、一乡一品，集中连片，形成规模基地，保障满足国内城镇和国际市场所需各种蔬菜、草药的供应；二要优先发展高产、高脂肪、高蛋白大豆、花生生产，扩大优质大豆、花生种植面积，建立抗虫害棉、彩色棉、长绒棉基地，尽快淘汰混杂退化、多病虫的棉花老品种；三要扩大市场所需名特优质花卉、西瓜、香瓜、食用菌等种植面积，发展脱毒红薯、脱毒土豆生产，提高其产量和质量。

第三，调整优化林果产品品种、品质结构。为此，一要在全面调整优化林果业产品品种、品质结构的基础上，大力发展优良速丰产林、桑蚕、白果、银杏等林木产品生产，建立林果业优良品种繁育、种植、加工、营销的连锁开发基地；二要重点发展名特优新林果业干鲜果品生产，按照国内外市场的需求，结合各地区自然地理条件，重点发展优质热带、温带、寒带地区珍稀干鲜果品生产，面向国际市场建立一批各种优质水果基地。

第四，调整优化畜禽、水产品种、品质结构。为此，一是要在全面优化牧业、渔业产品品种、品质结构基础上，大力扶持名特优新畜禽产品生产，加强奶牛、优质肉牛羊猪、优质肉鸡鸭鹅等畜禽养殖、加工基地建设，发展优质禽蛋、优质瘦肉型品种，提高肉食质量；二是要科学利用江湖海洋资源，发展适销对路的名特优鱼、虾、蟹等水产品养殖。为满足市场，扩大出口创汇，要不断调整优化畜禽产品鱼虾蟹等水产品的品种、品质。

（3）维护农民调整优化农业现代产业结构权益的成功经验启示。这是指各级政府及部门必须维护和引导农民加快发展农业产品加工业，大幅度提高农业产品附加值，坚持以国内国际市场为导向，面向我国大中、沿海城镇和国际市场多样化、优质化、多变化的需求，要在农林种植业、牧渔养殖业的各种类型产品的产前、产中、产后各个生产经营环节，都尽快建立农业基地化、产业化、专业化、规模化生产经营社会化服务组织，逐步形成以加工企业为龙头、一头接市场、一头连农户的产加销一条龙产业链，结成农工贸一体化、产业化经营体系，以利于增强国际市场的竞争能力。为此，一是要引导农民参加农业主导产品和支柱产业基地建设，按照农业布局区域化、生产专业化、经营集约化、服务系列化、销售市场化、收益多元化的奋斗目标，及时调整优化农林牧副渔各产业结构，围绕农林牧渔各业主导产品、支柱产业建设基地，把分散生产经营农户联合起来，形成与农业资源相适应的专业化、区域化产业格局。各级政府及部门必须引导农民要围绕农林牧渔各产业某种主导产品、支柱产业，大力发展专业村、专业乡、专业市场，把专业乡村，建成具有一定规模特色的农业牧渔各业主导产品、支柱产业基地。二是要引导农民参加农业现代产业化规模经营系统管理。农业现代产业化是一个系统工程，要在科学发挥市场调节功能的基础上，转变各级政府职能，正确树立农业、农民、农村整体观念，帮助形成农业产加销一条龙产业链，促进结成农工贸一体化产业体系，加强对市场、企业、基地和农民的协调管理。为此，要引导农民在参加农业现代产业化经营系统管理时，不断完善组织形式和运行机制，努力提高农业现代产业化经营水平，促进农民增收致富。具体来说是做好以下六个方面。

第一，各级政府及部门要提高对农业现代产业化经营的认识，一是要科学制订农业现代产业化经营发展规划，因地制宜地制订和实施农业现代产业化发展计划和分阶段、分区域的细则方案；二是要科学选择确定优先发展农业支柱产业，优化农业区域布局，加强农业主导产品基地建设，坚持农业经济体制创新，完善农业生产经营机制；三是要针对各地区、各类农业主导产品、支柱产业的不同特点，以市场为导向，加强分类指导，防止重复建设农业产业化项目工程。

第二，各级政府及部门要因地制宜地推进农业现代产业化经营活动，一是对东部沿海地区要择优扶持有国际竞争力的龙头企业，带动建设高起点、外向型的农业产品生产加工出口基地；二是对中西部地区要依托各自农业资源优势，把建设粮食、棉花、油料、畜禽等大宗农业产品生产基地作为重点，因地制宜建成各具特色的生产、加工、销售一体化经营体系，大力发展农业产品多层次加工、包装、储藏、保鲜、运销一条龙企业，充分发挥龙头企业在农业现代产业化经营中的积极作用。

第三，各级政府及部门要认真落实国家对农业现代产业化龙头企业的扶持政策，帮助龙头企业解决生产经营中的实际困难，一是要根据农业现代产业化龙头企业实际情况，研究制定新的扶持政策和措施，只要农业现代产业化龙头企业能带动农户进入市场、促进农民增加收入，就要给予支持；二是要继续完善“中国农业现代产业化龙头企业信息网”，为农业各类产业化龙头企业信息交流、开展合作提供服务，切实促进农业现代产业化龙头企业发挥辐射带动作用。

第四，各级政府及部门要帮助农业现代产业化龙头企业与农户健全利益共享、风险共担的组织形式和经营机制。为此，一是要在发展产销合同制基础上，鼓励农业现代产业化龙头企业，通过建立风险基金、确定保底收购价、按农户出售农业产品的数量返还利润等形式，与农户建立紧密的利益关系；二是要提倡农民利用土地使用权、产品、技术和资金等要素入股，采取股份制、股份合作制、合作制等多种组织形式，与农业现代产业化龙头企业形成利益共同体；三是要在农业现代产业化经营中充分发挥农民专业合作组织和其他中介组织的作用。

第五，各级政府及部门要加强农业现代产业化基地建设，认真执行农村土地政策，不能以任何借口侵犯和变动农户的土地承包经营权。为此，一是要在具备条件的农村，根据农民的意愿，提倡通过有偿转包、入股、反租倒包等形式，实现土地使用权的流转；二是要促使土地使用权向种养大户和龙头企业集中，形成合理经营规模，使农民分享土地收益。

第六，各级政府及部门要强化农业现代产业化的社会服务功能，为市场、企业、基地和农民提供社会化、系列化服务。为此，一是集中人力、物力和财力投入，特别要集中高新科技投入，建立和健全社会化经营建设服务体系；二是要综合运用经济、法律和行政手段，贯彻执行农业现代产业化的优惠政策，为农业现代产业化经营建设创造良好环境，树立不同类型的典型，发挥示范导向作用。

（4）维护农民拓展就业途径权益的成功经验启示。这是指各级政府及部门必须为维护和引导农民拓展就业途径权益，坚持在长期稳定农户家庭联产承包经营，推动农村集体所有土地承包经营体制创新，大力发展农业现代产业化经营的基础上，引导农村富余劳动力向二、三产业转移，扩大农民就业创业领域，从事劳动密集型农林种植业和牧渔养殖业产品生产、加工、保鲜、包装、贮藏、运输、营销等产业，经过深加工、精加工，增加产业花色品种，提高产品的档次、标准，满足内外市场高档化、多样化、多变化的需求。为此，要在推动农民拓展就业创业途径上，拓宽以下三条渠道：

第一，缓解农村富余劳动力就业矛盾和压力。为此，一是压缩农村劳动力的供给总量，促使农村非劳动年龄人口脱离劳动岗位（主要指童工）。据估计，我国非劳动适龄人口参加劳动供给的比率，相当于全部供给人口的10%，若能让这一部分人脱离劳动岗位，使之学成适应社会需要的技能后再进行就业，可减少剩余劳动力的数量，缓解农村劳动力不断膨胀的问题，可提高农村劳动者的基本素质和竞争能力。二是维护和扩大耕地面积，耕地是农民的命根子，耕地作为农业第一生产资料，是不可代替的。要提高全民节约用地和保护土地资源的意识，使每个公民都懂得土地的宝贵，切实加强土地资源的管理，逐步改善生态环境，使现有的土地资源免遭破坏。

第二，建立农村富余劳动力转移制度保证体系。为此，一是必须加强和完善政府的宏观调控，建立相应的宏观调控体系，减少农村富余劳动力的盲目流动。二是建立健全的就业服务体系，逐步形成城乡统一开放、竞争有序的劳动力市场，实现农村劳动力的有序流动。三是切实加强对农民综合素质的培养，建立国家统一调控的农村劳动力培训制度，实行政府全额补助的政策，培育有技术、会管理、能致富、素质高的新型农民。

第三，鼓励农村富余劳动力自主创业、企业吸纳就业。为此，一是通过税费减免、小额担保贷款、社会保险补贴、岗位补贴等政策，鼓励农村富余劳动力自主创业、鼓励企业吸纳就业；二是通过职业介绍补贴、职业培训补贴政策，强化就业服务和职业培训；三是通过开展就业服务专项活动、推进全国就业信息监测平台建设等，促进稳定扩大就业，稳步推进农村富余劳动力有序转移，有效化解新一轮以高校毕业生为重点的新成长劳动力就业高峰压力。

（5）维护农民推广应用高新科技权益的成功经验启示。这是指各级政府及部门在我国加入世贸组织之后，首先，要引导农民不断提高科技文化素质，参加农业科技推广与创新服务组织，积极争取引进国际先进科学技术，逐步加强农业产品生产经营基础设施化、工厂化、机械化建设，提高农业生产经营管理水平，要进一步开发农业主导产品的优质、高产、高效技术；其次，要大力推广农业支柱产业的加工、保鲜、包装、贮藏等高新技术，广泛利用农业产品生产的降耗、增效、减支、增收等高新技术，尽快改革农业科学技术体制，形成科研、生产、加工、经营一体化的机制，提高农业科技成果转化水平。为此，要引导农民在推广应用农业科学技术，提高农业科学技术的到位率、入户率，提高农民科技素质，促进农民致富，切实做好以下五个方面。

第一，本着科学规划、因地制宜、发挥优势、相对集中、突出特色、高质高效的原则，建设一批高起点、高标准、高质量、高效益的农业产品基地，在此基础上，一是要建成一些国内外市场急需、高附加值、名优特稀新的拳头产品基地；二是要引进新品种、新设备，实行系列科技服务，提高农民科技素质，集中力量建成科技含量高、出口创汇高、市场占有率高的产品基地。

第二，推广应用农业生产科学技术，一是要重点抓好早熟中熟水稻等优良品种、水稻旱育稀植技术、小麦地膜覆盖种植技术；二是要切实推广农田高效立体种植技术、设施蔬菜节本增效技术、秸秆还田及综合利用技术、农业产品无公害生产技术、病虫害防治、旱地集水及节水灌溉技术；三是要大力应用测土配方施肥、先进农机具应用、保护性耕作、稻田养鱼、网箱养鱼等科学技术，大幅度提高良种覆盖率、饲料价值率、化肥施用和灌溉水利用率。

第三，稳定基层农业科学技术推广队伍，创新推广农业产前、产中、产后科技服务机制，一是要完善农业科技推广公益性职能和经营性服务职能，逐步形成无偿服务与有偿服务相结合的农业科技推广体系；二是要依托乡镇建立农业科技示范基地，加大对基层农业科技推广机构的投入，改善农业科技推广应用推广手段；三是要健全农业科技人员以科技要素参与分配的制度，提高基层农业科技人员待遇，保证基层农业科技人员收入稳定增长。

第四，进行农业科教体制改革，一是要扶持具有比较优势的科研教育机构，采取多种形式，建设高新的农业科技示范园区，创建科技产业集团，健全科技成果产业化机制；二是要推进粮棉油糖等大宗产品生产、加工、销售的科技产业化，加快高新科技改造传统农业的步伐，在全国各种类型地区建设生态农业示范县和生态家园富民工程示范村。

第五，加强农民的科学务农培训，这就要通过农业广播电视学校、农业专业技术协会、职业高中和农民夜校等多种途径，广泛开展农村科技普及活动，提高农民科技务农水平。

（6）维护农民防止自然灾害保险权益的成功经验启示。这是指各级政府及部门为了保护我国农业和农村经济稳定、持续发展，提高农业产品参与国际市场竞争能力，增强农业抵抗和防止自然灾害能力，维护农民生产经营建设成果，保障农民应得利益，必须建立农业保险制度和保险组织，为农民参加保险的生产经营农业产品遭受旱涝等自然灾害而减产或破产后提供保险费补贴，以利于保障农民取得稳定的收入，增强外向型农业的风险承受能力，达到保护农业和农村经济持续发展的目的。2013年以来，中共中央、国务院强调，要引导农民防止农林牧副渔各业产品病虫害和疫病，加强多种作物病虫害及动物疫病防治，号召各级党委、政府及部门调动广大农民应对暖冬、干旱、低温冻害、“干热风”和病虫害等重大灾害，加强动物疫病防控，组织开展春季重大动物疫病防控工作，组织禽流感、口蹄疫等重大动物疫病集中免疫和高致病性猪蓝耳病防控，认真实施农业产品质量安全法，开展主要农业产品例行监测和农业生产资料打假专项治理行动，规范农业产品质量安全信息发布工作，积极应对农业产品质量安全突发事件。2015 年，各级党委、政府及部门组织引导农民适应新阶段国际现代农业发展要求，提高我国农业产品国际竞争力，增强农林牧副渔各产业抵抗自然风险能力，促进农民增收致富，重点做了以下四个方面：

第一，建立全国重大病虫监测预警和控制体系、危险病虫防疫体系和农药检测体系，充分发挥“全国农作物重大病虫害监控中心”“全国有害生物风险分析中心”“国家农用航空指挥调度中心”“国家蝗虫应急防治指挥中心”“农业部农药生物测定中心”的示范导向作用。

第二，建设好省级农作物病虫害监控分中心、“国外引种隔离检疫场圃”“区域性农药质量监督检测中心”、县（市）级区域病虫监测、应急防治和综合防治、农药安全指导及农药区域实验站点和植物检疫实验室，在不断加强各项基础设施建设的基础上，努力提高对病虫灾害的预警能力和应急控制能力，不断增强危险性检疫病虫害的扑灭和扩散控制能力，以及对农药污染的控制能力。

第三，完善动物疫情测报网络系统，在现有动物防疫监督机构基础上，合理布局，择优扶持，建设中央、省、县三级疫情测报站。中央农业部门要重点做好重大疫病的防治规划和应急预案，协调全国动物防疫工作；省、市（县）农业部门要做好动物疫病疫情测报，及时准确报告疫情，使畜禽疫情控制在初发阶段。各级农业部门建立和完善动物防疫质量监测体系，推行动物防疫质量认证制度，加强基层牧业畜禽、渔业鱼虾防疫、免疫，扩大免疫范围，提高防疫密度和效果。

第四，加强无规定疫病区建设，各级农业部门按《国际动物卫生法典》的有关规定组织认证办法，做好国外疫情的跟踪分析，加强防范；各级农业部门要修订动物检疫标准，层层建立责任制，切实加强动物及产品的产地检疫和屠宰检疫，控制染疫动物及产品的流动，防止疫病流行。

（7）维护农民自愿参加合作联营组织权益的成功经验启示。各级政府及部门引导农民自觉自愿地和农业产品生产、加工、销售各环节企业组织起来，形成互利双赢产业链。要教育和引导农民增强参加农业产业化建设的自觉性，推动农民和企业自觉开发农业产品种养加销流通市场，建立农村合作联营组织和各种中介组织，促进农业产品种植、养殖、加工、销售各环节要素的优化组合和合理流动，保障农民取得产品种养加销合作联营公平收益。为此，各级政府及部门在维护农民自觉自愿参加合作联营权益上，做到以下四方面：

第一，要通过多种形式、多渠道、多层次、多方面的横向联合与协作，促进农民之间、企业与农民相互之间自觉自愿、互惠互利，增强整体功能，形成综合效益。为此，一是鼓励农民之间自觉自愿组成农林牧渔各种专业性合作种植养殖组织，扶持农民建立农林牧渔业产品生产、加工、供应、销售中介组织，维护农民参与农业产品贮藏、运输、营销等流通服务组织；二是支持农业产品生产、加工，销售各环节的企业和农民建立收益共享、风险共担联合经营组织，促进同行业出口产品的企业和农民共同建立全国性行业协会，增强国际市场竞争的引导功能，提高我国农业产品参与国际市场竞争力；三是提倡农民参加农业产品产加销社会化服务，健全农业现代产业化经营信息服务组织，促使农民能及时了解国际市场变化，合理从事生产经营劳动，提高抗御国际市场风险的能力。

第二，要认真落实国家对农业现代产业化龙头企业的扶持政策。为此，一是帮助龙头企业解决生产经营中的问题，要根据龙头企业实际情况，研究制定新的扶持政策和措施，只要农业现代产业化龙头企业能带动农户进入市场、促进农民增加收入，就要给予支持；二是要继续完善中国农业现代产业化龙头企业信息网，为农业现代产业化龙头企业信息交流、开展合作提供服务，切实促进农业现代产业化龙头企业发挥辐射带头作用。

第三，要帮助农业现代产业化龙头企业与农户健全利益共享、风险共担的组织形式和经营机制。为此，一是要在发展产销合同制基础上，鼓励农业现代产业化龙头企业通过建立风险基金、确定保底收购价、按农户出售农业产品的数量返还利润等形式，与农户建立紧密的利益关系；二是要提倡农民利用土地使用权、产品、技术和资金等要素入股，采取股份制、股份合作制、合作制等多种组织形式与农业现代产业化龙头企业形成利益共同体；三是要在农业现代产业化经营中充分发挥农民专业合作组织和其他中介组织的作用。

第四，要加强农业现代产业化基地建设、认真执行农村土地政策。为此，一是绝不能以任何借口侵犯和变动农户的土地承包经营权；二是要在具备条件的农村，根据农民的意愿，提倡通过有偿转包、入股、反租倒包等形式，实现土地使用权的流转，促使土地使用权向种养大户和龙头企业集中，形成合理经营规模，使农民分享土地收益。

（8）维护农民参加外向型生产经营管理权益的成功经验启示。我国加入世贸组织（WTO）以来，坚持以国际市场需求为导向，以世贸组织规则为依据，依靠农业先进科学技术，调整优化农业结构，大力发展农业主导产业和支柱产业，进一步改革农村生产经营体制，完善农业产品进出口服务体系，吸取国际市场经营管理经验，组织开展国际贸易交流，推进我国外向型农业发展。今后，为了发挥我国外向型农业发展的优势，排除我国外向型农业发展的劣势，壮大我国外向型农业经济实力，必须从以下三方面，总结推广交流维护农民参加外向型生产经营管理权益的成功经验启示：

第一，要增强发展外向型农业的自觉性。这就是要在农业实践中坚持解放思想、更新观念。凡是思想解放早、观念更新快的地区，就能更多地吸引农业投资，及早地引进农业先进科学技术，更快地推进外向型农业发展。为此，一是要加快外向型农业发展，必须经常地开导农民群众解放思想，更新观念，彻底清除各种影响农业对外开放的思想阻碍，尽快从传统陈旧的农业观念解放出来，增强发展外向新农业的自觉性；二是要主动地促进农民群众，随着经济全球化的潮流，跟上农业先进科学技术发展，把握国际经济技术交流、合作与竞争的新形势，利用世界贸易组织规则，趋利避害，发扬各方面的优势，保持外向型农业持续发展的势头。要大力发展对外劳务输出，即在遵守我国及输出国法律的前提下，多形式、多途径、多层次、多方面实现劳务输出，以减轻国内的就业压力。

第二，要壮大外向型农业经济实力。这就是要推进我国外向型农业发展，必须以外贸出口企业为龙头，通过合同、入股合作等方式，通过外贸出口企业这个龙头的资金、技术和开拓市场等方面的优势，同丰富优质的农业产品基地、劳动成本低的农民的优势相结合，建立外向型农业产业化经营实体，主动参与国际市场竞争，使农业出口龙头企业和农民都从中获取应得利益。

第三，要加强农业对外经济交流与合作。为此，一是要发展我国外向型农业，必须积极促进农民对外经济交流与合作，大力引进国际农业先进的品种、技术、设备，增强我国农业科技人员的素质，提高农民的科技务农水平；二是要鼓励有条件的企业发挥我国农村劳动力和技术的优势，到农业资源丰富和市场潜力大的国家去进行农业综合开发，把农业劳务输出与技术转让有机结合起来，增强国际劳务市场的竞争能力，为维护我国外向型农业持续发展创造良好的外部环境。

3. 坚持减轻农民负担专项治理的经验启示。自从2004年以来，国家连续出台取消农业税、财政直接补贴农民等一系列多予、少取、放活、强农惠农富农的法规制度、政策措施，我国农民负担过重的状况有了根本变化，减负工作已由"治重""治乱"转入巩固农村税费改革成果、有效防止农民负担反弹的新阶段。

（1）2011年农民人均直接承担的费用占农民人均纯收入的比重，比2005年下降了43%。农民负担保持在较低水平，农民得到的实惠也越来越多。2004年，中央财政从粮食风险基金中拿出部分资金直接补贴种粮农民，开始实施农机具购置补贴。2006年开始取消了农业税、农业特产税，又出台了农资综合补贴政策，随后出台了种粮补贴、良种补贴、畜牧业、林业、草原、节水灌溉和农业保险等领域补贴政策，拓展家电下乡、农村合作医疗、农民养老保险等一系列惠农政策。全国农民每年取消农业税减轻负担1335亿元，中央财政发放种粮直接补助1144亿元，农资综合补贴3404亿元，直接补贴到从事粮食生产的农民。2012年至今，种粮农民不但取消了农业税，还能享受粮食直补、农机具购置补贴、农资综合补贴和良种补贴。随着强农惠农富农政策力度的不断加大，农民在义务教育、卫生医疗、生活低保、养老等社会保障方面得到补贴补助的项目不断增多、数额不断增加，逐步形成了"种粮得补贴、上学不交费、看病可报销、生活有低保、养老都放心"的新格局。2016年中央农村工作会议前夕，财政部、农业部联合印发了《建立以绿色生态为导向的农业补贴制度改革方案》，提出到2020年基本建成以绿色生态为导向、促进农业资源合理利用与生态环境保护的农业补贴政策体系和激励约束机制，进一步提高农业补贴政策精准性、指向性和实效性。从2016年起，以绿色生态为导向的农业补贴制度建立起来，同年度中央财政共拨付农业支持保护补贴资金1442亿元。2017年以来，在全国全面推行这项补贴制度：一是扶持绿色生态项目，加强耕地地力保护，促进适度规模经营；二是推行农业和农村经济持续发展的政策，整合提高财政资金使用效率，尤其要整合贫困地区的财政资金投入，加大涉农资金整合力度；三是维护贫困地区农村自主权，最终形成"多个渠道引水、一个龙头放水"的扶贫攻坚综合开发治理资金投入新局面。

（2）有些地区农民负担还面临一些新情况新问题，涉农乱收费问题不断出现，向农民集资摊派现象有所抬头，一些地方对减轻农民负担工作的重视程度下降，监管力度减弱，农民负担反弹的隐患仍未消除。有些地方领导对当前农民负担的认识存在误区，认为"零农业税等于零负担"，对农民负担问题的敏感性降低，责任意识淡化，工作力度减弱。经过调查访问发现，一是一些地区农村公共教育资源配置、教辅书本和校服，农村民间传统技艺、民族民间文化、民间医生抢救、名胜古迹挖掘、民族风俗传承和保护、农村医疗卫生站医疗器械和医用设备、农村互联网改造，为发展农村各项事业，采取硬性摊派办法，将配套资金缺口转嫁到村级组织、农村合作组织和农民头上，加重了农民负担。二是一些地方政府急功近利，违背民意，盲目招商引资，往往缺乏规划、不切实际，导致乱招商、乱开发、乱圈地现象频频出现，破坏了生态环境，损害了农民的整体利益。有些地方政府把招商引资的成果列入干部政绩考核项目，缺乏科学依据地出台优惠政策，招来的项目良莠不齐，劳民伤财。还有些地方把自然环境开发得脆弱不堪，让当地农民承受着生态系统遭受破坏的恶果。三是一些农村直接扣发农民的补贴，用于集资、抵扣其他欠款或收费等。有的村干部欺上瞒下，上报补贴时尽量按最高档申请，下发补贴时则按最低档兑现，甚至在最低档的基础上扣除村干部跑上跑下的"成本"，再发放给农民。虽然要求补贴资金直接打到惠农卡上，但有些村干部不把惠农卡发给农民。四是一些地方有关单位借办户籍、生育证、考学民族证、木材砍伐证、宅基地手续、分配低保或其他惠农指标权利，强制要求农民服从集资、收费，任意调剂、分割合法利益以关照关系户。五是一些农村干部用公款吃喝宴请，一些干部中午饮酒后，下午根本不能正常上班，还误正事。更有甚者，酒后驾驶，造成严重的伤亡事故。六是一些农村存在发布虚假用工信息、从事非法职介活动、损害劳动者权益等问题。七是一些农村形成高价婚丧嫁娶奢侈浪费的不良风气。

2006 年至 2019 年，中共中央、国务院在农村坚定不移推行减轻农民负担的一系列方针政策、法规制度，组织领导各地区党委、政府及部门，督促检查落实减轻农民负担。为了当前及今后一个时期做好减轻农民负担工作，中央要求要以维护农民合法权益为中心，以规范涉农收费为重点，以强化监督检查为手段，将农民负担监管工作融入统筹城乡发展、加强农村社会管理、落实强农惠农富农政策中，将农民负担监管领域向农村基础设施建设、农村公共服务、农业社会化服务等方面延伸，创新监管思路、拓展监管范围、强化工作措施、加强制度建设，严格禁止各种不合理收费和集资摊派，坚决纠正违反政策规定加重农民负担的行为，确保农民负担继续控制在较低水平，促进农村社会和谐稳定。为此，中共十八大以来，各级政府和社会各方面更加保持减轻农民负担的高压态势，以新的思路和举措，坚持不懈地做好以下七项减轻农民负担工作：

第一，建立农民负担预防监测、监督检查、责任追究等系统化的长效机制，加强源头监控，严格审核把关，规范每个环节和过程。为此，一是要定期进行农民负担执法检查，尤其要加强暗访的力度，了解乱收费的真实情况。二是要对发现的问题，采取对事、对人双追究制、追究到底。

第二，设立乱收费乱摊派举报中心，提供咨询和投诉的畅通渠道。许多农民因不了解国家的相关政策，不知道所谓收费是否合理合法。为此，必须通过建立举报中心，促使农民主动咨询信息和法规，明确收费标准，监督举报不合理的收费现象。

第三，充分发挥媒体的舆论监督作用，做好上情下达、下情上报工作。为此，必须组织推动新闻媒体及时曝光农村出现的各种乱收费现象，直接督促政府有关部门尽快处理，及时宣传中央和地方对“三农”的扶持政策，为农民提供信息发布平台，及时发布各项收费信息和标准，多头并举督促，共同遏制农民负担增加。

第四，严格审核农民的行政事业性收费，一是必须严格按照法律法规和国务院相关规定收取，严禁向农民“搭车”收费、摊派各种费用。二是必须严格执行涉农收费文件“审核制”，全面推进涉农收费和价格“公示制”，加强对农村义务教育、计划生育、农民建房、婚姻登记、生猪屠宰等领域乱收费的重点监督，解决农民反映的突出问题。

第五，促进完善本地区村民一事一议筹资筹劳实施办法。从 2013 年开始，一事一议筹资筹劳限额标准按绝对数额确定。为此，一是一事一议项目不需要农民投工或农民投工难以完成的，不得筹劳；二是确需农民投工的，要按实际需要合理确定筹劳数量；三是自愿以资代劳的，要严格控制数量、比例及工价标准，防止用自愿以资代劳名义变相向农民筹资。

第六，建立健全涉及农民负担政策文件会签、信息公开和备案制度，各级有关部门出台涉及农民负担的政策文件，必须会签同级人民政府农民负担监管部门。为此，一是要全面推行农村基础设施建设项目审核制度，对各级部门实施的建设项目，应由政府投入的，要及时足额到位，不得向农民和村级组织摊派；二是需要向农民筹集筹劳的，必须经过同级人民政府农民负担监管部门审核，防止向村级组织和农民转嫁负担。

第七，加强教育引导帮助农民转变固有婚嫁观念，主动移风易俗。将简易结婚、朴素婚礼写进《村规民约》，通过电视、报纸、农村宣传喇叭、黑板报等进行反复宣传。为此，一是党员干部带头破除陋习，要求农村党员干部或其家庭，带头不收彩礼，减少传统礼数，树立典型，作出榜样。二是要求农村干部权力运行的阳光化。村务公开越清晰，农民负担越轻。村干部要做到为民、务实、清廉，这样才能有效解决农民负担问题，真正实现富农、惠农。三是要维护农村来之不易的良好发展局面，促进农村和谐社会的持续健康发展。

4. 坚持化解农村农民债务事项的经验启示。2007 年中央 1 号文件要求，优先化解农村义务教育等方面的乡村债务。同年 7 月 24 日，国务院农村综合改革工作小组已批复了江苏、福建、内蒙古、贵州、宁夏五省（区）人民政府报送的化解农村“普九”债务试点实施方案。同年12月25日全国清理化解农村“普九”债务试点工作电视电话会议召开后，按照国务院有关文件的要求，首批14个试点省份农村“普九”债务清理化解工作正在有条不紊地进行；经清理核实，全国农村义务教育债务总规模为1100亿元。

（1）2008年中央一号文件明确规定，用3年左右时间化解农村义务教育债务。为继续扎实深入推进农村“普九”债务化解试点工作，同年1月，国务院农村综合改革办公室派出农村义务教育化债工作督导检查组赴安徽省金寨县、和县检查督导化解债务工作，对安徽省农村义务教育债务化解的各项工作给予充分肯定。同年8月6日，国务院农村综合改革工作小组与部分试点省（区）人民政府签订了《清理化解农村义务教育“普九”债务责任书》，以继续强化省级统筹责任，确保农村“普九”债务得到全部化解，确保不发生新的农村义务教育债务，确保化债过程中农村社会和谐稳定。同年底我国农村义务教育债务化解工作取得阶段性成果，全国首批14个试点省份偿还债务额326亿元，并带动投资及消费约1350亿元，为拉动内需做出贡献。2009年中央一号文件对化解农村义务教育债务进一步明确了完成时间表。经国务院同意，国务院农村综合改革工作小组于2009年底，向各省（区市）人民政府印发了《关于进一步做好清理化解农村义务教育债务工作的意见》，明确在全国范围内全面推进清理化解农村义务教育债务工作，进一步明确化解农村“普九”债务的任务目标，强化化债工作程序，规范偿债资金的筹集和管理，坚决制止发生新的农村义务教育债务。

（2）统计分析结果表明，从2008年到2010年，中央和地方各级政府要在3年内向农村投放1100亿元的偿债资金，用于化解全国1100亿元农村义务教育总债务中，农村学生家长和教师等个人债务约为473亿元，农村承建商债务约为495亿元，农村信用合作社等金融机构债务约为132亿元。2010年，国务院农村综合改革工作小组决定，在全国全面推进农村义务教育化债工作。各地区要化解农村“普九”债务，要努力化解农村义务教育其他债务，同时要建立起制止农村义务教育新债的稳定机制。2014年中央和地方各级政府的偿债资金，直接增加农村需求上千亿元，加上偿债资金对农村投资和消费产生的集聚效应和乘数效应，最终增加内需4000多亿元。为此，各级政府在化解农村“普九”债务上，必须组织推广应用以下八项方略规程及经验启示：

第一，要积极落实偿债资金，确保资金安全运行。各级财政部门一是要积极调整财政支出结构，多渠道筹措偿债资金，确保偿债资金与审计锁定的债务余额一致，不留缺口。二是要在筹措偿债资金过程中，各地不得借新债还旧债，不得向农民摊派，不得挤占挪用其他必保的专项资金。

第二，要正确面对村级债务，统一化解债务思想认识。化解村级债务的前提，是解决认识上的问题。随着乡镇政府性债务的逐年化解，村级债务成为人们更加关注的焦点，也成为有可能引发农村社会不稳定的主要因素之一。为此，在开展化解村级债务上，一是要解决认识上的问题，各级组织和乡村干部，要从维护农村改革、发展、稳定的大局出发，立足自身实际，积极寻求化解办法。二是要树立减一分钱都是化债的思想，充分认识到减一分钱的村级债务，就可以化解一分怨气、消化一分矛盾、理顺一分情绪。

第三，要清理乡村财务，划分债权债务关系。一是要按照实事求是、公开民主的原则，对虚假债务进行剥离，对违纪金额进行查处。二是要对清理锁定后村组所发生的财务往来，进行规范的财务审计和核算，彻底理清债权债务关系。在清理锁定乡村债务的基础上，要坚持村委引导、村民自愿化转的办法化解村级债务。

第四，要动员农户自愿还债，努力减少村级债务。为此，一是要通过农户自愿化转的办法，把债主、集体、农户之间的集体性债权债务关系，依法转化为债主与农户之间的民间性债权债务关系，最大限度地减少村级债务，实行这种办法，既可以化解部分债务，又能够理顺群众情绪，防止在这之前已化转农户的反弹。在化转中，充分发挥村民代表大会的作用，对农户尾欠款的清理、锁定、核销，都要由村民大会或者村民代表会讨论决定；二是要在减免确无还款能力的军属、烈属、特困户尾欠款问题上，要采取村民评、村民大会或村民代表大会决定、村委会审核、乡镇监督的办法，给予减、免、缓，要真正做到公开、公平、公正，让村民们真正心服口服，没有意见。

第五，要全面核查农村集体资产，盘活农村集体资产偿债。目前全国多数地区村级的集体资产主要是房地产。通过调查了解，有些地区农村主要有房屋、仓库、水库、山坪塘、林地、果园、茶园、药园等资产。通过实施土地整理、村级阵地建设等项目，很多村新增了一些集体资产。为此，一是要各乡镇应对各类集体资产进行一次全面清理，摸清家底，指导各村制定操作办法，对能够盘活的要尽量盘活，所得收益用于偿还债务。二是要整合村级阵地、党员远程教育、农村合作医疗站（点）等资源，在保证使用的同时，对于多余的房产可以开店或用于农村物流，使其产生最大的经济效益，所得收入用于偿还债务。

第六，要增加村级收入，偿还村级公益事业欠债。为此，一是要鼓励支持村集体承包项目，增加村级收入，对村内实施项目，要由村民自主实施，严禁对外发包，由村委会统一出面承包，组织村民投工投劳，除足额兑现村民劳务收入外，利润全部用于集体偿债。二是要在实施直接受益的村道路、安全饮水、农田水利、学校危房改造等政府性投资项目时，在不增加农民负担的前提下，坚持农民自愿的原则，对以前因兴办相关公益事业所欠下的债务，可纳入“一事一议”范畴，逐步进行消化。三是要在实施政府性投资项目时，优先为有尾欠税费、有劳动力的农户提供就近务工的机会，引导他们自愿用部分劳动所得清欠。

第七，要开展有偿服务业务，增加收入偿还债务。为此，一是要通过对村民提供便捷的服务，收取费用，增加收入。二是要针对剩余劳动力较多、资源匮乏的现实情况，由村级组织引导农民组成运输队、建筑队等劳务队，统一向外输送，通过良好的中介服务，适当收取劳务管理费偿还债务。

第八，要坚守严控村级债务发生规则，努力防止新增债务。要牢固树立“不新增债务就是减债”的思想，严防新增村级债务。为此，一是要坚持谁举债、谁负责、谁偿还，继续实行“村财民审乡管”，规范农村财务管理，进一步完善控债机制；二是要通过设立农村会计服务中心，对农村实行资金和账目双代管，建立不能举债的防范机制；三是要通过健全各项农村账务管理制度，巩固清理、杜绝管理漏洞，建立不许举债的保障机制；四是要通过明确责任，强化审计等措施，建立不敢举债的惩治机制，杜绝新增债务。

（七）保障农民群众基本收入、增加多项收入的经验启示。回顾 1978 年改革开放 40 年来，从农民群众收入增长情况中可以发现，一是 1985 年以前，在全国农业产品供应短缺的形势下，农民群众收入增长因素是农业产品的产量增加和价格提高，国家通过有计划地订购农业产品，并多次提高订购价格，使农民群众从增加农产品产量中得到较多收入；二是 1990 年以前，农民群众收入增长因素是乡镇企业和农业的发展，国家通过扶植乡镇企业和非农业发展，促使农民群众广泛就业增加收入；三是 1995 年以前，农民群众收入增长因素是调整优化农业产品结构，推广应用农业生产科学技术，提高农业产品加工水平，以适应社会产品需求。

2000 年以前，围绕增加农民群众收入，努力发展高产优质高效农业，搞好农业综合开发，大力发展乡镇企业，多渠道开辟农民就业门路，完善农村服务体系，加快发育各类农业产品市场，帮助农民适应市场、开拓市场，遵循价格规律，适时调整农业产品价格，全国农民群众人均纯收入，2000 年 2253 元，比 1995 年 1729 元增长 30. 3%。

2005 年以前，拓宽农民增收渠道，加快发展高产优质高效生态安全农业，支持农业产业化经营和龙头企业发展，加强农村现代市场流通体系建设，壮大和提升农村二三产业，发展乡镇企业，增强县域经济实力，加强农村职业教育和技能培训，提高农民转移就业能力，发展劳务经济，继续扶持贫困地区发展经济；对农村各项文化教育科技卫生医疗事业给予积极扶植，促进发展，努力减轻农民负担。全国农民群众人均年收入，2001 年为 2348 元，2002 年为 2476 元，2003 年为 2740 元，2004 年为 2936 元；2005 年为 3255 元，比 2000 年增长 31. 5%。

2010 年以前，为全国农民群众增加收入，国家彻底取消农业税和各种收费，结束了农民务农交税的历史，每年减轻农民负担超过 1335 亿元。同时建立种粮农民补贴制度，对重要粮食品种实行最低收购价政策和临时收储政策，着力推广农业优良品种和先进技术，加快农业基础设施建设，促进农村转移劳动力就业，建立农村合作医疗、最低生活保障制度，全面实现城乡免费义务教育，所有适龄儿童都能免费上学，开展农村社会养老保险试点。全国农民群众人均年收入，2006 年为 3587 元，2007 年为 4140 元，2008 年为 4761 元，2009 年为 5153 元；2010 年为 5612 元，比 2005 年增长 72.4%。

2015 年以前，为确保人民群众持续增加收入，国家继续加强农业基础设施和生态环境建设，推进现代农业产业化规模经营，加强农村转移劳动力就业服务和职业培训，推进农村最低生活保障、卫生医疗、养老保险、农业救灾保险、农业产品目标价等制度建设，完善农村基本生产经营制度，发展多种形式适度规模经营，健全农村社会化服务体系，有序推进农村转移人口城镇居民化，多渠道增加农民收入，使城乡居民收入与经济同步增长，继续提高城乡最低生活保障水平，为特殊困难农民群众基本生活提供保障。全国农民群众的人均年收入，2011 年为 6251 元，2012 年为 6870 元，2013 年为 7509 元，2014 年为 8200 元，2015 年为 8766 元，2016 年为 9420 元，2017 年为 10268 元，2018 年为 10434 元。

上述各时期全国农民群众持续增加收入方略规则的经验启示是多方面的，主要有十六方面：一是正确认清农民群众收入增减变化趋势；二是继续保持粮食增产农民群众增收良好态势；三是努力提高农林牧渔业产品品种质量；四是全面改善农业生产经营和农村公共公益基础设施条件；五是科学利用综合治理保护农村自然地理生态环境；六是坚持遵循农村土地所有权、承包权、经营权法制；七是坚持推进各种组织形式规模经营；八是引导促进全国人民共识关爱参与农民体面职业；九是坚定执行农林牧渔产业生产经营建设补贴政策；十是继续推行提高小麦、水稻、玉米等产品最低收购价格、临时收储政策；十一是扶持拓展农林牧渔业产品的种养加、产供销一条龙通道；十二是科学合理利用、转移农村劳动力队伍；十三是坚持采取因地制宜精准扶贫攻坚到村户方式；十四是建立健全城乡居民公益服务社会保障体系；十五是加快推动城乡一体四化同步建设进程；十六是逐步完善农村人口转移城镇居民化待遇体制。下面分别说明为确保全国农民群众持续增加收入而推广应用上述十六方面方略规程、法规制度、途径方式、措施办法的成功经验启示：

1. 坚持正确认清把握农民群众收入增减变化趋势的成功经验启示。1949 年至 2019 年，全国农民群众收入持续增长、生产经营条件明确改善、物质精神生活质量显著提高。但是农民群众增收减支变化因素较多、增长与降低幅度波动较大，必须正确认清把握收入增减变化趋势，主要有以下八种变化趋势：

（1）农民群众收入构成发生变化，从农业获取的收入占人均纯收入的比重速度递减，从非农产业获取的收入占人均纯收入的比重逐步上升。在农林牧渔收入中，农业收入占主要地位，但是粮食收入在农业收入中所占的比重逐年下降。这种升降演变的过程，充分说明了农民群众收入多元化的格局已初步形成。

（2）农民群众收入增长方式明显变化，价格拉动上升空间缩小。目前我国主要农业产品价格已经接近或超过了国际市场，在加入世界贸易组织和农业产品贸易自由化的大趋势下，继续大幅度提高粮食收购价格的空间已经非常小。在这种情况下，农民群众收入增长方式发生了明显变化，开始出现由农业产品数量向质量转变，由农业生产向非农业生产转变。

（3）农民群众收入增幅波动性大，增收速度趋缓。在市场经济条件下，由于农业产品供求关系发生了重大变化，主要农业产品供给由短缺变为总量基本平衡，丰年有余农业产品价格开始逐年下降。许多农业产品出现了阶段性相对过剩，“卖难”问题影响了农民收入的增长。

（4）农业产品价格下跌影响了农民增收，也深层次反映了农业结构性矛盾突出，制约了收入增长。主要表现为三个方面：一是粮经结构不合理，低效益作物多，高效益经济作物少；二是品种结构不合理，低品质作物多，优质作物少；三是季节性结构不合理。在当前农业产品市场供大于求、总体饱和的形势下，单纯依靠增加产量增加农民群众收入，难以奏效。

（5）农业产品销售不畅，对农民群众增收造成严重影响。近年来，农业产品销售不畅，“卖难”影响了农民增收，实质反映的是农民市场开拓意识不强和销售服务体系不健全。

（6）农业产业化水平低，制约着农民收入的稳定增长。主要表现为四个方面：一是农业产品加工流通能力不强，企业少、规模小、带动能力弱。二是农业产品加工企业与农民之间的内在关联度低，没有形成真正的利益共同体。三是农业结构的组合、产品结构的调整、产品的流通，在一定程度上还受市场信息滞后的制约。四是农户几乎承担着全部的市场风险，却无法分享加工、运输增值而产生的丰厚利润。

（7）小城镇建设发展缓慢，制约农民群众收入增长。目前，主要表现为两个方面：一是一些小城镇建设明显滞后，非农业人口比例少，农村城镇化程度低；镇区规模小，发展空间有限，基础设施落后；二是一些小城镇企业少、规模小、分布散，带动力差，难以在日益激烈的市场竞争中发挥优势。

（8）农民群众持续稳定增加收入的来源，是农民群众工资性收入。表现在我国农民群众纯收入总增量构成中，一是家庭经营纯收入增量比重呈逐年下降趋势，从1998年开始还出现了负增长。二是转移性与财产性收入增量的比重较小且不稳定。工资性收入增量所占比重逐年上升，弥补了家庭经营性纯收入的减少量。这说明工资性收入增长，有力地保证了农民群众纯收入的增长，是农民群众增收的主要路径。而农民群众工资性收入是通过农民进城镇务业的收入。

上述各方面收入增减变化趋势证明，要确保农民群众持续增加收入，必须推广应用四项方略及经验启示：一要坚持实施现代农林牧渔业产业化规模经营发展方略；二要坚持实施农民群众离土不离乡的农村集体经济持续发展方略；三要坚持实施农村劳动力参加城镇工商贸服务产业化规模经营发展方略；四要坚持实施城乡一体农业现代化、工业化、信息化、城镇化四化同步建设方略。

2. 坚持继续保持粮食增产农民群众增收良好态势的成功经验启示。1949年至2018年，有46年粮食增产，其中2004年至2015年连续12年粮食增产，我国粮食实现了半个世纪以来首次“12连增”，粮食总产量超过12000亿斤，单产和总产再创历史新高。这是在“11连增”高起点、高基数的基础上、旱涝灾害不断的情况下取得的。我国农民群众收入增长也实现“12连增”，全国农民群众人均收入，由2004年2936元、增加到2017年10268元，增加2. 5倍。农民群众增加收入，无论从连续性、增速还是增收额度来看，在新中国历史上都是第一次，从收入结构来看，农民群众收入呈现多元化增长格局，农民群众工资性收入、生产经营性收入、转移性收入和财产性收入都在持续增长。目前，在农民群众收入构成中，家庭经营性收入仍占总收入的近半，工资性收入占总收入41%，是农民群众收入的第二大来源。近年来转移性收入和财产性收入增长较快，增长空间也很大。全国农民群众持续增加收入的根本因素是传统农业向现代农业转变，农业产品的产量与价格双增长，推动了家庭经营收入的稳定增加。农业产品比价上升和粮食丰收是经营性增收的基础。近年来，国家通过大幅度提高主要粮食品种的最低收购价格，对玉米、大豆等实行临时收储等保护农业生产的政策措施，有力推动了农民家庭经营收入快速增长。长时期保持粮食增产农民群众增收来之不易，是多种因素共同作用的结果，这些因素包括政策力度加大、播种面积增加、抗灾及时有效、科技服务到位、主产区气候条件总体有力等多种因素。主要包括以下两种类型因素：

（1）中共中央、国务院发出了一系列扶持粮食和农林牧渔业生产经营建设的方针政策措施，部署开展了全国粮食稳定增产行动。特别是在“十一五”至“十二五”规划期间，中共中央、国务院发出的扶持粮食等农林牧渔业生产经营建设的政策措施，频率之密、针对性之强、含金量之高，再超以往。种粮直补、良种补贴、农资综合补贴和农机具购置补贴等“四补贴”每年总规模达1406亿元。

（2）各地区政府及部门加强组织领导，加大政策措施落实力度，全力以赴开展农业抗灾减灾，加强技术指导和科学服务，在全国上下形成了抗旱防洪等救灾和发展农林牧渔业生产经营建设的强大合力，在全国开展稳定增粮科技服务活动，组织全国上万名专家和35万名农业科技推广人员推动落实高产技术措施，有力促进了粮食等农林牧渔业产品生产稳定增长，全国肉类、禽蛋、奶类总产量都保持稳定增长态势。生猪生产继续向好，蛋鸡存栏增长，生产能力明显增加。奶业生产形势总体平衡向好，渔业生产基本稳定，养殖效益有所提升。蔬菜产销虽然个别品种有所波动，但总体供应充足、市场繁荣、供求平衡。

3. 坚持努力提高农林牧渔业产品品种质量增加收入的成功经验启示。这是指以下六项经验启示：

（1）组织调整优化农林牧渔业结构，促进农民群众增收。要引导农民群众在把握好市场导向原则、最佳效益原则、比较优势原则的前提下，重点围绕三个层次展开：第一个层次，调整优化农林种植业产业结构，提高优质高效农林种植业产品的比重；第二个层次，调整优化牧渔养殖业产业结构，提高牧渔养殖业在农林牧渔业中的比重；第三个层次，大力发展农林牧渔业产品加工、供销流通服务业，进一步推进现代农林牧渔产业化、社会化、市场化规模经营，把科技推动和市场拉动，作为产业化经营的关键环节，把市场营销放在首位，突出抓好服务体系建设和“龙头”企业建设，使农民群众从农林牧渔业产业化规模经营链条的每个环节中获得增收。

在“十三五”规划实施之年，即2017年中央农村工作会议要求，推进农业供给侧结构性改革，既要调整结构、优化布局，又要转变方式，优化运行；既要广泛调整生产力，又要变革生产关系，破解农业产品供需结构性矛盾，提高农业供给体系质量。这项改革是一场深刻变革，它不同于过去的农业结构调整，关系农业的长远发展前途。为此，农业部已确定，2017年农业结构调整要有新突破，要重点建设好粮食生产功能区、重要农林牧渔业产品生产保护区、特色农林牧渔业产品优势区，一是自2014年起，我国分别在新疆和东北地区实施的棉花、大豆目标价格改革试点，已经取得初步成效，为我国农业产品价格政策改革积累了宝贵经验。二是继续调减玉米1000万亩，累计调减总量争取达到4000万亩；扩大玉米大豆轮作试点，扩大青贮玉米、苜蓿等优质饲草料种植面积；大力稳生猪、兴奶业；逐步减少近海养殖，规划和发展“海洋牧场”，大力发展区域优势特色产品。

（2）组织推广林牧渔业生产经营先进使用科学技术，把农林牧渔传统落后生产经营方式，转移到现代科技化生产经营轨道上来，大力推进农科教结合，不断提高农民群众文化科技素质，形成多渠道、多层次、多形式的农民科技培训体系，抓好优质种苗的推广应用，加快先进实用科技推广应用，建立健全农林牧渔业生产经营先进创新科技推广应用社会化服务体系。2016年中央农村工作会议强调：调整农林牧渔业生产经营科技创新方向和重点，调动科技人员的积极性；着眼提高农林牧渔业全产业链收益，努力做强一产业、优化二产业、做活三产业，推行绿色生产方式，把农林牧渔业生产经营节水作为方向性、战略性大事来抓，促进农林牧渔业可持续发展。

（3）组织推动牧渔业地区调整优化牧渔业产业持续发展的成功经验启示，主要包括：其一，必须遵循市场经济规律，优化牧渔业产品结构和区域布局，提高牧渔业整体素质和效益；其二，必须加快牧渔业产业化进程，促进产品生产与市场销售有更紧密的联结，重点是培育规模大、起点高的加工企业，引导加工企业以多种形式与农户建立起稳定的购销关系，形成利益共享、风险共担”的利益联结机制；其三，必须加强牧渔业良种繁育和疾病控制体系建设，积极引进国外优良品种、提高良种生产水平；其四，必须加强牧渔业产品市场体系建设，创造良好的市场条件，重点发展产地批发市场和专业市场，健全市场规则，规范市场行为，营造公平竞争的环境；其五，必须按照西部大开发、江河湖海维护的战略部署，加强草地生态建设，大力引导渔业养殖基地建设，推动牧渔业持续健康发展。

（4）组织推进农林牧渔业供给侧结构性改革。2016年中央农村工作会议指出：推进农业供给侧结构性改革，一是要抓农林牧渔业产业结构调好调顺调优，把提高农林牧渔业产品质量放在更加突出位置；二是要发展适度规模经营，优化经营结构，把促进规模经营与脱贫攻坚和带动一般农户增收结合起来。

（5）组织依托小城镇加快农村建设步伐，形成长期持续的经济增长点，开拓城乡一体化市场，满足农村商品需求，发展农村第三产业，增加农民就业门路和收入来源，调整农村产业结构，提高乡镇企业综合效益。

（6）组织拓展城乡一体农业现代化、工业化、信息化、城镇化之路，2016 年中央农村工作会议确定，农业供给侧结构性改革的重点任务，是壮大一产业、发展二产业、搞活三产业，促进一二三产业的融合发展，也被称作促进“六次产业”融合发展，推进农业供给侧结构性改革，正是以促进一二三产业结构性改革入手，全面推进“六次产业”融合发展。为此，一是要随着我国社会经济发展，人民群众对文化、生态、健康等要素提出新的需求，必须推动农民对六次产业相应进行转型升级；二是要按照城乡市场供需求、产业链条延长及区域布局，调好调顺调优一二三产业，在方向性问题上不能出偏差，不能犯颠覆性的错误，必须守住确保粮食生产能力不降低、农民增收势头不逆转、农村稳定不出问题的三条底线。

4. 坚持全面改善农业生产经营和农村公共公益基础设施条件增加收入的成功经验启示。主要包括以下七项：

（1）加大土地综合开发整理复垦力度，推进土地整治，搞好中低产田改造，提高耕地质量，建设高标准农田，搞好小型农田水利建设，大力发展节水灌溉，建成旱涝保收农田。在全国贫困地区农村中已有 84% 农田水利设施，形成灌溉与排涝配套的功能，有效灌溉面积，占总耕地面积的 56%，旱涝保收田面积，占总耕地面积 39%。

（2）加快完成大中型和重点小型病险水库除险加固任务，优先支持水库、病险水库水闸除险加固、灌区续建配套与节水改造、抗旱水源利用、灌溉排洪工程、农村饮水安全工程建设，截至 2016 年建成农村人畜引水工程 763 万处、输水管道总长度 8134 万公里，解决了 8432 万人和 7265 万头（只）牲畜的饮水困难。近几年来，各地区政府及有关部门在组织开展农村人畜饮水安全工程建设上，优先解决了革命老区、边远边疆地区人口较少民族、水库移民、血吸虫病区和农村学校的饮水安全问题，喝上干净水。

（3）大力发展农村公共交通，加快农村公路建设，尽早让农村居民走上平坦路，建立以政府投资为主的筹资建设和养护机制，2016 年全国农村公路（含县道、乡道、村道）里程达 456. 9 万公里，全国通公路的乡（镇）占全国乡（镇）总数的 99. 97%，通公路的建制村占全国建制村总数的 99. 38%，其中，通硬化路面的乡（镇）占全国乡（镇）总数的 97. 18%，通硬化路面的建制村占全国建制村总数的 84. 04%。全国有 87% 左右的行政村都已经通公共客车，农村交通更加便利。

（4）加快农村电力建设，全国建成农村水电站 28207 个，架设输电线路 5432820 公里，通过国家大电网建设，覆盖农村人口已经达到了 95% 左右，2016 年来，一些地区已经落实城乡同网同价政策。全国各地区建成农村电话交换点 352019 处、无线通讯设施 28152 处，通讯线路 672117 杆、电视（电脑）接收站 570323（3520）处、电视覆盖率达 86%。

（5）大力推进农村沼气建设，从 2015 年以来，扩大沼气建设的实施范围和补助规模，每年中央财政投入 20 亿元，重点扶持贫困地区开展大中型沼气项目工程建设，加快农村的沼气、太阳能源建设进程，确保每年能使 500 万农民家庭用上清洁沼气。

（6）重点扶持贫困农村居民改造危房、建造新居、整治村容村貌治理，加强污水、垃圾处理设施建设，创建整洁、舒适、文明的人居环境。2016 年农村居民人均住房面积为 58 平方米，比 2006 年增长 70%，其中，砖木结构 30 平方米，比同年增长 26%，年均增长幅度为 2. 1%，钢筋混凝土结构的为 28 平方米，比同年增长 96%，年均增长率 12%。

（7）组织建立农林牧渔业科技推广中心机构 38619 个，开展农林牧渔业生产经营科技创新和成果转化技术示范活动，普及推广地膜栽培技术、药剂灭草技术、种子包衣技术、间套复种技术，进一步交流培育优良种苗等关键性、实用性技术，强化以公益性为主的多元化技术推广服务，加强良种、信息、质量安全和防灾减灾体系建设，搞好动物疫病和植物病虫害防控、扩大测土配方施肥规模，进一步提高科技化、机械化水平，增强农民群众自觉走上农林牧渔业生产经营科技化、机械化道路。

5. 坚持科学利用治理保护农村自然地理生态环境增加收入的成功经验启示。这是指在全面深入、科学合理地分析农村贫困的根源是农村自然地理条件不利影响，土地、水利气候等资源难以满足农业生产经营和农民生存生活需求，同时人为浪费自然地理资源、破坏生态环境，没有落实节约利用自然地理资源、综合开发治理和永久保护生态环境方针政策、法规制度的基础上，交流推广应用以下三方面经验启示：

（1）全面合理节约高效利用农村自然地理资源。坚持节约优先、树立节约循环利用自然地理资源、土地水利等资源利用数量调节控制的方针，提高节约集约利用标准和效率。为此，必须实行最严格的耕地轮作休耕、节约用地制度，从严控制农村集体建设规模；必须实行最严格的水资源管理制度，以水定产，实施雨洪资源利用、再生水利用工程。

（2）综合开发科学治理农村山水林田路恶化生态环境。坚持以提高综合开发科学治理农村山水林田路生态环境为核心，形成政府、农村集体组织单位共同对农村山水林田路恶化生态环境综合开发科学治理体系的方针，推进土壤、水资源污染防治和环境治理。为此，必须继续加大农林牧渔业生产经营基地污染防治力度，统筹农村饮水安全、改水改厕、垃圾处理，推进种养业废弃物资源化利用、无公害化处理。

（3）永久严格保护改善农村良好生态安全保护屏障。坚持保护优先、自然恢复为主、实施山水林田湖生态保护改善工程的方针，全面增强农村自然生态系统良性循环功能。为此，必须扩大退耕还林还草，加强草原、湖泊生态环境保护，系统整治江河流域，连通江河湖库水系，改造养殖滩涂、坡改梯田，退耕还湿地，推进农村荒漠、沙漠土地防风固沙绿化和小流域水土保持工程建设，加强维护农村水源头、水源涵养区生态环境。

6. 坚持遵循农村土地所有权、承包权、经营权法制增加收入的成功经验启示。从中共十七届三中全会到十八届五中全会都一致强调，稳定农村土地承包关系，制定实行农村土地所有权、承包权、经营权分置政策制度，依法推进农村土地经营权有序流转，坚持最严格的耕地保护制度，坚守耕地红线等方面的成功经验启示。主要包括以下五项：

（1）坚持依法促使土地承包使用权有序流转，切实提高管理水平，严格遵循四项政策原则：一是要坚持“稳制、分权、搞活”的原则，在稳定农户家庭承包责任制的前提下，实行土地所有权、土地承包权和土地使用权适当分离的办法，搞活土地使用权。二是要坚持“自愿、依法、有偿”的原则，土地使用权流转要尊重农户意愿，严格按法定程序办事，充分体现有偿使用原则。三是要坚持“集中、连片、规模”的原则，对土地流转要集中、连片承包、整理，实现规模开发、集约经营。四是要坚持“指导、管理、规范”的原则，在土地流转过程中，要加强指导管理和服务，促进土地流转规范、有序和规模经营。

（2）坚持健全农村土地流转服务组织职能制度，要进一步发挥乡镇、村两级土地流转服务组织的职能作用，明确职责和权利，使之真正担负起土地流转中的各项服务工作。为此，必须通过发文规定、合同约定、宣传解释等途径，提供土地流转供求信息，切实解决土地流转中出现的问题，指导签订、督促兑现土地流转协议或合同，调解土地流转纠纷，确保流转出土地的农户能够按照流转协议或合同按期收回承包权，获取应有的流转费，得到土地被征后应得的补助费，享受“土保”等其他有关权益。

（3）坚持完善农村土地所有权、承包权制度，做好农村集体土地所有权确权登记颁证工作，对农村集体土地的所有权进一步界定清楚，保障其权益。为此，必须切实抓好农户承包地地块的确权、登记和颁证工作，认真落实稳定土地承包关系的各项政策、制度，保障农户承包土地权益。

（4）坚持落实农村土地承包经营权流转制度，必须让农民自愿选择，任何人不能强迫农民去流转土地，或者阻止农民自愿地流转土地。为此，一是要严格落实土地流转不得改变土地的所有权，不得改变土地的用途，不得损害承包方的利益。二是要加强为农民土地流转服务的管理，严格确保土地承包经营权流转的愿望和要求，稳步开展土地承包经营权登记试点，建立健全土地承包经营权流转市场体系，依照法律规范土地签订合同，按照有关法律加强对土地流转的管理。

（5）坚持推行最严格的耕地保护制度，特别是加强基本农田保护，坚决制止违法违规占用耕地和林地行为，坚决守住18亿亩耕地红线。为此，必须全面推进最严格的节约用地制度的具体办法，从严控制城乡建设用地总规模，按照土地利用总体规划，从严审查调整各类规划的用地规模和标准，严格执行土地用途管制制度，依法严格管理农村集体和个人建设用地。

7. 坚持推进农村各项经济组织规模经营增加收入的成功经验启示。包括六项：

（1）稳定完善农村维护农民生产经营自主权的基本经营制度。目前我国农村基本经营制度可分为三个层次：其一，以公有制为主体、多种所有制经济共同发展的基本经营制度；其二，以农户家庭联产承包经营为基础、统分结合的基本经营制度；其三，在多种所有制合作、联营中，农民以劳动所得为主和按生产要素分配相结合的基本经营制度。

（2）逐步推行农村土地流转和规模经营制度，这是引导鼓励农民承包土地经营权有序流转，推进农村土地适度规模经营制度。它是为了推动农林牧渔业结构调整，促进主导产品和支柱产业基地建设，发展农林牧渔业龙头企业，推进产业化规模经营，提高土地流转和规模经营的综合经济效益和整体社会效益。

（3）稳步加大政策激励力度，鼓励农户把闲置的承包土地流转出来，同时，要加大土地流转后的招商引资力度，兴办劳动密集型农业企业，把转出土地并有“恋土”情结的农民，安排到这些企业工作，使农民不出家门就能找到就业渠道。

（4）统筹兼顾农村一、二、三产业的发展，不能随意侵占已成型的土地规模经营基地，确实需要的，要给予足够的补偿，或予以异地重建相应的规模经营基地。

（5）继续促进农民参加农林牧渔业产业化企业规模经营，2015年全国农林牧渔业产业化龙头企业，已吸纳我国农村富余劳动力1.2亿人，已创造占全国工业产值的38%，已占国有企业产值总和的59%。2018年全国农林牧渔业产业化龙头企业在发展中，正在解决四个深层次的问题：其一，明晰产权，允许多种经济成分和经营形式，兴办农林牧渔业产业化龙头企业；其二，努力提高农林牧渔业产业化龙头企业经营管理、经济核算的素质和水平；其三，引导农林牧渔业产业化龙头企业适当集中，把发展产业化龙头企业与建设小城镇结合起来，促使乡镇一体化经济健康发展；其四，选择农林牧渔业产业化龙头企业时，注意发挥当地资源优势，大力推进农林牧渔业产品精深加工、适销对路、附加值高的产业发展。

（6）支持农民建立健全专业合作经济组织，以利于解决好农民脱贫增收致富、繁荣农村经济的问题。为此，必须建立能够代表和维护农民根本权益的自己的组织，进一步促使农民参加国内外农业产品市场相连接的、种养加销产业链中介组织。这就必须落实四项政策措施：一是要建立健全村民自治组织，强化其民主自治功能，要真正做到民主选举、民主决策、民主管理、民主监督。要真正做到自我管理、自我教育、自我服务。要建立以坚强的党支部为核心，以社区能人和精英为村级领导班子，带领村民发展经济，加速奔小康的步伐；二是要建立健全农民专业合作经济组织、农民专业技术协会，扩大其组织功能，推动农民专业合作经济组织、农民专业技术协会、农村市场中介组织，在农林牧渔业产业化规模经营中，充分发挥各自的功能作用；三是要加强以国内外农业产品市场为导向，以拳头产品为龙头，由农民专业合作经济组织、农林牧渔业产业化龙头企业带动的种养加、产供销、农工贸一体化经营；四是要引导推进农村供销合作社和信用合作社，会同农民专业合作经济组织，充分发挥其为农民服务的作用。鼓励推进文教、科技等单位开展培训教育，不断提高农民的文化科技素质，走上农林牧渔业科技产业化规模经营的道路。

8. 坚持引导促进全国人民共同扶持农民体面职业名利双收的经验启示。2014年以来，中央农村工作会议强调，“要通过富裕农民、提高农民、扶持农民，让农业经营有效益，让农业成为有奔头的产业，让农民成为体面的职业，让农村成为安居乐业的美丽家园”。要引导全国城乡人民共同认知农民是体面职业。长期以来，农民职业属性被漠视，“农民”更多是一种有别于“城里人”的身份。近年来，得益于中共中央强农惠农富农政策的连续稳定发力和统筹城乡发展，亿万农民的梦想开了花、结了果，他们中的很多人提高了文化科技务农素质、增强了增收致富本领，创建了生态文明美好生活的人居家园。从中共十八大以来，中共中央、国务院引导促进全党全国人民共识农民的特征、实际、地位、作用，关心农村和农民的经济、社会、生活等问题，参与实现农民体面职业的需求愿望。为此，推动全国各地区总结交流推广应用以下三方面的经验启示：

（1）共同认识农民的特殊地位和实际处境的经验启示。在新时期，我国农业和农村经济，已由单一经济转为综合经济，农业生产已走上由过去强调增加农业产品产量为主转向农业产品高产、优质、高效，实现经济、生态、社会三个效益并重的道路。农民正处在实现从温饱向小康跨越的阶段。农民已成为农业和农村经济发展的主力军，农民的生产水平和生活质量逐步提高，农民的精神面貌发生了较大变化，特别是农民的开放、竞争、市场、科技、信息、效益等意识明显增强。

第一，农民的特殊地位。我国农民的特殊地位在我国社会主义革命、建设和改革时期，主要有四点：一是我国农民在国内外成为最大社会群体，是受中国共产党领导下的工人阶级的同盟军；二是我国农民经过中国新民主主义革命、社会主义革命、社会主义建设和社会主义改革的考验，经历着土地改革、农业合作化和人民公社化之后，农户家庭联产承包责任制、农业生产股份制、农业产业化经营等生产经营体制的实践的考验；三是我国农民生产、生活在全国各地区农村，因而各地区农村农民间的各方面差距在扩大，城乡社区间的差距在扩大；四是我国农民仍以家庭为核心，以血缘关系为纽带，以传统文化为主。

第二，农民的实际处境。在新时期，我国农民的实际是最累、最苦、最穷，是贫困落后。具体表现在：一是在农业产品生产上，农民进行零星、分散、小规模生产；二是在农业产品加工上，农民参与传统、落后、粗糙加工；三是在农业产品销售上，农民不能成为自主、独立的经营者，时常出现生产与销售相脱节的矛盾；四是在农业经济效益上，农民增产、增效、增收、致富不稳定，面临自然、市场的风险大；五是在文化教育上，农民文化科技素质低，小农经济思想意识重，落后于农业产业化经营、农业现代化发展形势；六是在民主政治上，农民自身生产经营决策的自主权较少，有时不能维护生产经营权益。为此，在正确认清我国农民实际的基础上，一要引导农民发展农业生产力，勤劳致富、脱贫致富、共同致富；二要促进农民正确处理农民利益与集体利益、国家利益的矛盾；三要帮助农民不断提高文化科技素质，推进我国农业产业化经营，加快农业现代化建设的进程。

（2）共同理解农民地位和作用的经验启示。我国农业、农村问题，归根结底是农民问题，我国农业和农村经济发展的根本动力来源于我国农民的积极性、自觉性增强，农民问题始终是我国社会主义革命、建设和改革的根本性问题，农民是参加我国社会主义革命、建设和改革的主体力量，是保障我国农业和农村经济持续发展的依靠力量。为此，必须注重保持农民高尚地位、主人翁作用。

第一，农民的地位。如上所述，我国农民的地位是在我国社会主义革命、建设和改革中，肩负使命的主人翁地位。在这样一个农业大国处于顶天立地的地位。我国农民在共产党领导下，与工人阶级兄弟一道参加社会主义革命、建设和改革，流血牺牲、艰苦奋斗，不断赢得胜利。历史实践证明，我国农民，是投身社会主义革命的主力军，是参加社会主义建设的同盟军。在我国不同历史时期，尊重和维护农民的根本利益，充分调动农民的积极性，就能保障我国社会主义革命、建设和改革的胜利，就能保障我国农业和农村经济持续健康发展。

第二，农民的作用。我国农民的作用是巨大的。我国农民在社会主义革命和建设中起到依靠作用，在农业和农村经济持续稳定健康发展上起到后盾作用，在工农联盟中起到可靠同盟作用。我国农民，具有创造社会财富的巨大力量，具有保持社会安定的基础力量，具有推进现代化建设的支撑力量，具有保障国计民生的依靠力量。

（3）共同关心农村和农民问题的经验启示。目前，全国各地区农村和农民的问题较多、错综复杂，概括说来，主要是：一是农业产品的生产、流通和价格问题；二是农业生产经营体制的调整、改革和发展问题；三是农村集体经济体制改革政策的不稳定、不配套、不落实问题；四是农民与农村基层组织、农村干部和国家之间的利益问题；五是农民的跨区域大规模流动问题；六是城乡社区的社会治安问题；七是农民的隐形负担和农民生活资料价格居高不下、增产与增收的问题；八是农村基层组织与村民自治问题；九是农村城镇化、工业化与户籍、住房、田地之间的关系及政权问题；十是农村社区服务、农业社会化服务和农村社会保障制度问题；十一是政府机构的运行方式、职责结构、行为规范的合理化问题；十二是农民进入市场后政府如何引导、服务农民问题；十三是传统农民文化与发展农业科技教育、开展文化扶贫，提高农民文化科技素质问题。

（4）共同开辟解决农村和农民问题途径的经验启示。要针对全国各地区农村和农民错综复杂的问题，必须重新认识、认真研究、正确处理、切实解决。解决一系列问题的切入点，是“利益调节”。正如马克思指出，人们奋斗所争取的一切都与利益有关。任何阶级、团体的积极性，都是以一定的利益为基础的。农村和农民错综复杂问题中包含着利益问题，利益是多方面的，主要有经济利益和政治利益两方面，由此可见，解决农村和农民的问题的有效途径，是通过利益调节手段，维护农民在经济上的物质利益，保护农民在政治上的民主权利。具体地说，必须总结应用以下五项经验启示：

第一，坚持始终发挥农民的主体作用。我国农民是占全国人口80%以上的社会群体，农民的态度、心理、情绪、行为，对我国社会经济发展起到举足轻重的作用。在我国一个传统农业大国，农村社会是我国社会的主体，农业是国民经济的基础，农业实现现代化，农民生活逐步改善，进而达到增收致富奔小康目标，是我国整个现代化进程中最艰巨的任务。这就要求各行各业支援农业现代化建设，保障全面振兴农业和农村经济。只有农业的现代化，才会有国民经济的现代化。只有农村社会的稳定，才能有全社会的稳定。没有农民的小康，就不可能实现全社会的小康。所以，农民问题，牵动着我国经济、社会发展的全局。农民问题，必须引起全党全民的高度重视。要从国际与国内环境的变化趋势问题，及时研究解决农民问题的紧迫性、严峻性和责任感，纠正一系列对“三农”问题的不良倾向，树立正确的指导思想：一要确定农民是公民，公民与市民是平等的；二要发挥农民在我国整个现代化进程中的依靠作用和后盾作用；三要推动农民在我国城乡经济社会一体化进程中，和市民结成就业创业同盟。

第二，坚持始终维护农民的主权利益，一是维护农民经济上经营自主、政治上当家作主的主权。这是解决农村、农业、农民问题的最重要保障。要真正解决好农民的利益问题，必须进一步深化经济体制改革，推进政治体制改革，实现农民有其权：其一，土地权问题。这是保障农民生存的基本权力。从稳定农村大局出发，为适应市场经济需要，农民对土地的使用权必须法律化、固定化、长期化，必须允许正常转让，允许用于入股、出租抵押等，以提高土地利用率，使农民在农业现代化、工业化、信息化、城镇化进程中，能遵循市场经济规律，从土地上获得更高效益。其二，经营权问题。这是保障农民作为生产经营者的自主权。但在很多地方，农民的经营权，常常受到来自政府及部门的压力，受到干涉，甚至被剥夺。农民一年到头难以承受各种各样的摊派、集资，在进城务工经商中，同样受到种种限制，面临着各种名目的乱收费、乱罚款。社会各界在同农民打交道的时候，既忽视农民的权利，又不遵循市场经济原则、按价值规律平等对待农民。为此，必须坚持依法维护农民经营权。二是维护农民藏富于民、常富于民的利益。这是解决农村、农业、农民问题的根本基点。为此，我国农村改革着力调整农村还利于民的政策格局，国家通过变革农村生产关系，一要坚持实行家庭联产承包责任制，不断提高农业产品价格，直接增加农民收入，使绝大多数农民解决了温饱，极大地调动了农民的劳动积极性。二要总结交流推广农村改革开放以来的经验教训，确保农民利益得到维护，调动农民勤劳增收致富的积极性，把它作为指导农村、农业工作、处理农民问题的基本原则。

第三，坚持始终允许农民依法自愿有偿流转承包土地。为此，必须坚持做到以下四点：

一是坚持农村、农业、农民以土为本，土地是农业最基本的生产要素，又是农民最基本的生活保障。土地是农民的命根子。为此，一要稳农兴农之道在稳田，田不稳，农就不稳不兴。利用、保护、管理好农村土地，对农业、农村发展和农民的切身利益，具有至关重要的作用。二要认清我国后备耕地资源不足的现实，提高农业综合生产能力必须立足现有耕地的保护和改造。坚持实施《土地管理法》，严格保护耕地、依法限制农用地转为建设用地的新机制，是促使农民把握保护土地这个“命根子”的有力武器。三要认识到立足我国最广大的国土在农村，最大的用地主体是农民，土地利用与管理和农业、农村、农民息息相关。四要掌握新的《土地管理法》，突出保护耕地为主线，维护农村集体土地的公有制和产权地位，维护农民的命运权，是保障农业和农村发展的重要法律。因此，要认真实施新的《土地管理法》。

二是坚持农村现有土地承包关系保持稳定并长久不变的方针，在依法、自愿、有偿流转土地承包经营全的过程中，不得改变土地集体所有性质，不得改变土地用途，不得损害农民土地承包权益。为此，一要按照依法、自愿、有偿原则，允许农民以转包、出租、互换、转让、股份合作等形式流转土地承包经营权，发展多种形式的适度规模经营。二要在有条件的地方发展专业大户、家庭农场、农民专业合作社等规模经营主体。

三是坚持地方政府不能利用强迫命令或者行政干预的手段，阻碍或者强制农民流转土地承包经营权。为此，一要确定我国农村土地流转的主要目的，是实现土地的规模经营，发展现代农业产业化规模经营，应避免以实现土地的规模经营的借口忽视对农民的合法权利的维护。二要保障农民在土地流转中的主体地位，维护农民的合法权利。在土地流转过程中，政府是农民土地承包经营权流转的服务者、调节者、中介者。政府不能以农村土地产权代表者的身份直接介入农村土地流转市场直接获取利益。三要明确，在全国农村社会保障制度没有健全的情况下，在未来很长一段时间，土地仍是广大农民安身立命的基础。

四是坚持按照产权明晰、用途管制、节约集约、严格管理的原则，进一步完善农村土地管理制度。为此，一要完善土地承包经营权权能，依法保障农民对承包土地的占有、使用、收益等权利。二要加强土地承包经营权流转管理和服务，建立健全土地承包经权流转市场，逐步建立城乡统一的建设用地市场，对依法取得的农村集体经营性建设用地，必须通过统一有形的土地市场、以公开规范的方式转让土地使用权，在符合规划的前提下，与国有土地享有平等权益。三要进一步规范完善相关法律法规和配套政策，推进农村土地管理制度改革。

第四，坚持拓宽农业现代产业化规模经营持续发展之路。这是指在农村土地属集体所有、长期承包给农户使用、以家庭承包经营为基础、和村集体经营相结合、形成有统有分的双层经营的基础上，坚持走具有中国特色的农业现代化之路。即：必须以农户家庭承包经营为基础，以农业生产经营科技为核心，以发展专业生产大户、家庭农场、农民专业合作社等规模经营为主体，以农业现代化、规模化、社会化、市场化经营为主要形式，进一步拓展农业现代化和工业化、信息化、乡镇城镇化相结合之路。为此，必须坚持做到以下四点：

一是坚持实施科教兴农战略，实行农科教相结合，加强农业科学技术推广，加强以水利为重点的基础设施建设，改善生产条件和生态环境，防止环境污染、水土流失、土地荒漠化。

二是坚持在农户家庭土地承包经营的基础上，以一定的经济实体或科研单位为主体，以多种形式把分散的农户联合起来，改变传统的分散落后的生产经营形式，选择主要经营项目，为其提供各种服务。把农业产品的生产、加工、销售结合起来，提高农业产品的档次、质量和效益。

三是坚持帮助农民建立农业产品生产基地，扶持乡村建设农业产品产加销批发市场，使农村商品生产、商品经济逐步发展起来。

四是坚持建立以公有制经济为主体、多种所有制经济共同发展的基本经济制度，调动各方面的积极因素，迅速发展农业和农村经济，允许各种非公有制经济在合法经营的条件下发展，加强农业生产经营资料生产流通渠道监督管理。为此，一要扶持发展各种非公有制农业生产经营资料生产加工供销企业，这是为“三农”服务的窗口行业，关系到千家万户农民的切身利益，在生产加工供销环节上承担质量、服务等相应的义务。因此，实行农资资格认证制度，严格按照有关规定从事经营活动，对不具备经营条件或不能依法经营的，不予或取缔其经营资格。二要配合国务院关于开展联合“打假”行动，组织有关力量，从生产源头上对农药、复合肥生产厂进行清理，对达不到生产条件要求、仿冒他人产品、以次充好及质量不能达到标准的，要取消生产许可证。同时要接受社会监督，及时掌握和发现从事假冒伪劣产品经营的线索，一查到底，打狠打死，提高打击力度，从而净化农资市场，使正规厂家的农资产品能够畅通地进入流通领域，确立主导地位，实现良性发展。三要建立科学施肥用药示范点，宣传推广农资使用新技术，通过示范带动，增强化肥、农药有效利用率，提高肥效、药效，减少污染，不断增强农民科学种田的素质，把我国科学施肥、用药提高到一个新的水平。四要政府及部门统一组织多种形式的产品订货会，沟通和传递信息，对国内外农资发展趋势、农资生产的新技术和市场走势预测等情况进行交流，加强产销之间的了解，增进彼此之间的合作，从而促使农资生产企业和农资流通企业，形成纽带，长期合作，供销通畅，为农资经营的健康发展打下基础。

四是坚持规范发展多种形式的新型农村金融机构和以服务农村为主的地区性中小银行，加强监管，大力发展小额信贷，鼓励发展适合农村特点和需要的各种微型金融服务。为此，一要允许农村小型金融组织从金融机构融入资金。二要允许有条件的农民专业合作社开展信用合作，规范和引导民间借贷健康发展，加快农村信用体系建设。三要建立政府扶持、多方参与、市场运作的农村信贷担保机制，扩大农村有效担保物范围。四要发展农村保险事业，健全政策性农业保险制度，加快建立农业再保险和巨灾风险分散机制。

第五，坚持科学引导农民转变观念进入市场，一是要引导农民转变观念，这就是要科学引导农民尽快转变传统农业生产经营观念，要真正树立市场经济观念，各级政府要严格实施市场机制、调节社会资源分配的原则。坚决放开农业产品价格，形成全国农业产品齐全、自由流通、公平竞争的有序的统一市场体系。二是要促进农民进入市场，这是解决农民问题的有效方法之一。要做到这一点，必须在市场经济体制确立的前提下，将农民引向市场，使农民能够参与市场平等竞争，真正实现工农业劳动的等量交换，即工农业产品价格的等价交换；保障给农民以经营自主权，培养农村资金市场，让土地进入市场，建立农业产加销一条龙、农工贸一体化的经营组织，给农民一个直接参与市场流通的自主权。三要协助农村金融组织与农业产加销一条龙、农工贸一体化组织有机结合起来，实现工农业劳动和产品的等价交换，切实关心农民的生活和收入，调动农民的生产积极性，保护农民的合法政治权利和经济利益。

（5）共同参与实现农民体面职业需求愿望的经验启示。这是指各级党委、政府动员社会各界、民众团体共同实现农民体面职业需求愿望的经验启示：一是要从我国农村经济体制改革的角度解决农民问题，特别要从解决有法律和政策依据的问题、解决体制转型中出现的阶段性问题，以及各级政府干预过多的问题。二是要从各方面深入调查研究农民的需求愿望，科学合理地制定和执行“以民为本”的农村政策。目前，我国农民体面职业基本需求和愿望，主要有七点：一要引导农民教育培训；二要增强农民职业技能；三要扶持农民就业创业；四要促进农民持续增收；五要给予农民生产经营补贴；六要改善农村生产生活条件；七要健全农村公共服务和社会保障体系。为此，必须推广应用一下十一项经验启示：

①引导农民教育培训。这是解决农村、农业、农民问题的根本途径。文化科学的贫乏是农民经济贫困的根源，农民教育首先是文化科学教育。面对农业正在走向产业化、市场化、网络化和现代化的时代，对文化科学教育手段落后的中国农村来说，是一个严峻的挑战，对科技知识基础原本薄弱的农民来说，更是一个巨大压力。强化农民的文化科学教育，实现农民的知识化，已成为我国“三农”中一项紧迫艰巨的任务。为此，要引导农民教育培训。教育培训的对象要面向全体农民，提高整个农村人口素质。要体现教育的民主性、多样性和开放性。为此，一要民主性，主要体现在让每一个农民都有机会受教育，都能受到最好的教育，除了农村所有少儿都要接受义务教育和扫除青壮年文盲外，所有成年农民都要受到终身教育的机会。二要多样性，就是要根据不同类型的对象，在教育时间、场所、内容及管理等方面，采取灵活、多样的方式，以谋求实效与高效。尤其在调整农村学校布局时，为优化教育资源的配置，可配合乡（镇）行政区划及推进农村小城镇建设等工作，使初中办学相对集中，但小学办学一定要坚持就近入学的原则，以防止出现因学校布局不合理而造成学生辍学情况。三要开放性，就是要使农科教三者密切结合，使农村学校与农村社会、农业科研单位及农户密切联

系，与现代农业生产劳动相结合。同时，要充分利用农村学校的人力和设备，开展多层次、多方位、多方式（包括面授、函授、广播电视、网上等各种教学方式）的教育，真正落实农村教育的普教、职教与成教的“三教统筹”。

②增强农民职业技能。为增强我国农民职业技能，加强农村实用人才队伍建设，拓宽引导农民教育培训的行之有效途径，一是通过农民职业技能教育培训，提高农村实用人才的理论水平和操作能力，使实用人才取得资格认证，从而为农村实用人才队伍建设，提供技术标准、能力标准、等级标准等。二是通过农民职业技能开发，促使农村劳动者对照职业技能标准，对自身的就业、创业、职业能力进行自我评价，从而使他们找到自身的差距，明确奋斗目标，采取改进措施。三是通过农民职业技能开发，促农村实用人才获得施展才华的“通行证”，成为有能力、有地位、有市场、有收入的人群。四是通过农民职业技能开发，改变农村传统的、落后的人才理念，树立尊重知识、尊重人才的思想，形成支持人才、贴近人才、抢抓人才的氛围。为农村实用人才成长创造力良好环境；五是通过农民职业技能开发，在农村实用人才队伍建设上，研究解决一系列问题，主要包括七个：

其一，农民职业技能开发的覆盖面问题，围绕国家在“三农”上的大方略和大政策，把工作的出发点和落脚点放在为农业和农村经济发展、为农村实用人才成长搞好服务上来。

其二，农民职业技能开发的权威性问题，要加强农民职业技能开发的宣传，要把参不参加农民职业技能培训和鉴定作为能否从事某项职业工作的“通行证”，要把参不参加农民职业技能培训和鉴定与报酬和荣誉紧密结合起来。

其三，农民职业技能培训和鉴定的质量问题，要树立严格的质量和标准意识，要严格按照规定的程序来办事，要加强经常性监督和检查。

其四，农民职业技能培训和鉴定的机制问题，这是指：一要实施管理机制，主要是形成工作合力，按照市场经济的规律来运作，管而不死，活而不乱；二要实施标准机制，主要是按照与时俱进的要求，既要有标准，又不要把标准定得过高，根据形势的不断发展，逐步提高标准；三要实施投入机制，主要是发挥政府投入的主导作用，形成多元投入格局；四要实施工作机制，主要是对各个环节的工作任务清楚、责任明确，奖惩分明，优胜劣汰。

其五，农民职业技能开发深入人心问题，要对农村劳动者宣传，对社会公众宣传，要向各级主管部门宣传，重点解决好领导层和直接抓这项工作的领导同志的认识和主动性问题，要宣传职业技能开发的重要意义，宣传职业技能开发的好处，更要宣传职业技能开发的典型经验和典型人物，宣传各地在这方面采取的措施。

其六，农民职业技能开发围绕农村人才队伍建设问题，要围绕农村人才队伍建设这个重点，抓紧制定和完善职业标准，规范提高标准的工作程序，努力扩大职业技能开发的覆盖面。

其七，农民职业技能开发在培养农村实用人才上有可靠的保障问题，一要争取加大投入，积极争取国家的支持政策，推动职业技能开发工作；二要争取构建职业技能开发体系；三要争取职业资格证书制度以法律的形式固定下来，上升到法律的层面，上升到和其他资格证书同样的地位，得到社会的尊重和认可。

其八，农民职业技能开发在培养农村人才效果问题，要加强职业技能开发领导，要建立一整套保障职业技能开发运行的制度，要注意发现和推广典型经验，推动农村实用人才队伍建设。

③扶持农民就业创业。扶持农民就业创业是促进农民收入持续较快增加的根本途径，农民就业创业是富民之本。为此，各级政府在扶持农民就业创业上，必须坚持推行以下四项政策措施：

一是把促进农民就业创业增收，作为推进实现农村经济体制改革建康发展的重要战略。为此，一要农村经济体制改革，调动农民自主就业创业的积极性，维护农民从事农林牧渔各业生产经营自主权；二要通过农业现代产业化规模经营方式，推动广大农村农户家庭农场、专业大户、农民合作社、产业龙头企业发展；三要在国家对“三农”“多予、少取、放活”和统筹城乡经济社会和谐发展方针政策指引下，推动农民在工业化、信息化、城镇化、农业现代化同步建设中创业。

二是加强分类指导、科学引领农民从事农林牧渔业和工商服务业的就业创业。为此，一要对不同类型农民创业主体，需要区别对待，分类指导。对农村从事第一产业的农民，要加强合作理念和科技等方面的培训，提高其综合素质，大力培育农民创业带头人。二要加强农村劳动力资源开发，大力培育农村乡土人才，领办农村合作经济组织、创办农业产业化龙头企业，发展农业产品加工业和流通业，培养农民创业带头人和经纪人队伍，引导农民加入农业产业化经营体系。三要大力培育种养大户，围绕实施小麦高产攻关、水稻产业提升、牧渔产业富民和“一村一品”示范行动，培育一批种植业大户、养殖业大户和特色产品大户、发挥示范效应，发展成为建设现代农业的主力军。四要对到城镇从事二、三产业农民加强培训，给予政策扶持，掌握二、三产业技能，有能力在城镇扎根，在推进农民城镇就业创业中，要着眼于减少农民，促进农民增收，加大转移培训力度，加强农民进城务业市场信息指导，切实做好农民工权益维护工作，进一步推进农村富余劳动力有序进入城镇二、三产业。五要创造良好的环境，实施好“凤还巢”工程，引导在外务工经商事业有成的进城农民返乡创业，带领乡亲们共同致富。对乡镇企业务工型农民，要重点加强岗位培训，完善各种保障机制。

三是促进农民创业增收，激发农民创业活力，落实农村各项惠农富民政策，一要在巩固以家庭承包经营为基础、统分结合的双层经营体制下，“依法、自愿、有偿”地推进土地流转，建立健全规范的土地流转机制。二要认真落实好良种补贴、粮食直补、农机补贴、综合直补等政策，严防克扣农民补贴行为。三要切实加强农民负担监督管理，保护和调动好农民创业的积极性。四要转变政府职能和工作作风，严格规范执法行为，建设公平公正法治环境，建立健全公共产品供给和公共服务机制，完善工作指导方式，从体制、机制等方面，保证农民创业。

四是制定激励优惠政策，鼓励农民就业创业。为此，一要为农民调整优化就业创业的政策环境，消除体制障碍，重点围绕培育城镇就业型农民、农民创业带头人、专业生产大户，在农民创业准入、创业扶持、财政投入、金融信贷、税收支持、技能培训等方面出台具体的优惠政策，建立激励机制。二要加大培训力度，提高进城务工农民的素质，加大对农民和农技人员的培训力度，以适应发展现代农业和建设新农村的要求。三要加强舆论引导，利用各种媒体，加大对农民创业成功典型的宣传，发挥典型示范引导作用，推进农民创业活动深入开展。

④鼓励农民回乡创业。鼓励从城镇返回乡村农民创业，这是指地方政府及部门要鼓励从城镇务业农民，带着资本、技术、管理经验和商业网络，回家乡投资办企业，扩大非农就业，为了引导有实力的从城镇返回乡村农民创业，搭建创业平台，地方政府及部门出台一系列扶持鼓励创业的政策，真正使返乡创业者感到在投资环境上放心，在公平竞争上顺心，在事业发展上欢心。为此，其一，政府要做好外出农民工的登记工作，建立农民工档案，形成与家乡沟通的有效渠道。其二，政府要帮助解决农民工返乡创业专项扶持资金、创业贷款贴息、创业小额信贷和联保贷款的资金问题。其三，政府要把农民工回乡创业纳入招商引资范围，让回乡创业的农民工享受与外地客商同样的优惠政策。其四，政府要为农民工返乡创业提供场地创业。鼓励农民工回乡创业利用闲置土地、厂房、村镇边角地、农村撤并的中小学校舍等场地进行创业。其五，政府要对回乡创业的农民工免费开展创办培训，依托现有机构成立回乡创业农民工指导中心，免费为农民工回乡创业提供项目信息、开业指导、政策咨询等服务，提高其创业能力和经营管理水平。

⑤拓展农民持续增收渠道。我国农民收入正在呈现多元化、多渠道增长趋势，据 2017 年全国各地区农村典型调查测算分析，在农民收入构成中，主要来自四条渠道：一是农林牧副渔各业生产经营性收入，或称农户家庭从事农林牧副渔各业生产经营收入；二是农村土地征占用补偿收入、农村承包土地经营使用权流转收入、农村集体及农户房地租赁收入、农村集体分配股息和红利收入、农户其他财产性收入；三是农村富余劳动力从事城乡一体工业、商业、服务业劳动报酬、工资性收入；四是各级政府扶持农业生产经营建设、农村公共公益设施建设和社会保障事业、农民生存生活补助财政性收入及社会各界无偿性支援收入。总之，我国农民人均纯收入实现逐年增长，依靠的是拓展以下四条持续增收渠道：

第一条持续增收渠道，是指农林牧副渔各业生产经营性收入，或称农户家庭从事农林牧副渔各业生产经营收入。为此，在这条持续增收渠道上，要挖掘农林牧渔业增产增收潜力，在保障粮食稳定增产的前提下，积极调整优化农林牧渔各业结构增收，促进农林牧渔各业现代产业规模增收，健全农村产品市场流通体系增收，推进农林牧渔各业生产经营科技应用增收，扶持农林牧渔各业产加销中介服务增收，保持农户家庭承包经营增收，鼓励农林牧渔各业招商引资增收，依照农林牧渔各业综合开发治理增收，加强农林牧渔业生产中病虫害及动物疫病防治增收，开展农业农村基础设施建设和生态环境保护增收。在上述农民收入内部构成中，农林牧渔业的结构调整优化、产品产量增加品质提升、收益率和整体效益提高，这是农民持续增收的基础。在农民收入内部构成中，农户家庭从事农林牧副渔各业生产经营性收入占农民总收入的 47%。由于土地流转加快和经营规模的扩大，农民专业合作社快速发展，传统农业加快向现代农业转变，农林牧渔业产品产量与价格出现双增长，推动农户家庭经营收入的稳定提升。越来越多的农民开始从农林牧渔业产品产量增加品质提升中增加收入。

第二条持续增收渠道，是指农村土地征占用补偿收入、农村承包土地经营使用权流转收入、农村集体及农户房地产租赁收入、农户其他财产性收入。在这条持续增收渠道上，一是农村土地征占用补偿收入水平提高；二是农村承包土地经营使用流转收入持续增加；三是城乡一体工业化、信息化、城镇化和农业现代化同步建设财产性收入增加，主要是农村集体及农户房地租赁收入、农村集体分配股息和红利收入、农户其他财产性收入不断增长。我国东南沿海区域的上海、江苏、浙江、福建、广西、广东、海南等省、自治区、直辖市农民上述收入，占农民总收入的 15% 至 30%。我国西北内陆区域的内蒙古、山西、宁夏、青海、甘肃、陕西、新疆等省、自治区农民上述收入，占农民总收入的 3%—15%。

第三条持续增收渠道，是指农村富余劳动力，从事城乡一体工业、商业、服务业劳动报酬、工资性收入。2000 年以来，全国各地区城乡一体工业、商业、服务业逐步发展，农村富余劳动力转移城镇就业人数增加，工资水平提高，推动了农民工资性收入增长。2003 年以来，农民收入一直保持较快增长速度，主要是因为工业化、城镇化拓展农民在二、三产业就业创业增收的渠道，提高了工资性收入比重，多数城市都陆续提高了最低工资标准，增长幅度在 20% 左右，推动农民务业工资全面上调。同时，加强农民就业指导，保障农民工权益，改善外出就业环境，农民外出务业规模进一步扩大，工资性收入比重上行。2017 年，全国农民工资收入，占全国农民总收入的 41%，是农民收入的第二位来源。

第四条持续增收渠道，是指各级政府及部门扶持农业生产经营建设、农村公共公益设施建设和社会保障事业、农民生产生活救济补助财政性收入及社会各界无偿性支援收入。从 2016 年起，为推进统筹城乡发展，缩小城乡差距及城镇居民和农村居民的收入差距，大力扶持农业农村经济持续发展，保障农林牧渔业产品有效供给，促进农民持续增收，中共中央、国务院决定：一是必须坚持千方百计确保农业特别是粮食安全不出问题，要把提高农民收入水平、夯实农业基础，作为扩大内需的重要内容；二是必须保证国家粮食安全和主要农业产品供给，千方百计调动农民种粮、地方政府抓粮的积极性，及时采取调控和引导方略，确保粮食和主要农业产品生产稳定、市场稳定，逐年大幅度增加对“三农”各项投入，保证各级政府财政对农业投入增长幅度高于财政收入增长幅度。

⑥全面加大农业农村投入力度。这是指要全面加大对农村基础设施建设和社会保障事业发展的投入，大幅度增加政府土地出让收益，提高耕地占用税新增收入用于农业的比例，增加对中西部地区农村公益性建设项目投入。为此，明确要求各级政府及部门做到，一是要增加农业农村投入、加大力度扶持粮食生产，支持优势产区集中发展油料等经济作物生产，加快发展牧渔养殖业规模化标准化健康养殖，严格农林种植业产品质量安全全程监控，加强农林牧渔各业产品进出口调控，坚持不懈地促进粮食等主要农业产品稳定发展，为促进我国经济平稳较快发展创造良好的物质条件。二是要保持农业产品价格的合理水平，保障农民收入持续增长。为了防止谷贱伤农，保障农业生产经营收入稳定增长：一要继续提高粮食最低收购价，增加主要农业产品储备，适时加强政府调控，灵活运用多种手

段，努力避免农业产品价格下行；二要密切跟踪国内外农业产品市场变化，继续在稻谷主产区实行最低收购价政策。三是要继续加大扶持保护农林牧渔业补贴力度，对从事农林牧渔产业的农民落实种粮直接补贴、良种补贴、农机具购置补贴、农资综合补贴这“四项补贴”长期增加政策。2004 年以来，中央财政每年安排“四项补贴”资金 1406 亿元，其中粮食直补资金 151 亿元，农资综合补贴资金 860 亿元，农作物良种补贴 220 亿元，农机购置补贴 175 亿元。2017 年以来，中央财政综合扶持贫困地区农业生产经营基础设施建设、农村公共公益性事业的各方面投入大幅增长，使贫困地区农村农民直接受益的投入约 2272 亿元，成为增加农民收入的重要来源。在此基础上，要进一步增强农村金融信贷服务能力。

⑦坚持给予农民生产生活补贴。为此，一是要认清政府给予农民生产经营、生活保障的原由，要正确认识农民是农业农村源头，农业是农民根本产业，农村是农民生存基础，引导农民在农业农村中得到生活收益，走上依靠农村农业增收致富之路。还要坚持继续调整“三农”方略，加大对农民生产生活扶持力度，改善农村公共公益基础设施，规范各种收费、政府部门行政行为，降低农民种田成本，让农民热爱土地，保护土地，精心利用土地，依靠土地发家致富。二是要坚决防止粮食生产滑坡、农民收入徘徊，确保农业持续稳定发展、农村社会安定：一要毫不放松抓好粮食生产，切实加强农业产品质量安全工作，在农业产品生产环节推动标准化，在食品加工流通环节强化企业质量安全责任，在政府监管环节健全全程监管体系；二要大力扶持农民开展农业基础设施建设，加强高标准农田建设、农田水利建设、流通基础设施建设、生态环境建设、农业机械化建设。三是要继续对农民生产经营产品，加大财政扶持力度：一要继续提高粮食最低收购价格，增加主要农业产品储备，完善进出口调控机制，搞好农业产品购销和调运，稳住农业产品市场价格；二要加大农民生产经营补贴力度，要对种粮农民继续增加粮食直补、农作物良种补贴、农机具购置补贴、测土配方施肥补贴、农资综合补贴，2019 年我国水稻良种补贴省份扩大到 21 个省区市，农机具购置补贴在全国三分之二以上的农业县实施，测土配方施肥项目 1200 个，农资综合直补达到 860 亿元，农民培训及奶牛良种补贴资金 83 亿元，积极支持农民工返乡创业，从贷款发放、税费减免、工商登记、信息咨询等方面予以支持。四是要扶持农村健全公共文化服务体系，发展文化科技教育事业、卫生医疗事业，完善社会生活低保、养老保障体系：一要加强农村农民公共公益基础设施建设，要重点办好农民生产生活所需“水、电、路、气、房”五件实事，解决 6000 万农民饮水安全问题，全面落实城乡居民电网同网同价政策，加大中央财政对中西部地区公路投资力度，增加农村居民沼气工程建设投资，扩大秸秆固化气化试点范围，加快农村安居建设；二要提升农民消费水平，在全国范围内开展“家电下乡”，对农民购买彩电、电冰箱、手机和洗衣机等指定家电品种予以直接补贴，根据农民生产生活需要增加新的补贴品种，逐步完善农民生产生活补贴办法。

⑧彻底改变农民生产生活条件。各级政府及部门要按照中共中央指出的“中国要强、农业必须强，中国要美、农村必须美，中国要富、农民必须富，以人为本，构建和谐社会，切实解决农村民生问题”的基本战略目标，切实履行农民生产生活条件改善的责任，帮助农民切实解决好生产生活中的实际问题，让农民成为体面的职业，让农民过上体面的、有尊严的幸福生活，彻底改变农民生产生活条件和农村整体面貌，从根本上深化改革、激发农村发展活力，帮助农民增强致富能力，促进城乡一体化经济社会协调发展，缩小城乡居民生活差距，实现农民体面职业和生活的需求愿望。为此，一是在改善农民生产经营条件上，大力推进农林牧渔业现代化，着力强化物质装备和科技支撑，构建现代农林牧渔产业化生产经营体系、种养加与农工商贸联营体系，推进城乡一体一二三产业融合发展。二是在加强农民种田基础设施建设上：一要大规模推进集中连片、旱涝保收、稳产高产、生态环境良好的高标准农田，把农田水利作为农田基础设施建设的重点；二要促进农民参加现代农业科技创新推广体系建设，重点突破农作物育种、农机装备、农业智能、生态环保等领域关键科技创新，大力推进繁育一体化，提升种业自主创新能力，保障国家种业安全。三是在引导农民采取多种形式，开展农林牧渔业适度规模经营，把职业农民培养成建设现代农林牧渔业生产经营主导力量上：一要促进农民调

整优化农林牧渔业生产结构和区域布局，全方位、多途径开发食物资源，满足日益多元化食物需求；二要鼓励农民加快拓展资源利用高效、生态系统循环、产地环境良好、产品质量安全的途径，加强农林牧渔业资源保护和高效利用，推进荒漠化、石漠化、水土流失综合治理，实施山水林田湖生态保护、系统修复、全面整理。四是在改善农村居民生存生活条件上，必须坚持工业反哺农业、城市支持农村，促进城乡公共资源均衡配置、城乡要素平等交换、提高城乡基本公共服务均等化水平，着力破除城乡二元结构体制障碍，缩小城乡居民物质精神生活差别。因而必须做到：一要强化农村饮用水源保护，实施农村饮水安全巩固提升工程，推动城镇供水设施向周边农村延伸，加快实施农村电网改造升级工程，开展农村低电压综合治理，发展绿色小水电；二要加快实现所有具备条件的乡镇和建制村通硬化路、通班车，推动一定人口规模的自然村通公路，创造条件推进城乡客运一体化，将农村公路养护费，逐步纳入地方财政预算。要发展农村规模化沼气；三要加大农村危房改造力度，统筹搞好农房抗震改造，通过贷款贴息，集中建设公租房等方式，加快解决农村困难家庭住房安全问题；四要开展农村人居环境整治行动和美丽宜居乡村建设，努力建设农民幸福家园，继续推进农村环境综合整治，完善以奖促治制度，实施农村生活垃圾治理专项行动，加快农村生活污水治理和改厕，全面启动村庄绿化工程，开展生态乡村建设，推广绿色建材，建设节能农房；五要开展农村宜居水环境建设，实施农村清洁河道行动，建设生态清洁型小流域公共设施和人居环境，普遍建立村庄保洁制度；六要坚持城乡环境治理并重，逐步把农村环境整治支出，纳入地方财政预算，中央财政给予差异化奖补，政策性金融机构提供长期低息贷款，实施政府购买服务、专业公司一体化建设运营机制；七要加大传统村落、民居和历史文化名村名镇保护力度，开展生态文明示范村镇建设，鼓励各地因地制宜探索各具特色的美丽宜居乡村建设模式。

⑨健全农村教育文化事业社会保障体系。自2005年中共中央、国务院做出社会主义新农村建设部署以来，各级党委、政府持续加强农村教育文化事业社会保障体系建设，提高农村教育文化服务水平，把农村教育文化社会保障事业发展的重点，放在农村和接纳农村转移人口较多的城镇，加快推动城镇公共服务和社会保障事业向农村延伸。为此，必须做到：一是大力办好农村教育事业。这是实现农业现代化、建设社会主义新农村的迫切需要，是亿万农民群众“学有所教”和全面发展的迫切需要。必须按照统筹城乡发展的要求，始终坚持把农村教育摆在重中之重的战略地位，促进农村教育优先发展、科学发展，努力办好人民满意的农村教育。为此，要加快发展农村学前教育，坚持公办民办并举，扩大农村普惠性学前教育资源，建立城乡统一、重在农村的义务教育经费保障机制，全面改善贫困地区义务教育薄弱学校基本办学条件，改善农村学校寄宿条件，办好乡村小规模学校，推进学校标准化建设。要加快普及高中阶段教育，逐步分类推进中等职业教育免除学杂费，率先从建档立卡的家庭经济困难学生实施普通高中免除学杂费，实现家庭经济困难学生，资助全覆盖。深入实施农村贫困地区定向招生等专项计划，对民族自治县实现全覆盖。加强乡村教师队伍建设，拓展教师补充渠道，推动城镇优秀教师向乡村学校流动。办好农村特殊教育。二是全面加强农村公共文化服务体系建设，继续实施文化惠民项目工程建设制度。在农村建设基层综合性文化服务中心，整合基层宣传文化、党员教育、科学普及、体育建设等设施，加强文化信息资源共享、农村电影放映、农家书屋等项目工程建设，发挥基层文化公共设施整体效应。

⑩健全农村卫生医疗服务社会保障体系。为此，一是从2003年起开始试点，逐步扩大试点范围，不断提高补助标准。同年中央财政对西部地区参加农村合作医疗，农民按每人每年10元标准给予补贴，2004年至2008年，分别将补助标准提高到20元至40元。2005至2011年，中央财政安排对西部地区新型农村合作医疗补助资金112亿元至165亿元。二是2011年新型农村合作医疗制度覆盖8.32亿人，筹资总额达到2047.6亿元，补偿受益人次13.15亿。2012年至2014年农村新型合作医疗的筹资水平进一步提高，参加农村新型合作医疗保险的农户比例已经达到98.4%。在扩大农村新型合作医疗的覆盖面和参保率的同时，增加财政投入，提高收益率；在条件具备的情况下，尽可能实行信息化管理，增加透明度，取信于民；保障农村贫困人口除了医疗费用免除外，提供一定的物质帮

助，保持政策的相对稳定，提高参保农民的利益预期。2015 年至 2017 年各级政府支持建立城乡医疗救助制度。中央财政积极安排城乡医疗救助补助资金，支持西部地区做好城乡医疗救助工作，西部地区已全面建立城乡医疗救助制度，2017 年以来，整合城乡居民基本医疗保险制度，适当提高政府补助标准、个人缴费和受益水平，全面实施城乡居民大病保险制度。

⑪健全农村低保养老保险社会保障体系。为此，一是加大中央和省级财政对农村最低生活保障补助力度，提高农村最低生活保障补助水平。2007 年，国务院下发《关于在全国建立农村最低生活保障制度的通知》明确指出，建立农村最低生活保障的目标，将符合条件的农村贫困人口全部纳入保障范围，稳定、持久、有效地解决全国农村贫困人口的温饱问题。2009 年，全国各地区农村最低生活保障月人均标准和月人均支出水平分别为 143.2 元和 96.4 元。2011 年，农村最低生活保障制度覆盖了 5313.5 万人和 2662.6 万农户，农村最低生活保障月人均标准和月人均支出水平分别为 229 元、154 元。2014 年，我国已基本建立起城乡最低生活保障制度、农村五保供养等基本生活救助为主要内容的社会救助制度体系。2007 至 2014 年，中央财政安排西部地区农村社会救助资金 609 亿元，中央财政对农村五保供养对象价格临时补贴资金 3.5 亿元，对中西部地区给予补助，保障农村五保供养对象基本生活不受物价上涨影响。中央财政落实孤儿基本生活保障制度下拨 25 亿元补助资金，用于孤儿基本生活补助。2015 年，中共中央、国务院从农民群众最关心最直接最现实的利益出发，把关注民生、保障民生、改善民生摆到突出的位置，改进农村低保申请家庭经济状况核查机制，实现农村低保制度与扶贫开发政策有效衔接，将农村困难农民群众的基本生活补助，纳入公共财政保障的范围，彻底解除农民群众的衣食之忧。这表明解决农村民生问题走上规范化、法制化、制度化的轨道。让农村贫困农民群众分享全社会整体发展的成果，缩小城乡差别、贫富差别，实现社会和谐的目标。2016 年，中共中央、国务院进一步提出，实行低保政策和扶贫政策衔接，对贫困人口应保尽保，在全国建立覆盖城乡的社会保障体系。2017 年，在基本生活救助制度方面实行城乡困难群众同等待遇，逐步缩小城乡公共服务差距。2020 年，最低生活保障网将覆盖我国全体城乡居民，农村居民也能同城市居民一样，在生活遇到困难时能够得到政府的及时救助。这也表明，我国经济社会发展综合实力大幅提高，有能力、有实力来统筹解决农村的民生问题；二是进一步加大国家财政对农民的支持力度，实行向农民倾斜养老保障制度，构建我国农村养老保障体系，加强农村养老服务、残疾人康复和供养托养设施建设，深化农村殡葬改革，依法管理、改进服务；三是建立健全农村留守儿童和妇女、老人关爱服务体系，建立健全农村困境儿童福利保障和未成年人社会保护制度，积极发展农村社会工作和志愿服务；四是切实维护农村妇女在财产分配、婚姻生育、政治参与等方面的合法权益，让农村妇女获得公平的教育机会、就业机会、财产性收入、金融资源。

（八）坚持各级政府及部门组织领导、动员社会各界协助支援的经验启示：一是完善组织领导体制；二是健全扶贫攻坚保障体系；三是落实脱贫增收致富方略；四是动员社会各界协助支援。

1. 坚持完善各级政府及部门组织领导体制的成功经验启示。这是指各级政府及部门：一是彻底改变领导观念；二是迅速转变政府行为；三是严格履行领导职责；四是不断加强领导组织建设；五是促进交流干部人才；六是大力弘扬革命老区精神。

（1）彻底改变领导观念。要改变各级党委、政府领导旧观念，一是要彻底解决农民问题，最关键的是领导观念转变，要彻底纠正过去长时期在战略上向城市、工业倾斜，用农民剩余劳动转化为工业积累的观念。二是要看到，我国目前已进入工业化的成熟、城镇化发展阶段，工业和农业都应该依靠自己的积累，来求得自身的发展，城镇应全力支持农村发展。

（2）迅速转变政府行为。要由计划的政府行为，转变为市场经济的政府行为，一是将以行政命令为主，转变为以市场经济手段为主，把政府对经济计划的制订、审批、实施，转变为政策约束、信息引导、组织协调、检查监督，充分尊重农户家庭、农业产业龙头企业、农村社区集体经济组织等的生产经营自主权。二是政府涉农部门及其所办的企业（如粮食等农林牧渔业企业），必须彻底防止既担负宏观调控组织领导者、又充当市场主体经营管理员的双重角色。

（3）严格履行领导职责。各级党委、政府要进一步增强责任感、紧迫感、使命感，一是把加快扶贫攻坚建设作为“一把手工程”，把扶持贫困地区农村农民脱贫致富作为义不容辞的责任。二是坚持中央统筹、省（自治区、直辖市）负总责、县（市）抓落实的领导责任机制，推动建立党委领导、政府负责、部门协调、社会参与的工作体制，对推进工作不力的要强化责任追究。

（4）不断加强领导组织建设。各级党委、政府要不断加强基层领导班子和组织建设，一是要选派思想政治硬、业务能力强、综合素质高的干部，充实到贫困地区党政领导班子，推动领导班子年轻化、知识化、专业化。二是要加强基层党组织建设，选优配强党组织带头人，完善村级组织运转经费保障机制，增加服务群众、村干部报酬待遇，加强村级组织活动场所等基础设施建设。三是要做好村级党组织第一书记选派工作，充分发挥基层党组织团结带领贫困农村干部和农民群众脱贫致富的战斗堡垒作用。四是要根据贫困村实际需求，精准选派驻村工作队，提高县以上机关派出干部比例。

（5）促进交流干部人才。推进贫困革命老区与发达地区干部交流，一是要加大中央和国家机关、中央企业与贫困革命老区干部双向挂职锻炼工作力度，大力实施边远贫困地区、边疆民族地区和革命老区人才支持计划。二是要组织实施直接面向革命老区的人才支持制度，深入推进中央企业定点帮扶贫困革命老区农村扶贫攻坚开发治理活动，进一步挖掘中央和省级定点扶贫单位帮扶资源，逐步实现定点扶贫工作对贫困地区农村农民全覆盖。三是要制定实施优惠制度，鼓励贫困地区农村优秀青年入伍，引导优秀退役军人留在本地区农村工作。四是要加快建立省级政府机关、企事业单位或省内发达县市对口帮扶本省贫困老区农村的工作机制。

（6）大力弘扬革命传统精神。各级党委、政府要大力弘扬革命老区精神，作为党建工作的重要内容，利用建党日、建军节、国庆节等重要时间节点：一是要持续不断推动革命老区精神进学校、进机关、进企业、进社区，在全社会营造传承革命老区精神高尚、支持服务革命老区光荣的浓厚氛围；二是要促进革命老区广大干部群众继续发扬自力更生、艰苦奋斗的优良传统，不等不靠，齐心协力，争当革命老区精神的传承者和践行者，加快老革命区开发建设步伐，不断开创革命老区振兴发展的新局面。

2. 坚持健全各级政府及部门扶贫农村攻坚保障体系的成功经验启示。这是指各级政府及部门在健全扶贫攻坚管理体系上，一是构建扶贫农村经济基础方略规程，二是健全扶贫农村社会保障体系，三是拓展城乡一体化经济社会发展道路。

（1）组织领导构建扶贫农村经济基础方略规程的成功经验启示。为推动贫困地区农村实现摆脱贫困、农业持续发展、农村经济繁荣、农民生活宽裕、乡风文明民主的目标，必须坚持落实五项方略规程：

第一，组织开展农村集体产权制度改革，稳妥有序实施农村承包土地经营权、农民住房财产权等抵押贷款、大宗特色农林牧渔产品保险试点，打造区域合作和产业承接发展平台，引导发达地区劳动密集型等产业优先向革命老区转移。支持革命老区科技创新能力建设，拓展革命老区招商引资渠道，加快边境革命老区开发开放，提高边境经济合作区、跨境经济合作区发展水平，提升边疆地区、少数民族地区贸易便利化水平。

第二，组织保护贫困地区农村生态环境，继续实施天然林保护、防护林建设、石漠化治理、防沙治沙、湿地保护与恢复、退牧还草、水土流失综合治理、坡耕地综合整治等重点生态工程，优先安排贫困老区新一轮退耕还林还草任务，支持贫困地区农村开展各类生态文明试点示范，加强自然保护区建设与管理，组织健全绿色建筑和低碳、便捷的交通体系。

第三，组织加强贫困地区农村基础设施建设，切实改善以水利为重点的农业生产条件，加快农业科技创新，加大对粮食主产品和种粮农民的扶持力度，实施粮食战略工程，加快建立粮食核心产区，全面提高粮食综合生产供给保障能力，巩固完善强化支农惠农方略，加快发展高产优质高效生态安全农业，提高农业抵御自然风险能力，提高农业综合生产能力，拓宽农民增收渠道，推进社会主义新农村建设，增强农村经济发展活力，进一步扶持农业产业化龙头企业发展，发展乡镇二三产业，增强县域经济实力，推进各地区农村市场流通体系建设。

第四，组织促进贫困地区农村大力发展循环经济，坚持开发节约并重、节约优先，按照减量化、再利用、资源化的原则，在资源开采、生产消耗、废物产生、消费等环节，努力实现废弃物的资源化、减量化、无害化，把本地区农村农民有效地组织起来，把循环经济发展的理念，运用到农业生产和农村建设的实践中。一是要将农作物秸秆、畜禽粪便等废弃物和以农业产品为原料工业产生的废弃物充分利用起来，化害为利，变废为宝，进行循环利用、多次利用、不断升值，促进农业生产方式转变、农业产业结构调整。二是要综合开发各种节约能源资源和保护环境的农业技术，重点推广废弃物综合利用技术、相关产业链接技术和可再生能源开发利用技术。三是要组织实施生物质工程，推广秸秆气化、固化成型、发电、养畜等技术，开发生物质能源和生物基材料，培育生物质产业。四是要大力发展节地、节水、节肥、节药、节种的节约型农业，鼓励生产和使用节电、节油农业机械和农产品加工设备，努力提高农业投入品的利用率。

第五，组织调整完善贫困地区农业保险政策，各级政府应把农业保险，作为一项特殊的准公共物品，给予经营性补贴和其他扶持，并负责提供或指定机构经营。一是要把农业保险从商业保险中分离出来，成立政策性的农业保险公司，逐步形成以国家的宏观调控来引导农业保险的发展方向、以省农业保险公司的区域性管理为业务主导、以县乡两级的农业保险公司为经营主体的组织体系。二是要建立农业保险再保险机制，农业保险属于高风险险种，农业保险要持续发展，必须建立健全再保险机制，强力推行农业保险再保险制度。

（2）组织领导健全扶贫农村社会保障体系的成功经验启示。农村社会保障是农村民生之基。加强农村社会保障制度建设，有利于消除农民后顾之忧，关系到农村经济社会的良性运行、城乡一体经济社会发展目标的实现。进入21世纪以来，随着新型农村合作医疗制度从试点走向全覆盖、农村最低生活保障制度在全国范围内广泛确立、农村新型养老保险制度试点展开并迅速推广，农村社会保障制度网络逐步形成，覆盖城乡一体社会保障体系也将成为现实。中共十六届六中全会发布的《中共中央关于构建社会主义和谐社会若干重大问题的决定》，将全国城乡一体社会保障体系建设，放在关系社会主义和谐社会全局的战略高度谋划，明确要求把更多财政资金投向公共服务领域，加大财政在社会保障等方面的投入，充分发挥商业保险在社会保障体系建设中的重要作用，基本建立覆盖城乡的社会保障体系。我国是一个有着13.7亿人口的大国，大部分人口在农村，社会保障体系建设能否成功，关键在农村。长期以来，城乡发展中“二元结构”问题没有得到改变，农村社会保障体系建设总是处于滞后状态。按照国外一般市场经济国家的经验，在财政收入占到GDP30%左右的时候，就开始有条件地由国家财政主导为农村提供公共品开支。当前，我国财政收入占GDP的比重已经接近这一水平，完全有条件加大对农村保障体系建设投入力度。为此，在当前国家社会保障体系不够健全的情况下，要切实提高广大农民生活福利水平，有必要通过大力发展商业保险，加快农村社会保障体系建设，缓解政府压力，缓和社会矛盾。商业保险作为社会保障体系的重要组成部分，有相对突出的比较优势，在构建社会主义和谐社会中发挥积极作用。这就要求商业保险行业必须切实组织推行以下六项方略规程：

第一，协助政府建立健全农村养老保障体系，通过引入商业保险这种市场化机制，提高农村社会保障运行效率。为此，保险公司作为第三方，要从体制上有效预防和控制挤占挪用社保基金导致的亏空问题，使农民得到持续性的养老和生活保障。

第二，协助政府建立新型农村合作医疗制度，保险公司通过帮助政府建立长效运行管理机制，创新政府公共管理模式。为此，一要通过建立政府统筹协调、卫生部门监督管理、保险公司具体运作的三方合作，形成新型农村合作医疗工作“协调、管理、监督”模式。二要通过购买保险公司专业服务，政府减轻管理新型农村合作医疗工作的压力，降低新型农村合作医疗合项目的运行成本，有效控制风险。

第三，协助政府建立农村意外伤害保障体系，通过商业保险建立政府主导的农村意外伤害保障体系，由商业保险公司来运作和管理，解决农村家庭的后顾之忧。

第四，协助政府以失地农民养老保险为基础，推动建立农村养老保障体系：一要大力发展失地农民养老保险；二要大力发展农村收入稳定职业群体的养老保险，重点发展乡镇企业职工养老保险、农村干部养老保险、农村义务兵养老保险、农村民办教师养老保险和个体户农民养老保险；三要针对农村经济状况、特定保障等需求，积极开发“新简易人身保险”产品，建立普惠型的农民养老保障体系。

第五，协助政府以新型农村合作医疗保险为基础，推动建立农村重大疾病保障体系：一要认真参与各地各种类型的新型农村合作医疗试点工作；二要开发针对农村收入水平、价格低廉的重大疾病保险；三要根据不同区域的疾病发生概率，开发有针对性的重大疾病保险产品，建立多层次的重大疾病保障体系。

第六，协助政府以农民工意外险为基础，推动农村建立意外伤害保障体系：一要与各级政府或劳务输出机构合作，大力开展进城务工农民的意外伤害保险；二要在农民工相对集中的煤炭、建筑、安装等高危行业，积极推进强制性的意外伤害保险和责任保险，由雇主交费，确保高危群体农民工的合法权益；三要在农村妇幼以及中小学群体中，开展多种形式的意外伤害保险，提高农村弱势群体的保障水平。

总之，中共七届二中全会至十九届三中全会以来，各级党委、政府及部门为推进新农村建设，大力发展农村社会保障事业。其一，强化农村社会保障的制度建设，从保障种类选择、保障对象确定、保障组织设置，到保障资金筹措、使用、管理等方面，建立健全适合农村社会的保障制度体系，逐步与城镇社会保障体系接轨。其二，着力解决农村社会保障的资金来源问题，设立农村社会保障基金，除由政府财政专项拨款和社会捐助外，将农村土地非农化的部分收入集中起来，作为农村社会保障基金的重要来源，重点满足失地农民的社会保障要求，扩宽农村居民社会保障资金的来源渠道。其三，完善农村“五保户”集中供养制度，加快建立惠及更多农村低收入户的农村最低生活保障制度。其四，加大对农村公共服务资金使用监管力度，公共服务资金是否专款专用，资金使用效率是否合理，是农村公共服务建设的大问题，必须强化控制手段，增强监管力度，从预先控制、事中控制、事后控制三个环节入手，进行全方位多角度监控，做到防患于未然，及时发现问题、改正错误，从中汲取经验教训，以保证资金的正确使用。

（3）组织领导拓展城乡一体化经济社会发展道路的成功经验启示。目前，我国农业农村发生历史性巨变，是农民得实惠最多的时期之一。在全国各地区一系列强农惠农富农方略规程推动下，新农村建设顺利推进，农村公共公益基础设施、农村社会保障等事业都取得了长足发展，农村面貌加快改善，农村社会更加和谐稳定。同时，应清醒地看到，我国最大的发展差距是城乡差距，最大的结构性问题是城乡二元结构。农业农村长远发展的大事、农民切身利益的好事，是中国现代化进程中的后进脚步。为此，中共十八大以来，中共中央、国务院反复强调，把解决好的“三农”问题，作为全党、全国工作重中之重的战略方针，坚持拓展统筹城乡一体经济社会发展道路，在全国城乡一体农业现代化、信息化、工业化、城镇化同步前进过程中，我国农村的社会结构、人口结构、就业结构等都将发生深刻变化，工农关系调整在总体上进入一个关键时期。为此，中共中央、国务院提出，在组织领导拓展统筹城乡一体经济社会发展道路上，不断与农村实际的变化和农民意愿的变迁相适应，坚持城乡居民共享发展、保障共同增进福祉，进入全面小康社会，组织推行以下七项方略规程：

第一，坚持普惠性、保基本、均等化、可持续方略，从解决农民最关心最直接最现实的利益问题入手，增强政府职责，提高公共服务体系共建能力和共享水平，加强义务教育、就业创业、生活低保、合作医疗、养老保险、公共文化、环境保护等基本公共服务，努力实现全覆盖。

第二，坚决打胜脱贫攻坚战，实施精准扶贫脱贫、因人因地施行方略，提高扶贫实效，加强贫困地区通路、通水、通电、通网络等基础设施建设，提高贫困地区农村基础教育质量和医疗服务水平，推进贫困地区农村基本公共服务均等化。

第三，坚持实施积极就业创业方略，鼓励以创业带就业，统筹人力资源市场，打破城乡、地区、行业分割和身份、性别歧视，维护劳动者平等就业权利，实施新生代农民工职业技能提升计划，提高劳动力素质，劳动力参与率、劳动生产率，完善就业创业服务体系。

第四，坚持实行有利于缩小收入差距的方略，持续增加低收入劳动者收入，完善扶贫济困的税收政策，建立更加公平更可持续的社会保障制度，全面实行城乡居民大病保险制度，确保困难农民群众基本生活，农村贫困人口实现脱贫。

第五，坚持促进城乡区域协调发展方略，全面推进城乡一体农业现代化、工业化、信息化、城镇化同步发展，坚持走生产发展、生活富裕、生态良好的文明发展道路。

第六，坚持健全现代农林牧渔种养加销产业链一体化经营体系、科技创新推广体系、社会化服务体系，坚持推行工业反哺农业、城镇支持农村的方略，完善城乡发展一体化体制，推进城乡要素平等交换、合理配置、基本公共服务均等化。

第七，坚持促进城乡公共资源均衡配置，落实农村基础设施建设投资方略，加强农村人居环境整治，加大传统村居民和历史文化名村名镇保护力度，建设美丽而宜居乡村。

3. 坚持落实各级政府及部门扶贫农民增收方略的经验启示。这是指各级政府及部门为扶持贫困地区农村农民脱贫增收致富而推行六项方略：一是公平调节农村产业内部产品之间比价方略；二是正确调整农村产品收购计划与市场双轨制价格方略；三是科学调节国家与农民受益分配方略；四是加大各级财政资金投入、补贴力度方略；五是推进农林牧渔各产业规模化、集约化生产经营方略；六是增强新型农民兼业型务业和创业能力方略。

（1）公平调节农村产业内部产品之间比价方略经验启示。为了确保农村产业内部比较利益公平合理化，使农民在生产经营各业各产品时，付出同等劳动能够得到同等报偿，必须以价值规律和供求规律作为基本着眼点，在不违背价值规律和供求规律的前提下，理顺好国家计划指导商品市场下的农村产业内部产品之间比价关系，调节粮棉油糖比价价格水平，加强宏观调控，公平合理结成农村产业内部产品之间比价关系。为此，必须坚持在指导思想上，要从稳定经济、政治和社会大局出发，以合理安排工农产品比价，稳定农业产品价格总水平为基础，全面理顺农林牧渔业产品内部比价，建立“统一管理、两级调控、条块结合、部门负责”调整比价管理体系，科学确定合理比价的标准，促进农业和农村经济持续稳定协调发展，促使农民增产增效增收，必须坚持落实以下三项方略规程：

第一，必须健全以粮肥比价为中心、农村产业内部产品之间比价与工农产品交换比价调整管理职能组织，统筹安排确定公平合理的农村产业内部产品之间比价、工农产品交换比价，各得其所。

第二，必须针对全国工农产品比价涉及面更广、更加复杂情况，全面理顺工农产品比价难度大、脱离工农产品比价、孤立确定农村产业内部产品之间比价，及时调解可能出现脱节和失调的问题，对矛盾特别突出的工农产品比价进行重点调整。因此，一是必须选择化肥和粮食作为比价中心，将这两者比价合理化，作为工农产品比价合理化的标准。二是必须在稳定农用生产资料价格的基础上，把粮肥比价恢复到1∶1.5水平，以保持稳定为基本原则。

第三，必须以农村产业内部产品的社会生产成本为依据确定价格，这个成本包括：其一，农村土地承包费，指承包经营土地付出承包费，视同固定资产列入成本；其二，农村劳动力活劳动“工资”支出，指按平均实际出勤日数合算劳动报酬；其三，农业生产经营管理支出，指籽种、肥料、机具、水电、药物、畜力等支出；其四，政策性社会性支出，包括培训费、技术资料费、广告费、宣传费等支出。

（2）正确调整农村产品购销计划与市场双轨制价格方略经验启示。中共中央、国务院从我国国民经济现状出发，实行农村产品购销计划与市场双轨制价格政策，在一定时期内是非常必要的，如粮、棉、油、糖这类关系国计民生的大宗产品，采取计划调控与市场调节双轨制价格方略，既保障满足城乡人民生活需求，又推进农民持续增收。为此，必须坚持推行以下三项方略规程：

第一，必须坚持建立健全宏观调控目标管理体系，组织实施计划、价格、税收、信贷相互配套方略，通过宏观调控、配合协作、上下结合、条块协调、调查研究、预测监测工作手段，提高国家计划收购和市场调节购销农村产品双轨制价格的透明度。

第二，必须坚持中央和地方各级政府计划购销农村产品约束力方略，一是必须对县以上粮棉油糖等大宗产品生产计划和收购计划，要在相互衔接的前提下，坚持签订法规法律约束的合同或协议。二是必须对粮棉油糖等大宗产品生产、收购及挂钩物资兑现部门，要签订横向协调合同或协议，保证国家计划的实现和农民的增产增收积极性。

第三，必须坚持对粮棉油糖等大宗产品实行倾斜方略，逐步缩小粮棉油平议差价和牌市差价，把合同定购价格逐步提高到接近市场议价水平，缩小“轨与轨”之间的距离。

（3）科学调节国家与农民收益分配方略经验启示。在我国，国家与农民收益分配关系，在国家的诸种分配关系中占有特别重要的地位，中共十一届三中全会后，国家全面调整了农民收益分配政策，全国农民分配收入数占全国分配收入数的比例水平逐年提高，已由1978年的3.9%，提高到1988年的8.3%，提高到1998年的12.4%，提高到2008年的22.7%，提高到2012年的25.6%，提高到2015年的28.6%，提高到2017年的31.9%。国家与农民收益分配关系，实质上是国家通过财政、税收、价格、补贴等经济杠杆的运用和政策疏导，确立国民收入分配格局，调节农民收益分配所形成的分配关系。在我国这样一个农业和农民都占有较大比重的国家，处理好这一分配关系，合理调整分配方略，对于理顺国家与农民收益分配关系，促进农业和农村经济发展，保障整个国民经济协调发展，都具有重要的战略意义。为此，必须坚持落实以下四项方略规程：

第一，全面调整国民收入分配格局，实行以工补农的资金分配方略。把农业放在第一位，优先配置资源、资金要素，实施工业积累补贴农业的资金分配政策，改造传统农业生产方式，逐渐向农业系统配套地引进现代化生产要素，以加强农业的基础地位。

第二，始终保障城乡经济发展，采取国民经济稳定发展方略，改革理顺国家与农民收益分配体制机制，促进工农业协调发展，必须做到三点：其一，保持农业与工业的发展速度，使工业与农业发展速度与结构趋于合理，逐步引导农业与工业，由非均衡增长而趋向均衡增长；其二，必须加大农用工业扶持力度，经验表明，农业越发展，就越要依赖于农用工业发展，而我国向农业提供新要素的工业规模和效率还未达到从根本上改变传统农业的水平，不能满足未来农业稳定持续发展的需要，这就需要调整工业资源转向农用工业。其三，国家在增量投资结构安排中，重点投入农用工业建设，增加农业现代物质技术投入，为农业发展创造良好的物质技术基础。

第三，巩固完善农村统分结合联产承包责任制，增强集体经济实力方略，搞好社会化服务，引导适度规模经营，解决小生产与大市场的矛盾。必须做到两点：其一，实行灵活多样的农业生产经营组织形式，要注意改善土地经营，提倡多种土地专业化协作、规模经营形式，起到农户家庭经营不能发挥的独特作用；其二，通过价格、信贷、税收、补贴等方略，鼓励各种专业协作、规模经营，发展农村集体经济，增强集体经济的实力。

第四，继续保持农民收入稳定增长势头，提高农民的生活消费水平，必须坚持“一靠政策、二靠科学、三靠投入”的方略，向农业生产、农村经济的深度和广度进军，在大幅度提高农业劳动生产率、农村经济效益增长的基础上，增加农民收入、提高农民生活水平。

（4）继续加大各级财政资金投入、补贴力度方略经验启示。在我国从2006年起，在全国取消征收农林牧渔各业税收的基础上，继续加大各级政府财政对“三农”投入力度，推行补贴农林牧渔各业生产经营建设投资方略，进一步提高农林种植业、牧渔养殖业补贴标准，加强农田水利基础设施建设，提高农田综合生产能力。调整银行信贷结构，扩大“三农”贷款规模，确保农林牧渔各业生产经营持续发展，全面发展农林牧渔各业保险服务业，增强农民抵抗自然风险和市场风险能力，确保农民减轻压力、增产增收。为此，中共中央、国务院明确规定，从2008年起，中央和各级地方政府都要提高“三农”投资的比重，逐年增加投入，建立投入稳定增长的机制，引导农民、农村集体、乡镇企业投入，确保银行信贷、保险增加投入，以解决我国农林牧渔各业生产经营建设资金长期不足的矛盾。为此，必须坚持落实以下五项方略规程：

第一，中央政府确保财政逐步增加对“三农”资金投入方略。针对“一五”至“九五”期间中央政府财政对“三农”资金投入偏少的情况，中共中央、国务院决定，从“十五”规划2001年至“十三五”规划2017年，中央政府财政持续扩大对“三农”投资规模，其中增长的大头，用于农林牧渔业基本建设与更新改造项目。其一，着重用于增强农林牧渔业发展后劲的基建项目。其二，不断充实、扩大农林牧渔业发展基金，加强管理，提高资金使用效益。

第二，地方各级政府相应安排财政对“三农”资金投入方略。规定地方政府的职能权限，明确地方财政对“三农”资金投入范围，促使地方政府明确规定地方机动财力有相当比例，用于农林牧渔业生产经营建设投资。

第三，从中央到地方各级政府继续实行“以工补农”“以工建农”等行之有效的方略。进一步调整财政投入结构，实行投资重点战略转移，各级政府财政投入，逐步向粮棉油等大宗产品集中地区倾斜，向中部、西部地区农林牧渔业倾斜，各级政府财政对“三农”资金和农林牧渔业基本建设投资同步倾斜。

第四，地方各级政府鼓励农民发挥农林牧渔业投资主体作用方略。促使农村各种经济组织积极对农林牧渔业进行投入，管好、用好资金，发挥效益。为此，一要通过政府投资导向方略，吸引农民建立健全劳动积累制度，增加劳动投入，充分发挥农村劳动力资源丰富的优势，不断改善农林牧渔业生产条件。二要稳定和完善农村“双层经营”体制，充分发挥农村集体经济的组织服务功能、投入功能作用，增强农村集体经济实力，逐步加大投入力度。

第五，国家银行、金融、保险部门增加“三农”信贷资金投入方略。在全国各地区农村商品经济发展趋势下，银行信贷资金在农业资金体系中的支柱作用也日益增强，全国银行对农村信贷资金占农业资金供给总量比重，已从“九五”时期的12%，上升到“十三五”时期的29%。为此，一是今后国家银行、金融、保险部门要把“三农”信贷放在一个重要的位置，以确保“三农”贷款的稳定增长。二是今后农村储蓄主要来自农民，也应基本用于发展农林牧渔业生产经营所需资金。要将农村储蓄的绝大部分，至少应有80%以上确保用于“三农”，防止农村资金外流。三是要进一步开展“三农”保险服务。

（5）持续推进农林牧渔产业规模化、集约化生产经营方略经验启示。从中央到地方各级政府高度重视引导农民推进农林牧渔产业规模化、集约化、机械化。改造提升传统农林牧渔各业，大力扶持现代农林牧渔各业，促进现代化产业结构转型升级。积极开展科技社会化服务，为农民提供全方位的生产经营服务。鼓励和引导个人、企业和社会团体成立农林牧渔业服务组织，建立健全以农民专业合作社为重点的新型农业社会化服务组织体系，增强农林牧渔业产品生产经营服务能力，提高农林牧渔各业产品品质、标准和供应水平，拓展农民脱贫增收致富途径。为此，组织推动农民提高粮食产能，确保粮食基本自给、口粮绝对安全，推进农林牧渔业产业链和价格链建设，开展农林牧渔业产业规模化、集约化、机械化、标准化、信息化生产经营，确保农民脱贫增收。各级政府及部门组织推动农民坚持拓展农林牧渔产业规模化、集约化生产经营增产增收途径，着力拓展粮食、蔬菜、果品、畜禽、鱼虾等产品产业链和价值链产业脱贫增收四条途径，分别说明如下：

第一，拓展粮食产业脱贫增收途径。粮食生产是农民收入的重要来源，因而粮食增收空间问题一直是农业和农村经济发展的热门话题。中共中央、国务院历来十分重视粮食产业发展。改革开放以来，国家多次提高粮食收购价格，以增加农民收入，保护农民种粮积极性。但是在国际市场粮价低于国内粮食价格的情况下，靠高于市场价格的保护价来保护，从国家财力看，既保不住，又保不起。特别是在全国粮食供求进入买方市场，劣质粮食销售不畅，靠扩大粮食生产耕地面积、增加单位面积粮食数量，提高农民收入水平，潜力已经很小，很难达增收目的。为此，必须坚持落实三项政策措施，一是组织推动农民调整粮食生产结构，实现粮食优质高效增收。首先，必须看到农民粮食收入增长缓慢的主要原因，在于由卖方市场进入了买方市场，已由供给制约转变为需求制约，粮食生产供求关系发生了根本性的变化，优质粮食品种相对不足，一些劣质粮食品种销售不畅。正是由于粮食品种结构质量差和粮食价格下降，严重制约了种粮农民收入的增长。其次，必须在保持粮食总量平衡的前提下，瞄准市场行情，以促进粮食生产优质高效、农民增收为原则，调整市场欢迎增加质优价好的粮食品种，基本实现杂交良种化，优化组合粮食作物结构，调出农民收入增长的效益。二是组织推动农民增强科技务农的自觉性，让农民体验到在粮食生产结构调整上，提高科技含量，培育新的高产优质良种，对粮食增产、农民增收做出贡献，科学技术对现代农业具有强大支撑力和驱动力，我国粮食产量基数逐年增大，我国粮食生产中小麦、水稻、玉米产量都没有到“顶”，只要推广杂交良种和改进栽培技术，都能较大幅度增产增收。稻谷在我国种植面积最大，科技力量也较强，过去有些地区农村培育和推广杂交稻起了重大作用，今后各地区农村在培育新的高产优质良种上取得突破，是完全可能的。鉴于上述情况，要实现粮食增产、农民增收，必须把科学技术当作一个重要环节。三是组织推动农民拓展粮食产业化生产经营增收途径，扩大土地的经营规模，实现粮食产业化经营，使农民既能获得生产环节的收益，又能获得加工、流通等后续环节的收益，从而增加农民收入。通过粮食产业化龙头企业经营带动，把农户家庭承包经营与市场需求联结起来，有效解决在农户分散经营的条件下，发展高产优质高效粮食的问题，促使农民增加收入。

第二，拓展蔬菜产业脱贫增收途径。目前，全国蔬菜用不到二十分之一的耕地面积创造出的年产值达 8340 亿元，蔬菜生产已成为全国农村的一项支柱产业，是农业结构调整中强劲的首选作物。蔬菜是我国人民生活中不可缺少的重要副食品。发展蔬菜产业，增加农民收入仍有很大空间，我国北方地区农村大力发展大棚菜及保护地蔬菜种植业，基本上解决了冬季蔬菜供应难的问题，拓展了增加农民收入的途径。为此，一是组织推动农民在蔬菜生产中坚持不跟风、突出特色、人无我有、人有我优、人优我转的原则，调整蔬菜种植结构，寻找市场稀缺的优质特色品种，提高蔬菜生产效益。二是组织推动农民坚持掌控蔬菜生产面对的天时、地利及消费群体等因素，大力促使农民坚守蔬菜生产收获时间有先有后、适应市场需求有高有低、价格有贵有贱的规律，为蔬菜生产和市场需求，提供时空差价和价格差价，确保农民增加收入。三是组织推动农民盯着国内市场需求，挖掘国外市场潜力，拓展蔬菜产业链条延伸途径，促进我国各地区农村通过复杂的地理气候、土地，为我国蔬菜生产提供空间和时差环境，利用地区差、时差、季节差，拓展蔬菜生产和加工产业链条延伸途径，适应国内外市场需求变化，调整蔬菜品种结构，提高质量，确保农民增加收入。

第三，拓展果品产业脱贫增收途径。农林种植业果品作为我国产销市场化最早的农林种植业产品之一，已经成为我国农林种植业第三大产品。目前，全国果园面积为 1.86 亿亩，果品市场由卖方市场变为买方市场。1984 年，我国改革果品购销体制，对果品实行市场放开、价格随行就市和多渠道流通的方略之后，市场对果品生产拉动作用日益明显，促使农民对果品生产迅猛发展，2014 年，我国水果总产量已跃居世界各国之首，苹果和梨的产量居世界第一位，柑桔的产量排在巴西和美国之后，列第三位。从 2017 年国内外果品产销形势来看，果品供销与需求趋势，已由卖方市场转为买方市场。我国果品产量增长的速度，远高于全国人民生活水平提高的速度，尤其是广大农民收入水平还比较低，所以，局部地区、部分品种出现了卖果难的问题。为此，必须坚持组织拓展以下两条途径：

一是必须坚持组织拓宽国内外果品市场供销领域，坚持从四方面组织拓宽国内外果品市场供销领域。一要拓宽国内人均消费量领域。2015 年，我国果品人均年消费量为 67 公斤，而世界果品人均年消费量为 80 公斤。按科学膳食结构推算，每人年均果品消费量达到 80 公斤。一些发达国家果品人年均果品消费量一般为 100 公斤，多的达到 150 公斤。一般国家为季节性消费，年人均消费量也有 50 多公斤。我国为达到年人均果品消费量 80 公斤，坚持拓宽从大路货滞销、劣质果难销，走上优质水果价高畅销增加农民收入途径。二要拓宽国内果品种植、加工、贮藏、销售领域。我国各地区农村果品生产的特点是产期集中，而果品消费的特点是周年均衡供应，所以应从时空角度挖掘果品产量增长、农民增收潜力，注重调节生产果品早中晚熟品种产量增长，科学利用季节差、地域差异的栽培技术，推广新品种、先进的栽培技术，拓展果品加工、贮藏、运输、市场途径，保障农民持续增收。

二是必须坚持推动贫困地区农民群众自觉自愿积极地拓展国内各特优新果品产业化经营途径。为此，必须促进果品业持续健康发展，在优化结构和提高质量上下功夫，控制苹果、柑桔、梨三大果树的面积，推广应用果品优质技术，积极鼓励名特优新果品产业发展，拓展适销对路的名优新特果品产业化经营途径。一要在各种果品良种上打好基础。国家将各种果树良种苗木已经列入“种子工程”，分期分批建设良种苗木繁育场，各地区政府及部门把良种苗木问题摆上重要位置，在全国形成良种苗木繁育体系，推广应用各种果种植栽培科学技术，在产前、产中、产后均有相应的技术配套组装，既要把传统的实用技术应用到生产中去，又要大力推广先进的新技术，提高果品质量，增强市场竞争力。二要在各种果品产业化上创造条件。据测算，全国果品相对过剩，约有 20% 的损耗，每处理 1 公斤优质水果，可以增值 0.4 元，而且好销。为此，必须积极支持果品产业化龙头企业贮藏加工，延长产业链条，建立起现代化果品生产、销售、清洗、打腊、包装、贮运体系，把果品增收的空间变成现实，为农民收入增长拓展途径。三要在各种果品产业化上鼓励出口。在拓展名特优新果品产业化经营途径上，建立农业部门管生产、商业部门管销售、外贸部门管出口的传统体制。根据国际市场需求，确定我国水果出口的空间定位，在稳固传统市场的同时，开拓新兴市场。

第四，拓展畜禽产业脱贫增收途径。为此，大力发展牧业，增加农民收入，符合农村经济发展的规律，牧业覆盖面广，不同地域的农户都可通过发展牧业增加收入。一是牧业投资少、见效快、商品率高，是农民增加收入的主要来源。二是牧业对土地依赖度低，单位面积产出较高，能较多地吸纳农村富余劳动力，可有效缓解人增地减的矛盾。三是牧业与农业互相依存、互相促进，既可使粮食转化增值，又可增加有机肥，以提高农业产品品质，实现降本增效，大幅度增加农民收入。四是牧业产业链长、关联度高，既可带动牧业产业内的草业、饲料工业、兽医、药械的发展，又可带动和促进食品、毛纺、皮革、医药加工及餐饮业等二、三产业的发展。五是牧业在国内外市场竞争中，具有较强的比价优势，特别是加入 WTO 以后，具有较高的出口创汇能力。要使牧业大力发展为农民增收发挥更大的作用，必须切实抓好五项工作：

一是要提高对发展牧业的认识。特别要消除牧业富民不富县错误认识，教育和引导广大干部和群众树立牧业产业化的思想，既要看到牧业对增加农民收入的作用，又要看到牧业在加工流通等环节中的巨大利润。从而在农业和农村经济战略中突出牧业的重要位置，真抓实干，让牧业在农民增收中发挥更大的作用。

二是要着力提高牧业质量和效益。首先，改良和提高畜禽品种质量。要在积极引进外来优良品种的同时，要加大对地方优良品种的改良选育和推广力度，加快发展优势产业，增强国内外市场的竞争力。其次，要大力调整优化牧业生产结构。要在稳定提高猪鸡生产的同时，大力发展牛羊兔等草食节粮型家畜，提高畜牧业的经济效益。最后，要进一步完善配套服务体系。重点是良种繁育体系、疫病防治体系，饲料生产体系、畜产品加工体系和市场信息体系。

三是要转变牧业科技增长方式。首先，要建立科学合理的利益机制，调动广大科技人员的积极性，加快牧业科技成果转化。其次，要采取多种形式，培训农民技术骨干，培养和造就大批善于生产经营的畜牧企业家，带领和帮助农民走向共同富裕。

四是要大力开发草产业。其一，要依据土地利用区划和退耕计划，切实落实种草用地，真正做到宜草则草，建设优质高产、便于利用的基本草场和优质牧草种子基地。其二，要积极推广农田种草和青贮玉米等高产饲料作物栽培，使种植业从“二元”结构向“三元”结构转变，逐步建设稳定的基本草地，逐步把种草纳入种植制度。其三，要积极利用资源优势，开发草捆、草粉等加工生产经营，提高种草效益，促进草业和畜牧业同步发展。其四，要进一步落实草场承包责任制。要坚决改变过去那种“草场无主，使用无偿，建设无责”的状况。其五，要大力推行草场承包、租赁、拍卖等，把草场使用权、管理权、收益权长期交给农民，让广大农民真正成为草场的主人，成为种草养畜的主力军。

五是要深化牧业生产经营管理体制改革。要按照产业化的思路，在面向市场建基地、扎根基地育龙头的基础上，勇于创新，推动龙头企业与农户的利益连接机制，从实际出发，选用投资制、合同制、会员制和代理制等四种模式：其一，投资制是龙头企业向农户直接投资，在农村建立稳定的畜禽产品原料基地；其二，合同制是龙头企业与农户签订生产销售合同，农户负责按企业标准生产，企业负责按保护价收购；其三，会员制是通过各类畜牧业协会、专业合作社，组织养殖户入会并享受协会、合作社提供的产前、产中和产后服务；其四，代理制是农户和企业生产的产品，委托有实力和经营网络的企业代理销售。总之，要在龙头企业和农户之间建立起“利益共享、风险共担”的经济利益共同体，使双方市场经济规则有机结合，从而促进牧业持续健康发展。

（6）全面增强新型农民兼职就业和创业能力方略经验启示。为了全面贯彻落实中共十八大以来各次全会精神，深入贯彻习近平总书记系列重要讲话精神，按照中共中央、国务院决策部署，以改变贫困地区农村发展面貌为目标，以贫困革命老区农村重点，加大扶持力度，实施精准扶贫、精准脱贫，彻底解决民生领域突出困难和问题，不断增强农业、农村、农民发展能力，着力增强新型农民兼职就业创业能力，切实保障农民的物质利益和各项权利，确保农民收入持续增长、生活不断改善，推动农业和农村持续发展，缩小工农、城乡差别，全面建成城乡一体化小康社会。为此，必须组织实施九项方略规程：

第一，组织培育农林牧渔业生产经营农民，提高农林种植、牧渔养殖的专业化水平。要引导农林牧渔专业的大学生、专业技术人才到农村就业创业，充分发挥他们在农林牧渔各业生产经营管理的带动作用。从 2004 年起，组织加强农村中小学生学习农林牧渔业知识，组织开展农林牧渔业中等职业教育，为造就农林牧渔业实用人才队伍拓展途径。

第二，组织引导建立健全农民专业合作经济组织、农民专业技术协会、农村供销合作社和农村信用合作社，充分发挥其为农民就业创业服务的作用。从 2010 年以来，通过农民专业合作经济组织、农民专业技术协会组织功能和农村供销社、农村信用社等中介组织功能，带动农民就业创业。

第三，组织加强以国内外农林牧渔业产品购销市场为导向，以农林牧渔业产业化龙头企业带动的拳头产品为龙头，推动农民参加农林牧渔业产品产加销一条龙、农工贸一体化经营。2014 年以来，全国农林牧渔产业化龙头企业已吸纳农村劳动力 3.6 亿人，已创造占全国三分之一以上的工业产值。2017 年以来，从中央到地方各级政府都提倡通过多种经济成分和经济形式，兴办农林牧渔业产业化龙头企业，努力提高农林牧渔业产业化龙头企业经营管理水平，引导农林牧渔业产业化龙头企业适当集中，把发展农林牧渔业产业化龙头企业与建设小城镇结合起来，促使乡镇一体化经济健康发展。

第四，组织加强城乡一体化工业化建设，保证农民兼职型就业和创业。首先，鼓励东部地区企业转移到中西部地区工业园区集中，使更多农民兼职型就业、返乡创业、从事农林牧渔业生产经营建设。其次，大力发展县域经济，推进城乡产业一体化，增强县域经济对农民就业创业的吸纳能力。中共中央、国务院于 2017 年 2 月 5 日发布的中央一号文件规定，鼓励高校毕业生、企业主、农业科技人员、留学归国人员等各类人才回乡下乡创业创新，将现代科技、生产方式和经营模式引入农村。整合落实支持农村创业创新的市场准入、财政税收、金融服务、用地用电、创业培训、社会保障等方面优惠方略，鼓励建立返乡创业园、创业孵化基地、创客服务平台，开设开放式服务窗口，提供一站式服务。

第五，组织按照区别对待、精准施行的原则，以重点区域、重点人群、重点领域为突破口，加大脱贫攻坚力度，带动革命老区全面振兴发展。为此，一是要把贫困革命老区作为各地区开发建设的重中之重，把全面增强革命老区新型农民兼业型务业能力放在首位，充分发挥政治优势和制度优势，主动适应经济发展新常态，着力改善发展环境与条件，激发市场主体创新活力。二是要推动相关资源要素向贫困革命老区优先集聚，要将保障民生方略向贫困革命老区优先覆盖，要把重大项目向贫困革命老区优先布局，尽快增强贫困革命老区发展内生动力。

第六，组织扶持以贫困地区农村就业创业困难农民群体为重点，切实解决贫困地区农村贫困人口脱贫问题，全面保障和改善民生。首先，要打破惯性思维，采取超常规举措，加快科学扶贫和精准扶贫，加大帮扶力度，加快贫困地区农村综合开发治理步伐；其次，要抓住基础设施首要条件，资源开发和产业发展关键环节，生态环境发展底线，围绕重点领域和薄弱环节，选准主攻方向，发扬“钉钉子”精神，使贫困农民脱贫增收、生活改善。

第七，组织动员社会各方面力量参与扶贫攻坚地区农村开发建设。为此，一是要鼓励各类企业通过资源开发、产业培育、市场开拓、村企共建等形式，到贫困地区投资兴业、培训技能、吸纳就业、捐资助贫。二是要引导各类企业在贫困地区包县包村扶贫，鼓励社会团体、基金会、民办非企业单位等各类组织，积极支持扶贫攻坚开发建设。三是要对各类企业和社会组织到贫困地区投资兴业，带动贫困群众就业增收的，严格落实税收、土地、金融等相关支持政策。

第八，组织推进贫困地区农村基础设施建设和社会保障事业持续健康发展。为此，一是要尽力扶持特色优势产业发展壮大、生态环境质量明显改善、新型农民就业创业队伍壮大、能力增强。二是要确保农民人均可支配收入增长幅度、基本公共服务主要领域指标接近全国平均水平，在文化教育、卫生医疗、社会福利等方面迈出更大的步伐，让农民也能享受到和城市居民一样的公平待遇。三是要确保我国现行标准下农村贫困人口实现脱贫，贫困县全部摘帽，解决区域性整体贫困。

第九，组织落实各级党委、政府及有关部门各项任务、职责：其一，明确工作任务和责任分工，加大攻坚项目实施力度，确保年年有总结部署，有督促检查。其二，中央到地方各级党委、政府及有关部门，要按照职责分工，组织制定实施方案，细化实化具体方略规程，全面落实各项任务。其三，国家发展改革委负责牵头协调解决工作中遇到的困难和问题，会同财政部、国务院扶贫办等部门，加强跟踪检查，对遇到重大问题，及时向中共中央、国务院报告，及时妥善解决。

农村财政扶贫开发脱贫攻坚巩固课题组
组长：韩连贵
组员：王新宇　马　琼　杨珠生　李振宇　王其文　普　穷
李克君　郑性灵　王　岩　董　齐　徐海云　陈贵锋
韩铁峰　李方旭　王贵良　郑子清　张景祥

第七章　中共十九大以来组织推行全国贫困地区农村农民群众扶贫脱贫攻坚、攻克、巩固之路方略规程经验启示

中共十九大提出实施乡村振兴战略，是以习近平总书记为核心的中共中央、国务院领导集体，为实现全面建成小康社会、全面建设社会主义现代化国家的重大历史任务，将促进乡村发展作为总抓手。为此，中央坚定组织带领推行七项方略规程：一是组织推行巩固加强农业基础、农村家园、农民群众主体地位方略规程；二是组织推行农业农村优先发展、加快实现农业农村现代化方略规程；三是组织推行精准扶贫脱贫攻坚战、振兴农村壮大产业发展文化增加投入方略规程；四是组织推行深入精准扶贫脱贫攻克战、建成现代乡村生态宜居和谐安定社会方略规程；五是组织推行农业现代产业化规模经营、促进农村壮大脱贫增收致富经济实力方略规程；六是组织推行扶贫脱贫攻克巩固成果、保障改善农村民生和城乡融合发展方略规程；七是组织总结推广贫困地区农民扶贫开发、脱贫攻克巩固方略规程经验启示。

一、组织推行巩固加强农业基础、农村家园、农民群众主体地位之路方略规程

历届中央领导集体都始终如一地坚持认为，农业为国民经济基础，农村为人居家园、革命基地，农民群众为革命基地的主力军，在土地革命、抗日战争、解放战争、社会主义革命和建设各个时期，都始终强调，农业是主体。

（一）农业是国民经济建设基础的方略规程。1934 年 1 月 23 日，毛泽东在《我们的经济政策》中指出，农业生产是我们经济建设工作的第一位，它不但需要解决最重要的粮食问题，而且需要解决衣服、砂糖、纸张等项目日常用品的原料即棉、麻、蔗、竹等的供给问题。毛泽东于 1945 年 4 月 24 日在《论联合政府》中指出，农民是中国工业市场的主体，只有他们能够供给最丰富的粮食和原料，并吸收大量的工业品。他于 1955 年 10 月 10 日在《中国共产党第七届中央委员会第六次全体会议（扩大）关于农业合作化问题的决议》中指出，我党领导农民推翻帝国主义和封建主义，这是资产阶级民主主义性质的革命；要进一步引导走进社会主义革命道路，这就是必须走社会主义工业化和农业合作化互相适应的道路。毛泽东同志于 1957 年 2 月 27 日在《关于正确处理人民内部矛盾的问题》中指出，我国是一个农业大国，农村人口占全国人口的百分之八十以上，发展工业必须和发展农业同时并举，工业才有原料和市场。轻工业和农业有极密切的关系，没有农业，就没有轻工业。中共中央于 1960 年 8 月 10 日发布的《关于全党动手，大办农业、大办粮食的指示》指出，农业是国民经济的基础，这个思想应当成为全党全民一致的认识，并且真正贯彻到各方面的实际工作中去。必须服从农业需要，支援农业，为农业、粮食生产服务。特别是在农村劳动安排上，任何妨害农业、粮食生产的

事，都必须禁止。中共中央于1962年9月27日发布的《关于进一步巩固人民公社集体经济、发展农业生产的决定》提出，贯彻执行毛泽东指出的以农业为基础的发展国民经济的总方针，我国发展国民经济计划，必须以发展农业为出发点，安排经济计划的次序是农业、轻工业、重工业。要从发展农业着手，来开展我国社会主义建设事业。忽视农业在社会主义建设事业中的特别重要地位，是错误的。中共八届十中全会于1962年9月29日决议认为，我国人民当前的迫切任务是：贯彻执行毛泽东主席提出的以农业为基础、以工业为主导的发展国民经济的总方针，把发展农业放在首要地位，正确地处理工业和农业的关系，坚决地把工业部门的工作转移到以农业为基础的轨道上来。1967年，毛泽东强调，农业是我国社会主义国民经济的基础，社会主义是我国农业唯一道路，没有农业社会化，就没有全部的巩固的社会主义基础。1969年，毛泽东号召，"工业学大庆""农业学大寨"，是传承大寨自力更生、艰苦奋斗、奋发图强的精神，坚持大力发展农业，全面贯彻"农业八字宪法"，切实抓好水、肥、土、种、密、保、工、管八项关键措施，充分调动广大农民、科技人员作用，增强防灾、抗灾、增产、增收、脱贫、致富的自觉能动力量。

以习近平总书记为核心的中共中央、国务院领导集体，在认真总结农业农村发展历史性成就和历史性变革的基础上明确强调，农业是国民经济的基础，农村经济是我国城乡一体现代化经济体系的重要组成部分。农业产业兴旺、乡村振兴是国民经济发展重点。实施乡村振兴战略，构建农业现代产业化生产经营体系，推动农村一二三产业协调融合发展，增强农业创造力和竞争力，为我国建设城乡一体现代化经济体系奠定坚实基础。习近平总书记强调，农业是生态产品的重要供给者，乡村是生态涵养主体区。农业强不强，农村美不美，农民富不富，关乎全面建设小康社会全局。他指出，要清醒地看到，当前我国农业农村基础差、底子薄、发展滞后的状况尚未根本改变，经济社会发展中最明显的短处仍然在"三农"，在全国城乡一体现代化经济社会建设中，最薄弱的环节仍然是农业农村，主要问题有：农村一二三产业协调融合发展差距大，农林牧渔业产品供给质量和效率低，农村科技务农人员稀少，农村公共公益设施落后、生态环境护理不够，乡村整体发展水平较低，农村民生领域欠账较多，城乡基本公共服务和收入水平差距较大，"三农"脱贫攻坚任务艰巨，农村基层基础环节薄弱，综合治理能力不强。为此，必须努力开创农业农村发展新局面，推动农村全面升级，加强基础设施建设，促使农村全面发展、农民群众全面进步，保障和提高农业、农村、农民群众持续发展能力。

（二）农村是革命战争阵地、生产生活家园方略规程。中国共产党在土地革命、抗日战争、解放战争各时期，坚持以农村为革命根据地、在农村建立、发展、壮大武装人员力量，组织领导带动广大受压迫剥削农民群众开展土地革命、大生产运动，创建民主平等、消除压迫剥削、共享温饱的革命根据地，开辟农村包围城市、壮大革命武装力量，推翻半封建、半殖民地、官僚资本主义的国民党反动派统治的社会、开辟新中国社会主义民主道路。新中国成立后，中共中央、国务院领导集体组织领导农村土地改革，引导农民群众参加农业生产经营互助合作化组织，农村已形成民主平等、安定温饱生活的局面。1955年7月31日，毛泽东在《关于农业合作化问题》上指出，在全国农村中，新的社会主义合作化群众运动的高潮就要到来，要正确指导农村社会主义合作化群众运动。1967年11月25日，中共中央又强调毛泽东指出的"对于农村阵地，社会主义如果不去占领，资本主义就必然会去占领"。1970年至1978年，中共中央反复教育城乡青年人热爱祖国、热爱农村、热爱劳动和热爱农家，鼓励他们扎根农村就业创业、钻研农业科学技术，学习老年和壮年农民的生产经验。农村青年应当成为农村生产建设和科学文化事业中有生力量，在这个家园中发挥承前启后、继往开来作用。

以习近平总书记为核心的中共中央、国务院领导集体提出，要切实推进农村文明生态安居乐业家园建设的方略，主要包括：一是加强农村基础设施建设，改善农村交通物流设施条件，加强农村水利基础设施网络建设，优化农村能源供给结构，大力发展太阳能、浅层地热能源、生物质能等，因地制宜开发利用水能和风能；二是健全农村土地管理制度，完善农村土地利用管理政策体系，实施农村新增用地保障机制，盘活农村存量建设用地，提高土地出让收益用于农业农村比例；三是推动农村各种人才施所能、展才华、显身手，全面建立职业农民制度，实施新型职业农民培育工程，加强农村专业人才队伍建设，鼓励城镇人才投入农村建设；四是加强农村生态环境修复保护，开展山水林田路治理，健全农村生态系统保护制度，实行农村生态保护补偿机制，发挥农村自然资源多重效益；五是推进农村一二三产业交叉融合发展，扶持新产业，优化农村创业环境，推动农村大众创业，培育壮大农村创业群体，完善农村创业服务体系，实施农村创业机制，激发农村创业活力；六是推进农村精神文明建设，巩固农村思想文化阵地，加强农村社会公德、职业道德、家庭美德、个人品德建设。保护利用农村传统文化，健全农村文化服务体系，开展农村多种形式群众文化、娱乐体育活动；七是建设健全农村党委领导、政府负责、社会协同、群众参与、法治保障的治理体系，加强农村党组织、党员队伍建设，加强农村居民自治组织建设，推进农村干部、农民群众尊法、学法、守法、用法，依法治理，提高农村德治水平，建立健全农村社会治安治理防控体系；八是完善农村公共公益服务供给体系，优先发展农村义务教育事业，健全农村卫生医疗服务体制机制，加强农村社会保障体系建设，完善农村人口最低生活保障，养老保险、残疾人救助制度，提高农村养老、医疗保健、特困供养服务水平，全面增强农村防灾减灾救灾能力，加快推动农村生态振兴、生活环境整洁优美、生产系统健康持续、人与自然和谐共生的生态宜居乐业生活幸福家园。

（三）农民群众是革命武装、生产建设主力军方略规程。毛泽东于 1927 年 3 月在《湖南农民运动考察报告》中指出，乡村中一向苦战奋斗的主要力量是贫农。没有贫农，便没有革命。他于 1949 年 6 月 30 日在《论人民民主专政》中指出，严重的问题是教育农民，没有农业社会化，就没有社会主义。他于 1955 年 7 月 31 日在《关于农业合作化问题》中指出，广大农民是愿意在党的领导下逐步地走上社会主义道路的，我们党是能够领导农民走上社会主义道路的。同年，毛泽东主席在《我国社会主义农业的发展道路》中指出，依靠贫农、下中农，是党要长期实行的阶级路线。要发展农业生产，就要依靠他们。在农村中，无产阶级专政，只有依靠贫农、下中农才能实现，才能形成巩固的工农联盟，才能很好管理国家，才能办好农村集体经济；毛泽东主席于 1957 年 2 月 27 日，在《关于正确处理人民内部矛盾》中指出，我国有五亿多农业人口，农民的情况如何，对于我国经济发展和政权巩固，关系极大。我国是一个农业大国，农村人口占全国人口的百分之八十以上，在我国，不论轻工业或者重工业，都要以五亿多农民为主要市场。这是世界上任何国家都没有的最广阔的国内市场。1964 年 6 月，《中华人民共和国贫下中农协会组织条例》规定，土地改革时候的雇农、贫农和下中农，占农村人口的百分之六十到七十，是农村中的无产者和半无产者。他们是社会主义道路、集体经济最积极的拥护者，是无产阶级专政在农村中坚强支柱，是党在农村工作中的依靠力量。依靠贫农、下中农，团结中农，是中国共产党在农村中要长期实行的阶级路线。毛泽东于 1965 年 1 月 14 日在《农村社会主义教育运动中目前提出的一些问题》中明确指出，建立贫下中农协会，作为在共产党领导下自愿组成的革命群众性组织，监督协助人民公社的各级干部进行工作。这种组织将在巩固无产阶级专政、巩固集体经济、发展集体生产方面，充分发挥作用。贫下中农的人数和在生产中的劳动力，在农村总人口和总劳动力当中，占有百分之六十至七十，他们是大多数。在社会主义教育运动中，在基层组织瘫痪的地方，在新的领导核心没有建立起来以前，可以实行一切权力归贫下中农协会。

总之，从 1927 年至 1977 年这 50 年间，党中央通过各级党组织带动广大农村受压迫剥削的农民群众：一是在土地革命、抗日战争、解放战争、抗美援朝期间成为武装革命主力军；二是在土地改革、互助合作化、人民公社化期间成为自觉自愿当家作主力量；三是在农田水利化、农业机械化、农业科技化、农村社队企业化期间成为参加建设的依靠力量；四是在《农业发展纲要》《农业八字宪法》《农业产品统购统销》《农业税收征收》方略落实期间成为积极主动担当力量；五是在农村民主自治、法治德治、政权建设、管理服务、改善民生期间成为权利与义务肩负力量。

以习近平总书记为核心的中共中央、国务院领导集体，一直坚持农民群众主体地位，充分尊重农民意愿，切实发挥农民群众在农村社会经济持续发展中的主体地位作用，调动农民群众的积极性、主动性、创造性，把维护农民群众根本利益、促进农民群众脱贫增收致富奔小康社会之路，作为出发点和落脚点，促进农民群众及早脱贫增收、持续脱贫增收、巩固脱贫增收，尽快奔小康社会，不断提高农民群众获得幸福、安全意愿水平。为此，以习近平总书记为核心的中共中央、国务院于2018年9月26日，正式发布了《乡村振兴战略规划（2018—2022年）》。从同年起组织引导各级党委、政府及部门，领导带动全国农村农民群众，着力扶持贫困地区农民群众贯彻落实以下五项农民群众当家作主、民主自治、发展经济、改善民生方略规程：

第一，坚持改善农民群众个体户生产设施条件，提高抗拒自然风险能力，发展多种形式的联合与合作，提高农民群众个体户组织化水平，鼓励农业产业化龙头企业与农民群众个体户建立契约、股权利益联结机制，带动农民群众个体户专业生产，提高自我发展能力。加强工商企业租赁农民群众个体户承包土地的用途监管和风险防范，健全资格审查、项目审核、风险保障金制度，维护农民群众个体户权益。

第二，坚持鼓励农民群众以承包土地、劳动技术、资金投入、产品产出为凭据，依法组建农民专业合作社，加强农民群众作为市场流通主体的平等地位，引导农民群众依法通过合作制、股份制、租赁制，积极参加农村一二三产业化规模经营，积极培育农村社会化服务组织，加强农业生产经营科技应用指导、农村信用贷款扶持、产品购销服务，为农民群众参加农林牧渔业产品生产经营创造方便条件。

第三，坚持加强农村农民群众民主自治组织建设，完善农村农民群众民主选举、民主协商、民主决策、民主管理、民主监督管理制度，建立健全农村村民委员会自治组织选举办法、民主决策程序。为此，一是要依托村民会议、村民代表会议、村民议事会、村民理事会，形成民事民仪、民事民办、民事民管的多元化基层协商局面；二是要创新农村村民议事形式，完善议事决策主体程序，落实农民群众知情权和决策权；三是要全面建立健全农村村务监督委员会，充分发挥自治章程、村规民约在农村基层治理中功能作用；四是要继续开展以村民小组或自然村为单元的村民自治工作。

第四，坚持推行农民群众就业优先战略和积极就业政策，健全城乡居民均等公共就业服务体系，不断增强农村劳动力素质，拓展农民群众外出就业和就地就近就业渠道，以达到更高质量和更充分就业。为此，一是要发展壮大县城经济，培育区域特色产业，大力扶持吸纳就业能力强的产业化龙头企业，创造适合农村劳动力转移就业机会；二是要推进农村劳动力转移就业到城乡一体化公共公益基础设施建设，加强劳务协作，有组织地开展劳务输出到跨区域、国际领域的途径；三是要结合农村交通、能源、通讯、生态、生产、生活等公共公益基础设施工程建设，通过各级政府及部门采取以工代赈方式，就近吸收农村劳动力务工。

第五，坚持培育新型职业农民，加强农林牧渔及加工专业技术人才队伍，推动城镇工商科技服务人才参加农村生产经营建设。为此，一是要制定实行培育新型职业农民法规制度，培养新一代热爱“三农”、掌握生产经营管理职能、运用先进产供销融合技术的新型职业农民；二是要加强“三农”领域农林牧渔及加工业人才培育力度，提高农村各种专业人才社会化服务保障能力，促进发展壮大农林牧渔及加工业科技人才队伍；三是要以乡情乡愁为抓手，激励吸引和支持城镇工商服务企业家、科技文教专家、农林牧渔业及工业等专业人员，回乡投资兴业、服务“三农”生产经营建设事业，发展壮大城乡一体化居民社会保障事业。

二、组织推行农业农村优先发展、加快实现农业农村现代化之路方略规程

自农耕时代起，中华民族认定“农者，天下之本也”，这是中华民族治国理政的基因、要义。全世界因工业化、城镇化、信息化、市场化等现代化途径拓展，导致农业农村发展滞后、地位降低。这

一规律普遍于世界各国各地区。特别是我国更有独特之处，这是指 1949 年新中国成立之时，国家处于城乡二元经济社会结构局势，以毛泽东为核心的中共中央领导集体，针对我国特定的原始约束情况，为了尽快解决国家国防安全、城镇工业化、信息化建设投资问题，就动员鼓励农村广大农民群众多上缴农业税收，增加义务劳动力、农林牧渔产品征购任务，在财政税务、银行金融体制方略规程制定实施上，向抗美援朝等国防、城镇工业化建设倾斜投入，从而形成了城乡二元经济社会结构。在 1949 年至 1978 年期间，全国各地区农业、农村及农民群众，都在尽心、尽力、尽责地推动着保家卫国国防建设、城镇工业化建设进程。历史经验说明，没有“三农”无私奉献，就没有强大的国防、先进的城镇工业化。面对长期遭受“三座大山”压迫的中国，只有靠“三农”，才能取得胜利。

1978 年至 2012 年改革开放期间，中共中央领导集体组织引领各级党委政府及部门，领导带动各地区农村干部、农民群众，获得土地自主承包经营权、流转使用权、自由流动与择业权、就业与创业权，减免农业税收、加大“三农”生产经营建设补贴投入，推行农村义务教育、农村合作医疗、农村人口生活低保、农村人口养老保险等项方略规程。这是几千年来“三农”变化前所未有的。但是，农业农村与工业城镇比较，城乡二元机构没有得到根本调整，农业农村发展滞后状况没有得到转变，“三农”已成为全面建成小康社会，实现工业化、城镇化、信息化和农业现代化的最大短板。特别是城乡居民劳务收入和财富积累的差距没有缩小，形成新的不平衡现象。

2012 年至 2018 年全面深化改革开放期间，以习近平总书记为核心的中共中央领导集体，推动“三农”工作理论创新、实践创新、制度创新，坚持把解决好“三农”问题作为全党全国工作重中之重，切实把农业农村优先发展落到实处；坚持立足国内保证自给的方针，牢牢把握国家粮食安全主动权；坚持不断深化改革，激发农村发展新活力；坚持把推进农业供给结构性改革作为主线，加快提高农业供给质量；坚持绿色生态导向，推动农业农村可持续发展；坚持在农业农村健康发展中保障和改善民生，让农民群众有更多获得感；坚持遵循农业农村发展规律，扎实推进生态宜居的美丽农村建设；坚持加强党委、政府对“三农”工作的领导，为“三农”持续健康发展提供坚强政治保障。上述方略规程，对推动农业农村持续发展取得新成果，再上新台阶、新水平，拓展了切实可行、行之有效途径。

在中国特色社会主义新时代，国家社会经济发展动力与实力增强，有义务有条件促进农业农村优先发展，切实保障农民群众权益，更多地给予农业农村发展权利，彻底脱离贫困境地，让农民群众共享国家改革开放的发展成果。为此，要打破长期存在的城乡二元结构，形成以工促农、以城带乡、工农互惠、城乡一体化新型工农平等、利益共享风险共担的社会经济保障体系。要坚持推行农业农村优先发展方略规程的涵义，不只是工业反哺农业、城市扶植农村、国家关怀农民，确保社会公正公平，更要按照中共中央、国务院部署要求，坚持农业农村优先发展，就要做到：一是在发展目标上，确保农业农村与工业城镇互促互进、同生共存、共同发展；二是在发展基础上，切实把农业农村优先发展落到实处，打牢农业农村坚实基础；三是在发展态势上，不断加大对农业农村支持力度，加快改善农业农村生产经营建设条件，农民群众收入增加、生活改善，推动“三农”全面升级、进步、发展；四是在发展任务上，对农业农村组织领导干部要优先考虑配备，对农业农村生产经营建设资金投入优先保障，对农业农村公共公益服务优先安排；五是在发展道路上，推行拓展以下五条途径方略规程。

（一）推行拓展增强农业农村生产经营建设能力途径方略规程。这是指必须坚持始终地深入实施深化农业农村供给侧结构改革，构建农业农村现代生产经营建设体系，推动农业农村发展质量、效率、动力变革，提高农业农村生产经营建设创新竞争能力，坚持通过质量、品牌、振兴、强化农业农村产品、产业，提高农业农村粮食等重要产品、产业综合生产经营供应能力，保障国家粮食等重要产品安全有效供给，把我国城乡人民的饭碗牢牢掌握在自己手里。为此，要坚持推行以下三项方略规程：

1. 加强农业农村土地科学合理保护利用建设。为此，一是要坚定严守18亿亩耕地红线，全面落实永久基本农田特殊保护制度，完成永久基本农田控制线划定工作，确保到2020年永久基本农田保护面积不低于15.46亿亩；二是要大规模推进高标准农田，所有高标准农田实现统一上图入库，形成完善的管护监督和考核机制；三是要加快将粮食生产功能区和重要农产品生产保护区细化落实到县地块，实现精准化管理；四是要加强农田水利基础设施建设，实施耕地质量保护和提升行动，到2022年农田有效灌溉面积达到10.4亿亩，耕地质量平均提升0.5个等级（别）以上。

2. 加强农业农村机械装备、机械化、信息化建设。为此，一是要坚持推进全国农业农村机械化装备、机械化转型升级，促进丘陵山区、草原草场区、江湖海区、荒漠区农林种植业与牧渔养殖业机械装备研究制造、推广应用，推动农林牧渔业机具与人力融合，扶持农林牧渔机具集成配套，加快农林牧渔业大宗产品生产经营全程机械化进程；二是要加强农业农村信息化建设，推进信息进村入户，鼓励互联网企业建立农林牧渔业产品产购销一条龙服务平台，开展农林牧渔产品产购销监测警告发布工作，提高农林牧渔业生产经营购销全程信息化服务水平；三是要大力开展农林牧渔业数字工程体系建设，实施农林牧渔业智慧工程和互联网与现代农林牧渔业行动，鼓励对农林牧渔业生产经营环节进行数字化改造，加强遥感、物联网应用，提高精准水平；四是要加强智能气象系统工程建设，增强气象为农林牧渔业生产经营建设服务能力。

3. 加强农业农村为国家保障粮食供应安全体系建设。为此，一是要坚持以我国农业农村为主，立足全国各地区农村农民群众生产供应粮食，确保粮食生产能力稳定增长，适度进口调剂粮食供应平衡，抓住粮食增产稳定科技支撑，保障国家粮食自给供应安全的方略，建立健全农业农村全方位为国家供应粮食安全保障体制机制；二是要坚决按照中共中央，国务院提出“确保国内谷物基本自给，口粮绝对安全”的任务要求，持续巩固和提高粮食生产供应能力；三是要深化中央储备粮食管理体制改革，科学核定粮食储备规模，加强中央粮食储备监督管理，推进中央、地方两级粮食储备协同管理；四是要鼓励粮食加工流通企业，新型经营主体单位开展自主粮食储备经营；五是要全面推行粮食安全省长责任制，完善监督考核机制；六是要健全各级政府强化粮食质量安全保障制度，加强完善粮食现代物流体系建设，建立粮食安全高效、一体化运作的粮食物流网络。

（二）推行拓展加快农业农村产业结构调整优化、产品质量安全途径方略规程。这是指必须坚持始终地按照加强我国现代化经济体系建设，加快农业农村产品，产业结构调整优化步伐，大力推动农业产品增产量、保质量，提高农业农村产品、产业供给保障率，实现由农业大国转向农业强国目标。为此，要坚持推行以下五项方略规程。

1. 调整优化农业农村产业产品生产经营布局。为此，要坚持以全国各地区农业农村主体功能区划确定的产业产品主产区为主体，立足各地区农业农村资源比较优势，确定优势区域布局和专业化生产经营格局，形成农业农村优化发展区和农业农村现代化先行区。要做到：一是东北地区重点增强粮食综合生产能力，依托“粮仓”建成粮肉奶综合生产供应基地；二是华北地区重点稳定粮油、蔬菜、畜禽产品生产供应能力，推动节水型产业发展；三是长江中下游地区切实稳定粮油生产供应能力，优化水网地带生猪养殖布局，提高渔业名优产品生产供应能力；四是华南地区加快提高现代畜禽水产品，特色园艺产品生产供应能力，增强具有养殖出口优势的水产品能力；五是西北、西南地区和北方农牧业交错地区加快调整优化农业农村产业产品生产经营布局，限制资源消耗大的产业规模，壮大区域特色产业；六是青海西藏等生态脆弱区域坚持保护生态、限制开发，因地制宜发展高原特色产品生产、产业经营。

2. 调整优化农业农村产品、产业结构。为此，要坚持加快推动农业农村产品、产业结构调整优化进程，统筹安排粮食、经济、饲料产品生产供求，切实抓好种植、养殖、加工一条龙产品，产业升级与壮大。要做到：一是要统筹调整优化农林种植业结构，稳定小麦、水稻生产，有序调减非优势区玉米生产，进一步扩大大豆生产规模，巩固主产区棉花、油料、糖料、橡胶生产，确保一定生产供应水平；二是要推动调整优化畜牧养殖业区域布局，大力推进优质饲料牧草生产，合理利用退耕土地、南方草山草坡和冬闲农田，拓展种植饲料牧草区域，扩大调整优化畜牧业养殖业区域布局，科学合理布局畜禽规模化养殖场，大力发展农牧种养结合循环产业，充分利用谷物秸秆发展奶牛业；三是要推进振兴渔港渔区建设，科学合理划定内陆水域养殖规模，发展集约化、工厂化水产养殖和深远海养殖业，减轻江河湖泊和近海渔业捕捞的压力，坚持规范有序地推进远洋渔产业健康发展。

3. 发展壮大农业农村特色优势产业。为此，要坚持以全国各地区资源、历史文化为基础，有序开发优势特色资源，大力发展优势特色产业。要做到：一是要创建特色鲜明、优势集聚、市场竞争力强的农业农村特色产品、产业优势区，支持农业农村特色产品、产业优势区建设标准化生产经营基地、加工基地、仓储物流基地；二是要完善农业农村科技支撑体系、品牌与市场购销体系、质量监控体系，建立利益联结紧密的运行机制，形成农业农村特色产业体系；三是要建立农业农村产品、产业生产经营精细化管理与产品品质调控体系，采取国际通行的农业农村产品、产业品牌，拓展农业农村产品、产品兴乡（镇）强县（市）途径，培育农业农村产品、产业强乡（镇），形成一乡（镇）一产业、一村（屯）一产品发展格局。

4. 扶持保障农业农村产品产业质量安全。为此，要坚持实施农业农村产品、产业质量安全战略，加快完善农业农村产品、产业质量安全标准、监管体系，严格执行农业农村产品产业质量安全、市场准入制度。要做到：一是要健全农业农村产品、产业生产经营所需药品残留限量标准体系，推进农业农村产品、产业生产经营建设资金投入规范化；二是要健全农业农村产品产业质量安全风险评估、监测预警和应急处置制度，实施农业农村产品产业保护能力提升工程，建设农业农村动植物检疫防疫联防联控体系；三是要健全农业农村产品产业认证体系、质量安全监管追究体系，提高基层监管能力；四是要落实农业农村生产经营建设者主体责任，强化农业农村产品产业生产经营者质量安全意识；五是要建立农业农村产品产业生产经营企业信用信息体系，对失信市场主体开展联合惩戒。

5. 推动培养农业农村产品产业品牌。为此，要实施农业农村产品产业品牌行动，加快形成以区域公用品牌、企业品牌、大宗产品品牌、特色产品品牌为核心的产品格局。要做到：一是要推进农业农村产品公共品牌、维护巩固老品牌、创造推出新品牌，改造提升传统名优品牌，努力创新国际知名品牌、国际品牌展会；二是要做好农业农村产品宣传推广介绍，通过博览会、展销会等渠道，利用电脑、互联网等手段，拓展品牌产品市场购销途径；三是要加强农业农村产品产业商标及地理标志商标的注册和保护，建立农业农村产品产业品牌保护体系，打击各种冒用、滥用公用品牌行为，建立区域公用品牌的授权使用制度及品牌危机预警、风险规避和紧急事件应对机制；四是要建立农业农村特色优势品牌产品贸易法规制度，实施特色优势名牌产品、高附加值产品出口贸易战略，加强与一带一路沿线国家合作，支持鼓励有条件的农业农村产业化龙头企业，建立对外合作公共信息服务平台和信用评价体系，公平公正地开展对外贸易，拓宽农业农村引资引技引智途径。

（三）推行拓展健全农业农村产品产业生产经营体系途径方略规程。这是指必须坚持农户家庭经营在农业农村中的基础地位，建立农户家庭经营、农村集体经营、农民合作经营、企业经营等公共发展的新型农业农村产品产业生产经营体系，开展多种形式适度规模经营，发展壮大农村集体经济，增强农业农村生产经营集约化、专业化、组织化、社会化服务能力，带动农户发展。为此，要坚持推行以下四项方略规程：

1. 坚持健全推行农业农村基本生产经营制度。为此，要坚持落实农业农村土地承包关系稳定并延长不变政策，继续落实好政策第二轮农村土地承包到期后再延长30年的政策，让农民群众吃上长效“定心丸”。要做到：一是要坚持全面完成土地经营权确权登记颁证工作，完善农村承包土地“三权分置”制度，在依法保护集体所有权和农户承包权前提下，平等保护土地经营权；二是要坚持建立农村产权交易平台，加强土地经营权流转和规模经营管理服务；三是要加强农业农村用地用途管制，健全农村集体林权制度，引导规范有序流转，鼓励发展农户家庭林场、股份合作林场；四是要发展壮大农垦国有农业经济，培养具有国际竞争力的农垦企业集团。

2. 坚持发展壮大农业农村新型经营主体。为此，要坚持培养农业农村新型生产经营主体集团，鼓励采取合作、联合、入股、独资等多种形式，开展适度规模生产经营。要做到：一是要推动培育发展农户家庭农场，增强农民专业合作社规范规模化能力，鼓励发展农民专业合作社联营集团组织；二是要促进发展农业农村现代产业化龙头企业，建立现代产业化龙头企业经营管理与财务会计制度；三是要鼓励城镇工商服务企业到农村投资适合现代产业化规模经营项目，与农村农民群众形成互惠互利产业化经营组织；四是要建立农业农村新型经营主体和信用评价主体等组织，以利于落实财政、税务、银行、保险等扶持政策，确保促进农业农村经济持续发展。

3. 坚持推动农业农村新型集体经济发展。为此，要坚持深入推进政策农业农村集体产权制度，推动资源变资产、资金变股金、农户变股东，发展多元化股份合作组织，推动农业农村新型集体经济持续发展。要做到：一是要建立健全农村农民群众对集体资产股份的占有、收益、有偿退出、抵押、担保、继承等权利管理制度；二是要建立健全农业农村集体组织法，充实农村集体产权职能；三是要鼓励经济实力强的农业农村集体组织辐射带动周边村庄共同发展；四是要发展农村共产党组织对集体经济组织的领导核心作用，防止内部少数人控制和外部资本侵占集体资产倾向。

4. 坚持促进农户增强现代农业生产经营能力。为此，要坚持改善农户从事农业生产经营设施条件，增强农户抵抗自然风险能力，开展多元化的合作、联合、提高农户社会化、专业化、现代化生产经营管理水平。要做到：一是要鼓励农业农村新型生产经营主体单位与农户建立契约型、股权型利益联结机制，推动农户从事社会化、专业化、现代化生产经营产业，增强农户自我发展能力；二是要健全农业农村社会化服务体系，大力培育新型社会化服务主体，加快形成农业农村产品产业生产经营与市场购销一条龙社会化服务体系；三是要加强城镇工商服务企业租赁农村农户承包土地用途监督管理，注重防范风险，建立健全资格审查、项目审核、风险保障金制度，维护农户权益。

（四）推行拓展强化农业农村科技推广应用支撑途径方略规程。这是指必须坚持实行农业农村创新发展战略，加快农业农村科技进步，提高农业农村科技自主创新水平、成果转化水平，为农业农村持续发展拓展新途径，增添新动能，进一步转型升级、提质增效。为此，要坚持推行以下三项方略规程。

1. 坚持提高农业农村生产经营科技创新水平。为此，要坚持按照现代农业农村发展要求，建立健全农业农村科技创新、推广应用服务体系，切实起到促进农业农村经济持续发展的作用。要做到：一是要在加强农业农村基本生产经营建设科技推广应用基础上，开展前瞻性科技创新试验试点试用，重点抓住农业农村的种子培育、机具配套、食品质量、污染防治、环境整治等项科技创新应用项目工程效果；二是要建立农业农村科技创新、推广应用、奖励、补助制度，鼓励城镇农业科技人员到农村安家落户，参加农林牧渔业生产经营实践，开展科技创新、推广应用工作；三是要在加强农业农村各种优良品种项目工程建设上，培养具有国际竞争力种子产业及龙头企业，确保持续提高农业农村科技创新、推广应用水平。

2. 坚持建立农业农村生产经营科技创新平台基地。为此，要坚持建设国家、省级农业农村高科技产业示范园区，吸引农林牧渔业高新科技企业到科技产业示范园区落户，培养国际领先的高新科技企业，形成具有国际竞争力的高新科技产业。要做到：一是要支持参加农业农村生产经营科技创新基地建设的企业，成立科技研发机构，组建科技创新联盟，加强农业农村产品科技试验、示范、投产推广项目工程建设；二是要建立农业农村科技资源开发共享与服务平台，充分发挥农业农村公共资源优势，推动农业农村科技资源公平合理开发利用，以利于保障和维护各方面权利。

3. 坚持加快农业农村生产经营科技成果转化应用进程。为此，要推动和鼓励农业科研校院所建立科技创新、推广应用服务网络，直接面向农业农村生产经营企业单位，通过科技应用合作、科技转让、科技投资等方式，实现科技成果市场价值。要做到：一是要健全省、市、县三级科技成果转化网络，大力发展科技成果交易市场；二是要面向城乡人民对绿色有机产品需求，提供绿色有机技术，加快科技示范推广应用，健全农业农村科技推广体系，创新科技公益性示范推广应用服务方式；三是要全面制订实施农业农村科技推广应用服务计划，组织落实农业农村科技成果转化、科技创新激励、科技收益分配方略。

（五）推行拓展农业农村生产经营支持保护途径方略规程。这是指必须坚持以提高农业农村产品产业质量安全效益、增强竞争力为目标，强化绿色生态导向，建立健全新型农业农村生产经营支持保护法规制度。为此，要坚持推行以下三项方略规程：

1. 坚持加大农业农村生产经营建设投入力度。为此，要建立健全国家对农业生产经营建设投入增长制度，从中央到地方各级政府继续增加农业农村固定资产投入，优化投入结构，开展农业农村公共公益基础设施薄弱状况。要做到：一是要建立以绿色生态为导向的农业农村财政补贴制度，提高农业农村财政补贴方略的指导性和精准性；二是要落实完善对农民群众直接补贴制度，完善对粮食生产区利益补偿制度；三是要落实粮食与饲料、粮食与大豆轮流种植、畜禽与水产品标准化养殖、农林牧渔业生产经营等项补贴制度；四是要落实农业农村生产经营建设机具购置补贴方略，鼓励扶持粮食等重要产品生产经营建设机具补贴方略。

2. 坚持深化农业农村粮食等重要产品储备制度改革。为此，要深化玉米等重要产品储备制度改革，完善市场收购加补贴制度，合理制定实施大豆收购补贴方略，完善稻谷、小麦最低收购价方略，增强政策灵活性和弹性，合理调整最低收购价水平，建立健全支持保护方略。要做到：一是要深化国有粮食企业改革，培养壮大骨干粮食企业，引导多元化市场主体入市收购，防止出现卖粮食难问题；二是要深化棉花目标价格改革，完善食糖（糖料）、油料支持保护政策，促进合理形成价格，激发企业活力，增强国内产业竞争能力。

3. 坚持增强农业农村生产经营风险保障能力。为此，要完善农业农村生产经营保险方略体系，科学设计多层次、可选择、不同保障标准的保险产品的方略规程。要做到：一是积极开发适应农业农村生产经营主体单位需求的保险品种，开展水稻、小麦、玉米等粮食作物成本保险和收入保险试点，全面推行天气指数保险、价格指数保险、贷款保证保险方略规程；二是要推行农业农村生产经营保险、严重自然灾害风险分散方略规程；三是要开辟农业农村产品期权期货市场，扩大保险＋期货试点；四是要健全农业农村动植物安全检查制度，完善农业农村产品产业生产经营风险管理和预报警告体系。

三、组织推行精准扶贫脱贫攻坚战、振兴农村壮大产业发展文化增加收入之路方略规程

这是指坚持将打好精准扶贫脱贫攻坚战，作为国家实施农业农村优先发展战略任务，推动扶贫脱贫攻坚与农业农村优先发展有机结合、相互促进，确保到2020年全国现行标准下农村贫困人口脱离贫困，贫困县全部摘帽，摆脱地区性整体贫困局面，中共十九大提出，必须坚持建立健全精准扶贫脱贫制度。因地制宜，因户施策，拓展多种渠道精准扶贫脱贫途径，采取针对有效性扶贫措施，推动东西部地区对口援助扶贫协作，促进县（市）与乡（镇）精准扶贫对接，加大产业扶贫力度。必须坚持充实修正定点进户、驻村帮助扶贫脱贫机制，检查落实精准扶贫脱贫责任。必须坚持逐步加大财政、银行扶贫投入力度，鼓励社会各界力量参与扶贫脱贫工作，为打好精准扶贫脱贫攻坚战拓宽路径。为此，中共中央、国务院在《乡村振兴战略规划（2018—2022年）》中提出，为坚决打好精准扶贫脱贫攻坚战，而推行四项方略规程：一是推行精准扶贫脱贫而推动乡村振兴方略规程；二是推行精准扶贫脱贫而壮大乡村产业方略规程；三是推行精准扶贫脱贫而发展乡村文化方略规程；四是推行国家财政精准脱贫攻坚乡村振兴增加投入方略规程。

（一）推行精准扶贫脱贫而推动乡村振兴方略规程。这是指必须为精准扶贫脱贫而坚持乡村振兴和新型城镇化相结合，统筹城乡发展空间，优化乡村发展布局，分类推进乡村发展。为此，要坚持推

行以下三项方略规程：

1. 统筹城乡发展空间，加快形成城乡融合发展格局。为此，一是必须强化城乡空间用途管制。统筹自然资源开发利用、保护和修复，科学划定生态、农业、城镇等空间和生态保护红线、永久基本农田，加强山水林田路村整体保护、系统修复、综合治理；二是必须完善城乡布局结构，增强城镇对乡村带动能力。为此，必须加快发展中小城镇，完善县城综合服务功能，推动农村转移人口就地就近城镇化，加强以乡镇政府驻地为中心的农民群众生活圈建设，以镇带村、以村促镇，推动城镇与乡村联动发展，切实建成生态宜居的美丽乡村，发挥多种功能，提供优质产品，传承乡村文化，满足城乡人民日益增长的美好生活需要。三是必须推进城乡统一规划、通盘设计城镇和乡村发展。为此，一要组织统筹谋划产业发展、基础设施、公共服务、资源能源、生态环境保护等布局，形成田园乡村与现代城镇各具特色、交相辉映的城乡发展形态；二要科学组织安排县城乡村布局、资源利用、设施配置和村庄整治，推动村庄规划管理；三要坚持按照农民群众生产生活需求，合理确定县城、村庄布局和规模；四要坚持加强乡村风貌整体管控，建设立足乡土社会、富有地域特色、体现现代文明的乡村。

2. 优化乡村发展布局，确保经济社会生态效益相统一。为此，一是坚持统筹利用乡村产品生产经营空间，围绕保障国家粮食等重要产品供给安全，充分发挥各地区比较优势，落实科学合理划定粮食等农林种植业产品生产功能区、保护区、优势区，因地制宜地划定牧渔养殖业适养、限养、禁养区域，严格保护农林牧渔各业生产领域，适应农业农村现代产业发展需要，科学划分乡村经济发展片区，统筹推进农林牧渔各业科技、创业、产业园建设。二是坚持合理布局乡村居民生活居住空间，以乡村居民为主体，提供生活安居服务土地空间。为此，必须节约集约用地，划定空间管控边界，明确用地规模和管控要求，确定生活居住基础设施用地位置、规模和建设要求，合理配置公共公益服务设施，引导乡村居民安居空间尺度适宜、布局协调、功能齐全。必须坚决维护生态村居风貌，保留乡村景观特色，保护自然和人文环境，全面提供乡村居民物质精神生活服务设施，让乡村居民过上方便舒适的生活。三是坚持严格乡村生态空间，确保乡村具有自然属性，以提供生态产品和生态服务为主体功能的土地空间。为此，必须确立山水林田路村综合治理维护观念，加强对乡村自然生态空间整体保护，改善乡村生态环境，提高生态功能、服务价值。必须推行农业农村绿色产品、产业转入制度，推动各地区禁止和限制非绿色产品、产业生产经营项目，加强底线约束和准入监督管理。

3. 分类推进乡村发展，顺应乡村发展规律和演变趋势。为此，一是要科学确定村庄发展方向，在现有规模基础上，有序推动改造提升，激活产业、优化环境、振兴人气、增强动力，保护保留村庄容貌，建成宜居宜业魅力村庄。要推动鼓励村庄发挥自身优势，加强主导产品支柱产业支撑，支持农林牧渔各业产品生产加工购销专业化、产业化规模经营，促进村庄旅游休闲服务产业发展。要加强海岛村庄、国有农林牧渔业企业规划建设，改善生产生活条件；二是要综合规划城镇工业化和乡村现代化发展需要，推动城乡产业融合发展、基础设施相互联通、公共服务共建同享，在地域上保留乡村风貌，在治理上体现城镇布局，增强城乡居民生产生活供求平衡能力；三是要统筹保护、利用与发展历史文化名村、传统村、少数民族特色村、特色景观旅游村，努力保持村庄的完整、真实和延续的特征，切实保护村庄传统、格局、风貌及自然田园景观等整体形态与环境，全面保护文物古迹、历史建筑、传统民居等传统建筑；六是要坚决搬迁农户生存条件恶劣、生态环境脆弱、自然灾害严重频发等地区村庄，通过易地扶贫搬迁、生态宜居搬迁、村庄集聚发展搬迁等方式，统筹解决村民生活、生态保护等问题。要对搬迁撤并的村屯原址，因地制宜复垦还绿，增加乡村生产生态领域，确保农业农村持续发展。

（二）推行精准扶贫脱贫而壮大乡村产业方略规程。这是指必须为精准扶贫脱贫而坚持完善城乡一体化经济利益联结方略为指导，以发展壮大乡村产业科技创新、联合管理、利益共享、风险同担为职能，推进农业农村一二三产业全面发展壮大。为此，要坚持推行以下三方面方略规程：

1. 要扶持发展壮大乡村新型产业体系，创建新产业业态载体，推动乡村产业融合发展。为此，一是培育乡村新产业新业态。要适应城乡居民生产生活需求，建立健全农业农村产品电商供销体系，推广应用绿色智能产品供销链技术，壮大农业农村产品产加销对接的新型产业，发展农业农村休闲旅游产业、生产经营服务产业；二是依托农业农村现代产业链，带动乡村共享经济产业发展，促进农业农村社会化服务产业发展，鼓励农业农村延伸产业链，增强多种功能、带动农业农村一二三产业健康发展；三是发掘农业农村生态涵养、休闲观光、文化艺术、健康养老等多种产业功能和多重价值，遵循市场经济规律，推动乡村资源全域化整合、多元化增值，增强特色产品竞争力，增加乡村生态产品供应量，推动农业农村产品初加工、精深加工、综合利用加工和主食加工协调发展，实现农业农村产品多层次、多环节转化增值，促使农户增加收入。

2. 要严格遵循执行乡村产业利益联结规则，始终坚持为农民群众公平合理分享增值收益。为此，一是要鼓励农民群众以土地、劳动、资金、产品为准绳，开展合作与联合，增强农民群众作为市场主体的平等地位，已发通过股份制、合作制、租赁等方式，推动农民群众参加合作联合组织，确保农民群众多分享产业融合发展的增值收入；二是要创新农民群众多种利益联结方式，让农民群众分享加工、销售环节收益，鼓励龙头企业、专业合作社、农户家庭共同营销，让农民群众分享产业链增值收益，鼓励龙头企业通过设立风险基金，为农民群众提供信贷担保，与农户群众建立订单和契约关系，完善农业农村股份合作制企业利润分配机制，明确资本参与利润分配比例；三是要充分发挥政府扶持农业农村生产经营建设资金作用，强化龙头企业，合作组织联农带农机制，鼓励将符合条件的财政资金，特别是扶贫资金量化到农村集体经济组织和农户后，以自愿入股投入新型农业农村经营主体，对农户土地经营权入股部分，采取特殊保护政策，实行农户负赢不负亏机制。

3. 要激活农村创新创业活力，推动乡村农民群众创新创业。为此，一是要培养壮大农业农村创业群体，加强科研机制、高等院校、工商企业、返乡下乡人员到农村创新创业，培养以企业为主导的农业产业技术创新组织，带动返乡下乡人员依托相关产业链开展创业；二是要完善农业农村创新创业服务体系，发展多种形式创新创业支撑服务平台，健全服务功能，鼓励建立创新创业实训基地，促进县（市）政府为返乡下乡人员创业服务，搭好基层就业和社会保障服务平台；三是建立农业农村创新创业激励机制，加速将各级政府财政支农政策措施，落实到返乡下乡人员创业上，把返乡下乡人员开展农业生产经营所需贷款，按规定纳入全国农业信贷担保体系支持范围，落实好减税降费政策，支持农业农村创新创业。

（三）推行精准扶贫脱贫而繁荣乡村文化方略规程。这是指必须为精准扶贫脱贫，而坚持以社会主义核心价值观为指导，以传承发展中华优秀传统文化为核心，以乡村公共文化服务体系建设为载体，培育文明乡风、良好家风、淳朴民风、推动乡村文化振兴，建设邻里守望、诚信重礼、节约勤俭文明乡村。为此，要坚持推行以下三项方略规程：

1. 加强乡村精神文明建设，提高农民群众科学文明生活水平、精神风貌。为此，一是坚持采取符合乡村特点的方式、方法，加强社会主义核心价值观教育，大力弘扬民族时代精神，开展爱国家、爱社会、爱农村集体、民族团结进步教育，推动公正文明执法司法，强化公共政策价值导向，建立健全公共道德风险评估和纠偏法规，加强乡村居民思想道德建设。二是坚持推动乡村党组织、社区单位加强农民群众思想政治工作，健全人文关怀和心理疏导机制，培养自尊自信、理性平和、积极向上的社会心态，深入开展文明村镇创建活动，广泛进星级文明户、文明家庭等群众性精神文明活动，巩固乡村思想文化阵地。三是坚持深入推进乡村居民道德、社会公德、职业道德、家庭美德、个人品德建设。推进诚信建设、强化社会责任意识、规则意识、集体意识和主人翁意识。建立健全乡村信用体系，完善守信激励、失信惩戒规则。弘扬劳动最光荣、劳动者最伟大的观念。发扬中华民族孝道、强化孝敬父母、尊敬长辈的社会风尚。广泛开展好儿女、好媳妇、好公婆等评选表彰活动，建立健全乡村诚信道德规范、先进模范发挥作用的激励与鞭策制度、机制。

2. 发扬乡村优秀传统文化，在保护传承基础上创造、创新发展。为此，一是坚持保护利用乡村传统文化，实施农业农村文化传承保护方略，深入挖掘农业农村文化传承优秀思想观念、人文精神、道德规范，充分发挥其在凝聚人心教化群众、淳化民风的推动作用；二是坚持推进美丽乡村建设，挖掘乡村特色文化和民族特色文化资源，走特色化、差异化发展之路，把民族民间文化元素融入乡村文化建设，引导企业家、文化工作者、退休人员、文化志愿者投入乡村文化建设，发展乡村文化产业；三是坚持促进乡村特色文化产业持续健康发展，加强规划引导、挖掘乡村文化人才，建设乡村特色鲜明、优势突出文化产业示范区，建成特色文化产业乡镇、村庄、组织、家庭、艺人。大力培养形成具有民族、区域特色的传统工艺产品，促进传统工艺、提高品质、形成品牌、带动就业。组织开发传统节日文化用品、武术、戏曲、舞龙、舞狮、锣鼓等民间艺术、民俗表演项目，推动乡村文化、旅游等产业融合发展。

3. 推动健全乡村公共服务体系，增加乡村优秀文化产品和服务供给，繁荣文化市场，为农民群众提供丰富文化生活营养。为此，一是健全乡村公共文化服务体系，加强基层综合文化服务中心建设，实现乡村两级公共文化服务，增强服务效能。完善乡村广播电视公共服务体系，推进农村农户书报刊延伸服务，促使农民群众能便捷得到文化资源，完善乡村公共体育服务体系，推动乡村居民增强身心健康的自觉性。二是增强乡村公共文化产品和服务供给能力，建立农民群众文化需求反馈机制，加强乡村公共文化服务品牌建设，扶持“三农”题材文艺创作，鼓励文艺工作者反映农民群众生产生活实践的优秀文艺作品，推动各级文化组织深入开展惠民演出活动，加强农民群众文化科技普及工作，提高农民群众文化科技素质。三是广泛深入开展乡村群主文化活动，加强乡村文化艺术队伍培训，培养懂文艺爱农村爱农民的文化艺术队伍，组织开展群众性体育、节目、民俗活动，活跃乡村文化市场，确保乡村文化繁荣发展。

（四）推行国家政府财政，精准脱贫攻坚乡村振兴增加收入方略规程。这是指为精准扶贫脱贫，国家政府财政必须坚持遵循因地制宜、实事求是、求真务实、统筹安排、公平合理、重点攻克、分别推进的规则，实施多元化、多层次投入机制，加强财政精准脱贫攻坚乡村振兴资金绩效管理，建立健全财政配套资金分配使用制度，确保财政精准脱贫攻坚乡村振兴项目取得成效。为此，要推进五项方略规程：

1. 推行国家政府财政精准脱贫攻克乡村振兴方略规程。为了推行国家政府财政精准脱贫依托乡村振兴方略规程，必须坚持推行三项方略规程：一是国家政府财政支持乡村人才体系建设，提高乡村人才资本水平。这就要求国家政府财政加大对乡村义务教育、职业教育、就业教育、培智扶志的投入力度，增强农民群众自觉学习意识、创业意识，培养造就新型职业农民。奖励引进适应乡村振兴产业的科技人员，提供就业创业条件，促使他们为确保精准脱贫在乡村振兴中发挥主力作用；二是国家政府财政支持乡村公共公益基础设施建设，对于国家政府规划的新型乡村社区，要参照城镇社区标准，以县（市）、乡（镇）为单位统筹布局，加强集中供水、供气、供热和垃圾、污水集中处理，持续推动社会化服务，为建成健康、文化、幸福乡村奠定基础；三是国家政府财政扶持乡村新型农业经营主体，鼓励支持农户家庭农场、农民专业化合作社、农业产业化、龙头企业、农业社会化服务组织发展，加强国家政府财政对乡村集体经济组织支持力度，以财政入股等手段，推动以乡村集体、村干部、农民群众联合入股形式，组织发展农民专业合作社，大力实施乡村集体经济振兴计划，建立乡村集体增收长效机制，推动乡村集体经济持续增长。

2. 推行国家政府财政精准脱贫攻克乡村产业现代化方略规程。乡村振兴是中共中央总体战略部署，乡村产业现代化是乡村振兴的经济基础，各级政府要在中央总体部署下根据各地区实际情况，必须坚持推行乡村产业现代化两项方略规程。一是国家政府财政扶持乡村一二三产业融合发展，把这三产业融合发展，作为精准脱贫攻坚乡村振兴的重要环节给予重点扶持。其一，对乡村第一产业已形成种养加销一条龙产业链、一二三产业融合发展的项目工程建设给予优先扶持。其二，对乡村已形成新产业新业态，能自觉参加城乡一体化一二三产业融合发展的项目工程建设给予重点扶持。对乡村创办休闲度假、养老关护、健康旅游、民俗风情、传统文艺等产业项目工程建设给予鼓励扶持，全面推动形成乡村与城镇整体产业互促共进融合型产业现代化体系。二是国家政府财政扶持乡村以保护改善生态环境为目标的绿色有机产业永久发展。其一，组织开展乡村环境整治行动，着力抓紧乡村生活垃圾处理、生活污水治理，加强对乡村耕地、林地、湿地、生态资源保护支持力度，全面治理乡村污染问题。其二，组织扶持乡村绿色产业适度生产经营、社会化服务体系建设，提高乡村绿色产业集约化、专业化、组织化、社会化水平，促进农民群众自觉自愿参加生态特色、历史文化特色、精神文明山区乡村建设，加快发展休闲度假、传统文化、民间工艺产业发展。

3. 推行国家政府财政精准脱贫攻克乡村振兴设施基础建设方略规程。国家政府财政为精准脱贫而扶持攻克乡村振兴基础设施建设，是应尽的义务、应负的职责。但是，只靠国家政府财政资金投入乡村振兴基础设施建设的力量是不足的。必须发挥国家政府财政资金引导带动的作用，推动银行金融资金与社会各界资金参加投入，拓展多元化、多渠道资金投入途径，确保提供乡村振兴基础设施建设资金的足够需求。为此，一是要引导推动银行金融资金投入乡村产品产业生态经营基础设施建设。通过国家政府财政补贴、税费减免方略规程，激励银行金融机构推进土地承包经营抵押试点，采取股权投资基金等方式，促进农业农村投资公司参加乡村振兴基础设施建设；二是要带动社会各界资金投入乡村振兴公共公益设施建设，通过国家政府财政资金投入引导方略规程，调动社会各界参与支援的积极性，参加农业农村生态环境综合治理、中低产田改造、产业园区建设资金投入；三是要构建国家政府财政扶持、银行金融保险支持、社会各界支援、工商服务企业参与、乡村集体及农户投入的“五位合一”共同联合体系，鼓励保险公司、政策担保公司提供保险、保费优惠、贷款担保等服务。通过国家政府财政投入引导，形成农业农村新型产品产业生产经营主体为支援对象，以农业农村产品产业生产经营主体需求为导向，拓展由生产经营主体申请，银行审核，保险承保，政府担保，贷款发放的互相制约通道；四是要发行乡村振兴专项债券，在地方政府加强风险控制的前提下，发行乡村振兴专项债券，用于乡村公共公益设施建设投资项目，通过土地出让收入、土地有偿使用费偿还。

4. 推行国家政府财政精准脱贫攻克乡村产权体制改革方略规程。国家政府财政为精准脱贫，支持乡村产业制度、要素均等化等制度改革，完善乡村产权体制机制。为此，一是要深入开展乡村集体产权制改革，深化农村土地所有制、承包经营权、使用权这三权分置改革，完善农村土地承包经营权、使用权流转、收益分享制度，建设健全城乡、地区利益补偿机制，确保农民群众共享经济发展成果，在深化改革中受益。要进一步结合乡村集体产权制度改革，尽心尽力盘活乡村集体资源，扶持乡村集体经济发展，让农户在农业农村产品产业生产、加工、销售全过程中得到利润分红，建立利益联结机制；二是要推进建立城乡融合发展的财政体制机制，划清中央、地方政府财政职责，统筹平衡乡村与城镇居民生产生活要素，建立健全城乡一体化公共公益服务体系，明确中央与地方政府财政对城乡基本公共服务方面的事权、责任，科学核定财政转移支付标准，为推进贫困地区乡村经济发展和公共公益服务供给提供扶持财力；三是要提供城乡互通互联要素资源，要按照城乡一体融合发展要求，增强乡村吸引城镇科技人才能力，落实乡村转移城镇人口，推进县（市）与乡（镇）协同发展，促进公共公益基础设施建设投资向乡村倾斜，重点扶持建立城乡一体化卫生医疗、体育保健机构，加强乡村公共交通、广播电视、戏曲艺术项目工程建设，健全乡村社会化公共公益服务体系。

5. 推行国家政府财政精准脱贫攻克乡村振兴资金高效使用方略规程。为精准脱贫，国家财政要把扶持乡村振兴资金保障充足安排、有效使用。为此，要按照全面实施绩效管理要求，推进财政绩效管理改革，确保乡村振兴资金用到实处，提高绩效。要做到：一是国家政府财政扶持乡村振兴资金，必须坚持实施统筹整合长效机制，确保财政资金集中投入乡村振兴重点，发挥财政资金综合效应和引导作用，围绕乡村振兴重点任务，采取基金、贴息、以奖代补等方式，加大投入力度；二是国家政府统筹整合财政支出资金，结合中央与地方事权和责任划分，对乡村振兴资金进行全面清理，建立乡村振兴专项资金体系；三是国家政府财政要切实改变现行基数 + 增长预算分配方式，取消部门预算和专项资金预算基数，建立基本支出标准化、科学化、绩效化的新型预算模式，建立能进能出财政资金分配机制，增强财政宏观调控能力；四是国家政府财政推进预算绩效管理改革，以政府和部门职责、中长期发展战略目标为导向，把事先评估、事中监控、事后评价三个阶段结合起来，建立绩效目标、预算执行监督、绩效监管、绩效评价、效果应用、退出等全过程管理体系。

四、组织推行深入精准扶贫脱贫攻克战、建成现代农村生态宜居和谐安定社会之路方略规程

这是指为确保重点攻克深度贫困，而深入实施贫困地区乡村扶贫脱贫攻克行动方案，以彻底解决突出制约问题为重点，以攻克重大脱贫项目工程和深入到贫困地区、农村、农户、人口帮扶脱贫为抓手，加大方针政策激励约束、资金投入整合力度，着重改善艰难贫困地区农村发展条件，增强艰难贫困农户发展能力，推动新增脱贫攻坚资金投入、新增脱贫攻坚项目工程、新增脱贫攻坚人才力量，主要全国最艰难贫困地区农村农户，推进艰难贫困村生态生产、公共公益服务基础设施建设，培养发展艰难贫困地区农村农户集体经济，及早脱贫增收致富，同全国城乡人民一道进入全面小康社会。为此，以习近平总书记为核心的中共中央、国务院领导集体，指挥引导全国各级党委、政府及部门，组织带动全国各地区农村干部和农民群众坚定不移地贯彻执行四项方略规程：一是坚定因地制宜实施西部艰难贫困地区农业农村农民群众脱贫攻坚方略规程；二是坚定深入开展消费扶贫协助打胜脱贫攻坚战方略规程；三是坚定组织推进建成生态宜居的美丽乡村方略规程；四是坚定推进建设民主自治法治德治结合和谐安定乡村方略规程。

（一）坚定因地制宜实施西部艰难贫困地区农业农村农民群众脱贫攻坚方略规程。这是指坚定正确认清和推进处理我国西部艰难贫困地区农业农村经济持续发展的差距、潜力、优势、途径及其方略规程。

我国西部地区，主要是广西壮族自治区、西南地区的四省（自治区）、华北地区的内蒙古自治区、西北地区的五省（区）。我国西部地区地域广大、资源丰富，有巨大的发展空间和市场潜力，同时，普遍缺水干旱，缺水引发农业生态环境恶化。包括陕西、甘肃、宁夏在内的黄河流域是中华民族的主要发祥地，陕西曾经是周、秦、汉、唐等十三个王朝的建都之地，在古代历史上相当长的时间内，陕西、甘肃等西北地区曾经是植被良好的繁荣富庶的地区，是山林川谷美、天材之利多的地区。司马光的《资治通鉴》中描述盛唐时期陕西、甘肃的发展情景是“闾阎相望，桑麻翳野，天下称富庶者无如陇右”。后来历经战乱的破坏，加上自然灾害的滥砍滥伐造成的损失，导致了陕西、甘肃等西北地区的严重沙化、荒漠化，经济文化的发展也因此受到极大制约。从现在起，加快西部地区发展步伐的条件已经具备，时机已经成熟。在继续加快东部沿海地区发展的同时，不失时机地加快西部地区的发展，已作为中共十九大以来党和国家一项重大的战略任务，摆到更加突出的位置。这说明西部地区农业农村经济要持续发展，西部农民要致富，这是形势所迫、务必解决的问题。为此，必须正确认清和处理我国西部地区农业农村经济持续发展的差距、潜力、优势、途径问题，具体说明如下：

1. 我国西部地区农业农村经济持续发展的差距。我国实施西部地区大开发的具体目的，是加快西部地区的经济和社会发展，逐步缩小与东部地区的差距。要清醒地看到，我国西部地区的差距表现是多方面的，特别是西部地区农村的差距是相当大的。经过多年扶贫攻坚，全国大多数贫困人口已经基本解决温饱问题，而余下的贫困人群，主要分布在西部地区农村。西部地区农业和农村经济发展滞后的问题，应该引起加倍注意，必须下大力量解决。

2018 年，西部地区 12 个省、自治区、直辖市农村农民收入全部低于全国平均水平，其中有 7 个省区农村农民人均收入不足全国平均水平的三分之二。可见，西部农业和农村经济发展发展滞后，西部地区农村农民更为贫困。因此，必须促使西部地区农业和农村经济持续发展，必须使西部地区农村农民收入有更大幅度增长。

2. 我国西部地区农业农村经济持续发展的潜力。我国西部地区农业农村经济发展中的潜力是很大的，首要的是认清我国西部农业农村面临着新的形势和新的问题，为此，一是要认清西部地区农业产品的供求格局已经发生了根本变化，西部地区农业产品生产不能只追求产量、数量，而必须认清考

虑销路，面向国内外市场，把当地自然优势和市场需求结合起来。二是要认清西部地区一些地方特色农业产品搞得有声有色，这些农业产品特色是东部地区无法相比的。三是要认清西部地区农业产品化龙头企业发展是艰难的，要想比照东部地区农业产业化龙头企业那样较快发展是达不到的，西部地区农业产业化龙头企业如果重走东部地区的外延扩张之路，肯定也会遇到国内外市场多方面需求问题。还要进一步想到，我国加入WTO后，国际竞争将日益国内化。目前，已有一些大的国外农业产业产品加工企业，在我国东部沿海抢滩登陆，由此注意西部地区农业产业化龙头企业，要有世界眼光，要有参加国际竞争的准备。四是要认清西部地区具有鲜明的自然区域经济特点，可以把西部地区划分为干旱区和湿润半湿润区。这两个地区的水资源、光热资源条件和自然植被都不同，适合发展农业产品产加销一条龙、农工贸一体化产业，必须遵循当地区域自然经济规律。不能为了解决生存问题而破坏农业生态环境。五是要认清西部地区农民收入减少的趋势。近几年，全国农民收入低速增长，主要是非农兼业户收入增长，纯农户和以农为主的兼业户收入不增长甚至减收；东部地区多数农户的收入在增长，而西部地区多数农户的收入不增长甚至降低。

3. 我国西部地区农业农村经济持续发展的优势。我国西部地区农业农村经济持续发展的优势是多方面的，主要有三方面：

（1）我国西部地区农业农村有生产经营地域广大、多种资源丰富的独特优势，为此，要从西部农业农村经济可持续发展战略出发，走出农业综合开发路子，通过山水田林路综合治理，提高土地的利用率和产出率，提高农业综合生产能力。

（2）我国西部地区的甘肃、青海、宁夏、新疆等省、自治区有光照时间长、昼夜温差较大的优势，夏季较为凉爽，适宜果树、蔬菜、花卉的生长发育。我国西部地区有土地价格和劳动力成本相对较低的优势，因而，西部地区水果、蔬菜、花卉，与国内外其他产区和国外同类产品相比，都有较强的价格优势，有利于占领国内外市场。以蔬菜为例，西部地区生产能力和技术水平与世界是同步的。

（3）我国西部地区农民人均收入虽然低，从收入来看，主要来源于种植、养殖业。西部地区农民人均家庭种植、养殖业经营纯收入，比东部地区农民人均家庭种植、养殖业经营纯收入高出6个百分点。在全国农民人均收入中，劳务收入占28.5%，东部地区农民人均收入占46.5%，西部地区农民劳务收入只占19.2%。这表明，西部地区农民的贫困，主要原因在于农村非农产业的不发达，农村剩余劳动力流动进城就业的比重较低。由此可见，只有促进西部地区农业农村经济的结构调整，努力扩大农民的就业空间，扶持发展农业产业化民营中小企业，创造更多的就业岗位，才能推动西部地区农业农村经济持续发展。

4. 我国西部地区农业农村经济持续发展的途径。而今我国西部地区农业农村经济持续发展的客观条件已具备、时机已成熟。首先是以习近平总书记为核心的中共中央、国务院实施西部大开发战略，总揽全局，推行东部地区与西部地区联合开发的策略，促进东部地区通过产业转移科技转让、联合开发、合作经营形式，与西部地区建立优势互补、互惠互利、长期合作、共同发展的产业化经营体制，开展多层次、多渠道、多形式的经济技术合作，把西部开发同我国现代化建设第三步战略的目标结合起来，加快西部地区农业农村经济持续发展，是保持国民经济持续快速健康发展的必然要求。为此，要统筹规划、突出重点、有步骤、分阶段地组织实施，要依靠西部地区广大农民的积极性，坚忍不拔，自强不息，百折不挠，艰苦奋斗，改变贫困地区基本生产、生活条件。其次是国家逐年加大对西部地区的资金投入，通过政策引导，吸引更多的国内外资金、技术和人才，重点抓好交通、通讯、能源等基础设施建设，进一步抓好水资源科学开发治理、节约使用水利项目工程建设，大力植树种草，有计划、有步骤地退耕还林，搞好综合治理，加强农业生态环境建设。调整农业产业结构，发展优势产业，促进农业资源加工增值。优先发展农业科技教育，尽快培养农业科技人才，提高农民科技务农素质，为保障西部地区农业农村经济持续发展。并开辟拓展了十条渠道：一是组织加强农业农村科技培训教育；二是组织开展农业农村定点扶贫，脱贫协作；三是组织参加合作开发扶贫、联合投资脱贫；四是组织加强农业农村生产经营基础设施建设；五是组织推进农业农村生态环境保护；六是组织推动农业农村生产化结构调整优化；七是组织提倡农业农村绿色有机产品生产营销；八是组织扶持农业农村现代产业化规模经营；九是组织促进贫困地区，经济合理布局和协调发展；十是组织安排贫困农村富余劳动力转移就业。

（1）组织加强农业农村科技培训教育。这是保障西部地区农业农村经济持续发展的关键措施。西部地区农业农村经济持续发展滞后，广大农民生产、生活贫困，深层次原因是农业科学技术人才缺乏，农民群众科技务农素质低。为了提高西部地区农村基层干部科技生产经营管理水平，增强农民群众文化科技务农素质，而采取多种培训教育方式，组织开发对农村基层干部、贫困农民进行文化科技培训教育。为此，要坚持做到以下三方面：

一是必须优先开展农业科学技术教育，特别是应首先对小学、中学学习的青少年，普及九年义务教育，对在农业生产劳动岗位的青壮年，进行扫除文盲教育。

二是必须采取有效的政策措施，加强对广大农民科技务农培训，广泛深入推广应用先进农业科学技术，提高农业产品的科技含量。

三是必须从东部地区和国外引进农业高新科技人才，引进国内外农业高新科学技术，加快农业高新科技成果推广应用，努力提高西部地区农业科学技术水平。

（2）组织开展农业农村定点扶贫，脱贫协作、脱贫巡视工作。分别概要说明以下三方面：

一是组织定点扶贫开发。2001 年以来，国家机关、社会团体每年都组织人员参加定点扶贫开发。同时，国务院扶贫办组织国家机关、社会团体定点联系帮助各个扶贫地区发展农业产加销一条龙经济，增强农业和农村经济实力。目前，国家有关部门定点帮扶 325 个国定贫困县，其中，有 74 个国家有关部门定点帮扶了西部 11 省、区、市的 171 个国家定点贫困县，占到西部贫困县数的 47%。

二是组织开发扶贫协作。2004 年以来，国家组织东部地区 13 个省、直辖市和计划单列市对口扶持西部地区 10 个省、自治区的固定贫困县，通过组织开展扶贫协作，逐步加强了农业农村基础设施建设，改变了农业基本生产经营条件，增强了农村集体经济实力，提高了农民群众文化科技务农素质，开辟了农民群众脱贫增收的途径。

三是组织开展脱贫攻坚巡视。经中共中央批准，2018 年 10 月至 11 月，中共中央巡视组对内蒙古，吉林、安徽、江西、广西、重庆、云南、西藏、陕西、甘肃、青海、新疆、国家发展和改革委员会、教育部、民政部、财政部、人力资源和社会保障部、住房和城乡建设部、交通运输部、水利部、农业农村部、国家卫生健康委员会、国务院扶贫开发领导小组办公室、中国农业发展银行、中国农业银行股份有限公司等 26 个地方、单位党组织开展脱贫攻坚专项巡视。

在上述地方、单位巡视中，主要发现五方面问题：其一，对脱贫攻坚任务的艰巨性、严峻性认识不够到位；其二，贯彻落实中央脱贫攻坚战略部署还有差距，产业扶贫项目不够精准，带动脱贫效果不明显，执行易地扶贫搬迁政策存在搞变通现象；其三，脱贫攻坚主体责任落实不到位，结合实际计划统筹谋划不够，落实中央对革命老区脱贫攻坚要求有差距；其四，有关职能部门履行职责不到位，扶贫资金分配使用管理存在违规违纪问题；其五，各种监督检查发现的问题有的整改落实不到位。对这些问题，中共中央、国务院正在指导、督促各地区党委、政府及部门及时解决。

（3）组织参加合作开发扶贫，联合投资脱贫工作。2010 年以来，从中央到地方各级党委，政府及部门组织领导推动城乡一体农工商服务企业、事业单位，参加合作开发扶贫、联合投资脱贫工作，积极主动引导外国企业事业单位合作扶贫开发。我国西部地区扶贫开发项目，逐年拓展了引进外资、加强国际合作的有效途径。2006 年以来，世界银行、联合国开发计划署、粮食计划署、国际农发基金、联合国人口基金会、儿童基金会等国际组织，荷兰、日本、英国等外国政府，福特基金会、世界宣明会等非政府组织，在西部地区开展的扶贫项目覆盖了 210 多个贫困县，提供资金支持 41 亿多美元。我国与世界银行合作，由中央政府直接组织开展的西南、秦巴和西部扶贫开发项目，利用世界银行贷款扶持了西部地区 8 个省、自治区的 88 个国定贫困县，加强了农业基础设施建设和农业生态环境建设，借鉴了国际社会扶贫开发的经验，采取了世界银行项目组织管理方法，坚持了扶贫开发始终瞄准穷人的目标，真正做到规划、资金、物资及帮扶措施落实到贫困户；坚持了实施可持续发展战略，将扶贫开发资金投入改善农业生态环境之中；坚持了扶贫开发的重点，放在组织人力资源开发，加强贫困人口的文化教育等方面，提高了贫困农民文化科技素质，提高了农业综合生产能力，为从根本上摆脱贫困奠定了坚实的基础。

（4）组织加强农业农村生产经营基础设施建设。多年来，西部地区农业农村生产经营基础设施条件逐步改善，但至今不能适应农业农村产品产业过产经营需求，至今也未能成为保障西部地区农业农村经济持续发展的坚实基础。特别是农村交通、通讯、电力基础设施薄弱，农田水利基础设施不足，制约着西部地区农业农村经济持续发展。为此，必须加快西部地区交通、通讯、电力和农田水利等基础设施建设，彻底改变农业基本生产条件不适应的状况。国家从2001年以来，逐年向西部地区加大农业基层设施建设的投资力度，优先安排最为紧迫的交通、通讯、电力和农田水利等基础设施建设，把水资源的合理开放和有效利用放在突出位置，以推动西部地区农业的特色产品优势产业发展。国家从2011以来，逐年向西部地区加大农业农村农田水利灌溉、排涝、抗旱、节水等基础设施建设投资，特别是国家从2018年以来，着力加大节水农业设施建设投资。节水农业设施建设的宗旨是依靠科学技术最大限度地提高农业生产过程中单方水的产出，达到节水、增产、增收、致富的目标。开展节水农业设施建设应当探索把“水”同其他农业生产要素有机结合的道路，提高农田水利设施的效益，改变现阶段只重视水的利用率，而忽视利用效益的倾向，把农业真正纳入节水高效的轨道。目前，节水农业设施建设投资地区的经验是走节水农业高技术、高投入、高风险、高收益的道路，运用节水灌溉和现代旱作技术，发展生产优质高效农业产品。这正是我国西部地区农业急需解决的问题，即：通过开展节水农业设施建设，大力调整农业产品结构，发展生产优质高效农业产品，推进现代农业产业化经营，适应国内外农业产品的多方面需求，走短缺水资源的技术和资金替代的道路。

我国西部地区节水农业设施产权制度、管护机制、农田水利基本设施建设的投融资渠道、水价等内在的软环境，对西部地区节水农业发展的制约是显而易见的，需要建立联产承包土地经营体制下节水农业的运作机制，制定促进节水农业发展的方略规程，要切实做到以下两方面：

一是要改革节水农业基础设施的产权制度，建立切实可行的西部节水农业评价指标体系，建立适合家庭联产承包经营的、有利于民办节水农业的投融资政策，节水农业的发展最终目标是把“水”当作与种子、化肥、农机等一样的农业生产资料来管理。同时，还要以农业水资源利用效率为主体指标，制定节水农业综合评价指标体系，指导西部地区节水农业发展，为建立节水农业技术体系建设奠定基础。

二是要建立农民参与的水管组织，大力进行旱作农业技术体系建设，建立节水种植制度和节水灌溉制度，建立墒情测报与节水农业决策支持系统，进行节水农业技术体系建设，实施节水农业高新科技示范工程，以及启动节水农业科技创新工程。

（5）组织推进农业农村生态环境保护。这是保障西部地区农业农村经济持续发展的前提条件。长期以来，我国西部地区水土流失、荒漠化、沙漠化严重，给农业农村经济持续发展带来很大危害。为此，必须在加大实施天然林资源保护工程力度的同时，突出地治理陡坡耕地，有计划、有步骤地退耕还林还草、绿化荒山荒地，恢复林草植被，从根本上改变西部地区农业产态环境恶化的状况。这是需要几代人的艰苦奋斗一个紧迫、长期的任务。要精心组织，抓出成效。退耕还林还草是一项十分艰巨和复杂的工程，涉及面广，政策性强，要周密筹划，先行试点，分步推进。通过试点，总结经验，摸索出一套符合实际的政策措施。试点规模要适当，不宜铺得太大。要尊重农民意愿，不能强迫命令。要农村土地承包三十年不变的政策，实行谁承包，谁造林（种草）谁管理，谁受益。退耕还林还草涉及农民的生产、生活和切身利益，要从实际出发，因地制宜，要把退耕还林还草与脱贫致富结合起来，与发展多种经营、增加农民收入结合起来，与改善农业生产条件、增强农业综合生产能力结合起来，这是调动农民植树种草的积极性，巩固退耕还林还草成果的关键。农业生态环境建设这件事做好了，西部地区农业和农村经济持续发展就有保障了，与此同时，各地区在加快实施退耕还林工程的过程中，必须特别注意处理好以下三个关系：

一是处理工程责任与协调的关系。退耕还林还草工程具体是由各地林业部门负责实施，但由于该工程涉及面广、需要解决和处理的问题矛盾比较复杂，所以在退耕还林工程的实施过程中，各级党委、政府要有一盘棋的思想认识，并在具体工作中加强统一指挥、协调各方合作，以领导责任制来保证工程任务的完成；

二是处理完成任务与保护农民群众利益的关系。从试点期间的情况看，广大农民对中央退耕还林的决策和有关规定是衷心拥护和坚决支持的，因为最大的受益者是农民。但是在个别地方，也还存在着行政命令代替政策、钱粮兑现不及时、退耕后帮助农民寻求其他经济发展的措施跟不上等问题。对此，各级党委、政府、各级领导干部一定要有清醒的认识，必须严格按照中央的政策，坚持按照宣传教育、政策引导和农民自愿三大原则办事，千方百计帮助退耕后的农民寻求新的经济发展途径，以保证他们的生活水平不退步、有提高；

三是处理好恢复生态保护植被与当地经济结构调整的关系。退耕还林还草的多数地区是山区或贫困区，农业农村经济持续发展的底子薄、条件差，可调整的余地有限。这就要求在保证加强农业农村生态建设大局的前提下，因地制宜挖潜力，多种经营创新路，把农业农村产业结构调整与发展县域经济结合起来，把农业农村产业结构调整与满足市场需求结合起来，把各项新开新办项目与保证农民农村增收和本地经济可持续发展结合起来，切忌再搞无市场、无效益的重复建设。

（6）组织推动农业农村产业化结构调整优化。这是保障农业农村经济持续发展的重要因素。近几年来，农业农村产业结构不合理优化，不能适应国内外市场优质化、多样化、多变化的需求，是国民经济发展的突出矛盾，这个矛盾在西部地区表现得更加明显。为此，必须调整优化农业农村产业结构，提高农业农村经济增长的速度和效益，增强在国内外市场上的竞争能力，要做到以下三方面：

一是根据国内外市场的各方面的需求，依靠农业农村先进科学技术进步，加大农业农村结构调整优化力度，大力发展农业的特色产品生产、优势产业经营，培育农业和农村经济的新增长点；

二是根据缺水干旱、农业生态恶性化的自然地理条件，发展节水农业生态农业和高产、优质、高效农业产品生产，推进转化增值；

三是根据农业生产地域广大、农业资源丰富的优势，合理开发，节约利用，加强保护，提高农业资源开发利用的效益。

（7）组织提倡农业农村有机产品生产营销。这是保障农业农村经济持续发展的有效途径。目前，在国内外市场上，城镇居民已不再满足于“填饱”肚子，有机食品消费人群已不再局限于对环保问题关注的“绿色”消费者，而扩展到普通消费者。据调查统计，北京、上海就有70%的居民喜欢有机食品。目前，从农业有机产品生产的难易程度来讲，西部地区与东部地区和国内外相比，具有的得天独厚的优势，西部地区在水果、蔬菜、畜禽、水产品、杂粮、中药材等劳工密集型农副产品的生产方面具有较强的市场竞争力。为此，必须做到以下两方面：

一是保护生物多样性，维护生态系统稳定。生物多样性保护是农业有机产品生产的精髓所在。只有保护生物多样性，才能维持生态系统的稳定，一个物种的消失，会造成相关的数十种生物的生存危机。随着生命科学的不断发展，每一物种所特有的遗传基因，有可能在将来成为巨大的资源。我国西部地区有许多深山秘境，受人类破坏较少，是我国重要的生物多样性宝库，也应成为西部地区发展农业农村有机产品生产中值得关注的内容之一。

二是转变农业生产方式，开辟农业发展新途径。要从根本上扭转广种薄收的陋习，坚决禁止毁林毁草开荒和过度放牧，充分利用传统农业技术中的精华，大力提倡立体农业模式，向空间发展，种植经济林木（包括各种水果、茶叶、橡胶林等）和培育名贵花卉、中药材等。宜果则果，宜菜则菜，宜茶则茶，宜药则药。要侧重在西部地区重点抓好优质棉花生产基地、中药材良种繁育基地和天然橡胶基地等。要将这些基地的建设定位在农业有机产品开发的高度，将会带来更好的效益。

（8）组织扶持农业现代产业化规模经营。这是保障农业农村经济持续发展的必由之路。只有西部地区农业形成产加销一条龙产业链、结成农工贸一体化经济发展，促进农民脱贫、增收、致富、为此，必须做到以下四方面：

一是要尽快帮助西部地区建立农业各种产品生产建设基地的同时，因地制宜地发展农业产品产加销一条龙企业。

二是要充分发展西部地区老工业基地、军工企业比较多的优势，运用高新科学技术和先进适用技术，改造传统加工产业，发展高新技术产业形成农工贸一体化产业体系。

三是要在稳定家庭联产承包经营的基础上，推动广大农民建立各种形式的农民专业合作经济组织、市场中介组织，开辟农业产品生产、加工、包装、储藏、运输、销售各环节畅通渠道。

四是要鼓励和支持农业产业化龙头企业和农民、基地、市场建立风险共担、利益共享的机制，以利于增强抵抗自然风险、市场风险能力，从根本增强农业和农村经济实力，相应提高西部地区农业的国际竞争能力。

（9）组织促进地区经济合理布局和协调发展。东部地区要充分利用有利条件，在推进改革开放中实现更高水平的发展，有条件的地方要率先基本实现农业现代化。西部地区要加快改革开放和开发，发挥农业资源优势，发展优势农业产业。国家要加大对西部地区的支持力度，优先安排基础设施和资源开发项目，逐步实行规范的财政转移支付制度，鼓励国内外投资者对西部地区农业产业投资。进一步发展东部地区同西部地区多种形式的联合和合作，鼓励各界积极帮助少数民族地区发展农业和农村经济，从多方面努力，逐步缩小地区发展差距。各地要从实际出发，发展各具特色的农业和农村经济，加快老工业基地的改造，发挥中心城市的作用，进一步引导形成跨地区的经济区域和重点产业带，只有这样，才能保障西部地区农业和农村经济持续发展。

（10）组织安排贫困农村富余劳动力转移就业。2018 年，根据调查我国西部地区贫困农村劳动力流动，基本上还处于一种自发调节的状态。在西部 7 个省 208 个县调查的 3. 6 万多外出贫困农村劳动力中，由劳动部门组织和用人企业招聘外出的仅占 28%，由亲戚朋友介绍外出的占 49%。靠自已碰运气外出的占 23%。这种自发有流动往往使外出农民缺信息指导，不知道去哪里，干什么好，陷入一种盲目流动、就业困难的境地。这些流动人员在流入地区的收入时高时低，很不稳定，经常遇到一些麻烦。同时，盲目流动也给某些劳动力流入地区带来交通、住房拥挤、治安混乱、市政管理漏洞的局面。农村剩余劳动力继续向非农业转移的总趋势中不可逆转的，面对这个大趋势，必须相应做到以下三方面：

一是放宽鼓励就业的政策。据有些农户反映，外出打工需办各种证照七八种，费用达几十元，甚至上百元。对此，各方政府及有关职能和监管执法部门制订有关规定时，要立足于即鼓励流动农村剩余劳动流动、增加农民收入，又规范管理使之有序发展的立场。

二是提供就业信息服务。为农村剩余劳动力建立劳务市场，拓宽就业渠道。各地区应大力发展职业中介机构搞好就业信息的收集、发布，与用人地区、国家建立广泛联系，适时组织农民外出择业。同时，根据当前、将来的用工趋势和当前劳动力素质现状，对农村劳动力开展技术、职业培训，提高劳动力就业竞争能力。

三是创造城镇生活条件。加快改革城乡分割、地区封闭的户籍管理制度，在农村剩余劳动力异地就业、子女入学、住房等方面创造良好环境。

（二）坚定深入开展消费扶贫协助，打胜脱贫攻坚战方略规程。

2019 年 1 月 16 日国务院办公室印发《关于深入开展消费扶贫助力打赢脱贫攻坚战的指导意见》，消费扶贫的概念首次正式出现。为此，一是要正确领悟消费扶贫涵义与宗旨；二是要贯彻落实消费扶贫为脱贫攻坚抓手方略规程。具体说明如下：

1. 要正确领悟消费扶贫概念涵义。扶贫，是保护贫困户的合法权益，取消贫困负担。消费扶贫作为扶贫方式之一，指的是社会各界用过消费来自贫困地区和贫困人口的产品与服务，帮助贫困人口增收脱贫，是社会力量参与脱贫攻坚重要途径。大力实施消费扶贫，有利于动员社会各界扩大贫困地区产品和服务消费，调动贫困人口依靠自身努力实现脱贫致富的积极性，促进贫困人口稳定脱贫和贫困地区产业持续发展。相比“直接给钱”式的扶贫，消费扶贫更能有效提升扶贫的深度和高度，促进扶贫的质量和效率，社会效果也更好。

（1）在这一概念出现之前，国务院印发的《“十三五”脱贫攻坚规划》中已从8个方面细化了扶贫措施，包括：产业发展、转移就业、易地搬迁、教育扶贫、健康扶贫、生态环保扶贫、兜底保障、社会扶贫等。

（2）自从脱贫攻坚战开打以来，贫困地区产业扶贫的力度非常大，但在生产能力提高后，市场销售成了主要问题。不过在脱贫攻坚战的实践中，一些帮扶单位通过以购代扶，通过购买贫困地区的农产品，而不是直接给救助款，使得贫困地区产业的供求矛盾得到有效化解，更重要的是，消费扶贫可以避免福利陷阱、养懒汉等弊端或负面效应。

（3）从整体上来讲，消费扶贫这一方式不仅可以解决脱贫问题，还可以给贫困地区老百姓生活质量进一步提高、经济进一步的发展提供良好的基础。

2. 要贯彻落实消费扶贫为脱贫攻坚抓手方略规程。国务院办公厅近日印发《关于深入开展消费扶贫助力打赢脱贫攻坚战的指导意见》，要求深入开展消费扶贫，打通生产、流通、消费各环节制约消费扶贫的痛点、难点和堵点，推动贫困地区产品和服务融入全国大市场，助力打赢脱贫攻坚战。

（1）意见指出，消费扶贫是社会各界通过消费来自贫困地区和贫困人口的产品与服务，帮助贫困人口增收脱贫的一种扶贫方式，是社会力量参与脱贫攻坚的重要途径。大力实施消费扶贫，有利于动员社会各界扩大贫困地区产品和服务消费，调动贫困人口依靠自身努力实现脱贫致富的积极性，促进贫困人口稳定脱贫和贫困地区产业持续发展。

（2）意见明确，要动员社会各界扩大贫困地区产品和服务消费，推动各级机关和国有企事业单位等带头参与消费扶贫，推动东西部地区建立消费扶贫协作机制，动员民营企业等社会力量参与消费扶贫。要大力拓宽贫困地区农产品流通和销售渠道，打通供应链条，拓展销售途径，加快流通服务网点建设。要全面提升贫困地区农产品供给水平和质量，加快农产品标准化体系建设，提升农产品规模化供给水平，打造区域性特色农产品品牌。要大力促进贫困地区休闲农业和乡村旅游提质升级，加大基础设施建设力度，提升服务能力，做好规划设计，加强宣传推介。

（3）意见要求，有关部门和地方加强组织领导，细化实化相关政策举措，营造全社会参与消费扶贫的良好氛围。完善公司、合作社、致富带头人与贫困人口的利益联结机制，提高贫困人口在农产品销售和休闲农业、乡村旅游中的参与度，切实保障贫困人口分享收益。发挥消费扶贫对集体经济和贫困人口增收的辐射带动作用，扶贫村集体经济组织发展壮大，增强贫困人口与市场的对接能力。

（4）意见鼓励加大政策激励。统筹相关政策资源和资金项目，以供应链建设为重点，支持开展消费扶贫示范。对在贫困地区从业农产品加工、仓储物流和休闲农业、乡村旅游的企业，在金融、土地等方面给予政策倾斜。对参与消费扶贫有突破贡献的企业、社会组织和个人，采取适当方式给予奖励鼓励。探索建立消费扶贫台账，重点统计购买建档立卡贫困村、贫困户和带贫成效突出企业、合作社的产品相关数据，并作为政策支持、评先评优等重要依据。

（5）意见强调，加强对消费扶贫工作的督促指导，将消费扶贫工作开展情况作为考核中央单位定点扶贫、东西部扶贫协作和对口支援工作的重要内容，将消费扶贫纳入年度脱贫攻坚工作计划。

（三）坚定组织推进建成生态宜居的美丽乡村方略规程。这是指以习近平总书记为核心的中共中央，国务院领导集体，指挥引导各级党委、政府及部门，组织带动各贫困地区农业农村干部、农民群众牢固树立和推行绿水青山就是金山银山的理念，坚持尊重、顺应、保护自然，统筹山水林田路村综合治理，加快转变生产生活方式，推动乡村生态振兴，建设生活环境整洁优美，生态系统稳定健康、人与自然和谐共生的生态宜居美丽乡村方略规程。为此，一是坚定推进农业农村绿色发展；二是要持续改善农业农村人居住环境；三是要组织加强农村生态保护治理。

1. 要坚定推进农业农村绿色发展。要以农业农村生态环境友好和资源永续利用为导向，推动形成农业农村绿色生产方式，实现投入品减量化，生产清洁化、废弃物资源化、产业模式生态化、增强农业农村持续发展能力。为此，要坚持推行以下三项方略规程：

（1）坚持加强农业农村资源保护生产和节约利用。要坚持做到：一是要坚持实施国家农业节水战略，建设节水型乡村，深入推进农业农村灌溉用水总量控制和定额管理，建立健全农业农村节水长效机制和体系，逐步明确农业农村水权，推进农业农村水价综合改革，建立节水奖励机制；二是要严格控制农业未利用土地开垦，落实和完善耕地占补平衡制度，实施农业用地分类管理，切实加大优先保护耕地力度，扩大耕地轮作休耕制度试点；三是要全面普查动植物种质资源，推进种质资源收集保存，鉴定和利用。

（2）坚持推进农业农村清洁生产。要坚持做到：一是要坚持加强农业农村投入产品规范化管理，推进化肥、农药减量施用，完善农药风险评估技术标准体系，加强饲料质量安全管理；二是要加快推进种植与养殖循环一体化，建立农业农村有机废物收集、转化，利用网络体系，推进农林牧渔业产品加工剩余物资源化利用，深入实施秸秆禁烧制度和综合利用；三是要恢复田间生物生态链，保护健康稳定田园生态体系。

（3）坚持治理农业农村环境污染。要坚持做到：一是要深入落实农业农村土壤污染防治计划，开展土壤污染状况详查，有序推进土壤污染治理；二是要加大地下水超采治理，控制地下水漏斗区，地表水过度利用区用水总量；三是要严禁未达标处理的城镇污水和其他污染物进入农业农村。

2. 要持续改善农业农村人居环境。要以建设生态宜居美丽乡村为向导、以农村垃圾、污水治理和村容村貌美化为主攻方向，开展农业农村人居环境整治行动，全面提高农业农村人居环境健康安全美丽质量。为此，要坚持推行以下三项规程：

（1）坚持推进农业农村生产生活垃圾治理，一是要建立农业农村生产生活收运处理体系，推行垃圾就地分别处置、利用方式，开展垃圾堆放排查治理；二是要结合各地区农村农户实际情况，建立不同类型卫生厕所，推进厕所粪污无公害化处理和利用，推进农业农村生产生活污水处理，消除农业农村生产生活引发的黑臭水流，切实保护农业农村生产生活水源安全供应。

（2）坚持科学规划农村农户房屋街道庭院建设布局，大力提高农村农户房屋街道庭院设计布局水平，坚持维护地域民族和乡村特点，一是要推进农村组道路、入户道路建设，基本解决村内道路泥泞、村民出行不便等问题；而是要全面推进农村绿化、建设具有农村特色的绿化景观，完善村庄公共绿化照明设施，整治公共公益街道和庭院环境，消除私搭乱建、乱堆乱放；三是要继续推进城乡环境卫生整洁行动，鼓励集中连片建设生态宜居美丽乡村，综合治理山水林田路村生态环境，促进农村社会环境与自然环境相得益彰、和谐健康发展。

（3）坚持全面完成县城乡村整治规划，建立农村人居环境和管护长效机制，发挥农村居民主体作用，建立健全专业化、市场化和管护科学化制度，一是要推行农业农村环境治理成效奖励支付制度，实施服务绩效考核机制；二是要推行农业农村垃圾污水处理农户付费制度，实施财政补贴和农户付费合理分担机制；三是要推行农业农村人居环境整治建设项目工程审批程序和招标程序制度，完善农村人居环境标准体系。

3. 要大力加强农业农村生态保护修复。要大力加强农业农村生态保护修复重大项目工程建设管理监督，建立健全农业农村生态环境保护制度，促进稳步改善农业生产农村生态、农民群众生活环境，增强自然生态系统功能，进一步增强农业农村产品供给能力。为此，坚持推行以下四项方略规程：

（1）坚持加强农业农村生态系统保护修复项目工程建设。一是要统筹安排山水林田路村系统综合治理，调整优化农业农村生态安全屏障体系，大力开展农业农村土地绿化行动，全面建设“三北”、长江等重点防护林体系，扩大退耕还林还草，巩固退耕还林还草成果，加强有害生物防治；二是要稳定扩大退耕还林还草范围，继续推进草原防灾减灾、鼠虫草害防治、严重退化沙化草原治理等工程建设；三是要保护恢复乡村河湖、湿地生态系统，开展农村水生态修复，连通河湖、湿地生态系统，修复河塘行蓄能力，推进退田还湖还湿；四是要大力推进水土流失综合治理，加强生态清洁水流域建设，推进农业生产用地和农村建设用地整治，增强各种保护治理土地管理监督能力。

（2）坚持健全农业农村生态系统保护制度，进一步健全农林牧渔业生态监控经管制度。一是要完善草原生态监控经管和定期调查制度，严格推行草原禁牧、草畜平衡制度，全面落实草原生产经营单位和牧民生态保护主体责任；二是要完善荒漠生态保护制度，加强沙漠区天然植被和绿洲保护；三是要推进河湖饮用水源保护区划定和立界工作，加强对水源涵养区、蓄洪滞涝区、滨河湖区保护；四是要推行自然保护区、风景名胜区、历史名胜区、民族风俗区、地质遗迹区的乡村保护制度。

（3）坚持建立健全农业农村生态补偿制度，加大农业农村重点生态功能区建设投资力度，建立健全省以下农业农村生态保护补偿资金投入制度。一是要完善农业农村重点生态功能区保护补偿制度，鼓励地方因地制宜地采取购买、租赁、置换、协议、混合所有制方式，落实重点生态功能区生态保护补助奖励政策；二是要开拓农业农村市场化多元化生态补偿途径，建立健全用水权、排污权、碳排放权交易制度，拓展森林、草原、湿地等生态修复工程有效途径，实施实物补偿、服务补偿、设施补偿、对口支援、领导支持、共建园区等方式。

（4）坚持充分发挥农业农村自然资源综合效益，大力发展农业农村生态旅游、种植养殖等产业，打造乡村生态产业链。一是要盘活森林、草原、湿地等自然资源，支持农村集体经济组织灵活利用现有生产经营基础设施，开展社会化公共公益服务活动；二是要鼓励参加农业农村生态环境保护修复的社会各界主体，在集中连片开展生态修复成效的基础上，允许依法办理建设用地手续，坚持节约集约用地的前提下，利用1%—3%的土地治理面积，从事旅游、体育、康养、设施农业等产业开发；三是要鼓励参加农业农村多种形式适度规模经营，完善农业农村生态环境管护制度，建立生态管护员工作岗位，加强生态管护服务，推行自然资源有偿使用制度。

（四）坚定推行建设民主自治法治德治结合和谐安定乡村方略规程。这是指要把奠定农业和谐安定社会基层基础作为固本之策，建立健全党委领导、政府负责、社会协同、公众参与、法治保障的现代社会治理体制，推动农业农村组织振兴、建成充满活力、和谐安定社会方略规程，主要包括五项：一是要坚持加强农村基层党组织全面领导振兴的乡村社会；二是要坚持促进建立自治、法治、德治有机结合的乡村社会；三是要坚持建立奠定基层政权治理和谐安定的乡村社会；四是要坚持建立拓展农村劳动力就业服务渠道的乡村社会；五是要坚持建立拓宽农村劳动力就业服务渠道的乡村社会；五是要坚持建立生产生活保障公共服务供给社会化体系的乡村社会。

1. 要坚持加强农村基层党组织全面领导振兴的乡村社会。这是指要坚持以农村基层党组织建设为主导，增强政治功能，提高组织领导能力，把农村基层党组织建成宣传党的主张、贯彻党的决定、领导基层治理、团结动员群众、推动改革发展的坚强战斗堡垒。为此，要坚持推行以下四项方略规程：

（1）坚持健全以农村基层党组织为核心的组织体系，坚持农村基层党组织领导核心地位，一是推进党组织书记通过法制程序，担当村民委员会主任、农村集体经济组织和农民专业合作组织负责人，推行村“两委”班子成员交叉任职；二是推动农村基层党组织和党员在脱贫攻坚和振兴乡村中提高威信，发挥模范带头作用；三是加强农村新型经济组织和社会公益事业组织的党组织领导工作，引导始终坚持为农民群众服务方向。

（2）坚持加强农村基层党组织建设，坚持发展壮大优化带头人整体队伍，一是坚持从本村脱贫增收致富能手、外出务工经商人员、本乡村大学毕业生、复原退伍军人中培养选拔带头人；二是坚持以县市为单位，逐乡村摸排分析，对农村基层党组织集中调整优化，全面实行县（市）级人事档案备选管理；三是坚持健全从农村基层党组织优秀书记中选拔乡（镇）领导干部、考录乡（镇）公务员、招聘乡（镇）事业编制人员；四是坚持通过本乡村人才回引、院校定向培养、县（市）与乡（镇）统筹招聘等途径，为每个农村储备后备人才；五是坚持全面向贫穷落后、软弱涣散、集体经济实力小的农村，加强农村党政组织建设，选派第一书记，建立永久性政权组织。

(3) 坚持加强发展壮大农村党员队伍建设，坚持加强农村党员教育、管理、监督，推进农村党员队伍建设常态化制度化，一是教育引导农村党员学习领会习近平总书记新时代中国特色社会主义思想，严格遵守党组织纪律，全面落实党员交心谈话、民主评议、联系农户等制度，加强党员流动管理；二是注重发挥农村无职党员作用，扩大党内基层民主，推进党务公开，加强党内激动关怀，定期走访老党员、生活困难党员，帮助解决实际困难；三是稳定有序开展农村不合格党员处置工作，注重在青年农民、外出务工人员发展党员。

(4) 坚持推动农村基层党组织全面从严治党，严格落实各级党委主体责任，一是加强农村党员日常教育管理监督，弘扬新正气，抵制歪风邪气；二是开展农村扶贫攻坚领域腐败和作风问题专项管理，严厉打击农村基层黑恶势力，严肃查处发生在惠农资金、征地拆迁、生态保护等违纪违法问题，坚决纠正损害农民群众利益行为，严厉整治农民群众腐败。

2. 要坚持促进建立自治法治德治有机结合的乡村社会。这是指要坚持自治为基、法治为本、德治为先，健全农村基层党组织领导的农民群众自治制度、强化法制权威地位，以德治滋养法治、涵养自治，以德治贯穿乡村治理全过程。为此，要坚持推行以下四项方略规程：

(1) 坚持加强农村农民群众自治组织建设，完善农村农民群众民主选举、民主协商、民主决策、民主管理、民主监督制度：一是规范村民委员会等自治组织选举办法，健全民主决策程序，依托村民会议、村民代表会议、村民议事会议、村民理财会议，形成民事民议、民事民办、民事民管的多层次基层协商格局；二是创新村民议事形式，完善议事决策主体程序，落实群众知情权、决策权；三是充分发挥自治章程、村规民约在农村基层治理中的独特功能，开展以村民小组或自然村为基本单位村民自治工作。

(2) 坚持推进乡村法治建设，深入开展法律进乡村宣传教育活动，提高农民群众法治素质，引导农村干部、农民群众尊法学法守法用法：一是增强农村基层干部法治观念、法治为民意识，把政府各项涉农工作纳入法治化轨道；二是维护村民委员会、农村集体经济组织、农民专业合作组织的法人地位和权利；三是加强乡村居民调解组织建设，建立健全乡村调解、县（市）仲裁、司法保障的农村土地承包经营纠纷调处制度；四是健全农村公共法律服务体系，加强对农民群众法律援助、司法救助和公益法律服务。

(3) 坚持提高乡村德治水平，深入挖掘乡村社会蕴含的道德规范，强化道德教化作用：一是引导农民群众自我教育、服务、管理、提高，实现家庭和睦、邻里和谐、干群融合；二是引导农民群众向上向善、孝老爱亲、重义守信、勤俭持家；三是深入推进移风易俗，开展文明行动，加强无神论宣传教育，抵制封建迷信活动。

(4) 坚持建设平安和谐稳定乡村，健全落实乡村社会治安综合治理领导责任制，健全农村社会治安防控体系，加强农村群防群治队伍建设，深入开展扫黑除恶专项斗争：一是依法加大对农村非法宗教、邪教活动打击力度，严防境外渗透，继续整治农村乱建宗教活动场所、滥塑宗教形象；二是健全农村公共安全体系，继续开展农村安全隐患治理，加强农村警务、消防、安全生产工作，坚决遏制重大安全事故；三是健全农村矛盾纠纷多元化解制度，深入排查化解各种矛盾纠纷，做到小事不出村，大事不出乡镇。

3. 要坚持建立奠定基层政府治理和谐安定的乡村社会。这是指要坚持建立农村基层政权组织，科学设置乡村政府机构，构建乡村基层简约高效的政府管理体制，健全农业农村基层服务体系，奠定乡村基层政权治理体系。为此，要坚持推行以下三项方略规程：

(1) 坚持完善乡村基层政府组织，坚持为乡村农民群众服务合理设置基层政权组织机构，配备人力资源，整合乡村基层政权服务力量，加强乡村政府领导班子建设。一是要有计划地选派省市县政府及部门有发展潜力的年轻干部到乡村政府任职；二是有组织地选拔乡（镇）事业人员、乡村优秀干部、大学生村官，进入乡（镇）政府领导班子；三是加强贫困地区乡村、边疆地区乡村、少数民族地区乡村、革命老区乡村政权建设，切实做到全心全意为农民群众服务。

（2）坚持创新乡村基层政府组织管理体制。一是科学划分县（市）、乡（镇）财政事权与支出责任，改进乡（镇）财政预算管理制度；二是组织推进乡（镇）政治协商制度化、规范化，创新联系服务农民群众工作方式，推进直接服务民生的公共事业单位最大限度服务农民群众；三是推动激励乡村政务服务事项一窗式办理，不断提高乡村治理智能化水平；四是建立健全乡村政权实施监督体系，规范乡村政权管理行为，严格控制对乡村设立不切实际的“一票否决”事项，确定以农民群众满意度为依据的准则。

（3）坚持健全乡村基层政府服务体系。一是组织制定乡村基层政府在农村社区治理方面的权责清单，推进乡村基层政府服务规范化、标准化；二是整合优化乡村基层政府公共服务和行政审批责任，逐步形成乡村便民服务体系；三是全面培育乡村公共公益性、互助服务性社会组织，开展志愿服务；四是组织开展乡村基层减轻负担工作，清理乡村基层考核评比、创建达标、检查监督等负担问题，彻底减少农户负担，为脱贫增收致富拓展通畅道路。

五、组织推行农业农村建成现代产业化规模生产经营体系，促进农村壮大脱贫增收致富经济实力之路方略规程

这是指为促进贫困地区乡村农民群众发展壮大脱贫增收致富经济实力，而坚持生产经营著名独特稀少品牌的高产优质高效产品，深化农业农村供给侧结构改革，加快构建农业农村现代产业化规模经营体系，增强农业农村经济发展实力、创新力、竞争力方略规程，主要包括四项：一是建立农业农村现代化产业化规模生产经营体系；二是健全农业农村现代产业化规模生产经营保护体制；三是加快农业农村现代产业结构调整优化升级；四是增强农业农村产品产业综合生产经营能力。

（一）建立农业农村现代产业化规模生产经营体系方略规程。这是指要坚持以农户家庭生产经营在农业农村现代产业化规模生产经营中的基础地位，构建农户家庭生产经营、农村集体生产经营、农民专项合作生产经营、龙头企业生产经营，共同结成农业农村现代产业规模生产经营体系，发展壮大农业农村集体经济，提高农业农村集约化、专业化、组织化、社会化水平，有效带动农户，拓展乡村脱贫增收之路方略规程，主要包括四项：一是建立农业农村现代产业化规模生产经营制度；二是发展壮大农业农村现代产业化规模生产经营主体；三是推动发展农业农村现代集体经济实体；四是组织健全农业农村带动农户社会化服务体系。

1. 建立健全农业农村现代产业化规模生产经营制度。为此，一是要坚持贯彻落实农业农村土地承包关系、稳定并长久不变政策，进一步落实从 2017 年起第二轮农户土地承包期后再延长 30 年的政策，让承包农户吃上长效“定心丸”；二是要坚持全面完成农户承包土地承包经营权确权登记颁证工作，完善农村承包“三权分置”制度；三是要坚持依法保护集体所有权和农户承包权前提下，平等保护土地经营权；四是要坚持加强农村土地经营权流转和规模经营管理服务。

2. 发展壮大农业农村现代产业规模生产经营主体。为此，一是要坚持实施农业农村现代产业规模生产经营主体培育工程，培育发展农户家庭农场提高农民专业合作社规范化水平，鼓励发展农民专业合作社联合社；二是要坚持不断壮大农业农村现代产业龙头企业，鼓励建立农业农村现代企业制度；三是要坚持鼓励城镇工商企业投资农业农村现代产业从规模生产经营项目，与当地农户形成互惠共赢的产业共同体，加快建立农业农村现代产业化生产经营主体，全面落实财政、税务、土地、信贷、保险等政策。

3. 推动发展农业农村现代集体经济实体。为此，一是要坚持深入推进农村集体产权制度改革，推动农业资源变资产、农村资金变股金、农民变股东，发展多种形式股份合作；二是要完善农民对农村集体资产股份的占有、收益、继承等权能和管理制度；三是要制定农村集体经济组织法，充实农村集体产权权能；四是要发挥农村党组织对集体经济组织的领导核心作用，防止内部少数人控制和外部

人侵占集体资产。

4. 组织健全农业农村带动农户社会化服务体系。为此，一是要改善农户生产经营条件，提高农户抵抗自然风险能力；二是要推动农户参加多种形式合作与联合组织，提高农户生产经营规模化、社会化水平；三是要鼓励农户与农业现代产业化龙头企业建立利益联结合同，共同增强社会专业化生产经营能力；四是要健全农业农村现代社会化服务体系，加强城镇工商企业租赁农户承包土地监管防范，健全资格审查、项目审核、风险保障金制度，维护农户承包土地租赁利益安全。

（二）健全农业农村现代产业化规模生产经营保护体制。这是指要以坚持完善农业农村现代产业化规模生产经营保护制度，提高农业农村产品产业生产经营质量效益和竞争力为目标，以强化绿色生态为导向，以创新完善扶贫脱贫增收致富方略规程为宗旨，建立健全农业农村现代产业化规模生产经营保护体系方略规程，主要包括三项：一是建立健全国家加大农业农村现代产业化规模生产经营投入力度制度；二是建立健全国家对农业农村现代产业化规模生产经营产品收储补贴制度；三是建立健全国家对农业农村现代产业化规模生产经营风险保障制度。

1. 建立健全国家加大农业农村现代产业化规模生产经营投入力度制度。为此，一是建立健全国家政府财政加大农业农村现代产业化规模生产经营建设投资力度，调整优化结构，切实加强打基础、管长远、顾全局的项目工程建设，加快改变农业农村现代产业化生产经营基础设施薄弱状况；二是建立健全国家政府财政以绿色生态为导向的农业农村现代产业化规模生产经营建设补贴制度，提高财政补贴政策的针对性和精准性；三是建立健全国家政府财政对农民群众直接补贴制度，健全粮食生产区利益补偿制度，继续实行粮食改种饲料、粮食与豆类轮种、牧渔养殖业标准化生产等制度；四是建立健全国家政府财政对农业机具购置补贴制度，鼓励补贴发展绿色农业机具、高性能机具、粮食等主要生产机具。

2. 建立健全国家对农业农村现代产业化规模生产经营产品收储补贴制度、为此，一是建立健全玉米收储补贴制度，完善市场化玉米收购加补贴制度；二是建立健全大豆收购加补贴制度；三是完善水稻、小麦最低收购制度，增强弹性和灵活性，合理调整最低收购价水平，继续落实支持保护生产经营水稻、小麦机制；四是培养壮大国有粮食骨干企业，引导国家粮食生产、收购、储存、供应畅通，防止低价卖粮难现象；五是建立健全棉花、油料、糖料生产经营保护制度，促进科学合理形成收购与销售价格，激发龙头企业发展能力，增加农民群众生产收益。

3. 建立健全国家对农业农村现代产业化规模生产经营保险保障制度。为此，一是建立健全国家政府财政对农业农村现代产业规模生产经营保护保障政策体系，引导提供多元化、多形式、多渠道的保护保障产品；二是建立健全国家政府银行保险对农业农村现代产业化规模生产经营主体单位需求保险服务体系，组织开展水稻、小麦、玉米完全成本保险和收入保险、天气指数保险、价格指数保险、贷款保证保险服务；三是国家政府鼓励实行农业农村产品产业保险大灾风险分散制度，开展农业农村产品期权期货市场，完善农业农村产品产业风险管理和预警体系，切实提高农业农村现代产业化规模生产经营风险保险保障能力。

（三）加快农业农村现代产业结构调整优化升级。这是指要坚持要遵照国家政府对组织推动农业农村建成现代产业化规模生产经营体系，加快农业农村产业结构调整优化升级进程，大力推动农业农村产品产业，由增加品种产量走上高质高效轨道，提高农业农村产品产业生产经营供给体系的整体质量和效率，加快实现由农业大国向农业强国方略规程，主要包括六项：一是调整优化农业农村产品产业生产经营区域布局；二是调整优化农业农村产品产业生产经营结构；三是组织扩大农业农村特色优势产业化经营规模；四是切实保障农业农村产品质量安全；五是培育提升农业农村产品品牌；六是促进构建农业农村产品贸易政策体系。

1. 调整优化农业农村现代产品产业生产经营区域布局。为此，必须坚持以全国农业农村主体功能区划分确定的农业农村产品生产区域为主体，立足各地区农业农村资源比较优势，构建优势区域农业农村产品生产经营布局和产业化规模经营格局，奠定农业农村产品产业优先发展区域和现代化先行区域。为此，一是要积极培育农林牧渔各业经营主体，发展农林牧渔各业多种形式规模经营，实现农户与农业农村现代产业化企业联营，促进农林牧渔各业高质量、绿色、有机发展，推动农村一二三产业协调发展，确保农民群众分享产业链增值收益；二是要加大城乡统筹发展力度，坚持把农业农村优先发展落到实处。吸引城镇资金、人才、科技等要素向农业农村流动，完善农业农村保护保障保险制度，加强农业农村基础设施建设和社会化服务，让农业成为有奔头的产业，让农村成为安居乐业的美丽家园，让农民成为有吸引力的职业；三是要保护增进农民群众权益、利益、福利，必须把农民群众最关心、最直接、最现实的利益问题，一件一件找出来，一个一个解决好，让农民群众的获得感、幸福感、安全感，更加充实，更有保障，更可持续。

2. 调整优化农业农村产品产业生产经营结构。为此，必须坚持始终发展以粮棉油糖等重要农业产品为中心，农林种植业、牧渔养殖业及其加工业为一体，农林牧渔各业有机结合、相互融合、持续健康发展，促进农林牧渔各业现代产业化规模生产经营。一是要确保中国人民的饭碗端在自己手里，丰衣足食，统筹调整优化粮棉油等农林种植业结构，促进不断优化升级；二是要确保中国贫困农村农民群众脱贫增收致富，走进小康社会，推进牧渔养殖业调整优化区域生产经营布局，在全国各地农林种植业和牧业养殖区域科学发展畜禽、奶牛产业，合理确定内陆水域渔业产品养殖产业，全面发展种植与养殖有机结合循环农林牧渔产业。

3. 组织扩大农业农村特色优势产业化经营规模。为此，必须坚持以各地区农业农村资源和历史文化为基础，有计划地组织开发治理利用优势特色资源，着力发展优势特色产业，一是要建成农业农村特色鲜明、优势领先，竞争力强的产品产业区，大力扶持农业农村特色优势产品生产经营基地、加工基地、储存物流基地；二是要完善农业农村科技产业体系、品牌产品市场购销体系、产品质量控制体系，建立农业农村产品产业利益联结机制，形成农业农村特色优势产业群；三是要按照与国际标准接轨的目标，支持建立农业农村产品生产经营精细化管理与品质控制体系；四是要组织实施农业农村产品产业兴村强县行动，培育农业现代产业强镇，奠定一乡一业、一村一品的发展基础。

4. 切实保障农业农村产品质量安全。为此，必须坚持推行农业农村粮食等产品质量安全方略，建立健全农业农村粮食等产品质量安全标准、监督体系，严格实行农业农村产品质量分级及产地准出、市场准入制度，一是建立健全农业农村产品质量安全评估、监测预警和紧急处理制度；二是建立健全农业农村产品认证体系和质量安全监管系统，提高基层监管能力；三是贯彻落实农业农村产品生产经营者责任，强化农业农村产品生产经营者质量安全意识；四是建立健全农业农村产品生产经营企业信息系统，对失信市场的企业加以惩戒。

5. 培育提升农业农村产品品牌。为此，必须坚持实施农业农村产品品牌行动，加快形成以农业农村区域公用品牌、企业品牌、大宗产品品牌、特色优势产品品牌的局面，一是推进区域农业农村产品公共品牌，擦亮老品牌，创造新品牌，提升传统品牌，努力开拓国际品牌；二是推广农业农村产品品牌，通过展览展销、广告、电视、互联网等途径，加强品牌市场营销；三是加强农业农村产品商标、地理标志商标的注册保护，健全农业农村产品品牌保护体系，打击各种冒用、滥用公用品牌行为，建立区域公用品牌的授权使用机制。

6. 促进构建农业农村产品贸易政策体系。为此，一是拓展农业农村特色优势产品出口贸易途径，扩大高附加值农业农村特色优势产品出口；二是加强“一带一路”沿线国家合作，支持农业现代产业化龙头企业，建立对外合作公共信息服务平台，结成信用评价体系，促进农业农村产品贸易，开拓脱贫增收致富之路。

（四）增强农业农村产品产业综合生产经营能力方略规程。这是指要保障国家粮棉油等重要产品有效供给安全而实施藏粮于土地、科技、提高农业农村粮棉油等产品生产经营与需求供应平衡能力的方略规程。主要包括三项：一是增强农业农村土地、装备、信息化能力；二是增强农业农村科学技术创新推广应用能力；三是增强全国农业农村粮棉油等重要产品供求平衡安全保障能力。

1. 坚持增强农业农村土地、装备、信息化能力。为此，一是要坚持保护全国农业农村土地，严守耕地红线，全面落实永久基本农田特殊保护制度，完成永久基本农田控制线划定任务，确保到2020年永久基本农田保护面积不低于15.46亿亩，大规模推进高标准农田建设；二是要坚持推进全国农业农村机械装备、机械化转型升级，加快高端机械装备在全国不同类型地理环境农林牧渔各业生产经营建设中深入广泛应用，促进全程机械化，提高机械化机械装备智能化水平；三是要坚持加强全国农业农村信息化建设，积极推进信息进村入户，鼓励互联网企业建立产加销一条龙服务平台，提供农业农村产品产业生产经营信息监测预警和发布，提高农业农村现代产业化规模生产经营综合信息服务水平。

2. 坚持增强农业农村科学技术创新推广应用能力。为此，要坚持实施加快农业农村科学技术进步，提高农业农村科技自主创新，成果转化水平，为农业农村发展拓宽新空间、增添新动能，引领农业农村产品产业转型升级，提质增效。为此，一是要提高农业农村科学技术创新水平，建立健全国家农业农村科学技术创新体系，加强农业农村产品种子、机械装备、环境整治等方便科学技术创新工作；二是要建立农业农村科学技术创新推广应用示范园区，培育形成高新科技产业，创建农业农村科学技术创新联盟，建设农业农村科技资源开放共享与服务平台，发挥农业农村公共科技资源优势，健全农业农村科技资源共享服务体系；三是要加快农业农村科技成果转化应用进程，通过科研院所科技研发、合作、转让、作价等形式，实现科技成果市场价值，健全农业农村科技推广应用服务网络，创造农业农村公益性科技推广应用服务方式，增强全国农业农村科学技术创新推广应用能力。

3. 坚持增强全国农业农村粮棉油等重要产品供求平衡安全保障能力。为此，一是坚持保障中国人民的饭碗端在自己手里，确保国家粮棉油等重要产品供求平衡安全，而始终立足国内、确保产能、供给充足，而推行全方位供求平衡安全制度；二是坚持按照中央规定“确保国家谷物基本供给、口粮绝对安全”的要求，继续巩固和提高粮食生产能力，深化中央储备粮食管理体制改革，科学确定储备粮食规模，加强中央储备粮食监督管理，促进中央、地方两级储备粮食协同管理；三是坚持推动加工流通企业等单位开展自主储备经营粮食，提高粮食等产品加工、储运、供销服务水平；四是坚持全面落实粮食供求平衡安全省长责任制，健全监督考察制度；五是坚持健全粮食质量安全保障、供求物流通畅服务体系。

六、组织推行扶贫脱贫攻克巩固成果、保障改善农村民生，城乡社会融合发展之路方略规程

这是指要坚持为巩固脱贫攻坚成果，而坚持各级党委、政府及部门，组织领导带动农村干部、农民群众尽心尽力尽责，围绕农民群众最关心、最直接、最现实的巩固脱贫增收致富奔小康问题，而不断增强脱贫农村农民群众丰衣足食，富有幸福美好生活保障能力，更多地得到幸福、安全的民生利益方略规程，主要包括七项：一是加强巩固脱贫农村生产经营生态基础设施建设；二是增强巩固脱贫农村劳动力就业职能；三是健全巩固脱贫农村公共公益社会化服务体系；四是加快巩固脱贫农村转移人口城镇化；五是促使巩固脱贫农村壮大人才队伍建设；六是健全巩固脱贫农村振兴用地保障体系；七是完善国家财政银行等扶持巩固脱贫农村多元化投入保障体系方略规程。

（一）坚持加强巩固脱贫农村生产经营生态基础设施建设方略规程。这是指要坚持继续加强巩固脱贫农业农村生产经营生态基础设施建设，持续加大国家政府财政、银行等方面投入融资力度的方略规程，主要包括四项：一是加强巩固脱贫农业农村农田水利生态等基础设施建设；二是加强农业农村交通物流设施建设；三是加强巩固脱贫农业农村现代能源基础设施建设；四是加强巩固脱贫农业农村信息化基础设施建设。

1. 加强巩固脱贫农业农村农田水利生态等基础设施建设。为此，一是加强农业农村大中小微

型有机结合的农田水利项目工程建设，提高节水供水和防洪排涝抗旱减灾能力；二是推进农业农村水力发电水库蓄水项目工程建设，扶持中小型水源项目工程和抗旱应急能力建设；三是提高农业农村饮水安全保障水平，开展大中型灌区续建配套节水工程建设，有序新建生态型灌区、排水区工程建设；四是推进小型中低田水利设施建设、水系连通、河塘清淤整治工程建设，健全农业农村水利服务体系。

2. 加强农业农村巩固脱贫交通物流设施建设。为此，一是健全农业农村公路管理养护体制，改善农业农村交通物流设施条件，建立农业农村公路管理养护、安全防护制度，保障农村地区基本交通物流条件；二是扶持农村建设公共交通道路，实现具备条件的建制村全部通公共交通客车；三是加大对革命老区、少数民族地区、边疆地区、贫困地区铁路公益性运输支持力度；四是加快构建农村物流基础设施骨干网络，鼓励商贸、邮政、快递、供销、运输等企业加大在农村设施网络布局。

3. 加强巩固脱贫农业农村现代能源基础设施建设。为此，一是优化农业农村能源供给结构，重点发展太阳能、浅层地热能、生物质能等，因地制宜开发利用水能、风能；二是完善农业农村能源基础设施网，加快农村电网升级改造，推动供气设施向农村延伸；三是推进生物质热电联产，生物质供热、规模化生物质天然气、沼气等燃料清洁化工程；四是推广农村绿色节能建筑、节能技术产品。

4. 加强巩固脱贫农业农村信息化基础设施建设。为此，一是推动农业农村电信普遍服务，实施数字乡村战略，加快物联网、地理信息、技术信息，与农民群众生产生活融合；二是深化农业农村大数据创新应用，推广远程教育、远程医疗、金融服务；三是建立农业农村空间化，智能化的信息系统。

（二）坚持增强巩固脱贫农村劳动力就业职能方略规程。这是指要坚持农业农村劳动力就业优先和积极就业、健全城乡平等公共就业服务体系、不断提高农村劳动力就业质量、拓宽巩固脱贫劳动力外出就业和就地就近就业空间、实现更高质量和就业保障方略规程，主要包括三项：一是坚持拓宽巩固脱贫农村劳动力转移就业渠道；二是坚持健全巩固脱贫农村劳动力公共就业社会服务体系；三是坚持健全巩固脱贫农村劳动力就业安全保障体系。

1. 坚持拓宽巩固脱贫农村劳动力转移就业渠道。为此，必须坚持增强脱贫农村经济发展创造就业岗位能力，拓展脱贫农村劳动力转移就业途径，确保就地、就近、外出就业发展。要做到：一是继续发展壮大乡村、乡（镇）、县（市）一二三产业，加快培育特色优势产业，拓展脱贫农村劳动力就业领域；二是大力发展吸纳就业能力强的现代一二三产业化经营企业，遵照城乡一体农业现代化、工业化、城镇化、信息化“四化”建设之路方向，科学引导城乡一体“四化”产业发展，提供更多适合脱贫农村劳动力转移就业机会；三是科学发展乡村特色优势产品、产业，推进发展历史传统工艺产业，自然生态风光旅游休闲产业，提供脱贫农村劳动力就业岗位。

2. 坚持健全巩固脱贫农村劳动力公共就业社会化服务体系。为此，必须坚持建立健全城乡一体巩固脱贫农村劳动力公共就业社会化服务体系，提供全方位公共就业服务机会。要做到：一是继续建立健全城乡一体县（市）、乡（镇）、行政村劳动力就业服务体系，扩大就业服务覆盖面积，提高社会化服务水平；二是深入开展农业农村劳动力资源调查研究统计分析评估核准工作，建立农村劳动力资源信息库，加强农村劳动力动态监督管理；三是建立健全农业农村劳动力公共就业社会化服务信息网络体系，采取线上线下一体服务信息方式；四是制定实行城乡一体劳动者就业教育、职业技能培训制度，增强职业培训的针对性和有效性，在科学整合农业农村劳动力资源基础上，健全扶贫脱贫农村劳动力公共就业社会化服务体系。

3. 坚持健全巩固脱贫农村劳动就业安全保障体系。为此，必须坚持推动巩固脱贫农业农村形成平等竞争、规范有序、城乡统一的劳动力资源市场，建立城乡一体劳动者平等就业、同工同酬制度，持续提高脱贫农村就业保障水平。要做到：一是要健全农业农村劳动力资源市场法律法规体系，依法保障农村劳动力和用人企事业单位合法权益；二是要完善国家政府部门、工会、企业共同参与的协调协商制度，建起和谐劳动关系；三是要落实就业服务、人才激励，教育培训、资金奖补、金融支持、社会保险等就业扶持相关方针；四是加强对贫困农村就业援助，对就业艰难的农民实行帮扶政策。

（三）坚持健全巩固脱贫农村公共公益社会化服务体系方略规程。这是指要继续把国家社会事业发展的重点，放在巩固脱贫农村，促进公共教育、卫生医疗、社会保障等资源，向巩固脱贫农村倾斜，逐步建立健全覆盖乡村、普惠共享、共同走上脱贫增收致富奔小康之路，建立城乡一体的公共公益社会化服务体系，推进城乡一体公共公益社会化服务平等的方略规程，主要包括五项：一是继续优先发展巩固脱贫农村教育文化事业；二是继续推动发展巩固脱贫农村公共卫生医疗事业；三是继续健全巩固脱贫农村社会基本生活保障体系；四是继续健全巩固脱贫农村养老服务体系；五是继续增强巩固脱贫农村防灾减灾救灾能力。

1. 继续优先发展巩固脱贫农村教育文化事业。为此，一是继续统筹规划布局脱贫农村基础义务教育学校、文化图书阅读馆室，保障学生就近享有质量的教育，农民群众拥有文化阅读的条件；二是科学推进巩固脱贫农村义务教育公办学校标准化建设，全面改善贫困地区农村义务教育学校设施条件，加强寄宿制学校建设，提高教育质量，定期开展文化艺术宣传活动；三是组织推动脱贫农村学前教育，提倡鼓励创办幼儿园，建立学前教育公共服务网络；三是科学推进少数民族贫困地区农村小学中学双语教育，坚定推行国家通用语言文字教育，提倡民族风俗传统文化继承创新；四是全面开展农民职业教育、农村一二三产业技能教育培训，切实适应农民职业需求、农村一二三产业发展形势；五是推动建立农村优化数字教育、互联网教育、信息化教育服务体系；六是大力加强贫困地区农村教师队伍建设，继续实施农村义务教育学校教师，特设岗位计划，加强紧缺学科教师，少数民族双语教师培训，落实农村教师生活补助政策。

2. 继续推动发展巩固脱贫农村公共卫生医疗事业。为此，一是继续实施国家对脱贫农村基本公共卫生服务项目工程建设补贴方略，提供基础性全方位周期健康管理服务；二是继续加强脱贫农村慢性病、地方病综合防治，大力推动农村精神卫生、职业病，传染病防治；三是继续开展农村计划生育管理服务，增强妇幼健康服务能力，提倡俩孩儿优生优育；四是继续加强农村基层卫生服务体系建设，基本实现乡（镇）都有卫生院和全科医生，每个行政村都有卫生室和医生；五是继续加强农村医生队伍建设，建立分级诊疗制度，实行区差别化医保支付和价格机制，开展规范家庭医生签约服务；六是全面开展农村农民群众身心健康教育活动，倡导科学文明健康生活方式，养成良好卫生习惯，提高农民群众文明卫生医疗素质。

3. 继续健全巩固脱贫农村社会基本生活保障体系。为此，必须按照巩固脱贫农村社会基本生活底线要求，全面建成城乡统筹、权责明确、保障适度、持续长久、多元化的社会基本生活保障体系。一是继续健全城乡一体居民基本生活保障、养老保险制度，健全城乡一体基本医疗保险和大病保险制度，做好农民重特大疾病救助工作；二是继续推行统筹城乡一体最低生活保障制度，健全城乡一体最低生活保障标准调整机制；三是全面落实农村特殊困难人口救助供养制度，增强托底保障能力和服务质量；四是组织开展，为农村留守儿童和妇女、老年人、困难儿童提供关爱服务；五是加强和改善农村残疾人服务，将残疾人纳入农村社会保障体系，予以扶持关照。

4. 继续健全巩固脱贫农村养老服务体系。为此，一是要适应农村人口老龄化加剧形势，加快建立以农户家居为基础、社区为依托、机构为补充的多层农村养老服务体系；二是要坚持以农村为中心，建立具有综合服务功能，养老与医疗相结合的养老机构，与农村基本公共公益服务、特殊困难供养服务、互助养老服务相互配合，构成农村基本养老服务体系；三是要坚持增强农村卫生服务机构为老年人提供身心康复服务能力，着重扶持失去自理能力老年人养老服务；四是要坚持推进农村老年人养老院、幸福院等互助型养老服务业发展；五是要坚持健全农村留守老年人关爱服务体系，推进农村老年人养生益寿产业发展。

5. 继续增强巩固脱贫农村防灾减灾救灾能力。为此，一是要坚持以预防灾为主，预防灾与抗拒灾相结合，常态减灾与非常态救灾相融合，全面增强抗拒各种灾害综合能力；二是要坚持加强农村自然灾害监测预报预警，解决农村自然灾害预警信息及时发布问题；三是要坚持加强农村防灾减灾项目工程建设，推动贫困农村农民群众危房修建与改造，以利于预防自然灾害风险；四是要坚持加强森林、草原火灾防控治理，大力推进农村公共消防设施，消防力量和消防安全管理组织建设，改善农村消防安全条件；五是要坚持推进农村自然灾害救助物资储备体系建设，开展农村灾害救助应急演练，在农村广泛开展防灾减灾救灾宣传教育。

（四）坚持加快巩固脱贫农村转移人口城镇化方略规程。这是指要坚持顺应城乡融合发展趋势，正确处理城乡关系，促进激发农村经济发展活力，优化农村社会和谐环境，推动农村土地、资本、人才等要素科学组合，加快农村转移人口城镇化，全面实行居住制度，促进农村在城镇稳定生活的人口，实行城镇化管理的方略规程，主要包括三项：一是建立健全农村转移城镇人口落户制度；二是促进落实农村转移城镇落户人口保障权益；三是制定实施农村转移城镇人口激励机制。

1. 建立健全农村转移城镇人口落户制度。为此，一是鼓励各地区政府进一步放宽落户条件，除极少数大城市外，允许农村人口在城镇就地就业落户，优先解决农村学生升学和参军进入城镇人口、在城镇就业五年以上和举家迁徙的农村转移人口以及新生代农民工落户问题；二是区分大中小城区、郊区等区域，分类制定落户政策，重点解决符合条件的农民工落户问题；三是全面实行居住证制度，推进居住证制度覆盖全部来落户城镇常住人口。

2. 促进农村转移城镇落户人口保障权益。为此，一是不断扩大城镇基本公共公益服务范围，保障符合条件的未落户农民工在流入城镇享受城镇基本公共公益服务；二是通过多种方式，增加学位供给、保障农民工随子女以流入城镇公办学校为主接受义务教育，以普惠性幼儿园为主接受学前教育；三是坚持实行就业失业登记管理制度，对农村转移城镇人口纳入城镇人口，全面提供政府补贴技能培训服务；四是坚持将农村转移城镇人口，纳入社区卫生和计划生育服务体系，提供基本卫生医疗服务；五是坚持把进城镇落户农村人口，完全纳入城镇社会保障体系，在农村参加的养老保险和医疗保险，规范接入城镇社会保障体系，做好基本医疗保险关系转移接续和异地就医结算工作；六是坚持把进城落户农民完全纳入城镇住房保障体系，对符合条件的农民采取多种方式，满足基本住房需求。

3. 制定实施农村转移城镇人口激励机制。为此，一是坚定维护进入城镇落户农民土地承包权、宅基地使用权、集体收益分配权，引导进入城镇落户农民依法自愿有偿转让上述权益；二是建立健全农民进入城镇落户与农民在农村“三权”脱钩制度，禁止以退出“三权”作为农民进入城镇落户的条件，促进农村转移城镇人口放心在城镇安家落户；三是支持落实农村转移城镇人口安家落户的国家财政方略，严格执行城镇建设用地增加数量与吸纳农村转入城镇人口安家落户数量挂钩方略，建立健全由政府、企业、个人共同参与城镇化成本分担制度。

（五）坚持促使巩固脱贫农村壮大人才队伍方略规程。这是指要坚持对巩固脱贫农村实行更加积极、开放、有效的壮大人才队伍方略，推动巩固脱贫农村发展壮大人才队伍，让各种优秀人才大施所能、大展才华、大显身手，确保脱贫农村长久保持兴旺发展、繁荣、农民群众长久过上美好幸福生活的方略规程，主要包括三项：一是制定实施培育新型职业农民制度；二是发展壮大农村各种优秀人才队伍；三是鼓励推动社会各界人才投入农村建设。

1. 制定实施培育新型职业农民制度。为此，必须建立健全培育新型职业农民规章制度，培育新时代热爱农业农村、掌握科技务农本领、学会生产经营方法的新型职业农民，壮大优化农业农村产品产业生产经营建设人才队伍。要切实做到：一是组织实施新型职业农民培育方略，扶持新型职业农民通过自我学习，参加中高等农业职业教育培训；二是创新组织培训形式，提倡在地边田间、网络场所等培训形式，支持农民专业合作社、专业技术协会、龙头企业等单位承担培训任务；三是鼓励推动各地区农村开展新型职业农民职称评定工作；四是引导符合条件的新型职业农民参加城镇职工养老、医疗保险等社会保障制度。

2. 发展壮大农村各种优秀人才队伍。为此，必须坚持加大“三农”领域各种优秀人才培育力度，增强农村产品产业生产经营服务人才保障能力。要切实做到：一是要加强农村科技创新推广应用人才队伍建设，组织实施农村公共公益性、生产经营性科技推广应用机制，支持科技人员通过提供增值科技取得合理报酬，切实推进巩固脱贫农村经济持续发展，保障脱贫农民群众提高美好幸福生活水平；二是要促进农业院校、科研院所继续扶持脱贫农村，培养科技推广应用人才，推进形成优质主导产品、优势支柱产业，始终保持高产优质高效和持续增收致富的水平。

3. 鼓励推动社会各界人才投入农村建设。为此，必须坚持制定实施激励社会各界人才，投入农业农村产品产业生产经营建设。要切实做到：一是要以乡情乡愁为纽带，引导和支持企业家，党政干部、专家学者、教师医生等人员，通过上山下乡担任志愿者，投资兴业，行医办学、捐资献物、法律服务等形式，扶持农业农村产品产业生产经营发展；二是要以国家政府财政配套补贴投资、银行贷款、税费减免等扶持手段，激励城镇工商服务企业参与投资农业农村产品产业生产经营建设；三是继续实施边疆贫困地区、少数民族地区、革命老区农村人才扶持发展方略，深入推进高校毕业生到农村参加种植养殖业劳动，建立健全区域、城乡、校村人才培养合作与交流体系，制定实行城镇教师医生、文化科技人才定期为“三农”服务制度。

（六）坚持健全巩固脱贫农村振兴用地保障体系方略规程。这是指要坚持继续健全巩固脱贫农村土地利用管理体制、盘活土地存量、用好土地流量、辅以土地增量、激活土地资源资产、保障农业农村土地利用需求方略规程，主要包括三项：一是建立健全农业农村土地管理制度；二是建立健全农业农村新增用地保障制度；三是建立健全农业农村存量建设用地盘活制度。

1. 建立健全农业农村土地管理制度。为此，一是科学总结农业农村土地征收、集体生产经营建设用地入市、农户宅基地制度改革调整试点实验，逐步扩大试点，加快修改国家土地管理法；二是制定试行农业农村具体用地项目公共利益评估制度，规定征用土地补偿标准，实施被征地农户长远生计的多元化保障机制；三是建立健全农业农村依法公平取得、节约集约使用、自愿有偿退出的农户宅基地管理制度；四是坚持在符合规划和用途管制的前提下，赋予农村集体生产经营建设用地出让、租赁、入股权能，明确入市范围和途径；五是建立健全农村集体生产经营建设用地增值收益分配制度，确保农村振兴经济用地需求。

2. 建立健全农业农村新增用地保障制度。为此，一是要统筹安排农业农村各种土地利用活动，在国家批准的乡（镇）土地利用总体规划中，可以预留一定比例规划建设用地指标，用于农业农村产品产业生产经营项目；二是要严格根据乡（镇）土地利用总体规划规定的用地结构和布局，进一步按照年度土地利用计划分配中，可安排一定比例新增建设用地指标，专项支持农业农村产品产业生产经营项目；三是要对于农业农村产品产业生产经营基础配套设施，在不占用永久基本农田的前提下，纳入设施农用土地管理；四是鼓励推动农业生产与农村建设用地复合利用，发展农业农村新产业，拓展土地使用功能。

3. 建立健全农业农村存量建设用地盘活制度。要准许在县城内开展全城乡村闲置校舍、厂房、废弃地等整治，盘活建设用地，一是重点用于支持农业农村新科技、新产业、返乡下乡创业；二是严格加强农业农村设施用地管理，满足蔬菜瓜果种植基地大棚需求用地，按照取之于农业农村土地必须主要用于农业农村产品生产产业经营的要求，调整完善农业农村土地出让收入使用范围，提高完善农业农村投入比例，重点用于农业农村高标准农田水利建设，公共公益基础设施建设和人居环境整治。

（七）坚持完善国家财政银行等扶持巩固脱贫农村多元化投入保障体制方略规程。这是指要坚持国家财政继续对巩固脱贫农村健全投入保障制度，完善政府财政投资体制，充分激发社会各界投资动力和活力，加快形成国家财政优先保障、社会各界积极参与的多元化投入局面。同时，要坚持国家银行健全适合农业农村产品产业生产经营特点的银行金融信贷体制，对巩固脱贫农村继续加大融资力度，把更多金融资金支援到农业农村产品产业生产经营重点领域和薄弱环节，更好满足农业农村产品产业生产经营融资需求。为此，必须相应实行六项方略规程：一是继续坚持国家财政优先保障投入“三农”；二是继续坚持国家增加土地出让收入用于“三农”；三是继续坚持国家提倡社会各界资金投入“三农”；四是继续健全国家银行融资投入“三农”组织体系；五是继续创新国家银行融资投入“三农”方式；六是继续完善国家银行激励扶持“三农”机制。

1. 继续坚持国家财政优先保障投入“三农”。为此，一是继续坚持实行巩固脱贫农村财政投入保障制度，明确规定各级政府“三农”投入责任，要求公共财政更大力度向“三农”倾斜，确保财政投入与巩固脱贫农村振兴目标任务相适应；二是继续加大国家财政投资对农业农村绿色生产经营区持续发展、农村人居环境、农村基本公共服务等重点领域和薄弱环节支持力度；三是充分发挥国家规划引导作用，推进各方面资金统筹整合、相互配合，加强管理，提高使用效益。

2. 继续坚持国家增加土地出让收入用于“三农”。为此，必须为攻克贫困、巩固脱贫农村开拓融资投资途径，健全农业农村振兴资金投入保障制度，提高土地出让收益用于农业农村农民比例，提供持续稳定可靠资源。要切实做到：一是坚持取之于地、主要用于“三农”的原则，制定调整完善土地出让收入使用范围，提高农业农村投入比例的制度，所筹集资金用于支持农业农村产品产业生产经营建设；二是调整改进耕地占补平衡管理办理办法，规定高标准农田建设等新增耕地指标，制定城乡建设用地增减挂钩结余指标跨省域调剂制度，将所得收益通过财政支出预算，全部用于巩固脱贫农业农村产品产业生产经营建设。

3. 继续坚持国家提倡社会各界资金投入“三农”。为此，必须优化农业农村产品产业生产经营招商引资环境，加大农业农村生产经营基础设施、公共公益社会事业领域开放力度，引导社会各界资金投入巩固脱贫“三农”。要切实做到：一是坚持规划有序地盘活农业农村生产经营性基础设施存量资产，将回收资金用于脱贫攻克巩固项目工程建设；二是继续促进推动城镇工商服务企业资金投入农业产品加工、农村产业化规模化经营项目工程建设；三是引导鼓励利用国外工商企业资金，开展现代农业农村产业化规模经营、生态环境维护、人居环境整治、公共公益基础设施建设；四是动员推广一事一议、以奖代补等方式，鼓励城乡企业和农民对农业农村有直接收益的基础设施投资投劳，得到建设管护收益权利与责任。

4. 继续健全国家银行融资投入“三农”组织体系。为此，必须发展农业农村产品产业生产经营所需银行融资投入业务，建立健全银行融资投入“三农”组织体系，形成多元化扶持农业农村产品产业生产经营融资服务主体。要切实做到：一是完善中国农业银行、中国邮政储蓄银行“三农”融资服务体系；二是明确国家开发银行、中国农业发展银行对农业农村生产生态基础设施建设融资承担职责，加大扶持融资投入力度；三是明确支持中小型银行优化网络，确定农村信用社地位和村镇银行准入条件；四是科学引导农民合作金融健康有序发展，鼓励证券、保险、担保、基金、期货、租赁、信托等融资投入巩固脱贫农业农村产品产业生产经营建设。

5. 继续创新国家银行融资投入“三农”方式。为此，必须创新国家银行融资投入“三农”服务方式，实施扶持农业农村产品产业生产经营融资服务机制。要切实做到：一是坚持继续推进农村农户承包土地经营权、住房财产权、集体经营土地使用权抵押贷款业务；二是坚持继续推进农业农村集体土地产权制度改革，采取农村集体资产股权投融资方式，加大银行投融资力度，确保银行适应农业农村产品产业生产经营对金融投资需求；二是坚持继续引导金融机构提供巩固脱贫农村普惠投融资服务，适应农业农村产品产业生产经营投融资需求。

6. 继续完善国家银行激励扶持“三农”机制。为此，必须通过国家财政补息、税收减免等优惠方略，支持国家银行等金融机构激励扶持攻克脱贫、巩固脱贫农业农村产品产业生产经营投融资方略。要切实做到：一是组织制定实施国家银行等金融服务“三农”补贴贷款方略，将巩固脱贫“三农”投融资重要方向；二是组织落实县（市）、乡（镇）银行等金融机构涉及“三农”贷款增量奖励方略，完善涉及“三农”贴息贷款方略，降低农户农业产业化龙头企业等主体单位投融资成本；三是建立健全“三农”融资担保风险防范体系，引导更多投融资用于“三农”，制定银行等金融机构服务“三农”考核评估办法，改进农村金融风险防范监督管理体系。

七、组织总结推广贫困地区农村农民扶贫开发，脱贫攻克巩固之路方略规程经验启示

70年来，从中央到地方各级党委、政府及部门，坚持总结推广贫困地区农村农民扶贫开发扶贫攻克巩固方略规程及经验启示，主要包括八项：一是扶持开发、脱贫攻克巩固目标；二是扶持开发、脱贫功攻克巩固难关；三是扶贫开发、脱贫攻克巩固条件；四是扶贫开发、脱贫攻克巩固制度；五是扶贫开发、脱贫攻克巩固机制；六是扶贫开发、脱贫攻克巩固群体；七是扶贫开发、脱贫攻克巩固途径；八是扶贫、开发脱贫攻克巩固历程。

（一）坚持实现扶贫开发、脱贫攻克巩固目标。这是指在1949年到2019年间，国家领导人都坚持把贫困地区农村尚未解决温饱问题的贫困人口，作为扶贫开发、脱贫攻坚的首要目标。这些贫困地区农村贫困人口解决贫困的难度很大。同时，还要帮助初步解决温饱问题的贫困人口实现脱贫目标。这些贫困地区农村由于农业生产、农民生活尚未根本改变，抵抗自然灾害的能力不强，一旦碰到严重的自然灾害，又引起返回贫困。为此，必须做到在实现稳定脱贫的基础上，进一步巩固脱贫，走上增收致富之路。要坚持实现以下两方面目标：

1. 全国攻克、巩固脱贫的总体目标：一是尽快解决贫困地区农村贫困人口温饱问题，进一步改变贫困地区农业农村基本生产条件、农民生活条件，巩固贫困人口温饱成果，提高贫困人口温饱生活质量；二是加强贫困地区农业农村生产经营基础设施建设，改善生态环境，改变贫困地区农村社会、经济、文教、医疗、社保、治安等落后状况，为脱贫增收致富创造条件。

2. 全国攻克、巩固脱贫的集中连片目标：一是坚持把贫困人口集中的中西部的少数民族地区、革命老区、边疆地区、特困地区农业农村农户作为脱贫攻克、巩固的重要目标，并规定脱贫攻克巩固的重点县、乡、村、户，集中财力、物力、人力，全面领导，统筹规划，分年进行、分别指导、综合治理以及早见效。

（二）坚持通过扶贫开发、脱贫攻克巩固难关。全国各地区扶贫开发、脱贫攻克巩固的难关是复杂多变。70年来，历届中共中央、国务院领导集体指导各级党委、政府及部门，带动全国各地区农村干部、农民群众，冲破各种难关。实践证明，任何艰难险阻都能战胜。目前，还必须通过以下五关：

1. 各地区脱贫农村人口收入水平都在逐年提高，但目前全国脱贫收入标准还是低水平的。应随着农业农村产品产业生活经济收入增加、城乡一体一二三产业收入增长，而相应提高脱贫收入标准。

2. 各地区贫困农村由于自然地理生态环境较差，社会文化卫生医疗生活低保养老等保障系统薄弱、自力更生发展能力不足等因素，至今已经解决温饱的贫困农村人口，还存在不能自我救助的问题，很容易重返贫困状态。这就必须注意及时加以救助。

3. 各地区贫困农村尽管贫穷落后状态显著改善，但贫困农村基本生活条件还没有明显变化，贫困农村社会、经济、文化、医疗、社保、治安落后状况没有根本变化，这就必须坚持加强综合治理力度。

4. 各地区贫困农村人多地少，面临贫困人口就业创业压力，有些人身体残疾、文化水平低，缺乏自我生活能力。这就必须做到：一是开辟就地就近就业创业途径，提供有利就业创业条件；二是关心爱护照顾残疾人，给予生活生存条件，应专门组织协调救援。

5. 各地区贫困农村尚未解决温饱人口，大多数生产生活在自然地理生态环境条件恶劣、公共公益社会化服务水平很低的地方，国家对这地方投入力度与实际产出效益反差较大。这就必须动员上述人口搬迁到适宜生产生活的地方。

（三）坚持利用扶贫开发、脱贫攻克巩固条件。全国各地区扶贫开发、脱贫攻克巩固有利条件是多种多样的，有些条件容易掌握运用。首先，要看到从中央到地方各级党委、政府及部门高度重视、社会各界大力支援、贫困地区农村干部群众团结奋斗，这是保障攻克、攻固脱贫取得成效的主观有利条件。其次，还要同时掌控运用以下五种客观有利条件：

1. 奠定起攻克巩固脱贫的基础。经过70年艰苦奋斗，全国脱贫地区农村贫困人口基本解决温饱问题，一是贫困地区农业农村生产、农民生活条件，已经有了大幅度改善，抵抗自然灾害能力明确增强，具有自己发展能力；二是贫困地区农业农村已创造积累了脱贫致富的成功经验，采取了一些行之有效的方式方法，为今后巩固脱贫拓展了途径。

2. 加快攻克巩固脱贫的进程，实践证明，贫困地区农村经济发展，是摆脱贫困的关键条件。根据推算，1978年农村经济增长1%，农村贫困人口降低0.8%，2018年农村经济增长8.1%，已经增长7%的贫困人口就业，从而增加了贫困人口收入，提高了贫困人口生活水平。随着贫困地区农村经济实力不断增强，为贫困人口增加就业收入，改善生活，加快了攻克巩固脱贫的进程。

3. 发展攻克巩固脱贫的产业。长期以来，在国内外农业产品的市场竞争日趋激烈情况下，促进贫困地区农村调整优化产业结构，大力发展特色优势支柱产业，进一步推动资本技术密集型产业，为了提高偏远产业竞争力，一是将劳动密集型产业项目向贫困地区农村转移，着重向劳动力较多、农业结构调整优化自觉性、主动型增强；二是将城镇科技、资本投入贫困地区农村，加快农业结构调整优化进程，促进贫困地区农村经济持续发展。

4. 推动攻克巩固脱贫发展的战略。中共中央明确提出西部地区开发战略，对西部贫困地区农村加强水利、交通、电力、通讯基础设施建设，起到引领推动作用。同时，国务院规定，增加西部地区利用外资的比例，增发国债用于西部地区生态环境保护，彻底改变西部贫困地区农村落后面貌。

5. 扩大攻克巩固脱贫对外开放的领域。国务院决定，实行对外开放方略，为西部贫困地区农村带来发展机遇，有利于发展优势的劳动力密集型产业，增加贫困人口就业，有利于西部贫困地区农村劳动力转移和劳动密集型产品出口。

（四）坚持遵守扶贫开发，脱贫攻克巩固制度。我国各地区农业农村农产贫困落后问题，是长久历史形成的，全国贫困地区农业农村面积广大、贫困人口众多、贫困程度严重，是过去长久历史形成贫困的特征。针对全国各地区农业农村农民贫穷落后的实际情况，中共中央、国务院制定了符合国情的攻克巩固脱贫方略规程、规章制度。把握攻克巩固脱贫的基本目标和中心任务，放在主要解决贫困地区农村贫困人口脱贫增收致富上，制定相应的规章制度，从最紧迫问题入手，量力而行，确保重点，遵守执行七方面的规章制度：一是要遵守执行符合国情的贫困标准制度；二是要遵守执行国家重点扶持贫困县制度；三是要遵守执行重点向西部贫困地区倾向投入制度；四是要遵守执行增加攻克巩固脱贫开发投入制度；五是要遵守执行支持攻克巩固脱贫农户发展制度；六是要遵守执行落实攻克巩固脱贫责任制度；七是要遵守执行攻克巩固脱贫农村基层组织建设制度。

1. 要遵守执行符合国情贫困标准制度。我国贫困地区农业农村人口众多，一是农业农村基础设施薄弱，中西部贫困地区土地面积占全国土地总面积的三分之二以上，但铁路、公路和民航设施所占全国铁路、公路、民航设施的七分之一；二是农业农村人口增多，文教、卫生等社会化服务水平低，农村办学条件差，教学设施滞后，大多数青少年文化程度低，卫生健康水平低；三是农业农村产品产业生产经营条件差，政府财政税收入少，公共公益设施建设投入不足。

2. 要遵守执行国家重点扶持贫困县制度。为了集中安排使用攻克巩固脱贫资金，有效地扶持贫困地区农村贫困人口，一是国务院制定了国家重点扶持贫困县制度，确定了国家重点扶持贫困县，通过对贫困县的重点扶持推动全国各地区解决贫困县农村问题；二是国家明确规定，中央政府财政安排的各项扶贫资金，都用于贫困县，并规定地方政府财政配套的扶贫资金，用在国家重点扶持的贫困县。

3. 要遵守执行国家重点向西部贫困地区倾向投入制度。中共中央、国务院决定，一是要把用于东部沿海地区的中央扶贫信贷资金调出来，集中由于中西部贫困地区。同时，中央政府财政新增加的扶贫资金，只扶持中西部贫困地区。进一步推动东部沿海地区与中西部贫困地区对口扶贫协作；二是要加快中西部地区发展，缩小东部与西部地区间差距，国家在中西部地区优先安排基础设施、生态环境、资源开发等建设项目，不断加大对中西部地区的投入力度，为推动中西部地区彻底摆脱贫困落后境地。

4. 要遵守执行增加攻克巩固脱贫开发投入制度。中共中央、国务院强调提出，随着国家财政收入增长，逐步增加财政扶贫资金。国家专项扶贫资金主要包括财政扶贫资金和银行信贷扶贫资金，一是财政扶贫资金，又包括支援欠发达地区发展资金，以工代赈资金。财政扶贫资金主要用于建设基本农田、修建小型水利工程、修建乡村道路和人畜饮水工程、农业科技推广应用等；二是银行信贷扶贫资金主要用于增加贫困农户当年收入的种植养殖业项目；三是审计部门对扶贫资金使用情况严格审计，发现问题及时处理。

5. 要遵守执行支持攻克巩固脱贫地区农村农户发展制度。主要包括两方面制度：一是帮助贫困地区农村攻克、巩固脱贫开发制度。中央政府逐步加大对贫困地区农村财政扶持力度，对贫困县新办企业给予扶持；二是帮助贫困农户解决温饱、扶持增强自己发展能力制度，适当延长贫困户贷款使用期限，放宽抵押、担保条件。

6. 要遵守执行落实攻克巩固脱贫责任制度。为了切实加强全国各地区农村扶贫开发、脱贫攻坚攻克巩固工作，国务院成立扶贫开发领导小组，负责组织领导、协调、监督、检查贫困地区农村扶贫开发、脱贫攻坚攻克巩固工作，各省（自治区、直辖市）也成立了相应的组织机构，负责本地区扶贫开发、脱贫攻坚攻克巩固工作。

7. 要遵守执行攻坚攻克巩固脱贫农村基层组织建设制度。在组织扶贫开发、脱贫攻坚攻克巩固工作中，一是加强村级组织建设，引导农户积极参与扶贫开发、脱贫攻坚攻克巩固工作；二是严格实行村务开放、村级财务的各项收支、脱贫资金的发放使用，都要向村民公开，接收检查监督。

（五）坚持实施扶贫开发，脱贫攻坚攻克巩固机制。在组织开展扶贫开发、脱贫攻坚攻克巩固工作，必须实施七项机制：一是实施扶贫开发、脱贫攻坚攻克巩固到农村、农户机制；二是实施科技教育扶贫开发、脱贫攻坚攻克巩固机制；三是实施动员社会各界参与扶贫开发、脱贫攻坚攻克巩固机制；四是实施搬迁安置扶贫开发、脱贫攻坚攻克巩固机制；五是实施输出劳动力扶贫开发、脱贫攻坚攻克巩固机制；六是实施生态环境保护与计划生育扶贫开发、脱贫攻坚攻克巩固机制；七是实施国际交流合作扶贫开发，脱贫攻坚攻克巩固机制；八是实施东部与西部两地区协作机制。

1. 实施扶贫开发、脱贫攻坚攻克巩固到农村、农户机制。这是根据贫困地区农村农户实际情况，把扶贫开发、脱贫攻坚攻克巩固的重点，放到农村、农户，把解决贫困的温饱、脱贫、增收、致富的各项指标量化到村、户。主要实施五种机制：一是干部包扶到农村、农户，即组织各级政府及部门干部与贫困农村、农户，即组织各级政府及部门干部与贫困农村、农户，采取“一帮一”签订责任书，明确干部包扶任务；二是企业带动效益到农村、农户，即企业与农村、农户合作签订农业产品加工、运输、供销合同，双方承受风险共担收益共享责任；三是社会各界扶持到农村、农户，明确脱贫的目标和任务；四是异地搬迁农村、农户，将贫困农村、农户从生产生活条件极其恶劣的地方，搬迁到生产生活条件好的地方，实现脱贫目标。

2. 实施科技教育扶贫开发、脱贫攻坚攻克巩固机制。这是根据中共中央、国务院对国家扶贫开发、脱贫攻坚攻克巩固的总体战略要求，相应实施科技教育扶贫开发、脱贫攻坚攻克巩固机制。主要实施三种机制：一是国家财政安排科技教育扶贫资金，用于贫困地区农村农户引进、示范、推广应用先进科学技术、优良品种，开展农民科技务农培训教育；二是国家政府大学院校、科研院所到贫困地区农村农户，挂职任教、宣传普及先进适用农业技术；三是国家科技部向贫困地区派出农业科技人员队伍，实施各类科技教育扶贫示范项目，建立各种科技示范点，解决各方面关键技术，推广应用扶贫开发、脱贫攻坚攻克巩固技术。

3. 实施动员社会各界参与扶贫开发、脱贫攻坚攻克巩固机制。主要实施三种机制：一是中共中央、国务院、全国人大和政协所属各部门，分列组织制定实施扶贫开发、脱贫攻坚攻克巩固方案；二是国家各种企事业单位、民主党派、人民团体等，都有特定的扶持目标、任务，明确规定没有脱贫就不脱钩的责任；三是各社会组织、民间众体、私营企业和个人积极开展“希望工程”“光彩事业”“文化扶贫”“幸福家园”“脱贫项目”“志愿帮扶”等多种形式活动。

4. 实施搬迁安置扶贫开发、脱贫攻坚攻克巩固机制。这是国家鼓励和支持生产生活条件极其恶劣的地区农村贫困户，通过移居搬迁、异地开发的方式，开辟解决温饱、脱贫增收致富的途径。为此，中共中央、国务院强调，必须做到以下几点：一是对自愿搬迁安置的农户，明确提出，对自愿移居搬迁的贫困人口，除得到扶贫开发、脱贫攻坚攻克的政策，各地区政府又提供一些优惠条件，确保移居搬迁一户，彻底得到温饱，摆脱贫困。当地政府按照群众自愿、量力而行、就近安置、适当补助的原则，搬迁移居；二是对自行插户安置的农户，明确提出，由贫困户自行投亲靠友、分散安置，政府给予补助；三是对政府建基地安置的农户，既保证稳定解决迁入农户脱贫致富，又确保维护迁入地区生态环境；四是对吊庄安置的农户，采取搬迁初期两头有家的形式，等到移民点得带开发治理后，生产生活条件基本稳定具备再决定搬迁安置。

5. 实施输出劳动力扶贫开发、脱贫攻坚攻克巩固机制。为了帮助贫困地区农村农户劳动力充分就业、增加收入，中共中央、国务院鼓励并组织具备条件的贫困地区农村农户开展劳务输出，既有助于贫困地区农村农户劳动力实现就业和增加收入，又可通过异地就业学到新科学技术、新生活方式、新工作方法，开阔眼界、增强信心，增强自我发展能力。实践证明：一是中西部贫困地区农村外从事工商服务产业人员，已经成为向西部传播东部生产生活方式和文化教育、科学技术人员；二是中西部贫困地区农村农户，已经为东南沿地区城镇工商服务产业提供 2. 42 亿劳动力。

6. 实施生态环境保护与计划生育扶贫开发、脱贫攻坚攻克巩固机制。长期以来，中共中央，国务院在组织领导拓展贫困地区农村农户脱贫增收致富奔小康道路上，一是高度重视保护农业生态环境，鼓励农村农户发展生态农业、环保产业，通过科技教育，推动农村农户改变迫害生态的剥夺生产方式，促进农业农村可持续发展；二是强调转变贫困地区农村农户生育观念，倡导计划生育，把计划生育与扶贫开发、脱贫攻坚攻克巩固结合起来，确保贫困地区农村经济社会协调健康持续发展。

7. 实施国际交流合作扶贫开发、脱贫攻坚攻克巩固机制。中共中央、国务院始终坚持我国扶贫开发、脱贫攻坚攻克巩固，主要依靠自己力量，同时重视与国际社会的交流合作。为此，一是积极开展与国际社会交流合作，借鉴国际社会成功脱贫经验，提高我国扶贫开发、脱贫攻坚攻克巩固水平；二是积极争取亚洲银行、世界银行在我国中西部贫困地农村贷款项目，项目包括农业农村基础设施建设、第二三生产业开发、劳务输出、文化教育、卫生医疗等项目；三是积极主动争取欧盟、英国、德国、荷兰、日本等国以及国际社会团体、企业、事业等单位参加扶贫开发、脱贫攻坚攻克巩固工作。

8. 实施东部与西部两地区协作机制。中共中央、国务院提出，东部地区较发达省、直辖市对口支援西部地区欠发达省、自治区，加快西部贫困地区农村农户脱贫增收致富的进程。东部与西部两地区扶贫开发，脱贫攻坚攻克巩固的协作，分别是北京帮扶内蒙古，天津帮扶甘肃，上海帮扶云南，广东帮扶新疆，辽宁帮扶青海，福建帮扶宁夏，大连、青岛、深圳、宁波帮扶贵州，为此，一是协作双方根据优势互补、互惠互利、长期协作、共同发展的原则，在企业合作、项目援助、人才交流等方面，开展了多层次、全方位地扶贫开发、脱贫攻坚攻克巩固的协作；二是协作双方以改变贫困地区农村生产条件和生态环境，帮扶贫困地区农村农民温饱、脱贫增收致富奔小康为最终目标；三是协作双方严格遵守市场经济规律，充分运用科学技术，广大动员社会各界力量，在双方帮扶基础上开展各种合作，以达双方互惠互利、共赢的目的。

（六）坚持帮助扶贫开发、脱贫攻坚攻克巩固特殊群体。中共中央、国务院明确指出，少数民族、残疾人群体、妇女群体，是我国农村贫困人口中的特殊贫困群体，必须高度重视这些特殊群体扶贫开发、脱贫攻坚攻克巩固工作，必须采取切实可行、行之有效方略成效，主要包括：一是对少数民族地区农村农户扶贫开发、脱贫攻坚攻克巩固方略成效；二是对残疾人群体扶贫开发、脱贫攻坚攻克巩固方略成效；三是对妇女群体扶贫开发、脱贫攻坚攻克巩固方略成效。

1. 对少数民族地区农村农户扶贫开发、脱贫攻坚攻克巩固方略成效。据2018年统计，少数民族地区主要分布在中西部地区，涉及5个自治区、20个自治州、49个自治县。全国348个少数民族地区县和非少数民族地区少数民族自治县，是属于中央、地方政府重点扶持的贫困县。为此，一是各级地方政府财政每年都对少数民族贫困县加大资金扶持力度，特殊照顾，提高标准，扩大扶持范围；二是各级政府专项安排“少数民族发展基金”，解决少数民族的特殊困难和问题，据统计1994年至2018年，国家共向内蒙古、广西、西藏、宁夏、新疆五个自治区和贵州、云南、四川、青海等少数民族人口较多的省投入1143亿元；三是经过全社会各方面共同努力，取得明显成效：其一少数民族贫困人口大幅度减少、贫困发生率下降，据统计，少数民族贫困人口，由1998年1669万人，减少到2008年1335万人，减少到2018年12万人；其二少数民族收入快速增加，由1998年1189元，增加到2008年3594元，增加到2018年31537元；其三，少数民族村基础设施明显改善、社会保障事业健康发展，据统计，农田水利建设条件改善、人畜饮水卫生保健工程建成，交通道路顺利、电话电视连接、文化教育与卫生医疗事业发展，社会低保养老保险等保障体系形成。

2. 对残疾人群体扶贫开发、脱贫攻坚攻克巩固方略成效。中共中央、国务院历来重视关心残疾人群体扶贫开发、脱贫攻坚攻克巩固工作，采取一系列切实可行、行之有效方略规程，主要包括三项：一是将农村残疾人群体列入国家重点扶贫开发、脱贫攻坚攻克巩固计划，统一组织安排实行，具体落实残疾人群体脱贫的目标、任务、责任，在人力、财力、物力上给予扶持；二是对农村残疾人群体安排康复专项贷款，对残疾人群体予以扶持，推广小额信贷扶贫到农村农户；三是对农村残疾人群体实际情况选择扶持特色优势项目，其一，选择种植业、养殖业、加工业、家庭副业等项目；其二，选择适合当地市场经济发展需要、与地方支柱产业相配套，兼顾残疾人特点的项目；其三，选择资金扶持力度大、促使残疾人收益多的项目。

3. 对妇女群体扶贫开发、脱贫攻坚攻克巩固方略成效。中共中央、国务院历来都重视解决全国农村妇女群体扶贫开发、脱贫攻坚攻克巩固问题。为此，制定实施多方面方略规程，主要包括：一是1994年《国家八七扶贫攻克计划》明确提出，要进一步动员贫困地区农村地区妇女积极参与脱贫行动；二是2000年以来，各级党委、政府及各部门组织领导带动贫困地区农村妇女群体，积极参加学文化，学技术、比成绩、比贡献活动；三是2005年以来，中华全国妇女联合会，在全国各地区建立攻坚脱贫妇女群体联系村、户，开展文化教育、科学技术培训，提供小额信贷，组织贫困地区农村妇女劳务输出，手拉手互助，切实办起妇女脱贫增收致富项目；四是2010年以来，中共中央、国务院广泛动员社会各界力量，关注贫困妇女，支持各种帮助贫困妇女群体社会救助活动；五是2015年以来，中共中央、国务院要求各地区党委、政府及部门切实解决好贫困妇女群体攻克巩固脱贫增收致富问题，推动贫困妇女自身增强科技务农、勤俭持家、培育子女扶持老人等优良传统的能力。

（七）坚持拓展扶贫开发、脱贫攻坚攻克巩固途径。这是指从1949年至2019年间，在全国组织实施拓展贫困地区农村农民群众脱贫增收致富奔小康社会之路上，中共中央、国务院组织引导各级党委、政府及部门，领导带动各地区农村干部、农民群众，逐年开辟、开拓、拓宽、拓展一条切实可行、行之有效的途径，主要包括：一是通过开辟农村经济体制改革、农村综合开发治理政治、农村绝大部分领域脱贫攻坚攻克，农村中西部分领域脱贫攻坚攻克途径；二是通过科学合理确定贫困标准、贫困县标准、中西部贫困地区标准脱贫攻坚途径；三是通过脱贫攻坚投入、扶持贫困地区农村农户投入途径；四是通过落实脱贫攻坚责任制、加强农村基层组织建设途径；五是通过资源，科学教育，扶持村户，社会各界参与脱贫攻坚攻克途径；六是通过自愿移民搬迁异地开发、输出劳动力、生态环境保护、计划生育、国际合作交流脱贫攻坚攻克途径；七是通过少数民族和民族地区脱贫、残疾人脱贫，妇女脱贫攻坚攻克途径；八是通过扶持农林牧渔各业现代产业化规模经营、逐年增加脱贫攻坚攻克财政资金银行贷款、提高贫困农村农民群众文化科技素质，鼓励多种所有制经济组织参加扶持脱贫、动员社会各界支援脱贫，促进国际交流合作，援助脱贫，推进脱贫攻坚攻克规模化建设、加大中西部地区开发进程等途径，主要由十九种渠道形成：一要坚持完善农业农村基本经营制度；二要坚持巩固农业农村基础地位；三要坚持促进农业农村优先发展；四要坚持推进农业农村生产结构科技调整；五要坚持推进农业农村现代产业化规模经营；六要坚持拓宽中国特色优势农业农村发展之路；七要坚持拓展城乡一体现代农业、工业、信息、城乡四化之路；八要坚持加强“三农”及劳务输出人员文化科技教育；九要坚持改善贫困地区农业农村生产生活条件；十要坚持健全农业农村公共公益社会化服务体系；十一要坚持鼓励工商服务企业参与扶贫脱贫；十二要坚持动员社会各界帮助扶贫脱贫；十三要坚持争取国际交流合作扶贫脱贫；十四要坚持党政组织领导落实扶贫脱贫责任；十五要坚持财政银行将加大扶贫脱贫投入力度；十六要坚持攻克贫困农村农户脱贫难点；十七要坚持完善农村社会和谐稳定治理机制；十八要坚持推进农村人居环境建设；十九要坚持完善城乡融合发展政策体系。分别概要说明如下：

1. 坚持完善农业农村基本经营制度渠道。习近平总书记强调，要不断地探索农村土地集体渠道所有制的有效实现形式，落实集体所有权，稳定农场承包权，放活土地经营权，加快构建以农户家庭经营为基础、合作与联合为纽带、社会化服务为支撑的立体式复合型现代农业经营体系。为此，中共中央、国务院在印发的《乡村振兴战略规划》规定，一是要落实农村土地承包关系长久不变、承包期再延长30年的政策，让农民吃上长效定心丸。二是要全面完成土地承包经营权确保登记领证工作，完善农村承包土地“三权分置”制度，在依法保护集体土地所有权、农户土地承包权前提下，平等保护土地经营权；三是要加强农村土地经营权流转和规模经营管理服务，加强农用土地用途管理制度，确保巩固完善农村基本经营制度渠道畅通无阻。

2. 坚持巩固农业农村基础地位渠道。中共十八大以来，习近平总书记推动“三农”理论、实践、制度创新，坚持把“三农”问题作为全党、全国工作重中之重，切实把农业农村优先发展落到实处，坚持推行强农惠富农战略。为此，必须在巩固农业农村基础地位上，一是要坚持立足国内保证自给的方针，牢牢把握国家粮食安全主动权，确保全国人民需要的粮食基本自给安全，二是要坚持培育农业农村经济主体，构建现代化农业产业化规模经营体系、城乡一体化产加销一条龙经营体系；三是要坚持尊重农民群众的意愿，维护农民群众的权益，为农业农村发展、农民群众成为参与参与者、受益者，尽心尽力服务，四是要坚持加强对“三农”工作领导，着力加强党政组织领导“三农”工作，为“三农”发展提供坚实政治保障，确保农业农村基础地位巩固；五是要坚持不断深化农业农村经济体制改革完善，激活农业农村经济发展新动力，坚持推进农业农村供给侧结构调整优化，提高质量，坚持绿化生态导向，推动农业农村经济健康持续发展，保障改善民生，让全国农民群众得到生产生活水平，让贫困农民群众走向脱贫致富奔小康道路。

3. 坚持促进农业农村优先发展渠道。中共十九大提出实施乡村振兴战略，加强对“三农”工作的全面领导，坚持把解决好“三农”问题，作为全党工作重中之重，对农业农村优先发展作出重大决策部署，把实现乡村振兴，作为全党全国人民的共同志愿、共同行动，做到认识统一，步调一致，在干部配备上优先考虑，在要素配置上优先满足，在资金投入上优先保障，在公共服务上优先安排，要切实达到：一是在优先发展战略方针上，必须抓住机遇，迎接挑战，顺势而为。努力开创农业农村发展新局面，推动农业全面升级、农村全面发展、农民全面进步，促进城乡一体化社会经济发展；二是在优先发展要求上，必须遵照农业农村产业兴旺、生态宜居、乡村文明、治理有效、生活富裕的总要求，统筹推进农业农村经济、政治、文化、社会、生态文明和党政组织五项建设，鼓励发展壮大农业特色优势产业，推动农村一二三产业融合发展，着重培育扎根农业农村：农民主办地域特色的产业，让农业成为有奔头的产业，让农村成为安居乐业的美丽家园，让农户成有吸引力的职业；三是在优先的目标上，坚持不断提高国家粮食安全保障水平，全面推进绿色农业农村特色优势产品生产支柱产业发展，脱贫攻克巩固取得显著成果，农村人居环境明显改善，农村生态宜居，美丽家园建设扎实推进，农村公共公益服务水平提高，农村文化教育、卫生医疗、生活低保、养老保险等社会保障事业体系已经形成，农民群众物质精神生活需求基本满足，农业农村现代化基本实现。

4. 坚持推进农业农村产业结构科学调整渠道。中共中央、国务院印发《乡村振兴战略规划》明确规定，在坚持推进农业农村产业结构科学调整渠道上，必须坚持做到；一是统筹安排科学调整农林种植业牧渔养殖业及其加工业产业结构优化升级；二是组织引导合理调节小麦、水稻产量，有序调节减非优势区玉米产量，调增大豆、花生产量，稳定棉花、油料、蔗糖、橡胶产量，保障自给水平；三是组织推动田地制调整畜牧养殖业结构优化升级，大力发展优质饲料牧草，科学利用退耕地、草山草坡、轮修农田种植饲料、牧草，大力增加畜禽肉蛋牛羊奶产品产量，调整优化生猪养殖场布局；四是合理规划设计内陆江河湖泊、近海港深远海渔业养殖区域规模，发展集约化、工厂化水产品养殖和深远海养殖，降低江河湖泊和近海捕捞强度，规范有序发展远洋渔业化生产。

5. 坚持推进农业农村现代产业化规模经营渠道。中共中央、国务院要求坚持推进农户家庭经营在农业农村中的基础性地位，建立健全农户家庭经营、集体经营、合作经营、企业经营等共同发展的农业农村现代化产业化规模经营体系，一是发展多种形式适度经营，培育发展农户家庭农场，提升农民专业合作社规范化水平，鼓励发展农户专业合作社联社，不断壮大农业农村现代产业化龙头企业，鼓励建立现代企业制度，鼓励工商企业到农业农村投资适合现代产业化规模经营；二是发展壮大农村新型集体经济，深入推进农村集体产权制度改革，推动资源变资产、资金变股金、农民变股东，发展多种形式，股份合作，完善农民对集体资产股份的占有、收益、抵押、担保、继承等权能管理制度；三是提高农业农村产业的集约化、专业化、组织化、社会化水平，有效带动农户发展；四是发展多样化联合与合作，提升农户组织化程序；五是鼓励新型主体与农户建立产加销一条龙产业，实施风险共担利益共享股份制度；六是组织健全农业农村社会化科学生产经营服务体系，为推进农业农村现代化产业规范经营，提供全程系列化服务。

6. 坚持拓宽中国特色优势农业农村发展之路渠道。习近平总书记于 2017 年 12 月 28 日在中央农村工作会议上讲到，必须坚持中国特色社会主义乡村振兴道路，进一步指出，一是要重塑城乡关系，走城乡融合发展，之路；二是要巩固完善农村基本经营制度，走共同致富之路；三是要深化农业供给侧结构性改革，走质量兴农之路；四是要坚持人与自然和谐共生，走乡村绿色发展之路；五是要传承发展农耕文明，走乡村文化兴盛之路；六是要创新乡村治理体系，走乡村善治之路；七是要打好精准脱贫攻坚战，走中国特色减贫之路。为此，中共中央、国务院进一步强调，一要培养提升中国农业农村特色优势产品产业品牌、保障特色优势产品质量安全。发展壮大特色优势农林种植业、牧渔养殖业及其产加销一条龙产业；二要推动发展中国农业农村特色优势新产业新业态，开拓农业农村特色优势新产业新业态融合发展渠道，促进城乡一体一二三产业同步发展、增值、受益。

7. 坚持拓展城乡一体现代农业、工业、信息、城镇四化之路渠道。中共十八大以来，中共中央、国务院领导全党全国各族人民，组织带动全党全国农村农民群众走向城乡一体农业现代化、工业化、信息化、城镇化同步建设小康社会之路，为实现脱贫增收致富、文化教育、卫生医疗、生活低保、就业创业、养老保险、特困救助等城乡一体公共公益服务社会化、社会保障平等化的目标，“十二五”规划至”十三五”规划期间，一是组织开拓农业农村现代化生产经营建设脱贫增收致富途径；二是组织拓展城乡一体农业现代化、工业化、信息化、城镇化四化同步建设脱贫增收致富奔小康之路；三是组织开展城乡一体“四化”同步建设取得显著成效；四是组织推广城乡一体“四化”同步建设经验做法；五是建立拓展城乡一体脱贫增收致富奔小康之路方略体系。

8. 坚持加强“三农”及劳务输出人员思想文化科技教育渠道。我国“三农”摆脱贫困走上繁荣富裕的根本出路在文化科技教育，组织开展农业农村农民文化科技教育，关系到广大农民脱贫致富收益。为此，要推动贫困地区“三农”文化科技教育，适应“三农”新型新形势、任务、要求，促进贫困地区农村富余劳动力再就业教育迫在眉睫，激励贫困地区农村劳务输出人员不断增强文化科技素质，成为能促进农业农村经济持续健康发展，保障贫困农民脱贫增收致富的一条有效渠道。为此，必须从不断加强对农业、农村、农民教育入手，广泛深入地对农村劳动输出人员文化科技教育。

（1）不断加强农业、农村和农民思想文化科技教育。从我国农业、农村经济持续发展要求讲，要真正的面向农业、面向农村、面向农民。面向农业教育，就是在教育内容上要为农业服务。在农业教育中引进农业科学的内容，要与现代农业科技的进步及应用密切结合。在教学方式上，既要重视基础性，又要注意实用性与针对性，要贴近农业生产经营实际。对于农村青少年的教育，除基础教育外，主要满足农村学生就业的需要，而不应以升学为主要目的。

面向农村教育，就在教育体制、管理体体制、办学模式上要应当适应当前农村的特点，切实可行。目前农村教育突出存在“管理体制不顺”的问题，过去，农村教育（主要的基础教育）都是实行分级管理，以乡为主，即农村中学由乡人民政府负责管理包括（包括师资管理、工资发放、校舍建设与维修、资金以及学校的经费等等），而农村小学则由乡及至村管理。由于乡、村经济条件、干部水平的制约，导致许多乡、村对农村学校该管的（教育经费的投入）不管的管不起来，而不该管的却死管（如随意让学校停课，让师生上街搞宣传，收提留款等等），严重影响了教育质量。因此，改革与完善管理体制是当前解决农村教育的首要任务。

全国地区农村与农村之间，差异也非常大，因此在学校布局上还要因地制宜，不搞一刀切，重要的是提高办学效益和质量。

面向全民教育。就是教育的对象要面向全体农民，提高整个农村人口的素质。要体现教育的民主性、多样性和开放性。民主性，主要体现在让每一个农民都有机会受教育，都能受到最好的教育，除了农村的所有少儿都要接受义务教育和扫除青壮年文盲外，所有成年农民都有受到终身教育的机会。多样性，就是要根据不同类型的对象，在教育时间、场所、内容及管理等方面，采取灵活、多样的方式，以谋求时效与高效。尤其在调整农村学校布局时，为优化教育资源的配置，可配合乡（镇）行政区划及推进农村小城镇建设等工作，使初中办学相对集中，但小学办学一定要坚持就近入学的原则，以防止出现因学校布局不合理而造成学生辍学的情况。开放性，就是要使农科教三者密切结合，使农村中小学校与农业大学院校科研单位及农户密集联系，与现代农业生产劳动相结合。同时，充分利用农村学校的人力和设备开展多层次、多方位、多方式，（包括面授、函授、广播电视、网上等各种教学方式）的教育，真正落实农村教育的普教、职教与成教的“三教统筹”。

（2）广泛深入对于农村劳务输出人员思想文化科技教育。目前我国农村劳务输出人员的流动具有明显特点：一批量型。人员流动流动总量不断增大，一个县每年劳动输出人员少的几万人，多的几十几万人；二是队伍型。人员流动从过去的零散型转变成为成建制型，逐步形成有组织领导的队伍；三是集结型。一个地方的劳动输出人员大多数在同一个地方从事比较劳动业务，地点有固定性，业务有相同性；四是多元型。以往劳务输出人员大多数凭卖苦力挣钱，如今他们的文化层次普遍提高，凭技能吃饭的人明显增多；五是外向型。一些地方劳务输出的人员已经跨出国门，漂洋过海打“洋工”，在海外从事各种劳动业务，也接受国外各种思想意识形态的影响。

为此，必须加强对农村劳动劳务输出的人员思想文化科技教育，要根据这个群体的特点，计划安排丰富、有效的教育课题，分期分批地进政策、法制、道德、职能、技术等方面教育，促使这个群体坚定勤劳致富的自信心，增强谋求发展的技能；要教育这个群体要关心和热爱家乡，家乡发展与这个群体的贡献分不开的，激发这个群体增强责任感，从而提高加快家乡的发展觉悟。

农村劳务输出人员思想文化科技教育方法。要加强对农村劳务输出人员的思想文化科技教育，必须因时因地因人制宜，坚持管理与服务结合、服务与教育结合、教育与促进发展结合的原则，采取具有可操作性、多种形式的思想文化科技教育方法。主要方法有：一是“核心”教育方法。这是指在组织进行农村劳动输出人员文化科技思想教育中，要抓住党员这一核心，一级抓一级、一级管一级、一级负责一级、一抓到底的“核心”教育的方法；二是“例会”教育方法。这是指劳动输出人员比较多的县（市）、乡（镇），要把劳务输出人员的思想文化科技教育工作纳入年度总体工作的议程，每季度或半年，都要在劳务输出召开座谈会，听取当地政府、部门，街道等机关、组织的反映，及时了解劳务输出人员生产、生活情况，帮助他们解决实际困难；三是“结对”教育方法。这是指在劳动输出人员中一部分人能够较快适应外部环境的变化，思想活跃，致富较早，这部分人在劳务输出人员中有较好的影响，能够起到“领航”的作用。乡镇、村组干部要与这部分人开展“手拉手”结对活动；四是“委托”教育方法。这是指劳动输出地要与劳务输入地党委、政府进行联系，加强横向合作，委托当地党委、政府将劳动输出人员思想文化科技教育工作纳入劳动输入党政日常工作中，全盘考虑、统筹安排，形成输出地、输入地与劳务人员输出人员自身三者链条式的思想文化科技教育体系，以利于不断增强劳动输出人员文化、科技、思想、道德素质。

9. 坚持改善贫困地区农业农村生产生活条件渠道。这是指为了彻底的改善全国贫困地区农业农村生产生活条件，巩固和扩大脱贫攻坚成果，一是夯实农业农村生产经营基础，严守18亿亩耕地红线，全面落实永久基本农田特殊保护制度，建设现代气象为农业生产经营经营服务体系，执行粮食安全省长责任制，继续推进农田水利电力道路综合配套，发展高效灌溉，治理修复金属废水治污耕地；调整平衡发展绿色紧缺优质高效农业产品生产供应需求，提高农业农村新品种技术示范应用、机械化生产经营水平；二是推进农村人畜饮水安全巩固提升工程，加强农村饮用水源地挖掘保护，彻底摆脱吃水难、饮水不安全问题，全面开展农村垃圾污水治理，厕所改造、村容貌环境治理；三是加强农村污染治理、保护生态环境，统筹推进山水林田村路系统治理，提高农业农村生产生活水平；四是通盘考虑农业农村土地利用、产业发展、居民点建设、人居环境整治、生态保护和历史文化传承，注重保持乡土风貌，编制实用性村庄规划，加强农村建房许可管理，以达到彻底改善贫困地区农业农村生产生活条件。

10. 坚持健全农业农村公共公益社会优化服务体系渠道，要做到：一是全面提高贫困地区农村文化教育、卫生医疗、低保养老、残疾救济等公共公益水平，加快推进城乡基本公共公益服务均等化；二是组织推动城乡义务教育一体化发展，实施农村义务教育学生营养改善计划，实施高中阶段教育普及与攻坚计划，加强农村儿童健康改善、早期教育、学前教育；三是提高农村卫生室标准，统一城乡基本医疗保险制度，整合城乡居民大病保险；四是完善城乡居民基本养老保险待遇、基础养老金调整制度；五是统筹城乡社会救助体系，完善最低生活保障制度、安抚安置制度；六是完善农村留守儿童，妇女、老年人关爱服务体系，加强和改善农村残疾人服务，完善农村公共公映社会化服务体系渠道。

11. 坚持鼓励工商服务企业参与扶贫脱贫渠道。各级党委、政府及部门为了鼓励城镇工商服务企业参与扶贫脱贫，而创造良好的政策，投资条件，一是促使工商服务企业，适应国内外市场需求，提高产业层次，带动千家万户，结成产加销一条龙产业链，而帮助贫困户脱贫增收致富；二是促使工商服务企业，与贫困地区农村农户，共同联合合作，发挥贫困地区农村资源优势，改善生态环境，科学合理开发利用自然地资源，建立起改善农业农村生态环境的资源型合作股份制企业，劳动密集型企业，促进扶贫开发与生态保护协作融合，巩固扩大生态扶贫、脱贫攻坚成果，减少防止贫困人口返回贫困境地。

12. 坚持动员社会各界帮助扶贫脱贫渠道。这是指各级党委、政府及部门在自身进行扶贫开发脱贫攻坚的同时，注重动员社会各界，帮助贫困地区农村农民扶贫开发脱贫攻坚工作，自觉遵循中共中央、国务院于2019年2月19日发布的1号文件的《若干意见》，积极主动出谋划策，增加社会扶贫开发脱贫攻坚的财力、物力、人力等社会资源，一是继续做好东部沿海发达地区社会各界，对口帮助西部贫困地区农村扶贫开发脱贫攻克巩固协作，扩大规模，加大力度；二是鼓励引导各种层次，不同形式的民间互相合作，特别推动社会团体、群体等单位与当地农村农户互相合作、共同发展；三是引导支持非政府组织，积极主动参与和执行政府扶贫开发脱贫攻克巩固项目工程建设，及时提供行之有效条件，发挥重要骨干作用。

13. 坚持推动国际交流合作扶贫脱贫渠道。这是指为了继续争取国际组织和发达国家向我们提供援助性扶贫脱贫开发攻坚项目，确保这类项目工程建成发发挥作用，一是指国家将适当增加相应配套资金比例，对地方政府财政确有困难的可以全额配套；二是国家将针对贫困地区农村农户的贫困原因，采取针对性、有效性方略，加强对国际援助扶贫开脱贫攻坚项目管理，提高国外贷款项目经益，增强还贷款能力；三是国家有关部门应加强与国际组织扶贫开发脱贫攻克与巩固上的交流，借鉴国际扶贫开发脱贫攻克与巩固成功经验做法，进一步提高我国贫困农村农户脱贫增收致富效益。

14. 坚持党政领导落实扶贫脱贫责任渠道。这是指为了加强各级党委政府对“三农”工作领导，落实农业农村优先发展，彻底摆脱贫困地区农村农户贫困落后境地，走上脱贫增收致富奔小康之路。一是坚持实行中央统筹、省负总责、市县乡落实的扶贫脱贫机制，落实五级书记抓乡村振兴、脱贫致富责任制；二是坚持落实各级党委、政府优先发展农业农村、扶贫开发脱贫攻克与巩固的方略，培养懂农业、护农村、爱农民的“三农”工作队伍；三是坚持加强各级党委、政府发挥农民主导作用，充分尊重农民意愿，发扬自力更生、艰苦奋斗精神，激发调动农民群众振兴乡村、摆脱贫困的积极性，让农民群众自觉参与取得收益；四是抓实建强农村基层党政组织，以提高组织力为重点，突出政治功能，切实加强农村基层党组织体系建设。

15. 坚持财政银行加大扶贫脱贫投入力度渠道。这是指为了坚持农村优先发展，坚决打胜脱贫攻克巩固战，全面推进乡村振兴，确保农民群众增收致富奔小康之路，必须加大国家财政银行扶贫脱贫投入力度，一是国家针对贫困地区农村农产财政困难情况，加大财政转移支付力度，并对财政扶贫脱贫资金实行专户管理监督与核算审查；二是国家通过银行增加扶贫脱贫贷款，扶持能够带动贫困地区农村农户脱贫增收致富的企业，主要包括农林种植企业，牧渔养殖企业、农林牧渔产品加工企业、市场购销企业，对这些企业种植、养加、加工、运储、购销所需信贷款资金，给予融投资扶持。

16. 坚持攻克贫困农村农户脱贫难点渠道。这是指为了瞄准制约深度贫困地区农村农户精准脱贫难点。而明确提出攻克难点项目，主要包括：一是坚持明确攻克难点责任，检查核实、考察评估、奖励惩罚。二是坚持抓攻克特色优势产业、绿色生态产业、易地搬迁就业；三是坚持财政银行优先投入、政府干部亲自深入蹲点帮助、社会各界尽力救助；四是坚持攻克贫困人口多、贫困发生率高、脱贫难度的农村农户，统筹资金项目，加大扶持力度，着力解决突出问题；五是坚持发展长效产业，着力解决产销脱节、风险保障不是问题，提高贫困人口直接受益水平；六是坚持强化易地搬迁脱贫措施，着力解决搬迁后巩固脱贫问题，确保搬迁一户、稳定脱贫一户；七是坚持扶贫与扶智相结合，加强贫困地区农村扶贫开发与脱贫攻克相结合，增强贫困农村脱贫能力，解除后顾之忧。

17. 坚持完善农村社会和谐稳定治理机制渠道。这是指为了完善我国农业农村经济社会制度，保持农村社会和谐稳定，一是建立健全党组织领导的自治、法治、德治相结合的领导体制，发挥农民群众参加主体作用；二是加强农村精神文明建设，引导农民群众践行社会主义核心价值观，巩固共产党在农村思想阵地；三是推进农村平安稳定，实施农村社会治安综合治理领导责任制；四是完善农村矛盾纠纷排查调处化解制度，提高服务农民群众、维护稳定能力。

18. 坚持完善农村人居环境建设渠道。为了扎实推进农村建设，加强农村人居住环境建设，而必须做到；一是确保到 2020 年实现农村人居环境明显改善、村庄环境基本干净整洁有序，村民环境与健康意识普遍增强；二是继续推进农村危房改造，健全村庄基础建设管理长效机制，明确各方管护责任；三是继续加强农村生态环境保护和污染治理，实施农村绿化美化行动，创建农村农业农村绿色发展先行区，推进农村水利环境治理，严格农村河湖水域岸线等水生态空间管理；四是统一规划居民社区建设、人居环境整治、生态环境保护、历史文化传承、乡土风貌保持、加强农村人居环境规划管理。

19. 坚持完善城乡融合发展政策体系渠道。这是指顺应城城乡融合发展趋势，理顺城乡关系，激发农业农村内部发展活力，优化农业农村外部发展环境，推动人力、财力、物力等要素，为城乡一体农业现代化、工业化、信息化、城镇化融合发展，注入新的功能，增添新动力，而必须做到：一是大力推进农业农村在城镇务工经商上学等稳定就业生活的转移人口，计划有序实现城镇居民化，推行安家落户制度，保障享有与城镇居民同等权益，必须坚定维护在城镇安家落户农民土地承包权、宅基地使用权、集体收益分配权，引导在城镇安家落户农民依法自愿有偿转让上述权益；二是坚定实施壮大乡村优秀人才队伍方略，促使各种优秀人才在农业农村施展才华，充分发挥作用。为此，要建立健全新型职业农民制度，发展农林牧渔各业生产、加工、储存、运输、购销专业人才队伍，鼓励城镇文化教育、科学技术、卫生医疗、规划建筑、工商服务等方面人才，投入农业农村产品生产、产业经营、商业流通、公共公益服务；三是全面推行城乡融合发展多元投入保障制度，继续坚持推行各级政府财政优先农业农村生产生态基础设施建设，引导动员社会各界资金投入农业农村公共公益事业领域，健全国家银行适合农业农村产品生产、产业经营投融资体系，把金融资金投入到农业农村薄弱环节，适应农业农村经济发展需求。

农村财政扶贫开发脱贫攻坚巩固课题组

组长：韩连贵

组员：陈纪祥　韩铁峰　朱国平　程立红　王玉宗
蒋立红　吴庆岚　韩　丹　王　英　杨玉清

后记

在全书七章内容的基础上，这里进一步做概要说明：从1949年新中国成立到2019年的70年期间，中共中央都始终坚持尽心尽力尽责地领导指引各级党委、政府及部门，组织带动全国各贫困地区农村农民群众开辟、开拓、拓展、攻坚、攻克、巩固脱贫增收致富奔小康社会之路方略规程。总的来看，包括以下六个阶段：

1. 1949年至1978年的开辟阶段。这是指以毛泽东同志为核心的中共中央在七届二中全会至十一届三中全会召开之前，在全国组织领导带动各贫困地区农村农民实施开辟脱贫增收致富之路方略规程阶段。在这一阶段，以毛泽东同志为核心的中共中央、国务院领导集体领导全党、全军、全国受压迫受剥削农民群众，搬掉帝国主义侵略、封建主义压榨、官僚资本主义盘剥的三座大山，推翻欺压盘剥农民群众半封建半殖民地的国民党反动统治王朝，建立中国共产党领导的人民民主专政、贫苦农民群众当家作主、无压迫剥削、自由平等的新中国，开辟农业农村土地集体化、农民互助合作化、农田灌溉排涝抗旱水利化、种植养殖加工科技化、生产经营运输机械化、产品加工购销企业化、公共公益服务社会化、民主自治政社合一公社化脱贫增收致富之路方略规程。

在这一阶段，以毛泽东同志为核心的中共中央、国务院领导集体，组织领导全国农村农民群众彻底废除封建土地制度，正式宣布《中华人民共和国土地改革法》，有步骤地对新解放区进行土地改革，在全国完成土地改革的基础上，引导农民群众按照自愿互助的原则，建立起各种形式的劳动互助和生产合作组织，逐步实现国家对农业的社会主义改造的过渡时期总路线，组织领导全国农民群众开展农村土地私有制改革为公有制，引导动员农民群众自觉自愿加入互助合作组织，参加农田水利、农业机械化建设；综合治理农业农村山水林田路生态环境，科学开发利用农业农村土地、水利资源，进一步在全国在农民互助合作组织基础上，组织推动农民参加农业合作社，建立农村人民公社，全面实施《全国农业发展纲要》《农业八字宪法》《国民经济调整、巩固、充实、提高方针》，对农村人民公社实行“农业六十条”规定，明确规定公社、生产大队、生产队三级所有制度，试行农业多种形式生产责任制，通过1964年底举行的第三届全国人大第一次会议，向全国人民提出建设农业、工业、国防和科技四个现代化的伟大目标，在全国农村开展农业学大寨运动、推动地方五小工业和社队企业发展，加快进行农业生产经营技术改造，加快实现农业机械化，提高农林牧副渔各业生产经营机械化水平，进一步调整农村社队生产经营管理体制，支持农户开展多种经营、减轻负担、脱贫增收致富。

2. 1978年至1989年的开拓阶段。这是指以邓小平同志为核心的中共中央、国务院领导集体在中共十一届三中全会至十三届四中全会召开之前，在全国组织领导带动各贫困地区农村农民群众实施农村集体经营体制改革、农户家庭联产承包、统分结合的双层经营责任制、农林牧副渔各业并举和工商服务联合经营、确保脱贫增收致富之路方略规程的开拓阶段。

在这一阶段，以邓小平同志为核心的中共中央、国务院领导集体，组织领导农民群众参加农业生产经营和农村集体经济体制变革、农户家庭联产承包、统分结合的双层经营责任制，坚持农林牧副渔各业全面发展，开展农工商联合经营，加强农林牧副渔业生产经营基础设施建设，调整农业产品统派购销价格，减少农业产品统派购品种和数量，提高农业产品收购价格，拓宽农业产品市场流通渠道，允许农民发展个体私营经济，促进乡镇企业发展，实施农林牧副渔业生产经营科技等社会化服务机制，组织筹集调剂、科学合理分配使用扶贫救困资金，坚持经常化监督管理，加强农村基层组织建设，保障农民群众摆脱贫困、增收致富。

3. 1989年至2002年的拓展阶段。这是指以江泽民同志为核心的中共中央、国务院领导集体在中共十三届四中全会至十六大召开之前，在全国组织领导带动各贫困地区农村农民群众坚持实施调整优化农业和农村经济结构、推进农业现代产业化规模经营、依法监管农村生产经营土地资源、坚持农村基层组织和民主法制建设、确保脱贫增收致富之路方略规程的拓展阶段。

在这一这阶段，以江泽民同志为核心的中共中央、国务院领导集体，为保障农民群众的经济利益、尊重农民群众民主权利、深化改革农业农生产经营和农村经济管理体制，稳定完善农业和农村土地基本经营制度，加强贫困地区农村山水林田路综合开发治理，保护改善农村生态环境，组织开展农村文化教育科技推广事业，推进农林牧副渔业种养加产加销产业化规模经营、农民工商联合经营、健全农林牧副渔各业产加储运销各环节社会化服务体系，推进农村基层民主自治组织建设，拓宽贫困地区农村农民群众从脱贫温饱、增收减负，走向致富奔小康之路。

4. 2002年至2012年的攻坚阶段。这是指以胡锦涛同志为总书记的中共中央、国务院领导集体在中共十六大至十八大召开之前，在全国组织领导带动各贫困地区农村农民群众实施农林牧副渔各业生产经营科技社会服务、免除农林牧渔各业税收、补贴农林牧渔各业生产经营建设投资、统筹城乡经济社会发展一体化、确保农民脱贫增收致富奔小康之路方略规程的攻坚阶段。

在这一阶段，以胡锦涛同志为总书记的中共中央、国务院领导集体，为农民群众拓展脱贫增收致富奔小康之路，组织领导各级党委、政府及部门，带动全国农村干部、农民群众继续加强农村经济基础设施、生态文明环境建设，继续健全农村产业化经营社会化服务体系、农村土地经营维护调控体系，继续改革农村税费和财经管理体制、农村粮食购销价格和商品市场流通体制，免除农林牧渔各业税收、补贴农林牧渔各业生产经营建设投资，继续完善农村生产经营建设资金多元化投入机制、农村社会保障事业发展机制，推进农村政经业务公开、村民自治，加强农村党政基层组织和民主法治建设，促进农民群众走向城乡一体农业现代化，工业化、信息化、城镇化经济社会发展之路。

5. 2012年至2018年的攻克阶段。这是指以习近平总书记为核心的中共中央、国务院领导集体在中共十八大之后，在全国组织领导带动各贫困地区农村农民群众保障粮食供给安全，端牢中国人的饭碗，严守18亿亩耕地红线，全面划定永久基本农田，实施耕地质量保护与提升行动，依法保障农村农民群众承包经营土地流转权益，促进现代产业化、基地化生产规模经营，全方位扶持老少边穷地区农村扶贫攻坚综合开发治理方略规程的攻克阶段。

在这一阶段，以习近平总书记为核心的中共中央、国务院领导集体，组织领导各级党委、政府及部门，带动贫困地区农村农民群众强化农业和农村发展基础，参加农林牧副渔各业基础设施建设，推广应用农林牧副渔各业生产经营科学技术社会化服务，调整优化农林牧副渔各业产品品种品质，全面进行农林牧副渔各业种养加销产业链系列化经营，鼓励扶持农民参加农工商服务产业合作入股联营，建立健全农业产品购销公示公平价格和市场流通与计划调控体系，加强对农村土地承包经营使用权流转，引导促使农村富余劳动力向城乡二、三产业转移，大力扶持老少边穷地区农村农民生产建设投资，组织培训贫困农民增强自我创业就业能力，全方位筹措财政、银行等金融单位和社会群团财力、物力，公平合理分配使用到农林牧副渔各业生产经营建设领域，全力推进农村文教卫生医疗低保养老社会保障事业健康发展，全面加强农村民主自治、精神文明、法律法制建设，组织推行城乡一体农业现代化、工业化、信息化、城镇化“四化同步”建设，取得显著成效和成功经验。

6. 2018年之后的巩固阶段。这是指以习近平总书记为核心的中共中央、国务院领导集体在中共十九大之后，在全国组织领导带动各贫困地区农村农民群众，不折不扣完成脱贫攻克巩固任务，抓住既定脱贫攻克巩固目标，落实聚力精准决战决胜脱贫攻克巩固方略规程，到2020年确保现行标准下农业农村贫困人口实现脱贫，贫困县全部摘帽，摆脱区域性整体贫困局面，坚持把农业农村优先发展方针落到实处，夯实农业农村生产经营建设基础、推进农业农村公共公益社会化人居建设、发展壮大农民就业增收产业、激发农业农村持续健康发展动力、完善保持农村社会和谐稳定治理体制、加强全面领导农业农村基层党政组织建设等项方略规程的巩固阶段。

在这一阶段，以习近平总书记为核心的中共中央、国务院领导集体，组织领导各级党委、政府及部门，在为全国各贫困地区农村农民群众脱贫巩固上，从 2019 年起着力制定实施五项方略：一是全面加强党对“三农”工作领导，健全各级党委统一领导、政府负责、党委农村工作部门统筹领导体制，真正把“三农”发展方针变成全党全社会统一意志、共同行动；二是坚决完成“三农”领域的脱贫攻克巩固、人居环境整治修复、国家粮食安全保障、收入增长生活改善等四项硬任务，坚持继续推行强农惠农富农方略，确保全国农民与全国人民一道进入全面小康社会；三是坚持深入实际、因地制宜、因村户决策、拓展多元化脱贫攻克巩固渠道，继续推进东部地区帮扶中西部地区脱贫攻克巩固的现代优势产业化规模经营，改进县（市）、乡（镇）、村（屯）之向绿色优势产加销联营合作制度。健全蹲点帮扶脱贫村户攻克攻固合同制度，引导激励社会各界单位人员更加支持脱贫、公共公益事业发展；四是继续支持脱贫农村农户增强“造血”功能，加大各种资金整合投入力度，建立健全脱贫农村社会文教、科技、医疗、低保、养老等社会保障体系，确保最贫困地区农村农民群众稳定脱贫，防止返贫。

以上是作者在全书内容的基础上，对中共七届二中全会以来新中国农民脱贫之路开创和发展脉络的简明扼要的梳理，以方便读者阅读本书，认识和了解这一段令世界震撼的伟大历程及蕴含其中的宝贵经验。因水平和能力所限，书中难免有疏漏和不当之处，敬请读者批评指正。

韩连贵

2019 年 7 月 20 日

本书主编简介

韩连贵 1963 年 7 月，中央财经大学本科毕业后分配到财政部工作。1963 年至 1970 年，在国防外事司外汇处工作。参加吉林省柳河县“四清”社教工作，担任郭家沟生产队社教组负责人。参加财政部湖北五七干校劳动锻炼，担任连长、干校常务委员；1971 年至 1979 年，在财政部行政事业司综合处担任副处长，在财政部河北五七干校担任副校长、党委常委，在财政部教材编审委员会担任农业农村财政财会教材编审负责人，财政部评定高级经济师。

1980 年至 1988 年，在财政部农业司、农税局工作，参加中共中央党校学习，担任学习班长，先后担任处长、副司长（局长），被湖北、湖南、江西财经学院特聘农财（税）专业教授，主编、撰写《农业经营管理基础知识》《国营农业企业财务会计》《农村社队企业财务会计》《人民公社生产队财务管理》《人民公社财政与财务管理》《农村财税与财会工作手册》《农业事业财务管理》《乡镇企业财务管理与会计核算》《农业经营管理》等书。

1989 年至 2000 年，先后在财政部农税局担任副局长、局长，农发办主任（司长），兼任中国农村财政学会副会长，被中央财经大学财政干部管理学院、北京农业大学、东北农业大学、东北财经大学、中南财经大学特聘为农业农村财经专业教授，主编、撰写《农村税收管理》《农村税收管理与核算》《农业综合开发文集》《走农业综合开发之路》等书。

2001 年至 2019 年，先后在国家农业综合开发办公室担任巡视员，在国家计划生育协会担任常务理事，在农业部中国农业专家咨询团担任领导成员，在中国财政学会县级财经研究专业委员会担任顾问。期间，在“三农”领域和有关专家联合开展《农村土地使用权流转》《新时期农民有关问题》《农业产品产销订单合同》《农村民营企业发展》《我国农业实践与发展之路》《社会主义新农村建设》《农业产业化经营安全保障体系建设》《我国农业实践与发展之路》《农业信息化体系建设》等课题研究，在上述课题研究的基础上，形成《中国财政扶持“三农”发展保障之路探讨》和《新中国农民脱贫之路——中共七届二中全会以来农民脱贫致富奔小康方略规程经验启示》研究成果，在中国财政经济出版社出版。